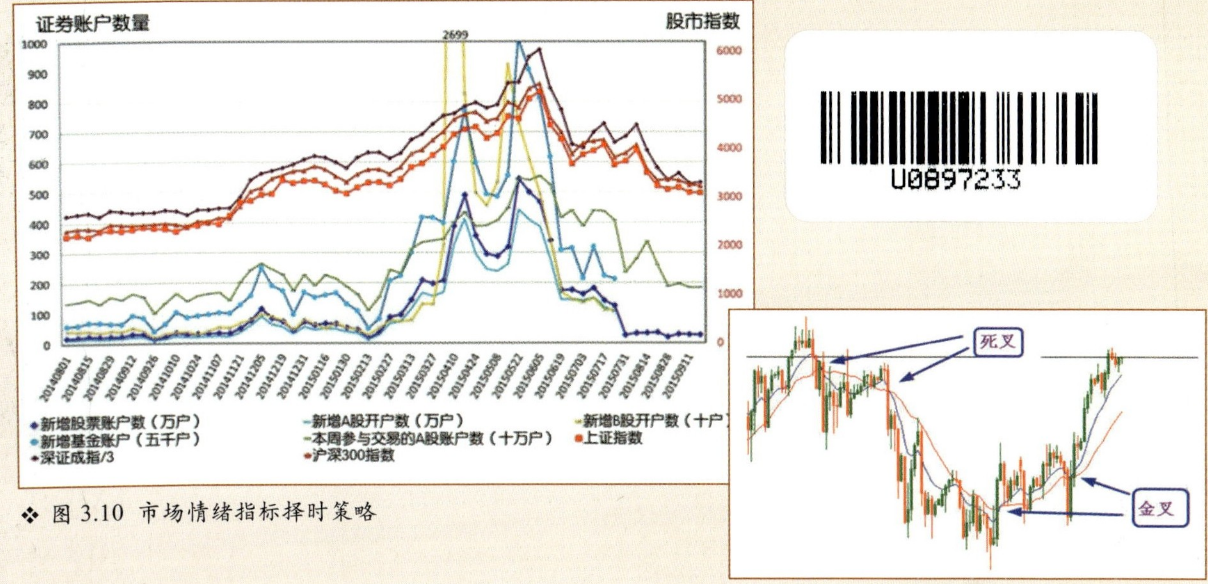

❖ 图 3.10 市场情绪指标择时策略

❖ 图 3.12 均线择时策略

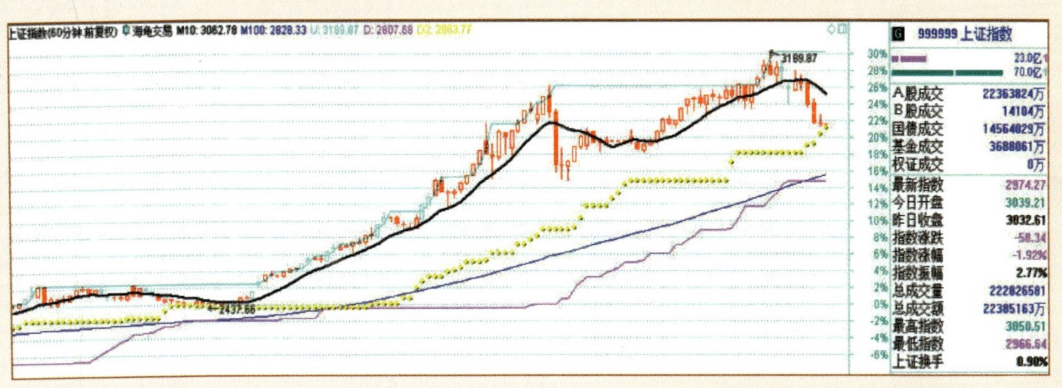

❖ 图 3.13 海龟策略

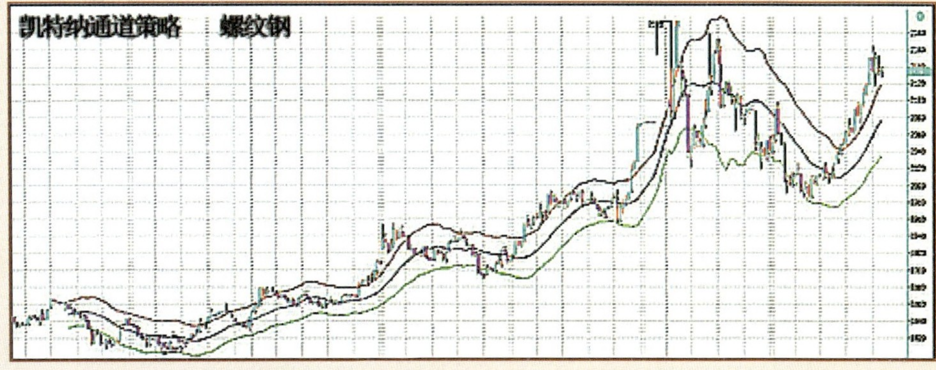

❖ 图 3.14 凯特纳通道策略

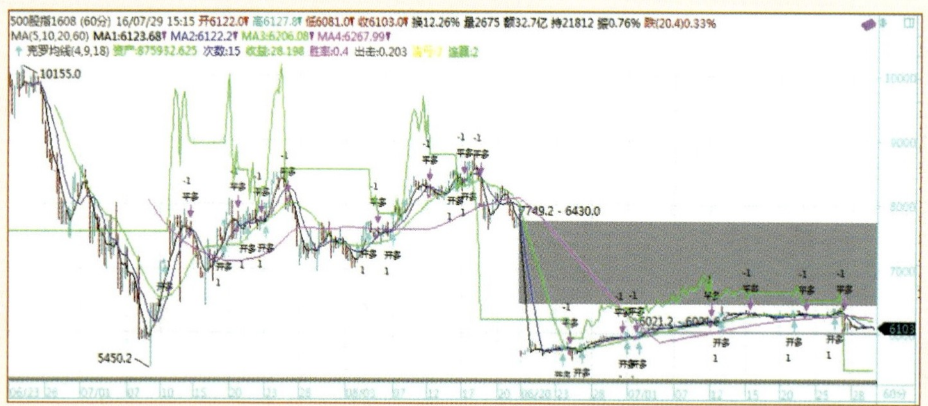

❖ 图 3.15 克罗均线策略

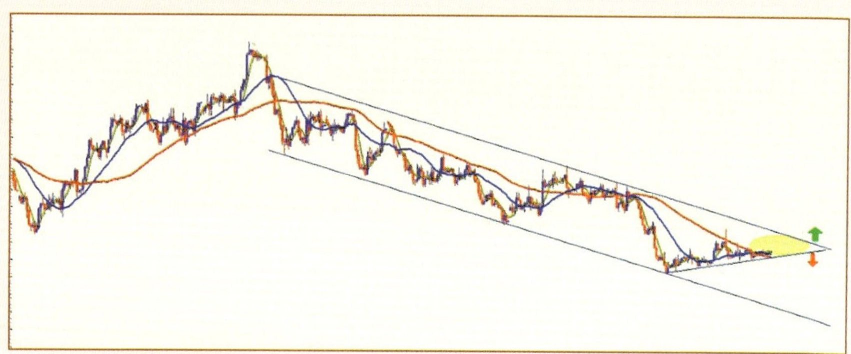

❖ 图 3.16 区间突破策略

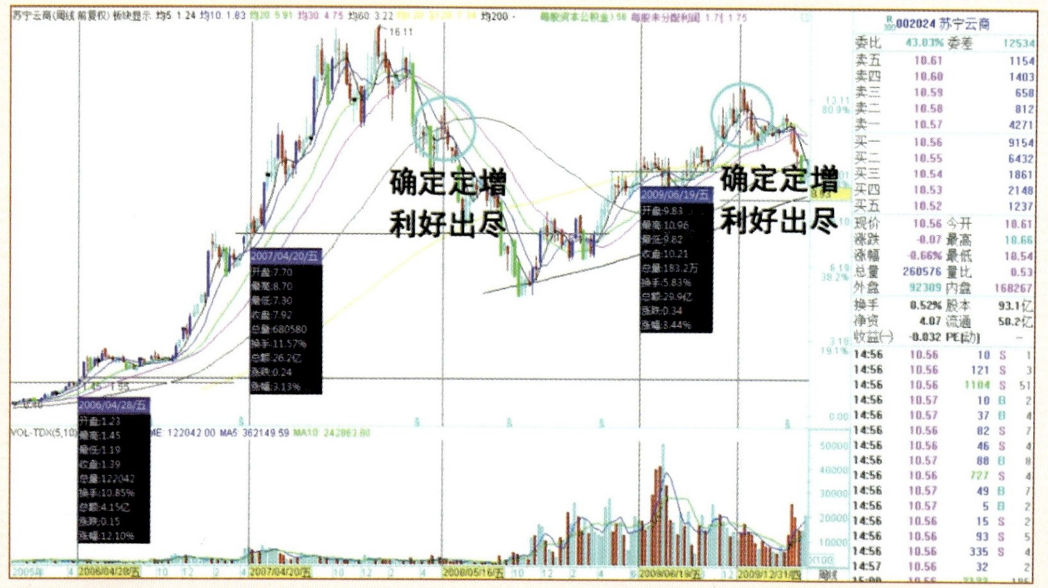

❖ 图 3.18 事件驱动策略案例

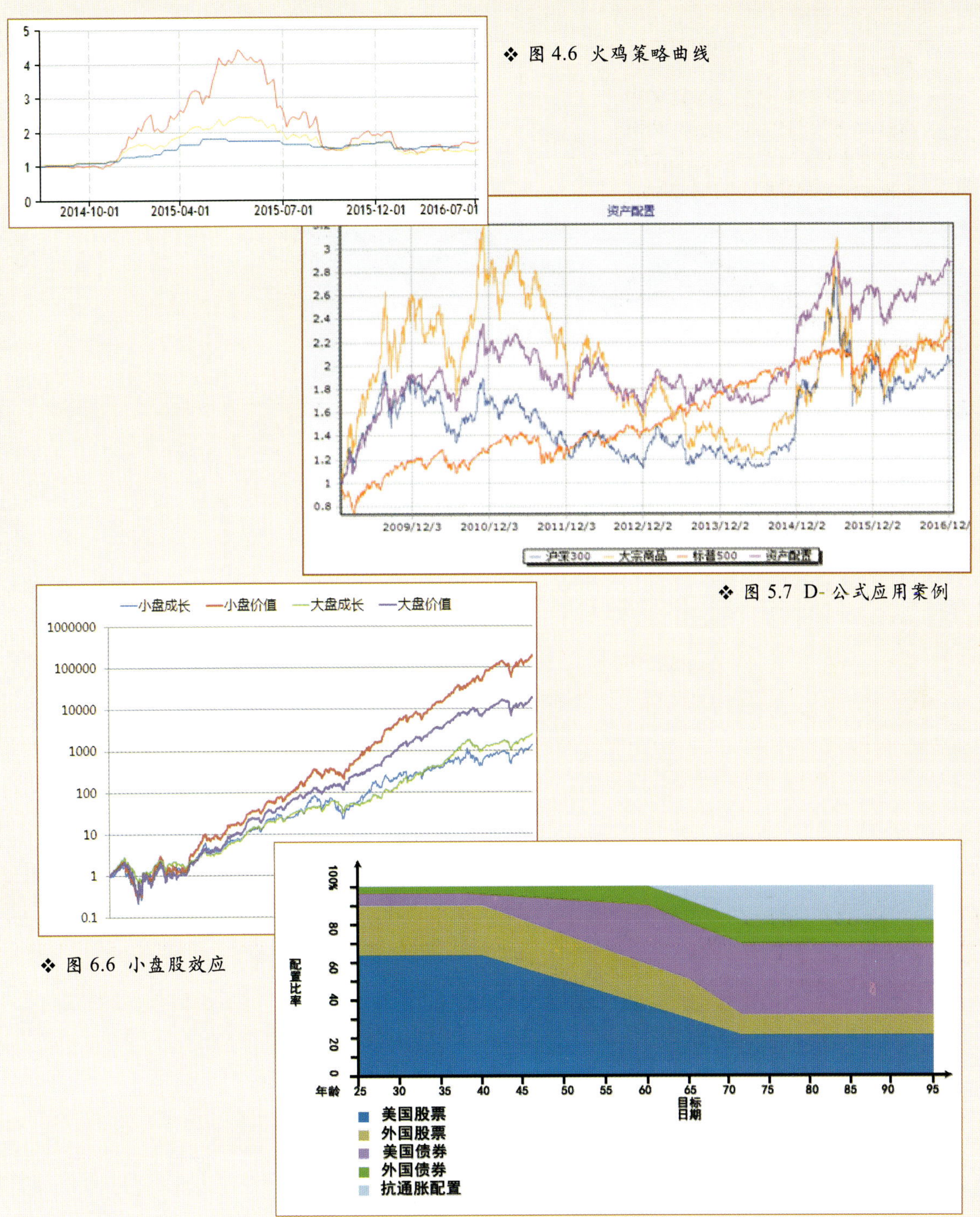

❖ 图 4.6 火鸡策略曲线

❖ 图 5.7 D- 公式应用案例

❖ 图 6.6 小盘股效应

❖ 图 7.4 海外目标日期策略指数的配置变化

✧ 数据来源：星潮 FOF 整理

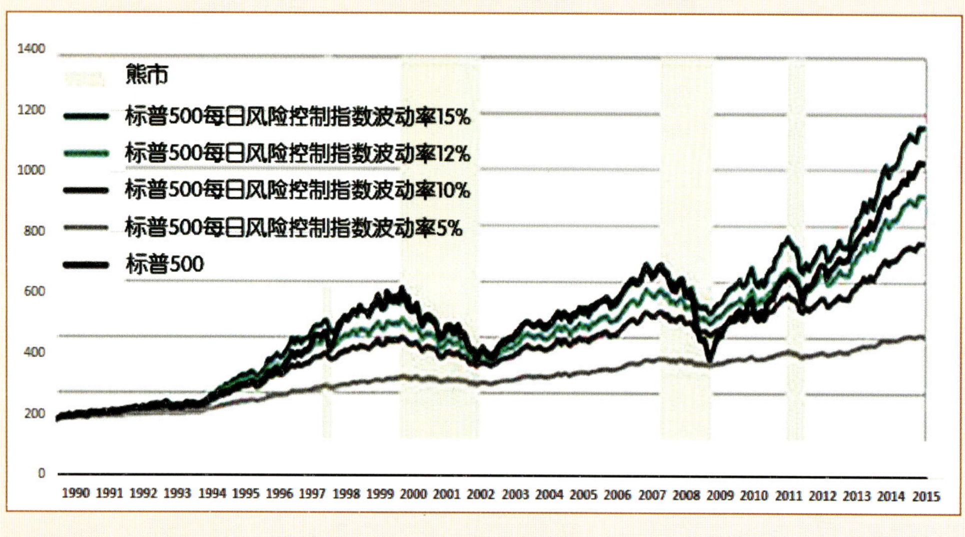

❖ 图 7.13 标普 500 每日风险控制系列指数走势图

✧ 数据来源：标普道琼斯公司，星潮 FOF 整理

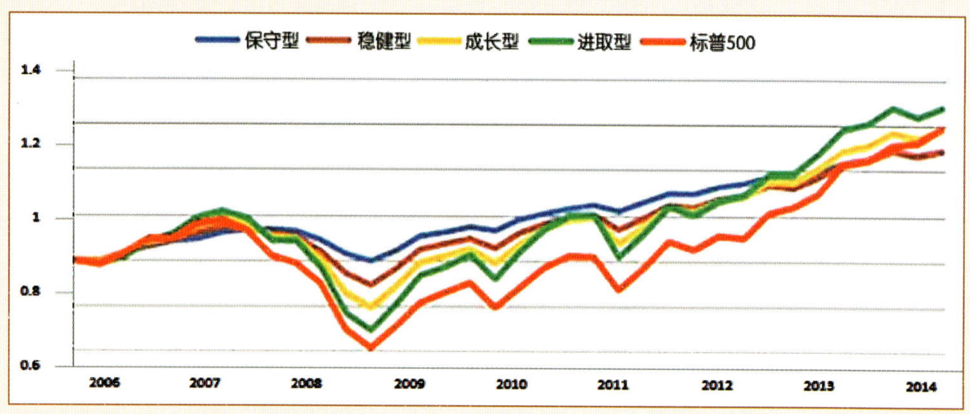

❖ 图 7.14 标普目标风险系列指数走势

✧ 数据来源：Bloomberg，星潮 FOF 整理

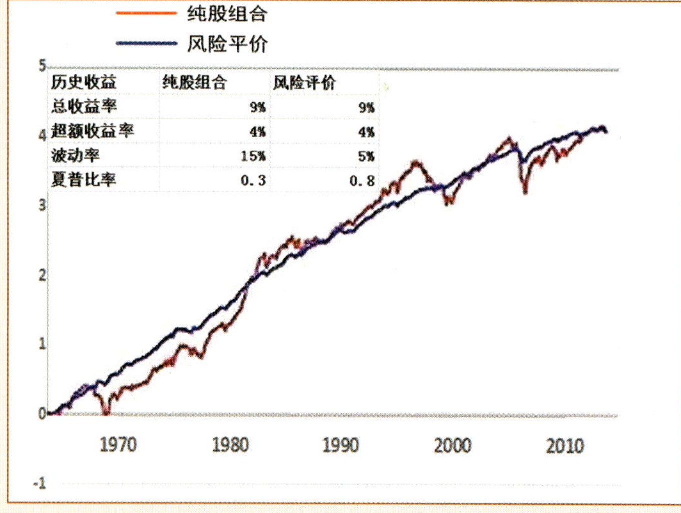

历史收益	纯股组合	风险评价
总收益率	9%	9%
超额收益率	4%	4%
波动率	15%	5%
夏普比率	0.3	0.8

❖ 图 7.20 风险平价与纯股组合的净值对比（1970—2015 年）

✧ 数据来源：Bridgewater Daily Observations，星潮 FOF 整理

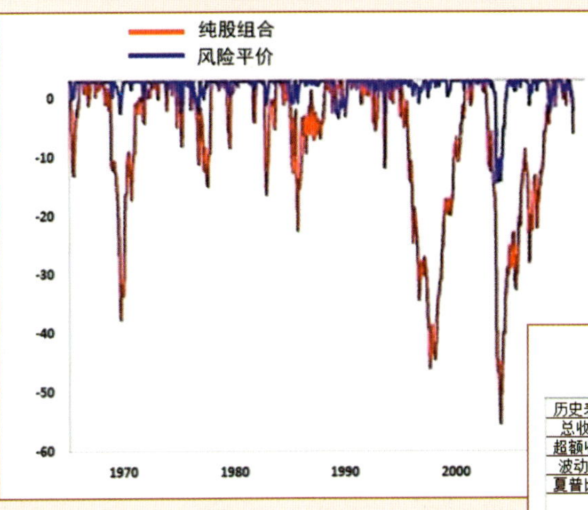

❖ 图 7.21 风险平价与纯股组合的回撤对比（1970—2015 年）

✧ 数据来源：Bridgewater Daily Observations，星潮 FOF 整理

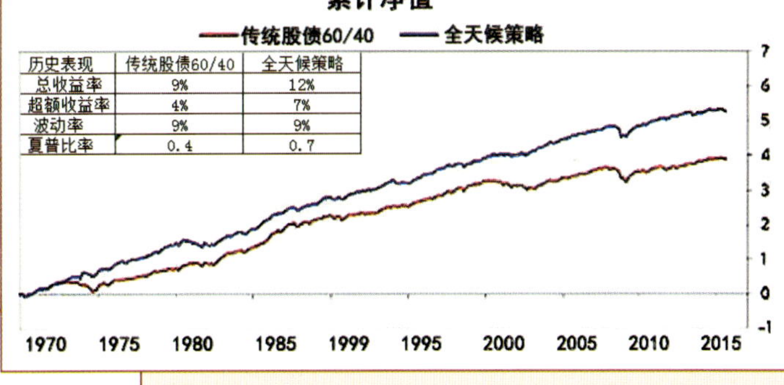

历史表现	传统股债60/40	全天候策略
总收益率	9%	12%
超额收益率	4%	7%
波动率	9%	9%
夏普比率	0.4	0.7

❖ 图 7.22 股债风险平价与传统配置组合的净值对比（1970—2015 年）

✧ 数据来源：Bridgewater，星潮 FOF 整理

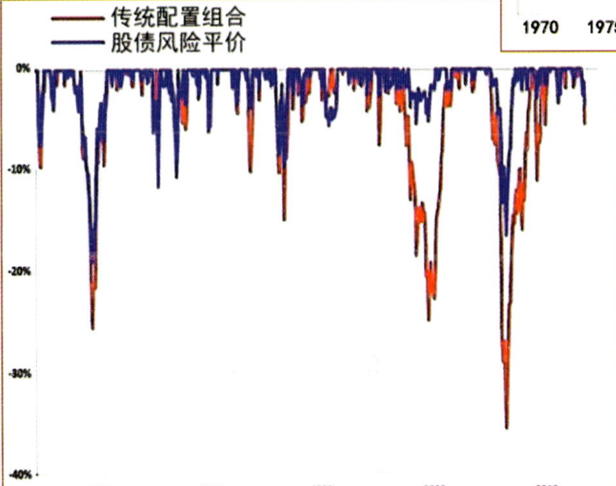

❖ 图 7.23 股债风险平价与传统配置组合的波动率对比（1970—2015 年）

✧ 数据来源：Bridgewater Daily Observations，星潮 FOF 整理

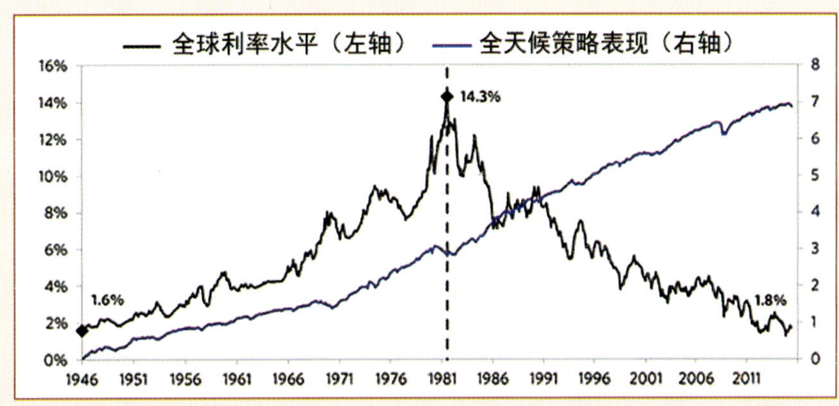

❖ 图 7.24 利率变化与风险平价组合的净值走势（1946—2015 年）

✧ 数据来源：Bridgewater Daily Observations，星潮 FOF 整理

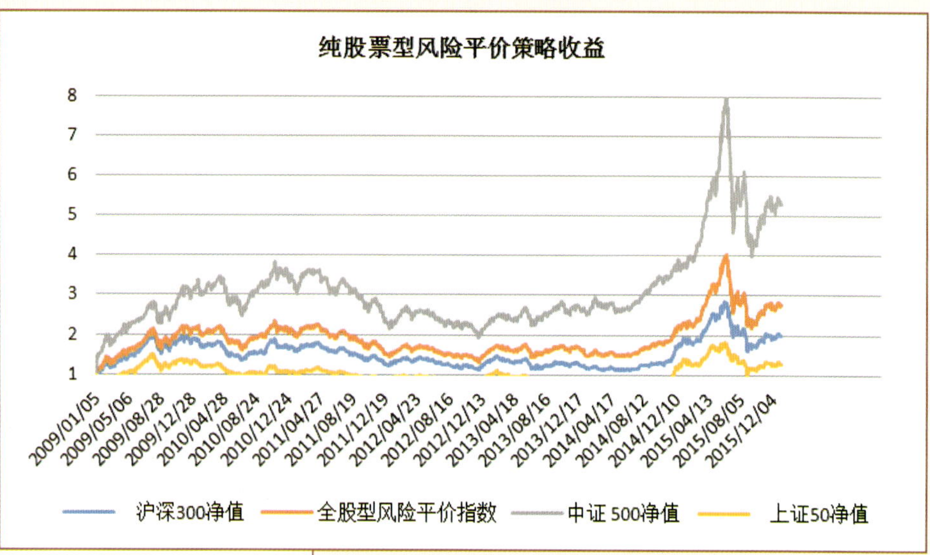

❖ 图 7.29 纯股票型风险平价策略收益

✧ 数据来源：星潮 FOF 整理

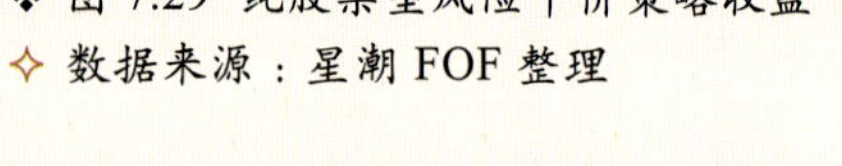

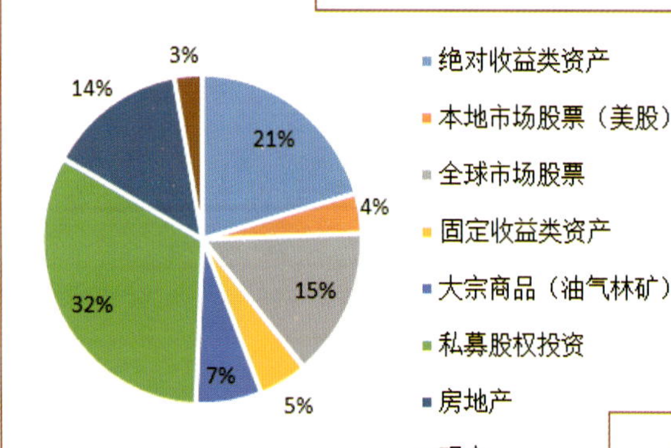

❖ 图 7.33 耶鲁基金模式资产配置

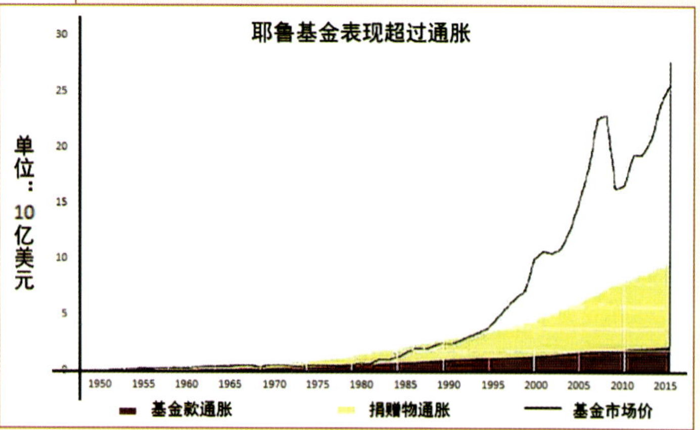

❖ 图 7.36 耶鲁基金表现情况

✧ 数据来源：星潮 FOF 整理

❖ 图 8.11 对冲基金 FOF 的模拟业绩

✧ 数据来源：Risk Parity Portfolios with Risk Factors

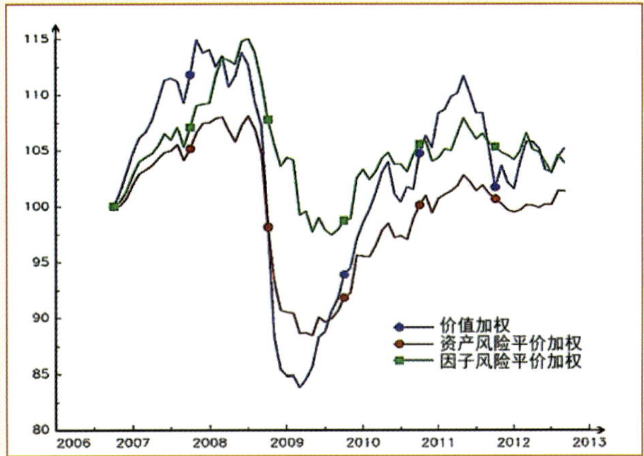

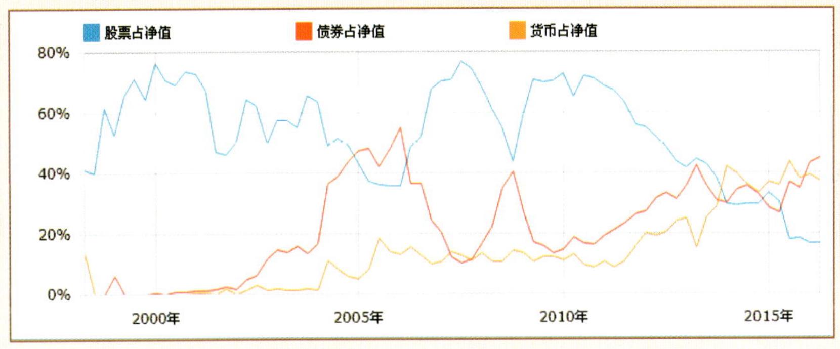

❖ 图 9.7 2000—2015 年总体基金的资产配置变化图

✧ 数据来源：星潮 FOF 整理

❖ 图 9.8 上证指数走势图

❖ 图 11.1 多因子模型的收益率曲线

✧ 数据来源：[周冠伟 2016]

❖ 图 11.2 大 / 小盘轮动策略收益率曲线

✧ 数据来源：[周冠伟 2016]

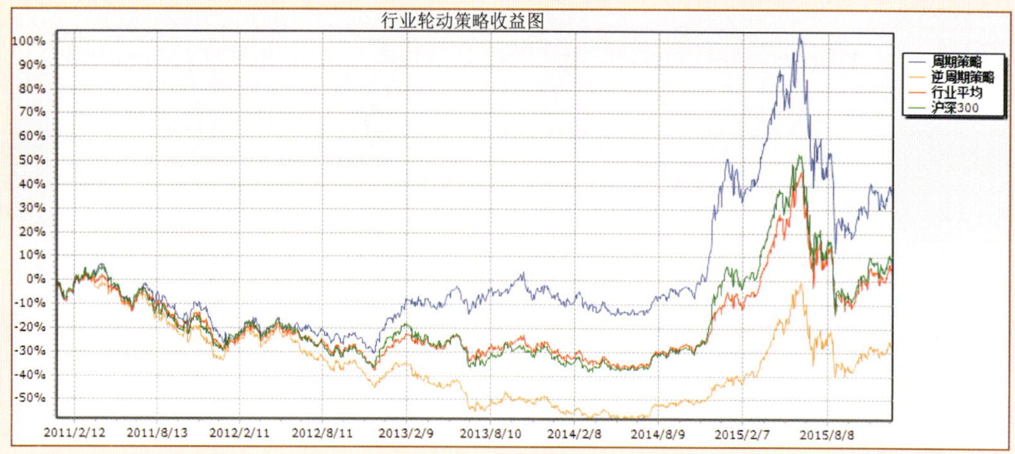

❖ 图 11.3 顺周期行业轮动策略的收益率图示

✧ 数据来源：[周冠伟 2016]

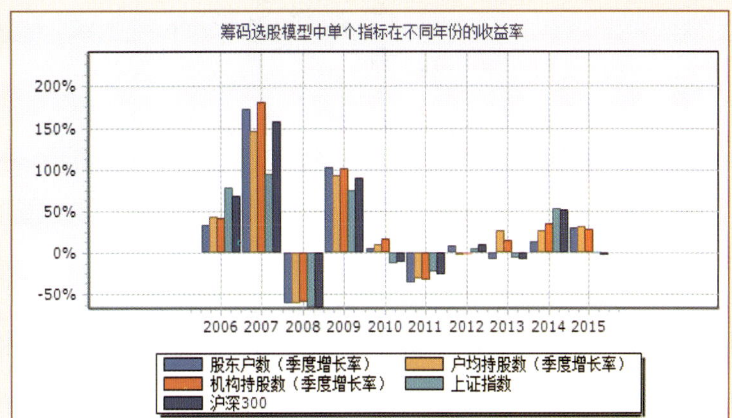

❖ 图 11.9 筹码选股模型中单个指标在不同年份的收益率情况

✧ 数据来源：[周冠伟 2016]

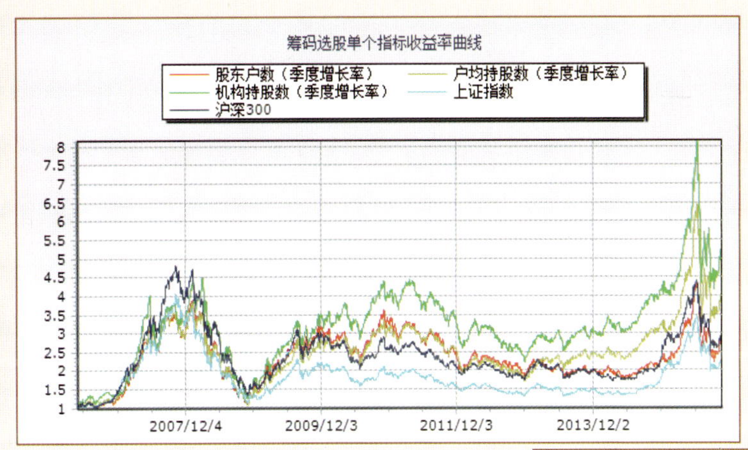

❖ 图 11.10 筹码选股模型中单个指标的收益率曲线

✧ 数据来源：[周冠伟 2016]

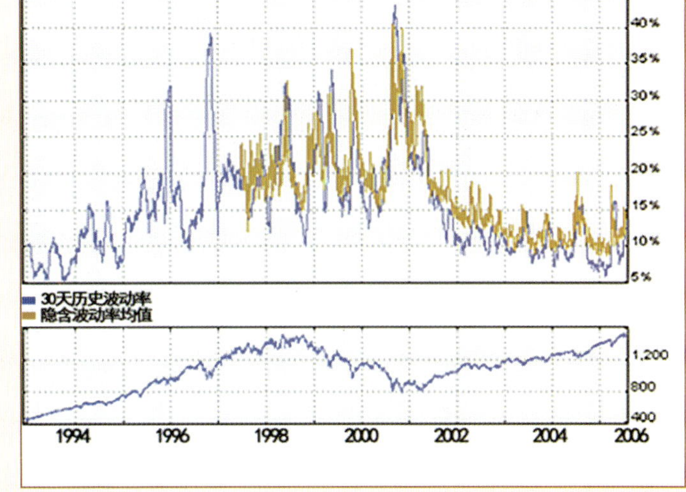

❖ 图 11.20 S&P500 隐含波动率与价格时间序列图（1994.12—2007.6）

✧ 数据来源：[金志宏 2016]

❖ 图 12.10 凯特纳通道示意图

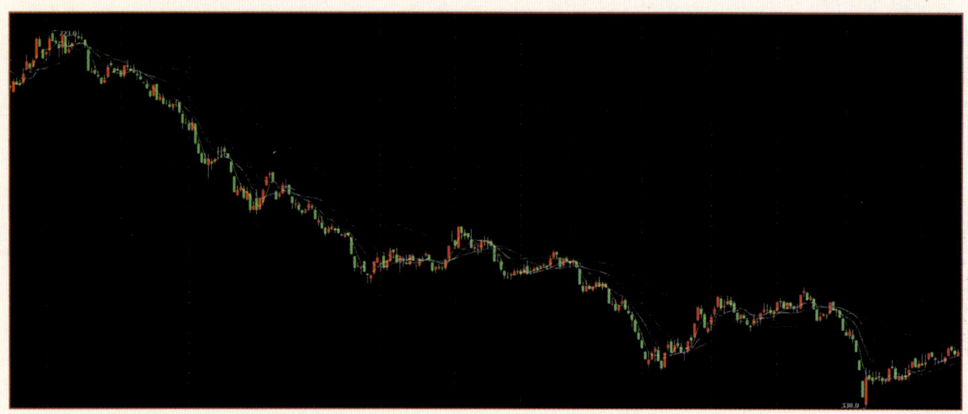

❖ 图 12.12 克罗均线系统示意图

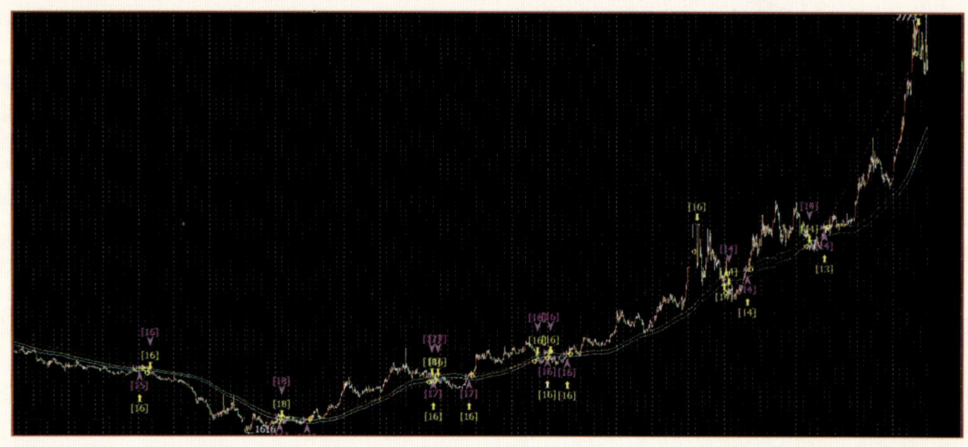

❖ 图 12.15 火车轨交易系统示意图

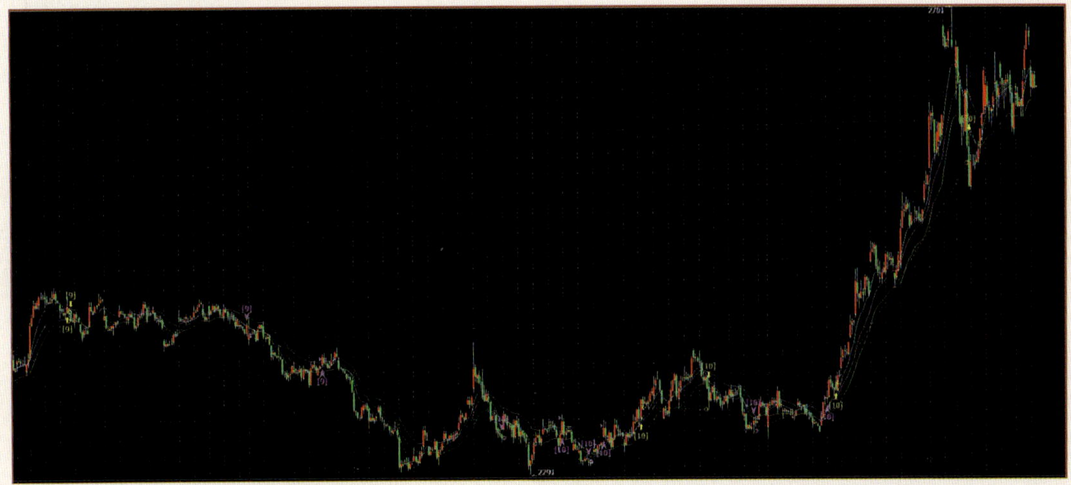

❖ 图 12.17 幽灵交易系统示意图

✧ 数据来源：宽潮教育

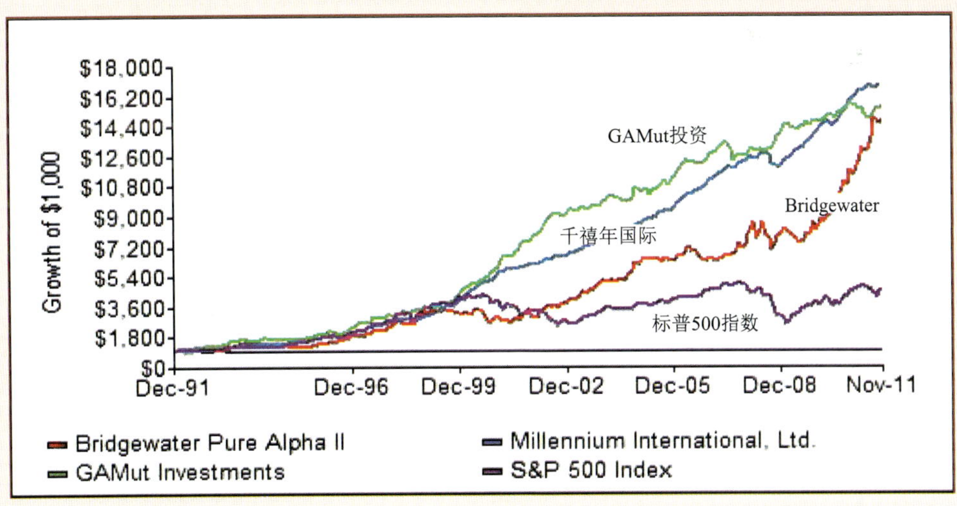

❖ 图 16.1 Bridgewater 的绝对阿尔法累计收益率对比

✧ 数据来源：MPI Case Study

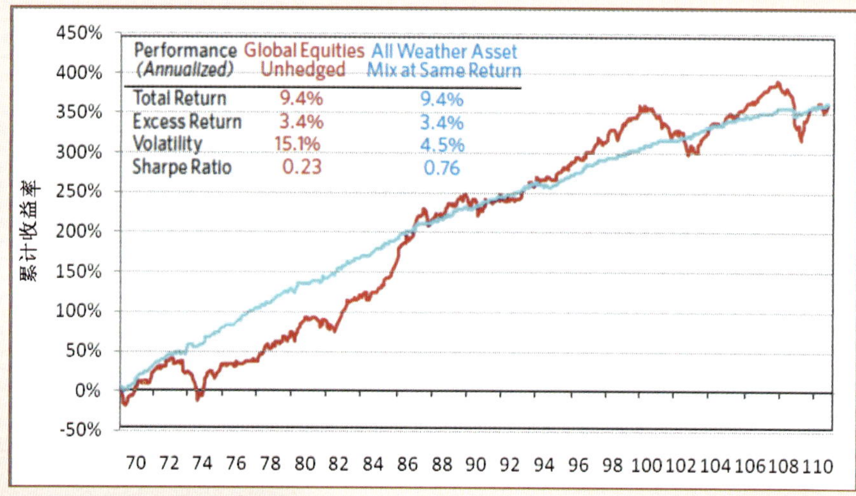

❖ 图 16.3 All Weather 投资组合风险对比

✧ 数据来源：Bridgewater 官网

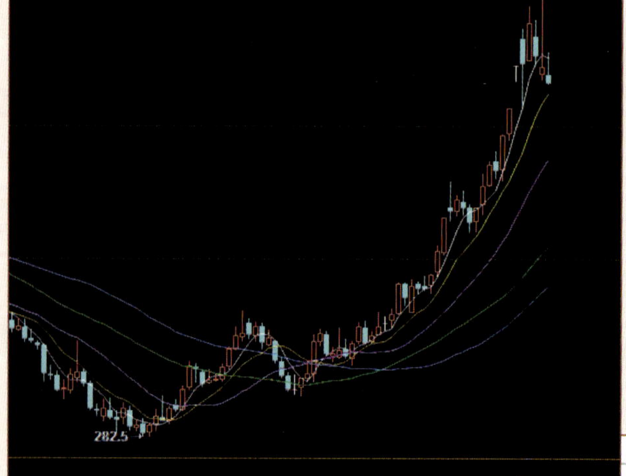

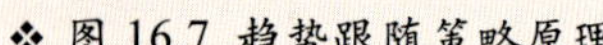

❖ 图 16.7 趋势跟随策略原理

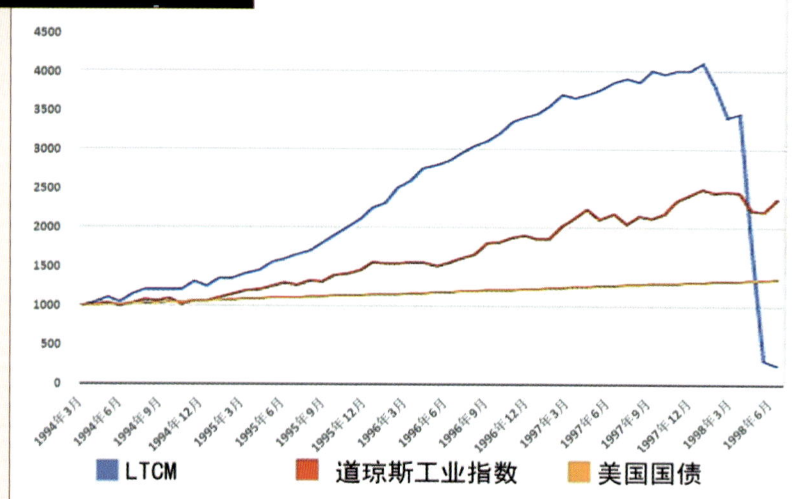

❖ 图 16.9 长期资本管理基金净值走势图

Fund of Funds

FOF组合基金

丁鹏 著

電子工業出版社
Publishing House of Electronics Industry
北京 • BEIJING

内 容 简 介

本书主要阐述了有关FOF组合基金的理论、架构和实践问题。全书分为3篇和2个附录。母基金篇阐述了资产配置、管理评价、策略评估、产品设计、风险管理、资金分配等；标的基金篇阐述了相对价值策略、宏观因素策略、事件驱动策略、期权策略等；海外经验篇介绍了美国主流资产管理公司及海外主流对冲基金公司的策略与产品原理；附录部分则概述了契约型基金设计和私募基金产品的一些法律问题。

本书适合从事资产管理行业，包括银行、信托、保险、券商、期货公司、第三方理财及私募基金的相关人士阅读，特别适合从事渠道和资金及资产配置的专业人士阅读。

图书在版编目（CIP）数据

FOF组合基金 / 丁鹏著. —北京：电子工业出版社，2017.1
（大数据金融丛书）

ISBN 978-7-121-30510-8

Ⅰ. ①F… Ⅱ. ①丁… Ⅲ. ①证券投资－投资基金 Ⅳ. ①F830.91

中国版本图书馆CIP数据核字（2016）第287881号

策划编辑：李　冰
责任编辑：李　冰
特约编辑：田学清　赵海军等
印　　刷：北京天宇星印刷厂
装　　订：北京天宇星印刷厂
出版发行：电子工业出版社
　　　　　北京市海淀区万寿路173信箱　　　邮编100036
开　　本：787×980　1/16　印张：33.5　字数：670千字　彩插：6
版　　次：2017年1月第1版
印　　次：2017年2月第2次印刷
印　　数：4000册　　定价：158.00元

凡所购买电子工业出版社图书有缺损问题，请向购买书店调换。若书店售缺，请与本社发行部联系，联系及邮购电话：（010）88254888，88258888。

质量投诉请发邮件至zlts@phei.com.cn，盗版侵权举报请发邮件至dbqq@phei.com.cn。

本书咨询联系方式：libing@phei.com.cn。

前　言

未来中国资产行业的格局

随着市场的发展和竞争的加剧，未来中国资产管理行业总体可以分为三类人：（1）负责赚钱的人，也就是基金管理人；（2）负责找钱的人，也就是各种渠道，包括银行、信托、券商等；（3）干各种杂活的人，包括清算估值、托管、经纪业务等，也可以称之为“第三方行政”。而连接这三者的就是 FOF。

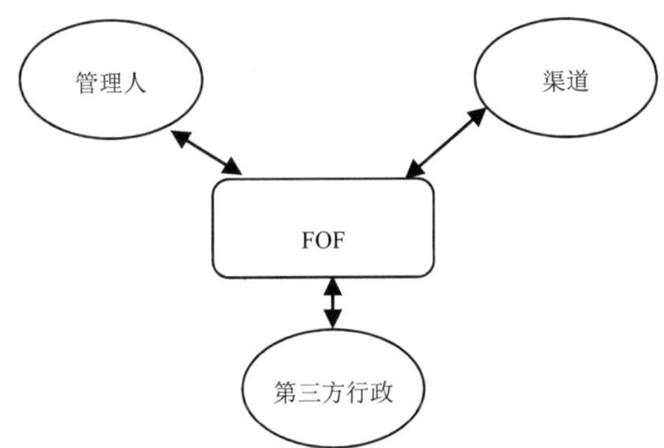

经常有朋友问笔者：我也想做量化，但是数学基础不行，怎么办？笔者的回答是：交易策略是一件非常复杂的事情，而且是高风险的，不是随便就能成功的。如果觉得自己缺乏天赋，那么做 FOF 也不错。“认识出色的管理人，也是一种资源。”

1. FOF 母基金：解决配置问题

市场的风险是很难控制的，所以绝大多数投资人都被恐惧和贪婪煎熬着，往往底部割肉、顶部追涨。这个问题的解决靠教育是做不到的，只能通过 FOF 母基金的配置来处理。资产配置才是长期获利的核心所在。

2. FOF 标的基金：解决策略问题

资产配置好后，标的基金则负责进行实际交易，其中会有多种交易策略，开发能持续盈利的交易模型是标的基金管理人的核心任务。

目前国内 FOF 的问题

自 2016 年 5 月中国基金业协会秘书长贾洪波在一次量化对冲论坛上表示要大力发展 FOF 机构之后，整个行业进入了高速发展阶段，各类机构纷纷涌入 FOF 领域，试图抓住风口。但笔者认为恐怕大多数人太乐观了，轻视了 FOF 的复杂性和难度。

1. 选基的难度远大于选股

从如下表格可以看出，基金的研究样本数量远远大于股票，但是信息的完整度却远远小于股票，选择基金的难度只会比选择股票更难。

	上市公司	基金产品
样本数量	3000 个左右	>10 万个
信息披露	季报/年报/临时报告 强制披露 完整数据库 第三方审计	只有净值走势、规模等少量数据 私募基金不得公开宣传 无审计

2. 大多数 FOF 基金经理缺乏"交易经验"

笔者做私募基金以来，接触了大量的 FOF 机构，它们的基金经理绝大多数来自渠道、媒体和研究机构，很少有投资背景，更别说大资金管理经验。在策略原理、市场驱动逻辑、风险控制、资金管理、交易系统、数据模型等重要的投资问题上，很多 FOF 基金经理并没有经验，更没有对金融市场残酷性的体会。这就像让没有打仗经验的军校学生当将军一样，大多数时候免不了"纸上谈兵"，所以 FOF 基金经理缺乏交易经验，实在是目前大多数 FOF 机构的硬伤。

3. 过于纠缠技术细节

笔者接触的这些 FOF 机构，如果从尽调材料来看，表面上还是相当完备的，从交易策略到风控制度，从投资逻辑到持仓明细，从宏观经济到公司制度，少则 30 页，多则 100 页，洋洋洒洒。试问：只要有这些表格，就可以成功地做 FOF 吗？如果是这样，那做 FOF 也太简单了，国际上也就不会只有贝莱德等少数大机构才能成为顶尖的 FOF 机构。一个成功的 FOF 基金产品，首要的是自上而下的战略资产配置，也就是首先要搞明白未来哪些类型的策略可能会有机会，然后再去细分策略上寻找优秀的管理人，而不是纠缠交易细节。对策略进行择时，比尽调更加重要。

4．缺乏完善的风险管理方案

如果说具体的交易策略是单个作战部队，那么 FOF 就是集团军联合战役。对于单个交易策略来说，考察的是未来的收益能力，或者获益的驱动逻辑。对于 FOF 来说，应该就是整体的风险管理能力。如何降低不同策略之间的相关性，在不同的策略之间进行资金分配，以保证在极端行情的时候整个配置依然具有生存能力，才是 FOF 产品的关键。目前从笔者接触的 FOF 机构来看，大都盯着历史收益率这个指标看，对于风险控制、资金管理这些更加重要的因素往往视而不见，这无疑具有极大的问题。

金融市场收益率高，但同时风险也大，特别是在中国这个制度并不完善的市场，除了要考虑市场因素外，政策因素也是必须非常重视的，所以在中国的金融市场赚钱并不容易，FOF 也不例外。笔者有多年的国内金融市场投资经验，2008 年进入东方证券投资部（资深策略师），到公募基金的方正富邦（专户部副总监），再到央企的东航金控（财富管理中心总经理），于 2016 年年初进入私募领域，参与创建了多家私募基金公司，涉足不同的策略领域，同时还作为合作伙伴和学术顾问参与多个 FOF 机构的项目评审。中间经历了两轮的股市牛熊，见证了千股涨停、千股跌停、千股熔断的历史奇观。经历得越多，也就越谨慎，生怕辜负了投资人的信任与托付。

所以当 2016 年 FOF 的风口忽然吹起，身边忽然冒出无数个 FOF 机构，很多只是两三人搭个草台班子就开始做 FOF 的时候，笔者深感忧虑。FOF 作为组合投资的成熟模式，在国外市场已经得到了实践验证，但在国内市场尚不成熟。这也是笔者决定写一本有关 FOF 的教材的重要原因之一，希望笔者多年的经验与教训能对更多同行人士起到帮助和借鉴作用。

主要原创内容

如果说笔者的《量化投资——策略与技术》一书更多的是对行业优秀研究成果的总结，本书则增加了笔者很多原创性的贡献，也是笔者多年从事资产管理行业的一些感悟和心得，姑且称其为“SCM 模型”。当然，这些创新的贡献也都是基于前人的研究成果的，可以用一张表格来表述。

	主要内容	SCM 模型的贡献
马科维茨：证券选择理论	用报酬均值和均方差来描述投资人的预期收益率和风险，并提出最优投资组合的两个条件	将策略的分析维度扩展到三维——收益率、风险度和资金容量，并且提出“投资不可能三角”的概念

续表

	主要内容	SCM 模型的贡献
夏普：CAPM 模型	用夏普比率来评价投资组合的业绩表现，也就是“风险调整后的收益率”	定义了 D-Ratio 指标，综合评价投资组合的收益率、风险度和资金容量情况，也就是“绝对收益能力”
Fama：三因子模型	用三因子来解释实体企业的业绩表现，其中最关键的是规模因子和价值因子	提出 D-三因子来解释基金产品的业绩表现，其中最关键的是学历因子和从业年限因子
钱恩平/桥水基金：风险平价	将传统的配置资产模式转变为配置风险，从而使投资组合的收益风险比得到提高	通过公式推导，将传统风险平价的复杂的非线性优化问题简化为 D-公式，解决了资金分配问题

主要包括如下内容。

1．投资不可能三角

马科维茨认为，可行集中包括无数个可供投资者选择的证券投资组合。投资者可通过有效集定理来找到最佳的投资组合。所谓最佳的投资组合一般要满足两个条件：（1）相同风险的水平下具有最大收益率的投资组合；（2）同样收益率的水平下具有最小风险的投资组合。

但是笔者在实践中发现，投资策略只考虑风险和收益率是不完备的，因为策略还有另外一个很重要的因子——资金容量。也就是说，一个完整的投资策略必须有三要素：收益率、风险度和资金容量。所有的投资人都在寻找高收益率、低风险、大容量的策略，但遗憾的是，**三者是不可兼得的**。任何一个投资策略只能优化其中的两项因子，牺牲掉另外一个因子。所以得出推论：高收益率的策略，要么牺牲了风险，要么牺牲了资金容量，二者必居其一。

2．D-Ratio

传统的对策略的考察一般是一维或者二维的，比如只考察收益率，这是目前国内大多数排名网站的着眼点。机构客户可能更多地使用夏普比率这种二维的评价指标，综合考虑收益率和风险。夏普比率定义如下：

$$夏普比率=(R_p - R_f)/\sigma_p$$

所以夏普比率考察的是“风险调整后的收益率”。

但是笔者认为，在资产管理行业更重要的是绝对收益，而不仅仅是收益率，因为不考虑资金容量的策略是不完整的，所以笔者提出了三维评价指标D-Ratio，公式如下：

$$\text{D-Ratio} = (R_p - R_f)/[\sigma \times (1 + e^{-c})]$$

该指标评价的是“绝对收益能力”。

3．D-三因子

Fama和French于1993年指出，可以建立一个三因子模型来解释股票回报率。三因子模型认为，一个投资组合（包括单只股票）的超额回报率可由它对3个因子的暴露来解释，这3个因子是市场资产组合（$R_m - R_f$）、市值因子（SMB）和账面市值比因子（HML）。D-三因子均衡定价模型可以表示为

$$E(R_{it} - R_{ft}) = \beta_i\left[E(R_{mt}) - R_{ft}\right] + s_i^E(\text{SMB}_t) + h_i^E(\text{HMI}_t)$$

其中又以市值因子的影响最大，也就是说，对于实体企业上市公司而言，如果投资者希望获得超额回报，就要寻找那些初创的、小市值的公司作为主要投资标的。

但是对于基金产品的回报率就不能再采用这种模式。投资人对于管理人的评价，最容易犯的，也是非常适合人性的一个错误，就是追逐历史高收益率和规模大的管理人。但是通过对历史数据进行分析，得出的结论很残酷：历史高收益率的产品未来往往表现不好，规模大的管理人业绩也不好，这就是“历史收益率陷阱”和“规模陷阱”。笔者团队通过对很多管理人成功的因子进行分析，认为最重要的反而是3个看起来和投资无关的指标——股权结构、学历和从业年限，并且提出了评价管理人的D-三因子模型。

$$Y = p_1 \times \text{Equity} + p_2 \times \text{Edu} + p_3 \times \text{Year} + \varepsilon$$

有这样一句话：功夫在诗外。文学上真正好的作品不是来自文字本身的功力，而是人生的经历和感悟。投资其实也是如此，真正能够在长跑中持续获利的是投资经理自身的素质和经历。

这其中影响最大的是从业年限因子，也就是说，如果投资者希望投资那些持续稳定的产品，则要考虑有丰富从业经验的基金经理。

4．D-公式

在传统的资产配置中，更多的是追逐收益的配置，而忽略了风险。钱恩平博士提出，风险平价就是强调风险配置，保证不同类别的资产的绝对风险基本一致。该理念在桥水基金的全天候策略上得到了成功运用。传统的风险平价的具体算法如下。

由 N 个资产组成的资产组合的总风险可以分解为各项资产的边际风险。

$$\mathrm{RISK}(r_p) = \mathrm{CTR}_1 + \mathrm{CTR}_2 + \cdots + \mathrm{CTR}_N$$

$$\mathrm{CTR}_i = w_i + \mathrm{Cov}(r_i, r_p)/\sigma_p$$

而风险平价可以表示为

$$\mathrm{CTR}_i = \mathrm{CTR}_j，\ i \neq j$$

也可以表示为

$$\sum_{i=1}^{N}\sum_{j=1}^{N}(\mathrm{CTR}_i - \mathrm{CTR}_j)^2 = 0$$

那么可以通过将其转化为一个优化问题来获取各个资产的权重。

$$\min_w \sum_{i=1}^{N}\sum_{j=1}^{N}[w_i\mathrm{Cov}(r_i, r_j) - w_j\mathrm{Cov}(r_j, r_p)]^2$$

$$\sum_{j=1}^{N} w_i = 1, w_i > 0$$

但是上述算法比较复杂，需要使用非线性优化的理论，实际应用也比较困难。笔者对该问题进行了简化，基于风险平价的原理，并结合 VaR 的理念，提出了用于多策略、多资产配置的 D-公式（出于商业考虑，第二次印刷以后该公式已经删除，感兴趣的读者，可以找机会线下交流的时候探讨）。

该公式虽然从理论上不够完美，但是要简单得多，对单类资产计算出 VaR 值，根该公式计算出权重，即可保证各类资产的最大绝对风险损失相同，从而可以很容易地用于资产管理实战。

本书内容

本书主要分为“母基金篇”、“标的基金篇”和“海外经验篇”三大主题，就 FOF 的方方面面进行了阐述。

母基金篇主要阐述 FOF 整体配置的一些问题。

第 1 章介绍 FOF 的基本概念、运作流程、FOF 分类、国外 FOF 市场等，主要说明 FOF 在国内的市场定位应该是一种类信托产品。

第 2 章对国外的主流 FOF 发展情况和国内的现状进行了综合性阐述。从国外的经验来看，马太效应很明显，前五大 FOF 机构占据了超过 60%的市场份额，所以这对国内的 FOF 发展也是一个重要的启示。

第 3 章初步讨论了 FOF 成功的几个关键之处：管理人评价；策略分类评估；资产配置；风险管理；绩效归因。这些内容在后面会另辟章节进行详细讨论。

第 4 章介绍了国外和国内主流的管理人评价体系。FOF 一开始就要对标的基金的管理人进行评价，国外的主流评价机构包括标普、晨星、理柏等。纯粹的对冲基金评价机构有 HFR 和 Erekahedge。国内的评级机构主要是券商系、媒体系和第三方系。但是由于各种原因，本应起重要作用的独立第三方评级机构在国内反而是缺席的。

星潮评价是中国量化投资学会（CQIA）推出的独立第三方评价体系，在第 5 章进行了详细讨论。星潮评价从公司评价、产品评价和资金管理 3 个层面全面构建 FOF 的评价体系，并且笔者在这一章提出 3 个原创性的公式：D-三因子、D-Ratio 和 D-公式，分别对应公司、产品和资金管理 3 个层面。

第 6 章是有关资产配置的内容，针对风险识别的不同，有核心-卫星模式、杠铃配置模式、逆向配置模式、成本平均模式、买入并持有模式和美林时钟模式等资产配置模式。文中也给出了不同配置模式的案例。

第 7 章是有关公募基金 FOF 配置策略的内容，通过对海外三大类配置方法的解读，试图让国内的公募基金机构了解最新的模式，包括目标日期型、目标风险型和风险平价型。并且介绍了耶鲁基金的模式，为读者提供参考。

风险平价的概念在国内的机构投资者中越来越受到重视，其基本思想是应该配置风险，而不是配置资产。将风险平价理论实践得比较好的是桥水基金，它的全天候策略采用的就是风险平价的原理。有关风险平价的细节，包括定义、分类、资产类别风险平价策略、风险因子风险平价策略的具体做法等，将在第 8 章中讨论。

业绩归因毫无疑问是 FOF 成功的关键点之一，有关业绩归因也有很多模型和公式，如 Fama 分解模型、BHB 模型等。第 9 章重点讨论了这个话题，并且以当前公募基金的净值数据进行分析，以验证模型的有效性。

标的基金篇则主要介绍各类标的基金的具体策略原理及适用范围。

第 10 章是经典的投资组合理论，包括证券选择理论、资本资产定价模型和笔者原创的 SCM 策略组合模型。前两个理论是业内流行多年的理论体系，对全球的金融发展有着深刻的影响。笔者的理论则是对这两个模型的拓展，将对策略的分析从二维体系扩展到三维体系，相信可以给读者更多的启迪与思考。

第 11～14 章则对具体策略进行了详细介绍。根据笔者的 SCM 模型，将所有策略分为四大类：相对价值类、宏观因素类、事件驱动类和期权类。相对价值类就是不进行方向性的赌博，而是专注做市场的波动率差进行盈利，这部分内容在第 11 章阐述，包括阿尔法策略、期现套利、统计套利、跨期套利、ETF 套利、分级基金套利等。

第 12 章将方向性策略简单地分为趋势跟随型和拐点型两大类。拐点类策略就是试图找到走势的高低点并进行高抛低吸的操作，主要模型有时变夏普率、Hurst 指数、SVM 分类和市场情绪择时。

事件驱动策略在国外是一个大类方向，在国内则往往和操纵市场有些混淆，但只要是采用公开数据和信息的操作，就不存在操纵市场的嫌疑。总的来说，可以分为困境证券类、并购套利类、绩效激励类和制度缺陷类等几种，这部分内容将在第 13 章详细描述。

期权有很多策略，其实也可以归结到前述的三大类中，但是由于期权的交易模式和传统的股票、期货完全不一样，并且衍生出大量独特的交易策略，所以本书中也将它单独归类——期权策略，包括股票-期权策略、转换套利、跨式套利、宽跨式套利、蝶式套利、飞鹰式套利等。

它山之石，可以攻玉，做 FOF 不能闭门造车，而是要深入了解海外的先进经验，海外经验篇则对美国主流资产管理公司和海外主流对冲基金进行了介绍。海外的资产管理公司一般是 FOF 的母基金模式，对冲基金公司是 FOF 的标的基金管理人。

第 15 章介绍了不同类型资产管理公司的代表，包括巨头型的黑岩、资本并购之王、KKR、精品型的橡树资本、平台型的嘉信理财、智能投顾的 Betterment 等。

传奇的对冲基金经理的故事很多人早就知晓，但是对于他们的具体策略可能不甚了解，第 16 章选取了典型的海外对冲基金进行分析，包括桥水基金、量标的基金、摩根大通、德邵基金、贝莱德、元盛资本、保尔森公司、长期资本、文艺复兴科技、埃利奥特等。通过对它们的核心策略原理进行解读，希望读者能有一个概要性的了解，有助于资产配置的研究。

附录是契约型基金设计和私募基金综合法规解读，可以让读者大致了解这种基金的组织架构和法律保护等问题。

本书读者对象

本书适合从事资产管理行业，包括银行、信托、保险、券商、期货公司、第三方理财及私募基金的相关人士阅读，特别适合从事渠道和资金及资产配置的专业人士阅读。

经过几十年的改革开放，中国实体经济领域的竞争已经相当激烈，留给年轻人的空间不再那么宽阔，而金融行业才是未来 30 年的耀眼舞台，这其中又以资产管理为最有价值的方向。2016 年，监管层提出要大力发展 FOF，无疑是未来几十年的大战略所在。在这个风口上，如果不能抓住机会，则会错失未来中国最大的发展机会。希望更多的读者能从本书中得到帮助，实现自己的事业，也实现人生价值。

致谢

在本书的撰写过程中，得到笔者团队的大力支持，其中宽潮教育提供了有关宏观因素策略的大部分模型和源码；周冠伟完成了相对价值策略的主要模型编写和测试工作；顾律君完成了书中大部分图片、表格的处理工作及目标日期模型的编写和测试；朱玉辉完成了目标风险模型、风险平价模型和绩效归因模型的编写和测试。没有他们的支持，就没有本书的顺利出版，特此表示感谢！

目　录

母 基 金 篇

标的基金篇

海外经验篇

母基金篇

FOF 分为母基金和标的基金两部分，其中“母基金做配置，标的基金做策略”。有关策略的内容国内已有不少书籍，特别是在笔者的《量化投资——策略与技术》出版后，近几年有关策略研究的文章层出不穷，但是母基金层面做资产配置的文章却凤毛麟角。母基金篇就是专门阐述有关 FOF 母基金的设计、资产配置、风险管理等方面内容的。本篇包括 9 章内容，具体如下。

第 1 章是基本概念，主要说明了 FOF 的定义、构成、关键要素、产品设计以及国外的相关发展情况，通过本章内容，读者会对 FOF 有一个大致的了解。

第 2 章是有关 FOF 的发展历史，特别是美国的 FOF，大致可以分为共同基金 FOF 和对冲基金 FOF 两大类。从美国的历程来看，马太效应很明显，主要以先锋基金、黑石、太平洋资产等大机构为主，相信国内很快也会形成这种态势。

第 3 章是有关 FOF 成功的关键要素的系统性分析，包括管理人评价、策略的分类评估、资产配置、风险管理、业绩归因等。通过本章内容，从事 FOF 业务的机构人员可以全面地了解 FOF 的核心技术。

第 4 章是管理人评价，这是 FOF 成功的开始，因为对标的基金管理人的评价是长期发展的核心要素。本章介绍了国外的几大评价机构，包括标普、晨星、理柏等，同时也对国内的几大评价机构进行了阐述。但是国内的评价机构面临着很多不足与问题，所以未来肯定需要一个更加独立的、专业的管理人评级机构。

第 5 章是本书的一个重点内容，介绍了中国量化投资学会（CQIA）推出的星潮评价体系，包括用于公司层面评价的 D-三因子模型、用于产品层面评价的 D-Ratio 指标和用于资金管理的 D-公式。这也是笔者多年在金融领域研究思考的精华结晶，希望能给 FOF 从业人员更多的借鉴和帮助。

资产配置毫无疑问是 FOF 母基金的核心所在，根据对风险偏好的不同，有多种配置模式，包括核心-卫星型、杠铃型、逆向配置型、成本平均型、买入并持有型、美林时钟型等。这部分知识将在第 6 章讨论。

第 7 章是专门针对公募基金的 FOF 配置的讨论章节，主要介绍了国外共同基金 FOF 的一些产品模式，包括目标日期模式、目标风险模式和风险平价模式。最后以耶鲁基金为案例，分析了其成功的主要因素。

风险平价毫无疑问是近几年全球资产配置的重要风险管理手段，一般来说有资产类别风险平价和风险因子风险平价两大类。第 8 章对这两种风险平价进行了详细的讨论，并且以国内的数据为案例，进行了相关的模型分析和数据研究。

业绩归因是对标的基金管理人进行分析时必须要做的事情，因为必须搞明白，收益到底是来自运气还是管理能力。对于这个问题，有很多模型，包括 Fama 分解模型、BHB 模型和 IK 模型等。

FOF 母基金绝对不是找一个历史业绩出色的基金产品这么简单的，产品设计、管理人评价、策略分类评估、资产配置、风险管理、业绩归因等，一个都不能少。

第 1 章　基本概念

◆ 摘要 ◆

FOF 本质上是通过多资产、多策略的组合，在控制下行风险的基础上，实现持续稳定的收益。FOF 的核心价值应该是提高收益风险比，所以 FOF 在国内的市场定位应该是类信托产品，但是比信托的收益风险比略高。MOM 是 FOF 的一种变种形式，但是由于无法解决收益分配和虚拟账户的问题，国内目前只能是管理人内部模式运营。对于 FOF 的分类有很多种，为了便于投资者的理解，星潮 FOF 分类只有三种：纯 FOF、收益增强型 FOF 和风险降低型 FOF。

1.1　FOF 是什么

1.1.1　FOF 的定义

对于 FOF（Fund of Funds，基金中的基金），国际和国内有不同的定义。国际上一般是指通过多类资产配置，投资于不同市场和不同策略的组合基金，这是广义上的 FOF。国内由于监管的要求，往往是指将 80%以上的基金资产投资于经中国证监会依法核准或中国基金业协会备案的基金份额的公募基金和私募基金。

作为结合基金产品创新和销售渠道创新的基金新品种，FOF 与基金捆绑销售和基金超市等纯销售计划不同，它采用基金的法律形式，完全按照一般的基金模式运作。FOF 包含着对基金市场的长期策略，与其他基金一样，是一种可长期投资的金融工具。笔者认为，在中国目前理财市场鱼龙混杂的情况下，FOF 基金作为监管层寄予厚望的品种，应该秉承“风控优先、稳健持续”的原则，成为一种类固定收益产品，为投资者提供稳健增值的投资模式。图 1.1 是 FOF 的整体架构。

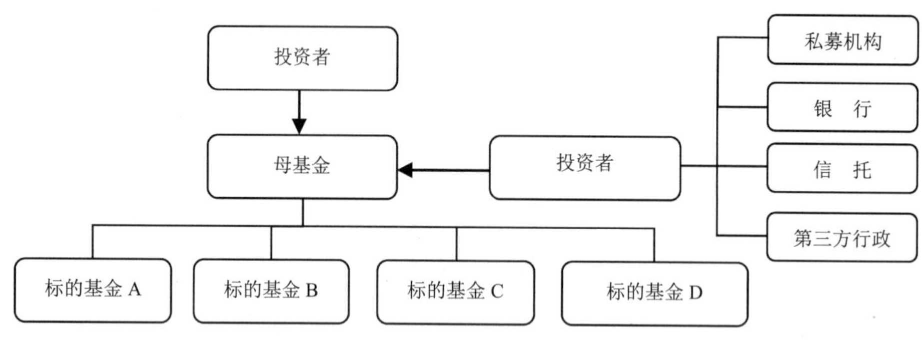

图 1.1　FOF 的整体架构

FOF 最初产生于美国，当时是为了解决对于私募基金“合格投资者”的种种限制，形成了公募基金组合投资私募基金的产品，使得普通投资者也能够通过这一组织形式间接地投资私募基金。目前，这类基金产品在美国市场依然规模庞大。

1.1.2　FOF 基金的特点

由于投资范围和运作方式等不同，FOF 基金和普通基金相比有许多特点。

1．专业度高，风控能力强

FOF 基金掌舵人多为基金业从业经验丰富的老牌管理者，并辅以资深研究员及投资决策委员会，使其投资决策更加科学化并拥有精准的市场判断。此外，FOF 基金经过专业投资人的二次筛选，可以同时投资于不同种类的多只基金，充分分散投资风险，从而获得长期稳定的收益。虽然 FOF 短期内在收益上可能比不上单只基金，但其波动较小、控制下行风险的特点使其成为许多风险偏好较低、风控意识较强的投资者的投资标的。

2．规模效应明显，运作成本较低

普通投资者借助 FOF 基金的规模和影响力可实现对高门槛基金的投资。此外，由于资金规模效应，FOF 基金在管理费、投资顾问费和分销费上相对于普通开放式基金有一定优势。基金投资策略中最重要的环节是资产配置，而 FOF 将行业内精选股票的任务交给了其投资的标的基金，从而降低了自身的运作成本。

并且由于 FOF 的规模较大，在和标的基金合作的时候，具有一定的话语权，可以获得更加优厚的服务。这有点类似于团购的概念，很多小投资人集合在一起，往往就有了更大的费率折扣和收益回报。

3. 收益稳健，期限长

FOF 基金较强的风险分散化特性带来的是单一行业或单一股票对整体业绩的贡献微弱，因而相较一般基金，FOF 基金在获取绝对收益上表现出天然的弱势。FOF 平均业绩与共同基金平均业绩十分接近，但普遍低于股票型基金。

业绩的弱势也与费用高有关。由于存在二次收费的问题，FOF 基金费用高于单只基金。然而费用问题可以通过若干种方式解决，包括通过投资本公司旗下的基金，从而实现单一收费或持有费用较为低廉，或者降低标的基金的收费，使得客户承担的总体费用不变。

此外，为了保证投资策略的持续性，一般标的基金都会保持较长的封闭期，业内通常都会设定封闭期为一年，这就使得 FOF 母基金的调仓次数也会比较少，从而避免了频繁调仓带来的成本，当然也会造成流动性偏弱的缺点。这就使得 FOF 的投资人天然地会偏向于长期资金，如银行、保险、国企等大机构投资人。

1.2　FOF 的核心价值

1.2.1　风险与收益的关系

FOF 是一种理财产品，所有理财产品或者理财服务产生的根源都是为了满足投资者的美好梦想与残酷现实之间的差距。投资者的美好梦想是什么？投资者永远都期望无风险、高收益，或者低风险、高收益（见图 1.2）。2012 年笔者的《量化投资——策略与技术》出版之后，很多人问我：量化投资能有多大的收益率？我一般都回答：量化对冲类产品是一种类固定收益，国内有 15%～20%的预期收益率（按照 2012 年的市场行情）。很多投资人对此嗤之以鼻：这么低的收益率，我去做个小贷，或者买个房子，也比你的产品收益率高得多啊。

这件事情我特别能理解。有人曾经问我：您做浮动收益投资，凭什么或者您怎么去跟目前这些依托于高利贷的产品竞争？我说："只要这个市场无风险、高收益产品存在一天，浮动收益产品永远都没有竞争力。"这是因为所有的投资者都期望在不承担风险的情况下获得收益。

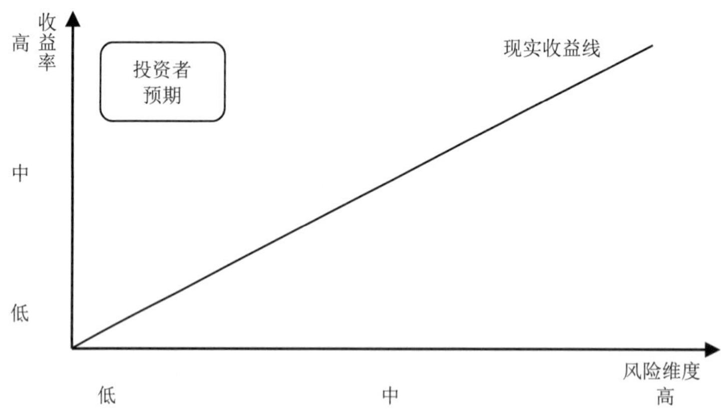

图 1.2　理财产品的理想与现实

投资者的这个梦想差点在中国过去几年的金融市场成为现实，高收益的信托产品，包括 P2P，所有依托于高利贷的产品大行其道。当然这是一个短时间的、特殊的、畸形的现象。但事实上一个残酷的现象是：一般情况下风险与收益是相匹配的，低风险低收益，高风险高收益（见图 1.3）。从 2015 年开始，信托产品不断出现延期兑付甚至无法兑付的情况，从 2016 年开始，P2P 大量倒闭和跑路，大量中小投资者为他们的梦想付出了惨痛的代价。

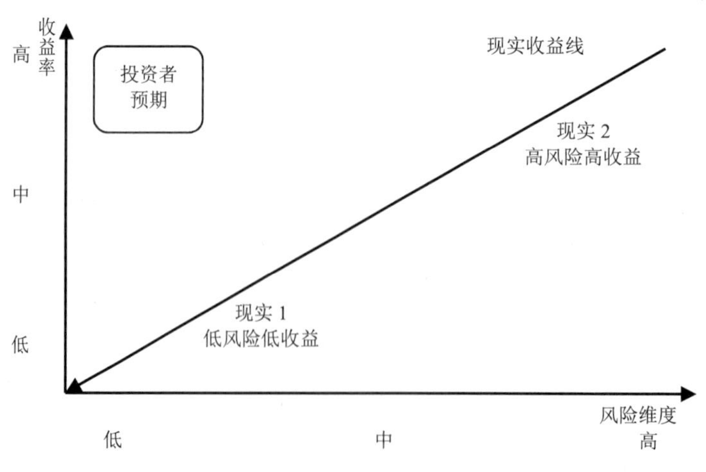

图 1.3　理财产品从现实 2 到现实 1

一般来说，跨产品配置或跨市场配置虽然降低了风险，但并不能提高风险收益水平。正如图 1.3 中所显示的，现实 2 中的配置虽然收益较高，但是风险也显著加大；而现实 1 中的风险虽然较小，然后收益却明显达不到投资者的梦想。这个很残酷，但确实很真实，这就是风险和收益之间的关系，符合大多数情况。

当然，在真实的市场中，由于信息不对称存在，确实存在一些高收益、低风险的投资品种，但是作为代价，这种产品只能降低资金容量，只有少数人能享用。关于这个论述，10.3 节有详细阐述。

对于大众理财产品而言，理财服务的目的都是为了把这两个现实尽可能地向投资者展示出来，从这个角度来说，我们就要考虑 FOF 的价值究竟是什么。

1.2.2 提高收益风险比

我们知道 FOF 有两种典型的做法：第一种是简单地把寻找到的基金产品打包卖给客户，这种产品是 FOF 的一种形态；第二种就是我们所谓的管理型 FOF，它是通过动态地配置资产和控制风险来提高收益风险比的。我们先看第一种，即简单地把产品打包卖给客户，看能否实现前面所说的把现实向投资者梦想拉近的目标。

第一种：简单打包模式的 FOF

我们假设一个最简单的条件：有两个产品，一个低风险低收益，一个高风险高收益，简单地把这两个产品打一个包，可以看到，最后打成包的产品就是中间这个，随着两个产品的比例不同，就向上滑动，但是无论怎么滑动都无助于把整条曲线往上拉。所以简单地把产品打包卖给客户，我们不能说它没有价值，它有价值，但它的价值是销售价值。很多机构做了这样一个产品跟客户收管理费，其实这样的产品收的每一分管理费都是从客户那儿骗来的，总有一天会被客户拿回去，这是第一种，显然 FOF 的价值不可能是简单地打个包。图 1.4 中箭头所示即为这种，这种组合方法并没有改善收益风险比。

第二种：管理型 FOF

从图 1.4 中可以看出，简单的组合无法提高投资的收益风险比，能抬高的只有两种：一是抬升整条线；二是“掰弯”整条线。第一种是让这条线整体向上平移，在同样的风险水平下能获得更高的收益（见图 1.5）。这是让现实与投资者梦想更接近的途径之一。

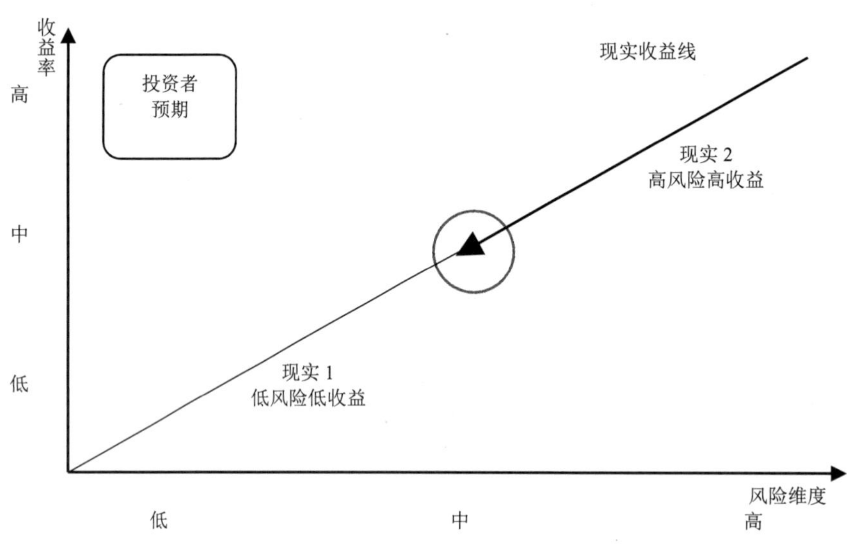

图 1.4　简单打包模式的 FOF

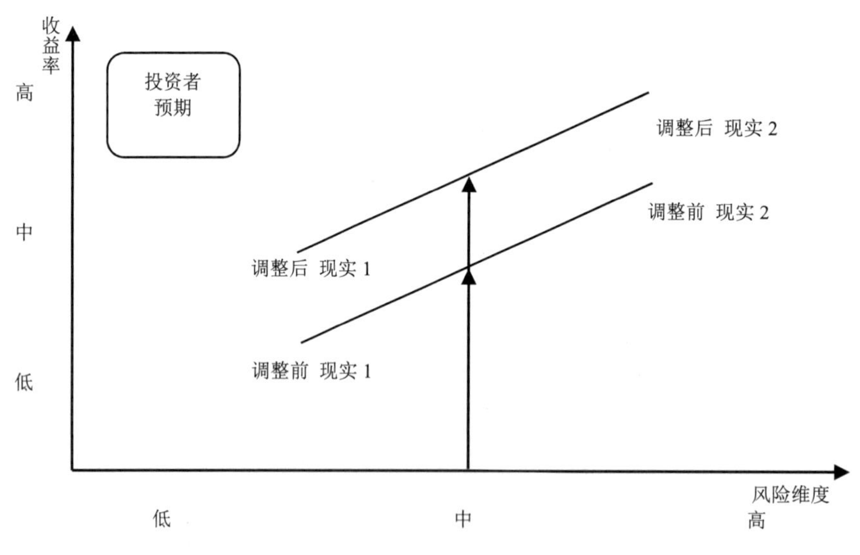

图 1.5　管理型 FOF（模式 1）

第二种就是在现实不可变更的情况下，通过某种方式把直线掰弯（见图 1.6）。这两种途径都可以缩小投资者梦想与现实之间的鸿沟。我们不能说一定实现梦想与现实的完美交流，但可以让现实离梦想更近一步。

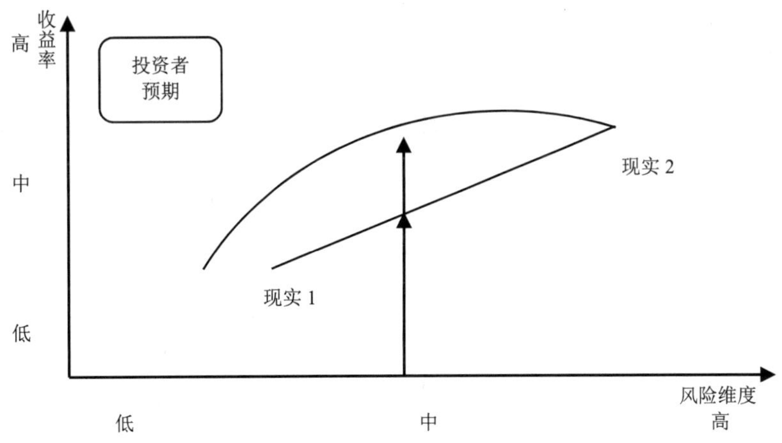

图 1.6 管理型 FOF 的收益风险比（模式 2）

所以真正有价值的是管理型 FOF，通过策略选择、资产配置和风险管理来提高理财产品的收益风险比。也就是说，在同样的风险情况下，收益率更高，或者在同样的收益率情况下，风险更低，这也正是马科维茨的有效前沿所要表达的内容。[马永谙 2016]

1.3 FOF 的定位

目前国内理财产品的风险收益关系可以用图 1.7 来表示。

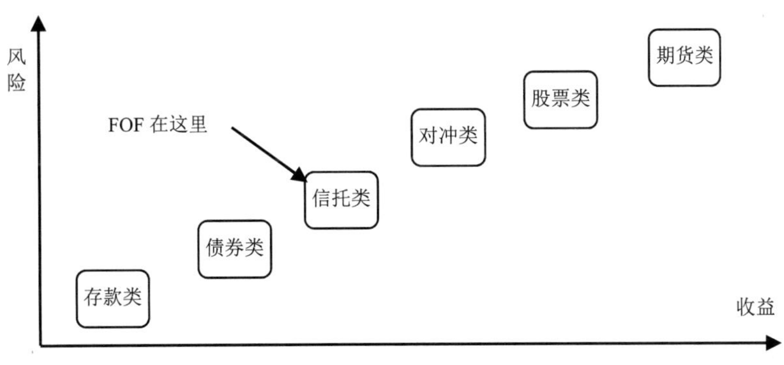

图 1.7 理财产品分层图

1. 存款类

存款类是风险最低的一类理财产品，包括各种银行存款、协议存款、货币基金、逆回购等。其中，货币基金的投向绝大多数也是银行的协议存款，所以也归结到存款类。

2. 债券类

债券类主要是指国债、金融债和高等级企业债。国债是中央政府发行的债券，有国家信用背书；金融债主要是国有大型商业银行、保险公司发行的债券，风险也很低；高等级企业债一般都是评级 AAA 以上的央企债。

3. 信托类

信托类主要是一些地方债、低等级企业债。国内近 10 年的基础设施建设带来了地方债的海量增长，它们大都是通过信托方式融资的，但最近也开始不断出现风险。笔者认为，FOF 的定位应该就在这个区间，收益率比一般的信托产品略微高一些，风险则略微可控一些。因为 FOF 的投向主要是二级市场，流动性风险要明显小于信托。

4. 对冲类

对冲类就是各种量化对冲产品，包括阿尔法、期现套利、统计套利、分级基金套利等。一般来说，没有敞口的对冲类的产品，风险是可控的，收益率也比较适中。对冲类的产品是 FOF 标的基金的主要构成部分。

5. 股票类

股票类就是以股票为主要投资标的的产品，一般分为主动管理类和被动管理类两种。根据国外的经验和国内近几年的变化，被动投资类，也就是指数基金，在大多数时候都会获得优势。

6. 期货类

期货类就是以各种金融衍生品为标的的投资产品，这种产品的特点自然是收益比较高，但是风险也会大很多。因为期货本身的波动率远远大于股票和债券，再加上有杠杆，所以期货类产品的风控要求非常严格。

笔者认为，FOF 的健康发展首要的是搞清楚自身的定位问题，如果 FOF 的母基金管理人试图追求高收益，那么，这恐怕违背了 FOF 发展的初衷。笔者在图 1.7 中将 FOF 定位为类信托的一种，这样，在与客户交流的时候就会比较清晰。FOF 只要在收益风险比上比信托略微强一些，就会获得很大的优势。

1.4 FOF 的运作流程

典型的 FOF 投资流程包括 5 个步骤：产品设计、策略设置、管理人选择、风险控制与绩效评估、售后服务，如图 1.8 所示。

图 1.8 FOF 运作流程

1. 产品设计

产品设计的实质是产品定位问题，主要取决于客户的需求、预期收益、能承受的风险水平、投资期限等。

产品设计首先要搞清楚的一个问题就是：你的产品到底卖给谁？是卖给风险厌恶型客户，还是风险偏好型客户？目前很多 FOF 投资往往忽略这一环节，产品设计定位不明确，则相应的资产配置管理就经常错位。

第二个问题就是：FOF 到底是作为目标还是作为手段？如果是作为目标，就是全程控制组合的构建；如果是作为手段，就可以作为增强配置。

对于风险厌恶型客户，如银行、保险、央企等大型机构投资者，FOF 可以作为固定收益的一个增强品种。曾经有一个债券投资很出色的机构和笔者交流，说他们也想做 FOF，但是很苦恼，不知道从何下手，因为他们对权益类和对冲基金不是很熟悉，如果自建团队做孵化，那么成功率也不知道有多高。笔者当时给出的建议是做一个债权增强品种，将大部分资金依然配置在传统优势的债权上，拿出一部分资金以 FOF 的方式构建权益类和对冲基金类的组合，这样可以比传统的纯债有更好的收益增强表现。

对于风险偏好型客户，如券商、信托公司、期货公司的客户，FOF 出色的风险管理能力又可以让产品熨平波动。例如，券商可以发行一个产品，将大部分资金配置在

FOF 上，少量资金做纯股票型的投资，这样可以比传统的权益类产品有更好的稳定性，从而有助于维护客户的稳定。

对于 FOF 机构来说，客户特征决定了构建的 FOF 类型，这是必须一开始就搞明白的事情。因为客户特征决定了后面的策略配置、管理人选择和绩效评估等内容。

2. 策略设置

投资策略就是解决“如何投”的问题。一个完整的投资策略一般包括三部分。

第一部分是关于资产配置，即在不同的市场环境下该如何配置大类资产。具体到基金投资者上来说，比如，如何设置股票类、债券类、对冲类、货币市场类基金产品比例，或者如何配置浮动收益类产品和固定收益类产品比例，以及大类资产配置中的细类资产投资比例。

第二部分是具体到每一个类别下面挑选合适的品种。

第三部分是根据市场环境变化来调整资产配置及品种配置，也就是通常所说的择时。

精选基金很重要，但是资产配置决定了 FOF 的最终业绩，所以要在资产配置的基础上优选基金。FOF 资产配置如图 1.9 所示。如果在下跌的市场中配置了大量的股票型基金，那么，无论如何精挑细选，也避免不了亏损。

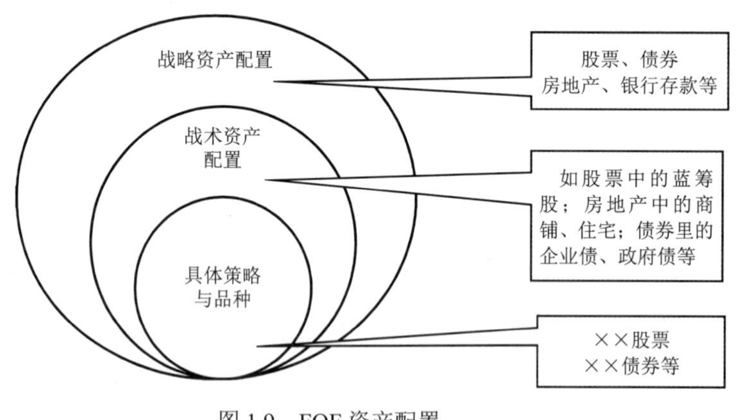

图 1.9 FOF 资产配置

目前，多数 FOF 基金经理花在“投什么”上的精力要远大于“如何投”，但是后者往往比前者更重要。投资策略就是解决“如何投”的问题。那么，为什么说“如何投”或者各大类配置比例的设置及调整更重要呢？

2005—2013 年，在中国基金市场上运行期满的基金中，最好的货币市场基金业绩是最差的 1.26 倍，最好的债券基金业绩是最差的 5.26 倍，最好的股票基金业绩是最差的 5.08 倍。但与此同时，股票基金的平均业绩是货币市场基金平均业绩的 9.78 倍，是债券基金的 2.95 倍，而最好的股票基金业绩是最好的货币市场基金的 41.91 倍。显然，配置哪类资产比具体配置哪个品种重要得多。

在 FOF 里，大类资产配置的概念主要指对应于一个大资产类别的基金类别。比如，对应于股票市场的股票基金，对应于债券市场的债券基金，对应于商品市场的期货基金，对应于房地产市场的 REITs（不动产基金）等。

而类别资产是介于大类资产（如房子、股票、债券、银行存款）与具体品种之间的一个资产分类。比如，房地产中的住宅、商铺，股票里的蓝筹股、成长股，债券里的企业债、政府债，等等。当然，在 FOF 里，类别资产主要指的是某大类基金下的细类基金，即按照风格划分的细类基金，如股票基金下的大盘蓝筹基金、小盘成长基金等。

在类别资产里有一个有趣的现象：如果按照某些分类方式，则同类的基金长期业绩会趋同，而不同类的基金业绩会分化，称之为基金的业绩收敛与分层现象。简而言之，如果选对了细类基金，那么这个细类基金下的大部分品种业绩都差不多，而细类基金之间的业绩差距则会拉大。比如，如果选择了大盘蓝筹股票基金，那么在十几个月之后，这个类别里的大部分基金收益差距会逐渐收窄，但是大盘蓝筹基金和小盘成长基金之间的收益差距则会拉大。

而在策略分类中，有一个“不可能三角”，也就是策略的收益率、风险、资金容量三者是不可兼得的，任何策略都只能满足其中两项最优，因此，在资产配置的时候需要综合考察。有关这个“不可能三角”的问题，参见 14.2 节。

3. 管理人选择

不管是 FOF 还是 MOM，最终都要体现到标的基金的管理人选择上来，就像不管你买的是奔驰还是宝马，你得请个好司机，除非你自己开。业内通行的做法是标的基金的优选以定量为基础，结合定性的研究。在考察维度上，需要结合标的基金本身的收益风险特征、基金经理的管理能力及标的基金所在基金公司的整体实力三个维度的内容综合考虑。

完整的基金评价体系涉及业绩衡量、业绩评价与业绩归因三个方面：业绩衡量回答业绩“是”什么的问题；业绩评价回答业绩“好坏”的问题；业绩归因回答业绩“好坏”的原因。

筛选标的基金的量化方法可以依照量化指标，如阿尔法值、贝塔值、詹森值等绩效指标，加上基金公司及经理人等因素作为计算参数，用严格的统计方法设计出一整套量化方案。量化分析一般要考察基金短、中、长期绩效，从月、季、一年、两年乃至更长时期内绩效表现较好的基金中初步筛选出符合条件的标的基金池，然后结合风险特征，选出收益较高、风险较低的基金。总体而言，量化选择方法主要依据基金的历史业绩，同时也要考虑基金的风险特征等。

在量化筛选之后，还需要对初步选定的标的基金进行定性分析。事实上，决定基金业绩的主要因素是基金经理的管理能力，因此，定性分析主要针对基金经理展开。负责建立基金池的投资决策小组及 FOF 基金经理人通过拜访标的基金经理人，来了解他们管理基金的哲学、选股和投资策略、团队风险控制、基金经理操作经验、绩效稳定性等。

由于基金公司的整体实力会对单只基金的业绩产生影响，因此只对标的基金的优选还涉及对标的基金公司的考察。业内通行的做法一般包括公司商誉和管理能力、资产管理规模、旗下基金过去绩效表现、旗下基金周转率、旗下基金费率等指标，在其他条件相同的情况下，会优先考虑标的基金公司实力雄厚的基金。

对于这个问题，笔者认为，业内的评价体系过于重视对单个产品的评价，而忽略了对公司整体的评价，特别是对于私募基金而言，公司的评价起着至关重要的作用。为此，笔者结合多年的实战经验，提出了“星潮评价体系”，从公司的股权结构、投资经理的教育背景、投资经理的从业经历等多方面进行公司层面的评级（具体参见第 6 章）。

4．风险控制与绩效评估

作为组合产品，与单只基金相比，在市场上涨时，FOF 难以体现出优势，但是在控制下跌的风险上，FOF 有可能做得更好，从而获得较高的收益风险比。普通股票基金在长期投资回报上是令人满意的，但是波动性和向下的跌幅非常大。2005 年 7 月到 2015 年 6 月，公募基金中股票基金的年化收益率达到 20.94%，但是年化波动率也高达 48.58%，年度最大跌幅高达 51.42%。由于股票基金本身的产品特性，其很难规避系统风险。

此外，过去 FOF 基金没有在总体上得到认可，主要是因为没有控制好下行风险。在面临系统风险的时候，下跌的幅度很大，没有发挥出 FOF 控制风险的优势。未来 FOF 管理人的目标就是控制好产品的下行风险。如果 FOF 产品能够取得与一般股票基金相当的业绩，但把业绩波动和下跌幅度控制在普通股票基金的一半，那么这样的产品无疑会具有较强的吸引力。

具体来说，主要有事前风控、事中风控和事后风控三个环节。

事前风控主要就是确定不同策略之间的风险特征，以及如何利用“风险平价”的方法来降低整个组合的风险（有关“风险平价”的内容参见第 8 章）。

事中风控就是对产品的各种风险指标进行监控，包括“净敞口”、“总持仓比例”、“单品种持仓比例”、“黑名单”4 个方面，并且可以实时监控管理人是否有违背基金合同约定，超越风险指标的交易行为。

事后风控就是对盘后的持仓组合计算最大风险损失值，也就是通常所说的 VaR，计算在不同置信区间下的最大可能损失值，从而为 FOF 的配置调整提供数据上的依据。

有关事中风控和事后风控的内容，请参见第 3 章。

绩效评估就是要对实际的业绩做出准备的分析，分解其中的运气成分和实际的管理能力成分。

5. 售后服务

售后服务是 FOF 运作流程中不可或缺的一个环节，这对于加强与客户之间的沟通与交流，促进彼此之间的信任，有积极的意义。因为 FOF 虽然有很多优势，但同样也有缺点，比如，和固定收益相比，风险略大；和股票类相比，收益又偏低。那么，在 FOF 的收益短期没有达到预期的情况下，如何与客户沟通解释，就显得非常重要了。

比如信息披露，虽然监管层对于私募基金的信息披露并无明文规定和强制要求，基金可以自主选择准确、规范、及时地披露产品净值等最新相关信息，但良好的信息披露可以增强投资者的信心。此外，在 FOF 运作过程中，要给予客户完善的技术支持，杜绝估值延迟或频繁出错问题。

以上就是 FOF 基金的五大运作流程。

由于我国 FOF 基金的历史较短，FOF 在运作流程上还存在一些问题，比如，在产品设计上，定位不清晰；在组合管理上，存在追涨杀跌等现象，导致 FOF 业绩波动较大；在产品发行上，存在营销不当、收费标准不统一等问题；在产品运作上，存在投资标的雷同、组合管理不科学、风险控制不严谨等问题；在售后服务上，存在技术支持不到位、信息披露不规范等问题。但是笔者相信，随着行业逐步成熟、逐步规范，未来整体行业得到持续稳健发展是必然的结果。

1.5 FOF 的分类

1.5.1 传统分类方式

传统的 FOF 分类方式往往是由过去共同基金的分类模式衍生而来的，主要包括如下几种分类方式。

1. 按投资的基金种类区分

按投资的基金种类区分，FOF 可以分为股票型、固定收益型、配置型、另类投资型 4 类。

股票型 FOF 主要投资于不同风格的股票基金。根据目标市场的不同，又分为单一市场 FOF 和跨市场 FOF。跨市场 FOF 是 FOF 产品中很重要的一类，由于不同市场的周期性、受宏观环境的影响程度及流动性都具有一定差异，这为 FOF 的多样化投资、降低系统性风险提供了基础。

固定收益型 FOF 可以根据所投资对象和投资标的的差异，分为免税型和收益型。前者的投资对象主要是一些免税债券基金，如政府债券。而后者则投资于不同类别的债券以提高收益，如在中长期债券、高息债等之间动态配置资产。

配置型 FOF 将资金在股票类、固定收益类基金之间动态调整。此类基金通过配置不同收益率、不同风险的证券产品来弥补单一产品在市场适应度上的不足。

另类投资型 FOF 涵盖范围较广，它也是以投资策略或投资目标来划分的，如专投 PE 的 FOF、对冲基金 FOF、商品基金 FOF 等。这类 FOF 的一般目标是让小额非专业资金进入高门槛、高专业要求的投资品市场，属于“桥梁型”产品。

2. 按投资标的区分

按投资标的区分，FOF 可以分为纯基金 FOF 和非纯基金 FOF 两类。

纯基金 FOF 只投资基金或者投资基金的比例不低于基金资产的 80%，剩余部分可投资于其他类型的证券，如股票、债券。非纯基金型 FOF 是基金、股票、债券都可以买，大类资产配置比例空间完全由基金契约约定，即未来的混合基金，其投资标的里可以包含基金。

3. 按所投资基金的归属区分

按所投资基金的归属区分，FOF 可以分为内部 FOF、外部 FOF、混合 FOF 三类。

内部 FOF（in-house FOF），即只买自己公司的基金。同一家基金公司（即使非常大的公司）一般不会出现重复的产品，同一个产品类型不会有很多选择余地。所以，内部 FOF 的主要任务不是选择产品，而是资产配置。比如，根据不同的市场环境来调整同一客户的资产配置，或者针对客户的投资目标变化来调整其资产配置。前者以配置类 FOF 为代表，而后者以目标日期 FOF（Target Date Fund，生命周期基金）为代表。外部 FOF，顾名思义，即只买其他基金公司的基金。混合 FOF，则是投资范围不局限于自己公司的基金产品，市场上所有的优秀基金产品都是潜在的投资标的。

4. 按投资策略区分

按投资策略区分，FOF 可以分为主动 FOF、被动 FOF、混合 FOF 三类。

主动 FOF 是指采用主动型策略进行投资的 FOF 产品；被动 FOF 是指采取被动型策略进行投资的 FOF 产品；混合 FOF 则是上述两种策略都可以采用的产品，如基金指数增强型 FOF、“核心-卫星”策略 FOF 等。

5. 按投资标的的交易场所区分

按投资标的的交易场所区分，FOF 可以分为场内 FOF、场外 FOF、混合 FOF 三类。

场内 FOF 指的是只通过场外交易的方式认购、申购、赎回基金的 FOF 产品；场外 FOF 指的是只通过场内交易的方式买卖基金的 FOF 产品，如 ETF、分级基金等；混合 FOF 指的是可以通过上述两大类渠道认购、申购、赎回、买卖基金的 FOF 产品，如在专业投资 ETF 和分级基金时通常采用的套利交易。

1.5.2 星潮 FOF 分类

上述的传统分类体系主要沿袭共同基金的分类体系，对于这种体系，笔者一直持有保留意见，根本原因在于，这是面向投资经理的分类体系，而不是面向投资人的。比如业内通行的晨星九宫格分类（见表 1.1），对于普通投资人而言，这种分类很难理解。

表 1.1 晨星基金分类

价　值	混 合 型	成 长 型
大盘价值	大盘混合	大盘成长
中盘价值	中盘混合	中盘成长
小盘价值	小盘混合	小盘成长

曾有一个大学同学就股票基金的投资咨询笔者，说券商给他推荐了一个叫作“××大盘混合基金”的产品，他不是很明白，问这是个什么东西？和新疆大盘鸡有什么关系？听到他的问题，我感到无语，但同时我也明白了一个道理：隔行如隔山。对于投资领域的人来说是常识的基金分类，对于其他行业的人来说，可能就像相对论那样难以理解。我的大学同学是受过高等教育的，尚且如此，何况其他普通投资人呢？

所以笔者认为，前面的各种 FOF 分类方法，对于普通投资人而言，同样也会让他们感到云里雾里，更何况 FOF 这个名词本身就是一个让人难以理解的东西。在这种情况下，笔者提出一个较为简单，并且能让普通投资人容易理解的 FOF 分类方法，即简单地分为纯 FOF、收益增强型 FOF 和风险降低型 FOF 三类，如表 1.2 所示。

表 1.2 星潮 FOF 分类

类　型	配置模式	目　标
纯 FOF	全配置	比信托有更高的收益风险比
收益增强型 FOF	固定收益为主+FOF 收益增强	收益比债券基金高
风险降低型 FOF	FOF 为主+权益类辅助	风险比股票基金低

1. 纯 FOF

纯 FOF 就是标的基金的资产配置，完全是开放式的，标的基金的类别不限定，可以是股票、债券、对冲基金、CTA 等。通过风险平价和资金管理，使得母基金的收益风险比较为优质。这种产品的对标理财产品就是信托，通过各种量化模型的配比，使得收益风险比较信托有一个合理的超越即可。

2. 收益增强型 FOF

收益增强型 FOF 就是以各种固定收益产品为主，如将大部分资金配置在银行理财或者债券上，用少部分资金做 FOF 的配置，使得该产品相对于主产品有一个收益上的增强。针对固定收益类的客户而言，有 1%左右的收益增强，就相当有吸引力了。

3. 风险降低型 FOF

风险降低型 FOF 就是在高收益的产品基础上用 FOF 配置来平滑收益曲线，比如将 60%的资金配置在 FOF 上，将 40%的资金配置在股票或者 CTA 上，从而使得在整体收益率较高的情况下，波动率得以相当程度的降低。对于风险偏好型客户而言，这种类型的产品会有更高的认可度。

1.6 FOF 与 MOM

1. 什么是 MOM

MOM 是基于 FOF 产生的一种新的投资形态，不同于 FOF 通过购买标的基金的份额形成产品组合，MOM 绕过标的基金环节直接将资金交给优秀的管理人打理，MOM 管理者再管理这些管理人，可视为“人的组合”。MOM 基金诞生于 20 世纪 90 年代，经过二十多年的发展，目前其规模及业绩水平均相当可观。

虽然从字面上看，FOF 选基金，MOM 选基金管理人，但二者的本质差别并非来自产品或人，FOF 投资标的基金时必然离不开对基金管理人的考察，而 MOM 母基金选择好的投资经理时也必然要发行产品才能将资金交给其打理。所以 FOF 和 MOM 都是通过挑选行业内的好的投资人才的方式来实现风险有效管控下的收益最大化的。区别在于，FOF 直接购买标的基金份额，而 MOM 以设立专户或子账户的方式直接将资金交由各个投资经理管理。这个本质上的差别衍生出了 FOF 和 MOM 在各个层面的比较。

2. FOF 与 MOM 对比

FOF 与 MOM 的不同点如表 1.3 所示。

表 1.3 FOF 与 MOM 的不同点

	FOF	MOM
投资标的	私募产品	私募管理人
投资方法	购买私募管理人产品	设多个子账号，每个子账号都配备一个私募基金管理人

续表

	FOF	MOM
管理费收取	双层收费机制	标的基金层面
利益分配	每只标的基金分成后再综合起来计算总收益	把全部交易团队交易账户的盈利情况先计算好后再分成

FOF 与 MOM 的相同点如表 1.4 所示。

表 1.4　FOF 与 MOM 的相同点

	相　同　点
配置不同策略	通过配置不同策略，提高了产品的策略丰富度。如果策略之间的相关性较低，则能够平滑极端净值波动，从长期来看可以穿越周期，获取较高收益
降低门槛	降低了投资者的资金门槛，100 万元起步可以投资多个策略
风控方面	有两层风控，母基金层面和标的基金层面都有风险控制的要求和措施

3. 国内 MOM 的问题

2012 年，平安信托和罗素公司合作，组建平安罗素资产管理公司，并且发行了国内第一只 MOM 基金，从此以后，国内的 MOM 产品得到飞速发展。但是经过一段时间的摸索，这种模式在国内也遭遇了“水土不服”，主要表现在以下两个方面。

1）收益分配

国内做法主要是将一个大账户分为多个子账户，交给不同的投资经理去交易。这就面临一个问题，即出现亏损的投资经理会将盈利的投资经理的利润吃掉。比如一个账户有 1000 万元，分为两个 500 万元的账户给投资经理 A 和 B。A 盈利了 20%，就是 100 万元；B 亏损了 20%，也是 100 万元。这样母基金的收益就是 0。根据基金合同，母基金无法提取绩效，也就是无法给投资经理 A 发放绩效奖励。

如果采用 FOF 方式就不存在这个问题，因为绩效是在标的基金的合同里面约定的，无论 B 标的基金亏损多少，只要 A 标的基金有收益，则可以提取相应的绩效报酬，从而使得投资经理也能获得相应的报酬。

2）虚拟账户

《证券公司监督管理条例》第二十八条的规定以及证券账户管理规则：“在为客户开立证券账户时，对客户申报的姓名或者名称、身份的真实性进行审查，保证同一客户开立的资金账户和证券账户的姓名或者名称一致。证券公司不得将客户的资金账户、证券账户提供给他人使用。”

根据这条规定，MOM 管理人将大账户分为子账户，交给不同投资经理进行操作的行为是违背监管条例的。因为这些投资经理和 MOM 管理人之间只是一种代客理财关系，并不具备劳动关系。

随着国家对合规监管的愈发严格，以外部投资经理为主的 MOM 模式游走在法律边缘，逐步弱化是一个正常的结果。

所以国内更多的 MOM 方式转变为内部 MOM，也就是一家基金公司的内部投资经理团队，在一个产品的大账户下操作虚拟子账户，盈亏情况由内部核算即可。因为投资经理和基金公司之间是劳动关系，自然就不存在虚拟账户的不合规问题。

1.7 国外 FOF 市场

国外 FOF 市场近十年也发展得如火如荼，其中又以美国为代表。我们来看看美国、欧洲和亚洲三地的 FOF 发展情况。

1. 美国 FOF 市场

美国 FOF 统计数据如图 1.10 所示。

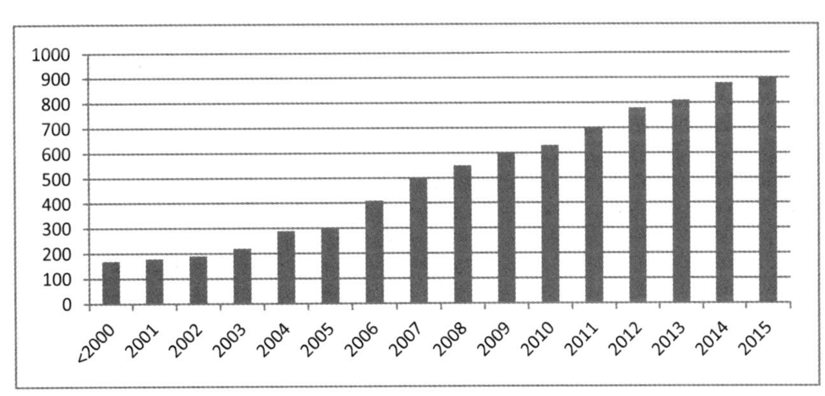

图 1.10 美国 FOF 统计数据

数据来源：Bloomberg，星潮 FOF（http://myfof.org，公众号：myfof999）整理

美国是 FOF 的发源地，无论从其规模、种类、市场的成熟度来看都有很大的代表性。共同基金的 FOF 产生于 20 世纪 80 年代，并在此后的二十多年里获得较快发

展。当时美国市场上已有 8000 余只共同基金，从种类上出现了投资不同地域、行业、主题，具有不同风格和风险收益特征的品种。

在近十几年的发展中，美国的 FOF 数量逐渐增大，市场也不再由少数大公司占有，随着新公司的加入，行业集中度明显下降。新公司的加入一方面丰富了 FOF 的产品和数量，使投资者有更多选择；另一方面也使各资产管理公司面临更多压力，需要开发更多适合投资者需求的 FOF 产品，从而赢得更高的市场占有率。

此外，从产品类型角度来看，FOF 也经历了从相对单一到多元化的发展。20 世纪 90 年代初，美国 FOF 主要集中在配置类、股票类和固定收益类；细分类别仅包括大盘平衡型股票、大盘成长型股票、配置型、债券型和全球配置型 5 类。2014 年年末，FOF 所属大类扩充至 5 个，包括配置型、股票型、另类投资、固定收益及税收优先；细分类别由原来的 5 类增加至 43 类，涉及不同地域、投资策略和资产类别。

2. 欧洲 FOF 市场

根据彭博统计，截至 2015 年 10 月 30 日，欧洲地区共有 3746 只 FOF，规模达到 5620 亿美元（在彭博中分类为综合基金 FOF 和综合对冲基金 FOHF）。

从基金成立的时间上看，欧洲地区的 FOF 大约从 20 世纪 90 年代开始呈现较快的发展势头。其中，2000—2001 年是一波 FOF 发行的高峰期，2005—2008 年也是发行量较高的时期，如图 1.11 所示。

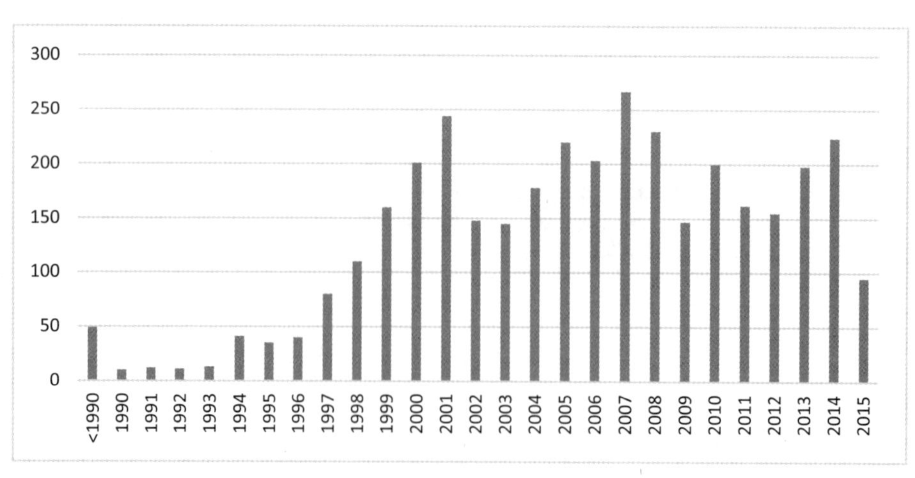

图 1.11　欧洲 FOF 基金每年新增数量

数据来源：Bloomberg，星潮 FOF 整理

在金融机构高度发达的海外市场，专业化分工十分明显，FOF 的投资管理模式也从内部管理延伸到聘请第三方投资顾问的方式，如今美国和欧洲 FOF 外包投资顾问功能的做法十分普遍。在采用该模式的基金公司中，不乏投资管理能力强、旗下基金类型丰富的公司，如富达、美洲基金等。

据统计，截至 2012 年年底，全球约 50%的 FOF 外聘了第三方投资顾问或二级投资顾问。在欧洲，第三方 FOF 管理的资产规模比重已从 2001 年的 54%提高到 2013 年的 63%。其中，英国、法国、德国、意大利等国第三方 FOF 所占的比重较高。

3. 亚洲 FOF 市场

FOF 在亚洲起步较晚，其中中国台湾地区是比较有代表性的，发展速度很快。截至 2015 年 10 月 30 日，中国台湾地区共有 73 只 FOF，资产规模共计 40.87 亿美元，如图 1.12 所示。

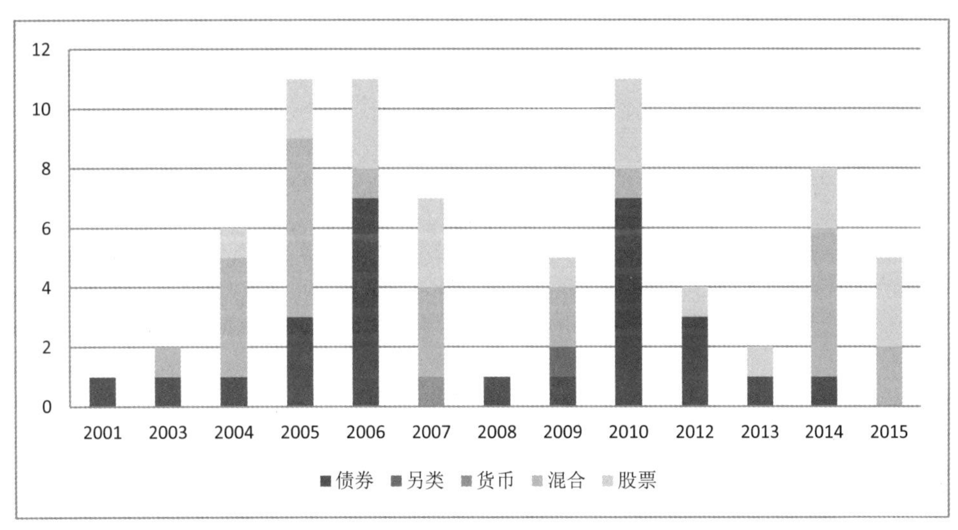

图 1.12 中国台湾地区 FOF 统计数据

数据来源：Bloomberg，星潮 FOF 整理

中国台湾地区的 FOF 有几个特点：（1）以债券型基金为主；（2）基金投资的集中度较高，一般以 6～10 个为主；（3）投资于本公司发行的标的基金较多，一般都在 20%以上，有的甚至高达 70%；（4）继承了基金的低风险性。

与美国、欧洲市场的 FOF 基金不同，中国台湾地区的 FOF 基金并没有在产品设计上根据风险程度不同而细分出积极、保守、稳健等不同类型。这主要是因为中国台湾和美国的共同基金市场发展处于完全不同的阶段，美国基金市场十分成熟，而中国台湾则起步较晚。

1.8 小结

FOF 作为一种类信托产品，具有风险可控、收益稳定的特征，从国外的发展情况来看，特别适合追求稳健收益的大机构客户。相信未来中国的一些大机构客户，如银行、保险、企业及超高净值人群，都会接受 FOF 这种产品形式。

第 2 章　FOF 发展历史

◆ 摘要 ◆

海外的 FOF 发展是伴随着共同基金和对冲基金的发展而发展起来的，共同基金的 FOF 主要以先锋、浦信等大机构为主，呈现明显的马太效应。对于产品线齐全的基金公司来说，第三方投资顾问+内部标的基金是行业的主流模式。对冲基金的 FOF，也就是 FOHF 的主要机构是黑石、瑞银等大机构，从中可以看出，FOF 的主力军还是传统的资金方，也就是我们常说的渠道机构。国内的 FOF 发展目前刚刚开始，还存在很多缺点，如业绩评价不科学、投资品种不完全等，但是正因为不完善，所以才存在发展的空间和机会。

2.1　海外共同基金 FOF 历史

海外共同基金 FOF 发展历程如图 2.1 所示。

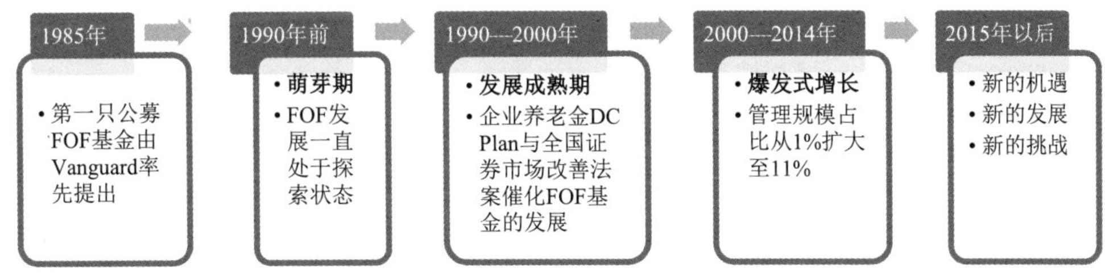

图 2.1　海外共同基金 FOF 发展历程

1. 萌芽时期

FOF 起源于 20 世纪 70 年代的美国，其最初形式为投资于一系列私募股权基金的基金组合。因为私募股权基金投资门槛较高，大多数投资者无法企及，于是就有机构发行了 PE FOF 以降低投资门槛。第一只证券类 FOF 由先锋基金（Vanguard）于 1985 年推出，该只共同基金 FOF 70%的资产投资于股票类基金，30%投资于债券类基金，投资标的均为公司旗下的基金。该基金推出后大受欢迎，同时也带动了先锋基金旗下其他基金的销售。1986 年年末，先锋公司旗下基金规模增长 44.23%。

1987 年，美股经历了 2 年的疯狂后，遭遇了一次惨重的股灾，这促使投资者开始思考如何根据市场的不同情况配置不同种类的基金。公募基金在股灾中也不断开发新的产品，基金类型在此时期快速增多。市场多变性与基金多样性促使投资者产生了基金筛选需求，自此 FOF 的发展有了其客观驱动因素。

同一时期，美国开启了 401k 计划，该计划主要采用雇员与雇主共同缴纳养老金的模式，为之后养老金规模扩大及入市打下了基础。养老金对风险的敏感度极高，FOF 分散风险、追求稳健收益的属性与其需求不谋而合。401k 计划无疑刺激了 FOF 基金的发展，FOF 基金真正开始走上发展之路。

2．发展成熟阶段

20 世纪 90 年代，美国企业养老金计划由固定待遇型计划（DB Plan）逐渐向固定供款型计划（DC Plan）转变，这促使越来越多的养老金计划入市。根据美国投资公司行业协会（ICI）统计，约 60%的退休投资计划参与者（以退休为目标的定向投资计划）持有目标日期基金（Target Date Fund，以固定日期为目标的定向投资计划），这部分资金以固定的时间点提取，为基金的发展带来了稳定的资金来源。

1996 年，美国出台的全国证券市场改善法案取消了对公募基金公司发行 FOF 产品的限制。由图 2.2 可以看出，共同基金 FOF 数量由 1995 年的 36 只激增至 1997 年的 94 只，总资产管理规模增长 137%至 215 亿美元。

同时，经过 10 年的长期牛市，在 20 世纪 90 年代后期，资本市场的火热达到巅峰，也就是大家所熟知的互联网泡沫。资本市场的高收益与基金行业的壮大给 FOF 基金的发展提供了足够多的底层资产。在此期间，FOF 基金的管理规模占共同基金总规模的比重进入 1%的数量级，如图 2.3 所示。

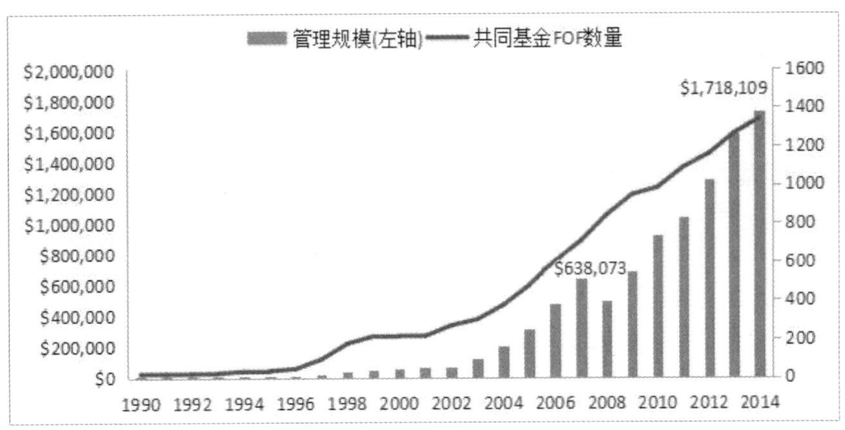

图 2.2　海外共同基金 FOF 数量与规模（单位：百万美元）

数据来源：ICI，星潮 FOF 整理

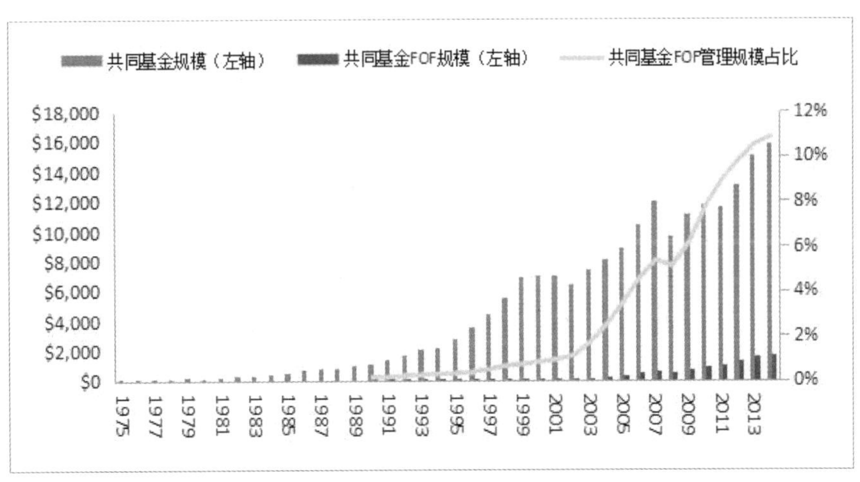

图 2.3　共同基金与共同基金 FOF 管理规模对比（单位：百万美元）

数据来源：ICI，星潮 FOF 整理

3．爆发式增长

2000 年至今，共同基金 FOF 进入了一个爆发式增长的阶段。自 2000 年开始，FOF 基金数量增长了 627%，管理规模增长了惊人的 3014%。经过 1990 年前的萌芽与 20 世纪 90 年代一系列的政策支持和市场准备，共同基金 FOF 的土壤真正成熟了，并迎来了爆发式的增长。

2.1.1 美国 FOF 基金主要管理人

1. 行业集中度很高

美国共同基金 FOF 行业集中度极高，前三大 FOF 管理人占据近半壁江山，前十大管理人占据近 3/4 的市场份额，如表 2.1 所示。

表 2.1 2012 年共同基金 FOF 市场份额

基金公司	共同基金 FOF 市场份额
Vanguard 先锋基金	20.2%
Fidelity Investment	16.4%
T.Rowe Price 普信基金	11.3%
前三	48%
PIMCO	5.5%
John Hancokc	5.1%
Principal Fund	3.5%
GMO	3.5%
JPMorgan	3.5%
American Funds	3.1%
MFS	1.9%
前十	74%

数据来源：Bloomberg，星潮 FOF 整理

2012 年，前十大公司的规模占比为 74%，较 1999 年明显下降了 14.17 个百分点。FOF 市场的未来不再由少数大公司占有，随着新公司的加入，行业集中度会明显下降。新公司的加入一方面丰富了 FOF 的产品和数量，使投资者有更多选择；另一方面也使各资产管理公司面临更多压力，需要开发更多适合投资者需求的 FOF 产品，从而赢得更高的市场占有率。

2. 美国 FOF 基金主要管理模式

FOF 是采用内部管理人还是引入第三方管理人一直是业内讨论的焦点问题，通过对美国市场上的主要 FOF 管理人进行研究，总结出如表 2.2 所示的几种模式。

表 2.2 美国市场主要 FOF 管理模式

管理模式	案 例
内部 FOF 管理人+内部基金	先锋基金的目标退休基金（Vanguard Target Retirement 2025） 富达基金的自由系列（Fidelity Freedom 2020）
内部 FOF 管理人+全市场基金	John Hancock 的 Life Style 系列基金，投资于多家外部基金
第三方 FOF 投资顾问+内部基金	目前最大的 FOF 产品，PIMCO 全资产基金的资产配置方案由 Research Affiliates 提供，而 FOF 资产投资于 PIMCO 旗下基金
第三方 FOF 投资顾问+外部标的基金投顾	Transamerica 全美保险资产配置基金，由 Morningstar 担任投资顾问，投资于 30～40 只不同的基金，标的基金由第三方资产管理人担任投资顾问
全外包模式	富国优势绝对回报基金，全部投资于 GMO 管理的 FOF-GMO 无基准配置基金，该 FOF 进一步投资 GMO 旗下的其他标的基金

数据来源：Bloomberg，星潮 FOF 整理

产品线完整的大型基金公司可以采用“内部 FOF 管理人+内部基金”模式，该模式可以将费用降到最低，如 Vanguard、Fidelity、T. Rowe Price 都采用 FOF 零收费模式。该模式可以引入外部管理人，变成“第三方 FOF 管理人+内部基金”模式，太平洋资产管理公司（PIMCO）采用该模式，收取 0.225%～0.475%的年管理费，零售份额收取 0.25%～1%的销售服务费，标的基金统一收取 0.77%的年管理费。

投资全市场基金的 FOF 产品为数不多，主要是因为避免不了双重收费的问题。拥有成熟优质客户基础的机构可以选择“内部 FOF 管理人+全市场基金”模式，如大都会人寿保险旗下的 John Hancock 担任 FOF 投资顾问，收取 0.5%的管理服务费，标的基金收取 0.75%～0.92%的管理费。该模式可引入外部管理人，变成“第三方 FOF 管理人+全市场基金”模式。这种模式适合渠道非常强势的机构，如 Transamerica。

近年来，由于 ETF 的普及，美国市场上还诞生了一批新型的基于互联网的投资顾问公司。这些机构或面向 401k 的发起企业，或直接面向投资者个人，提供个人“定制版”的资产配置及 FOF 基金配置，所投的基金大多是费率低廉的指数基金或 ETF。这种模式为国内的第三方财富管理机构提供了参照，但值得注意的是，美国这些投资顾问机构大多直接向投资者收取基于资产的管理费，而不是国内第三方机构采用的销售佣金模式，收费方式的差别直接影响财富管理机构的行为。FOF 的出现为财富管理机构从“卖产品”到“管资产”的转型提供了可行的路径。

2.1.2 典型案例

案例 1：先锋 FOF 基金——目标退休基金

先锋集团（The Vanguard Group）成立于 1975 年，总部位于美国宾夕法尼亚州。该集团主要为美国国内外机构投资者与个人投资者提供共同基金等各种金融产品与服务。先锋集团是世界第一大共同基金发行人，在全球范围内发行了包括共同基金在内的 200 多只产品。先锋集团在建立起共同基金产品线之后，可以根据投资者的不同需求进行产品选择，也可以将已有的共同基金进行组合形成新的产品，为投资者提供个性化的设计和一站式解决方案。

先锋目标退休基金属于典型的 FOF 基金，随着退休日期的临近，风险逐渐降低，最终基金收益趋于稳定。先锋目标退休 FOF 基金旗下包含 11 只独立运作的标的基金，产品设计细化到几乎可以满足任何年龄段的养老储蓄需求。例如，先锋目标退休 2060，是指该投资人预计于 2060 年退休。如此设计后，系列基金产品如表 2.3 所示。

表 2.3　先锋目标退休基金系列

目标客户年龄	基金名称
18～19	先锋目标退休 2060
20～24	先锋目标退休 2055
25～29	先锋目标退休 2050
30～34	先锋目标退休 2045
35～39	先锋目标退休 2040
40～44	先锋目标退休 2035
45～49	先锋目标退休 2030
50～54	先锋目标退休 2025
55～59	先锋目标退休 2020
60～64	先锋目标退休 2015
65～69	先锋目标退休 2010

数据来源：Bloomberg，星潮 FOF 整理

从先锋目标退休基金实际持仓来看（见表 2.4），包含的标的基金主要是集团旗下的先锋全股票市场指数基金、先锋全海外市场指数基金和先锋全债券市场 II 指数基金，主要涉及股票与债券两大类资产。根据目标人群年龄的增加逐步降低股票类资产比例，提高债券类资产比例，相应地降低风险水平。这些事先规划好的资产配置比例能够进一步消除 FOF 产品隐含的主动管理风险。

表 2.4 先锋目标退休基金系列投资组合约定与实际持仓比例

系列	投资组合约定比例（%）		实际持仓比例 （%）				
	股票	债券	先锋全股指基	先锋全海外指基	先锋全债指基	先锋通胀保护基金	先锋货币市场基金
目标 2060	90	10	63.6	26.5	9.9	0	0
目标 2055	90	10	63.1	26.8	10.1	0	0
目标 2050	90	10	63.0	27.0	10.0	0	0
目标 2045	90	10	63.0	27.0	10.0	0	0
目标 2040	90	10	62.8	27.0	10.2	0	0
目标 2035	90	10	60.1	26.0	13.9	0	0
目标 2030	80	20	54.8	23.6	21.6	0	0
目标 2025	70	30	49.5	21.5	29.0	0	0
目标 2020	65	35	44.5	19.1	36.4	0	0
目标 2015	55	45	38.1	16.6	40.3	5.0	0
目标 2010	45	55	29.8	13.0	41.8	13.6	1.8

数据来源：Bloomberg，星潮 FOF 整理

针对那些已经退休的人群，先锋集团专门设计了两款 FOF 产品，分别是先锋目标退休收入基金和先锋支出管理基金。主要投资目标是追求稳定的收入和一定的资产增值，包含的标的基金与目标 2010 一样，即先锋全股指基、先锋全海外指基和先锋全债指基，以及先锋通胀保护基金和先锋货币市场基金，配置比例如表 2.5 所示。

表 2.5 先锋目标退休收入基金实际持仓比例

基金类别	实际持仓比例（%）				
	全股指基	全海外指基	全债指基	通胀保护基金	货币市场基金
先锋目标退休收入基金	21.0	9.0	44.9	20.1	5.0

数据来源：Bloomberg，星潮 FOF 整理

先锋 FOF 基金启示：先锋集团在建立起具有广度的共同基金产品线之后，通过创新组合为投资者提供一站式基金方案，满足了投资者的各种需求。在目标 2025 成立的 10 年间，绝大部分时间基金的资产都在稳步增长。先锋目标退休基金的费用低廉也使其区别于其他共同基金。通过对先锋集团 FOF 基金的分析，可以发现很多值得国内共同基金发行机构学习的地方：（1）丰富基金产品线的设计；（2）根据客户需求及时进行产品设计；（3）产品设计完成后，后期不断进行细化；（4）努力降低费用。

案例 2：黑石 PEFOF

黑石集团（Blackstone Group）又名佰仕通集团，于 1985 年由前雷曼兄弟公司高层彼得·皮特森（Peter G. Peterson）和老下级史蒂芬·施瓦茨曼（Stephen A. Schwarzman）共同创立，是全世界最大的独立另类资产管理机构之一，也是一家金融咨询服务机构。其另类资产管理部门（BAAM）成立于 1990 年，主要根据不同客户需求提供定制的对冲基金解决方案。截至 2015 年 9 月 30 日，BAAM 资产规模已经达到 690 亿美元（见图 2.4），50%的资产投资于为客户提供的定制化对冲基金解决方案。不仅如此，黑石集团还将自身利益与客户利益保持高度一致，与客户建立长期关系。

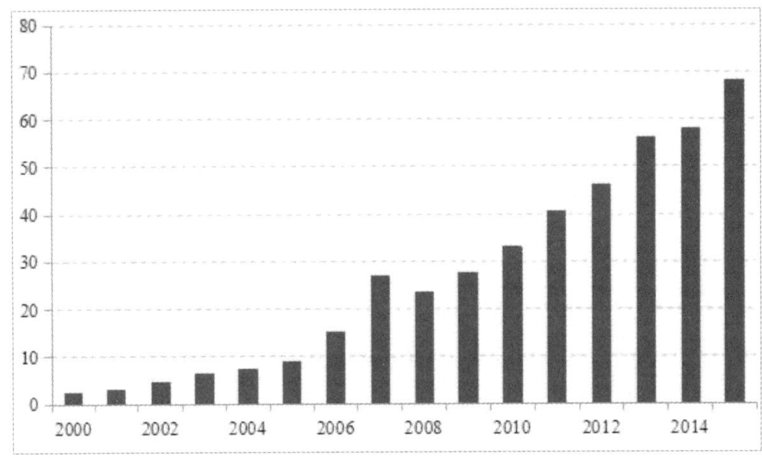

图 2.4　黑石 BAAM 类资产总规模（单位：10 亿美元）

数据来源：Bloomberg，星潮 FOF 整理

Blackstone Alternative Alpha Funds（BAAF）是黑石旗下 PEFOF 基金之一，于 2012 年 4 月 1 日成立，主要投资以股权策略为主的一系列黑石对冲基金，目标是实现与传统股权和固定收入市场具有同等吸引力的长期风险调整回报。截至 2014 年，黑石 BAAF 基金总资产达到 8.15 亿美元。对于组合基金中标的基金的选择，黑石主要考虑以下几个因素：（1）良好的长期风险调整回报收益；（2）基金管理人具有优秀的非传统投资策略；（3）较好的短期投资策略；（4）具有明确的投资理念；（5）具备良好的管理与严格监督机制的基金。BAAF 旗下所投对冲基金主要以股票多空策略为主，有时还会投向一些相对价值、事件驱动策略的标的基金。在管理费用方面，BAAF 收费较低，只收取一次费用。

2.2 海外 FOHF 发展历史

FOHF（Fund of Hedge Fund），对冲基金中的基金，和前面的共同基金中的基金不一样，FOHF 以对冲基金为投资标的。共同基金存在一个巨大的问题，就是无法化解市场风险，当指数下跌的时候，大部分共同基金也会下跌。但是对于很多机构投资者而言，他们的资金是不能有损失的，这种类型的客户追求的是绝对收益。对冲基金通过各种金融衍生品对冲后，化解了市场风险，从而为客户创造绝对收益。FOHF 就是这样一种以对冲基金为投资标的的组合基金，通过不同类型的对冲策略的组合，试图为那些风险厌恶型客户提供持续稳定的绝对收益。

虽然共同基金 FOF 与 FOHF 的投资标的不同，但其投资框架与理念基本相同，而且发展壮大的土壤也如出一辙——对冲基金数量迅速增加及对冲基金的封闭特性最终推动了 FOHF 的产生与蓬勃发展。全球 FOHF 和对冲基金数量对比如图 2.5 所示。纵观海外 FOHF 的发展历史，我们可以将其发展历程分为萌芽、快速发展及发展停滞三个阶段。

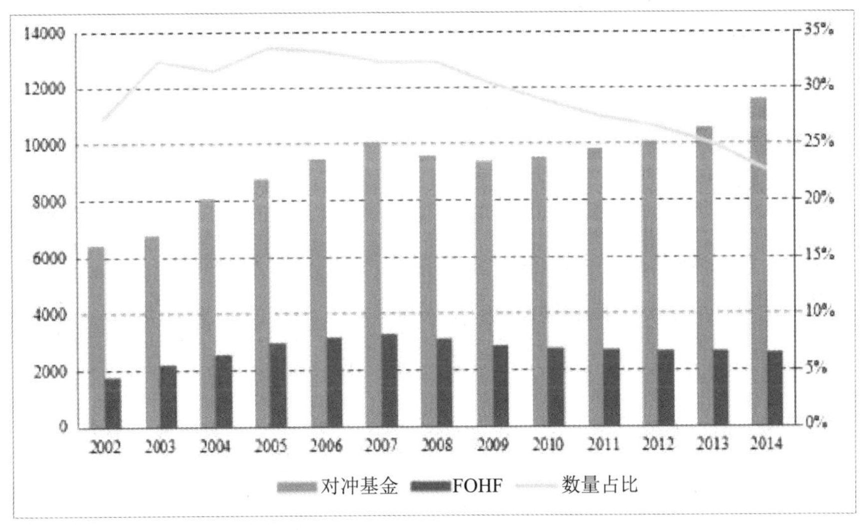

图 2.5 全球 FOHF 和对冲基金数量对比

数据来源：FHR，星潮 FOF 整理

2.2.1 发展历程

1. 1990 年以前：萌芽阶段

1969 年 11 月，罗斯柴尔德家族推出了世界上第一只 FOHF 产品“Leveraged Capital Holdings”。由于当时社会财富积累不多，而对冲基金门槛较高，且美国股市正处于漫长的动荡和整理阶段，对冲基金及 FOHF 的发展相对缓慢。20 世纪 90 年代，随着美国慢牛行情的来临，以及 401k 计划和 DC Plan 的推行，FOHF 进入快速发展期。

2. 1990—2007 年：快速发展阶段

20 世纪 90 年代，由于 FOHF 投资收益超出了多数股票和债券组合的投资收益，FOHF 开始逐渐为投资者所钟爱。2000—2002 年，美国互联网泡沫破灭，在纳斯达克指数和标普指数均出现大幅下跌的情况下，对冲基金及 FOHF 却取得了正收益，由此 FOHF 得到更多投资者的追捧。截至 2007 年年底，FOHF 的管理规模为 8600 万亿美元，较 2002 年翻了 5.7 倍。2007 年是全球 FOHF 发展的黄金时期，占比达到 40%，如图 2.6 所示。

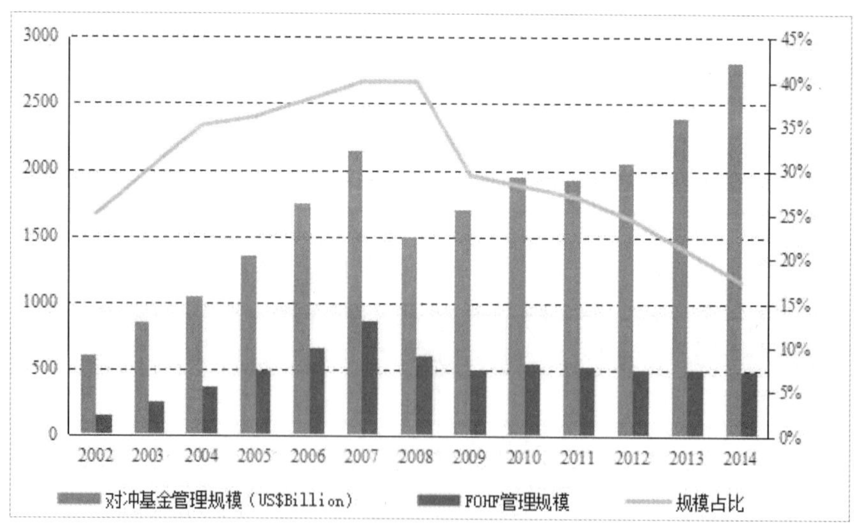

图 2.6 全球 FOHF 和对冲基金管理规模对比

数据来源：FHR，星潮 FOF 整理

3. 全球金融危机后的发展停滞阶段

在全球金融危机爆发前，FOHF 无疑是增长最快的金融产品。但在 2008 年后，FOHF 的发展并没有随着对冲基金的复苏而复苏，反而日渐低迷。

4. 业绩下滑，一蹶不振

2008 年，在排名前 25 的 FOHF 中，个人客户占比大的基金管理规模下降了 37%，而以机构客户为主的基金管理规模仅下降了 23%。在暴跌中，客户恐慌性的大量赎回让 FOHF 基金难以招架并慌不择路地出售可流动资产，而质量与流动性稍差的资产被留在了组合里，造成接下来几年 FOHF 基金的表现一直比对冲基金行业指数差。2008 年，FOHF 亏损 21.4%，对冲基金行业指数下跌 19%；2009 年，FOHF 仅获利 11.5%，而对冲基金行业指数上涨 20%；2000 年，FOHF 获利 5.2%，对冲基金行业指数则上涨 10.6%（HRF），如图 2.7 所示。金融危机后，FOHF 再也不能保持比股债型产品高的收益，也不能保证低风险，成为 FOHF 规模衰退的主要原因。

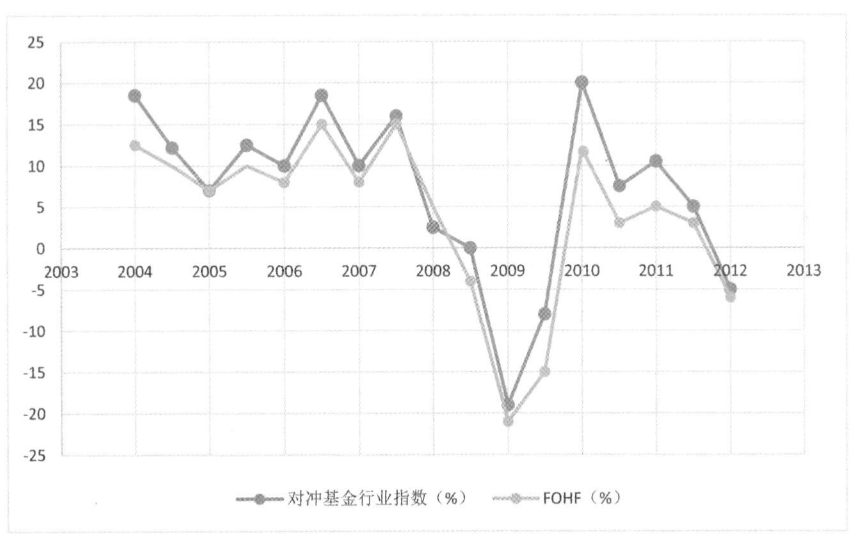

图 2.7 对冲基金行业指数与 FOHF 收益对比（%）

数据来源：巴克莱，星潮 FOF 整理

经历了 2008 年金融危机的挤兑，FOHF 基金开始变得愈发谨慎，投资组合中预留的资金越来越多，导致 FOHF 的投资收益与对冲基金的收益差距大幅增加。通过

图 2.7 也不难发现，由于现金持有过多，资产质量下降，FOHF 指数的夏普比率直线下滑，而股债基金指数在金融危机后大幅回升，如图 2.8 所示。这些原因使得 FOHF 在经历金融危机后规模大幅缩水，且后来一直没有重新成长起来。

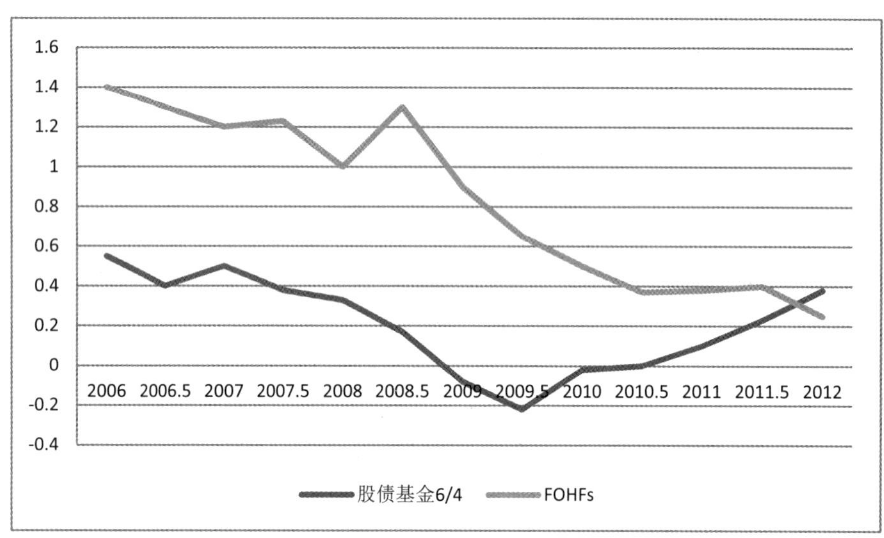

图 2.8　FOHF 与股债基金夏普比率对比

（注：股债基金 6/4 指基金 60%资产持有股票指数，40%持有债券指数）

数据来源：HFR，星潮 FOF 整理

5. 学术界的反对

随着金融危机的爆发，很多学术界人士深入剖析了 FOHF 的表现。通过对 HRF FOF 指数的研究发现，90%以上的 FOHF 产品与股债市场的相关性过高，而且长期保持相关性，甚至发现单独的对冲基金比 FOHF 产品的收益风险比更好、更稳定。于是大量的投资者开始质疑 FOHF 管理人的管理能力，以及 FOHF 是否真正地对冲了风险，而不是简单地追逐高收益风险比的投资标的。

共同基金大量使用内部 FOF 模式，其管理规模多由共同基金内部调整决策，所投资标的也多为内部产品。由于共同基金规模在金融危机后并没有受到严重影响且恢复较快，所以总体上共同基金 FOF 的规模随共同基金行业不断增加。另外，共同基金 FOF 在 ETF 基金兴起与多样化后大量配置被动管理型标的，以平滑收益、降低回撤。

2.2.2 FOHF 管理机构

基金发展初期，对冲基金的管理机构相对比较分散，但在金融危机以后，很多规模较小的对冲基金因在金融危机中表现不佳而倒闭，而大型管理机构由于实力雄厚且管理较为严格，在金融危机后依然获得了较大成长，如表 2.6 所示。

表 2.6 按资产管理规模排名的 FOHF 机构（单位：10 亿美元）

FOHF	2014 年	2011 年
黑石	55.0	37.2
瑞银	26.6	30.8
汇丰	25.6	未参与调查
高盛	24.9	20.4
Grosvenor	24.4	21.4
Permal	22.2	21.9
摩根士丹利	18.6	9.2
贝莱德	18.1	18.6

数据来源：HFR，星潮 FOF 整理

不同地区的 FOHF 业绩表现如图 2.9 所示，从中可以看出，亚洲子基金、中东非洲子基金的整体收益较高，这大概和这几个地区的经济发展阶段有关。

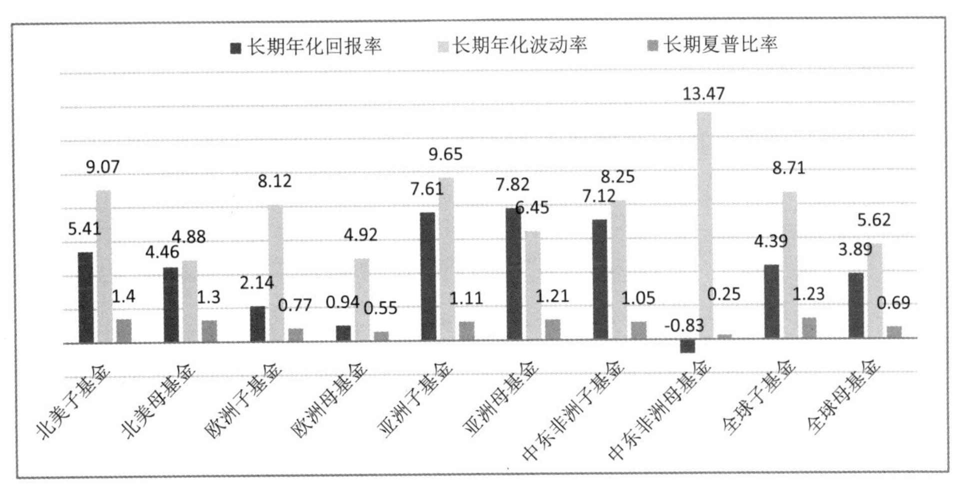

图 2.9 对冲基金与 FOHF 不同地区业绩对比

数据来源：HFR，星潮 FOF 整理

由图 2.9 可以看出，亚太地区 FOHF 的长期表现非常突出。随着亚洲高净值人群的增加，对资产配置的需求猛增，包括对对冲基金的需求，但他们同样面临基金挑选难题，这就需要 FOHF 来发挥作用。由此可见，亚洲 FOHF 行业有很大的发展前景。

2.3 我国 FOF 基金的发展

2.3.1 国内 FOF 发展历史

1. 首批类公募基金 FOF 成立以来规模逐步缩减

我国第一只 FOF 诞生于 2005 年，由招商证券发行，主要投资于公募基金。此后，各大银行、券商等也分别开始发行 FOF 产品。与普通 FOF 不同，银行、券商发行的这些类公募基金 FOF 除了投资于其他公募基金外，基金资产还可以大量投资于二级市场。由于当时公募基金产品差异不大，且这些 FOF 真正投资公募基金的比例较低，致使投资收益与公募基金相比缺乏优势，加上后来政府对私募基金从事 FOF 投资的资格放开，以及对银行理财产品投资范围的限制，此类 FOF 规模开始逐步缩减。

2. 公募基金 FOF 破冰

2014 年 7 月 7 日，中国证监会颁布了《公开募集证券投资基金运作管理办法》，从法规的角度正式提出了公募基金 FOF 的概念，确立了公募 FOF 的法律地位。中国证监会于 2016 年 6 月 17 日对《公开募集证券投资基金运作指引第 2 号——基金中基金指引》公开征求意见，奠定了公募基金 FOF 未来发展的法律基础。**《公开募集证券投资基金运作指引第 2 号——基金中基金指引》征求意见稿重点内容如下：**

第一，明确了 FOF 的定义，即资产的 80%以上资金投资于经中国证监会依法核准或注册的基金份额的基金。

第二，FOF 持有单只基金的市值不得超过资产的 20%，且不能投资别的 FOF。

第三，不得投资分级基金等具有衍生品性质的基金。

第四，除交易型开放式证券投资基金联接基金外，FOF 的投资标的基金运作期限应当不少于 1 年，最近一期的披露规模应不低于 2 亿元。

第五，FOF 的母基金，如果投资对象中包括自己公司的内部标的基金，则不得存在双重收费的情况。

第六，对 FOF 的定期报告中对持仓情况、各种费率的揭示要明确。

3. 证券类私募基金 FOF

在我国，由于 2014 年之前私募机构无法自己发行私募产品，主要通过信托平台发行，故证券类私募基金 FOF 的雏形为 TOT（信托中的信托）。2007 年，在牛市的催生下，我国私募基金开始进入第一次发展高潮，但 2008 年股市的暴跌让整个私募行业开始出现严重分化，这为证券类私募基金 FOF 提供了发展的机会。2009 年，我国出现了第一只 TOT 产品。从 2013 年开始，我国逐步步入牛市行情，私募基金的数量开始呈现爆发式增长，从而带动了证券类私募基金 FOF 的高速发展。此外，政府对私募机构的扶持及监管制度的进一步完善也为证券类私募基金 FOF 提供了发展的土壤。在此后不到 3 年的时间里，证券类私募基金 FOF 出现了爆发式增长，取得了 3 年 4 倍的巨大增速，如图 2.10 所示。

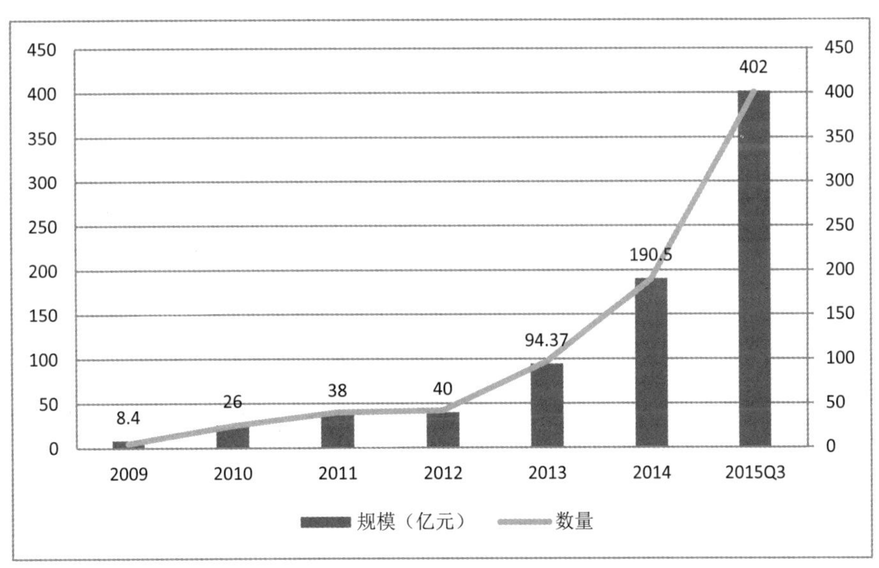

图 2.10　国内证券私募 FOF 发展

数据来源：星潮 FOF 整理

4．中西对比

虽然证券类私募基金 FOF 在近几年取得了迅猛的发展，但对比国外市场来看，我国证券类私募基金 FOF 仍具有较大的发展空间。

国内证券类私募基金 FOF 占私募基金的比例相较国外仍处于一个较低水平。截至 2015 年第三季度末，我国证券类私募基金 FOF 数量占私募基金的比例不到 2%，而美国 FOHF 占对冲基金的比例早已超过 20%。而我国证券类私募基金 FOF 的管理规模为 400 亿元人民币左右，占比不到 0.3%，发展空间巨大。

纵观美国 FOHF 的发展史，追求稳健收益的机构投资者对 FOHF 的投资是刺激 FOHF 基金发展的重要条件。美国个人投资者规模达到 0.74 万亿美元，海外个人投资者规模达 0.19 万亿美元，合计占比为 13.9%。其余主要投资者为养老金、基金会、保险公司、主权财富基金、银行与证券公司等。但目前国内私募基金及证券类私募基金 FOF 的投资者主要以个人客户为主，主要通过银行、券商、第三方等渠道销售，投资者呈现散户化、短期化的特点，资金流动性高，并不利于 FOF 行业的发展。未来随着机构客户对证券类私募基金 FOF 需求的加大，社保基金、企业年金等长期追求稳健收益的资金入市，以及新“国九条”的发布，越来越多的资金将汇聚到 FOF 基金行业，推动 FOF 基金真正兴起。

2.3.2 FOF 监管的中外对比

在对冲基金长达 80 余年的发展中，各国对对冲基金逐渐形成了一套自上而下的监管体系。在分析美国对冲基金监管体系的基础上，格上理财将从中美监管体系的立法精神、法律监管体系、监管规则等多方面阐述中美对证券类私募 FOF 投资、经营活动的监管。

1．中美监管体系的立法精神

1）美国立法精神——“法无禁止即许可”

迄今为止，美国证券类私募基金 FOF 仍以对冲基金的形式运作。纵观美国监管对冲基金的历程，其立法监管的核心思想是：尊重自由市场，重视金融体系的效率。在对冲基金的活动范围内，监管层放任其自由发展。

美国法律禁止对冲基金向普通大众募资，只允许其私下向富裕群体或机构募资，这部分投资者通常被认定为合格投资者。合格投资者具有较高的风险承受能力，监管部门不对其实施一般的权益保护。长期以来，监管方对对冲基金的投资几乎没有限制。然而对冲基金的基金（Fund of Hedge Funds，FOHF）的出现，打破了对冲基金禁止向普通大众募资的隔离制度，开始向普通大众渗透。

回顾 1997 年和 2008 年的金融危机，对冲基金的不规范运作对金融市场造成剧烈冲击。出于维护金融市场稳定的考虑，美国政府监管的力度有所加强，但“市场的问题由市场自己来解决”的金融自由化思想仍居主导，监管层对对冲基金及 FOHF 的风险缺乏应有的重视。

2）中国立法精神——“法无许可即禁止”

与美国的“法无禁止即许可”的立法精神不同，我国对金融市场尤其是资本市场立法的基本精神是“法无许可即禁止”。国内的金融创新往往由具有立法权的监管机构来推动，而非由从事金融活动的经营实体来推动。

我国对私募基金的监管是在严格界定合格投资者的基础上，将所有合格投资者纳入监管法律法规保护的范围，要求私募基金遵守一系列规则，以保障投资者的合法权益。虽然西方媒体诟病我国私募与公募基金监管同质化，并未体现出私募监管的特点，但我国监管部门强化私募基金相关法规的制定，重视规范和引导，在私募基金风险酝酿之前就对其进行防范和处理，全面保护投资者的合法权益，这样的做法显然更有深度和远见。

2. 中美私募 FOF 法律监管体系

各国在对冲基金运行的实践和发展中，逐渐形成了一套自上而下的监管体系：立法机关—证券监督管理部门—证券交易所及行业自律组织—企业内部控制。

1）美国私募 FOF 法律监管体系

美国现行的金融法律体系形成于大萧条时期。1929 年的股灾及随之而来的经济危机促使美国政府考虑对金融业进行合理的监管。在此背景下通过的《1933 年证券法》等，成为目前私募 FOF 监管主要的法律依据。《1940 年投资公司法》创立的美国证券交易委员会（SEC）成为美国金融市场的核心监管机构。SEC 可以根据法律授权，制定一系列监管规则及解释。

美国法律早期严格限制基金投资于其他基金份额，FOF 依据法律上的豁免条款，以对冲基金的方式运作，在绕开投资限制的同时，将自己置于监管之外。20 世纪 80～90 年代，大量金融衍生工具的诞生催化了对冲基金的快速发展，而巨大的系统性风险也正在酝酿。20 世纪 90 年代初，在长期资本管理公司巨额投资亏损事件发生后，美国监管当局就“是否应该加强对冲基金的监管”进行了持久而激烈的讨论，但最终并无相关法律法规出台。

进入 21 世纪，美国财政部等机构开始对对冲基金进行更多维度的约束，如 2002 年 9 月美国财政部确立了对冲基金在反洗钱方面的最低要求，并规定对冲基金须向金融犯罪预防网络报备管理规模、投资者人数等信息；美国国会尝试修改豁免条款，收紧对冲基金的经营活动范围。2004 年《投资顾问法》新规则要求有 15 名以上投资者或管理规模超过 3000 万美元的对冲基金管理人必须向 SEC 注册，并全面遵守《投资顾问法》，然而这一规定生效不久便被美国联邦上诉法院裁定无效。此后，国会多次尝试通过其他法案要求对冲基金向 SEC 注册，都以失败告终。在美国的社会体制下，富人拥有极大的政治权利，富裕阶层的投资工具——对冲基金几乎成为法外之地。

直到 2008 年金融危机爆发后，美国才对以往的金融监管体系进行了系统反思。2010 年，《多德-弗兰克法案》将此前缺乏监管的场外衍生品市场、对冲基金、私募股权基金等纳入了监管范畴。该法案第四部分专门针对对冲基金和私募股权基金制定了监管规则，规定管理资产高于 1.5 亿美元的投资顾问和私募基金管理人必须向 SEC 注册，在保留对冲基金投资操作自由度的同时对大型对冲基金公司施行定期检查和抽查，管控系统风险。

2）中国证券类私募 FOF 法律监管体系

我国《证券法》最早于 1998 年 12 月由国家立法机关通过，《证券法》之下并未对股票或债券制定单独的法律，而对证券投资基金制定了《证券投资基金法》。2002 年实施的《基金法》第五十九条规定：基金财产不得用于买卖其他基金份额，但国务院另有规定的除外。2012 年《基金法》修订后，相应条款改为：基金财产不得用于买卖其他基金份额，但国务院证券监督管理机构另有规定的除外。此条款为 FOF 的引入预留了一定的法律空间。

我国第一只 FOF 自 2006 年成立，相关的法律法规却很长一段时间都没有出台。FOF 投资于其他基金份额的行为一直以理财产品的名义游走于法律边缘。证券公司、银行及信托公司将 FOF 冠以“理财计划”、“理财产品”之名；券商系 FOF、银行系 FOF 及信托系 FOF 是否应该分别由证监会、银监会监管更无结论。直到《私募投资基金监督管理暂行办法》于 2014 年 6 月底颁布实施，私募 FOF 在我国才有了明确的法律地位。《私募投资基金监督管理暂行办法》第二条明确规定：私募基金财产的投资包括买卖股票、股权、债券、期货、期权、基金份额及投资合同约定的其他投资标的。此规定将私募 FOF 纳入了我国阳光私募基金的范围，由中国证券监督管理委员会及其派出机构进行监管。

中美对冲及基金法律体系对比如表 2.7 所示。

表 2.7 中美对冲及基金法律体系对比

美 国	中 国
《1933 年证券法》	2006 年修订《中华人民共和国证券法》
《1934 年证券交易法》	2012 年修订《证券投资基金法》
《1940 年投资公司法》	2014 年《私募投资基金监督管理暂定办法》
《1940 年投资顾问法》	2014 年《私募投资基金管理人登记和基金备案办法》
《1936 年商品交易法》	2015 年《基金业务外包服务指引（试行）》
《1996 年全国证券市场修订法案》	2015 年《证监会明确私募投资基金参与上市公司并购重组须履行备案程序》
2006 年 6 月修订《1940 年投资公司法》	
2009 年《金融监管改革法》	2015 年《关于改进私募基金管理人登记备案相关工作的通知》
2010 年《多德-弗兰克法案》	2015 年《私募基金严禁违法公开宣传推介——基金业协会有关负责人就上海宝银发表公开信事件答记者问》

3. 中美私募 FOF 监管规则

纵观各国基金发展历史，早期的私募基金监管一般采用市场准入监管。然而，准入监管容易产生行业垄断、寻租腐败等问题，因而欠缺公平和效率。此后，随着监管技术的发展，各国监管机构逐渐将私募基金监管转向事中和事后。

1）证券类私募 FOF 的成立

美国证券类私募 FOF 投资公司若满足《投资公司法》中的豁免条款，可不向 SEC 注册，也没有信息披露要求。

我国证券监管部门对私募 FOF 并不进行准入限制，而是采用登记备案制进行管理。登记备案制强调事中、事后监管，相比于美国监管机构对对冲基金成立放任自流的态度，我国采取的监管方式更有利于严厉打击以私募基金为名的各类非法集资活动。向基金业协会进行备案，也是我国私募基金行业自律的重要体现。

2）证券类私募 FOF 的募资

西方发达国家对于对冲基金或私募 FOF 投资者的限制主要体现在两个方面：（1）投资者人数的限制；（2）对投资者风险承受能力的要求。各国一般从投资者拥有的财富和投资经验两个方面来认定其风险承受能力，且对个人和机构投资者加以区分。

我国《私募基金管理暂行办法》规定，证券类私募 FOF 的合格投资者应具备相应的风险识别能力和风险承受能力，以合伙企业等形式投资于私募 FOF 的，应当穿透核查最终投资者是否为合格投资者。另外，参与私募 FOF 的投资者人数也受到严格限制。

我国合格投资者界定的思想与西方国家基本一致。同时，我国与西方国家也严格限制证券类私募 FOF 进行广告宣传，防止一般公众被误导而承担自己所不能承担的风险。

3）证券类私募 FOF 的参与主体

就参与主体而言，美国私募 FOF 和中国私募 FOF 的区别主要体现在层次上。美国私募 FOF 的参与主体层次更加复杂，业务内容更加细分化。

美国私募 FOF 并不强制要求托管，实际操作中为方便资金结算，一般在商业银行托管。此外，有基金服务机构专门负责 FOF 日常运作，并定期出具财务报告。基金财务报告需由会计师事务所进行审计。FOF 业绩表现由基金评级机构统计和发布。虽然不要求强制托管，且信息披露要求较低，但美国私募 FOF 非法集资或欺诈案件却少有发生。这主要是因为各参与主体相互配合并形成制约，单方面损害投资者利益的行为很难顺利实施。

与之对应，中国基金监管法规中规定：除基金合同、合伙协议、公司章程另有约定外，私募基金应当由基金托管人托管；同时，交易资料也由托管方妥善保存，若产生任何纠纷，投资者和监管方有据可查。这正是中国私募基金阳光化的重要体现。在中国，基金的行政事宜一般由管理人和托管人共同负责，基金的财务报告无须经过审计，且目前国内暂无权威评级机构对基金业绩进行系统的评价。

国内外 FOF 基金参与主体对比如表 2.8 所示。

表 2.8 国内外 FOF 基金参与主体对比

参与主体	美　国	中　国
管理人	资格要求： 符合豁免条例的公司可以不在 SEC 注册，但管理资产高于 1.5 亿美元的投资顾问和私募基金管理人必须在 SEC 注册。 大多为大型投资公司担任私募 FOF 基金管理人	资格要求： 须在基金业协会登记成为基金业协会会员；高级管理人员从业年限不少于三年。 私募基金管理人、银行、信托、证券公司均可担任私募 FOF 基金管理人

续表

参与主体	美　国	中　国
管理人	职责： 按照基金契约的规定运用基金资产投资并管理基金资产；向基金持有人支付基金收益；向其投资者公开关于运用基金资产的投资策略和投资内容的文件资料并出具年报	职责： 按照基金契约的规定运用基金资产投资并管理基金资产；向基金持有人支付基金收益；办理与基金有关的信息披露事宜，以及向投资者出具投资报告
托管人	资格要求： 注册资本不低于 50 万美元的银行、信托、私人机构均可作为基金的托管人。 主要由著名的商业银行和投资机构担任托管人	资格要求： 依法设立并取得基金托管资格的商业银行、非银行金融机构。 主要由商业银行、券商、大型结算公司担任托管人
	职责： 负责保管基金持有证券和基金资产，处理资金调拨和清算，进行证券登记等	职责： 保障基金资产的安全，保护基金持有人的利基；通关资金所有权、使用权、保管权的分离达到安全保管资金的目的；核算估值、监督 FOF 基金的操作行为
基金服务机构	行政服务机构： 负责 FOF 基金的申购、赎回和转换业务；负责 FOF 基金的净值核算；定期撰写基金投资报告；制作基金财务报表；基金的代销。一般由专业的行政服务机构担任。 会计师事务所： 负责审计基金的财务报告。 第三方投资顾问： 为 FOF 基金提供投资方案。 基金评级机构： 有权威的评级机构，综合评判 FOF 基金的风险、收益，对基金进行排序	行政服务机构： 基金的行政事宜一般由管理人和托管人共同负责。托管人负责净值核算、制作基金财务报告；管理人负责登记、办理基金的申购、赎回、转让，并出具投资报告。 会计师事务所： 无，一般不审计基金财务报告。 第三方投资顾问： 为 FOF 基金提供投资方案。 基金评级机构： 目前没有权威的私募基金评级机构

4）证券类私募 FOF 的投资范围

在投资范围方面，美国对私募 FOF 的投资没有限制，只给出 FOF 是“主要投资于其他基金的基金”这一定义。在 SEC 注册的私募 FOF 基金管理人在注册后需按照要求报备投资范围和基金种类。

我国《证券投资基金法》及《私募基金监督管理暂行办法》对 FOF 做出投资于其他基金的资金不得少于管理资金的 80%的定义性规定，投资范围需要在成立之初报备基金业协会，除此之外并无其他要求。

5）私募 FOF 的信息披露

美国的私募 FOF 采用对冲基金的运作模式，往往是为了降低信息披露所带来的成本。但基金运作不透明很可能产生严重的代理问题及道德风险，最终侵害投资者的利益。

美国监管机构通过以下方法让对冲基金的信誉机制发挥作用：（1）对冲基金必须定期向投资者提供报告，且必须满足投资者不定期的信息披露要求；（2）通过行业协会对基金业绩进行比较；（3）由权威机构发布基金评级。

中国证监会考虑到私募 FOF 运作的特殊性和信息披露的可操作性，不强制要求基金管理人披露投资细节。但在行业自律层面，私募基金管理人可自行在基金业协会备案、披露相关信息。基金业协会则依据管理规模、合规情况、诚信记录等，对私募基金管理人进行分类公示。

综合上述对比，中美对私募 FOF 的监管环境均较为宽松，但目前我国证券类私募投资基金及证券类私募 FOF 的监管处于多头监管的状态。现有私募 FOF 投资基金的规范基本上是由相关监管部门针对各自管辖的机构分别制定的，在开展私募投资基金业务的法律依据、基金管理人准入、产品准入、信息披露、销售监管等方面均没有具体而微的硬性统一规定，监管标准宽严有别。特别是证券投资私募基金在我国目前分业经营、分业监管的模式下，对于跨行业金融产品和金融机构的监管缺乏权责和职能的明确规定，一方面容易导致监管重复、交叉和监管真空，监管成本较高，也影响监管效果，不符合降低监管成本与提高效益的原则；另一方面也不利于保护投资者利益和维护金融市场的公平竞争。

2.3.3 中国私募 FOF 面临的问题

中国证券类私募行业在蓬勃发展的过程中，在市场环境及 FOF 运作体系等方面仍存在不完善、不规范等问题。

1. 市场环境有待健全

1）监管体系有待完善

目前，证券类私募 FOF 并未形成统一且行之有效的监管体系；而证券类公募 FOF 的具体操作指引也刚刚出台，FOF 管理人结构单一。

2）缺乏长期成熟资金源

在“什么机构可以自由参与私募市场”的问题上我国还有待进一步开放，如我国保险、养老资金还没有可投向证券类私募基金的法规和细则。从国外经验来看，养老金和企业年金的进入是证券类 FOF 基金业发展的重要驱动力，如 1990 年左右，美国推出 401k 养老计划，大部分员工更愿意把养老金通过 FOF 形式进行增/保值，FOF 也随之呈现爆发式增长。

3）投资标的有待丰富

国内市场上现有的投资标的不够丰富，难以满足证券类私募 FOF 多元化、全市场配置需求，如行业基金及金融衍生工具种类不足，缺乏与票据、金融衍生品、收益互换等相挂钩的基金，海外市场配置困难等，均构成了 FOF 多元化投资的瓶颈。

2. FOF 运作流程有待规范

证券类私募 FOF 运作流程主要由产品设计、产品发行、产品运作和售后服务 4 个环节构成，各环节均有待规范。

1）产品设计环节存在的问题

（1）抛弃稳健定位。部分证券类私募管理人把 FOF 理解为几个产品的简单组合，追逐明星基金、高收益基金以促进产品发行，组合管理方面也存在配置激进、追涨杀跌等现象，导致证券类私募 FOF 的稳健属性尽失。

（2）旨在降低投资门槛。部分证券类私募 FOF 管理人并未形成成熟的基金筛选、组合管理及风险控制等投研体系，缺乏投资含金量的 FOF 仅仅成为降低投资门槛的工具。

（3）流动性不足。证券类私募 FOF 的流动性问题主要体现在两个方面：

首先，FOF 本身开放频率较低，具有较低的投资吸引力。据星潮 FOF 统计，大部分 FOF 为按月开放，但也有超过 28%的 FOF 按季开放，流动性不足问题直接影响客户体验，从而降低 FOF 对投资者的吸引力。

其次，全私募行业的基金开放频率较低，导致 FOF 与标的基金之间存在投资时滞。证券类私募基金是 FOF 的主要投资标的，据星潮 FOF 统计，在目前运行的证券类私募基金中，73.1%按月开放，15.2%按季开放，甚至有 1.7%的私募每年开放一次，开放频率普遍较低。

2）产品发行阶段的问题

（1）营销不当。错误的营销不但可能干扰私募管理人的投资节奏，还会损害投资者的长期收益水平。目前，证券类私募基金（含 FOF）的营销模式存在以下几类问题：虚假宣传、夸张宣传、不完整风险揭示等不实宣传推广；以获取销售佣金为目的，频繁、错误地引导投资者申赎；投资策略、投资风格等信息沟通不畅，导致与投资者风险偏好发生错配等。

（2）无收费标准。证券类 FOF 存在双重收费：一方面，双重收费存在合理性，有利于促进 FOF 管理人甄选优质基金，优化投资组合，长期而言对投资者有益；另一方面，目前缺乏科学的收费标准，尤其对于投向内部基金的 FOF，投资者承担的成本偏高。

3）产品运作阶段的问题

（1）投资标的雷同。基金筛选是决定 FOF 业绩的关键因素，很多 FOF 管理机构缺乏行之有效的基金筛选体系，分析基金未来的投资价值底气不足，最终大多数 FOF 管理人放弃独立判断，所投标的池雷同。

（2）组合管理不科学。从实践上看，部分证券类私募 FOF 管理人尚未形成成熟的组合管理理念。要么不进行跟踪，简单粗暴地长期持有；要么过度反应，调仓过于频繁，呈追涨杀跌现象。

（3）道德风险无制约。在证券类私募 FOF 的投资运作过程中，也有可能出现道德风险，但目前尚无相关政策法规进行监督约束。例如，直接投资二级市场的私募管理人，同时管理证券类私募 FOF，如何设置防火墙，避免其中可能存在的关联交易；如何规范私募合作体系，避免 FOF 管理人在筛选标的基金时，抛弃专业、导向利益优厚的合作方等。

（4）窗口指导严重。证券类私募 FOF 管理人有干扰所投私募机构投资决策的现象，如仓位限制、个股选择偏好、行业配置约束等，典型的如银行端强势资金、MOM 管理人等对所投基金干涉较为严重。

4）售后服务阶段的问题

（1）信息披露不规范。对于证券类私募基金（含 FOF）的信息披露，我国并无明文规定和强制要求，私募机构自主选择披露，准确性、规范性、及时性均无法保证。目前存在部分证券类私募基金的管理人（或投资顾问）、基金经理不明确，投资策略不明晰，基金净值概念使用混淆，净值准确度及公布频率无人核准，净值披露不及时等现象。

（2）技术支持落后。在证券类私募 FOF 的日常运作过程中，目前存在估值系统无法全品种覆盖、估值延迟或频繁出错的现象。另外，证券类私募 FOF 至今仍缺少一个完善、及时、权威的信息披露平台，导致在进行基金筛选时信息不对称现象严重。

（3）赎回时效差。除预留流动性外，证券类私募 FOF 只有通过赎回标的基金才能保障足够的头寸来支付投资者赎回款。这种被动仓位调整还需对接各标的基金月度或季度的开放日，资金调配缺乏自由，导致投资者赎回大多需提前 20 天以上，赎回进程缓慢。

从国外的 FOF 发展历史来看，马太效应很明显，基本上主流的 FOF 机构都脱胎于原先的商业银行或者大型资产管理公司。所以对于国内的 FOF 机构来说，窗口期也就 4～5 年，未来肯定会形成几个大的 FOF 机构。至于基金业协会提出的支持 100 家大型机构的私募 FOF，笔者认为，恐怕市场容不下这么多的 FOF 机构。

第 3 章 FOF 成功的关键

◆ 摘要 ◆

FOF 绝对不是将几个历史业绩好的基金产品整合在一起就能成功的，这个早就在历史实践中得到了证明，那些曾经位于收益排行榜前列的基金产品，未来往往表现一般。一个 FOF 想要长期成功，关键在于几个因素：管理人评价；策略的分类评估；资产配置；风险管理；业绩归因。管理人评价最关键的是管理人的品德和策略的逻辑；策略的分类评估必须根据特性进行分类评估，而不能只采用单一的收益率作为评价标准；资产配置则要考虑的是不同类别的资产如何根据收益风险特征进行配置，从而提高收益风险比；风险管理分为事前风控、事中风控和事后风控三个环节；业绩归因就是要搞明白标的基金管理的收益来自何处，多少是运气，多少是技能。

3.1 管理人评价

这里的管理人是指标的基金的管理人，毫无疑问管理人评价是最关键的环节，因为 FOF 的收益都来自标的基金的管理人的管理能力。那么，到底哪些才是需要重点考察的指标呢？《世说新语》中有一句话，“小胜靠智，大胜靠德”，这句话不管是在投资领域，还是在实体领域，抑或在人生轨迹中，笔者认为都是非常正确的。

1. 遵守契约

选择 FOF 的标的基金管理人，最根本的一点是要求大家赚钱的理念是一致的，就是做投资、做资产管理、做策略组合，依靠概率来赚钱，而不是赚炒作、讲故事、吹泡沫的钱。管理客户的资金，基金管理人的价值观和品德与业绩一样重要，甚至比业绩还要重要。这就像一幢楼的地基一样，只有在坚实的地基上才能建造出稳固的大楼。做事先做人，这个道理在任何行业、任何人的人生中都是最重要的事情，没有这个，不要谈其他。

2015 年一波迅速起来的牛市给私募基金大发展创造了一个非常好的环境，但是很多根本没亲自做过投资的人开始发行私募产品募集资金替客户做投资。这很可怕，这些人觉得可以趁机入市，赚了就值了，没赚做不下去了也没什么损失。这种投机的心态本身就反映出管理人的基本价值观有问题，是不负责任的。

私募机构的一个角色是资产管理人，另一个角色是个人创业者。第一个角色相对容易跟踪，但第二个角色才是体现人性根本之所在，这里包含了这家私募核心人员的人品、价值观、宽容度、合作精神、分享精神，正是这些才能造就他形成一个什么样的第一个角色的展示。几个核心的合伙人是基于什么走在一起的、过程中是怎么磨合的，团队的稳固才是好的业绩产生的基础。在作为一家私募机构的同时也属于创业者，深知其中的各种艰辛和考验人性之处。比如某家擅长量化投资的公司，A 合伙人盗用了 B 合伙人写的模型后把 B 合伙人赶走；某主动管理型从事宏观对冲的私募，在他的交易团队中，从事宏观对冲的核心人员集体离职导致业绩下滑。这种案例，在私募基金行业比比皆是。这些都是普通投资人，甚至金融业内的人士都不一定跟踪得到的重要变化。这些变化对业绩有着相对长期深远的影响，当出现这种现象的时候，绝不是等一等，给他们时间，他们就能改善业绩的。

个人合伙创业和大家原来所在的公募、券商资管等平台有大集团股东背景的时候是完全不同的，现在私募的核心人物大多是其公司的大老板，能在原来公募的平台上做出出色的业绩，未必能够管理好一家公司或一支投研团队。这些都是需要考量的重要内容。另外，一些管理人做私募成名后，管理的资金规模逐步增大，除了考虑他及他的团队投资管理的规模边界、投资方向的边界外，更重要的是考察他在个人财富得到巨大增长后是不是仍旧视投资为他最感兴趣的事业，是不是公司就变得程序化、商业化了。有些已成名的基金经理已经慢慢地分心去投资影视公司、互联网公司等，这些不是说一定不好，但要看他的精力在往哪方面转移，这些也对二级市场的产品业绩有巨大的影响。所以，投资跟所有的行业一样，只有发自内心地喜欢，才能够既在艰难的时候坚持度过，又在富贵的时候依然坚持。这些也是投资人无法观测的内在因素。

“管理人的品质、赚钱的根本逻辑”是非常重要的根本，这个基础如果是偏的，那么无论他取得过怎样优秀的业绩，也是无法持续的，或者说这不是私募机构敢要的，因为里面蕴含了巨大的潜在风险，这种风险一旦爆发，对客户而言就是毁灭性的，绝不是市场简单地短期下跌 20%那么简单。在本质价值观、价值理念一致的基础下，再去寻找投资策略、投资研究方法、对选择标的的偏好等不同风格的人进行投资，从而分散风险。

资产管理本质上是一种信托关系，所谓信托，就是“信任所以托付”。有这样一句话：财产关系是仅次于婚姻关系的重要的人与人的关系种类。既然客户将财产委托给你，你自然应该信守承诺、恪尽职守，这中间最关键的就是“遵守契约”。在一般的基金合同条款中，都有一项“风控条款”，里面严格限定了各种风险管理的规则，如预警线、清盘线、仓位控制、净敞口控制、黑名单等。这些风控条款从根本上保证了基金产品可能的损失范围。管理人应该严格遵守契约条款，哪怕在出现业绩波动，甚至遭遇投资人巨大不信任压力的时候，也应该坚定不动摇。

2013 年，有一位业内的期货私募大佬，曾经连续 5 年在各类期货比赛中获得优秀的名次。在发行了阳光化产品后，由于市场风格不配合，净值损失了 30%左右。也许是因为来自客户的压力过大，或者自己的情绪压力过大，某一天他对行情进行分析后，认为 PVC 有大幅下跌的可能。于是调集了多个账户的资金，重仓做空 PVC。不幸的是，市场并未如愿下跌，而是暴涨。他的产品在一天之内被打破清盘线，不但劣后级的投资人损失殆尽，优先级的投资人也遭遇了重大损失。

根据契约中的风控条件，该私募大佬重仓做空 PVC 的操作属于违背契约的行为，但无论是该公司的风控总监还是托管机构，都无法制止他的违约行为，最终造成了不可挽回的巨大损失。

投资人购买基金份额的全部依据就是一份基金合同，管理人应该严格遵守基金合同的各种约定，哪怕是在市场不利、业绩不理想的情况下也不能动摇，这是作为管理人的一个最基本的道德。如果连最基本的道德都可以违背，那么还有哪个投资人敢将资金委托给你呢？

所以管理人最重要的品质就是：遵守契约！

2．逻辑合理

选择一个私募基金管理人，其实选择的是他的管理能力。管理能力不仅在于策略的开发和配置，更在于他们对其认为真正好的东西合理坚持的能力和卖出时点的判断能力。很多投资者经常听身边的人夸赞自己说选择了一只好股票，赚了多少多少，可是然后呢？这只股票获利多少你会卖出？卖出之后你投资什么？这样的成功是基于什么？这样成功的概率有多大、可复制性有多强？你敢把所有的可投资资产全仓投入吗？这些都是投资管理能力的体现。

在选择了一个标的基金管理人后，通常情况下，决定赎回或放弃的最重要的原因是定性的，而不是定量的。这就跟基金经理选择是否重仓买入一只股票一样，事前的深入研究是最好的风控。在投资之前，需要从定量、定性角度对该标的基金管理人进行多维度的考察和观测，慎重决策。而在投资之后，只要这个基金管理人的基本面未曾发生重大变化，那么投资人需要给他们时间，即使有短期的回撤，那也是需要承受的。当然，频繁的沟通交流和跟踪观察是必不可少的。每个季度投资人需要对所有标的基金的业绩进行详细的归因分析，分解它的业绩贡献是由哪些因子组成的、投资动作是否存在变形等。投资人需要看重的是基本面是否发生重大变化，包括投研团队是否有重大变动、核心投资人员的稳定性、投资理念的一致性、管理规模是否超出能力边界等。

统计数据能告诉投资人这个基金经理过去是什么样的、他管理的基金呈现出什么特征，但是它不能告诉投资人这样的业绩是由什么组成的、是偶然还是必然、未来是不是可持续、他真正的投资风格是什么、这个基金经理是真的擅长这种风格还是凑巧。

通过数据，还需要细致分析业绩背后的组成。投资人需要进一步细化分析收益率的来源，分阶段获取数据进行交叉重叠分析。例如，某基金经理在过去 6～7 年这个管理周期内，中间有一轮巨大的牛市，虽然总收益率看起来比较惊人，但是如果把牛市的阶段除去，你就会发现他的年化收益率比之前低了很多。这个时候就要判断他在熊市的周期跌了多少。比如 2008 年，市场跌了 70%，这个人只跌了 20%，结合他的整体业绩，说明他回撤控制得很好；但是 2012 年和 2013 年他的业绩增长很小，说明他的投资风格不属于小盘股的风格。最终投资人需要判断在什么样的市场环境下适合配置这个人的产品，配置他的产品在自己的整个投资组合中需要起到什么样的作用。

关于回撤，也经常会有投资者询问某只标的基金的回撤达到多少，FOF 基金就会马上赎回。这不能一概而论，量化指标的意义不是机械地根据它做出决策，而是给决策者进行决策提供一个参考。当风控流程是子层短期跌幅过大时，需要马上了解原因，探究大幅下跌的原因究竟是什么，然后才能做出是否调整的判断。笔者曾经配置的一只标的基金大比例投资了某家上市公司，之后该公司停牌，停牌期间遇到了股灾 3.0，按照指数收益法对停牌股票进行估值，这个子层产品出现了基金净值短期较大幅度的下滑。深入沟通后了解到，他们对该上市公司有着非常深入长期的研究和跟踪，非常有信心在中长期有不俗的表现，笔者最终选择继续持有。到 2016 年下半年，该公司业绩爆发，股价也节节攀高。如果仅仅依靠量化指标，则这个时候赎回是非常不明智的，因为后来该公司业绩爆发所带来的大幅增长你将永远享受不到。

3. 深入专注

一个专注投资的人，其根本理念和原则反复无常是一件非常可怕的事情。只有研究非常深入，他们才能有效固执地坚持度过其标的持有周期中比较痛苦的阶段。透过数据，投资人需要判断基金经理的投资逻辑是什么，与他的投资行为是否相符，是否真正做到了知行合一。比如，有的基金经理宣称自己是价值投资者，通过精选个股来获取超额收益。但是，通过仔细梳理真实交易数据，投资人会发现该基金经理过于频繁地调整仓位，换手率极高，平均持股时间也比较短。显然，这位基金经理属于“言行不一者”。又如，有些基金在某一年突然发生了风格漂移，仓位控制、行业偏好等都发生了重大变化。虽然变化不一定是坏事，但风格漂移往往意味着风险，投资人需要更多的时间对这位基金经理的新风格进行观察和确认。

在 2015 年年底股指期货受到限制之后，大量做经典阿尔法策略的对冲基金开始做多策略配置，也开始研发 CTA、趋势类策略，但到了 2016 年年底，这些多策略的对冲基金表现得并不尽如人意。曾经有一个管理了很大规模阿尔法类的对冲基金经理来找笔者交流，说要转型做 CTA，笔者当时建议他可以采用配置的方式，将多余的资金委托给专业的 CTA 基金去打理。但他没有接受笔者的意见，而是从期货公司招了几位交易经理从事 CTA 策略的投资，结果在 2016 年的黑色系行情中，做反了方向，一周损失了 15%的净值，将原先阿尔法策略一年的收益损失殆尽。当笔者听到这个消息的时候，完全不意外，对于 CTA 这种风险很大的策略，一些交易多年的 CTA 基金经理尚且战战兢兢、如履薄冰，一个以前对 CTA 完全不懂的门外汉，随便招几个新人就想在这个风险巨大的领域轻松盈利，怎么可能呢？CTA 是一个非常专业的投资领域，合约价值的计算、杠杆的设定、仓单的分析、交割制度的研究等，和股票领域完全是两回事，如果这么轻松就可以盈利，就不符合市场规律了。

其实在实体经济领域，我们也观察到这种现象，很多成功的企业受不了诱惑，进行多元化发展，其中真正成功的寥寥无几。做投资也是一样的，笔者一直不赞同标的基金做多策略，因为多策略配置应该是 FOF 母基金的事情，标的基金应该专注于某个细分的策略。比如，在 2015 年股指期货受限后，经典阿尔法策略遭遇瓶颈，但仍然可以研究更多的阿尔法策略，如事件驱动阿尔法、择时阿尔法、风格轮动阿尔法等。从公司层面来看，发展多策略配置，丰富产品线，自然是没有问题的。但是作为 FOF 配置的标的基金，笔者认为仍应将单策略研究到极致。现在到处都在讲工匠精神，其实在投资领域最需要的也是工匠精神。

“母基金要分散，标的基金要专注”，这才是成功的 FOF 分工策略。

3.2 策略的分类评估

做完管理人的评估，接下来就要做策略的评估，其中最关键的就是分类评估。笔者是专注于做套利策略的，但是经常有投资人将笔者的策略和那些做股票的相比。其实不同策略类型的收益风险特征是不一样的，怎么能只用收益率这个唯一指标来衡量呢？

目前对于策略的分类标准也很混乱，不同评级机构的指标体系都不一样。根据美国证监会的分类，将投资策略主要分为相对价值、宏观因素和事件驱动三大类。在10.3 节也将策略根据“收益率、风险度、资金容量”三要素的特点分为三类，恰好对应美国证监会所分的三大类。

3.2.1 投资不可能三角

传统的策略分析基本上是从收益率和风险两个维度去考虑的，国内的评级机构更多地只看收益率，完全忽略风险因子。笔者认为，一个策略的核心因子有三项：收益率、风险度、资金容量。从这三个因子的组合来看，共有 8 种类型的策略，如表 3.1 所示。

表 3.1 策略的三因子属性

收益率	风险度	资金容量	代表性策略
低	低	低	淘汰
低	**低**	**高**	**相对价值策略**
低	高	低	淘汰
低	高	高	淘汰
高	**低**	**低**	**事件驱动策略**
高	低	高	不存在
高	高	低	淘汰
高	**高**	**高**	**宏观因素策略**

但是，并不是上述 8 种类型的策略都会存在，下面详细分析。

1. 不存在的策略：高收益/低风险/高容量

几乎每个投资人的理想策略都是收益极高、风险几乎没有、随时可以开放。但是很遗憾，这种策略是不存在的。一旦有这样的策略存在，大量资金一定会涌入该策略，从而造成收益率大幅度降低，或者市场容量大幅度降低，从而转变为低收益/低风险/高容量策略，或者高收益/低风险/低容量策略。

比如 2015 年市场狂热的时候，股指期货相对于指数出现严重升水，带来了超过15%年化收益率的无风险套利机会。当时笔者正在某大型央企任职，于是调集了大量资金来进行这种无风险套利操作。据笔者所知，当时除了笔者外，还有数百家机构、基金都在从事这种交易，总资金规模达上千亿元。果然，仅仅过了两个月，这种升水大幅度消失，并且在国家对金融市场加强监管之后，股指期货长期处于贴水状态，大量从事期现套利策略的对冲基金最终只能放弃这种类型的操作。

随着移动互联时代的发展，信息交流越来越畅通，这就使得中国的资本市场有效性大大提高，以前一个很简单、很容易赚钱的策略，很快就会有大量资金涌入，从而迅速将收益率抹平，回归平均收益率。

2．淘汰的策略 1：低收益/高风险/高容量和低收益/高风险/低容量

这不符合人性，因为任何人承担了高风险，追求的都是高收益。如果是高风险/低收益的策略，是没有人愿意长期从事该策略交易的，投资者会大量撤出，从而使得该策略的市场收益率变大，也就是该策略会转化为高风险/高收益/高容量策略。从短期来看，可能存在这种情况，但从长期来看，投资者一定会离开这个市场。利润之所以变薄，根本原因是竞争太激烈。当大量人离开之后，还留在市场中的人自然就会获得巨大的利润。

3．淘汰的策略 2：高收益/高风险/低容量

在高收益/高风险的情况下，投资者肯定会选择高容量的策略来使自己的绝对收益最大化，所以该策略也会遭到淘汰。由于采用该策略的投资者变少，从而使得该策略的容量变大，最终转化为高收益/高风险/高容量策略。

4．淘汰的策略 3：低收益/低风险/低容量

在低收益/低风险的情况下，投资者肯定会优先选择高容量的策略来使自己的绝对收益最大化，所以该策略也会遭到淘汰。由于采用该策略的投资者变少，从而使得该策略的收益变大，最终转化为高收益/低风险/低容量策略。

从图 3.1 中可以看出这几种不存在的策略之间的转化过程。

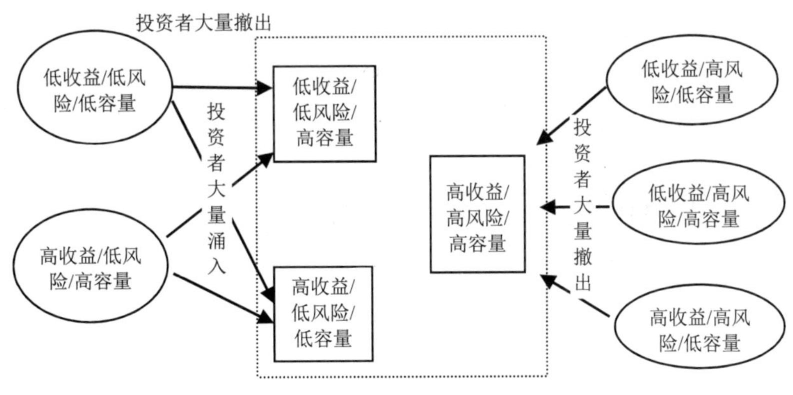

图 3.1 不同策略的转化

随着投资者的涌入和撤出，最终留下的长期有效的策略只有三种。

1. 低收益/低风险/高容量

这种策略属于类固定收益率策略，如银行理财、货币基金、债券及各种对冲套利策略。这种策略的代价是牺牲“收益率”，目前国际上主流的对冲基金基本上以追求这种收益为主要特征。在美国证监会的分类中，这种策略叫作“相对价值策略”。

2. 高收益/高风险/高容量

这种策略也是主流基金所采用的策略，即投机型策略，包括一级市场的天使投资/创投/风投和二级市场的各种单边投机策略，他们的高收益来自承担了高风险，这也是传统的资本资产定价模型（CAPM）中所揭示的原理。这种策略的代价是“牺牲风险”。在美国证监会的分类中，这种策略叫作“宏观因素策略”，或者就是我们通行的“择时策略”。

3. 高收益/低风险/低容量

这种策略主要利用市场的缺陷去盈利，各种制度套利都属于这种类型的策略，如高频交易、困境证券等。这种策略是以“牺牲容量”为代价的，所以这种类型的策略一般很少会发行产品，就算发行了产品，一旦规模扩大也会停止开放。在美国证监会的分类中，这种策略可以统称为“事件驱动策略”。

所以，任何投资策略只能进行“收益、风险、容量”中两项的优化，必须要牺牲掉其中的一项，这就是“投资不可能三角”，我们所有的策略分类和分析都必须基于这个基本的经济学原理进行，否则就没有任何意义。

由此得出结论：高收益率的策略，要么承担较高的风险，要么牺牲资金规模，二者必居其一。这也就解释了为什么国内的私募圈，流星很多，恒星几乎看不到。

3.2.2 相对价值策略

相对价值策略以牺牲收益率为代价，从而保证风险可控和规模扩大。在国内的金融市场，相对价值策略也就是业内通常所说的量化对冲。“量化对冲”是“量化”和“对冲”两个概念的结合。“量化”指借助计算机及数学统计模型来指导投资，其本质是定性投资的数量化实践。“对冲”指通过组合管理降低组合系统风险，获取相对稳定的收益。

量化对冲策略主要有阿尔法市场中性策略、事件驱动套利策略、期现套利策略、跨期套利策略、分级基金折溢价套利策略、ETF 套利策略、可转债套利策略、波动率套利策略、股权套利策略等。下面介绍几种主要的量化对冲策略。

1. 阿尔法市场中性策略

阿尔法市场中性策略是目前国内市场上最主要的量化对冲策略。根据 CAPM 理论，股票收益可以分解为两部分：一部分是承担整体市场风险的 Beta 收益；另一部分是股票自身风险所带来的 Alpha 收益。管理人通过构建优势股票组合，同时卖空股指期货，对冲掉股票组合中市场涨跌的影响（Beta 收益），获取股票组合超越指数的收益（Alpha 收益），如图 3.2 所示。

图 3.2 阿尔法市场中性策略原理

阿尔法市场中性策略的关键是选出的股票组合收益要持续跑赢沪深 300 指数，即在市场上涨时平均涨幅大于沪深 300 指数，在市场下跌时平均跌幅小于沪深 300 指数，并且持续稳定。管理人从估值、成长、动量、市值、预期变化、资金关注、技术指标、事件等多个维度进行量化选股，构造投资组合，同时以沪深 300 行业配置比例为基准，对系统筛选出的股票根据宏观经济和行业景气状况进行差异化配置，并定期根据各因子变动动态调整组合。阿尔法市场中性策略案例如图 3.3 所示。

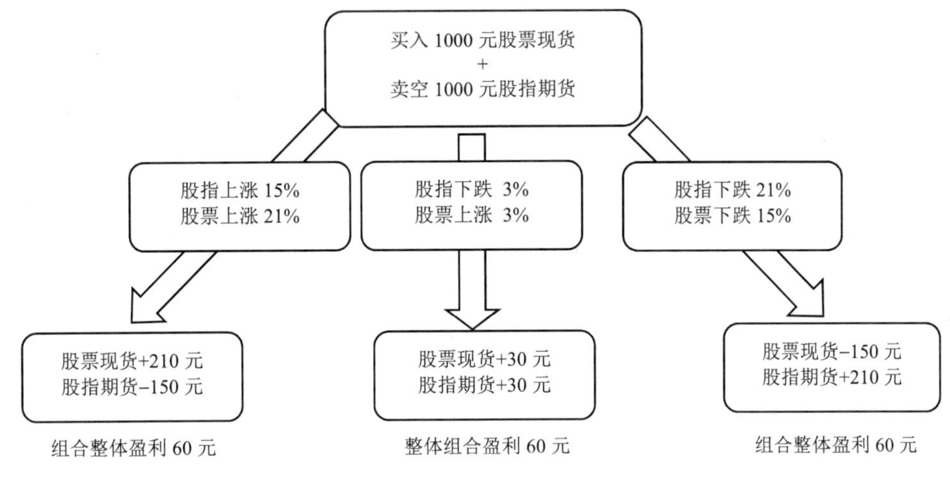

图 3.3 阿尔法市场中性策略案例

阿尔法市场中性策略的主要风险体现在选股策略上。由于股票市场的规律性变化、一些突发事件的影响和统计模型本身的概率属性，选股模型在某些月份或特殊时期有可能失去效用，出现做多的股票跑输市场的情形，从而产生短期的亏损。这就需要投资者有正确的认识，也要求基金经理能不断完善投资模型和操作技巧，增强获胜概率。

2. 期现套利策略

根据沪深 300 股指期货与沪深 300 指数基差到期时必定收敛的特性，当期货指数与沪深 300 指数的基差足够大时，可以通过构建一个反向组合来获得基差收敛过程中产生的收益。如果是基差升水，则做多沪深 300 指数，同时做空沪深 300 股指期货；如果基差贴水，则融券做空沪深 300 指数，同时做多沪深 300 股指期货。当到交割日的时候，该基差将强制收敛，如图 3.4 所示。当然，在目前国内融券不易的情况下，反向套利基本没有可能，而 2015 年年底股指期货严重受限之后，常规的期现套利策略也无法开展，未来有待政策的进一步放松。

3. 跨期套利策略

当两个不同到期月份合约之间的价差偏离其合理区间时，可以通过在期货市场同时买入低估值合约和卖出高估值合约，在价差回归后进行反向平仓的方式来进行跨期套利交易，如图 3.5 所示。在股指期货受限之后，目前还可以支持较大规模的套利策略也就只有商品期货领域的跨期套利了，但是商品期货的跨期套利从理论上来说是一种统计套利，价差并不存在必然的收敛，只是统计规律上的收敛，所以在真实的交易中仍需进行严格的风险管理。

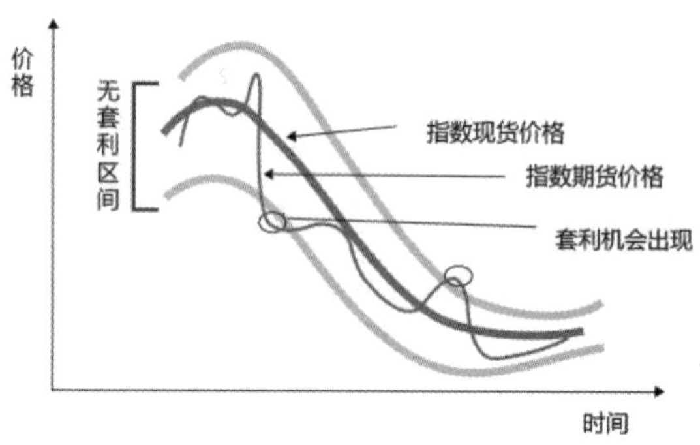

图 3.4　期现套利策略

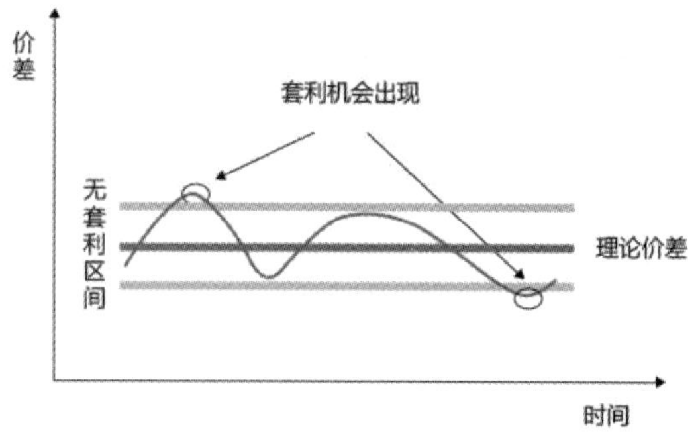

图 3.5　跨期套利策略

4. 分级基金折溢价套利策略

分级基金折溢价套利策略有两种模式。一种模式为母子基金比价出现折溢价时的套利。当母基金出现折价时，买入母基金并进行分拆，在二级市场上分别卖出分级基金的 A 份额和 B 份额；当母基金出现溢价时，在二级市场分别买入分级基金的 A 份额和 B 份额，进行合并后卖出或者赎回母基金，如图 3.6 所示。分级基金折溢价套利策略将利用组合管理方法及股指期货管理风险敞口。另一种模式为市场下跌时含向下折算条款的分级基金 A 份额包含的期权价值套利。

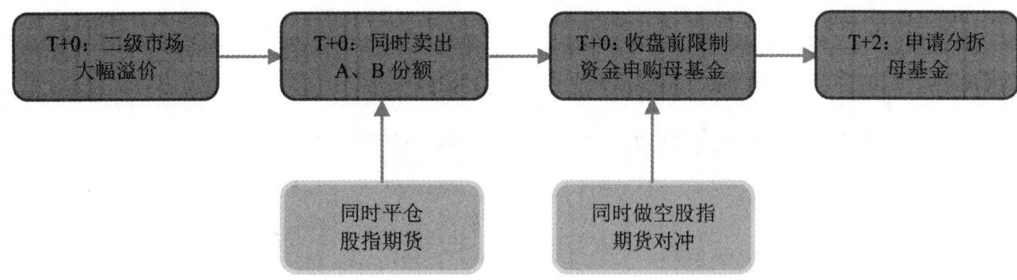

图 3.6　分级基金折溢价套利策略

5. ETF 套利策略

ETF 套利策略同样分为折价套利和溢价套利。折价套利是当 ETF 价值小于对应的一揽子股票市值时，则买入 ETF 后，赎回一揽子股票，再在股票市场卖出进行套利；溢价套利是当 ETF 价值大于对应的一揽子股票市值时，则从股票市场购入一揽子股票，申购 ETF 份额，然后在二级市场卖出 ETF 份额进行套利，如图 3.7 所示。

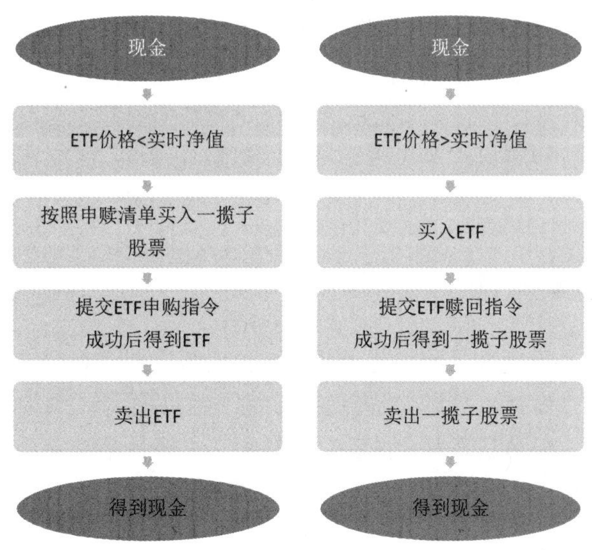

图 3.7　ETF 套利策略

ETF 套利成功的关键在于高速的套利系统，但是在 2015 年券商的 IT 系统接口关闭之后，ETF 套利就很难运行，未来的发展仍有赖于接口系统的重新开放。

6. 可转债套利策略

可转债具有内在转股价值，该价值是可转债当日转股所获得的市值。当市场出现可转债价格等于或小于转股价值时，买入可转债，同时做空对应转股数的股票。海外市场可转债套利的机会很多，因为做空机制成熟；但在国内市场目前融券很不发达的情况下，可转债套利只有很少的空间可以进行。

7. 波动率套利策略

利用转债中的期权对冲个股风险。当转债所包含的期权相对其标的股票低估时，通常其隐含波动率处于历史低位，此时买入转债的同时做空一定数量的股票（根据模型计算获得）。在随后的交易日中，通过调整做空比例来达到市场中性，并赚取转债固定利息和期权估值上升所带来的低风险收益，其风险远小于单买股票或债券。

8. 期权套利策略

期权套利是由期权合约或合约之间定价偏差所带来的套利机会。期权套利策略灵活多样，包括买卖权平价关系套利策略、价差期权组合套利策略、期权凸性套利策略、期权箱体套利策略等。期权套利是国际金融市场交易量最大的一类策略，由于期权有着收益无限、风险有限的特征，因而成为主流对冲基金必配的交易策略。并且由于海外期权交易量巨大，也可以容纳大资金运作，所以在 FOF 的配置中很多采用期权套利策略。

3.2.3 宏观因素策略

宏观因素策略是以牺牲风险为代价的，这种策略主要进行方向性投机，也称择时策略。这种策略一旦做对，自然收益会很高；但是如果做错，则损失也会很大。2015 年上半年的大牛市，很多私募基金的收益动辄翻倍；但是当股灾来临的时候，很多著名的大佬也折戟沉沙。方向性策略总的来说可以分为两类：拐点择时和趋势择时。

1. 拐点类择时策略

拐点类择时策略主要依靠复杂的数学模型对走势进行模式识别的判断，主要策略有以下几类。

1）SVM

SVM 是分类模型中的重要工具，它主要通过机器学习的方法对大量的历史数据、特别是行情的模式数据进行学习，从而训练出一种能对行情进行判断的模型，如图 3.8 所示。著名的阿尔法狗利用的就是这种深度学习技术，从大量的历史对局中学习出对弈原理。既然如此复杂的围棋都可以通过机器学习来判断局势，那么金融市场也完全可以做到这一点。

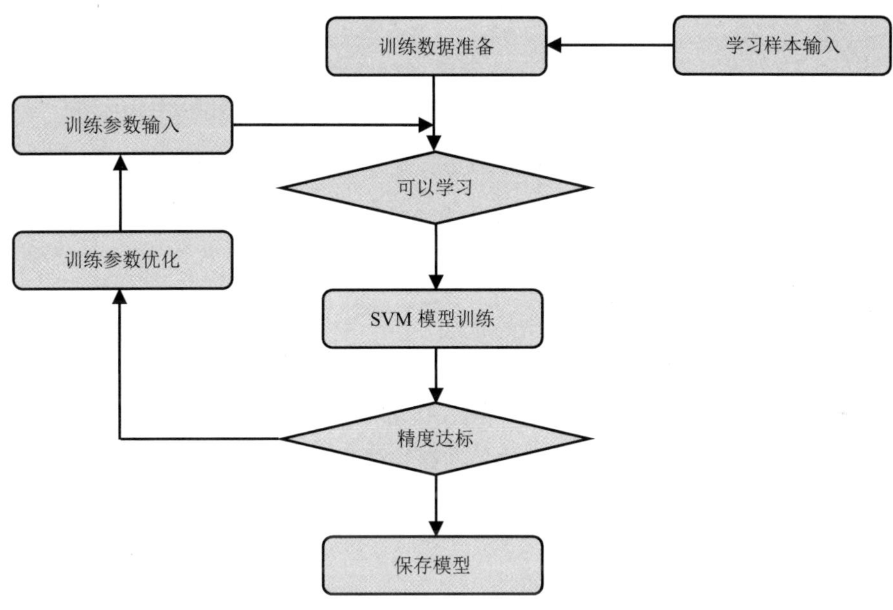

图 3.8 SVM 择时策略

2）Hurst 指数

Hurst 指数本来是流体力学的一个概念，后来被用于金融市场。传统的金融市场模型是随机游走模型，但是基于分形理论构建的分形市场模型则通过 Hurst 指数的值来判断大盘是否到达拐点。当 h=0.5 时，市场处于随机游走状态，不具备可预测性；当 h<0.5 时，则大盘存在均值回归的可能性，也就是曾经上涨的未来可能下跌，曾经下跌的未来可能上涨；当 h>0.5 时，大盘的原有趋势将会延续，如图 3.9 所示。

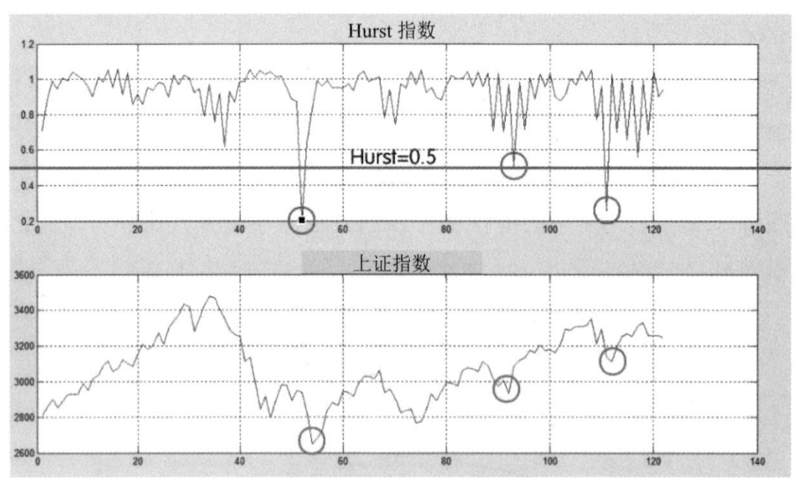

图 3.9　Hurst 指数择时策略

3）市场情绪

投资者的交易行为往往受到情绪的推动，由于羊群效应，从而驱动行情超预期发展，如底部的时候往往会超跌、顶部的时候也会超涨。那么可以根据一些情绪类的指标，如新增开户数、舆情指标、恐慌性指数、分级基金溢价率等，构建情绪指标模型。在实际操作中，可以反投资者情绪操作，在情绪低迷的时候买入，在情绪高涨的时候卖出，从而可以获得较好的超额收益，如图 3.10 所示。

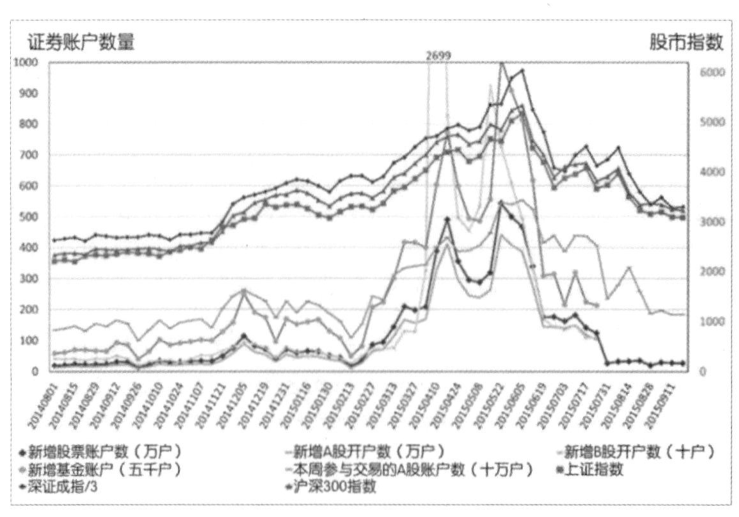

图 3.10　市场情绪指标择时策略

4）噪声指数

金融市场存在大资金，当有重大消息的时候，一定会有机构提前知道消息，并且进行相应的操作，这种操作会带来行情的噪声指数发生突变。我们以小波分析为工具，对行情数据进行频谱分析，就可以追踪到这种突变的情况，从而跟随大资金的步伐，获取市场大幅波动带来的收益。小波分析可以将普通的时序数列分解成不同频率的波函数，利用波函数就可以将时序数列分解成主趋势的低频部分和噪声的高频部分，从而在频域进行更加精准的分析，如图 3.11 所示。

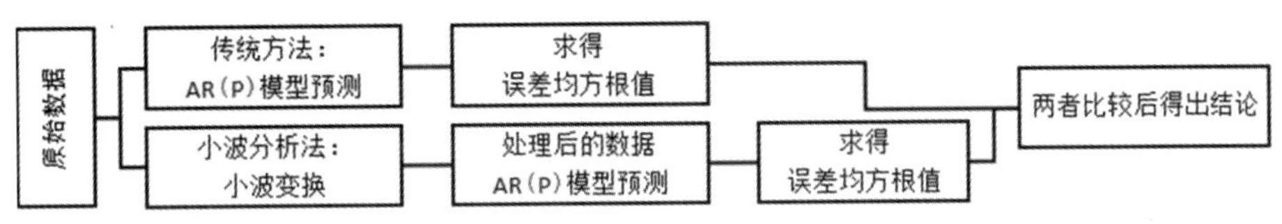

图 3.11　噪声指数择时策略

2．趋势类择时策略

趋势类择时策略主要利用各种指标来捕捉市场趋势，并且以多次小的失败为代价，试图抓到一次大的行情来盈利。其主要理论基础是技术分析，主要有如下几种策略。

1）均线模型

均线模型是最简单的一类趋势策略，主要采用交叉法则，如上穿 5 日均线做多、下穿 5 日均线做空，这就是我们常说的金叉、死叉，如图 3.12 所示。均线模型有很多变种，如简单均线、MACD、自适应均线等。均线模型成功的关键在于参数的设置，不同的金融市场和品种需要不同的参数，这个参数需要通过历史数据的回溯来获得。

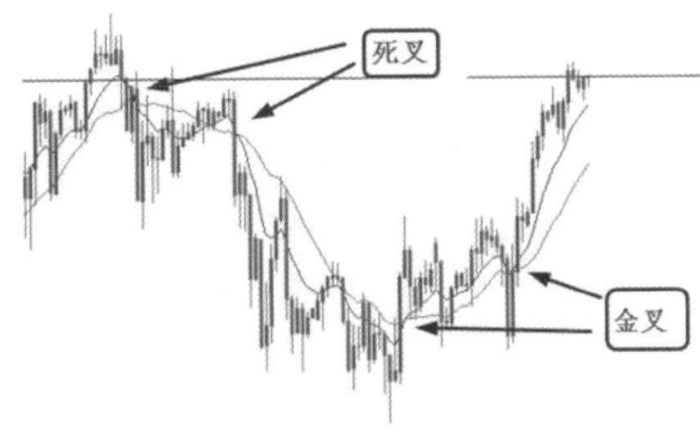

图 3.12　均线择时策略

2）海龟模型

海龟模型来自著名的商品投机家理查德·丹尼斯与他的老友比尔埃·克哈特的一个著名实验：优秀的交易员到底是天生的还是后天可以培养的？后来的实验结果表明，普通人利用简单的交易策略，只要长期坚持，也能成为优秀的交易员。这就是后来人称的海龟交易系统。

海龟交易系统采用两个通道突破开仓，这两个系统分别称为系统一和系统二，如图 3.13 所示。

系统一（以 20 日突破为基础的偏短线系统）：只要有一个信号显示价格超过前 20 天的最高价，系统就会发出做多信号。

系统二（以 55 日突破为基础的较简单的长线系统）：只要有一个信号显示价格超过前 55 日的最高价就买入。

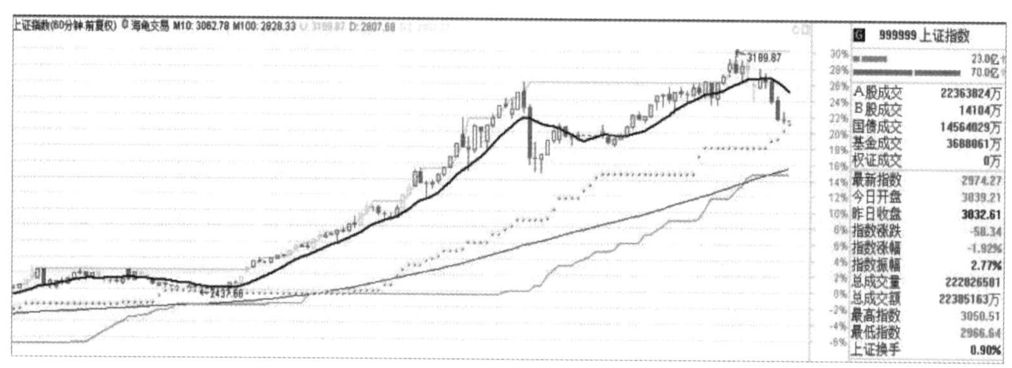

图 3.13 海龟策略

3）凯特纳通道

凯特纳通道交易系统是由技术分析专家 Chester Keltner 在 50 多年前开发出来的，最初他是使用 10 日均线来绘制这个指标的。凯特纳通道有 3 条线，中心线是由(最高价+最低价+收盘价)/3 得出的平均价格的 10 日均线，而波动的部分是以单根 K 线的（最高价–最低价）的 10 日均线为基础进行计算的，上通道就是中心线加上波动部分，下通道就是中心线减去波动部分，如图 3.14 所示。

后来，Linda Raschke 对凯特纳通道进行了改进，中心线采用收盘价作为指数移动平均线的计算基础，而通道宽度的设定由单根 K 线的振幅改为 ATR（真实波动幅度）。

凯特纳通道可以让交易员很快地观察到股价的趋势是向上还是向下，或者横盘，也可以判断可能的支撑或压力区。不过跟布林通道相比，凯特纳通道更加平滑。

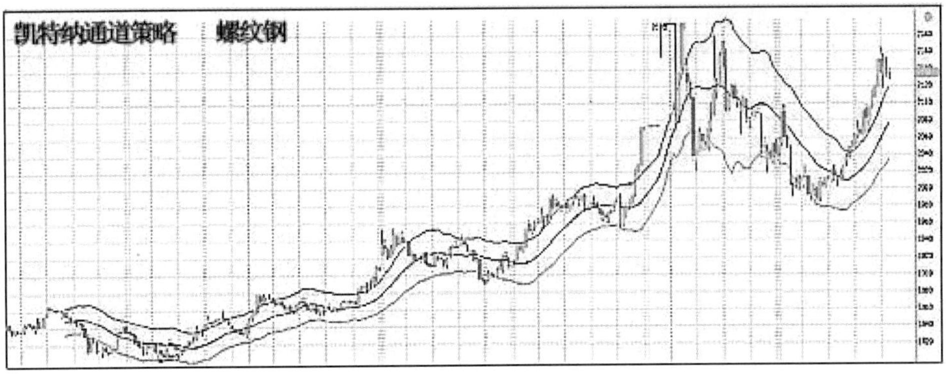

图 3.14　凯特纳通道策略

4）克罗均线

斯坦利·克罗是全球顶级的期货投资专家，他从 1960 年开始进入华尔街，在 33 年的职业生涯中，不但赢得了丰厚的回报，也积累了丰富的经验。《克罗谈投资策略》、《期货交易策略》等著作为后人留下了宝贵的精神财富。在这些著作中零星地渗透着克罗先生的交易思想，如他的 KISS 原则（Keep it Simple, Stupid）。克罗先生的交易系统同样基于简单的均线进行交易，并遵循顺势原则，如图 3.15 所示。

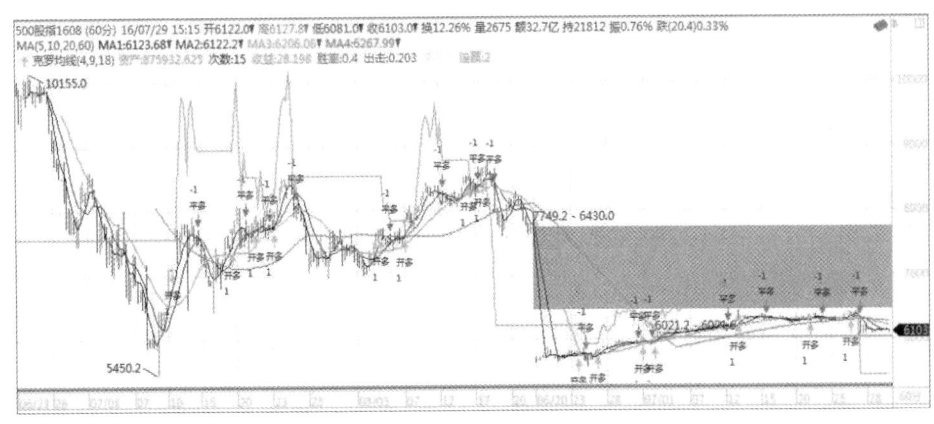

图 3.15　克罗均线策略

均线系统确定：

（1）长期均线组：回溯期分别为 10 天、20 天、50 天的长期简单移动平均线。

（2）短期均线组：回溯期分别为 4 天、9 天、18 天的短期简单移动平均线。

买入信号：

（1）当收盘价大于所有长期均线组，并且长期均线组多头排列（MA10>MA20>MA50）时。

（2）当收盘价大于所有短期均线组，并且短期均线组多头排列（MA4>MA9>MA18）时。

以上两组信号出现一组即可做多。

卖出信号：

（1）当收盘价小于所有长期均线组，并且长期均线组空头排列（MA10<MA20<MA50）时。

（2）当收盘价小于所有短期均线组，并且短期均线组空头排列（MA4<MA9<MA18）时。

以上两组信号出现一组即可做空。

5）区间突破

RangeBreak 区间突破系统被市场广泛用于日内交易，曾经连续多年在《美国期货杂志》盈利交易系统排行榜中位居前十。目前该程序化交易系统仍被很多专业机构和个人投资者所推崇。

RangeBreak 区间突破交易系统，区间的上下轨根据前一个交易日的振幅决定，如图 3.16 所示。具体的交易原则如下。

区间上下轨的确定：

（1）昨日振幅=昨日最高价−昨日最低价。

（2）今日行情区间上轨=今日开盘价+N×昨日振幅。

（3）今日行情区间下轨=今日开盘价−N×昨日振幅。

其中，变量 N 的取值较为灵活，可以依据交易品种的波动属性和个人交易经验进行变换。通常情况下，N 的取值范围位于 0.5～0.8 之间。

买卖信号：

（1）突破上轨，买入开仓做多。

（2）突破下轨，卖出开仓做空。

图 3.16 区间突破策略

3.2.4 事件驱动策略

事件驱动策略的特点就是低风险、高收益，但是作为代价，这种策略的资金容量是比较小的。狭义的事件驱动主要是指股票市场以重大事件为催化剂的分析策略，而广义的事件驱动还包括高频交易、日内交易等各种短线类型的策略。

传统的价值投资的原理是基于上市公司经营业绩的改善，从而使得公司的内含价值增加，从而驱动股价上涨。但是除此之外，上市公司的一些重大事件（如财报披露、成分股调整等）、上市公司行为事件（如股东增减持、上市公司吸收合并、要约收购等）、跨市场事件（如大宗商品-股票联动、股票-债券联动等）等，都会在短期内对股价产生重要影响。那么，对这种类型的事件进行深入建模后，完全可以进行短期的套利交易。

所以事件驱动策略更多的是基于行为金融学原理，在提前挖掘和深入分析可能造成股价异常波动事件的基础上，通过充分把握交易时机获取超额投资回报的交易策略。事件驱动策略中的“事件”是指具有较为明确的时间和内容，能够对部分投资者的投资行为产生一定的影响，从而决定股价短期波动的因素。这些事件包括 ST 类个股摘帽事件、年报潜在高送转事件、资产重组、重大政策发布事件等。

事件驱动策略所获取的“超额投资回报”是指个股由于某类事件的发生导致股价出现异常波动，其股价实际涨幅扣减同期大盘涨幅之后的部分称为“超额收益”。比如，某股公告重组后，股价最大上涨 30%，同期大盘上涨 5%。由此可以得出，该股由于“重组事件”所带来的超额收益是 30%−5%=25%。

通过公司调研、情报收集、业内沟通、数据统计、规则分析、数据挖掘、深度分析等一系列合理手段，提前分析出可能对股价产生影响的事件将要公布的内容和时间范围，在结合市场热点和大盘趋势的基础上，采取以事件明朗化前逢低买入、事件明朗化后逢高卖出为主要原则的中短线投资策略。

事件驱动策略的核心就是提前潜伏市场热点（事件），等事件明朗或将要明朗时逢高卖出。其投资流程如图 3.17 所示。

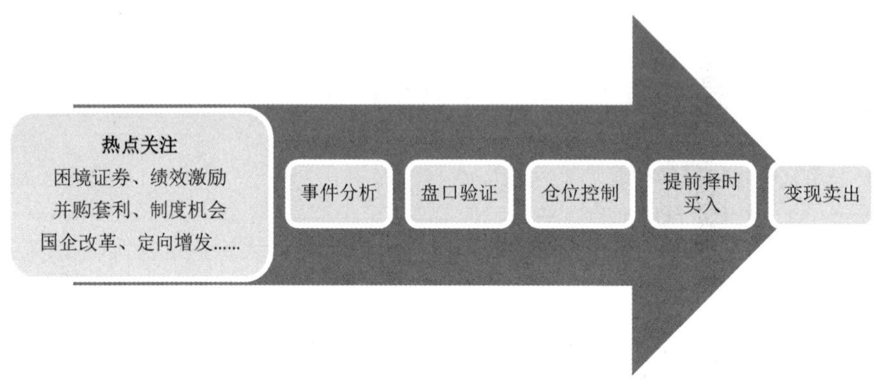

图 3.17　事件驱动策略

事件驱动策略主要包括如下类型。

1. 困境证券类

困境证券主要是当某家上市公司出现经营问题的时候，往往会动用更多的资源来支持公司发展，从而有可能带来超额收益，如 ST 类公司的摘帽行为。

2. 绩效激励类

当上市公司给予管理层绩效激励时，不管是业绩激励还是股权激励等，有可能带来公司短期业绩的超额成长，从而获得股价的超额收益。

3. 并购套利类

当不同的公司进行并购的时候，对于被并购方，由于有资金的注入，可能带来公司价值的成长；或者对于重组类公司，也可能产生 1+1>2 的效应。

4．制度机会类

这是利用制度的机会，比如，当成分股调整的时候，对于调入的公司，因为有众多投资人，特别是指数基金必须配置，所以会带来短期的超额收益；而调出的成分股则可能弱于市场。

除此之外，还有其他的重大事件驱动策略。但是考虑到中国市场的不规范性，很多事件驱动策略不一定会有超额收益，而且在大盘出现系统性风险的时候，往往也会随之下跌，所以一般在操作事件驱动策略的时候，往往还会对冲股指期货或者期权，以此来化解市场风险。

案例：苏宁云商的定向增发

定向增发是指上市公司向符合条件的少数特定投资者非公开发行股份的行为，规定要求发行对象不得超过 10 人，发行价不得低于公告前 20 个交易日市价均价的 90%，发行股份 12 个月内（认购后变成控股股东或拥有实际控制权的 36 个月内）不得转让。由于定向增发的门槛比较高，发行对象数量少，不少实力一般的机构投资者也难以参与其中，所以将定向增发作为事件驱动，寻找投资机会。

在这里，笔者与大家回顾和分析一下苏宁云商（原名苏宁电器）的几次定向增发及投资机会，如图 3.18 所示。

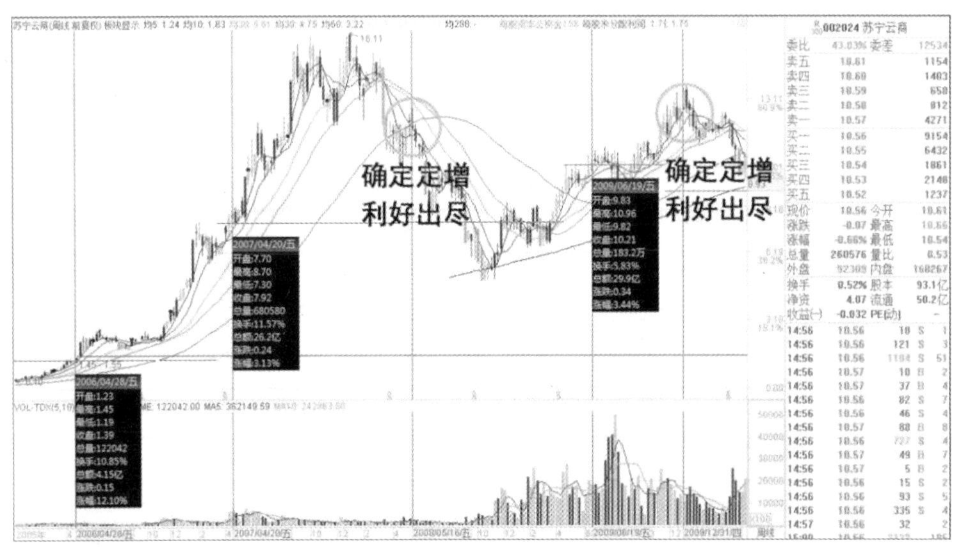

图 3.18　事件驱动策略案例

苏宁云商的第一次定向增发，于 2006 年 5 月 8 日提交董事会议案，2006 年 6 月 22 日确定定向增发 2500 万股，增发价格 48 元，募集资金 12 亿元。从提交议案到确定定向增发的时间比较短，当时也处在牛市中，因而走出了一波大牛行情。

第二次定向增发，于 2007 年 4 月 20 日提交董事会议案，2008 年 5 月 16 日确定定向增发 5400 万股，增发价格 45 元，募集资金 24.3 亿元。从苏宁云商的股价图可以看到，2007 年市场大跌时，与整个市场断崖式下跌相比，苏宁云商的价格依然比较坚挺，到确定定向增发、利好出尽时，股价一路下泻。

第三次定向增发，于 2009 年 6 月 19 日提交董事会议案，2009 年 12 月 30 日确定定向增发 1.78 亿股，增发价格 17.2 元，募集资金 30 亿元。提交董事会议案时，股价节节飙升；当确定定向增发后，就进入调整阶段。

从以上案例可以看出，事件驱动策略往往在于快、准、狠，在利好消息刚刚公布时就立刻买入，等消息落实时结合市场的实际情况决定是否抛出。一般而言，如果市场处于牛市中，则可以继续持股一段时间；如果市场处于弱势震荡中，则应该及时在利好出尽前后获利了结。

3.3 资产配置

资产配置是 FOF 的核心功能之一。根据国外的研究，长期以来，理财产品收益的 90%来自正确的资产配置，而不是交易。

3.3.1 什么是资产配置

在现代投资管理体制下，投资一般分为规划、实施和优化管理三个阶段。投资规划即资产配置，它是资产组合管理决策制定步骤中最重要的环节。对资产配置的理解必须建立在机构投资者资产和负债问题的本质、对普通股票和固定收入证券的投资特征等多方面问题的深刻理解基础之上。在此基础上，资产管理还可以利用期货、期权等衍生金融产品来改善资产配置的效果，也可以采用其他策略实现对资产配置的动态调整。不同配置具有自身特有的理论基础、行为特征和支付模式，并适用于不同的市场环境和客户投资需求。

FOF 作为资产配置的一种模式，也必须遵循资产配置的主要规律。传统的资产配置是在股票、债券等具体的产品中进行选择和择时，FOF 则是在不同的策略中进行配比，但是在选择具体的策略之前，首先要考虑的是到底是哪类资产的策略？到底是股票类资产的策略，还是债券类资产的策略，抑或商品期货类资产的策略？

1. 环节与目标

资产配置是投资过程中的重要环节之一，也是决定投资组合相对业绩的主要因素。据有关研究显示，资产配置对投资组合业绩的贡献率达到90%以上。一方面，在半强势有效市场环境下，投资目标的信息、盈利状况、规模，投资品种的特征及特殊的时间变动因素对投资收益都有影响，因此资产配置可以起到降低风险、提高收益的作用。另一方面，随着投资领域从单一资产扩展到多资产类型、从国内市场扩展到国际市场，其中既包括在国内与国际资产之间的配置，也包括对货币风险的处理等多方面内容，单一资产投资方案难以满足投资需求，资产配置的重要意义与作用逐渐凸显出来，可以帮助投资者降低单一资产的非系统性风险。

从实际的投资需求看，资产配置的目标在于以资产类别的历史表现与投资者的风险偏好为基础，决定不同资产类别在投资组合中所占的比重，从而降低投资风险，提高投资收益，消除投资者对收益所承担的不必要的额外风险。也就是说，随着资产类别的组合方式日益多样化，在同等风险的情况下，全球投资组合应该能够比严格意义上的国内投资组合带来更高的长期收益，或者在风险水平降低的基础上提供相似的收益。反而言之，当投资者因为受到对投资项目的限制而减少投资机会时，他们只能运用该限制范围内的狭义市场投资组合，其投资选择机会必然受到限制，长期收益与风险状况也将受到不利的影响。

2. 富豪的资产配置

从表 3.2 中可以看出富豪会选择配置比一般人更高比例的对冲基金、更高比例的私募基金，显然这个配置是偏好风险的。另外，通常普通人的风险投资比例是零，而富豪的这一比例是 2%。但是经济学原理告诉我们，要想获得高收益，就要承担较高的风险，这也就解释了为什么富有的人越来越富有。

表 3.2 2012 年全球富豪的资产配置组合

资产类别	ETF	分 配 额	2012 年收益率
全球股票	VEU	14%	18.9%
本国股票	VTI	18%	16.5%
地方债	MUB	7%	5.2%

续表

资产类别	ETF	分 配 额	2012 年收益率
应纳税债券	BND	10%	3.9%
大宗商品	DJP	5%	-2.1%
不动产	VNQ	6%	17.6%
私募基金	PSP	10%	30.4%
风险资本	BDCS	2%	33.2%
对冲基金	QAI	18%	3.8%
TOTAL		11.2%	

数据来源：HFR，星潮 FOF 整理

3.3.2 资产配置的流程

1. 资产配置首先要考虑的一些基本因素

包括：

（1）影响投资者风险承受能力和收益需求的各项因素，包括投资者的年龄或投资周期、资产负债状况、财务变动状况与趋势、财富净值、风险偏好等因素。

（2）影响各类资产的风险收益状况及相关关系的资本市场环境因素，包括国际经济形势、国内经济状况与发展动向、通货膨胀、利率变化、经济周期波动、监管等。

（3）资产的流动性特征与投资者的流动性要求匹配的问题。

（4）投资期限。投资者在有不同到期日的资产（如债券等）之间进行选择时，需要考虑投资期限的问题。

（5）税收考虑。税收结果对投资决策意义重大，因为任何一个投资策略的业绩都是由其税后收益的多少来进行评价的。

2. 资产配置的基本步骤

1）明确投资目标和限制因素

通常需要考虑到风险偏好、流动性需求和时间跨度要求，还需要注意实际的投资限制、操作规则和税收问题。比如，货币市场基金就常被投资者作为短期现金管理工具，因为其流动性好、风险较低。

2）明确资本市场的期望值

这一步非常关键，包括利用历史数据和经济分析，要考虑投资在持有期内的预期收益率。专业的机构投资者在这一步具有相对优势。

3）明确资产组合中包括哪几类资产

一般来说，资产配置的几种主要资产类型有货币市场工具、固定收益证券、股票、不动产和贵金属（黄金）等。

4）确定有效资产组合的边界

找出在既定风险水平下可获得最大预期收益的资产组合，确定风险修正条件下投资的指导性目标。

5）寻找最佳的资产组合

在满足投资者面对的限制因素的前提下，选择最能满足其风险收益目标的资产组合，确定实际的资产配置战略。

资产配置是一个综合的动态过程，投资者的风险承受能力、投资资金都会不断地发生变化，所以对不同的投资者来说，风险的含义不同，资产配置的动机不同，最终选择的组合也不同。

3.3.3 主要的资产配置方法

资产配置在不同层面有不同含义，从范围上看，可分为全球资产配置、股票债券资产配置和行业风格资产配置；从时间跨度和风格类别上看，可分为战略性资产配置、战术性资产配置和资产混合配置；从资产管理人的特征与投资者的性质上看，可分为买入并持有策略、恒定混合策略、投资组合保险策略和动态资产配置策略。

1. 买入并持有策略

买入并持有策略是指在确定恰当的资产配置比例，构造了某个投资组合后，在诸如 3～5 年的适当持有期间内不改变资产配置状态，保持这种组合。买入并持有策略是消极型长期再平衡方式，适用于有长期计划水平并满足于战略性资产配置的投资者。

买入并持有策略适用于资本市场环境和投资者的偏好变化不大，或者改变资产配置状态的成本大于收益时的状态。

2. 恒定混合策略

恒定混合策略是指保持投资组合中各类资产的固定比例。恒定混合策略是假定资产的收益情况和投资者偏好没有大的改变，因而最优投资组合的配置比例不变。恒定混合策略适用于风险承受能力较稳定的投资者。

如果股票市场价格处于震荡、波动状态之中，恒定混合策略就可能优于买入并持有策略。

3. 投资组合保险策略

投资组合保险策略是在将一部分资金投资于无风险资产从而保证资产组合的最低价值的前提下，将其余资金投资于风险资产并随着市场的变动调整风险资产和无风险资产的比例，同时不放弃资产升值潜力的一种动态调整策略。当投资组合价值因风险资产收益率的提高而上升时，风险资产的投资比例也随之提高；反之则下降。

因此，当风险资产收益率上升时，风险资产的投资比例随之上升。如果风险资产收益率继续上升，则投资组合保险策略将取得优于买入并持有策略的结果；而如果收益率转而下降，则投资组合保险策略的结果将因为风险资产比例的提高而受到更大的影响，从而劣于买入并持有策略的结果。

4. 动态资产配置策略

动态资产配置策略是根据资本市场环境及经济条件对资产配置状态进行动态调整，从而增加投资组合价值的积极战略。大多数动态资产配置策略具有如下共同特征：

（1）一般建立在一些分析工具基础上的客观、量化过程。这些分析工具包括回归分析或优化决策等。

（2）资产配置主要受某种资产类别预期收益率的客观测度驱使，因此属于以价值为导向的过程。可能的驱动因素包括在现金收益、长期债券的到期收益率基础上计算股票的预期收益，或按照股票市场股息贴现模型评估股票实际收益变化等。

（3）资产配置规则能够客观地测度出哪一种资产类别已经失去市场的注意力，并引导投资者进入不受人关注的资产类别。

（4）资产配置一般遵循“回归均衡”的原则，这是动态资产配置中的主要利润机制。

3.3.4 FOF 的资产配置

自上而下的资产配置是国内投资者在进行投资决策时极易忽略的环节，也是目前国内资产管理机构面对终端投资者需求缺失的一环。而在中国股市暴涨暴跌、周期鲜明的大背景下，基本正确的资产配置显得尤为重要。

FOF 基金相较其他基金最大的优势在于对资产配置的把握。一般的基金在标的市场品种选择上投入大量精力、深挖个股等战术性策略上做得很成功，然而，有限的精力导致普通基金在战略性策略上存在软肋。FOF 基金首先解决的就是在各个标的市场上的资产配置，即大类资产配置；然后是各标的市场上的类别资产配置，如股票是投资价值股还是成长股、债券是企业债还是政府债；最后选出各细分下优秀的基金。明确的分工让 FOF 基金管理人和各标的基金管理人能够在各自专业的领域发挥专长，做出尽可能准确的投资判断。

大类资产配置定方向：FOF 基金在产品设计阶段就需要通过宏观分析预判确定资产配置策略，不仅包括当前市场环境下的资产配置方案，而且包括市场环境变化时资产配置调整的方式。大类资产配置通过将资金分配于股票、债券、银行存款、房地产等领域，锁定一部分风险，定下 FOF 基金的整体基调。

类别资产定题材：类别资产是介于大类资产与具体标的之间，按照风格、性质划分的各类资产。一般而言，从长期来看，同类资产的投资收益会趋同，不同类资产的投资收益则分化。照此规律，一旦类别资产配置确定，FOF 基金就能基本锁定部分期望收益，因此，类别资产配置成为 FOF 收益的又一重要来源。类别资产配置确定的是大类资产下的方向，一般而言，类别资产配置的重要性还体现在其与大类资产配置之间的牵制，大类资产配置激进时需要类别资产配置有一定的防御性，而大类资产配置保守时可在下层配置激进的类别资产。

具体品种看逻辑：虽然同一细类下的基金业绩会趋同，但基金的风格本身并不是固定不变的，基金投资的标的可能会随着市场环境的变化脱离类别资产配置的目标。例如，在股市持续上涨的行情下，基金经理可能会增加小盘成长股的比重，从而使整个基金的风格发生偏移。同时，基金业绩也有相当大的偶然因素，只关注历史收益率容易产生误判，因此还需要分析其背后的投资逻辑是否稳定一致，其业绩是否有可靠的投资行为作支撑。

3.4 风险管理

毫无疑问，风险管理是 FOF 必须关注的核心要素，贯穿于管理人评价、资产配置、产品设计的整个环节。从实际运作来看，风险管理一般分为事前风控、事中风控和事后风控三大块。

3.4.1 事前风控：风险平价

风险平价（Risk Parity）策略通过平衡分配不同资产类别在组合风险中的贡献度，实现了投资组合的风险结构优化。通过风险平价配置，投资组合不会暴露在单一资产类别的风险敞口中，因而可以在风险平衡的基础上实现理想的投资收益。

传统的大类资产配置方法是建立在资产的基本分类、回报率和波动水平之上的。这种方法看似将风险分散，但由于不同资产类别的风险水平不同，反而会造成风险的不均衡。尤其是在重大风险事件来临的时候，投资组合往往极其脆弱。

举个例子，一个 50%股票和 50%债券的投资组合看似进行了分散化投资，但并没有带来实际的好处。一方面，由于股票的风险远远大于债券，因此，50%的股票可能贡献了整个组合绝大部分的风险。当股票市场出现大幅波动时，整个组合将会在股票的主导下随行情大幅波动。另一方面，由于债券的收益又很低，导致组合的预期收益随债券的加入大幅降低。这样来看，虽然投资者选择了两个相关性很低的资产构建组合，但结果却是在风险和收益两端都没有讨得便宜。

如何避免这种悖论的出现？钱恩平博士提出，如果给予债券合理的杠杆，使其波动水平与组合中的股票资产相当，那么债券的预期收益与预期波动率都会增大。持有该组合时只要赌对一边行情，就会产生可观的收益。从这个角度来看，尽管债券部分的风险被加大，但整个组合的风险却没有被某一类资产所支配，反而起到了有效分散风险的作用。

风险平价策略以资产类的风险贡献为出发点，在配置中追求资产的风险权重平等而不是传统配置策略中的金额权重平等，如图 3.19 所示。

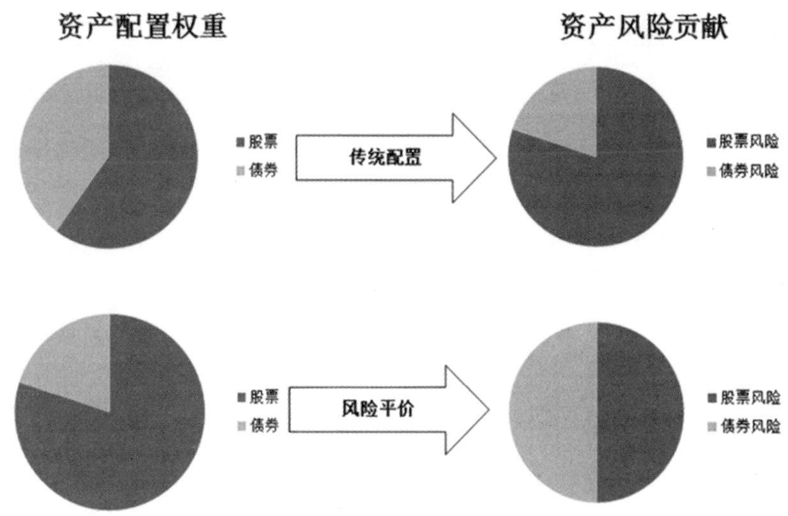

图 3.19 风险平价原理图

风险平价策略在逻辑清晰的同时也具有很强的可操作性。从图 3.20 中可以看出，桥水全天候基金是风险平价策略的成功典范。1970—2015 年，桥水的全天候投资策略实现了 12%的年化收益率，以及 7%的年化超额收益率。相比于传统的股债 60/40 配置，全天候策略获得了年化 3%的超额收益率。

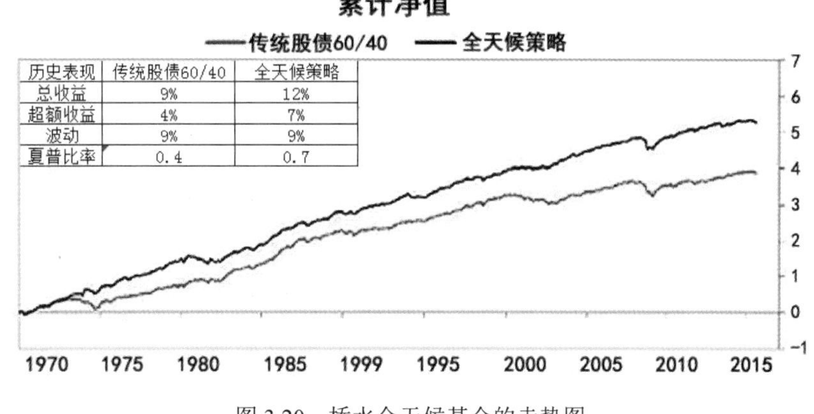

历史表现	传统股债60/40	全天候策略
总收益	9%	12%
超额收益	4%	7%
波动	9%	9%
夏普比率	0.4	0.7

图 3.20 桥水全天候基金的走势图

数据来源：Bridgewater，星潮 FOF 整理

有关风险平价的详细讨论，参见第 8 章。

3.4.2　事中风控：风险头寸计算

一般标的基金的合同中都会约定风险控制条款，来控制具体交易过程中的风险头寸等。管理人的风控人员需要实时监控这些指标，使其严格遵守契约的规定；托管机构一般也会在盘后进行相关风险头寸的计算，并和管理人进行核对。对于对冲基金产品来说，这些常用的指标有如下几个。

1. 风险敞口

风险敞口是指没有对冲过的裸头寸，这种头寸会受到市场涨跌的影响，从而成为 FOF 资产中亏损的来源，当然，也会是增强收益的来源。一般来说，风险敞口定义如下：

风险敞口=ABS (股票多头价值+期货多头合约价值−期货空头合约价值)/基金资产净值

在没有融资的情况下，股票多头价值等于所有股票的市值之和；如果有融资，则还要乘上杠杆比例。

期货因为天生是有杠杆的，所有的交易者都采用保证金交易，所以期货的风险头寸就是合约价值=期货价格×合约乘数。

举个例子，某只标的基金的净值是 1000 万元，其中 400 万元股票头寸多头，3 手沪深 300 股指期货空头持仓（当前沪深 300 股指期货价格为 3000 点，每点 300 元），20 手螺纹钢多头持仓（当前螺纹钢价格为 2500 元/吨，10 吨/手），则可以计算出：

股票多头价值=400 万元

螺纹钢期货多头合约价值=2500×10×20=50 万元

股指期货空头合约价值=3000×300×3=270 万元

风险敞口=ABS(400+50−270)/1000=18%

2. 单品种持仓

很多业内的私募，特别是民间高手，往往喜欢重仓持有消息股票，这种操作手法虽然有可能收益很高，但是风险也极大。所以在 FOF 基金配置中，一般都要对这种策略进行单品种持仓的限制，因为业内由于过于重仓持有股票而遭遇巨大亏损的例子比比皆是。

例如，2016 年 7 月 8 日，中国证监会新闻发言人张晓军表示，证监会对欣泰电气欺诈上市一事启动强制退市程序，对欣泰电气及 17 名现任或时任董监高实施行政处罚，对两名相关责任人采取终身禁入措施。根据相关规定，深交所将在证监会对欣泰电气做出行政处罚之后启动退市程序。并且欺诈发行暂停上市后不能恢复上市，创业板无重新上市安排，证监会继续加大监管力度，对上市公司、控股股东及相关主体侵害中小投资者利益进行严厉打击。

曾经获得私募冠军的创世翔投资彻底踩雷，后者在欣泰今次停牌前，大笔增持欣泰的股份高达 10%，2 亿多元投资打水漂，旗下的产品强制清盘，2016 年 7 月底，创世翔创始人将手中股份全部转让，曾经的私募大佬败走重组股。这就是单品种持仓过于集中的最大风险。

3. 黑名单

黑名单就是对一些有可能产生重大风险的品种，从一开始就从交易列表中剔除。随着量化模型的发展，各种各样的风险模型被开发出来，但是定性的风控分析依然不可或缺，有些投资品种并不需要量化模型，仅仅依靠人的经验，就足以得出其风险巨大的结论。一般来说，主要有以下几类黑名单。

1）风险性黑名单

一般在基金合同中都会约定很多风险巨大的品种是不允许投资的，比如 ST 类股票、新三板的股票等。

2）流动性黑名单

流动性黑名单主要针对一些流动性很差的品种，一旦买入这种类型的交易品种，则面临将来无法出局的风险，比如日成交量小于 100 万元的股票，或者进入交割月份的商品期货等。

3）制度性黑名单

制度性黑名单主要是为了防止利益输送，比如某个机构用客户的钱买入与其关联公司的股票，为其他产品抬轿子等。这种限制一般包括：不得购买银行理财产品；不得购买与管理人关联公司的股票；不得进行担保、抵押等业务。

3.4.3　事后风控：VaR 损失估算

当 FOF 组合的标的基金配置完成之后，就进入等待收益的阶段，同时也是风险暴露的阶段，包括市场风险、信用风险、流动性风险和操作风险等。市场风险是指因为股票价格、利率、汇率、商品价格的变动所带来的风险，是投资者面临的最直接风险，往往也是其他风险的导火索。规避这种风险最常用的方法就是 VaR 模型。

VaR 是用来衡量市场风险的主要工具之一。VaR，英文为 Value at Risk，通常被翻译为“风险价值”。

1. 什么是 VaR

直观地说，VaR 代表未来收益的分位点。定量地看，对于一个资产组合（或者一个公司或部门），假设在未来一段时间内的收益额为 X。由于未来情况的不确定性，X 可视为一个随机变量。假设它的分布函数为 $F(x)=P(X\leqslant x)$，那么置信水平为 p 的 VaR 为：

$$\text{VaR\_}P= -F^{-1}(1-p)$$

此表达式中的负号是将 VaR 转换为正值，更符合日常的表述。换个角度看：

$$P(X\leqslant -\text{VaR}_P)=1-p$$

这意味着，如果一个 FOF 组合报告它的日 VaR 为 1000 万元，置信水平为 95%，那么在接下来的一天，它亏损超过 1000 万元的概率为 5%，平均每 20 天发生一次。

VaR 值对应两个参数：一个为时间范围，指 VaR 所评估损益对应的期限，一般有 1 日、1 周或者 10 天；另一个参数为置信水平，通常使用 95%和 99%，分别表示亏损超出 VaR 的频率为每 20 天一次和每 100 天一次。对于国际投资者来说，还需要指定 VaR 结果的货币类型。

2. VaR 起源的市场背景

VaR 的使用起源于金融市场发展中的几个重要特征。

1）新市场形势，使得风险越来越重要

这包括各地区和各类别市场之间的相关性更加复杂多变，金融机构中高杠杆率的使用，小概率事件会造成严重后果。

2）衍生品市场的壮大，使得传统的风险衡量方法受到局限

在 VaR 方法普遍使用之前，市场上常用的风险衡量方法有敏感性分析、止损、名义金额、风险敞口等。其中敏感性分析是最高级的，相关指标包括权益类产品的 Beta、利率产品的基点价值、期权等衍生品的 Greeks 指标等。

传统的风险管理方法没有考虑到市场之间的差异，也很难考虑其相关性，这使得传统方法无法对风险进行汇总。相较而言，VaR 是一个综合考虑杠杆、敏感程度、市场差异、相关性的风险度量结果。

3）监督机构的推动

1997 年，SEC（美国证监会）规定上市企业必须公布其衍生品投资的量化评估指标，大多数银行采用了 VaR。

在从 1999 年开始的巴塞尔协议 II 中，VaR 成为衡量市场风险的推荐方法。在国内，中国银监会的《实施新资本协议相关指引征求意见稿》里明确规定了采取内部模型法必须使用 VaR 模型。事实上，现在国际知名投资银行和商业银行都在年报中披露 VaR，大多数机构在日常风险管理中也使用 VaR，VaR 成为衡量市场风险的事实标准。

3. VaR 计算技术的变迁

VaR 在数学上的思路很早就出现了，但从 20 世纪 80 年代才开始被金融界所接受。最早有据可查的是一些量化交易柜台，如 Bankers Trust 使用类似 VaR 的思路来控制风险。在当时，其定义和名称与现在不同，同时也没有在不同交易柜台之间汇总。

20 世纪 80 年代和 90 年代初，一些公司陷入困境，因为不同部门会无意中持有本质上相同的资产，使得公司整体在某些风险上的暴露比想象中大得多。由于各个交易柜台已经开始计算各自的 VaR，所以某些公司试图汇总全公司的风险。当时，J.P. Morgan 的 CEO 在每天收盘后 15 分钟后即收到公司当天的汇总风险报告，即著名的“4:15 报告”。

需要注意的是，随着业务规模越来越庞大，为了适应越来越复杂的资产和风险类型，风险模型也越来越复杂，同样的软件已经做不到在这么短的时间内生成风险报表。

1994 年，J.P. Morgan 公布了 Risk Metrics Technique Documents，详细描述了其算法技术，这也是 VaR 的第一次不再局限于 Quant 圈子的公开亮相。两年后，J.P. Morgan 将 Risk Metrics 研究部门分立成一家独立的公司，即 RiskMetrics Group，其旗下的软件 Risk Manager 一直是计算 VaR 的标杆。2010 年 6 月，RiskMetrics Group 被 MSCI Barra 收购。

MSCI Barra 收购 RiskMetrics Group 后，将网站 riskmetrics.com 并入了 msci.com。原来定期更新、关于 VaR 的最好的参考文献之一的 Risk Metrics Technique Documents 就此在网络上消失，是最悲剧的一件事情。

3.4.4 经营风险

除了产品风险外，对于标的基金的管理人，还需要考虑其经营风险，主要包括如下几类。

1. 技术系统

技术是所有对冲基金最重要的一个环节，比如管理期货，就是一类建立在技术交易上的策略，由于其庞大的交易规模，如果没有技术支持，则是无法运作的。虽说系统是从第三方购得的，但是系统的选择、运用、维护都是由公司内部决定的，所以将其归为混合风险。值得一提的是，技术系统不局限于软件，还包含硬件。

对冲基金主要使用的软件程序包括客户关系管理、基金会计、投资组合管理、数据保存和电子通信监控系统。员工可以通过主经纪商和管理人等服务方的网络通道或者其专有平台来进行每日的对接工作。并且大部分基金现在都有专用的机房和专门的冷却系统。另外，投资者需要知道公司的硬件网络设计是不是同时考虑到现行需求，并且是能够升级完善的。如此调查的目的在于了解对冲基金内部是否对技术要求有一定的认识，还是盲目地依赖于第三方机构。比如，投资者应该去了解对冲基金运用的是哪一个网络拓扑结构。如果是总线网络，就可以问为什么不用环形网络。即使你对这方面并不专业，但是这些问题会让你知道这家公司是否是经过思考做出的这个决定。而且现在很多对冲基金有发电设施支持方案，这些内容将在接下来的“业务持续性和灾后恢复能力”板块中进行详细阐述。近来，对冲基金的信息安全问题越来越受到重视。

为了防止雇员将信息泄露到公司外部，对冲基金也采用了很多技术安全措施。他们通常使用访问限制密钥卡来限制权力较低的员工获取信息，有的公司还会使用眼睛扫描和指纹识别设备来作进一步的信息保护。从软件的角度来说，许多对冲基金通过电子监控系统时时监督员工的网络活动、邮件收发和个人交易活动。比如邮件收发，公司会同时监督邮件的内容和文件收发的类型。这些监控系统还可以拓展到远程访问设备（类似于手机）。另外，现在很多公司都禁止使用外部硬件设备，如磁盘驱动器，就是为了防止员工将信息带出公司。有的公司会将员工进入过公司的哪些系统看过哪些文件等记录下来，这样一来，如果信息文件缺失或者落入了竞争者手里，就能查明是谁最后看了这些文件。虽说这看起来有点偏向阴谋间谍论，但是这些动辄上亿美元的公司，信息就是金钱。

通常在大型对冲基金中，有一个专门的首席技术官来监管信息技术的运行。而在小型机构中，由于成本控制的需要，通常会将其外包给第三方咨询公司提供网络管理服务和技术支持，而和第三方的关系维护一般由对冲基金内部的首席运营官和首席财务官来执行。投资者在评价对冲基金的首席技术官或者第三方的时候，需要弄清楚他们不是只有在金融机构的经验，而是有在对冲基金领域的经验，这样就能够更全面地了解公司的需求并对未来发展有所计划。

2. 业务持续性和灾后恢复能力

自从 2001 年美国“9.11”恐怖袭击事件后，业务持续性和灾后恢复成了对冲基金首先需要注意的两个板块。不过这两者常常被误认为是一个东西，事实上是两个不同的概念。业务持续性指的是业务中断时对冲基金持续运营的能力；灾后恢复指的是灾后恢复到与灾前一样的能力。特别是对于那些直接参与全球市场以及将资产配置到全球范围的对冲基金，业务持续灾后恢复计划尤其重要。让我们试想一只在中国香港的对冲基金，现在是周五下午三点，那里发生了地震，中断了网络和电话通信。如此一来，基金无法正常交易。然而其他市场参与者并未受到影响，到了晚上可能会发现基金已经蒙受巨大的损失，但是又不能挽救，因为周末不开市。但是如果他们有一个业务持续灾后恢复计划，则可能减少或者避免这些损失。

所谓的灾难不一定指的就是类似地震的大事件，也有可能就是某个员工不小心将咖啡洒在了服务器上。许多基金会让他们的信息技术服务第三方为他们设计并维护此项计划。为了确保他们的计划是合适的，近来有些对冲基金会找专业顾问来进行评价。这样做的好处是可以更加客观地了解整个评价体系，因为有的第三方可能只是采用了他们最熟悉的技术而不是当前最先进的技术。

3. 合规性

对冲基金会遇到许多有关合规性的问题，这个风险可以来源于外部，比如第三方的诉讼风险，也可以来源于内部，比如合规政策的制定。通常来说，合规性由首席合规官负责监督。不过在很多对冲基金中，会由总法律顾问、首席运营官或者首席执行官来担任。近年来，由于业务的需要，许多公司会同时拥有国内和国外的顾问，并且合规职能也发生了很大的变化。

在早期阶段，合规人员通常比较关注投资相关问题，以确保所有需要的法律文件都按时提交，并且对冲基金没有违反交易限制条款。而现代首席合规官会同时关注投资相关和非投资相关领域，包括人力资源、防洗钱监管及电子通信监督。一个比较有趣的例子是加利福尼亚州首席合规官的员工培训职责，多半对冲基金被要求提供防性骚扰的培训，但有的福利管理人并不负责这方面的执行工作。所以，如果没有一个好的首席合规官，这个培训很容易就被忽略了，如此一来，公司是会受到监管机构的处罚的。现在许多对冲基金会使用第三方合规顾问，这类公司会提供很多服务，包括建立公司初始合规程序、协助开展合规培训等。

另外，这些公司也会向对冲基金提供会引起合同重新修订的相关建议、法律新闻和法规变动。作为投资者，我们需要了解合规文化是否在公司被普遍认可，但这有一些难度，因为许多公司虽然有明确的合规政策和流程，但是并不积极实施。所以只有通过业务尽职调查，投资者才能了解到这些基金公司是否言行一致。

4. 保险

和其他公司一样，对冲基金会通过购买保险来规避特定的风险。但是现实生活中并没有一个专门的清单明确对冲基金需要规避哪些风险。保险公司通常会和对冲基金在保险费方面有一定的冲突，一方面，保险公司能够很快迎合金融界为高净值对冲基金客户提供保障；另一方面，保险公司还没有普遍适应对冲基金的风险等级和潜在损失。投资者首先需要考虑的问题就是谁是受保人，比较典型的就是基础基金、对冲基金经理本身、普通合伙人、投资经理，以及与上述参与主体有关联的参与方。

对冲基金和相关方受保的标准类型一般为E&O（错误与遗漏责任保险）、D&O（董事及高级经理人员责任保险）、普通合伙人责任保险及雇佣责任保险。有些对冲基金并不局限于以上几类品种，他们会特别对关键人员可能引发的损失上保。投资者需要注意的是谁引起了保险的赔付，以及谁付了保险费。有些基金还会有绑架或赎金险，其中也包括敲诈勒索和超期羁押行为。赎金险传统上是用来为前往动荡地区的个人与企业提供保险服务的。催生这个保险的关键事件是 ESL 投资公司的投资经理爱德华·兰伯特在其公司停车场被绑架并做了两天人质。

另外，许多对冲基金服务方也会购买责任险，以防到时不能够与对冲基金达成某些条款而造成损失。投资者和对冲基金本身需要确保受保类型和保单限额应该是和公司商业模型和资产规模相匹配的。最好的实践方式是无须投资经理并使用一揽子保险单和巨额保单限额来防止任何可能引起索赔的潜在利益冲突。特别是大型对冲基金，由于禁止高额投保一些索赔并不多的保险，所以并没有规定投保种类。在保险费价格可取之前，他们会选择自我保险。投资者需要对基金是否具备足够多的风险单位用以降低风险进行分析，并将其作为财务稳定性审核的一部分。

5. 董事会的独立性和监督

董事会在大多数对冲基金架构中以两种形式存在：一种是董事会在投资管理公司，另一种是在海外，其主要职责就是监督，并且应当代表投资者的最高利益。董事会成员也分为两类：一类是全职的执行董事，另一类是非执行董事。非执行董事和对冲基金的唯一联系就是他们是董事会的一员，但也有董事兼任某个领域的顾问。对于投资人来说，董事会的权力和独立性是对冲基金组织架构的关键考虑因素。因为对于局外人来说，要获取对冲基金公司内部每日的运作信息是很难的一件事情，而董事会成员则可以监督公司防止出现诈骗事件，维护投资人的利益。

不幸的是，许多对冲基金认为董事会的职责只是法定需要并对其职能有所削弱。许多对冲基金的董事会是由第三方服务机构中的高级管理层组成的，那么问题就来了：这些董事会成员的独立性如何，投资者需要了解他们是独立的、有自主权的，还是已经被基金公司所控制了。为避免董事会成员形同虚设的情况发生，许多海外司法监管机构立法让其对做出的决策负责。另一个需要考虑的要素是董事会的人数，在大多数司法条款中，并没有对董事会的人数做出最小值或者最大值的限制。然而有的司法管辖地已经开始对其进行规范，比如在爱尔兰证券交易所，在列的许多海外对冲基金就规定至少需要有两名独立的董事会成员。

比较典型的董事会成员数是 3 人，也可以是 5 人或者 7 人。不过人数过多容易导致低效，只有 1 人或 2 人又太少。董事会成员的扩张和缩减可以为对冲基金监督力度的变化提供一定的依据。另外，投资者需要知道董事会成员举行会议的频率。所有董事会每年至少召开一次会议。比较频繁的会议举行意味着这是一个比较积极的董事会，这是比较好的情况。但是董事会的费用也应该被纳入考虑范畴，过高或过低的费用都应该引起投资者的怀疑。优秀的董事会成员往往应该为其付出的知识和经验得到同等的补偿。如果有人愿意以很低的价格为对冲基金提供服务，那么公司得到的也只能是低质量的服务。

3.5 业绩归因

当某个基金产品的业绩产生以后，需要深入研究的是该业绩发生的原因，到底有多少是运气成分，有多少是基金经理的管理能力，这就是业绩归因所要完成的工作。

3.5.1 运气还是能力

运气和能力就好像速溶咖啡和咖啡伴侣一样，常伴每个投资者左右，而且加满水之后，你还不大好分清到底哪个是哪个。而对于已经实现的投资表现，无论战果如何，你同样也会好奇这样的战果究竟受什么因素的影响，而 Brinson 和 Falcher 对这个问题提出了一个很好的解决思路。假设我们对自己的投资业绩的判断标准是沪深 300 指数，那么从我们自己的资产组合的配置上来看，组合的收益率会受到三种效应的影响。

第一种是资产的配置效应。假如沪深 300 指数有 28 个行业，那么我们选择的对 28 个行业的投资比例（也就是权重）很显然会影响组合的收益率。第二种是个股的选择效应。对于沪深 300 指数中的 300 只股票，我们会选择其中的一些股票进行投资，这部分就是我们通过选择个股获得的收益。第三种是两种效应的交互效应，即我们同时进行行业配置和行业下的个股选择而获得的收益。这样说似乎很抽象，我们来画一张简单的表。为了叙述简便，假如有一个只有 3 个行业的沪深 300 指数，我们将其作为自己的业绩基础，如表 3.3 所示。

表 3.3 配置效应案例

行　业	沪深 300 指数		某基金组合	
	行业权重	收益率	行业权重	收益率
行业 1	20%	2%	10%	2%
行业 2	30%	3%	30%	4%
行业 3	50%	4%	60%	9%
总计	100%	3.3%	100%	6.8%

很显然，该组合从行业配置到个股选择，都和沪深 300 指数的设计不一致，而且很显然（或者说很幸运）获得了更高的收益率，那么这样的收益率实现究竟是源于基金经理对行业权重的调配，还是源于对行业内部股票的选择呢？这个问题一方面可以归结为基金经理投资收益的来源，另一方面也可以让我们思考该基金经理究竟在股票投资的哪一方面更有优势。所以我们建立另外一张表格，如表 3.4 所示。

表 3.4 配置效应组合收益率分析

	某基金组合收益率	沪深 300 指数收益率
某基金组合行业权重	组合行业权重×组合收益率（1）	组合行业权重×沪深 300 指数收益率（2）
沪深 300 指数行业权重	沪深 300 指数行业权重×组合收益率（3）	沪深 300 指数行业权重×沪深 300 指数收益率(4)

在表 3.4 的式子中，（1）式和（4）式就是表 3.3 中的结果，而（2）式和（3）式

看上去就特别奇怪，好像没有什么特别的含义。但是如果我们运用简单的减法，就会发生一些有趣的事情，如表 3.5 所示。

表 3.5 绩效归因分析

效应类型	计算方法
资产配置效应	（2）–（4）
个股选择效应	（3）–（4）
交互效应	（1）–（2）–（3）+（4）

用（2）式减去（4）式，实际上就是假如我们和沪深 300 指数一样买入 300 只股票，但是在 300 只股票所属的 3 个行业中投入的资金比例不同，这样（2）式和（4）式的差异就反映了我们在行业配置上的能力，即资产配置效应。而类似地，用（3）式减去（4）式，就是我们在和沪深 300 指数进行一致的行业配置的时候，因为对股票选择的不同，所以获得的收益率也不同，也就是个股选择效应。而用（1）式减去（2）式和（3）式再加上（4）式，就是资产配置和个股选择同时作用的交互效应。

通过这样一个简单的计算，我们就可以像剥洋葱一样，层层深入，大致把投资收益的来源分解成不同的类型。根据表 3.3 中的数据，我们自己的投资组合比沪深 300 指数的收益率要高出 3.5%，而用刚刚介绍的分析方法可以计算得到，其中资产配置效应给我们自己的组合所带来的收益率提升是 0.2%，而个股选择效应带来的收益率提升是 2.8%。那么剩下的还没有被这两个效应解释的 0.5%的收益率，就是这两个效应交互作用的结果，也就是说你可能在业绩好的行业里配置了更多的钱并买到了表现更好的股票，而在业绩差的行业里配置了更少的钱并且同样买到了表现更好的股票。

当然，上述方法只适合在单期中使用，在具体操作时，我们可能需要对 1 日、1 周、1 个月的投资表现进行分析，但是由于拆分了的收益率不能简单地跨期进行合并计算，因此对于更长更多的时期分析，可能会用到几何归因法或者算术归因法来对不同的效应进行计算。如果我们还需要分析自己对具体行业和具体股票的配置能力，那么还要进行细分资产的多期归因。这些方法的改进并没有脱离原始业绩归因方法的框架，我们仍然可以用直观的方式拆解出自己投资结果的来源，判断自己投资能力的优势，反思自己投资决策的安排，从而更好地对不同决策维度下的投资风险进行管理。

3.5.2 定性分析

基金的业绩评价与归因的重要性主要用来解决三个方面的问题：一是投资的结果

到底怎么样？二是基金为什么会有这样的表现？三是基金的业绩来源是归因于投资经理的能力，还是运气因素占了主导？

我们可以通过基金表现的测量、归因和评价来分别回答这三个方面的问题。这些问题的答案可以提供很多有用的信息，比如基金和投资目标及范围的贴合度、基金经理的投资方式是否和宣传的一致、是否继续投资给该基金经理等。

基金业绩的测量主要是根据基金在一段时间内的资产计算回报率。通常，基金的回报等于期末的资产减去期初的资产再除以期初的资产。但是，如果计算周期内有大额的外部现金流流入流出，则还要考虑这些现金流对业绩的影响。有两种方式计算回报率。一种是以时间为权重的回报率。这种回报率的计算方式是以外部现金流流入和流出的时间为分界点，将投资周期分为若干部分，分别计算投资回报率，再以几何平均的方式相连而得。这种方式不受外部现金流流入流出的影响，在基金经理对外部现金流的流入流出没有控制权的情况下，是对基金业绩较客观的评价方式。另一种方式是以资金为权重的回报率，类似于内部回报率的计算方法，比较适合基金经理对外部现金流的流入流出有控制权的情况。

基金业绩归因是确定基金业绩来源的方式。基金的回报来源可以分为三种，分别来自市场、风格和主动投资。所谓市场就是大盘指数的回报；所谓风格可以理解为基金经理自己选择的比较基准（Benchmark）和大盘指数的差异；主动投资可以理解为基金经理对行业和个股的选择。那么，一个有效的基金经理自身的比较基准就必须满足一些特点，比如适当性、可测性、明确性和可投资性等。目前主流的比较基准有 7 种，分别是绝对基准、基金经理总体中位数、市场大盘指数、风格指数、多因素模型、回报基准（Returnbased）和特别定制基准。其中，所谓的回报基准就是结合了多因素模型和风格指数，将模型中的参数（Exposure）换成了标准的风格指标，即小盘成长、大盘价值等参数。

对于比较基准的质量，也有几种考察指标：一是系统性风险，简单来说，基准的 Beta 值应该越接近 1 越好；二是从相关性的角度考察两点，即主动投资的收益和基准风格带来的收益的相关性应该越小越好、基准风格相对大盘指数的收益和基金总的收益的相关性应该越大越好。换句话说，基金主动投资的收益应该是独立的。其他考察指标还有跟踪误差、风险特征、覆盖度、换手率等。

业绩归因可以从宏观和微观的角度考虑，宏观的业绩归因主要由投资者来完成，而微观的业绩归因则由基金经理来完成。宏观业绩归因的三种方法包括大类资产的配置、比较基准组合的回报、不同的基金经理带来的回报和外部现金流，三者呈递进关系。微观业绩归因主要由三部分组成，即行业配置带来的回报、个股选择带来的回报，以及两者之间的交互作用。

对于股票型投资基金和债券型投资基金，可以利用多因素模型进行归因评价，分别分辨出产生系统性回报的因素，以及确定基金经理主动选择的风险敞口。

基金的业绩评价是确定基金的业绩受哪些因素的影响，通常可以利用风险调整后的收益评价指标。主要有 5 种，包括阿尔法、夏普比率、特雷诺指数、信息比率、M2 法则。其中，阿尔法和特雷诺指数考察的是系统性风险；夏普比率和 M2 法则考察的是系统性风险和非系统性风险之和；信息比率则是主动投资回报和主动投资风险的比值。

基金的业绩评价与归因非常重要但也很有挑战性，对于基金经理的评价决定也会影响到投资的目标，是非常重要的反馈机制。合理的、客观的、有依据的分析方法能给投资者带来更有效的信息反馈。

3.5.3 定量分析

基金评价是通过一些定量指标或定性指标，对基金的风险、收益、风格、成本、业绩来源及基金管理人的投资能力进行分析与评判，其目的在于帮助投资者更好地了解投资对象的风险收益特征、业绩表现，方便投资者进行基金之间的比较和选择。本小节将从选股能力、择时能力、跟踪误差、信息比率 4 个方面衡量基金的业绩。

1. T-M 模型

Treynor 和 Mauzy（1966）在 CAPM 的基础上建立了衡量模型。他们认为，成功的投资者如果能够预测市场的收益，就会在市场收益高时提高投资组合的β值；反之，降低投资组合的β值。这个认识过程是一个循序渐进的过程，投资组合的收益与市场收益会呈现曲线的关系。在詹森指数的基础上，他们增加了一个平方项来评价基金的市场择时能力，构造了一个二次回归模型：

$$R_p - R_f = \alpha + \beta_1\left(R_m - R_f\right) + \beta_2(R_m - R_f)^2 + \varepsilon_p$$

其中，α 为选股能力指标；β_2 为择时能力指标；β_1 为基金组合所承担的系统风险；R_p 为基金在各时期的实际收益率；R_m 为市场组合在各时期的实际收益率；ε_p 是零均值的随机误差项；R_p-R_f表示基金取得的超额收益率。

Treynor 和 Mauzy 认为，"如果β_2大于零（且其所对应的 P 值小于 0.05），则表示基金经理具有正的择时能力，当常数α值显著大于零（且其所对应的 P 值小于 0.05）时，则表明基金经理具备选股能力，β_2 值越大，市场时机选择的能力也就越强"。从模型结构来分析，$(R_m-R_f)\times\beta_2$为非负数，当证券市场为多头 $R_m-R_f>0$ 时，基金资产组合的风险溢价 R_p-R_f大于市场组合风险溢价 R_m-R_f;反之，当证券市场出现空头 $R_m-R_f<0$ 时，基金资产组合的风险溢价 R_p-R_f会小于市场组合风险溢价 R_m-R_f。

2. H-M 模型

Henriksson 和 Merton（1981）对于 T-M 衡量法有不同的看法。他们认为，"基金经理要么预测市场收益高于无风险收益，要么预测无风险收益高于市场收益，而无法预测差异的大小。如果基金经理希望把握时机，就会根据预测做出资产组合比例的调整，因此其转化速度将是快速的，则组合的收益与市场收益是线性的，并会在做出资产配置调整时出现明显的拐点"。所以得到了一个与 T-M 模型相类似但更为简单的方程：

$$R_p - R_f = \alpha + \beta_1\left(R_m - R_f\right) + \beta_2(R_m - R_f)D + \varepsilon_p$$

其中，D 是虚拟变量，当 $R_m > R_f$时，$D=1$，当 $R_m < R_f$时，$D=0$；α表示选股能力指标；β_2 表示市场择时能力指标；ε_p 是零均值的随机误差项；β_1 为基金组合所承担的系统风险；R_p-R_f表示基金取得的超额收益率。通过对线性方程的分析来看，"基金经理通过预测市场收益与无风险收益的大小来调整资产配置，改变资产组合风险的大小"。当 $R_m>R_f$时，$D=1$；当 $R_m<R_f$时，$D=0$。所以，当管理人预测到市场变化时，就会随时改变β系数，从而"得到两条斜率不同的直线对市场超额收益率和组合超额收益率进行拟合"。经过线性回归得到相应的系数值，假如α值显著大于零，且其所对应的 P 值小于 0.05，则表明基金经理具备选股能力；假如β_2 为正值，且其所对应的 P 值小于 0.05，则说明基金经理具备把握市场时机的能力。

3. 信息比率

信息比率以马科维茨的均异模型为基础，可以衡量基金的均异特性，它表示单位主动风险所带来的超额收益。公式如下：

$$\mathrm{IR}_i = \frac{\overline{\mathrm{TD}_i}}{\mathrm{TE}_i}$$

其中，IR_i 表示基金 i 的信息比率；TD_i 表示基金 i 的跟踪偏离度的样本均值；TE_i 为基金 i 的跟踪误差。

信息比率是从主动管理的角度描述风险调整后的收益的，它不同于后面将要介绍的夏普比率从绝对收益和总风险角度来描述。信息比率越大，说明基金经理单位跟踪误差所获得的超额收益越高。因此，信息比率较大的基金的表现要优于信息比率较小的基金。

投资者在选择基金时要考虑的一个重要因素就是基金公司能否提供一个明确的业绩预期。因此，信息比率对考察基金经理的绩效具有非常重要的意义，因为其奖励的不是绝对业绩，而是持续稳定的业绩。合理的投资目标应该是在承担适度风险的情况下，尽量追求高信息比率，而不是单纯追求高信息比率。过低和过高地承担主动性风险都不是基金经理的一种理性选择。

4．跟踪误差

跟踪误差是指组合收益率与基准收益率（大盘指数收益率）之间的差异的收益率标准差，反映了基金管理的风险。Ronaldj.Ryan（1998）认为，跟踪误差可以对组合在实现投资者真实投资目标方面的相对风险做出衡量，因此是一种有效的风险衡量方法。基金的净值增长率和基准收益率之间的差异收益率称为跟踪偏离度。跟踪误差则是基于跟踪偏离度计算出来的，这两个指标是衡量基金收益与目标指数收益偏离度的重要指标。

跟踪偏离度：

$$TD_{ti} = R_{ti} – R_{tm}$$

其中，TD_{ti} 表示基金 i 在时间 t 内的跟踪偏离度；R_{ti} 为基金 i 在时间 t 内的净值增长率；R_{tm} 为基准组合在时间 t 内的收益率。

跟踪误差：

$$\mathrm{TE}_i = \sqrt{\frac{1}{n-1}\sum_{t=1}^{n}(\mathrm{TD}_{ti} - \overline{\mathrm{TD}_i^2})}$$

其中，TE_i 表示基金 i 的跟踪误差；TD_{ti} 表示基金 i 的跟踪偏离度的样本均值；n 为样本数。跟踪误差越大，说明基金的净值增长率与基准组合收益率之间的差异越大，并且基金经理主动投资的风险越大。通常认为，跟踪误差在 2%以上意味着差异比较显著。

FOF 并不是大家认为的那么简单，只要组合几个优秀的基金产品就可以轻松赚钱。实际上，FOF 的组合涉及管理人评价、策略的分类评估、资产配置、风险管理、绩效归因等方方面面。其中资产配置又是重头戏，因为绝大多收益来自配置，而不是交易，这是学术界早就公认的研究结论。

第 4 章　管理人评价

◆ 摘要 ◆

管理人评价是做好 FOF 的第一步，本章对海外及国内的一些主流评价体系进行全面阐述。海外评级机构主要有晨星和标普，它们对所有的基金产品进行全面的评价，尤其是晨星的五星级评价体系，已经成为整个行业的标杆。国内的评级机构则混乱得多，主要有券商系研究所、媒体的研究院、第三方理财公司等。总的来说，国内的评级机构面临着数据不足、专业性不强、独立性不够的问题。

4.1　海外评价体系

海外评级自然以美国的评级为主，毕竟美国的金融行业是全球第一的，所以其多年的评级经验值得我们学习和借鉴。

4.1.1　主要综合评级

目前，根据星潮 FOF 不完全统计，具有国际影响力的专业化国外基金评级机构共有 10 个，分别为：晨星（Morningstar Rating）、标普（Standard & Poor’s Ratings Services）、理柏（Lipper Rating）、惠誉（Fitch Rating）、机构投资者（Institutional Investor）、金融快报（FE Crown Fund Ratings）、全球影响力投资（Global Impact Investing Rating System，GIIRS）、全球投资者（Globe Investor）、雷纳斯宾塞·米尔斯研究（Rayner Spencer Mills Research，RSMR）、扎克斯投资研究（ZACKS Investment Research），如表 4.1 所示。

表 4.1　海外主要评级机构一览

机　构	评价特点
Morningstar Rating	定量（向后看：业绩测算、风险度量、风险调整后收益、熊市评级）与定性（向前看：投资理念、规则、方法、流程等）评价相结合，体系完整全面
Standard & Poor's Rating Services	除定量评估外，更注重定性评估，尤其是定性评估细分模块与操作流程的规范性
Lipper Rating	总回报、稳定回报、保本能力、费用 4 个评估标准，注重投资者风险偏好，为其提供适合自己的基金
Fitch Rating	分析基金的收益和风险特性，更注重基金经理相对业绩的长期稳定性
Institutional Investor	全球对冲基金收益排名，注重产业研究，包括对冲基金公司、经理、投资者、经济商、外包服务商、监督等
FE Crown Fund Ratings	不单纯考虑收益高低，注重挖掘高收益基金背后的原因，为投资者提供业绩表现持续稳定的基金
Global Impact Investing Rating System	注重综合性（多维社会影响模型）、比较性（不同板块、规模的基金）、适用性（基于市场需求），属于个性化评价服务
Globe Investor	基于超额收益时间序列移动加权平均表现的等级划分，以星级呈现
Rayner Spencer Mills Research	定量（业绩与风险的多维度度量并以易理解的形式展现）与定性（注重管理过程）评估相结合，每个季度提示投资者注意新的市场变化
ZACKS Investment Research	专注于共同基金和指数型基金排名，除了分析历史业绩外，基于强力买入/卖出股票的研究评估基金预期收益

数据来源：星潮 FOF 整理

其中，最具影响力并成为全球基金评级参照的三个评级机构分别为晨星、标普和理柏。无论是在定量和定性两个层面，还是在基金产品、基金经理和基金管理公司三个模块，三者都经历了比较长期的探索和实践，并获得了基金评级业界的高度认同。其他基金评级机构虽然不具备上述三者的影响力，并且评级功能模块较为单一偏倚，但却具有个性化的服务功能，能够满足不同专业投资者的不同维度的个性化需求。这主要是由于该类机构或服务对象小众化、或研究领域专一性、或平台资源有限等。因此，该类机构仍然能够满足基金投资者或基金管理者的个性化需求，只是在权威性上不及全球主流的三个评级机构。

4.1.2　专业对冲基金评级

以上评级体系针对所有基金的评级功能，特别是在共同基金领域有着广泛的影响力。对冲基金由于投资范围更加多元、投资策略更加复杂，所以需要更细分专业的评级体系。一般来说，对冲基金的评级内容主要包括以下几个方面（见图 4.1）。

1. 定性评估

定性评估主要针对公司层面，通过尽职调查、与基金经理面谈、上门考察等方式，考量对冲基金公司的整体获利能力和风险管理能力。

2. 定量评估

定量评估就是针对各个产品，研究该产品的策略原理、资金管理方式、绩效归因等。

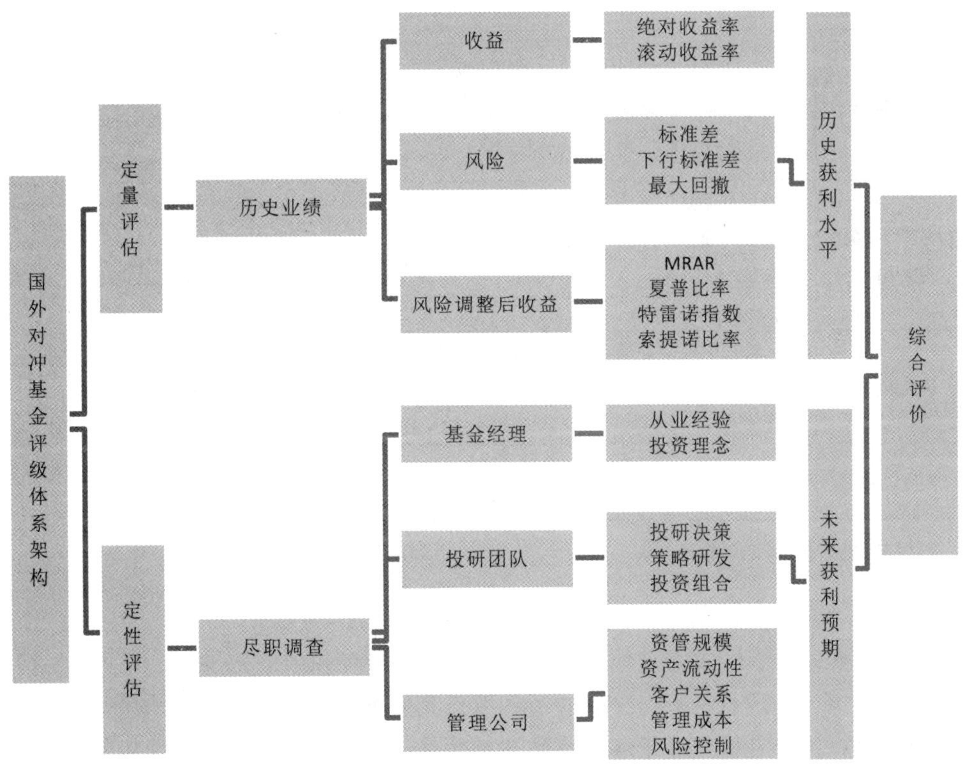

图 4.1　国外主要对冲基金评级指标

数据来源：星潮 FOF 整理

专注于全球对冲基金研究的国际型独立第三方机构有两个，即美国的对冲基金研究公司（Hedge Fund Research，HFR）和新加坡的对冲基金数据服务公司（Erekahedge），如表 4.2 所示。

表 4.2　国外对冲基金专业研究机构比较

	美国的对冲基金研究公司（HFR）	新加坡的对冲基金数据服务公司（Erekahedge）
时间/地点	1992 年/美国	2001 年/新加坡
对冲基金的覆盖区域分类	北美、拉丁美、北欧、西欧/泛欧、亚洲（除日本）、亚洲（含日本）、日本、中国、印度、韩国、俄罗斯/东欧	北美、拉丁美、EMEA（欧洲、中东和非洲）、亚洲、亚洲（除日本）、亚洲（含日本）、澳大利亚/新西兰、大中华区、印度、日本、韩国、中国台湾
收录基金数量	7500 只对冲基金和 13 000 只非存续对冲基金（已经清算或消失的基金）	31 085 只基金
数据库模块	HFR 策略组成数据库、HFR 区域组成数据库、HFR 专业组成数据库（针对一些专门的投资领域，如并购市场）、HFR 非存续基金数据库	全球数据库、北美数据库、EMEA 数据库、亚洲数据库、拉丁美数据库、绝对收益数据库、全球 FOF 数据库、并购市场数据库、CTA/管理期货数据库
对冲基金相关指数编制	HFRI Indices（56 个） HFRX Indices（66 个） HFRU Indices（9 个） Custom Indices（2 个）	Mizuho-Eurekahedge Asser Weighted Indices（6 个） Eurekahedge Equal Weighted Indices（8 个） Specialist Fund Indices（5 个）
研究报告	全球资本公司对冲基金报酬报告、全球报告、市场微观结构报告、亚洲报告、并购市场报告、HFR 产业报告	EH 月度报告（Eurekahedge Report）
其他研究	并购市场、外汇对冲基金、另类投资等	伊斯兰基金、社会责任投资基金、私募股权基金、房地产基金

数据来源：星潮 FOF 整理

上述两个全球对冲基金专业研究机构是全球最具影响力的，并且经历了将近 20 年的发展和探索，已经成为全球对冲基金产业的领导者和中坚力量，一方面，为行业不断提供全球市场现状及趋势分析的基础性研究成果和信息资源；另一方面，为个人投资者和机构投资者提供关于各策略类型对冲基金业绩的表现和趋势的专业分析，作为投资对冲基金的宏观和微观判断依据。其中，上述两个专业研究机构最为重要的一个共同点是其独立性，所有研究成果中不存在具体某只基金的推介和展示，研究动机中并无销售佣金激励要素，这有力地保证了其研究成果和评级结果的客观性和权威性。

4.1.3 晨星评级

晨星评级概要如表 4.3 所示。

表 4.3 晨星评级概要

星辰评级：定量+定性	
定量评级	**定性评级**
“向后看”评级：数据的跨度时间为截至当月末的过去三年回报率，计算风险调整后收益进行评级。每月更新	“向前看”评级：不排除过往业绩历史有限或业绩不良的基金。对过往业绩和风险水平也给予了部分权重
计算基金收益：月/年度收益率 计算风险调整后收益：基于期望效用理论，波动越大，惩罚越多。将对冲基金的风险厌恶值设成最大，再生成晨星风险调整后收益。 各基金按照风险调整后收益由大到小进行排序：前 10%被评为 5 星；接下来 22.5%被评为 4 星；中间 35%被评为 3 星；随后 22.5%被评为 2 星；最后 10%被评为 1 星。在具体确定每个星级的基金数量时，晨星采用四舍五入的方法	投资团队（People）：经验、稳定性、结构、成员间的交流，以及其和持有人利益的一致性。 投资方法（Process）：个股和券种的选择、组合构建是否切合实际、明确清晰且复制性强。是否得到有效执行，组合实际情况是否和公布的方法一致。 基金公司（Parent）：公司能力和风控管理、对人才的吸引力、薪酬是否具备激励机制和公司的信托责任文化。 业绩（Performance）：考察不同市场环境下业绩的持续能力，以及在基金经理变更和规模变化状况下业绩的延续性。 费用（Price）：评估年度总费用率和业绩提成是否合理

晨星公司成立于 1984 年，是一家专业的基金评价咨询公司，目前已经成为世界上最具权威和影响力的基金评级机构。其服务于投资者及注重技术运用的运作理念备受业界推崇。晨星公司的主要收入来源于基金评级衍生金融服务，即向投资者提供数据分析及资产管理分析软件。晨星公司的评级体系可以分为以下几部分。

（1）晨星基金分类。晨星公司按照基金投资的资产类别，将基金划分为股票型及债券型两种基本类型。为了对基金进一步进行系统分类，晨星公司于 1992 年创立了基金投资风格箱，将基金细分为成长（growth）、价值（value）、混合（blend）三种，每种又分为大盘（large-cap）、中盘（mid-cap）、小盘（small-cap），这样共有 9 个类别。

2002 年，晨星进一步将界定股票成长/价值的指标由市净率、市盈率发展为更为完善的指标分类。晨星基金风格的划分是通过基金历史指标和预期指标来判断基金未来的成长与价值属性的。

（2）“向前看”（forward-looking）的定性评级方法。晨星公司将采集公开信息与实地调查相结合，对基金公司的投资理念、治理结构、内控制度、激励制度、组织结构和公司从业人员的素质等进行分析，从而对基金的投资理念、规则、方法、流程等做出评价。其程序是：①晨星公司邀请基金经理进行会晤；②双方签订定性评级合同；③基金经理接受晨星公司的问卷调查；④经过调查、分析签发经过多次修订的基金定性评级报告；⑤公布最终的定性评级结果。

晨星公司的定性评级一般两年进行一次，具体考虑的因素及对应的权重如表 4.4 所示。

表 4.4　晨星公司定性评级的因素与权重

评级因素	权　重
基金强度	25%
基金管理及营销	22.5%
基金经理层	22.5%
基金所投资的行业	20%
基金产品特征	10%

（3）“向后看”（backward-looking）的定量评级方法。晨星公司采用“向后看”的评价方法将基金业绩与风险进行综合考虑后进行星级评定。

① 基金业绩测算。

晨星基金超额收益率=基金每月净值增长率−无风险收益率

晨星公司将 90 天国库券收益率视为无风险收益率计算基金超额收益率。根据选定的考察期计算基金每月的超额收益率并得出此基金考察期内的平均超额收益率。这样晨星单只基金的相对收益率为：

晨星单只基金相对收益率=平均超额收益率/max (同类基金平均超额收益率的均值, 90 天国库券收益率)

晨星单只基金相对收益率分布在不同区间表示不同含义，如表 4.5 所示。

表 4.5　晨星相对收益率区间分布

晨星相对收益率分布	含　义
晨星相对收益率>1	该基金超额收益率高于同类基金
晨星相对收益率=1	该基金获得同类基金的平均收益率
0<晨星相对收益率<1	该基金收益率低于同类基金收益率
晨星相对收益率<0	该基金收益率低于无风险收益率

② 晨星风险测量。

晨星公司计算单只基金的下行风险指标（Downside Risk），计算公式为：

晨星基金下行风险=Σmin[(基金月超额收益率–90 天国库券收益率),0]/考察期的月份总和

单只基金的下行风险除以同类基金的下行风险得到单只基金的晨星基金相对风险指标，利用此指标可以衡量单只基金相对于同类基金的风险状况。例如，如果某只基金的相对风险指标为 1.2，则表明该基金的风险高出同类基金风险 20%，投资者在进行投资决策时需要慎重。

③ 晨星星级评定。

晨星公司在进行星级评定时具有一定的前提条件：首先，基金设立时间低于三年的不予以评级；其次，在进行评级的不同时间段，即 1 年、3 年、5 年及 10 年期间至少要有 20 只基金符合评级要求才可以进行星级评定。

晨星公司对近 3 年、5 年及 10 年的历史数据进行测算，将单只基金的相对收益率测量结果减去此基金的风险测量指标，可以得到此基金的评级指标并分别赋予 20%、30%及 50%的权重加权平均风险调整指标，以此来对基金进行总评级。

晨星每月都要重新进行一次基金星级评定的测算，具体的星级划分标准如表 4.6 所示。

表 4.6　晨星基金星级评定

星级	评级指标（%）	收益在同类中比较	风险在同类中比较
★★★★★	1～10	最高或高	最低或低
★★★★	10～32.5	中高	中低
★★★	32.5～67.5	中	中
★★	67.5～90	中低	中高
★	90～100	低	最高或高

④ 熊市评级。

晨星公司还积极为投资者提供基金的熊市评级服务，即在证券市场整体状况欠佳的情况下对基金的业绩表现进行评级。晨星公司将熊市月“界定为：标准普尔 500 指数（S&P500 Index）下降 3%以上的月份，视为股市的熊市月；雷曼兄弟综合债券指数（Lehman Brother Aggregate Bond Index）下降 1%以上的月份，视为债市的熊市月”。

在确定了熊市月之后，将基金的业绩综合起来，从高到低进行排序，共分为 10

组，每组基金占基金总数的 10%。例如，在熊市月中表现最好的 10%为熊市一级，并依此类推。

4.1.4 标普评级

标普评级概要如表 4.7 所示。

表 4.7 标普评级概要

标准普尔基金评级：定量+定性		
定性评级	基金管理团队	公司情况
		投资文化
		投资规划
	资产组合管理者	管理者的投资能力、风格、风险的偏好程度等
		投资方法的一致性与有效性
		投资经验及管理的基金数目、金额
	基金细节问题	基金规模
		资产组合的流动性
		客户基础
		成本
定量评级	相对业绩表现测算	某基金每月上涨 6%，同类基金同月份为 4%，则其相对表现+2%
	基金相对表现的波动	波动性越高，则其在同类基金中表现出来的一致性越差
	评级系数	相对收益率与波动率之比，比例越高，比同类基金表现越出色且变动基本一致

Micropal 公司最初成立于 1985 年，于 1997 年被标准普尔公司收购至旗下。目前全球有超过 1000 家基金管理公司使用该公司的基金绩效评价服务。与晨星公司不同的是，标准普尔 Micropal 力图将对基金管理公司本身的评价融入对基金表现的综合评价中，这样可以帮助基金管理公司更好地向投资者展示其价值，也可以促使投资者的投资决策更加全面、有效。

标准普尔 Micropal 基金评级的基本程序如下。

（1）业绩筛选。在不连续三年中，将基金风险调整后的业绩与同类基金进行比较，大约有 80%的基金从最初筛选中淘汰，剩余的 20%才有资格进入下一步的评级程序。

（2）会晤前对基金背景的审查。在参加会晤之前，标准普尔 Micropal 的分析师搜集所有与此基金相关的资料并进行细致分析。对基金资料的调查主要涉及：①目前基金投资资产组合的价值及未来发展前景；②基金过去两年的年度与中期报告；③基金管理团队的资料；④目前股东的相关资料；⑤基金的营销情况等。

（3）面对面会晤以进行定性分析。标准普尔 Micropal 公司的两名资深专业分析师进行实地考察，对基金管理团队、资产组合管理者等方面进行评估，并掌握团队、基金的一些特殊细节。详细的定性分析情况如图 4.2 所示。

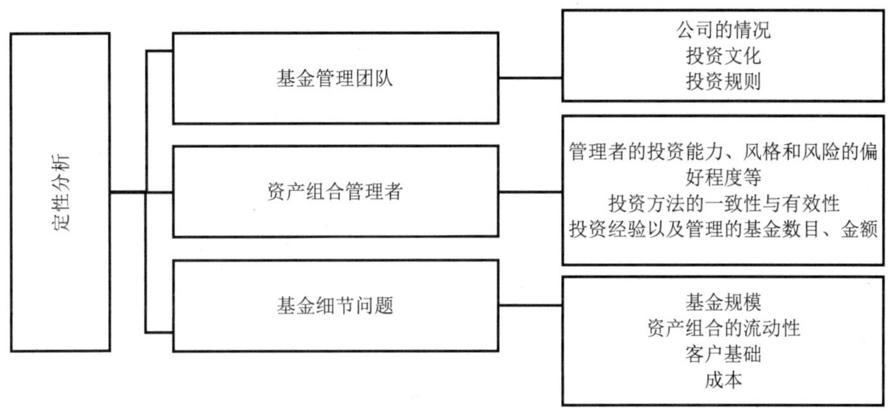

图 4.2 标准普尔 Micropal 公司定性分析的具体项目

（4）标普星级评定。资深评级分析师在进行实地考察后，将所有基金信息进行整理提交给评级委员会，作为定性、定量综合评定的基础。

标准普尔 Micropal 公司为了帮助投资者进行基金评估，以一只基金过去三年在同类基金中的相对表现为基础开拓了一套标普基金星级评级体系，主要有如下几个评级指标。

① 相对业绩表现。将一只基金的业绩表现与同类基金的业绩情况进行比较，如果此基金在某月的上涨率为 6%，而其同类基金在相同月份的表现为 4%，那么，这只基金的相对表现是+2%。按此方法计算过去 36 个月以来这只基金的相对表现。

② 基金相对表现的波动率。通过计算一只基金过去 36 个月以来相对表现的波动率，来反映此基金与同类基金表现的一致性。如果一只基金的波动率越高，则其在同类基金中表现的一致性越差。

③ 评级系数。评级系数为相对收益与波动率之比（R）。这个比例的计算公式为：

评级系数 =(基金过去 36 个月的收益率–同类基金的平均业绩表现) / 过去 36 个月以来基金相对表现的平均波动率

若某只基金的 R 比例越高，则表明此基金在同类基金中的表现越出色，而且与同类其他基金的变动基本一致。

假设某种基金类别中有 100 只基金，那么标普基金星级的分布如表 4.8 所示。

表 4.8　标普评级星级分布

星　　级	评级指标	基金数量
★★★★★	前 10%基金	10 只基金
★★★★	前 11%～30%基金	20 只基金
★★★	前 31%～50%基金	20 只基金
★★	前 51%～75%基金	25 只基金
★	最后 25%基金	25 只基金

举例：两只基金具有相同的业绩表现，而波动幅度不同（见表 4.9）。例如，基金 F 的回报率与基金 G 的回报率相同，但是基金 F 的波动率要比基金 G 小，这样就波动率而言，基金 F 走势的一致性更好一些（见图 4.3），因此基金 F 的比率 R 比基金 G 的比率 R 要高。

表 4.9　标普评级案例

基金类别	回报率	波动性	比率 R	级别
基金 F	50%	5	10.0	1
基金 G	50%	6	8.3	2

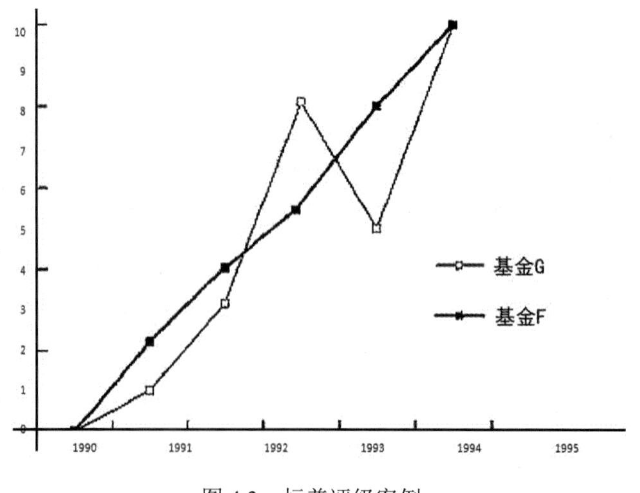

图 4.3　标普评级案例

（5）对评级基金的持续跟踪。标准普尔 Micropal 公司对星级基金进行持续的监督、评估，按时间段分为 4 个层面，如图 4.4 所示。

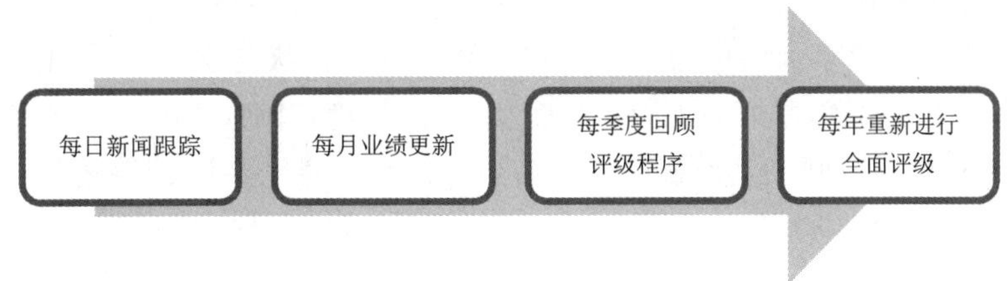

图 4.4 标普评级持续跟踪

如果基金管理者或者基金管理团队发生了重大变动，而标准普尔 Micropal 公司没有机会就此重大变动的影响对基金进行重新评估，则将此基金的评级结果列为 UR（Under Review）。

标准普尔 Micropal 公司的评级特色还体现为：标准普尔 Micropal 公司根据设定的标准，精选出不同组别中不超过 10%的基金进行深入跟踪分析、调查，被选中基金的投资吸引力将大大增强；另外，标准普尔 Micropal 公司在收取一定费用的前提下对提出申请要求跟踪考察的基金进行价值增强评级。

4.1.5 理柏评级

理柏是路透集团旗下的全资附属公司，专为资产管理公司及媒体机构提供独立性全球投资信息。它进入中国市场的时间并不长，而其竞争对手为晨星公司，目前由新浪财经独家发布理柏基金评级情况。

在理柏评级体系中，同类型基金中领先的 20%基金被授予“优”（Leader）称号，之后均以 20%为标准再区分为第 2 级、第 3 级、第 4 级及第 5 级。目前在中国所推出的理柏评级主要分为 4 个维度。一是保本，在保本能力上获“优”（Leader）的基金，证明其较高的保本能力，相对于相同资产类别中其他基金选择而言，选择理柏保本能力评级可以帮助投资者尽量减小不利的风险。一直以来，股票型基金比混合股票型基金或固定收入基金的波动性都大，甚至一个波动性较大的资产类别中理柏保本能力评级也不适合短期目标或风险承受能力较小的投资者。二是费用，在费用上获“优”（Leader）的基金，反映在其所属类别中拥有较低的总体费用率，理柏费用评级可能最适合想要最小化总成本的投资者。它可以与总回报或稳定回报评级相结合，用以确定高于平均水平的业绩和低于平均水平的成本。三是总回报，在总回报上获“优”（Leader）的基金，反映在其所属类别中有较高的总收益，理柏总回报评级可能最适合追求最大历史回报而不考虑风险的投资者。这种衡量标准不适合规避负面风险的投资者。对于要规避更多风险的投资者，可以将总回报评级与保本能力和/或稳定回报评级相结合，做出平衡风险和回报的适当选择。四是稳定回报，在稳定回报上获“优”（Leader）的基金，反映在其所属类别中有较好的稳定性和风险调整收益，相对于其他同一组别基金可提供较高稳定性和风险调整回报。对于重视基金相对于同组别基金可逐年提供较高稳定回报的投资者而言，稳定回报较高评级的基金是最佳选择。一些组别的基金内在波动性较其他基金要高，在高波动性组别的基金中，即使稳定回报评级为优的基金，也不适合短期目标或风险承受能力较小的投资者。

理柏基金评级系统每月更新，并按一年、两年、三年和综合的表现计算评级。所有属于股票型、债券型或混合资产型的开放式基金（货币基金和保本基金除外），具有至少一年的价格数据，并且同类型基金中至少有 5 只满足评级条件，就符合评级资格。理柏评级概要如表 4.10 所示。

表 4.10　理柏评级概要

理柏评级		
评级标准	指　标	功能与合适的投资者
总回报	净回报	反映基金相对于同组别中的总回报。 理柏认为，投资者投资的需求就是追求绝对收益，他们往往把总回报作为主要的参考，因此设计了总回报这样一个指标
稳定回报（特色）	Hurst-Holder（H）指数、有效回报	反映基金相对于同组别中经风险调整后的稳定回报。 稳定回报评级中评级较高的基金，可能最适合那些看重逐年表现相对同类基金更为稳定的投资者。投资者需要注意的是，某些类别的基金本身具有高波动性，即使在稳定回报评级中获得 Lipper Leaders 的称号，也未必适合追求短期目标或风险承受能力较低的投资者
保本能力	月度回报	反映基金相对于同一资产类型中的其他基金的抗跌能力。 宣布保本能力评级较高的基金，或者有助于将下跌风险最小化。投资者应注意的是，从以往来看，相对于混合型或固定收益型基金，股票型基金的波动性更高，而且保本能力评级是相对性的，而非绝对性的思考，因此被评为保本能力为 Upper Leaders（5 星）的基金也有可能亏损
费用	同类基金、同等费率结构	费用评级能够识别出与同类基金相比，符合相对低廉费用的基金。 费用评级或许最适合那些希望总成本最低的投资者。可与总回报评级或稳定回报评级相结合，选取业绩高于平均水平而成本低于平均水平的基金

4.1.6 晨星定量模型

晨星公司基金定量评级体系采用“向后看”的评价方法，即对基金的历史业绩进行风险调整，最终确定评级结果。晨星公司对基金进行定量评价主要考虑下列指标：夏普比率、β系数、a 系数、R^2 系数、最适合α、同类基金的风险调整评级、三年期风险调整评级、综合风险调整评级。其中，前面 6 个指标没有考虑基金的费用问题，而最后两个指标则考虑了基金费用，下面分别予以阐述。

1. 晨星夏普比率

晨星公司将超额收益率定义为：$\text{msER}_i/\ \text{ms}\sigma R_{r_p}$

$$(1+\text{msER}_i)^{\frac{n}{12}}=1+[\prod_{i=1}^{n}(1+R_{i,t})+\prod_{i=1}^{n}(1+B_{i,t})]$$

其中，msER_i 表示晨星公司定义的年超额收益率；n 表示考察期内月的个数；$n/12$ 表示将考察期转化为年数；$R_{i,\ t}$ 和 $B_{i,\ t}$ 分别表示基金和基准组合（无风险利率）在第 t 月的收益率。

晨星公司对风险的计算公式调整为：

$$\text{ms}\sigma R_{r_p}=\sqrt{[\sigma_{r_p}^2+(1+\overline{\text{ER}_t})^2]^{12}-[(1+\overline{\text{ER}_t})^2]^{12}}$$

其中，$\text{ms}\sigma R_{r_p}$表示晨星公司计算的年超额收益率的标准差，$\sigma_{r_p}^2$为通常理解的投资组合收益率的标准差，ER_t表示基金 i 在 n 个月内的平均月超额收益率。

2. 晨星β系数（msβ）

msβ的回归方程式如下：

$$R_{i,t}-R_f=a+\text{ms}\beta(R_m-R_f)+\varepsilon_{i,t}$$

3. 晨星 a 系数（ms$a$）

ms$a$ 是 msβ 回归方程式中的 a 值，但这个 a 是每个月的 a 值，晨星公司将其转化为年 a 值，计算公式为：

$$1+\text{ms}a=(1+a)^{12}$$

4．晨星 R^2 系数（msR^2）

msR^2 表示回归直线的拟合程度，其计算公式为：

$$1-\text{ms}R^2=\frac{\text{Var}\left(R_{i,t}-R_f\right)-\text{ms}\beta(R_m-R_f)}{\text{Var}(R_{i,t}-R_f)}$$

5．晨星最适合α（Morningstar best-fita/pha）

对于同一只基金，晨星公司利用不同的市场指数对其进行回归分析，哪个方程式的 R^2 值最大，说明该回归方程式的拟合程度最好，该回归方程对应的α即为最适合α值。

6．晨星种类评级

晨星种类评级说明的是每只基金的业绩在同类基金中的位置。晨星公司定义的晨星种类收益率（Morningstar Category Rate，MSCri）为：

$$\text{MSCri}=\frac{\prod_{t=1}^{n}\left(1+R_{i,t}\right)+\prod_{t=1}^{n}(1+B_t)}{\max[\overline{\text{ER}_t},\prod_{t=1}^{n}(1+B_t)-1]}$$

其中，MSCri 表示晨星种类收益率，$R_{i,t}$ 表示基金 i 在第 t 月的收益率，B_t 表示由 90 天国库券折算成月收益率，ER_t 表示同类所有基金在 n 个月内的超额收益率的平均值，这里 n=36，即三年的时间。

晨星公司将风险定义为收益率低于无风险利率的部分，无风险利率的标准为美国政府 90 天国库券的收益率。晨星公司定义的平均月损失为：

$$\sum_{t=1}^{n}\min(R_{pt}-R_{ft},0)$$

在计算平均月损失的基础上，晨星公司又定义了晨星种类风险（Morningstar Category Risk，MSCrisk），其计算公式为：

$$\text{MSCrisk}=\frac{\sum_{t=1}^{n}\min\left(R_{pt}-R_{ft},0\right)/n}{\text{同类基金在过去}n\text{个月中的平均月损失}}$$

其中，n=36，即三年的时间。MSCrisk 的分子和分母都为负数，因此 MSCrisk 是正数。在得到晨星种类收益率和种类风险后，晨星公司对基金进行风险调整后的种类评级（Morningstar Category Risk-Adjusted Rating，MSCrar）为：

$$\text{MSCrar}=\text{MSCri}-\text{MSCrisk}$$

在得到 MSCrar 后，晨星公司根据同类基金中各基金的 msCRAR 值进行排序，最大值为 100%，最小值为 1%，如表 4.11 所示。

表 4.11　晨星定量评级表

百分位种类	评　　级
0 ～ 10%	1
10% ～ 32.5%	2
32.5% ～ 67.5%	3
67.5% ～ 90%	4
90% ～ 100%	5

7. 晨星公司的星级评级

晨星公司的星级评级分为两种：三年期星级评级和综合星级评级。其处理程序如下。

1）将基金收益率进行费用调整

基金的费用种类及评级期间的调整标准前面已经阐述，现简要说明收益率的费用调整方法。如果未调整费用时收益率为 R_i，基金前端费用为 4%，则调整后的基金收益率为 $0.96R_i$。

2）计算晨星收益率（Morningstar Return）

晨星收益率是晨星公司采取的计算基金收益率的指标，其计算公式如下：

$$\text{晨星收益率}=\frac{\text{费用调整后的收益率}-\text{国库券收益率}}{\max[(\text{同类基金的平均收益率}-\text{国库券收益率}),\text{国库券收益率}]}$$

3）计算费用调整后的晨星风险

晨星风险的计算与种类风险的计算类似，都只关注向下亏损的风险，其计算公式如下：

$$\text{MSCrisk}_{\text{adjusted}}=\frac{\sum_{t=1}^{n}\min\left(R_{pt}-R_{ft},0\right)/n}{\text{同一范围内所有基金在过去}n\text{个月中的平均月损失}}$$

4）进行星级评级

晨星公司认为，三年期的星级评级是相当重要的。首先，三年期是一个比较长的考察期，对基金的业绩具有说服力；其次，在晨星公司的数据库中，大部分基金运作都达到三年，可以对这些基金在同一时期的收益率进行比较。

其中：

收益率=晨星收益率−费用调整后的晨星风险

在得到收益率后，将该基金的收益率指标与同一范围内其他基金的收益率指标相比较，得到三年期晨星星级评级，如表 4.12 所示。

表 4.12　晨星公司的三年期星级评级

该基金的晨星排名在同类基金中的位置	对应的等级	星　级
1% ～ 10%	1	★
10% ～ 32.5%	2	★★
32.5% ～ 67.5%	3	★★★
67.5% ～ 90%	4	★★★★
90% ～ 100%	5	★★★★★

在三年期星级评级的同时，晨星公司还进行综合星级评级。其根据基金生存期进行分类，采用加权平均方法进行综合星级评级，如表 4.13 所示。

表 4.13　晨星公司的综合星级评级

基金的生存期	三年期等级的比重	五年期等级的比重	十年期等级的比重
10 年以上（包括 10 年）	20%	30%	50%
5 ～ 10 年（包括 5 年）	40%	60%	0%
3 ～ 5 年（包括 3 年）	100%	0%	0%

4.2　国内评价体系

4.2.1　国内主要评级机构

与国外对冲基金独立第三方研究行业的发展路径不同，中国对冲基金研究机构的成长多建立在对公募基金和私募基金的长期研究的基础上。自 2010 年中国第一只对冲基金诞生以来，这些机构开始设立对冲基金的研究部门和评级体系，但并不存在专门从事对冲基金评级和研究的机构，多数相关网站和机构以（阳光）私募基金整个行业对象为主，目前这些机构的服务模块主要包括私募产品要素和净值信息索引、私募收益短期和长期排名、基金经理/投研团队/投资理念/公司背景介绍、行业动态资讯、投顾走访报告、行业研究报告、产品推荐及预约、投资咨询等。国内基金评级和研究机构如表 4.14 所示。

表 4.14 国内基金评级和研究机构

国内基金评级和研究机构（部分具有代表性的机构或中心）			
类　别	名　称	类　别	名　称
券商研究所	海通证券基金研究中心	第三方销售平台	晨星（中国）
	国泰君安研究所		融智投资顾问
	申银万国研究所		好买基金研究中心
	国信证券研究所基金评价与研究中心		格上理财
	招商证券研发中心基金评级与研究小组		天天基金网
	中信证券基金研究小组		天相投顾
	国金证券基金研究中心		壹私募网
	光大证券基金研究室		展恒理财
	银河证券基金研究中心	独立第三方	星潮 FOF 研究院
	华宝证券研究所	财经媒体	第一财经
	华泰证券基金研究中心	信托公司	平安信托
	上海证券基金评价研究中心	金融技术服务商	Wind（万德）

目前，开发了较为科学完整的评级体系架构、指标体系和评级方法的机构主要集中在券商研究所、第三方销售平台和财经媒体。这主要是由于券商作为卖方，在基金研究方面积累了丰富的经验。当然，其他机构评级方法的创新也是推动产业评级进步的一种不可或缺的动力。尤其是在策略分类方面，券商的分类体系显得过于宽泛，多以投资标的作为对冲基金的分类（如股票型、债券型等），无法体现各种策略对冲基金的独有特征；但第三方销售平台的分类体系却更加贴近对冲基金市场的微观基础，例如，融智评级体系的母策略分类是目前国内能够最大范围覆盖几乎所有私募基金（含对冲基金）策略的分类方法，并且在子策略分类方面具备细分和清晰的特点。

财经媒体的天然媒体属性，使得它们的评级体系在研究深度和广度方面有所欠缺，在国内目前的评级市场不具备较大的影响力。

从未来的发展来看，作为对冲基金产业的一种推动力量，最需要的是独立第三方的研究机构，这样才能保证研究结果的客观性和独立性。前面的研究机构基本上属于后端收费模式，也就是研究报告不需要费用，而是通过券商佣金或者销售渠道费用来支付研究成本。这种研究模式就会不可避免地产生一些不够独立和客观的问题，这也就是笔者试图以中国量化投资学会（CAIQ）这样的纯公益性学术组织为基础，打造

一个独立第三方 FOF 研究机构"星潮 FOF 研究院"的目的所在。有关星潮评价体系，在第 5 章有详细说明。

1. 海通评级

海通证券基金研究中心具有证监会和证券业协会授予的基金评价业务资格。该中心是国内较早从事基金研究的机构之一，经过多年的积累，海通基金研究团队构建了基金评价系统，海通证券推出的系列评级内容覆盖公募基金评级和私募基金评级。从评价角度来分，海通系列评级包括基金产品评级、基金经理评级和基金管理公司评级。海通证券基金评级概要如表 4.15 所示。

表 4.15　海通证券基金评级概要

<table>
<tr><th></th><th>分　类</th><th>评价指标</th></tr>
<tr><td rowspan="4">基金经理评级</td><td>股票类基金经理评级</td><td rowspan="3">（1）净值增长率
（2）风险调整后收益
（3）规模因素</td></tr>
<tr><td>混合类基金经理评级</td></tr>
<tr><td>债券类基金经理评级</td></tr>
<tr><td>货币基金经理评级</td><td>（1）万份收益的累乘
（2）风险调整后收益（无风险收益采用活期利率）</td></tr>
<tr><td rowspan="2">基金管理公司评级</td><td>股票投资评级</td><td>（1）净值增长率
（2）风险调整后收益
（3）规模因素</td></tr>
<tr><td>固定收益投资评级</td><td>（1）债券基金评价
（2）货币基金评价
（3）规模</td></tr>
<tr><td rowspan="3">基金产品评级</td><td>股票混合型基金评级</td><td>（1）净值增长率
（2）组合调整
（3）风险调整后收益</td></tr>
<tr><td>债券型基金评级</td><td>（1）净值增长率
（2）风险调整后收益</td></tr>
<tr><td>货币式基金评级</td><td>（1）收益率
（2）风险调整后收益</td></tr>
</table>

2. 融智评级

融智评级是对成立一年或者一年以上的私募证券非结构化产品给予一到五星评级的星级评级方式，评级结果根据绝对收益、最大回撤和风险调整收益索提诺比率三大指标，以产品以往业绩为基础，按照定量基础进行比较、评级，综合反映各投资顾问的投资管理能力，每月更新一次。

评级方式按照综合指标值的大小进行排序。其中，前 10%被评为五星，次高 22.5%被评为四星，中间 35%被评为三星，次低 22.5%被评为两星，最低 10%被评为一星，如表 4.16 所示。

表 4.16　融智评级概要

级　别	五星	四星	三星	二星	一星
区　间	最高 10%	次高 22.5%	中间 35%	次低 22.5%	最低 10%

4.2.2　国内评级的问题

随着国内基金行业的发展，对评级的需求也越来越大，目前国内主要的评级机构存在如下一些问题。

1．对象问题

1）评级对象

目前，许多中国对冲基金评级机构仍以投资标的作为评级对象的划分标准，这样会造成评级结果无法体现各个策略类型独有的收益风险结构特征，评级排名结果也有失公允。尽管中国对冲基金策略类型并没有国外对冲基金类型全面，但母策略类别已初具雏形，并且子策略也逐渐多元。因此，中国对冲基金评级对象的划分需要将投资策略作为依据。

2）服务对象

目前，中国对冲基金评级的服务对象多为投资者，但事实上作为评级对象的基金经理，仍需要了解自身管理的对冲基金在同业中各方面能力的相对表现。因此，需要区分并提取基金经理的各方面能力信息并进行科学评级分析，以作为基金经理在同策略行业中的对比参照。

2．样本问题

1）净值准确性

尽管目前各个评级机构的净值信息多源于基金托管方，包括银行、券商、信托等机构，但行业缺少统一的净值估算标准和系统，在基金单位净值、累计净值和复权净值的披露方面各机构存在一定的偏差。此外，托管行业缺少完善的监管体系，对冲基金净值估算的真实性也无法得到有效保证。因此，对于单只基金的评估（非基金行业评级）需要进行深入的尽职调查，以确定获得样本数据的有效性。

而且随着 2016 年 7 月 15 日新的《私募基金管理条例》出台，私募基金不允许向非特定用户宣传业绩，这就使得目前基于收益率的排名方式出现根本性的生存危机。

2）样本频率

作为私募基金，对冲基金净值信息的披露频率参差不齐，或日度或周度或月度，许多评级机构选择将各个业绩评级指标进行统一年化，但对于持仓周期不同的对冲基金，其收益率的波动信息会因计算频率的不同而不同。此外，同一只对冲基金的净值披露频率不一，时间序列数据存在不匹配的现象，无法基于相同的 Benchmark 对同策略基金进行评级。目前有个别评级机构为解决该问题进行参数估计随机插值，但这会在无形中增加基金净值的波动信息和异常值。

3. 指标体系问题

1）指标维度

目前，许多评级机构只选择单一的指标进行对冲基金的排名（排名只是评级结果的展现方式之一，并不构成评级），或不同周期的绝对/相对收益率，或夏普比率等基金绩效指标，缺乏基金的多维绩效信息，无法多维度地评判基金经理的各方面能力。

2）指标选择问题

对冲基金绩效评价指标多达 20 多种，其中一些指标属于一般性评价指标，如最大回撤和夏普比率等，适用于所有策略的基金。然而，许多指标依策略类型的不同其贡献率不同，如上行/下行捕获比是衡量股票多/空策略的特别指标、特雷诺指数是衡量股票市场中性策略的特别指标、Calmar 比率和索提诺比率是衡量宏观策略的特别指标、斯特林比率是衡量主观趋势 CTA 策略的特别指标、Burke 比率是衡量程序化交易 CTA 策略的特别指标。因此，在对不同策略类型对冲基金的评级过程中，必须具体策略具体分析。

3）指标相关性问题

尽管选择所有的指标能够覆盖对冲基金所有的绩效信息，但部分指标之间存在相关性，有信息重叠，并且多个单指标的简单排序容易造成排名结果的混乱和缺失。因此，需要通过降维提取主成分因子的方式进行全面评价。

4. 评级方法问题

1）评价权重科学性

目前，国内许多机构在进行多指标的综合评级过程中，各个评级指标和评级模块的权重加总多为人为主观权重赋值，并且一经确定，则长期不作更改。然而，不同策略类型对冲基金的各方面能力成分在总成分中的权重有所差异，此外，市场环境的变化也会对当年行业中各方面的能力变化产生影响。因此，权重的确定应该依据行业业绩评价结构中各个指标相关性系数矩阵的变化动态自动调整，而非人为主观确定，主成分分析方法可以解决该问题。

2）定性评价量化有效性

目前，国内外对冲基金经理、投研团队、管理公司的定性评价量化方法多以硬指标的范围划分和类型划分给予主观分值，这会造成定性评价结果的主观性偏差。然而，定性评价的目的是为了获得除业绩表现外的重要微观信息，该信息反映基金管理团队是否能够持续保持该业绩特征和业绩定量分析结果是否具有真实性。因此，需要能够使定性问题科学定量化的技术和方法，模糊综合评价可以解决该问题。

3）尽职调查流程规范性

国外对冲基金尽职调查工作一般由专业的独立第三方提供，服务于对冲基金中的基金、家族办公室、捐赠基金等投资对冲基金的机构投资者，具有详细且规范的操作流程。尽职调查流程规范性的目的是为了获得甚至挖掘深层次的信息，以考察历史业绩定量分析结果的稳定性和有效性、策略与业绩表现的一致性、投资者与基金经理的利益一致性、投研创新实力、风险控制水平、公司管理效率等各方面影响未来业绩表现的内在因素。目前，国内许多机构的对冲基金尽职调查方式仍停留在走访形式，尽管也能够获得尽职调查各模块的基本信息，但因缺乏科学的问卷设计和完整的尽调流程，造成可能影响未来基金业绩并且隐藏在公司内部的深层次信息无法被甄别和挖掘出来。此外，私募基金多具有较高的私密性，挖掘深层次的信息需要通过巧妙地设计尽职调查问卷、电话回访及面谈相结合的规范流程来实现。

4.2.3 规模陷阱

国内的投资者，特别是一些大的机构，如银行、信托、券商等机构在做委托投资或者代销的过程中，往往会要求基金公司达到某个规模标准才能进入白名单。但在实际的运作中会发现，越是规模大的基金公司，收益率往往不尽如人意。简而言之，基金规模与业绩并不成正比，规模小的基金公司业绩未必好，但规模大的基金公司一定没有大多数规模较小的基金公司业绩好，尤其是采用同类型策略的基金。这就是典型的规模陷阱。

笔者并不是鼓动投资者去购买小规模基金，因为小规模的基金往往良莠不齐，尤其是部分基金由于业绩不良，导致资产缩水、规模缩小，会使整体业绩进一步下滑，将使投资者蒙受损失。

为了研究这个问题，笔者团队以公募基金的数据为基础（私募基金的规模数据很难获得，但是原理基本大同小异），研究基金的规模和收益率之间的关系，如表 4.17 所示。

表 4.17　基金规模和收益率的关系

年份	规模 10 亿元以下 年化收益率（%）	规模 10 亿～30 亿元 年化收益率（%）	规模大于 30 亿元 年化收益率（%）
2010	4.18	3.47	2.26
2011	−14.24	−18.24	−18.46
2012	5.61	5.88	5.66
2013	5.18	10.53	10.09
2014	21.39	23.41	21.22
2015	17.26	27.33	23.32

柱状图如图 4.5 所示。

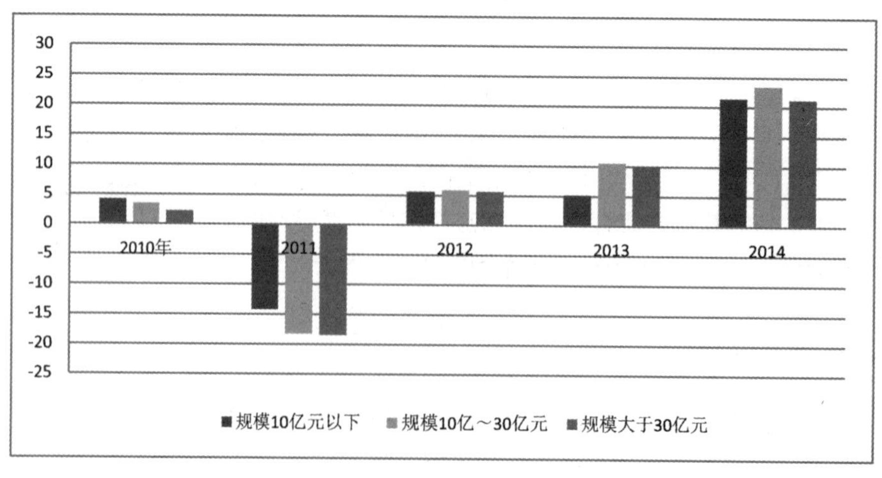

图 4.5　基金规模与业绩表现的关系

规模陷阱有如下原因。

1. 策略有容量限制

任何策略都是有容量限制的，特别是一些严重依赖于某些特定交易品种的策略，比如期权类的策略，目前国内的期权交易量日均只有百亿元左右。在不影响市场波动的情况下，有效交易量只有 5%左右（经验公式），所以这种类型的策略根本无法支持大的规模。2015 年，在股指期货限制之前，阿尔法类的策略可以容纳上千亿元的资金规模；但在限制之后，单个产品只能容纳 5000 万～1 亿元。所以对于那些规模很大的对冲基金而言，要想再获得较高的收益率，已经相当困难。

2. 管理人动力不足

私募基金管理人刚刚创业的时候动力是最强的，压力也是最大的，从而可以全力以赴地研究、专心致志地写模型，属于艰苦奋斗的阶段。当规模扩大以后，很多管理人已经不再依靠绩效为主要收入来源，而是依靠大规模资金带来的管理费。而且在中国的传统文化中，“共患难易，共富贵难”，很多私募基金在规模扩大以后，创始合伙人之间因为利益分配问题吵得不可开交的例子比比皆是，失去了刚刚创业期的和谐与合作，这在中国私募基金的发展史上实在是太多了。

对冲基金这个行业和实体经济不一样，实体经济基于的经济学原理往往是“规模效应”，比如淘宝平台做大了以后，形成垄断效应，规模小的电商平台完全没有机会。但是对冲基金这个行业恰好相反，规模越大，就越难获得高收益率。

4.2.4 历史收益陷阱

第二个普通投资者容易犯的错误就是追逐高收益率的基金，很多人往往将上一年的收益率产品进行排序后，就追着收益率最高的买。然而第二年的结果往往差强人意。很多上一年的冠军，第二年垫底的例子比比皆是。在任何一家基金网站或选基平台上，都少不了近几月、近几年的业绩排名。这些排行榜对投资者真正的指引是什么？每一年名列前茅的基金经理是否有持续性？下一年他们还能榜上有名吗？让我们继续看数据。表 4.18 中的数据来自格上理财的研究结论，星潮 FOF 研究院进行了复制，结论大同小异。

表 4.18 基金经理业绩迁移表

基金经理	2011 年名次	2012 年名次	2013 年名次	2014 年名次	2015 年名次	2016 年名次
DY	1	53	352	493	686	554
DH	2	30	393	698	760	764
ZWL	3	2	154	279	381	205
DXY	4	23	795	352	564	672
DG	5	15	425	538	592	646
HLN	6	107	268	387	579	444
ZWW	7	108	269	388	580	445
ZS	8	68	322	312	407	476
TT	9	60	412	562	658	519
CM	10	180	205	681	709	722
SYG	11	79	153	485	639	501
YX	12	81	244	287	457	291
LWJ	13	99	323	563	636	528
LWF	14	21	102	277	520	583
SH	15	178	364	250	492	371
MWX	16	67	437	380	661	658
LY	17	194	209	687	773	714
LY	18	181	175	653	753	682
WL	19	87	345	311	459	465
FXB	20	78	417	601	664	555

在表 4.18 中，2011 年排名第一的基金经理在 2012 年就跑到了第 53 名，随后几年被甩到了几百名的位置。可以说，位列前 20 的基金经理在之后的年份中排名都不甚理想，属于全军覆没。很遗憾地告诉大家，基金经理的“明星效应”是不长久的，名次是极其不稳定的。

如果我们每年年初根据上一年年底的基金经理排名来进行投资，每次都选择排名前 10 的基金经理，业绩会好于选择倒数 10 位基金经理的组合吗？我们现在就来进行这个尝试。

我们在 2012 年年初买入 2011 年年底排名前 10 的基金经理业绩指数作为优选组合，同时买入倒数 10 位基金经理业绩指数作为劣选组合。

2013 年以同样的标准对优选和劣选组合内的基金经理指数进行换仓，以此类推，直到 2016 年。我们发现，优选组合并非总是跑赢劣选组合，具体如表 4.19 所示。

表 4.19 优选组合和劣选组合对比

	优选组合	劣选组合
累计收益率	5.17%	7.12%
年化收益率	0.92%	1.26%
夏普比率	−1.78%	−0.26%

数据来源：格上理财

也就是说，选择排名靠前的基金经理进行投资并不能保证今后仍然获得高收益率，甚至有时还不如过去表现最差的基金经理。

不过，“过去不代表未来”这样的道理恐怕知易行难。人类总倾向于相信“好”和“坏”有一定的延续性。在导演库布里克 1971 年的电影《发条橙》（*A Clockwork Orange*）中，犯下抢劫、强奸罪行的阿利斯被关进监狱，经历一番特殊的改造后，人们不但无法转变对已经完全厌恶恶行的阿利斯的印象，而且对他施以各种讥讽、报复和利用，这就是人性难以规避的东西。

4.2.5 高收益率难以持续的两个原因

在第 3 章中，笔者曾经提出“投资不可能三角”，即任何投资策略，收益率、风险度、资金容量三者不可兼得。所以对于高收益率的策略，那就一定意味着牺牲了剩下两项中的任何一项。

1. 牺牲风险

很多看上去很漂亮的收益率曲线，其实是以牺牲风险为代价的，但是在风险爆发之前，没有人会相信有风险存在，这种策略在学术上有一个名词——火鸡策略。火鸡是西方国家圣诞节必备的菜肴，在圣诞节之前，火鸡都被优质条件供养着，好吃好喝，以至于让火鸡认为这是它应得的生活。但是到了圣诞节那天，这美好的一切就突然结束了，火鸡将被制作成佳肴，成为人类的盘中餐。

图 4.6 就是一个典型的火鸡策略的产品净值走势。在 2015 年 6 月之前的牛市中，该策略获得了远超大盘指数的收益率；但是当 2015 年 6 月股灾爆发之后，短短一个月的时间，该产品净值损失超过 70%，投资者损失惨重。

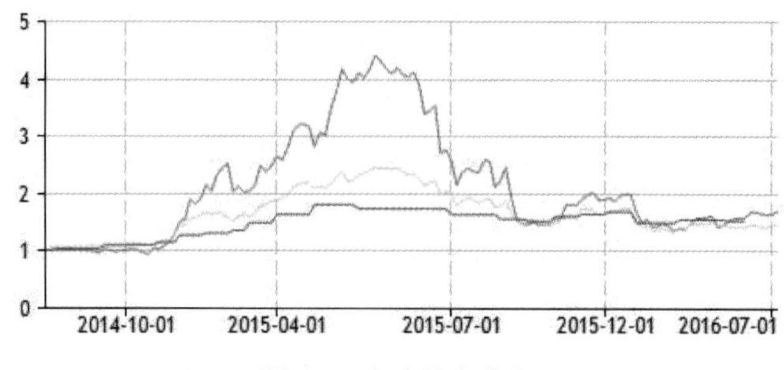

图 4.6　火鸡策略曲线

2. 牺牲规模

这种类型的策略以高频交易为代表，其中最著名的是大奖章基金，该产品连续 20 年，每年的收益率都超过 35%，从来没有亏过钱。然后该基金的规模只有区区 50 亿美元，在海外的对冲基金行业中，属于“迷你”基金。并且该基金早就不再对外开放，完全是内部员工的资金再运作。所以对于那些可以做到低风险高收益的策略而言，除了刚开始的阶段会对外募资外，一旦达到一定规模，肯定会封闭运作，这几乎成为对冲基金行业的行规。

所以，大多数投资人能看到的那些看上去曲线很漂亮的产品净值，基本上都是以牺牲风险为代价的火鸡策略，这也就是大多数投资人追逐冠军私募后损失惨重的根本原因。

第 5 章　星潮评价体系

◆ 摘要 ◆

国内的评价机构存在很多问题，比如数据不全、方法不系统等，而更关键的是，国内的评价机构基本上都是将基金产品简单地进行收益率排序，这种做法不仅忽略了背后的风险及资金容量的因素，而且忽视了长期管理能力的考量。本章是全书的重点内容之一，介绍了中国量化投资学会（CQIA）推出的星潮评价体系，该评价体系采用了笔者很多原创性的思想。该体系由三部分组成：公司层面的评价、产品层面的评价和资金管理方法。公司层面的评价采用三个指标：股权结构、学历和从业年限，并且用 D-三因子模型来表述；产品层面的评价采用四个指标：收益率、夏普比率、最大回撤和 D-Ratio；对于资金管理问题，笔者利用风险平价原理，结合 VaR 模型，提出了 D-公式，解决了不同类资产配置的权重问题。

5.1　公司评价

第 4 章的分析已经得出结论：规模和历史收益率并不能成为购买产品的依据，反而是陷阱。那么，到底哪些指标和基金产品的收益率正相关呢？FOF 基金又要根据哪些指标进行分析呢？格上理财做过一项研究，认为对于投资经理来说，学历和从业年限与业绩成正相关关系。星潮 FOF 以此为基础，重新进行了数据处理和分析。

5.1.1　学历因素

由于私募基金很难获得详细的资料，本研究以公募基金数据为基础，但是我们认为行业的本质不会有所不同。我们统计了 2011—2015 年 5 年的数据，如表 5.1 所示，表格中的数值为超额收益率。

表 5.1　学历与收益率的关系

时　　间	本　　科	硕　　士	博　　士
2011 年	2.10%	1.00%	1.50%
2012 年	0.80%	2.60%	2.10%
2013 年	–1.10%	–0.50%	0.80%
2014 年	4.50%	8.70%	13.90%
2015 年	13.10%	16.70%	27.60%

数据来源：星潮 FOF

从表 5.1 中可以清晰地看出，2014 年以后，博士学历基金经理掌管的基金产品的业绩开始明显超越硕士和本科学历的基金经理。

我们再来看一下柱状图，就会更加清晰，如图 5.1 所示。

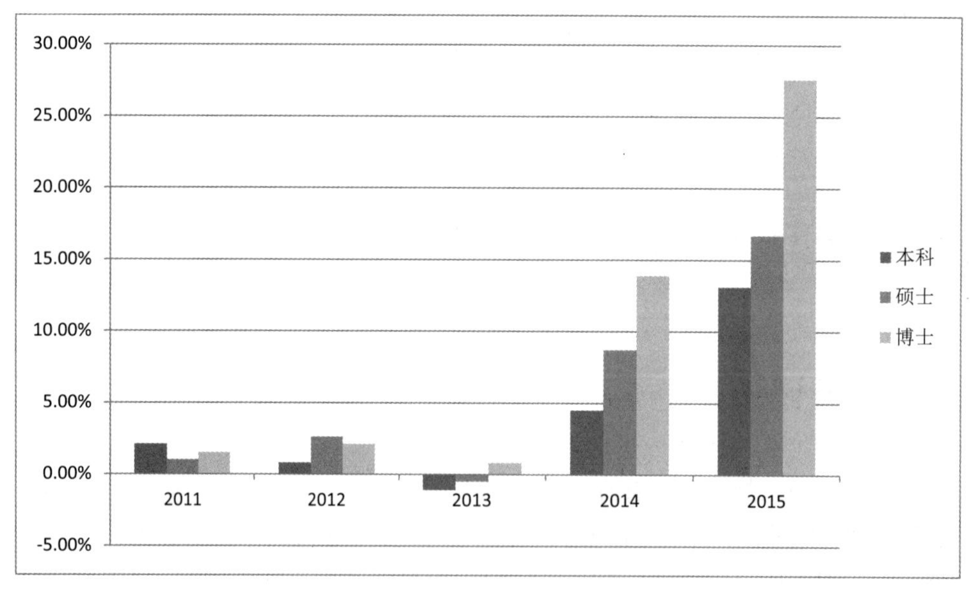

图 5.1　学历与收益率的关系图

数据来源：星潮 FOF

我们再做一个 t 检验，结果如表 5.2 所示。

表 5.2 学历和收益率关系的 t 检验

业绩差异	本科 VS 硕士	硕士 VS 博士	本科 VS 博士
P 值	0.007	1.7×e−4	4.5×e−10
结论	明显差异	明显差异	显著差异

数据来源：星潮 FOF

对三种学历的业绩差异的 t 检验也进一步证明，博士和本科学历的业绩差异最大（P 值达到 10^{-10}）。难怪现在的金融机构对学历的要求越来越高，这是有道理的。而在华尔街的很多对冲基金公司中，博士往往是最基础的学历，而且很多顶尖的对冲公司，比如文艺复兴科技，更是招聘了大量的物理学家、火箭学家，甚至有诺贝尔奖获得者。

那么，为什么博士基金经理的业绩表现明显优于本科和硕士呢？笔者认为大概有两个因素。

（1）知识面的宽度和广度。国内金融行业很多时候都充斥着知识无用论，并且往往拿一些民间高手来说明这个结论。笔者承认很多民间高手水平很高，但是作为一个整体，民间高手业绩的持续性和稳定性还是有所欠缺的，特别是和正规机构训练过的科班基金经理相比还是有差别的。笔者在写博士论文的过程中，几乎将相关行业的文献通透地读了一遍，这种对新知识吸取能力的训练，为笔者后来的事业发展起到了关键的作用。

（2）公司的支持。由于博士的学历较高，公司支付的成本也较大，所以往往在基金公司内部会给博士基金经理更多的支持，包括各种数据服务、研究服务、交流机会等。这就使得博士基金经理获得更多的提升自己的机会，从而在投资的长跑中表现出更好的耐力。

5.1.2 从业年限因素

我们再次将基金经理的从业年限设为 4 个区间：0～5 年、5～10 年、10～15 年和 15 年以上，分别统计这些年限的基金经理的业绩情况，如表 5.3 所示。

表 5.3 基金经理从业年限和收益率的关系

时 间	0～5 年	5～10 年	10～15 年	15 年以上
2011 年	1.10%	1.00%	1.50%	2.4%
2012 年	0.40%	0.60%	1.10%	1.7%
2013 年	−3.10%	−1.50%	0.80%	1.3%

续表

时　　间	0～5 年	5～10 年	10～15 年	15 年以上
2014 年	5.50%	6.70%	13.90%	16.5%
2015 年	21.10%	16.70%	27.60%	38.9%

数据来源：星潮 FOF

从表 5.3 中可以看出，从业年限在 5 年以下和 5～10 年的基金经理业绩差距不大，差距变大主要是从 10 年以后拉开的。我们再来看看柱状图的比较，就会更加清晰，如图 5.2 所示。

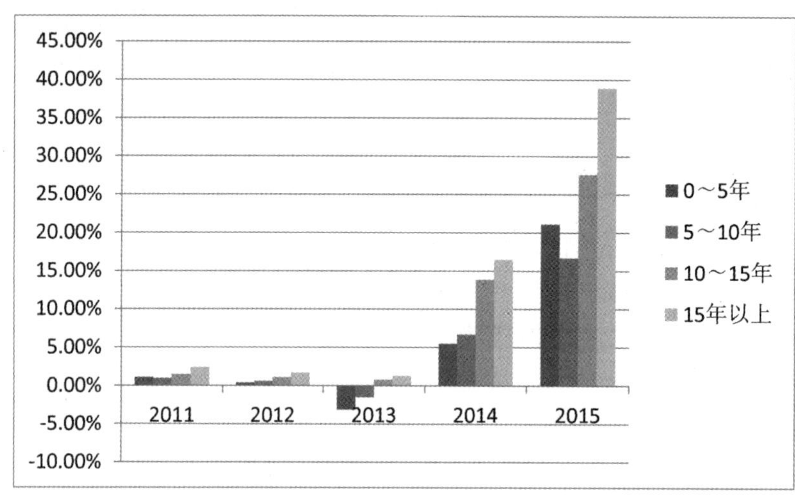

图 5.2　从业年限和收益率的关系图

数据来源：星潮 FOF

我们再来看差异检验的结果，如表 5.4 所示。

表 5.4　从业年限与收益率关系的差异检验

业绩差异	0～5 年 VS 5～10 年	5～10 年 VS 10～15 年	10～15 年 VS 15 年以上
P 值	0.14	0.0014	3.5×e–8
结论	略有差异	明显差异	显著差异

数据来源：星潮 FOF

从表 5.4 中可以明显看出基金经理的经验是何等重要。我们通常都有一个直观的感觉，每当牛市到来的时候，业绩出色的都是一些年轻的基金经理；但是一旦市场出现调整，或者类似于股灾这种情况，资深的基金经理往往可以遭受较小的伤害。在华尔街我们也可以看到类似的情况，巴菲特、索罗斯这种老牌的基金经理往往才能穿越牛熊，长期盈利。年轻的基金经理往往敢冲敢打，当市场有机会的时候确实也会获得更好的超额收益率；但是他们的风险管理能力往往偏弱，当市场出现危险的时候，最容易受伤的也是这些年轻的基金经理。所以投资不仅仅是一个技术问题，更重要的是一个人生经验问题。

5.1.3 投资经理价值

在任何行业中，人才都是决定性因素，对于对冲基金行业尤其重要，而且比传统行业重要得多。在传统行业中，平台、市场、品牌等因素可能比技术人才的作用更大，甚至对于公司来说，总经理/CEO 的更换都有可能带来负面影响，但不至于是致命影响，如图 5.3 所示。

图 5.3 传统行业人才价值与对冲基金行业人才价值对比

就拿阿里巴巴来说，马云的核心价值是不可或缺的，但是阿里巴巴发展到今天，已经通过平台建设形成了巨大的“护城河”。大家可以想象一下，如果马云离开阿里巴巴，则对阿里巴巴的影响肯定是极为负面的，但是不至于造成毁灭性的影响。对照苹果公司就可以看出，乔布斯离开后，苹果依然在相当长的时间内保持了领先优势，只是这种优势在缓慢消失而已。在实体经济中，百年老店型的公司还是可以找到不少的，比如 IBM、通用电气、可口可乐等，当初它们的创始人早就离去，甚至创始人家族也早就不再持有大量股份，但是公司的体系、架构、品牌打造的平台价值，使得该公司在相当长的时间内依然可以在市场上继续保持竞争力。

但是基金这个行业，我们能看到有百年历史的基金吗？几乎没有。格雷厄姆和江恩被后人所熟知是因为他们的著作，但是与他们同时代的优秀基金产品没有能持续到今天的。对于基金行业来说，优秀的投资经理几乎是公司最核心的价值所在，虽然说公司治理、公司制度、平台建设、数据服务也很重要，但都不属于核心价值。核心投资经理的离开，对于基金产品而言，影响几乎是毁灭性的。

就拿国内公募基金中曾经的明星基金经理王亚伟来说，从他 2006 年接手华夏大盘精选到 2012 年离开，该产品的业绩表现说是冰火两重天也不为过，如表 5.5 所示。

表 5.5　王亚伟离职前后华夏大盘收益率对比

年　份	指数收益率	华夏大盘收益率	超额收益率
2006 年	130%	154%	24%
2007 年	96%	226%	130%
2008 年	–65%	–36%	29%
2009 年	80%	112%	32%
2010 年	–14%	23%	37%
2011 年	–22%	–18%	4%
2012 年	3%	–25%	–28%
2013 年	–7%	14%	21%
2014 年	53%	5%	–48%
2015 年	9%	27%	18%

数据来源：Wind，星潮 FOF 整理

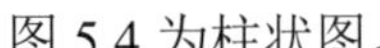
图 5.4 为柱状图。

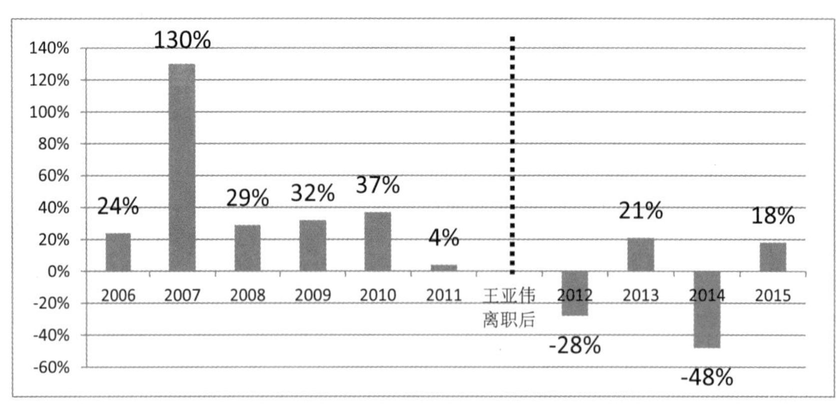

图 5.4　王亚伟离职前后华夏大盘收益率对比

数据来源：Wind，星潮 FOF 整理

从图 5.4 中可以清晰地看出，王亚伟离职前，华夏大盘基金没有一个年份是弱于指数的，最高的 2007 年获得了 130%的超额收益率；但是离职后，4 年内有两年明显弱于指数，包括 2014 年惨烈地输了 48%，沦为业内垫底。

这充分说明了一个优秀的基金经理对基金产品的价值。华夏基金曾是业内平台最完善、服务最强的基金公司，但在王亚伟离职后，华夏基金的平台却再也无法孕育出一个新的神话，这充分说明了对于基金公司来说，投资经理才是核心价值，平台的价值并没有想象中那么大。

5.1.4 D-三因子

根据前面的结论，我们认为，历史收益率和管理规模与未来的绩效成负相关关系，更加有价值的可能是基金经理的学历和从业年限，故而我们提出 D-三因子模型。

$$Y = p_1 \times \text{Equity} + p_2 \times \text{Edu} + p_3 \times \text{Year} + \varepsilon$$

其中，Y 为对冲基金公司的评分；Equity 是指对冲基金公司的基金经理控股情况；Edu 是基金经理的学历；Year 是基金经理的从业年限；ε为误差项；p_1、p_2、p_3 为权重。

该公式适合对对冲基金公司进行整体评价，而并不是针对单个产品。我们认为，一家优秀的、能长期稳定盈利的对冲基金公司必须有优质的股权结构、高学历的基金经理和长期的投资经验。满足这些条件的对冲基金公司就算短期业绩有所波动，从长期来看，也是值得信赖的管理人。

Equity 的建议区间评分如表 5.6 所示。

表 5.6 Equity 区间评分指标

股权结构		控制力	得分
基金经理完全控股	股份≥66%	可以完成主要决策	90～100 分
基金经理绝对控股	51%≤股份<66%	可以完成大部分决策	80～90 分
基金经理相对控股	23%≤股份<51%	拥有否决权	60～80 分
基金经理参股	0<股份	拥有分红权	30～60 分
基金经理无股	股份=0	无任何权力	0～30 分

数据来源：星潮 FOF

根据笔者多年的经验，在一家对冲基金公司中，如果不以基金经理为核心，而以管理团队为主导运营，则会很容易造成核心人员的流失。曾经有一个有钱的老板带了几个年轻人来笔者这里交流，他们组建了一个做量化对冲的小私募，但是这家公司完全由这个老板和家族人员控股，这几个年轻人只是打工者的角色。笔者当时就建议他要给年轻人一些股份或者期权，他的回答是：等他们的模型做出来，公司赚到收益后自然会考虑。一年多以后，那几个年轻人告诉我，他们离职了，自己重新成立了私募公司，至于原先的公司，早就倒闭了。

还有一个故事：2015 年业内一只非常有名的私募基金，管理规模最高达到 70 亿元，其中的核心基金经理，也是创始人，由于不擅长公司的运作，逐步丧失了对公司的控制权，股份被稀释到只有 20%。结果他愤然离职，重新成立公司。他的离去带来一大批核心研发人员的离开，原先那家业内顶尖的对冲基金公司很快就偃旗息鼓，蜕化为三流的小公司。对于私募基金公司来说，核心资产就是基金经理，如果这些基金经理不能对公司拥有控制权，则很容易离职。这就是核心的基金经理对于一家对冲基金公司的价值，完全不是传统行业中的技术人才所能比拟的。这也就是 D-三因子模型中一定要加入 Equity 这个指标的原因。

Edu 的区间评分如表 5.7 所示。

表 5.7　Edu 区间评分指标

教育经理	得　　分
博士	90～100 分
硕士	80～90 分
本科	60～80 分
本科以下	30～60 分

数据来源：星潮 FOF

这个评分并没有考虑到具体的学校差别和专业差别，从更多的历史数据分析来看，在量化对冲领域，理工科院校的学历更加有优势，道理也是很明显的，因为量化投资需要更强的数据和模型处理能力。而在传统的权益类投资领域，金融经济类的学历更加有优势，所以在得分表中可以略作调整。

Year 的区间评分如表 5.8 所示。

表 5.8　Year 区间评分指标

从业年限	得　　分
15 年以上	90～100 分
10～15 年	80～90 分
5～10 年	60～80 分
5 年以下	30～60 分

数据来源：星潮 FOF

这个评分并没有考虑到具体的从业资历，比如在华尔街的从业资历和国内的从业资历自然要有所区别，在华夏基金等大公募基金的从业资历和期货公司的资管部从业资历又不一样。从笔者的经验来看，有海外从业资历的基金经理的优势一般在于模型的多样性和风险管理方面，这些因素使得他们的业绩比较稳健。而有国内从业资历，特别是在小型期货公司从业的基金经理，往往会追求更高的收益率而忽视风险管控。国内 A 股的每一次牛市都是新基金经理所推动的，但是一旦出现大规模的调整，这些新基金经理也是受伤最重的，这就充分说明了从业经验对于资产管理的重要性。

通过以上三个主要指标，再辅以其他指标，比如面谈、尽职调查等，就可以对私募对冲基金公司给出一个通用的评价。星潮评价体系参考标普的固定收益评价体系，分为 A、B、C 三大类共 9 档，分别为 AAA/AA/A；BBB/BB/B；CCC/CC/C。

初始权重，笔者建议是 40%∶30%∶30%，也就是股权结构最重要，学历和从业年限同等重要。这里举一个案例。

假定有一只海外归来的新的对冲基金，其创始人为美国常青藤学校的博士，在某大型对冲基金公司有 10 年的从业经验。并且该创始人同时也是基金经理，占据 80%的股权。按照传统的做法，该公司在国内并没有可追溯的历史业绩，很难评价。业内通行的做法是要求该对冲基金公司发行小产品，观察一段时间后再考虑进入白名单之类。但是这种做法往往会失去与优秀对冲基金经理合作的机会。

根据 D-三因子模型，可以得出该公司的评价得分为

$$Y=40\%\times90+30\%\times90+30\%\times80=87$$

这是相当不错的数字，可以得到 AA 评价。

当然，有了公司层面的评价，具体的产品还需要详细讨论。但是有了整个行业的总体评价体系，对于 FOF 的发展就有了一个大致的分类价值，可以避免投资者的盲目和错误决策。

5.2 产品评价

5.2.1 业绩指标

对于具体的产品分析来说，业内大多数机构以收益率作为第一考虑要素，而前面的分析早就说明了，历史收益率和未来的收益率往往是负相关的关系，追求历史高收

益率的产品，成功的概率往往不高。这里，星潮评价采用 4 个指标，分别是收益率、夏普比率、最大回撤和 D-Ratio，重要程序依次增加，如图 5.5 所示。

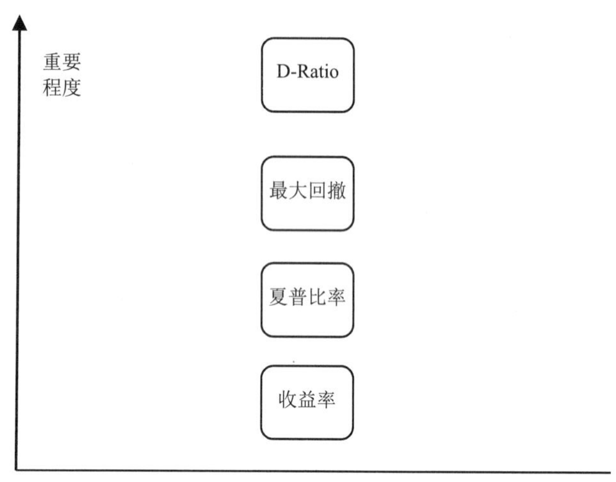

图 5.5　星潮 FOF 产品评价指标

1. 收益率

综述：投资人投入本金 C 于市场，经过时间 T 后其市值变为 V，则在该次投资中：

（1）收益为

$$P=V-C$$

（2）收益率为

$$K=P/C=(V-C)/C=V/C-1$$

（3）年化收益率为

$$Y=(1+K)\wedge N-1=(1+K)\wedge(D/T)-1$$

或

$$Y=(\mathrm{V}/C)\wedge N-1=(V/C)\wedge(D/T)-1$$

其中，$N=D/T$ 表示投资人一年内重复投资的次数。D 表示一年的有效投资时间，对银行存款、票据、债券等，D=360 日；对于股票、期货等市场，D=250 日；对于房地产和实业等，D=365 日。

在连续多期投资的情况下，

$$Y=(1+K)^\wedge N-1=(1+K)^\wedge(D/T)-1$$

其中，$K=\prod(K_i+1)-1$，$T=\sum T_i$。

第一个例子：假设投资者甲投资 1 万元（C=1 万元），一个月后市值增长为 1.1 万元（V=1.1 万元），则其收益 $P=V-C$=0.1 万元，即赚了 1000 元。那么其该次投资的收益率 $K=P/C$=10%。由于一年有 12 个月，即一年可以重复进行 12 次（$N=D/T$=12）同样的投资，所以其年化收益率 $Y=(1+K)^\wedge12-1=1.1^\wedge12-1\approx213.84\%$。即一个月赚 10%相当于一年变成 2.1384 倍，如果投资者甲反复如此投资，则 1 万元本金一年后可以增值到 31384 元。

反之，如果很不幸，该投资人一个月亏掉了 1000 元，那么该次投资的净收益 P=−0.1 万元，收益率 $K=P/C$=−10%，年化收益率 $Y=(1+K)^\wedge12-1=0.9^\wedge12-1\approx-71.76\%$。也就是说，如果投资者每个月都亏 10%，则一年后将亏掉本金的 71.76%，到年底其 1 万元本金便只剩 2824 元了。

第二个例子：投资者乙做长线，28 个月赚了 3.6 倍，即最初投资的本金 1 万元两年零 4 个月后增值到 4.6 万元。这里该次投资的投资时间 T=28 个月，所以其每年可以重复投资的次数为 $N=D/T$=12/28。其该次投资的收益率 K=360%，而年化收益率 $Y=(1+K)^\wedge N-1=4.6^\wedge(12/28)-1\approx92.33\%$，也就是接近于每年翻番。

假如投资者乙第二次的长线投资是 35 个月亏损了 68%，即最初投资的 1 万元本金两年零 11 个月后只剩下 3200 元。那么其本次投资的时间 T=35 个月，$N=D/T$=12/35，而收益率 K=−68%，则年化收益率 $Y=(1+K)^\wedge N-1=0.32^\wedge(12/35)-1\approx-32.34\%$，即接近于每年亏损 1/3。

再看一个超长期的投资者丙，假设他投资 1 万元买入的股票 26 年后增值了 159 倍至 160 万元。那么其该次投资中 T=26 年，$N=D/T$ =1/26，收益率 K=15900%，而年化收益率 $Y=(1+K)^\wedge N-1=160^\wedge(1/26)-1=21.55\%$，也就是说其投资水平与另一个一年赚 21.55%的投资者相当。

假设投资者丙最初买入的另一只股票 18.3 年后只剩下 5%，即 1 万元本金亏损到只剩 500 元。那么该次投资中 T=18.3 年，$N=D/T$=1/18.3，收益率 K=−95%，而年化收益率 $Y=(1+K)^\wedge N-1=0.05^\wedge(1/18.3)-1\approx-15.1\%$，即相当于每年亏损本金的 15.1%。

2. 夏普比率

现代投资理论的研究表明，风险的大小在决定组合的表现上具有基础性的作用。

风险调整后的收益率就是一个可以同时对收益率与风险加以考虑的综合指标，以期能够排除风险因素对绩效评估的不利影响。夏普比率就是可以同时对收益率与风险加以综合考虑的三大经典指标之一。

投资中有一个常规的特点，即投资标的的预期回报率越高，投资者所能忍受的波动风险越高；反之，预期回报率越低，波动风险也越低。所以理性的投资者选择投资标的与投资组合的主要目的为：在固定所能承受的风险下，追求最大的回报率；或在固定的预期回报率下，追求最低的风险。

1990 年，诺贝尔经济学奖得主威廉・夏普（William Sharpe）以投资学最重要的理论基础 CAPM（Capital Asset Pricing Model，资本资产定价模型）为出发点，发展出名闻遐迩的夏普比率（Sharpe Ratio），又被称为夏普指数，用以衡量金融资产的绩效表现。

威廉・夏普理论的核心思想是：理性的投资者将选择并持有有效的投资组合，即那些在给定的风险水平下使预期回报率最大化的投资组合，或那些在给定期望回报率的水平下使风险最小化的投资组合。解释起来非常简单，他认为，投资者在建立有风险的投资组合时，至少应该要求投资回报率达到无风险投资的回报率，或者更多。

$$夏普比率=[R_p - R_f]/\sigma_p$$

其中，R_p为投资组合预期回报率；R_f为风险利率；σ_p为投资组合的标准差。

其目的是计算投资组合每承受一单位总风险会产生多少的超额回报。夏普比率依据资本市场线（Capital Market Line，CML）的观念而来，是市场上最常见的衡量比率。当投资组合内的资产皆为风险性资产时，适用夏普比率。夏普比率代表投资者每多承担一分风险，可以拿到几分回报；若为正值，则代表基金回报率高过波动风险；若为负值，则代表基金操作风险大于回报率。这样一来，每个投资组合都可以计算夏普比率，即投资回报率与多冒风险的比例，这个比例越高，投资组合越佳。

举例而言，假如国债的回报率是 3%，而投资者的投资组合预期回报率是 15%，投资者的投资组合的标准偏差是 6%，那么用 15%−3%，可以得出 12%（代表超出无风险投资的回报率）；再用 12%÷6%=2，代表投资者风险每增长 1%，换来的是 2%的超额收益率。

夏普理论告诉我们，投资时也要比较风险，尽可能用科学的方法以冒小风险来换大回报。所以说，投资者应该成熟起来，尽量避免一些不值得冒的风险。这些投资组合可以通过夏普比率来衡量出收益风险比。

3. 最大回撤

最大回撤是指在选定周期内任一历史时点往后推，产品净值走到最低点时的收益率回撤幅度的最大值，用来描述买入产品后可能出现的最糟糕的情况。最大回撤是一个重要的风险指标，对于对冲基金和数量化策略交易，该指标比波动率更重要。公式如下：

$$\text{drawdown}=\max(D_i-D_j)/D_i$$

其中，D 为某一天的净值，i 为某一天，j 为 i 后的某一天；D_i 为第 i 天的产品净值，D_j 则是 D_i 后面某一天的净值；drawdown 就是最大回撤。

其实就是对每个净值进行回撤率求值，然后找出最大值。

例如，2014 年 1 月 1 日初始净值为 1，后来赶上一波股市大牛市，该基金净值增长到 1.8；其后国内股市剧烈震荡，截至 2016 年 1 月 1 日，该基金净值为 0.98。假设投资者在最高峰时期认购，半年后在最低潮时期赎回，亏损 45.5%。这就是最大回撤给高位追买的投资者的指示意义。

这说明，一个基金产品用历史绝对收益衡量，它的初始认购者一直持有或许是盈利的，但是在该私募基金表现最优异的时候认购的投资者却不一定盈利，甚至有可能出现亏损。

总的来说，关注基金的最大回撤可以帮助投资者了解该基金的风险控制能力和知道自己面临的最大亏损幅度。当然，在关注最大回撤的同时也要关注该基金净值均值的移动斜率。

最大回撤代表了基金产品对风险的控制能力，这与具体的策略有关。对于套利类的策略，最大回撤往往可以控制得很好，但是收益率也不会太高；对于投机类的策略，收益往往来自承担的高风险，所以一般情况下这种类型的基金最大回撤也会比较大，但是相对的收益率也会比较高。

4. D-Ratio

前面介绍的三个指标，收益率和最大回撤是一维的，夏普比率是二维的，但是从绝对收益的角度看，笔者认为，一个实战策略最重要的考虑因素是该策略的资金容量，需要对收益率、风险和资金容量进行三维的全面考量。一个好的策略，不仅仅是在小资金的时候能获得高额收益，更重要的是当该策略面对大资金的时候，是否还可以保持收益率的稳定性。

收益=本金×收益率，所以最终的收益不仅取决于收益率，更取决于本金的大小。

一个在 10 亿元资金规模可以获得 10%收益率的策略，显然要比在 1 亿元资金规模可以获得 30%收益率的策略更有价值，因为资金规模的限制决定了该策略可以复利的程度。

为了考虑资金规模的影响，笔者在夏普比率的基础上提出了一个新的指标 D-Ratio，其公式如下：

$$\text{D-Ratio} = (R_p - R_f) / (\sigma \times (1 + e^{-c}))$$

其中，R_p 为预期收益率，R_f 为无风险收益率，σ 为收益率标准差，c 为最大资金规模。c 的范围为 0～∞。当 c=0 时，$e^{-c}=1$；当 c=∞时 $e^{-c}=0$。这说明最大资金规模越大，D-Ratio 的值越大。该指标可以判断大资金策略和小资金策略的区别。

例如，有一个策略，1 亿元资金规模可以做到 30%的收益率，无风险收益率为 5%，标准差为 10%；另外一个策略，5 亿元资金规模可以做到 15%的收益率，无风险收益率为 5%，标准差为 5%。这两个策略的 D-Ratio 值分别为

$$\text{D-Ratio}_1=(0.3-0.05)/[0.1\times(1+e^{-1})]=1.83$$

$$\text{D-Ratio}_2=(0.15-0.05)/[0.05\times(1+e^{-5})]=1.99$$

表 5.9 是这两个策略的收益率、夏普比率和 D-Ratio 值的比较。

表 5.9　不同策略的收益率、夏普比率和 D-Ratio 值的比较

	策略 1	策略 2
收益率	30%	15%
夏普比率	2.5	2.0
D-Ratio	1.83	1.99

数据来源：星潮 FOF

很明显，虽然第二个策略的收益率和夏普比率不如第一个策略，但是考虑了资金规模后，该策略的价值更大。所以，夏普比率评价的是“风险调整后的收益率”，D-Ratio 评价的是“绝对收益能力”。

下面以 2015 年收益率排名前 10 的公募基金为例，分别计算它们的收益率、夏普比率和 D-Ratio 值，并进行相应的排名，如表 5.10～表 5.12 所示。

表 5.10　公募基金收益率排名

基金代码	基金名称	收 益 率
1518	万家瑞兴混合	82.10%
160212	国泰估值优势混合	41.16%

续表

基金代码	基金名称	收 益 率
020003	国泰金龙行业混合	38.80%
160211	国泰中小盘成长混合	34.90%
001071	华安媒体互联网混合	33.33%
519983	长信量化先锋混合	33.15%
001272	兴业聚利灵活配置混合	32.70%
001302	前海开源金银珠宝混合 A	30.17%
570005	诺德成长优势混合	26.20%
001256	鸿德优选成长混合	24.18%

数据来源：星潮 FOF

表 5.11 公募基金夏普比率排名

基金代码	基金名称	夏普比率
020003	国泰金龙行业混合	4.090267
1518	万家瑞兴混合	3.833086
001256	鸿德优选成长混合	2.773234
001272	兴业聚利灵活配置混合	2.37464
001071	华安媒体互联网混合	2.271614
001302	前海开源金银珠宝混合 A	2.182149
160212	国泰估值优势混合	1.451863
519983	长信量化先锋混合	1.392096
570005	诺德成长优势混合	1.200787
160211	国泰中小盘成长混合	1.078176

数据来源：星潮 FOF

表 5.12 公募基金 D-Ratio 排名

基金代码	基金名称	D-Ratio
020003	国泰金龙行业混合	4.090267
001256	鸿德优选成长混合	2.773234
1518	万家瑞兴混合	2.725131
001071	华安媒体互联网混合	2.271614
001272	兴业聚利灵活配置混合	2.178938
001302	前海开源金银珠宝混合 A	1.946196
160212	国泰估值优势混合	1.451411
519983	长信量化先锋混合	1.392096

基金代码	基金名称	D-Ratio
160211	国泰中小盘成长混合	1.078175
570005	诺德成长优势混合	0.969182

数据来源：星潮 FOF

5.2.2 考察短板

木桶理论告诉我们，一只木桶所能盛的水量是由最短的木板决定的，在标的基金策略的考察中也是同样的道理。既然这个世界上没有完美的策略，那么，策略的生存概率和长期的稳定性其实是由该策略的最弱选项决定的。所以对于标的基金策略的考察，在了解了策略的核心原理和特征以后，应该重点考察该策略的弱项。在该弱项上，看看标的基金与其他同类产品相比较的优势在哪里。表 5.13 就是不同类型的策略所需考察弱项的汇总表。

表 5.13 不同策略的优势与短板分析

策略类型		优　点	短　板
相对价值策略	阿尔法策略	可以支持较大的资金规模和较好的风险控制	收益率较低
	期现套利	基本没有风险	收益率较低，资金容量不大
	统计套利	可以支持较大的资金规模和适中的收益率	风险控制方面需要关注肥尾风险
	跨期套利	风险控制较好和适中的收益率	资金容量不大
	ETF 套利	基本没有风险，收益率稳定	资金容量不大
	分级基金套利	适中的收益率和较好的风险控制	资金容量不大
宏观因素策略	拐点择时策略	成功率高，整体收益率较高	单次亏损可能较大
	趋势择时策略	整体收益率较高，单次损失较小，可以支持大资金	成功率较低
事件驱动策略		收益率较高，风险控制也不错	资金容量较小

5.3 资金管理

学术界的精力往往集中在定价模型上，试图找到市场上被错误定价的产品，并且期待随着时间的推移，错误定价可以得到纠正。但是从资产配置的角度来看，特别是从风险管理的角度来看，资金管理才是最重要的。因为错误的仓位比例，在出现系统性风险的时候，可能带来极端的损失。不管是大类资产配置，还是标的基金的策略配置，资金管理都是第一位的。

5.3.1 凯利公式

在抛硬币的游戏中，从古至今似乎有一种魔力吸引了无数的高智商群体对其研究痴迷，流传至今，主流的策略概况有二：等价鞅策略与反等价鞅策略。

（1）等价鞅策略：输了将赌注翻倍直到赢为止，赢了将赌注恢复至初始值。

（2）反等价鞅策略：总是按现有资金总额的一定比例下注。

等价鞅策略致命的弱点是博弈者在连续若干次失败后将没有足够资金继续赌注翻倍的游戏，因为赌注会随着失败次数呈 2 次方的速度增长；而反等价鞅策略汲取"日取其半，万世不竭"的道理，使得我们能够永远地继续这个游戏，哪怕成为百万富翁的概率极小，也是会成功的，而一旦游戏触及我们的"止盈"条件，就可以终止游戏。所以今天我们就来谈谈反等价鞅策略中的著名公式。

先来看一场赌局。

假设有 100 美元进行一项抛硬币游戏：如果硬币为正面，赌客 1 美元就赢 2 美元；如果硬币为反面，赌客就输 1 美元。那么，赌客每次投入本金的百分之多少才能获得收益的最大化呢？

很多人的第一感觉是：不会吧，这也会有答案？其实就是这样一个看似无解的问题，凯利公式告诉您：25%。

那么，凯利公式（Kelly Formula）究竟是什么？

$$f^* = \frac{bp - q}{b} = \frac{p(b+1) - 1}{b}$$

其中，f^*——现有资金应进行下次投注的比例（也就是我们刚才要求的答案）。

b——赔率（赔率=期望盈利/可能亏损=2 美元盈利/1 美元亏损，赔率为 2）。

p——成功概率（抛硬币正反面都是 50%的概率）。

q——失败概率（也就是 $1-p$，赌局中就是 50%）。

以上面的游戏为例，计算过程就是：$(bp-q)/b = (2\times 50\% - 50\%)/2 = 25\%$。

从公式中可以获得对于投资的一点启发：

（1）只有出现赢面（$bp-q$）为正的时候，游戏才可以下注，这是一切赌戏和投资最基本的道理，也就是前面讲的“没有把握，决不下注”。

（2）赢面还要除以“b”才是投注资金比例。也就是说，在赢面相同的情况下，赔率越小越可以多押注。如果不理解这句话，则看看下面的例子，如表 5.14 所示。

表 5.14　凯利公式案例

赌　局	胜　率	赔　率	赢面（$bp-q$）	凯利最优解
小博大	20%	5	20%	4%
中博大	60%	1	20%	20%
大博小	80%	0.5	20%	40%

根据凯利公式可以知道，“小博大”游戏只能押总资金的 4%，但是按大部分人的赌性，恐怕会选“小博大”游戏，而且重仓甚至全部压上吧？但是，理性的选择应该是“大博小”，因为可以用 40%的仓位。所以，说到这里，我们在投资股票的时候，如果想增大短期仓位，则可能最优的选择就是考虑一下重仓波动性小但是上涨概率大的大盘股；而对于波动剧烈的小盘股，我们必须保留低仓位运作。

图 5.6 为凯利公式案例的收益曲线（交易不含手续费），我们可以发现，根据凯利公式计算得出的最优仓位可以长期获得稳健收益；如果仓位太轻，则收益非常少；如果仓位过重，虽然一开始运气好会获得很高的收益，但最终豪赌则豪输，本金亏完后就再无翻身之力。

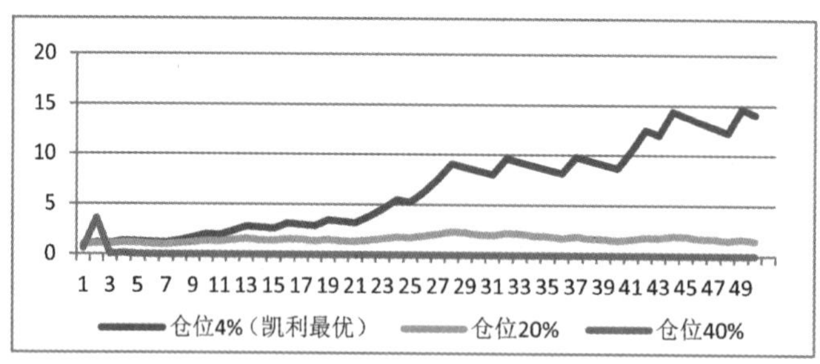

图 5.6　凯利公式案例

数据来源：星潮 FOF

1．巴菲特版凯利公式

我们现在尝试将凯利公式用于具体的交易策略中。

假如我们能找到一种盈利模式，这里就列举我们最熟悉的追涨停板策略。在一只个股即将涨停的时候买入，假设你是超级高手，你每次打板都能盈利，那么你的成功概率就是 100%；假设你是刚入市的新手，10 次打板 9 次亏，那么你的成功概率就是 10%。我们按照 10%～100%的不同成功概率进行分档，每隔 10%划分为一档。我们来看看市场好的时候，如表 5.15 所示。

表 5.15 凯利公式在市场好的时候的仓位

假设 4 个涨停板止盈，跌停止损，赔率 b=4 个涨停板/1 个跌停板=40%/10%=400%			
赔　　率	成功概率 p	失败概率 q	仓　　位
400%	10%	90%	−13%
400%	20%	80%	0%
400%	30%	70%	13%
400%	40%	60%	25%
400%	50%	50%	38%
400%	60%	40%	50%
400%	70%	30%	63%
400%	80%	20%	75%
400%	90%	10%	88%
400%	100%	0%	100%

表 5.15 中凯利公式的计算结果显示，在市场好的时候，如果真的追涨停，则有 4 个涨停板的盈利，那么，只要你有 30%的把握就可以出手了。我们再来看看市场差的时候，如表 5.16 所示。

表 5.16 凯利公式在市场差的时候的仓位

假设 3%止盈，10%止损，赔率 b=3%/10%=30%			
赔　　率	成功概率 p	失败概率 q	仓　　位
30%	10%	90%	−290%
30%	20%	80%	−247%
30%	30%	70%	−203%
30%	40%	60%	−160%
30%	50%	50%	−117%
30%	60%	40%	−73%
30%	70%	30%	−30%
30%	80%	20%	13%
30%	90%	10%	57%
30%	100%	0%	100%

这里凯利公式告诉我们，在市场差的时候，除非你有 80%的获胜信心，否则不要轻易出手。如果你觉得上面的公式有点复杂，那么考虑一下巴菲特版的凯利公式（网传节选自《巴菲特的投资组合》），如下：

$$X=2p-1$$

其中，p 为成功的概率；X 为投入的资金百分比。

这个公式简单吧。还是以上面的例子为例，在市场差的时候，如果有一个 80%概率打板盈利的投资机会，那么就买入 2×80%−1 = 60%的股票仓位；如果有一个 100%盈利的投资机会，那就全仓。所以，巴菲特版的公式思维更简单，只是似乎比原版进取些，因为忽略了赔率的影响。

如果要加入止损位，那么可以把公式优化成

$$f^*=(b\times(1+p)-1)/(b\times\text{止损幅度})$$

2. 当前市场应用实例

投资者最迷茫的就是市场究竟是向上还是向下，我们尝试让凯利公式给我们一点思绪：在 2016 年的行情中，A 股市场几乎就是一个箱体震荡，如果我们假设这个箱体介于 2700～3300 元，周五收盘价是 3012 元，取整数 3000 元，也就是说向上 10%的涨幅，向下 10%的跌幅，列表如表 5.17 所示。

表 5.17 凯利公式在 A 股中的应用

假设 10%止盈，10%止损，赔率 b=10%/10%=100%			
赔　率	成功概率 p	失败概率 q	仓　位
100%	10%	90%	−80%
100%	20%	80%	−60%
100%	30%	70%	−40%
100%	40%	60%	−20%
100%	50%	50%	0%
100%	60%	40%	20%
100%	70%	30%	40%
100%	80%	20%	60%
100%	90%	10%	80%
100%	100%	0%	100%

也就是说，如果投资者觉得短期市场不会打破 2700～3300 元的区间，并且觉得

有 60%的把握大盘会上涨，则可以用 20%的仓位去买；否则还是空仓为宜。

最后再举一个个股的例子：假设某只股票的现价为 A，可能的涨幅为 10%，其可能性为 60%；下跌的幅度为 8%，可能性自然就是 40%。这样我们应该用多少资金投入该股呢？（PS：在实际交易中，可能性为百分之多少就真的不好说了）

$$f^*=(bp-q)/b = [(10\%/8\%)\times 60\%]/(10\%/8\%)= 28\%$$

3. 更多思考

凯利公式的运用前提是独立的、有顺序的赌博。这对于赌博游戏来说也许是一个好的模型，但并不一定适用于投资领域。掷骰子不会受原油价格、战争发生、金融系统崩塌的影响，但证券价格会。凯利公式要求赌注之间没有关联，这很难适用于投资组合。扑克游戏由一手发牌开始，以玩家展示自己的牌结束，然后游戏重新开局。专业投资意味着有投资组合。即使投资组合是一个整体，但里面还是有各种各样的赌注。如果一次只考虑一个赌注，则凯利公式认为每次要押资金的 10%，这意味着投资者的全部资金是有风险的。那样风险很大，尤其当赌注的报酬是有关联性的时。作为投资者，如果你以这种方式增加 10%的仓位，那就需要它们之间没有关联性，凯利公式才会起作用（在公式里，关联性定义为相关统计关系）。另外，投资组合一般同时拥有 10 个赌注。因此，凯利公式的有序性更适用于赌博游戏而非投资。

赌博游戏的报酬是统计好的，而投资有异质性。基于定性原因，在运气类游戏中，猜测或在假设上的改变都只有一次机会。证券价格不仅受“市场对内在价值认同”和“外在宏观事件”的影响，还受“理性利益相关方的行为”和“非理性的无知的利益相关方行为”的影响。当投资者做出认为自己有竞争优势的决定时，大多数是定性的且基于分析师或投资组合经理的个人观点，也就是说，投资中上涨或下跌可能发生的概率有多大难以量化计算。

其实人的本性是遵循等价鞅策略的：如果亏损了，你输得越多就越想加大赌本，总希望能有一次机会把全部亏损赚回来；如果盈利了，你的赌注却越下越小，因为你想保住利润。要说凯利公式带给投资者最大的提示，就是决策要理性、仓位要量化。要想打破“一赚二平七亏”的魔咒，就必须跟大多数人不一样，而凯利公式给了投资者一个有价值的参考。

5.3.2 D-公式

前面的凯利公式更加适合单次的交易行为，而并不适合策略组合，因为你很难事先计算出成功和失败的概率，特别是金融市场风险很大，有时候一旦出现肥尾现象，或者连续几次小概率发生的时候，采用凯利公式的资金管理方式，可能会带来对投资组合的毁灭性打击。风险平价的基本思想就是要配置风险，而不是配置资产。本节笔者基于风险平价的理念，并结合 VaR 的思想，提出一个新的资金管理公式——D-公式。传统的风险平价比较复杂，是一个非线性优化问题，具体可见 8.1 节；而 D-公式则相对简单了很多。

假定某个投资组合中有 n 个资产，资金权重用 $w_i\,(i=0\sim n)$表示，每个资产的 VaR 为 $v_i\,(i=0\sim n)$，根据风险平价理念，应该满足以下两个条件：

$$w_i \times v_i = w_j \times v_j \qquad (1)$$

$$\sum w_i = 1 \qquad (2)$$

式（1）的意思是投资组合中单个资产的最大绝对风险损失相同。对于风险损失大的策略，权重应该小一些；对于风险损失小的策略，权重可以大一些。

式（2）的意思是所有的策略组合，其总权重等于 1。出于商业的原因，从本书第二次印刷开始，将 D-公式的详细内容删除，感兴趣的读者可以与笔者线下交流了解。

在下面这个案例中，选用的 3 个资产分别为沪深 300 指数、万得大宗商品指数和标普 500 指数，配置时间周期为 2009/1—2016/12，采用 D-公式进行轮动配置。

表 5.18 D-公式应用案例

	总收益率	平均年化收益率	复合年化收益率	最大回撤	波动率	夏普比率
沪深 300 指数	96.58%	12.07%	8.82%	44.06%	25.83%	0.23
大宗商品指数	124.77%	15.60%	10.65%	61.13%	32.03%	0.24
标普 500 指数	137.34%	17.17%	11.41%	27.62%	17.43%	0.48
D-公式模型	188.10%	23.51%	14.14%	32.52%	18.73%	0.59

净值走势如图 5.7 所示。

图 5.7 D-公式应用案例

从表 5.18 和图 5.7 中可以看出，采用 D-公式的资产配置模型获得了整体的优化，收益率和稳定性都较单个资产更优，从而实现了马科维茨有效前沿预期的结果。

第 6 章　资产配置

◆ 摘要 ◆

本章阐述了在 FOF 母基金层面的资产配置模式问题。根据学术界的分析结论，基金产品收益的 90%依靠的是正确的资产配置，而不是交易，所以 FOF 也是同样的道理。普通的投资人往往是底部赎回、顶部申购，具有明显的追涨杀跌特性，所以需要 FOF 进行母基金层面的配置。一般来说主要有这样几种模式：核心-卫星模式、杠铃投资模式、逆向投资模式、成本平均模式、买入并持有模式、美林时钟模式等。

6.1　资产配置的本质

很多 FOF 基金经理在寻找具体投资目标上花费的精力要远大于在配置模式、回顾与调整上花费的精力，但是这属于本末倒置的行为。

如果我们把风格各异、收益走向不同的基金比喻成珍珠，那么配置模式就是串起珍珠的那条线。有了这条线，散乱的一粒粒珍珠才能组成一条璀璨的项链，才能戴在美女的脖子上熠熠生辉。每位美女的脖子颜色、粗细、长短都不一样，所以串起珍珠的这条线，以及这串珍珠项链所选择珍珠的标准如颜色、大小等，也不一样。策略也是一样，投资者背景条件不一样，产品需求也不一样，因此，每个产品的投资策略也不一样。

在了解策略的本质前，我们先来看一个问题：为什么很多基金投资者没有挣到钱？

这里有两张图表。图 6.1 是所有公募基金的 5 年平均收益率变化。表 6.1 是一些比较稳健的基金过去 10 年的收益率情况。从这两张图表中可以看到，5 年以上的基金投资，理论上赔钱的概率不高，在基金业十多年的历史上，只有 2008 年上一个市场高点的一两个月进入市场的投资者之后 5 年的收益率为负（最多也不过 10%左右的亏损）。一些比较稳健的基金，10 年收益率基本都在 200%以上。

理论很美妙。但从我们对投资者的调查跟踪来看，即便真正投资了 5 年以上的投资者，挣到钱的也是少数。

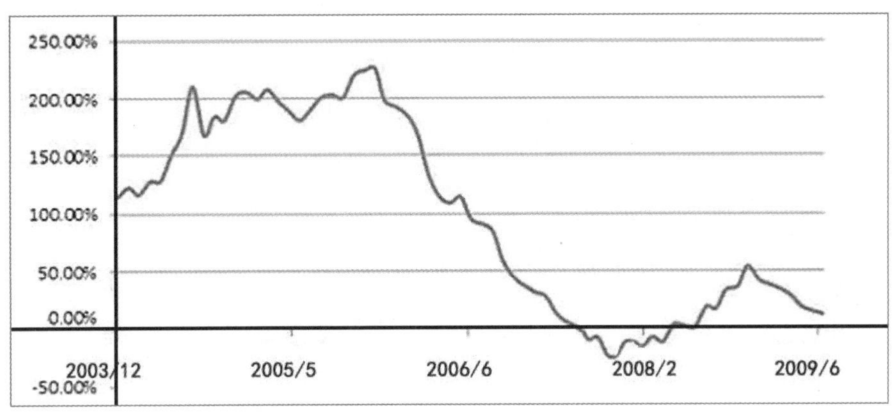

图 6.1　公募基金 5 年持有期的收益率

数据来源：[马永谙 2016]

表 6.1　公募基金持有期不同带来的收益率变化

存续 10 年以上			存续 10 年			存续 5 年		
宝康消费（240001）			添富优势（519008）			交银主题（519700）		
时间	净值	年化收益率（%）	时间	净值	年化收益率（%）	时间	净值	年化收益率（%）
2003 年	1.0394	3.94						
2004 年	1.0676	2.71						
2005 年	1.101	3.13	2005 年	1.0152	1.52			
2006 年	2.1766	97.69	2006 年	2.4848	144.76			
2007 年	1.613	–25.89	2007 年	5.2766	112.36			
2008 年	0.9055	–43.86	2008 年	1.9808	–62.46			
2009 年	1.5911	75.72	2009 年	3.0123	52.07			
2010 年	1.529	–3.9	2010 年	2.7207	–9.68	2010 年	1.126	12.6
2011 年	1.2406	–18.86	2011 年	1.9412	–28.65	2011 年	0.809	–31.7
2012 年	1.2757	2.83	2012 年	2.1841	12.51	2012 年	0.926	11.7
2013 年	1.6001	25.43	2013 年	2.5371	16.16	2013 年	0.78	–14.6
2014 年	1.7055	6.59	2014 年	3.0292	19.4	2014 年	1.244	46.4
2015 年	2.7181	59.37	2015 年	4.6895	54.81	2015 年	1.938	69.4

数据来源：[马永谙 2016]

显然，投资理论与现实之间出现了问题。那么，投资者赔钱的原因是什么呢？我们观察一个现象：如果把市场的变化与投资者的净申购关联起来，那么会发现什么呢？我们会发现，多数投资者在行情顶部买入、底部卖出，如图 6.2 所示。

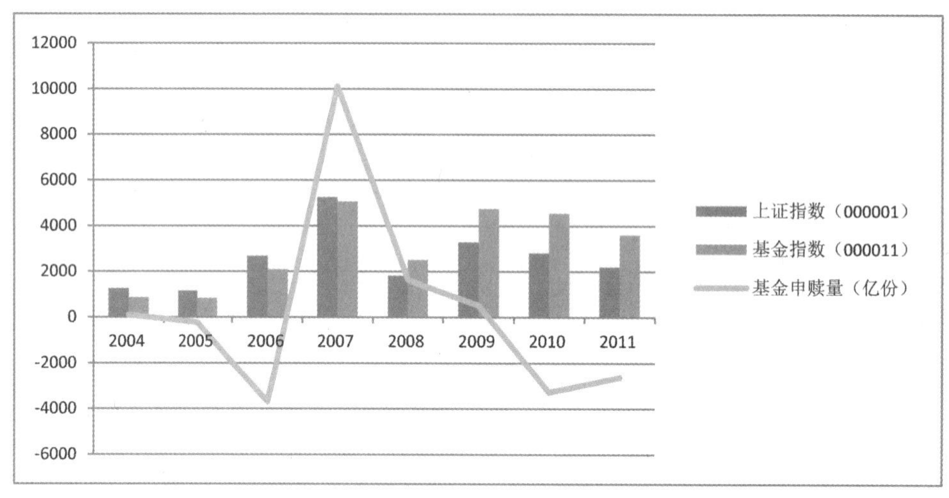

图 6.2　基金申赎量与上证指数关系

数据来源：星潮 FOF

可以明显地看到，投资者的净申购量随着市场上涨逐渐增加，在 2007 年市场最高点时达到高峰，市场下跌之初仍然表现为净申购。而随着市场下跌加剧，投资者开始净赎回，同样，在市场跌到底部时净赎回量达到顶点。

市场运行周期总是经历从上涨到下跌这一过程。在市场上涨初始阶段，较少投资者大胆地将资金投入，而更多地持观望或谨慎态度；随着市场的上涨，越来越多的投资者将资金投入基金市场，往往在市场出现高点或到达顶部的时候，投资者的申购量也达到峰值。

往往在市场开始下跌时，较少投资者赎回基金，而在市场下降趋势逐步得到确认的过程中，投资者加大赎回力度。一般在市场下跌的末期或底部，投资者的基金赎回量达到峰值。

显然，投资者不是没挣钱。不过受限于他们倒三角形的资金投入结构（先少后多），少量资金挣的钱被大量资金赔的钱“吃光了”。仍然受限于其正三角形的资金退出结构（先少后多），逃出去的资金、兑现了的收益偏少，而留在市场里“苦熬”的资金偏多，这些资金在经历了最大的亏损后，在最后时刻出局——不光赔了最多的钱，连反败为胜的机会都没有留下！

所以，倒三角形的申购和正三角形的赎回是基民没挣到钱的主要原因，如图 6.3 所示。投资者对市场运行阶段的认识是其做出基金申购/赎回决策的主要依据。而正是这种“策略”，使得多数投资者一次次地错失（股市上涨过程中）所能获得的收益。

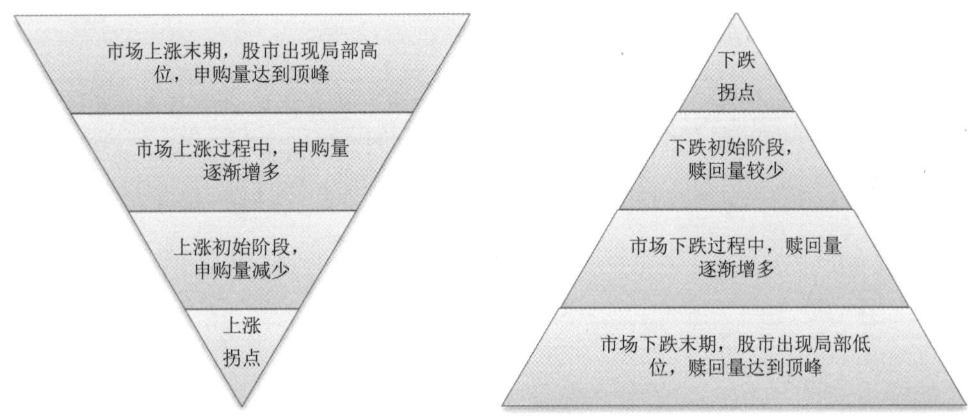

图 6.3　基金投资人的倒三角形申购和正三角形赎回行为

其实，很多面向投资者的基金研究人员都注意到了这个问题，但是他们的解决之道，或者教育投资者“应该克服恐惧，在最低点进入；控制贪婪，在最高点退出”；或者干脆告诉投资者买入并持有不动。这种说法没有错，但是面对市场，你自忖你能不能做到这一点？如果做不到，你又如何苛责投资者，要求他们做到？

所以做 FOF 的关键不在于教育投资者什么是正确的，不应该将风险选择的权利交给投资人，而应该为客户完成风险配置的工作。因为无论如何教育投资人，绝大多数人的恐惧与贪婪是没有办法克服的，这是人性的弱点。

比如，FOF 中经常采用的“核心-卫星”策略。但从投资实践看，这个策略很多时候其实赚不到最多的钱——如果把钱都投到卫星资产上去，理论上赚得更多。那为什么要容忍而且把大量资金放到核心资产上去呢？因为核心资产的稳健和长期收益特性，化解了投资者对卫星资产短期波动过大的恐惧。换言之，核心资产的存在是定盘星，有这个定盘星的存在，才能让投资者放心持有预期收益率较高（当然风险也更大）的卫星资产。所以，投资策略的核心是在投资者投资性向限定范围内，尽可能向正确的投资方向靠拢。它的目标不是赚到理想状况下最多的钱，而是赚到投资者性向范围内能赚到的最多的钱。

传统上认为，一个完整的 FOF 母基金配置应该包括几部分，或者说配置中影响到最终投资者收益的主要有三个要素：（1）大类资产配置；（2）产品选择（或基金经理选择）；（3）市场时机选择。

可以看到，配置不只是告诉投资者应该买什么，它的第一要务是告诉投资者如何分配资金，第二要务才是具体的品种选择，还有更重要的是告诉投资者如何根据市场环境来调整投资策略。

但是基于前面对资产配置本质的重新认识，我们认为投资者也是配置的一部分，所以一个完整的 FOF 母基金配置金字塔应该如图 6.4 所示。

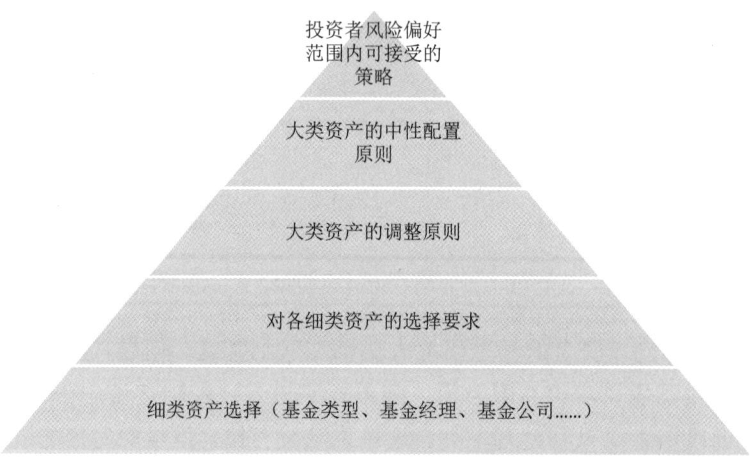

投资者风险偏好范围内可接受的策略

大类资产的中性配置原则

大类资产的调整原则

对各细类资产的选择要求

细类资产选择（基金类型、基金经理、基金公司……）

图 6.4　FOF 母基金的资产配置构成

可以说，FOF 母基金的配置统管并贯穿了投资行为的始终，它才是投资者赚钱的关键。不夸张地说，配置就是投资的一切，而其他都是为配置服务的。

所以 FOF 的成功并不仅仅是标的基金的策略问题，而是在母基金层面对标的基金策略的配置和择时问题，这个尤为关键。比如，在 2014 年年底市场上阿尔法策略遭遇黑天鹅的时候，如果能够提前通过一些模型进行判断，比如风格轮动模型，则完全可以预判到这次黑天鹅发生的概率是很大的，从而在标的基金的配置中降低阿尔法策略的配置，这就可以使得母基金的风险大大降低。这种工作是不可能交给投资者去完成的，因为他们没有这种辨别能力，必须在 FOF 母基金层面进行处理。

6.2　主要配置模式

资产配置是一种高度个性化的行为，严格地说，针对每个产品、每种市场环境都应该有不同的资产配置模式、调整方法、品种选择等。格式化的、通用的配置模式会降低模式本身的有效性。本章只就一些常用的方法进行原理上的探讨，供读者参考。

1．核心-卫星模式

核心-卫星模式最早见于嘉信投资在 20 世纪 90 年代的一项研究。顾名思义，“核心-卫星”模式是把资产分为“核心”与“卫星”两大类资产进行配置的。其设计初衷是把主要资产配置于“核心”资产上，目的是在风险可控的情况下获取稳健的长期收益；而把少部分资产配置于“卫星”资产上，目的是提高整个资产组合的收益预期，因此“卫星”资产可以投资于风险水平较高的品种上。

一般在投资实践中，核心资产可以是债券基金、对冲基金，也可以是指数基金，而卫星资产则是小盘基金、另类基金（如期货基金）等波动率较大的基金，如图 6.5 所示。

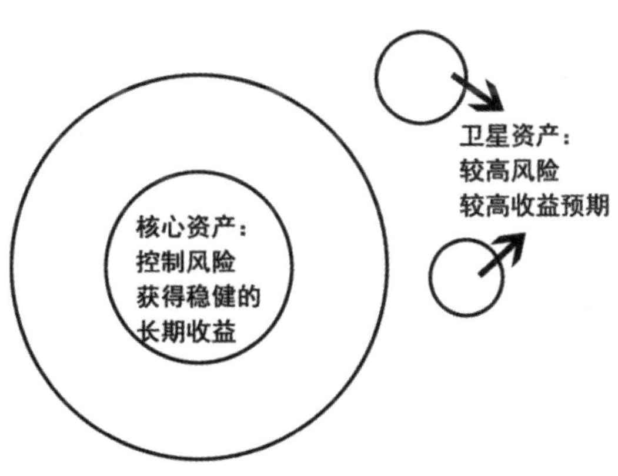

图 6.5　核心-卫星配置模式

核心-卫星模式的精髓在于，卫星部分仅占整个组合的一小部分，即便投资于风险系数相对较高的资产之中，但由于比例较低，即使这些品种大幅波动，整个组合仍然拥有稳定的表现。举例来说，如果卫星部分占整个组合的比重为 20%，且下跌了 30%，投资组合的总值却仅下跌了 6%，就会大大降低投资者的损失。相对于卫星池的投资方式，核心-卫星投资模式显著降低了投资风险。

另外，由于组合中高风险资产的存在，相对于完全投资于核心的稳健资产的投资方式，核心-卫星投资模式能提供获得更好收益的机会。由于卫星资产主要投资于小市值股票或基金、全球资产甚至期货资产等高风险资产（传统上认为这些资产打败市场的概率要更高一些），所以其获利能力要显著强于核心资产。

根据尤金法玛的三因子模型，长期持有小盘股指数会远远跑赢大盘股，但是由于小盘股的波动很大，所以只能在整个资产中进行适度的配置。

图 6.6 是从 1926 年 7 月到 2013 年 8 月美股将近 90 年的四大板块的收益率走势对比。其中小盘价值股是回报最高的板块，年回报率为 14.98%，与之对应的大盘成长股只有9.4%的年均回报率。假如1926年将1元分别投入小盘价值股和大盘成长股，到 2013 年 8 月，前者的收益将是后者的 130 多倍。这就是小盘股效应的威力。

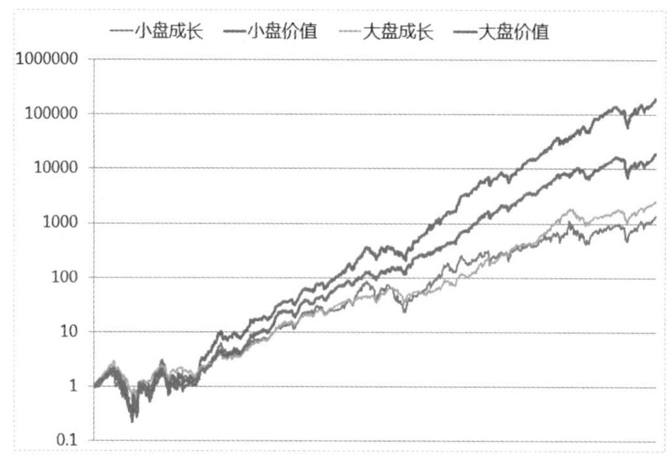

图 6.6　小盘股效应

实际上，很多海外大对冲基金的盈利模式都基于三因子模型，包括全球最大对冲基金 Bridgewater 公司，它有一个核心策略叫“可转移 Alpha”，其中就用到了三因子模型的原理。即首先构筑很多小盘股组合，然后对冲股指期货来获得超额收益。

在中国这个不成熟的金融市场，尚处于弱有效市场周期，主动管理型的基金大多数时候还是可以超越指数的，结果参考图 6.7。过去 9 年间，有 5 年主动管理型基金战胜了指数基金。显然，主动管理型基金战胜指数基金的概率还是很高的。因此，核心-卫星模式在中国市场仍然有极高的实践价值。

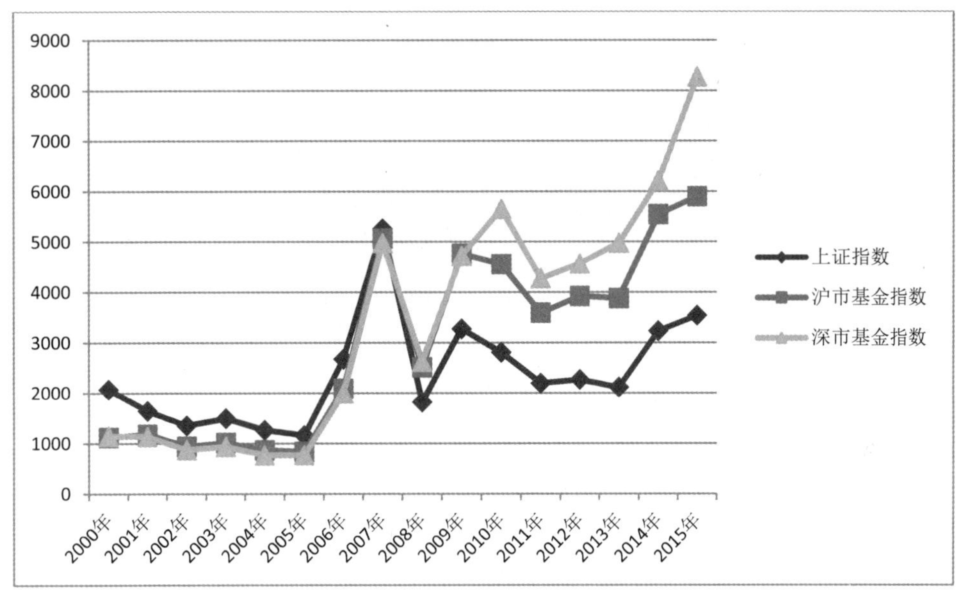

图 6.7 国内主动管理型基金和基准的对比

但是另一方面，中国市场有显著的主题特征，即同一主题的投资品种同涨同跌的可能性要远大于分化的可能性。因此，选定一组核心基金的模式可以不动，但如果照搬国外经验，选定的卫星基金池也不动，则会显著增加短期风险。因此，在实际操作中，需要对配置模式进行改良，即不局限于一个卫星池，而是设定两个风险相反的卫星池，根据市场环境变化，在两个卫星池中进行卫星资产的调整。这个策略其实是核心-卫星策略与哑铃策略（后面会讲到）的混合物。

例如，可以有以下的卫星基金池：（1）适合上涨行情的卫星基金池，以指数型基金和仓位较高基金为主，在上涨行情中收益高；（2）适合下跌行情的卫星基金池，以控制损失能力强的债券方向基金为主，在下跌行情中可有效控制损失；（3）偏好价值投资的卫星基金池，以偏爱长期投资价值低估、市盈率较低、风险相对较低类股票的基金为主；（4）偏好成长投资的卫星基金池，以偏爱市盈率较高、成长性较好类股票的基金为主；（5）偏好中小盘的基金池；（6）CTA 类卫星池，追逐大宗商品的机会；（7）事件驱动类卫星池，如各种重组股、困境证券等，如图 6.8 所示。

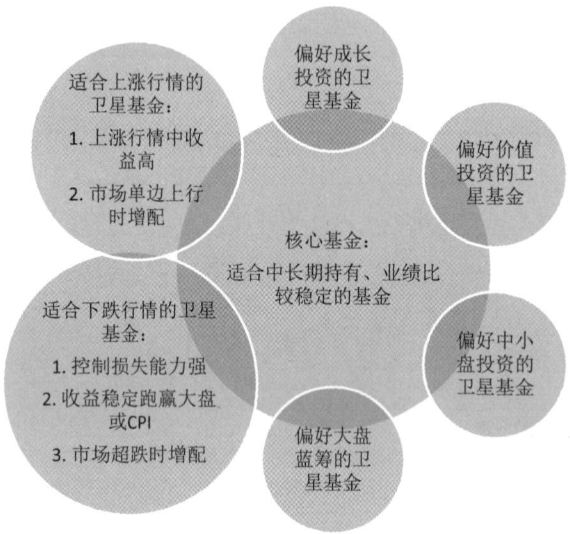

图 6.8　核心-卫星配置模式资产池

简单总结一下核心-卫星模式的特点，如表 6.2 所示。

表 6.2　核心-卫星模式的特点

母基金中性配置	70%～80%核心池，20%～30%卫星池
核心池原则	核心资产不动，仅作仓位的少许调整
卫星池原则	根据市场风格预测，在不同卫星池之间轮换

2. 杠铃配置模式

杠铃配置模式原来是一种应用于债券投资的方法，即只投资于短期债券和长期债券，而不投资于中期债券，如图 6.9 所示。短期债券提供流动性，长期债券提供高收益，从而较好地兼顾资产的流动性与收益能力。由于杠铃策略只选取资产两端进行投资的特性，即投资只应该关注投资品的两端，可以较好地平衡收益与风险，尤其对各种极端市场环境有极好的适应能力，因此也可以用在 FOF 母基金的配置上。

按照杠铃配置模式的思想，市场机会不在此就在彼，风险不在此也就在彼，投资于中间地带资产，既不能有效规避风险，也不能获取尽可能高的收益，是一种没有价值的折中。而投资于两端，无论市场向何种极端演变，出现何种黑天鹅事件，整个资产的抗击打能力都很强；同时，无论机会出现在哪一端，资产组合也都能抓住。

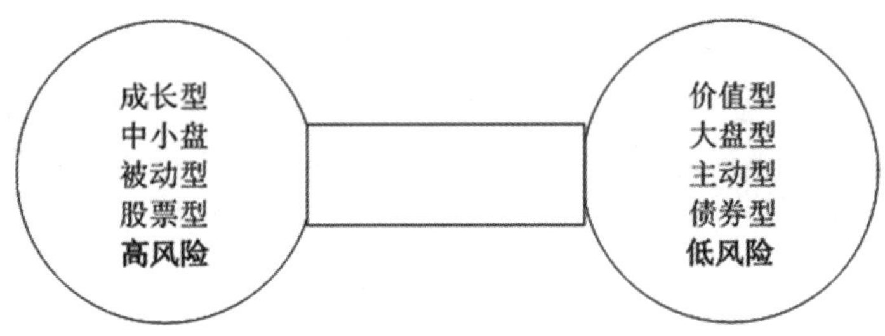

图 6.9 杠铃配置模式

打个比方，资产只投资于政府债券和股票两类，而放弃企业债券、可转债等中间风险中间收益的产品。从市场实践来看，二者的机会确实是相反的。所以无论市场向哪个极端演变，资产都有机会，也都能经受风险。

杠铃策略的核心在于选择的两类资产相关性要较低。同时，二者之间的配比关系也要适当。

在投资实践中，我们一般以价值-成长、大盘-中小盘、主动型-被动型、股票型-债券型、高风险-低风险等作为两类基金的筛选标准。

简单总结一下杠铃配置模式的特点，如表 6.3 所示。

表 6.3 杠铃配置模式的特点

母基金中性配置	两端各 50%
标的基金调整原则	通常不作调整
标的基金的选择要求	两端资产的相关性较低

3. 逆向配置模式

行为金融研究发现，人们对市场的反应经常会过度。逆向模式即基于此。其投资思路是买入过去一段时间表现较差的资产，卖出过去一段时间表现较好的资产来进行套利。

逆向配置模式最初主要用于直接投资，因为股票价格最直接的是受投资者情绪影响的。而在基金这类间接投资品种上是否有效争议颇多，因为开放式基金净值并不受投资者情绪影响。因此，逆向配置模式可否应用于基金投资，主要依赖于基金业绩是否有持续性，以及基金业绩迁移是否有规律性。那么，基金业绩是否有持续性呢？

表 6.4 是美国市场共同基金 2002—2011 年 10 年间的业绩迁移记录。可以看到，前 5 年中业绩排在前 20%的基金（Top Quartile），在后 5 年中仍然留在前 20%的只有

1/4，有 18%的业绩排到了后 20%。第二组数据更有趣，后 5 年中业绩排在前 20%的基金中，只有 17%在前 5 年中也排在前 20%，而其中竟然有 46%的基金在前 5 年中业绩是垫底的。简单地说，如果投资者在后一个 5 年之初选择基金的时候主要从前 5 年中业绩最差的里面选，那么选对的概率比任何其他组别的基金都要高。

表 6.4 美国市场共同基金业绩迁移记录（2002—2011 年）

	2007—2011 年 5 年后分布变化		2007—2011 年 5 年后分布变化
2002—2006 年 5 年 业绩最高 20%	处在行业领头 25%	2002—2006 年 5 年 业绩最差 20%	处在行业领头 17%
	行业中上游 16%		行业中上游 11%
	行业中游 16%		行业中游 13%
	行业中下游 26%		行业中下游 13%
	行业末流 18%		行业末流 46%

数据来源：星潮 FOF

国内市场如何呢？国内基金市场历史尚短，无法用 5 年作为周期来考察。不过我们可以看看 3 年和 1 年的情况，如表 6.5 所示。从 3 年的情况来看，基金业绩持续性还可以。但 1 年的业绩持续性就非常差了，后一年业绩排名靠前的基金中大约有 1/3 前一年业绩垫底。

表 6.5 国内基金市场业绩迁移记录

	2008—2010年	2011—2013年	2008—2010年	2011—2013年
前20%	业绩排在前20%	40%	40%	业绩排在前20%
前20%～40%		16%	28%	
前40%～60%		12%	16%	
前60%～80%		32%	8%	
前80%～100%		0%	8%	

	2012年	2013年	2012年	2013年
前20%	业绩排在前20%	40%	20%	业绩排在前20%
前20%～40%		16%	22%	
前40%～60%		12%	13%	
前60%～80%		32%	14%	
前80%～100%		0%	32%	

数据来源：[马永谙 2016]

这种情况其实与国外的研究也是吻合的。所以，研究者认为，逆向投资策略适合做超短期（如基金投资中的 1 年）或长期（如 5 年）的投资，但它不大适合做中期投资（如 3 年）。因此，逆向配置模式也可以用作大类资产配置的调整策略。

总结一下逆向配置模式的特点，如表 6.6 所示。

表 6.6 逆向配置模式的特点

母基金配置原则	无
标的基金调整原则	降低前期业绩较好的标的基金占比，提高业绩较差的标的基金占比
标的基金选择原则	无

4. 成本平均模式

成本平均模式是指投资者将现金投资于基金时，按照不同的净值分批购买，以便分摊成本，从而规避一次性投入可能造成较大风险的策略。

时间分散化模式与成本平均模式类似，认为时间可以分散风险。时间分散化模式和成本平均模式可以贯穿在其他配置模式中，辅助其他配置模式取得最大收益。

这两种配置模式其实就是所谓的“定投”：前者按照价格定投；后者按照时间定投。当然后一种定投要用得更多一些。定投是一种“懒人策略”，它们的本质都是相信时间可以分散风险，并可能提高收益。

但是定投能否有效降低风险和提高收益，这个问题其实争论颇多。1969 年，默顿和萨缪尔森发表文章说，时间分散化模式确实会降低组合的标准差（风险水平），意味着降低了损失的可能性；但是，随着时间的累积，损失的绝对金额却在增加。换句话说，单位资产的损失比例可能降低了，但是累计的损失金额却增加了。

这个结论是正确的。所以，后来定投策略的拥趸者不再提及这个策略的绝对风险控制能力，他们认为定投策略其实是为那些低风险承受能力、本来无缘参与风险投资的投资者打开了一扇门，使得他们能够选择风险投资而不必冒过高的风险。

哈罗德·埃文斯基用一个例子说明了时间分散化模式的价值。

莱因哈特女士的时间分散化投资：莱因哈特女士有 1000 美元，她打算投资为退休基金。目前她有两个选择：其一是无风险投资，预期收益率为 4%，标准差（风险）为 0；其二是风险投资，预期收益率为 12%，标准差为 16%。

投资期限与风险投资“战胜率”之间的关系如表 6.7 所示。

表 6.7　定投的收益率表现

投资期限(年)	无风险投资价值(美元)	风险投资价值(期望值，美元)	风险投资收益低于无风险投资的概率(%)
1	1000	1000	30.9
5	1200	2000	13.2
10	1500	3800	5.7
20	2200	14200	1.3
40	5000	202800	0.1

数据来源：[马永谙 2016]

随着投资期限的延长，风险投资的“赢面”显著增加。10 年期的投资，风险投资“战败”概率只有 5.7%，而其预期收益水平足足超过无风险收益率 2/3。显然，利用时间分散风险是有效的，它确实能使投资者承担他原本承担不了的风险，从而获取较高的收益。

不过从投资实践来看，定投在成熟市场更适合一些。发展中的市场，由于其暴涨暴跌的特性，定投会显著降低其收益能力。定投配置模式的特点如表 6.8 所示。

表 6.8　定投配置模式的特点

母基金配置原则	无
标的基金调整原则	无
标的基金选择原则	选择较为稳健、长期获利能力较强的标的基金。短期波动大的资金不太适合

5. 买入并持有模式

买入并持有模式被很多研究人员所推崇，因此投资者也十分熟悉。研究人员之所以推崇它，有两个原因：其一，如果不考虑投资者感受，则这种模式在理论上确实十分有效；其二，这是所谓巴菲特支持的模式。

但是如笔者前面所说，配置模式的制定，投资者是必须考虑的因素，市场环境也是必须考虑的因素。如果在一个暴涨暴跌的环境中片面地让投资者选择买入并持有模式，那么结局多半是投资者的信心先于市场波谷到来前崩溃，留给投资者的只有每次都在顶部买入并计划长期持有，但却在底部前卖出从而兑现“损失”的无奈。

在针对投资者的咨询实践中，一定要站在投资者的立场上而不仅站在专业人员的立场上。从这个角度看，买入并持有模式其实不适合大多数投资者。

此外，买入并持有模式不是简单地随机买入并持有，它要求对买入时机要有极好的把握能力。事实上，对于基金投资而言，买入并持有模式首先是一个宏观策略，因为基金收益的首要影响因素是宏观的市场环境，其次才是具体的品种选择。

总结一下买入并持有模式的特点，如表 6.9 所示。

表 6.9 买入并持有模式的特点

母基金中性配置原则	一次性买入
标的基金调整原则	不调整，一直到最后
标的基金选择要求	高收益基金

6. 美林时钟模式

美林证券提出的投资时钟模型是一种将经济周期与资产和行业轮动联系起来的资产配置方法。该方法根据经济增长和通胀指标，将经济周期划分为 4 个不同的阶段——衰退、复苏、过热和滞胀。在经济周期的不同阶段，沿顺时针方向循环，不同类别的资产会表现出显著的差异，每个阶段有一个特定的资产可以获得超过大市的超额收益，如图 6.10 所示。

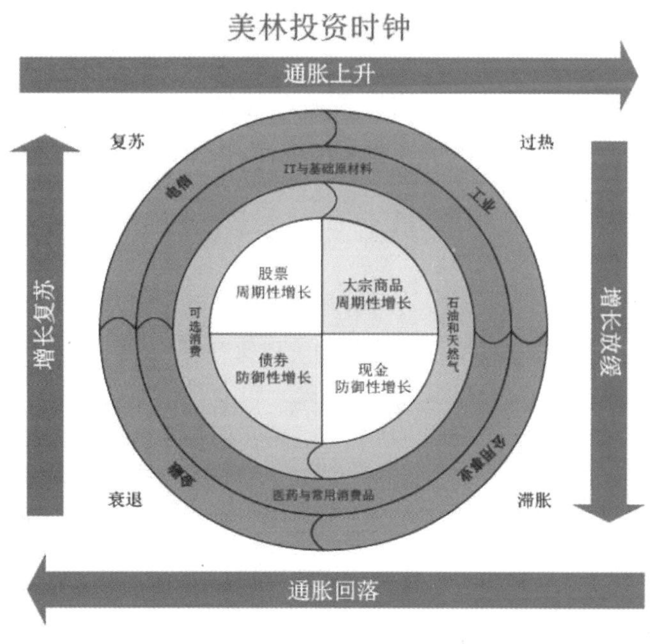

图 6.10 美林时钟

（1）衰退阶段：GDP 增长乏力，过剩产能及不断下降的商品价格驱动通货膨胀走低。企业盈利微薄，实际收益下降。央行试图促使经济返回可持续增长路径上而降低利率，债券收益率曲线下行而且陡峭。此阶段债券是最好的资产选择。

（2）复苏阶段：宽松的政策发挥效力，经济加速增长，通货膨胀继续回落，周期性生产增长强劲，企业利润开始恢复，同时央行仍保持宽松的货币政策，债券收益率曲线保持在低位。此阶段是股票投资的“黄金时期”。

（3）过热阶段：生产增长减缓，通货膨胀上升。央行开始提高利率，驱使经济返回可持续增长路径上，而利率提升导致债券表现糟糕，股票投资收益依赖于在强劲的利润增长和价值重估二者之间的权衡。此阶段表现最好的是大宗商品。

（4）滞胀阶段：部分原因是生产要素价格上升导致的供给冲击。由于生产不景气，企业为了保护利润水平而提高产品价格，造成工资价格螺旋式上升，使通货膨胀进一步上升，同时企业盈利恶化导致股市表现不佳。此阶段央行继续采取紧缩措施，同样限制了债券市场的回暖步伐。此阶段现金是最好的资产选择。

当然，在实际运用中，投资时钟也会逆时针移动或跳过某个阶段，主要受外部冲击或异常事件的影响。

根据投资时钟原理，在不同的时间段选择相应的基金产品构建组合的方法就是美林时钟模式。

1）经济周期监控

通过监控宏观经济指标来判断将要来临的经济周期，并确定相应的投资时钟时段。通常可以考虑的指标有 CPI 增速、PMI 指数、工业增加值等。

2）美林时钟 FOF 配置模式

在预判完经济周期后，根据投资时钟理论的指导进行相应的资产配置。鉴于判断的不完全准确性，一般的配置原则为超配处于投资时钟周期内的品种。以均衡配置债券、股票、商品、货币基金各 25% 为基准，处于投资时钟周期内的品种超配至 50%～70%，其他三类各配置 10%～15%。比如衰退期，债券基金的配置比例为 70%，其他三类各 10%。具体配置比例以对宏观的判断可靠性为准，可靠性高一些则超配比例高一些。

美林时钟 FOF 配置模式是一种比较适合机构投资者的策略，由于其紧密依托于宏观判断在大类资产间作大幅度调整，因此成功应用该策略可有效提高资产收益率，降低资产的风险。但正因为对宏观判断的高要求，它对个人投资者而言门槛有些高。

此外，这种策略适合“中规中矩”的市场，对突变的市场环境缺乏适应能力。

图 6.11 和图 6.12 是星潮 FOF 利用该配置模式做的投资组合的收益与风险情况。

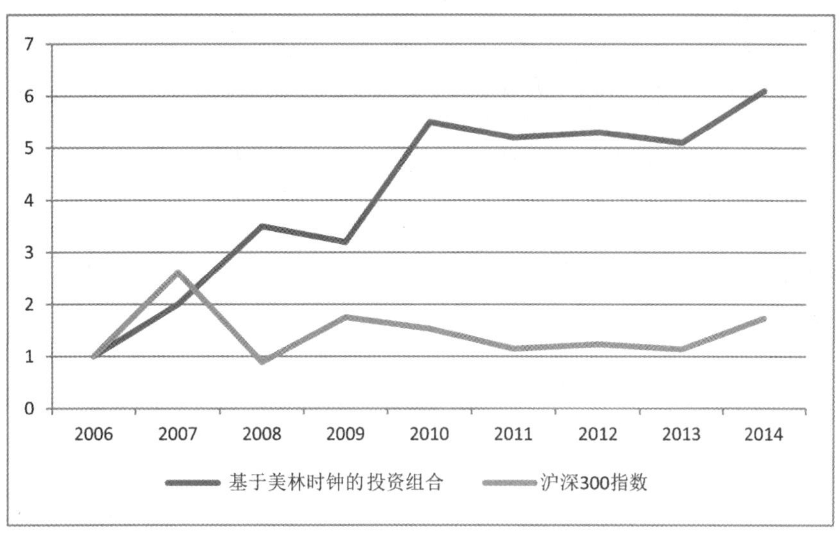

图 6.11 美林时钟 FOF 配置模式

数据来源：星潮 FOF

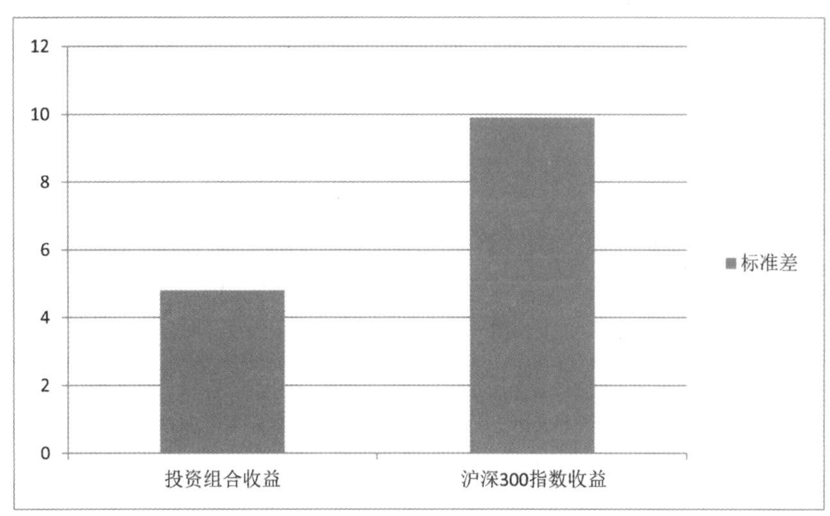

图 6.12 美林时钟 FOF 配置模式收益率

数据来源：星潮 FOF

美林时钟模式的特点如表6.10所示。

表6.10 美林时钟模式的特点

母基金中性配置原则	债券、股票、商品、货币基金各25%
标的基金调整原则	根据投资时钟在4类资产中作较大幅度的配置调整
标的基金选择要求	典型特征基金，比如稳健债券基金、高风险股票基金、纯商品基金、纯货币基金

最后对上述6种资产配置模式进行简单的列表比较，如表6.11所示。

表6.11 六大类FOF资产配置模式的特点

配置模式名称	操作难易	获利能力	风控能力
核心-卫星模式	难	中	中
杠铃配置模式	中	中	高
逆向配置模式	中	高	低
成本平均模式	易	低	中高
买入并持有模式	难	高	低
美林时钟模式	难	高	高

总的来看，FOF母基金既关注大类资产配置，也关注基础市场环境变动中大类资产配置的调整，同时大部分配置模式有比较明确的细类资产配置要求，因此，母基金的配置模式统管FOF管理的全流程。所以FOF想要成功，绝不是选择一堆标的基金那么简单的事情，母基金层面的配置和择时才是最重要的，也是最难的。

第 7 章 公募 FOF 配置

◆ 摘要 ◆

公募 FOF 配置由于只能在所发行的公募基金产品中选择标的，所以无法实现真正的多资产配置，而且国内公募基金目前主流的产品就是股票类和债券类，因此基于股票和债券的组合就成为首要的选择。在这种模式下，一般有三种配置方法：目标日期模式、目标风险模式和风险平价模式。

2016 年 6 月 17 日，中国证监会发布《公开募集证券投资基金运作指引第 2 号——基金中基金指引（征求意见稿）》，指引的下发意味着公募 FOF 产品或将问世。征求意见稿包含下面的具体细则。

（1）FOF 仓位限制：FOF 是指将 80%以上的基金资产投资于经中国证监会依法核准或注册的基金份额的基金，即基金份额的总持仓比例不得小于 80%。

（2）分散投资限制：持有单只基金的市值不高于 FOF 资产净值的 20%，完全按照指数成分构建 FOF 的不受前述比例限制。

（3）持有基金限制：不得持有其他 FOF；基金中基金不得持有具有复杂、衍生品性质的基金份额，中国证监会另行规定的除外，如 FOF 将不能投资分级基金。

（4）双重收费限制：基金中基金的管理人不得对基金中基金财产中持有的自身管理的其他基金部分收取管理费，基金中基金的托管人不得对基金中基金财产中持有的自身托管的其他基金部分收取托管费。

从征求意见稿来看，对于当前公募 FOF 所持有的标的基金依然有着较大的限制。由于征求意见稿中规定不得持有具有复杂、衍生品性质的基金份额，所以当前公募 FOF 的构建依然以股票型、债券型、混合型及货币市场型基金为主。

国内主要公募基金规模如图 7.1 所示。国内公募基金发展状况如图 7.2 所示。

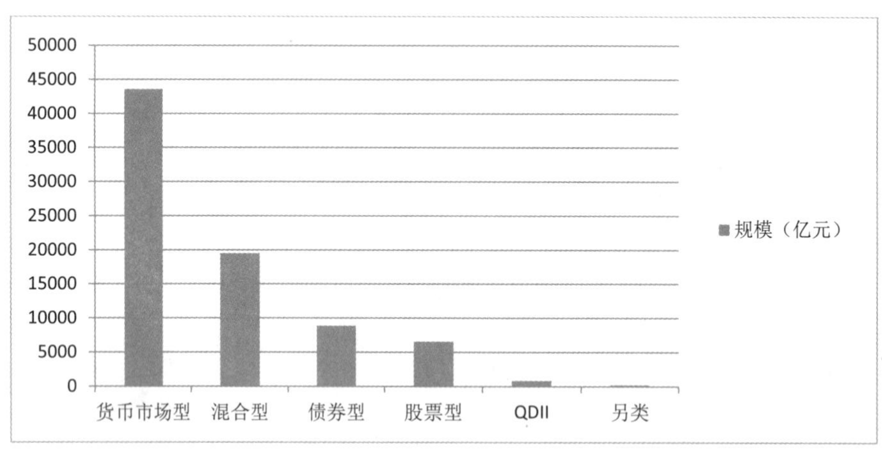

图 7.1　国内主要公募基金规模

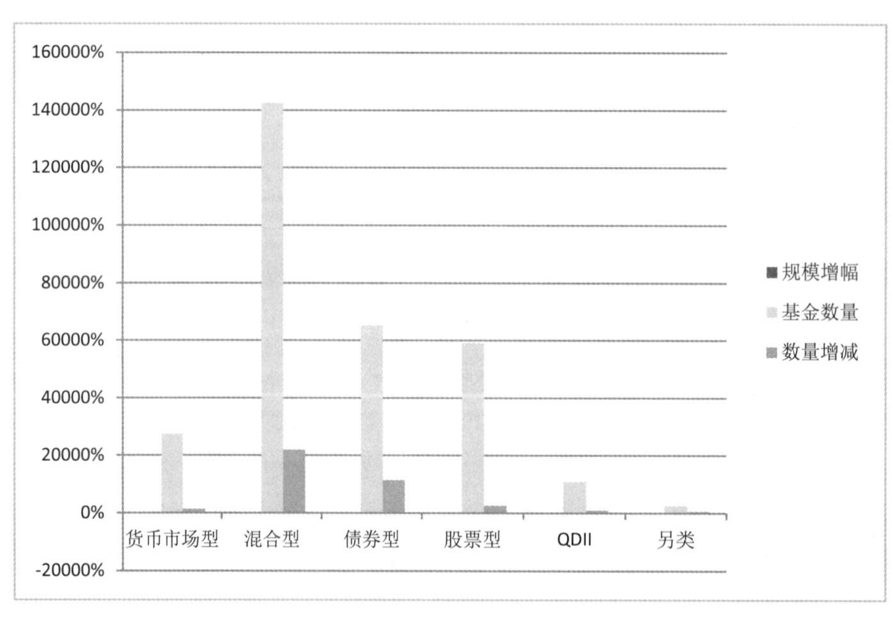

图 7.2　国内公募基金发展状况

7.1　三类配置方法

由于完全按照指数成分构建的 FOF 不受单只基金持仓比例不得超过 FOF 仓位 20% 的限制，因此，未来利用指数化也可能成为 FOF 的配置路径。当前对于公募 FOF 而言，非传统类的资产配置，如对冲基金、海外资产、CTA 基金、REIT 资产仍然相对稀缺。在公募 FOF 发展的初期，受到标的基金标的的稀缺及监管对于产品类型的限制，如何对现有的股票型、债券型、混合型及货币市场型基金进行资产配置，以及风险的控制可能是公募 FOF 发展初期的重点。

这里介绍三类配置方法，这也是海外共同基金 FOF 的主要配置方法，分别为目标日期策略、目标风险策略和风险平价策略，如表 7.1 所示。

表 7.1 三类资产配置策略概述

配置策略	配置目标	风控手段
目标日期策略	随时间实现风险的逐步降低	随时间降低高风险资产比例，提高低风险资产比例
目标风险策略	设定风险上线，并尽可能提高 Beta 值，以分享市场上涨收益	根据历史波动率调整权重，控制资产风险上限
风险平价策略	长期的相对稳健收益	根据历史波动率调整权重，保证各个资产风险贡献相同

7.2 目标日期模式

目标日期基金诞生于 20 世纪 90 年代。富国银行（Wells Fargo）和巴克莱（Barclays）针对美国 401k 计划的市场快速增长的需求，在 1994 年推出了业内首个目标日期共同基金系列，如图 7.3 所示。

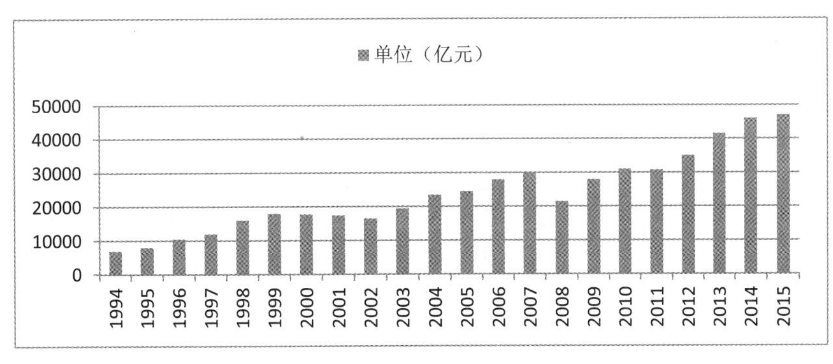

图 7.3 美国 401k 计划发展及其资产管理规模

数据来源：星潮 FOF 整理

由于其独有的针对养老市场特点的运作方式，目标日期基金自推出以来发展迅速。美国投资公司协会（ICI）的数据显示，截至 2015 年年底，美国目标日期共同基金市场规模达到 7630 亿美元，其中超过 7000 亿美元以 FOF 形式运作。

从每年的增量情况来看，从 2000 年至今，每年新增的目标日期基金中，DC 参与的比例基本都超过了 60%，在一定程度上可以看出养老金的参与，尤其是 DC 计划的参与对于目标日期基金规模的扩大具有很大的影响。

目标日期策略配置思路

典型的目标日期基金的资产配置思路为：随着到期日临近而主动调整权益类和固定收益类资产配置比例，随着到期日期临近逐渐降低资产的风险。具体流程为：

（1）分析投资者所面临的风险。

（2）绘制权益类资产下滑曲线（Glide Path）。

（3）决定权益类资产和固定收益类资产下各细分类的配置比例。

7.2.1 海外目标日期策略

1. 海外目标日期基金

海外目标日期基金（TDFs）的资产配置原则为：在 40 岁之前，配置 90%的权益类资产；40～72 岁权益类资产配比逐步下降；72 岁以后维持 30%的权益类配置比率不变，如图 7.4 所示。

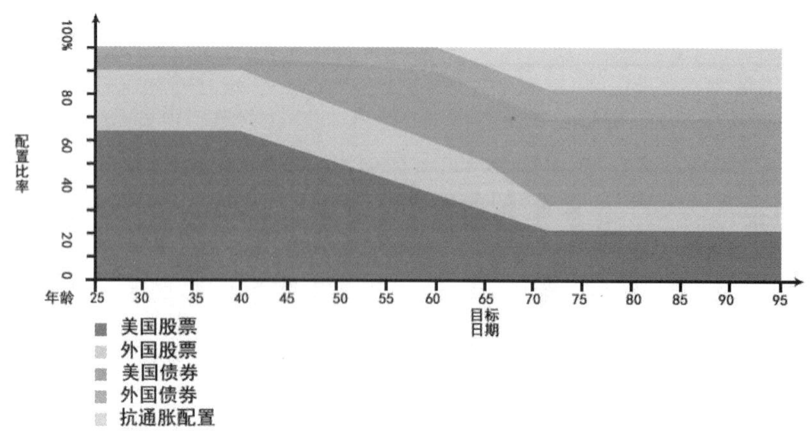

图 7.4 海外目标日期策略指数的配置变化

数据来源：星潮 FOF 整理

2. 海外目标日期策略指数

随着目标日期基金的发展，道琼斯公司于 2005 年发布了第一个目标日期指数系列“道琼斯目标日期指数”和“道琼斯美国目标日期指数”，随后 S&P 及 FTSE 也陆续发布了目标日期指数。2006 年 6 月 27 日，富国银行将旗下的目标日期基金（Wells Fargo Advantage Outlook Fund）——一个主动式管理基金变更为追踪道琼斯目标日期指数的产品：Wells Fargo Advantage DJ Target Fund。其变更的主要原因是：道琼斯目标日期指数的风险分散能力较主动式管理更为优秀；并且在资产管理时，将原有的一揽子股票（债券）分解为互不相交的多个股票（债券）指数，降低了风险监控及管理难度和运作成本。道琼斯目标日期指数风险下滑路径如图 7.5 所示。

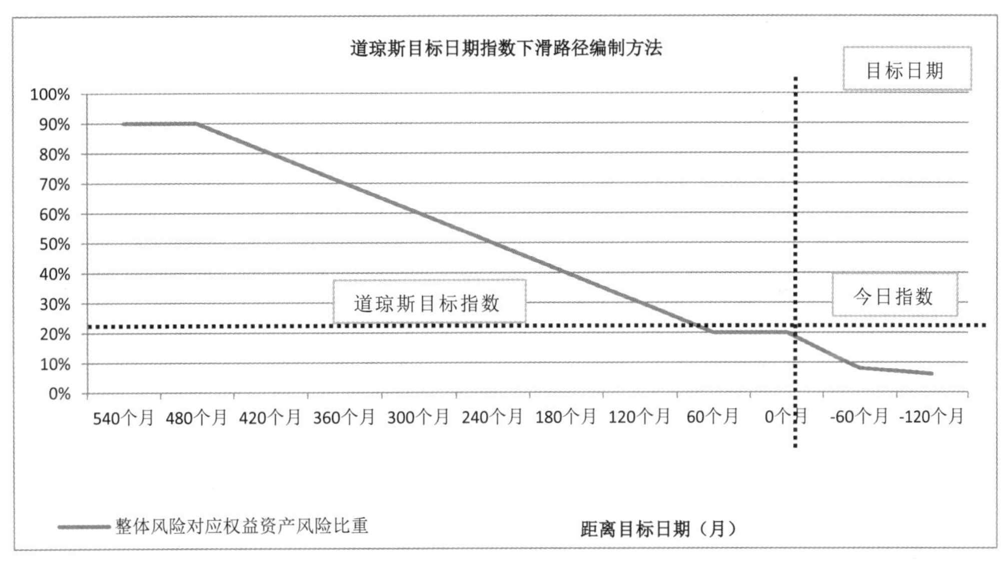

图 7.5 道琼斯目标日期指数风险下滑路径

数据来源：星潮 FOF 整理

该指数通过相对风险的方法设置下滑路径。在产品的设计阶段，该指数预先规定了在每个时间点资产的整体风险与资产中对应权益类资产的风险比例，并且随着退休时间的临近，该风险比例将逐渐降低，从期初的 90%逐渐降至最终的 20%。

7.2.2 国内目标日期策略

1. 国内目标日期基金

目前国内市场仅有三只目标日期基金，分别是 2006 年发行成立的汇丰晋信 2016、大成财富管理 2020 及 2008 年发行成立的汇丰晋信 2026。根据 2015 年年报统计，上述三只基金资产规模分别为 2.2 亿元、31.32 亿元和 1.13 亿元，总和为 34.65 亿元。汇丰晋信目标日期指数走势如图 7.6 所示。

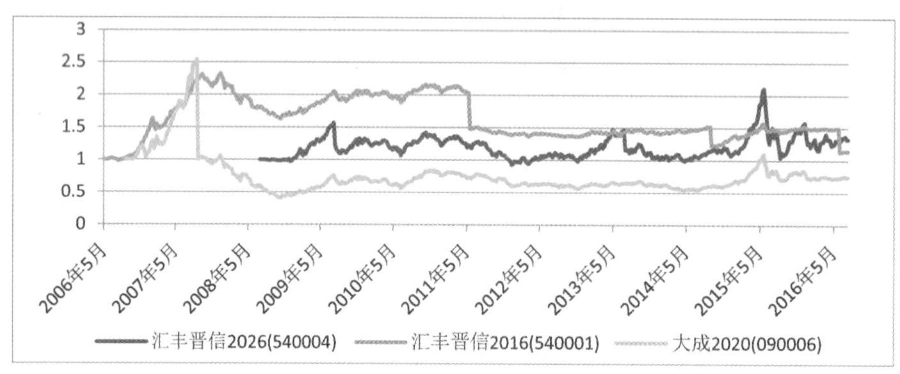

图 7.6 汇丰晋信目标日期指数走势

以汇丰晋信 2026（540004.OF）为例，该目标日期基金于 2008 年 7 月成立，业绩基准为 MSCI 中国 A 股指数收益率×X+中债新综合指数收益率（全价）×(1−X)，其中 X 值随时间改变，具体变化规则如图 7.7 所示。

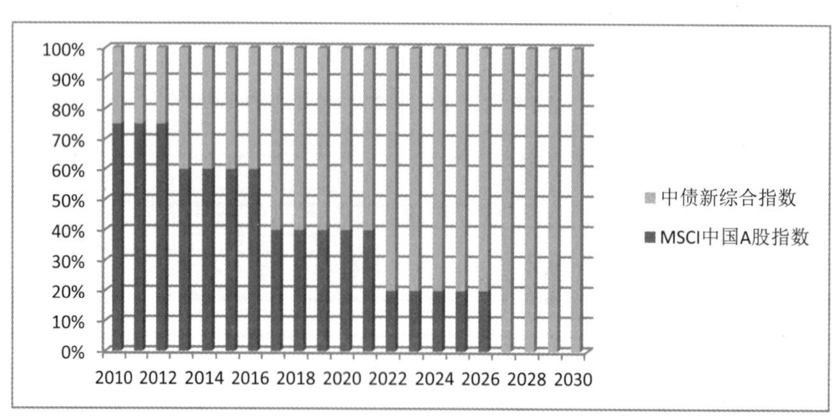

图 7.7 汇丰晋信 2026 目标日期指数发现下滑路径

根据汇丰晋信 2026 生命周期证券投资基金《基金合同》的约定，2012 年 9 月 1 日至 2016 年 8 月 31 日，该基金的资产配置比例调整为：股票类资产比例为 50%～80%，非股票类资产比例为 20%～50%；业绩比较基准相应调整为 65%×MSCI 中国 A 股指数收益率+35%×中信标普全债指数收益率，后因中信标普全债指数于 2015 年 9 月 30 日停止发布，2014 年 6 月 1 日至 2016 年 8 月 31 日，业绩比较基准调整为 65%×MSCI 中国 A 股指数收益率+35%×中债新综合指数（全价）收益率。汇丰晋信 2026 基准走势如图 7.8 所示。

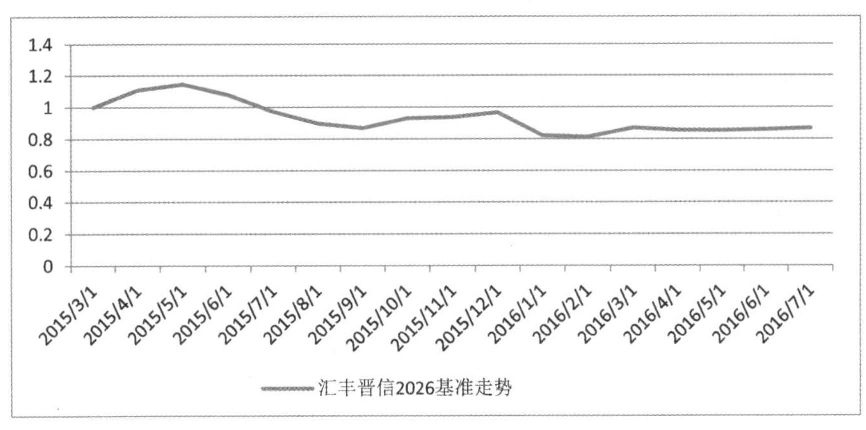

图 7.8　汇丰晋信 2026 基准走势

从该基金的业绩基准来看，由于其下滑路径相对比较固定，对于不同的市场情况不会对事先预定的下滑路径进行调整，因此在 2015 年市场波动较大的期间同样出现了较大的波动。

由此我们认为，对于 A 股市场而言，相对固定的资产下滑路径难以对抗市场的大幅波动。随着时间的推移，单纯通过提高资产中债券资产的比例往往不能保证整个资产组合的风险逐渐下降。

2. 国内目标日期指数

对于 A 股市场，中证指数公司近期同样开发了目标日期系列指数——中证平安退休宝系列指数，其中共包含三个具体指数，分别对应退休年份 2025 年、2035 年、2045 年，如表 7.2 所示。

表 7.2　中证平安目标日期指数

指数名称	指数简称	指数代码
中证平安 2025 退休宝指数	2025 退休	930841
中证平安 2035 退休宝指数	2035 退休	930842
中证平安 2045 退休宝指数	2045 退休	930843

该系列指数是基于人们在不同年龄段拥有的人力资本与金融财富水平，设置相应的风险承受水平，从而进行不同资产间的优化配置，为不同退休日期人群提供养老储蓄的基准指数。

中证平安退休宝系列指数的配置资产主要可以分为 A 股指数、债券、现金、QDII 股票及非标资产，如表 7.3 所示。相比于传统的指数，该指数配置了 QDII 股票指数及非标资产指数，在资产配置更加多元化的同时也能更好地实现风险的分散。

表 7.3　平安目标日期指数资产表

资产类别	细分资产
A 股指数	沪深 300 指数
	中证 500 指数
债券	中证金边中期国债指数
	中证中期信用债 L100 指数
现金	中证短融 50 指数
QDII 股票	博时标普 500ETF
非标资产	中证一财一年期理财产品指数

中证平安退休宝指数的编制方式较为复杂，每半年进行调仓，具体的权重分配方式如下：

$$\max\sum_{\mathrm{i}=1}^{7}(W_{t_0}^{i}\times R_{t_0}^{i})$$

$$\mathrm{s.t.}\sum_{i=1}^{7}W_{t_0}^{i}=1$$

$$\frac{\omega_{t_0}\mathrm{Cov}_{t_0}\omega'_{t_0}}{\mathrm{Var}_{t_0}^{\mathrm{Fund}}}\leqslant K_{t_0}$$

其中，根据各类资产的历史表现及未来预期，得到第 i 类细分资产的预期年化收益率 R_i、各类资产的预期协方差矩阵 Cov_{t_0}；根据中证开放式基金指数的历史表现，得到该指数的预期方差$\mathrm{Var}_{t_0}^{\mathrm{Fund}}$。相对风险系数 K 反映了中证平安退休宝系列指数相对于中证开放式基金指数的风险承受上限。以中证平安 2025 退休宝指数为例，其相对风险系数由 2006 年的 55%下降到 2031 年的 6%，随后不再发生变化。通过 K 的逐渐减小来降低资产整体的风险，使得在市场波动时也能够有效地随时间逐渐降低资产的风险。

以中证平安 2025 退休宝指数为例，从近年的表现来看，该指数自 2008 年以来获得了 4.28%的年化收益率，年化波动率为 12.06%，夏普比率为 0.19。随着退休日的临近，该指数的波动率将会随着相对风险系数 K 的下降而进一步下降，如图 7.9 所示。

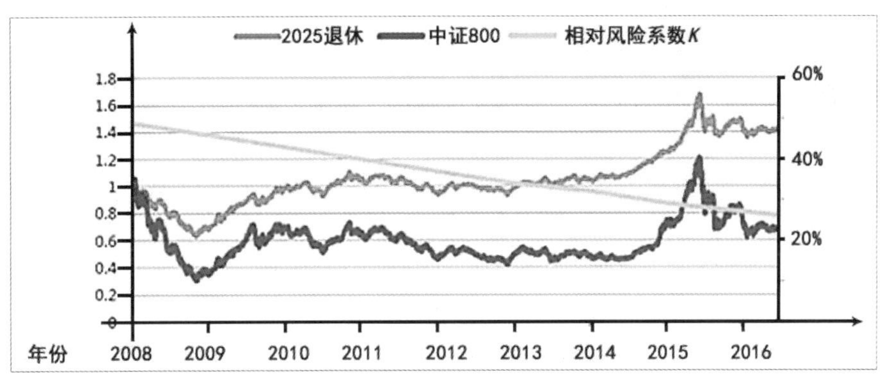

图 7.9 平安目标日期指数走势

7.2.3 星潮退休指数系列

星潮退休指数系列的主要特征如下：

（1）指数周期为 30 年，正好符合国内平均职业年限。

（2）前 15 年为高风险区，以配置股票指数为主、债券为辅。

（3）后 15 年为低风险区，以配置债券为主、股票为辅。

具体权重变动路径如表 7.4 所示。

表 7.4 星潮退休指数系列权重下滑路径

年　限	股票指数	权　重	债券指数	权　重
0～5 年	中证 500	0.7	中证全债	0.3
6～10 年	中证 300	0.7	中证全债	0.3
11～15 年	上证 50	0.7	中证全债	0.3
16～20 年	上证 50	0.5	中证全债	0.5

续表

年　　限	股票指数	权　　重	债券指数	权　　重
21～25 年	上证 50	0.3	中证全债	0.7
26～30 年	上证 50	0.1	中证全债	0.9

以表 7.4 为基础，可以构建系列退休指数。下面以星潮 2035 退休指数为例，该指数的起点是 2005 年 1 月 1 日，走势如图 7.10 所示。

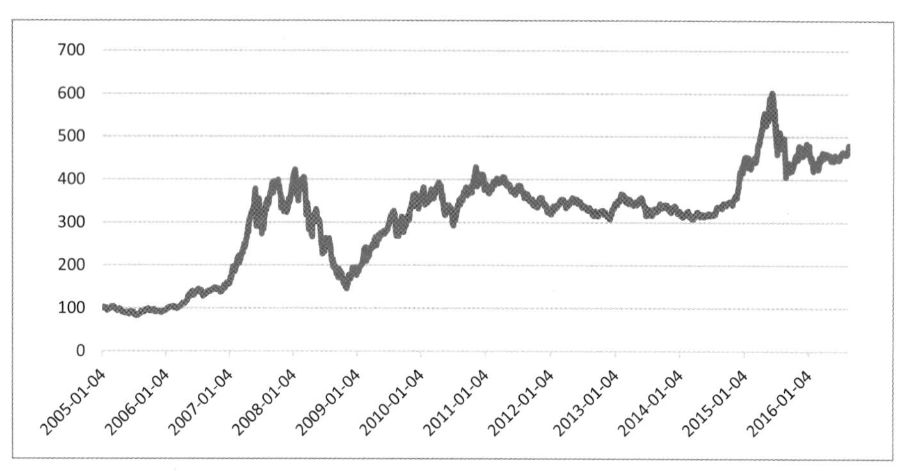

图 7.10　星潮 2035 退休指数走势

数据来源：星潮 FOF

该指数的各项指标如表 7.5 所示。

表 7.5　星潮 2035 退休指数收益表现

年化收益率	夏普比率	波动率
12.78%	0.86	25%

7.3　目标风险模式

目标风险基金采用基于风险的投资方式。目标风险基金在成立之初便以不同的形式确定了预期风险收益水平，且往往不会随着时间的迁移而变化。海外目标风险模型基金管理规模发展情况如图 7.11 所示。

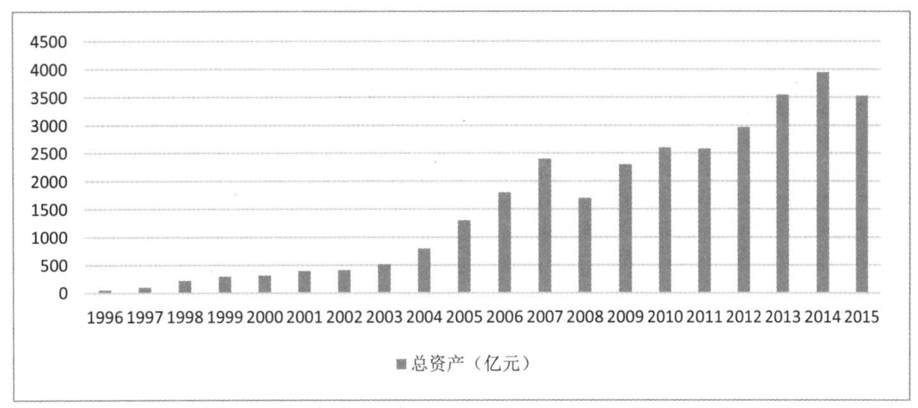

图 7.11 海外目标风险模型基金管理规模发展情况

数据来源：Bloomberg，星潮 FOF 整理

目标风险基金的名称中通常含有其风险偏好，以标普目标风险系列指数为例，通常以进取（Aggressive）、成长（Growth）、稳健（Moderate）或者保守（Conservative）等表现其风险偏好；而标普 500 每日风险控制系列指数的名称中则直接表明其最大控制波动率，如 S&P Daily Risk Control 15%。

7.3.1 海外目标风险策略指数

海外主要有两类目标风险策略指数：第一类为每日风险控制指数，代表是标普 500 每日风险控制系列指数；第二类为目标风险指数，代表是标普 500 目标风险系列指数，如表 7.6 所示。

表 7.6 目标风险策略

指数规划	标普 500 每日风险控制系列指数	标普 500 目标风险系列指数（2015 年前）
风险控制方案	通过调整资产权重，使得资产池的波动率达到预定的最大水平	控制预期下行风险小于最大可容忍概率
目标优化函数	无	资产池 Beta 值最大化
再平衡周期	每日	每年
能否使用杠杆	是	否

数据来源：标普道琼斯指数公司

1．标普 500 每日风险控制系列指数

标普 500 每日风险控制系列指数由两部分组成：标的指数（风险资产，此处为标普 500 指数）和现金资产（无风险资产）。当标的指数的波动率上升时，资产池中标的指数的比重将会被调低，而现金资产的比重将会上升；反之，当指数的波动率下降时，将进行反向操作，如图 7.12 所示。

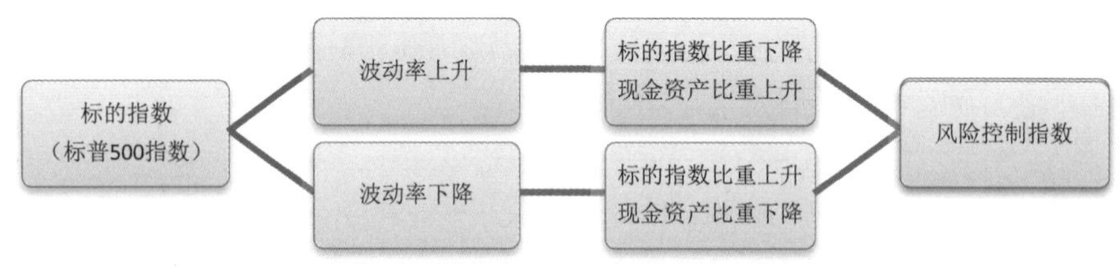

图 7.12　标普 500 每日风险控制系列指数原理图

数据来源：标普道琼斯公司，星潮 FOF 整理

一般地，每日风险控制指数将最大波动率设为 5%、10%、12%及 15%等水平。当标的指数（风险资产）的波动率小于预定的最大波动率水平时，可以采用杠杆进行操作，实现总资产的波动率等于最大风险水平，如图 7.13 和表 7.7 所示。

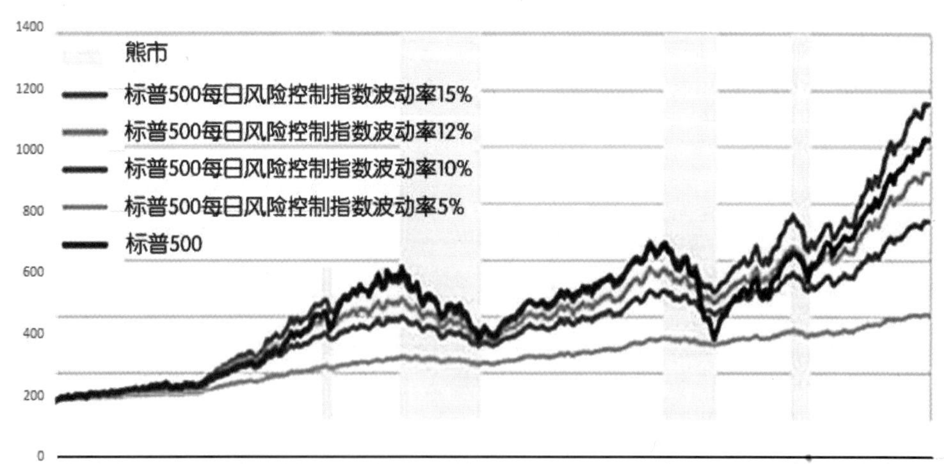

图 7.13　标普 500 每日风险控制系列指数走势图

数据来源：标普道琼斯公司，星潮 FOF 整理

表 7.7 标普 500 每日风险控制系列指数的表现（1990—2014 年）

指数表现	5%	10%	12%	15%	标普 500
年化收益率	6.04%	8.68%	9.62%	10.71%	10.18%
年化波动率	4.5%	8.9%	10.6%	12.8%	14.48%
相对标普 500 Beta	0.26	0.51	0.61	0.75	1
夏普比率	0.74	0.67	0.67	0.62	0.51

2. 标普 500 目标风险系列指数

标普指数公司于 2008 年 9 月 25 日推出了标普 500 目标风险系列指数，系列中共包含 4 个指数，分别为保守指数（Conservative）、稳健指数（Moderate）、成长指数（Growth）及进取指数（Aggresive），分别对应不同的风险水平。

在 2015 年之前，标普 500 目标风险系列指数始终以预期下行风险小于最大可容忍概率作为风险控制的策略。该指数的具体编制方法如下：

$$\max\beta$$

$$\sum_{j=1}^{N} w_i = 1, w_i > 0$$

$$p > \int_{-\infty}^{r} \varphi(x), \varphi(x) \sim N(0, w^{'}\Sigma w)$$

其中，r 为可忍受的最大跌幅，p 为最大可容忍概率，Σ 为不同类别资产的协方差。通过对资产权重的优化，可在一定程度上控制资产的波动。在资产配置方面，目标风险指数采用了多元化的资产配置，配置了国内外市场的权益类资产、各类不同等级的固定收益类资产及 REITS 资产，如表 7.8 所示。同时，该指数的编制通过相关资产的 ETF 基金，相比于传统的指数加权能够更好地反映相关基金的情况，对于 FOF 的配置具有更大的参考价值。

表 7.8 标普 500 目标风险系列指数的配置

资产类别	具体资产
权益类资产	US Large; US Mid; US Small; International Equities; Emerging Market Equities
固定收益类资产	Core Fixed Income, Short Term Treasuries, TIPS,High Yield Corporate Bonds
其他资产	US REITs

从走势上来看，不同的风险偏好呈现出不同的波动率，其中保守型目标风险指数的年化波动率仅为 4.64%，而进取型目标风险指数的年化波动率则为 15.63%。随着风

险偏好的不同，各个指数的波动情况出现了较大的分化，如图 7.14 和表 7.9 所示。

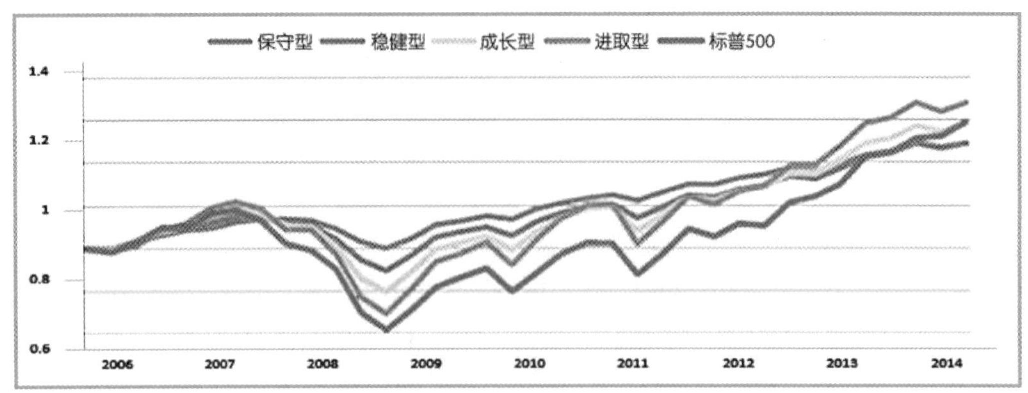

图 7.14　标普目标风险系列指数走势

数据来源：Bloomberg，星潮 FOF 整理

表 7.9　标普 500 目标风险指数的表现（2006—2014 年）

指数表现	保守型	稳健型	成长型	进取型	标普 500
年化收益率	4.67%	4.67%	5.4%	6.11%	5.44%
年化波动率	4.64%	7.83%	10.87%	15.63%	16.25%
相对标普 500Beta	0.25	0.43	0.65	0.94	1

数据来源：Bloomberg

7.3.2　国内市场目标风险策略

案例 1：股债均衡目标风险指数

对于 A 股市场，我们同样可以根据标普 500 每日风险控制指数的编制方法来编制 A 股市场的每日风险控制指数。这里我们选择沪深 300 作为基准指数，选择中证全债作为低风险指数，通过固定频率的调仓来实现对于资产最大波动的控制。不同于标普 500 每日风险控制指数以每日作为调仓周期，为了满足 FOF 的调仓需求，我们采用周作为调仓频率。

（1）设定股票和债券的最大目标风险，也就是回撤，为 A1 和 A2。

（2）每周末判断一次，如果股票跌幅超过 A1，就平掉股票，加仓债券。

（3）如果债券跌幅超过 A2，则平掉债券，加仓股票。

（4）时间为 2009—2015 年，A1 和 A2 根据历史数据回归得到。测算结果如图 7.15～图 7.17 所示。

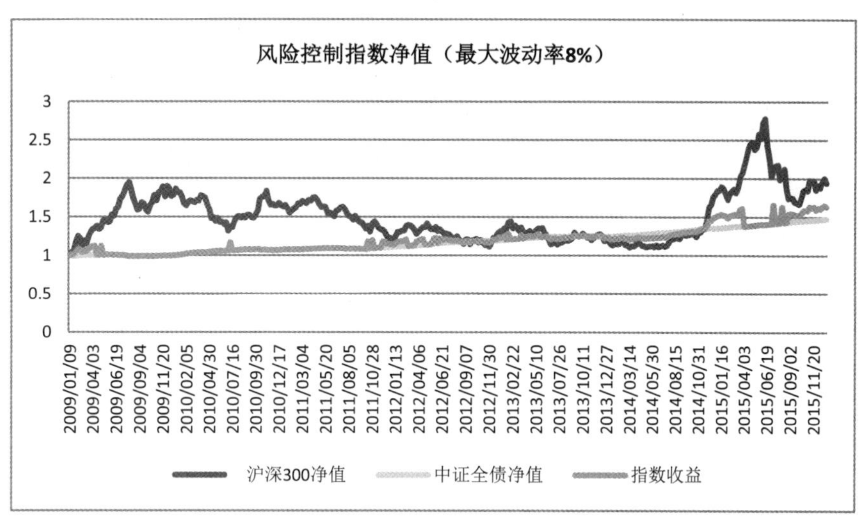

图 7.15 国内股债均衡目标风险指数（最大波动率 8%）走势

数据来源：星潮 FOF

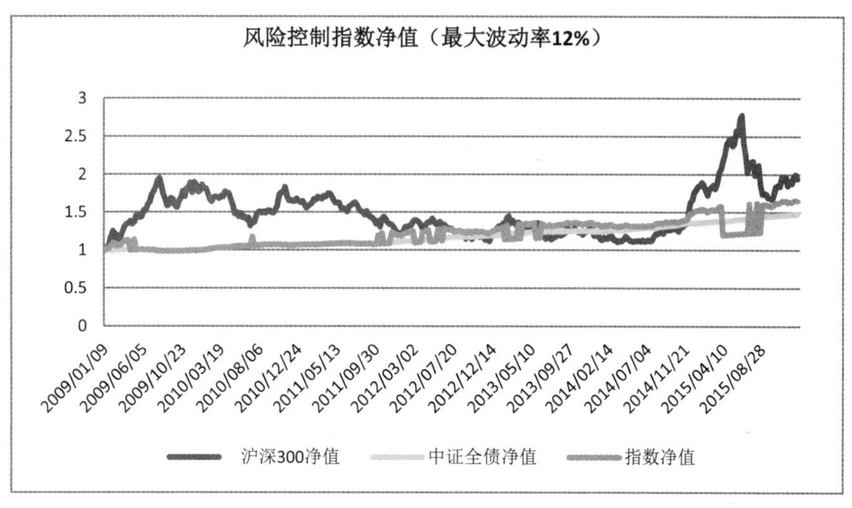

图 7.16 国内股债均衡目标风险指数（最大波动率 12%）走势

数据来源：星潮 FOF 整理

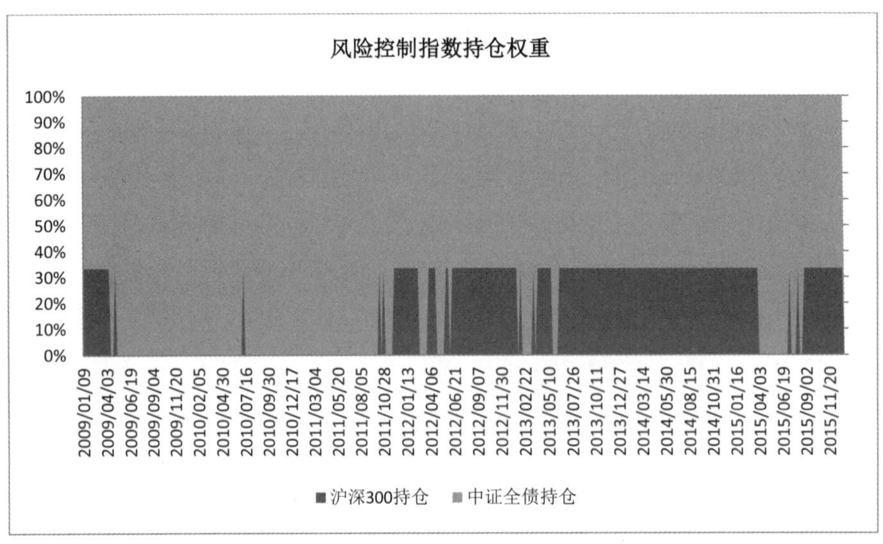

图 7.17　国内股债均衡目标风险指数权重情况

数据来源：星潮 FOF

从测算结果来看，在股票市场波动率变大到预定值时，股票平仓，持仓量为 0，债券类资产将占有大部分的比重，从而平缓市场带来的风险。

为了比较策略在市场中的表现，表 7.10 统计了不同市场波动率下的指数表现。

表 7.10　国内股债均衡目标风险指数表现

	风险控制指数 8%	风险控制指数 12%	沪深 300	中证全债
最大波动率	10%	17.58%	32%	7.19%
年化收益率	5.22%	9.27%	13.50%	3.40%
夏普比率	0.34	0.42	0.37	0.11
最大回撤	5.12%	24.05%	43.16%	2.08%

从波动率来看，实际年化波动率仍然高于预定的最大波动率。我们认为其中的主要原因在于：第一，A 股风险控制指数调仓频率较低，对于短期大幅波动反应较慢；第二，风险资产仅为股票类资产，种类相对单一，分散风险的能力较差。

从收益-风险来看，风险控制指数的收益率高于债券、小于股票，波动率较高的风险控制指数在提高收益率的同时加大了回撤；从夏普比率来看，普遍较低，风险控制指数略优。

案例 2：多资产目标风险指数

为了实现对波动率的控制，我们在下文中利用目标风险指数的编制思路，研究在多资产下，目标风险策略在 A 股市场是否同样能够实现对资产整体波动的控制。这里我们选择沪深 300、中证 500、Wind 大宗商品指数及中证全债指数作为配置资产的基础指数。通过目标风险策略，将这 4 个基础指数合成为一个“多资产目标风险指数”。图 7.18 展示了这 4 个基础指数与合成后的指数收益情况对比。图中的“指数收益”就是合成后的“多资产目标风险指数”。

（1）设定沪深 300、中证 50、Wind 大宗商品及中证全债指数的最大目标风险，也就是回撤，为 A1、A2、A3、A4。

（2）每周末判断一次，如果股票跌幅超过 A_i，就平掉该品种，将资金平均分配到其他品种上去。

（3）时间范围为 2008—2015 年，A_i 根据历史数据可以回归得到。

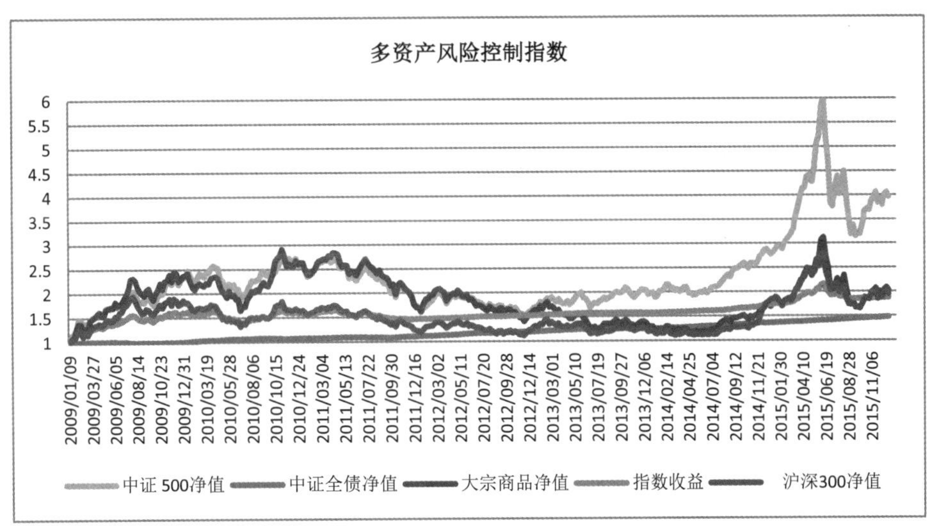

图 7.18 国内多资产均衡目标风险指数权重情况

数据来源：星潮 FOF

为了比较策略在市场中的表现，表 7.11 统计了不同市场波动率下的指数表现。

表 7.11　国内多资产均衡目标风险指数表现

	风险控制指数	大宗商品	沪深 300	中证全债	中证 500
年化波动率	16.28%	45.77%	32.00%	7.19%	76.69%
年化收益率	5.22%	14.56%	13.50%	3.40%	42.44%
夏普比率	0.21	0.28	0.37	0.11	0.53
最大回撤	14.54%	60.13%	43.16%	2.08%	47.71%

数据来源：星潮 FOF

从实际的年化波动率来看，尽管从结果来看实际年化波动率仍然略高于预定的目标风险，但相比于由单个股票指数所构建的风险控制指数已经有了明显的改进，说明了一个多样化的配置能够在一定程度上提高资产控制风险的能力。对于希望以控制最大风险作为配置目的的 FOF 而言，在实施控制波动率的策略的同时增加配置资产的种类，也能够增加资产整体控制风险的能力。

从年化收益率来看，多资产风险控制指数年化收益率并不高，略高于债券，明显低于股票。从收益-风险角度来看，多资产风险控制指数的最大回撤已经明显低于各股票类指数，夏普比率居中，该策略在市场应用中较为一般。

7.4　风险平价模式

风险平价策略以资产类的风险贡献为出发点，在配置中追求资产的风险权重平等而不是传统配置策略中的金额权重平等。风险平价原理如图 7.19 所示。

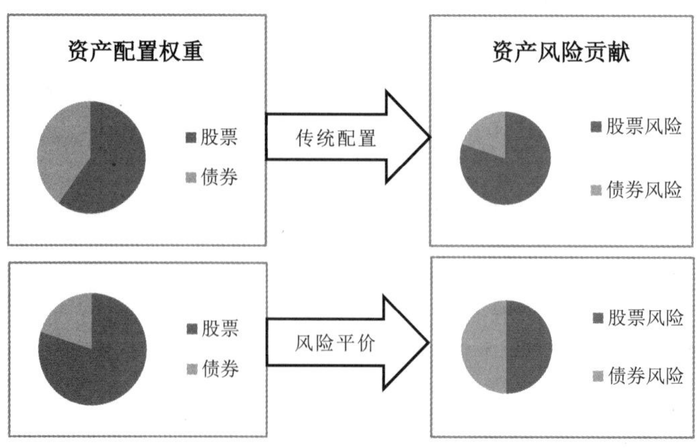

图 7.19　风险平价原理

风险平价策略在逻辑清晰的同时也具有很强的可操作性。桥水全天候基金是风险平价策略的成功典范。1970—2015 年，桥水的全天候投资策略实现了 12%的年化收益率，以及 7%的年化波动率。在相同的波动率下，传统的股债 60/40 配置只有 9%的年化收益率，全天候策略获得了年化 3%的超额收益率。

7.4.1 风险平价在海外的应用

由于股票的风险远远大于债券，导致在传统的资产配置方法中，组合的风险被股票所支配。而风险平价理论认为，应当加大债券类资产的杠杆，使债券获得与股票相近的预期收益率与波动率，保证整个组合风险的均衡。

1. 风险平价组合与纯股组合的比较

纯股组合将 100%的资产配置于股票市场，而全天候（All Weather）组合按照风险平价理念进行资产配置。从图 7.20 和图 7.21 中可以看到，在收益率相同的情况下，全天候组合的净值曲线更加平稳与光滑，回撤也显著低于纯股组合。而从具体的统计数据可知，风险平价组合在将自身的波动率控制在纯股组合 1/3 的同时，获得了与高风险的纯股组合相当的收益。

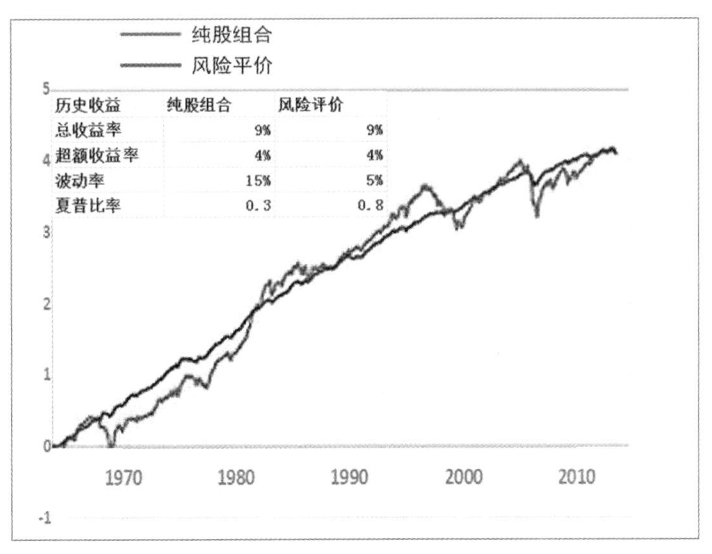

图 7.20 风险平价与纯股组合的净值对比（1970—2015 年）

数据来源：Bridgewater Daily Observations，星潮 FOF 整理

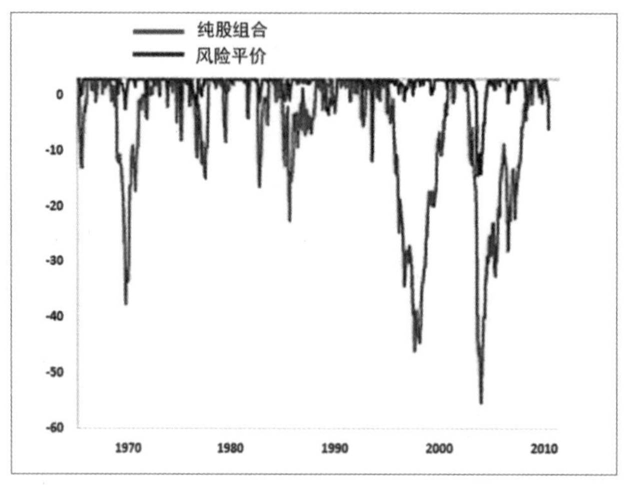

图 7.21　风险平价与纯股组合的回撤对比（1970—2015 年）

数据来源：Bridgewater Daily Observations，星潮 FOF 整理

2. 股债风险平价组合与传统资产配置组合的比较

为了和传统的资产配置组合，即 60/40 组合（60%投资于股票，40%投资于债券）进行比较，把风险平价组合的投资标的也限制在股票和债券之内，优化目标是组合内债券资产与股票资产保持风险平价。图 7.22 和图 7.23 便是这两种配置思路的收益和风险对比。在收益率相当的情况下，风险平价组合相比于传统资产配置组合依旧在波动率和回撤方面有着较大的优势。

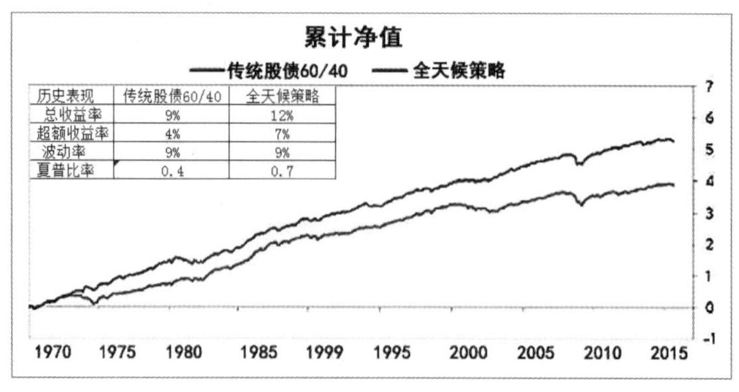

历史表现	传统股债60/40	全天候策略
总收益率	9%	12%
超额收益率	4%	7%
波动率	9%	9%
夏普比率	0.4	0.7

图 7.22　股债风险平价与传统配置组合的净值对比（1970—2015 年）

数据来源：Bridgewater，星潮 FOF 整理

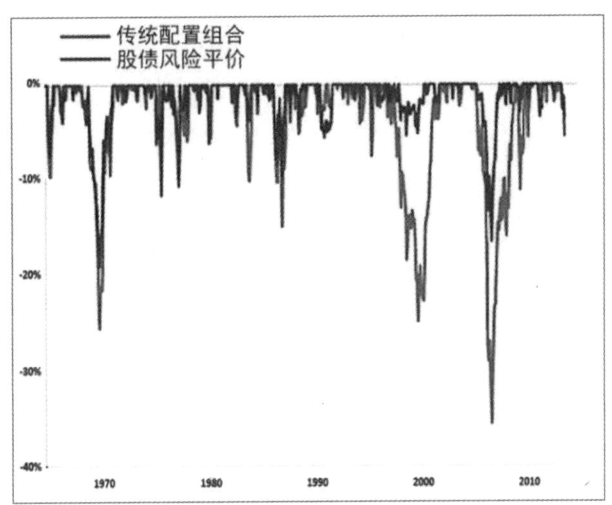

图 7.23 股债风险平价与传统配置组合的波动率对比（1970—2015 年）

数据来源：Bridgewater Daily Observations，星潮 FOF 整理

3. 利率对风险平价组合的影响

为了实现风险平价，需要通过杠杆的方式提升债券类资产的预期收益率与波动率，这就会增加债券类资产的利率风险。一旦利率大幅上涨，过高的杠杆是否会放大风险平价组合的亏损呢？

图 7.24 展示了全天候策略在不同利率水平下的净值表现。显然，无论是在利率上行还是下跌阶段，全天候策略都能实现较为稳定的净值增长。

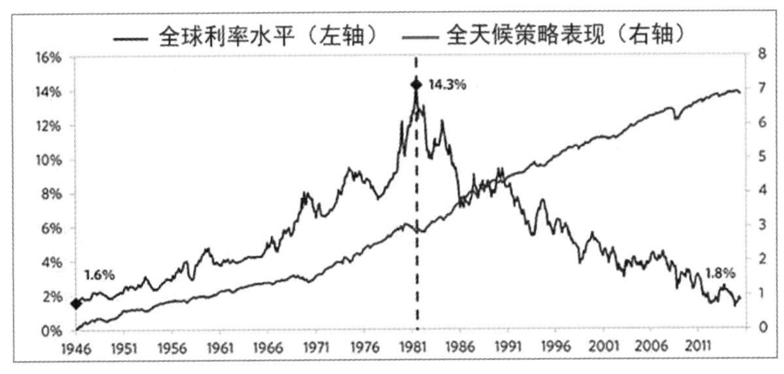

图 7.24 利率变化与风险平价组合的净值走势（1946—2015 年）

数据来源：Bridgewater Daily Observations，星潮 FOF 整理

从图 7.24 中可以发现，全球利率水平的变化可分为泾渭分明的两个阶段：1981 年之前的趋势性上涨及 1981 年至今的不断走低。表 7.12 对这两个时间段分别进行统计，考察增加了债券的杠杆后，利率水平的高低对风险平价策略的影响。

表 7.12 风险平价与传统配置策略在不同利率水平下的表现对比

	风险平价组合			60/40 组合		
	1946—1981 年	1981—2015 年	1946—2015 年	1946—1981 年	1981—2015 年	1946—2015 年
总收益率	8.7%	12.1%	10.4%	7.6%	9.5%	8.5%
超额收益率	4.4%	7.6%	5.9%	3.2%	5.0%	4.1%
标准差	7.5%	9.1%	8.3%	8.4%	9.5%	8.9%
夏普比率	0.58	0.84	0.72	0.38	0.53	0.45

数据来源：Bridgewater Daily Observations

不论利率水平是下跌还是上涨，风险平价策略的表现均优于传统的 60/40 策略。只不过在利率上涨阶段，二者的差距相对较小。

由于全球利率水平的不断下降，债券类资产自 1982 年以来一直处于牛市，这是否是风险平价策略在最近 30 年一直表现良好的直接原因呢？从表 7.13 中可以看到，即使剔除利率下行带来的利好，风险平价策略依旧比传统策略有着更高的收益率和夏普比率。

表 7.13 剔除利率下行影响后风险平价策略的表现（1946—2014 年）

	年化收益率		夏普比率	
	未调整	剔除利率下行的影响	未调整	剔除利率下行的影响
传统 60/40 组合	7.2%	6.8%	0.40%	0.35%
MSCI 指数	7.4%	7.4%	0.24%	0.24%
风险平价策略	11.2%	9.5%	0.74%	0.57%

数据来源：BlackRock: Will Rising Rates Sink Risk Parity?

7.4.2 国内风险平价策略

1. 上证股债风险平价指数的编制

上证股债风险平价指数是国内第一个公开发布的基于风险平价理念的策略指数，由上海证券交易所和中证指数公司共同编制，如表 7.14 所示。

表 7.14 上证股债风险平价指数基本资料

指数代码	中文全称	中文简称	英文全称	英文简称
H50041	上证股债风险平价指数	上证 RP	SSE Equity and Bond Risk Parity Index	SSE RP

数据来源：中证指数有限公司

上证股债风险平价指数以 2005 年 12 月 31 日为基日，以该日收盘后所有样本股的调整市值为基期，以 1000 点为基点，以上证 180、上证 380、上证 5 年期国债指数（全价）、上证企债 30 指数为样本。指数每季度调整一次权重，具体调整实施时间为 3、6、9、12 月的第二个星期五收盘后的下一个交易日。

指数编制的目标是实现股票和债券对组合的风险贡献相同，即股票资产的风险贡献值（RC）与债券资产相同。具体的计算方法如下：

$$\frac{\partial\sigma}{\partial w_i}=\frac{\partial(\sqrt{w'\Sigma w})}{\partial w_i}=\frac{1}{2\sqrt{w'\Sigma w}}\times\frac{\partial(w'\Sigma w)}{\partial w_i}$$

$$=\frac{1}{2\sqrt{w'\Sigma w}}\times\frac{\partial(w'\Sigma w)}{\partial \mathrm{w}}\times\frac{\partial \mathrm{w}}{\partial w_i}=\frac{1}{2\sqrt{w'\Sigma w}}\times 2w'\cdot 1_i$$

$$=\frac{w'\Sigma\cdot 1_i}{\sqrt{w'\Sigma w}}=\frac{1_i'\cdot(\Sigma w)}{\sqrt{w'\Sigma w}}=\frac{(\Sigma w)_i}{\sqrt{w'\Sigma w}}$$

风险贡献值RC_i为

$$\mathrm{RC}_i=\frac{w_i}{\sigma}\frac{\partial\sigma}{\partial w_i}=w_i\frac{(\Sigma w)_i}{w'\Sigma w}$$

其中，$\sigma=\sqrt{w'\sum w}$为投资组合的波动率，用以衡量组合的整体风险；

w 为风险组合内各项资产的权重向量，w_i为其中第 i 项资产的权重；

Σ 为投资组合收益率的协方差矩阵；

1_i为第 i 个元素为 1、其他元素为 0 的 n 维列向量。

Σw_i为向量 Σw 的第 i 行元素。

假设投资组合中共有 n 个资产，第 i 个资产对整个投资组合的风险贡献值为 RC_i，先计算组合的波动率对每项资产权重的偏导数。

2. 上证股债风险平价指数的业绩表现

将上证股债风险平价指数与其他指数对比（见表 7.15）发现，相对于股票指数（沪深 300 和中证 500），它在波动率与回撤上有着巨大的优势；而和波动率接近的上证 5

年期国债指数相比，它又有着更高的收益率。此外，上证股债风险平价指数的夏普比率和 Calmar 比率都大于 1，表现出极其优异的收益-风险特征。

表 7.15 上证股债风险平价指数与其他指数的表现对比（2008.12.31—2016.06.20）

指数	上证股债风险平价指数	上证 180	上证 380	沪深 300	中证 500	上证 5 年期国债指数（全价）
累计收益率	42.79%	53.51%	174.77%	59.48%	183.10%	26.75%
年化收益率	5.05%	6.10%	14.99%	6.66%	15.47%	3.33%
年化波动率	2.04%	26.83%	30.18%	26.77%	30.56%	2.04%
最大回撤	3.20%	49.31%	56.50%	48.03%	56.00%	4.80%
夏普比率	1.25	0.13	0.41	0.16	0.42	0.41
Calmar 比率	1.57	0.12	0.27	0.14	0.28	0.69

数据来源：Wind，星潮 FOF 整理

3. 国内市场股债风险平价策略

对于国内市场，我们也尝试对风险平价策略进行测算。我们选用中证 800 指数作为股票类资产，选择中证全债指数作为固定收益类资产，利用风险平价策略进行权重的优化，测算资产的收益情况，时间设定为 2009.01.01—2015.12.31，如图 7.25 所示。

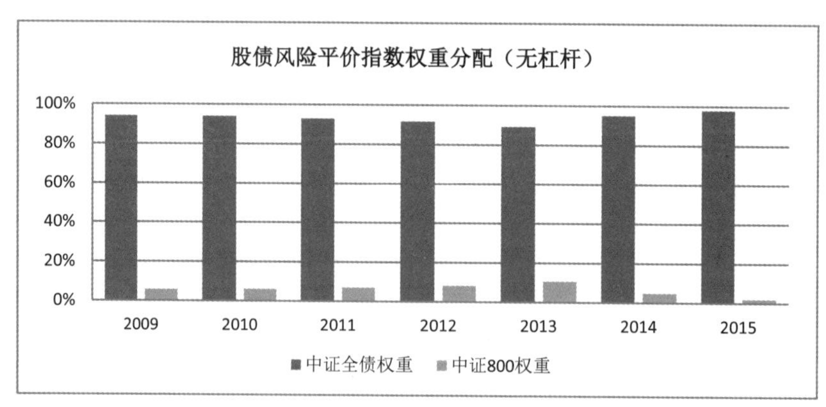

图 7.25 股债风险平价指数权重分配（无杠杆）

数据来源：数据来源：星潮 FOF

从配置权重上来看，由于中证全债指数的波动率远远小于中证 800 指数，因此，在不设杠杆的情况下，债券类资产在总资产中将始终占据超过 90%的比例，使得整体资产对于股票的暴露较小，难以分享股市上涨带来的收益。

针对债券比重过大，无法分享股市带来的收益情况，我们采用放大股票持仓的方法。图 7.26 统计了放大 4 倍的股票持仓后的权重分配。

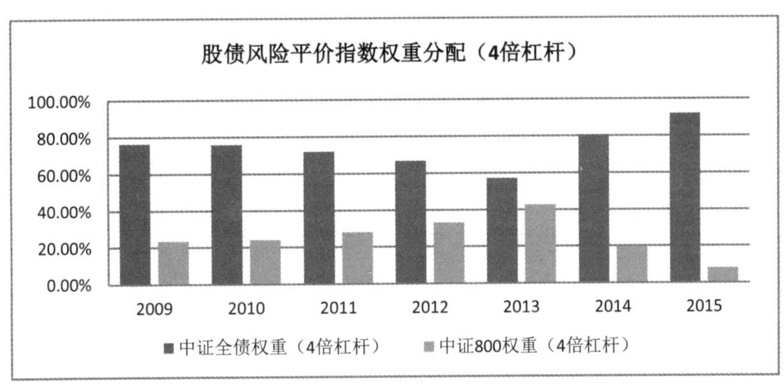

图 7.26 放大 4 倍股票持仓后的权重分配

数据来源：星潮 FOF

在施加杠杆后，能在一定程度上使资产分配的比例相对均衡，也能够提高收益率，但同时也将加剧资产的波动及资产的最大回撤。通过统计发现，通过调整股票持仓造成的波动及回撤仍然小于单纯股票指数。图 7.27 和表 7.16 是我们统计的风险平价指数收益情况。

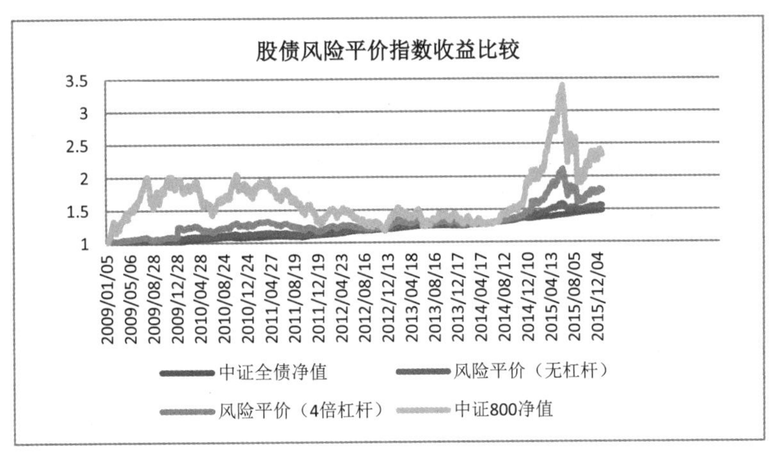

图 7.27 风险平价指数收益情况

数据来源：星潮 FOF 整理

表 7.16　股债双资产配置风险平价统计（2008—2016 年）

指数表现	风险平价（无杠杆）	风险平价（4 倍杠杆）	中证 800	中证全债
年化收益率	7.98%	11.19%	19.03%	3.39%
年化波动率	7.19%	9.07%	23.21%	7.19%
夏普比率	0.859672455	1.035587197	0.742071	0.220674
最大回撤	6.65%	24.14%	44.13%	2.37%

数据来源：星潮 FOF

由此可见，风险平价能够在提高收益率的同时平缓市场波动，有杠杆的资产配置在提高收益率的同时加大了市场波动，但从夏普比率和最大回撤来说，仍然跑赢了市场。

4．纯股票型风险平价策略

当前对于我国市场上的公募基金而言，对债券类资产施加杠杆的可行性较低，因此这里我们尝试利用纯股票型指数来构建风险平价策略，避免资产配置上过度配置债券而无法分享股市上涨带来的收益。

我们采用当前市场上的股票指数——上证 50、沪深 300 及中证 500 作为测算的指数标的，如图 7.28 和图 7.29 所示。

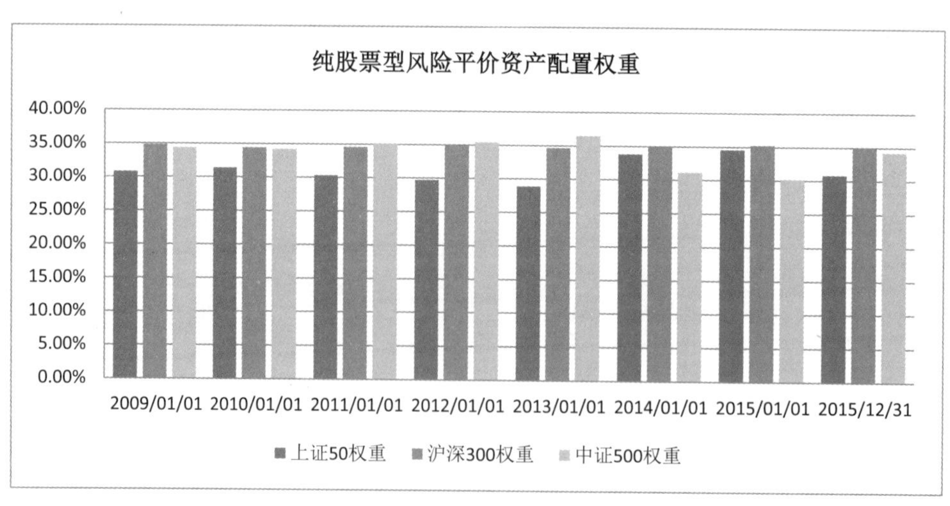

图 7.28　纯股票型风险平价资产配置权重

数据来源：星潮 FOF 整理

图 7.29　纯股票型风险平价策略收益

数据来源：星潮 FOF 整理

从测算结果来看，该风险平价策略表现一般，和中证 800 不相上下，但可以略降低整体资产的波动。

7.5　策略比较与总结

我们认为，受到标的基金标的的稀缺及监管对于产品类型的限制，如何对现有的股票型、债券型、混合型及货币型基金进行资产的配置和风险的控制可能是公募 FOF 发展初期的重点。三种资产配置模式对比如表 7.17 所示。

表 7.17　三种资产配置模式对比

配置模式	配置目标	实施难点	FOF 可行性	相关参考指数
目标日期策略	随时间逐步降低风险	如何根据市场波动调整资产下滑路径	海外有成熟经验，股债型 FOF 可行性较强	星潮退休宝系列指数
目标风险策略	设定风险上限，并尽可能调整 Beta 值	如何估计资产的未来相关性，以及市场基准的选择	可以模仿标普相关指数，利用 300ETF/中证 500ETF 等进行选择	标普目标风险指数
风险平价策略	保证各个资产风险贡献相同	如何估计资产未来相关系数及波动率	在私募产品领域可能有较大的机会	星潮 FOF 指数

从不同策略 2008.1—2016.6 的回测结果来看，风险平价策略获得了最高的年化收益率及夏普比率，同时不同策略的表现呈现出较大的差异。我们认为，产生这些差异的原因主要在于配置目标。

7.6 耶鲁基金模式

在 FOF 资产的配置模式上，经典的耶鲁基金模式为我们提供了参考，其多元化的资产有效地实现了全球配置和宏观对冲。对于 FOF 产品来说，同样可以借助耶鲁基金模式来配置基金，实现资产配置的多元化、全球化。

耶鲁捐赠基金被称为全球运作最成功的学校捐赠基金，备受世人瞩目，耶鲁基金模式也创造了机构投资史无前例的成就。其市值在 30 年里增长了 11 倍之多，从 1985 年的近 20 亿美元增长到 2015 年的 255.72 亿美元。从耶鲁基金模式的资产配置流程来看，主要包括：（1）投资组合的选择——投资组合包含哪些资产类别，以及每种资产类别权重的分配；（2）市场时机的选择——对于不同的市场情况，选择偏离长期资产配置的短期操作；（3）证券的选择——对于每种资产类别，进行证券选择的优化，如图 7.30 所示。耶鲁基金资产规模及其年化收益率如图 7.31 所示。

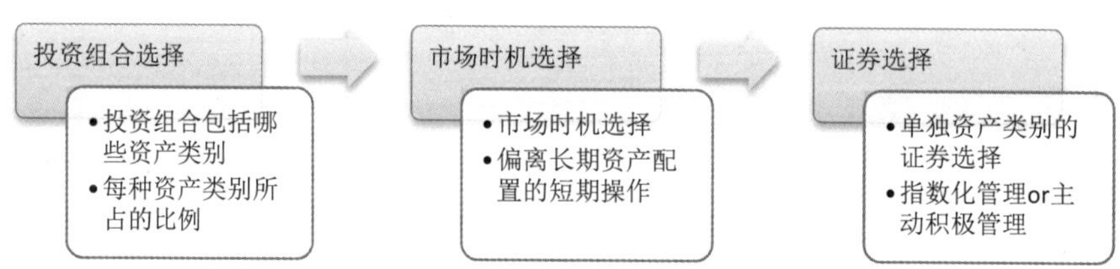

图 7.30 耶鲁基金模式的资产配置流程

相对于传统的股债配置，耶鲁基金模式充分利用自己的永续性质，一方面多投资长期、非上市或低流动性的房产基金、私募股权、自然资源基金等非传统资产配置；另一方面，在资产配置上尽量分散风险，在权重分配时加大国外股票(包括新兴市场)的配置比重。

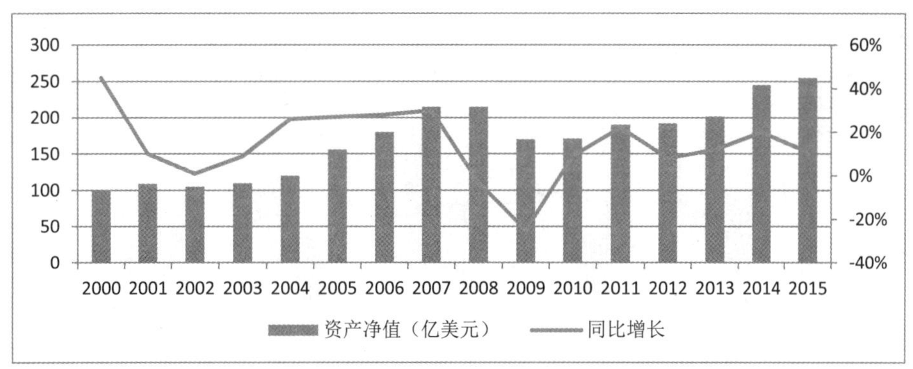

图 7.31　耶鲁基金资产规模及其年化收益率

数据来源：星潮 FOF 整理

优势之一：分散投资，全球配置

耶鲁基金模式与传统模式不同，它在资产配置上加大国外股票（包括新兴市场）的比重，减少投资和持有债券、国内股票及现金，突破投资心理上常见的“home biased”问题（在资产分配上过分看重自己本土的股票和资产，对国外的资产配置比重不够），真正实现投资风险的分散化，如图 7.32 和图 7.33 所示。

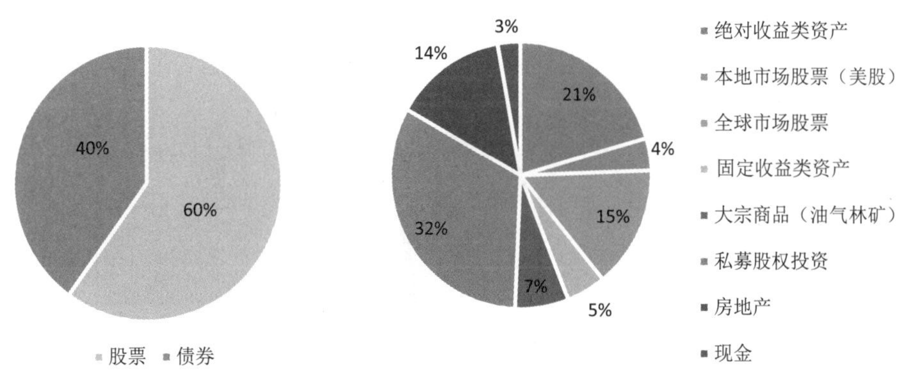

图 7.32　传统股债配置　　　图 7.33　耶鲁基金模式资产配置

截至 2015 年 6 月，耶鲁基金中 14.7%的资产投资于全球股票市场，远远大于投资于本地市场的比例 3.9%，如图 7.34 所示。其中投资于美国以外发达国家的比例为 4.5%，投资于新兴市场的比例为 9%。

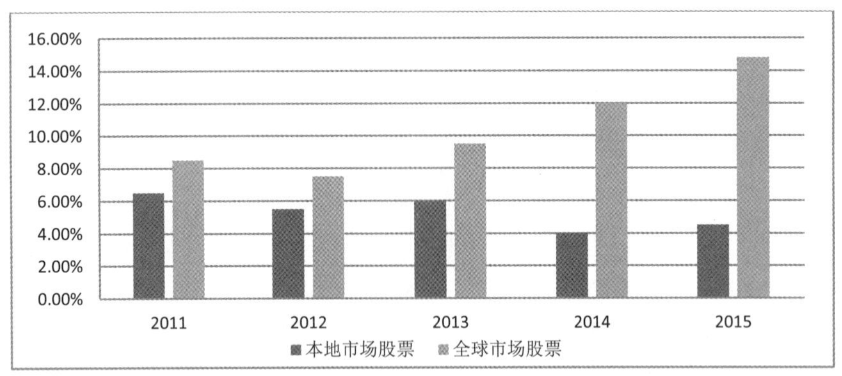

图 7.34　2012 年以来耶鲁基金海外股票资产比例持续上升

数据来源：星潮 FOF 整理

优势之二：多元投资，宏观对冲

耶鲁基金模式充分利用自己的永续性质，一方面多投资长期、非上市或低流动性的房产基金、私募股权、自然资源基金等，利用这类流动性较低的资产，赚取所谓的流动性溢价。截至 2015 年 6 月，耶鲁基金中投资于大宗商品、私募股权及房地产的比例分别占到 6.7%、32.5%、14%，合计占比超过 50%，如图 7.35 所示。

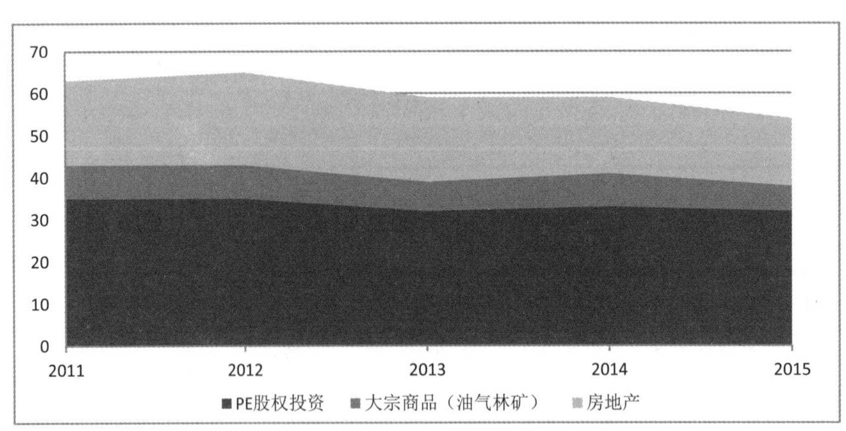

图 7.35　耶鲁基金资产配置中非传统资产的配置比例

数据来源：星潮 FOF 整理

另一方面，配置大宗商品及房地产等抗通胀能力较强的股票使得耶鲁基金模式能够在一个较长的时间段里显著地战胜通胀，如图 7.36 所示。

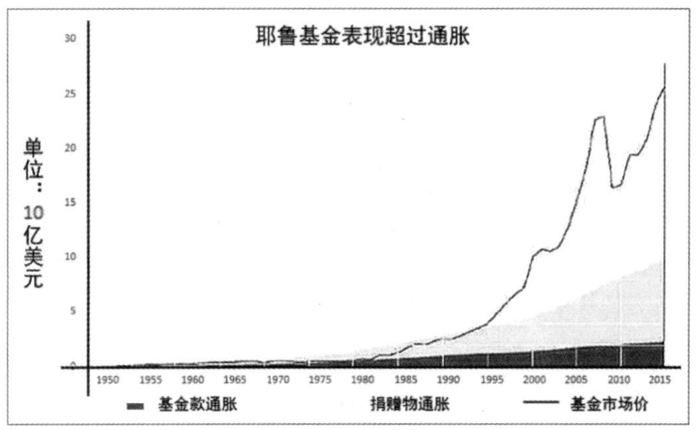

图 7.36　耶鲁基金表现情况

数据来源：星潮 FOF 整理

优势之三：精选个券，战胜基准

在实现资产全球配置及配置多元化的基础上，耶鲁基金对于每个资产类别的证券选择也进行了一定的优化。从 2005 年 6 月至 2015 年 6 月耶鲁基金旗下各个资产类别的表现来看，均战胜了市场主动基准及被动基准，如图 7.37 所示。

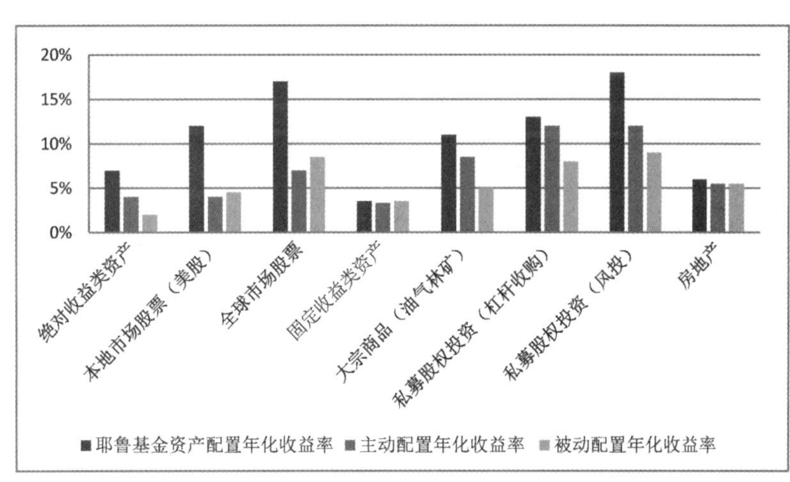

图 7.37　耶鲁基金资产配置收益率与主动、被动配置比较

数据来源：星潮 FOF 整理

第 8 章　风险平价理论

◆ 摘要 ◆

经典的资产配置策略以马科维茨的均值-方差模型为基础，目标是在给定组合风险水平的条件下，寻找预期收益率最高的权重配置。然而，该理论有着一个重大不足，就是只考虑组合整体的风险，而忽视风险的构成。通过这一方法构建的资产组合，常常会出现风险被某一类资产完全控制的现象，这与分散化投资的理念相悖。为了克服这一弊端，磐安（PanAgora）基金的首席投资官钱恩平（Edward Qian）博士提出了著名的风险平价（Risk Parity）策略。后来，这一思想被桥水（Bridgewater）基金运用于实际投资，并大获成功。作为一类资产配置方法，风险平价策略在 FOF 中有着极为重要的意义和广泛的实用价值。

8.1　风险平价的定义

风险平价（Risk Parity）策略通过平衡分配不同资产类别在组合风险中的贡献度，实现了投资组合的风险结构优化。通过风险平价配置，投资组合不会暴露在单一资产类别的风险敞口中，因而可以在风险平衡的基础上实现理想的投资收益。

传统的大类资产配置方法是建立在资产的基本分类、回报率和波动水平之上的。这种方法看似将风险分散，但由于不同资产类别的风险水平不同，反而会造成风险的不均衡。尤其是在重大风险事件来临的时候，投资组合往往极其脆弱。

风险平价思想是指将不同风险的资产，通过权重设置使得每种资产（或者基于因子）的风险贡献基本相等，从而达到风险均衡分散的目的，以解决传统的资产组合中风险过度集中在一种资产上的问题。

比如，对于一个波动率为 20%的股票资产和 5%的固定收益率资产的 60/40 组合，在相关性为 0.2 的时候，股票资产的风险贡献达到 92%，而债券资产的风险贡献仅仅为 8%，风险过度集中在权益资产上。风险平价理论的提出者在数学上证明了风险贡献和损失来源近似相等，因此以上组合出现较大的负回报的时候有 92%的概率都是股票资产价格下跌所带来的。

此外，风险平价理论的贡献还在于明晰了主要的风险因子和风险溢价，以及对部分资产的风险属性进行了纠正，比如高收益债更多地体现了股权风险溢价，这对资产组合理论也具有重要的意义。

风险平价策略虽然提高了夏普比率，但其代价是放弃了更高的预期收益率。如果需要达到目标更高的预期收益率，则风险平价策略可以运用杠杆。

图 8.1 是一个简单的风险平价组合实例。通过对债券引入杠杆机制，风险平价组合能够获得比传统意义上的有效前沿更好的收益风险比。即在相同风险水平下，风险平价组合的预期收益更高（图中图点标记的地方）；或者在相同预期收益率下，风险平价组合的风险更低（图中图点标记的地方）。

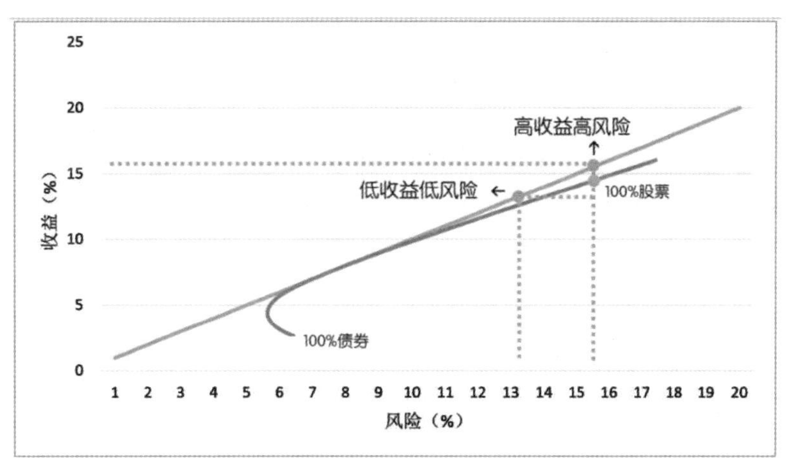

图 8.1　风险平价组合与有效前沿

风险平价策略的具体算法如下。

由 N 个资产组成的资产组合的总风险可以分解为各项资产的边际风险。

$$\mathrm{RISK}(r_p)=\mathrm{CTR}_1+\mathrm{CTR}_2+\cdots+\mathrm{CTR}_N$$

$$\mathrm{CTR}_i=w_i+\mathrm{Cov}(r_i,r_p)/\sigma_p$$

而风险平价可以表示为

$$\mathrm{CTR_i} = \mathrm{CTR}_j,\ i \neq j$$

也可以表示为

$$\sum_{i=1}^{N}\sum_{j=1}^{N}(\mathrm{CTR}_i - \mathrm{CTR}_j)^2 = 0$$

那么，我们可以通过将其转化为一个优化问题来获取各个资产的权重。

$$\min_{\mathrm{w}}\sum_{i=1}^{N}\sum_{j=1}^{N}[w_i\mathrm{Cov}(r_i,r_j) - w_j\mathrm{Cov}(r_j,r_p)]^2$$

$$\sum_{j=1}^{N} w_i = 1, w_i > 0$$

8.2 风险平价的分类

1．基于资产类别的风险平价策略

基于资产类别的风险平价策略是 Bridgewater（桥水基金）的创始人 Ray Dalio 提出的一种全新的投资哲学。他提倡配置风险，而不是配置资产。传统的资产配置方法控制的是绝对风险，也就是整个投资组合的波动性；而风险平价控制的是相对风险，让各资产类别的风险处于相对平衡的水平。由于组合的风险达到了平衡，所以理论上可以抵御各种风险事件，也就是所谓的“全天候”（All Weather）策略。

“全天候”的投资理念认为，所有资产类别都有经济环境的偏好。某类资产在某些经济环境下会表现得很好，而在其他经济环境下则会表现不佳。例如，在出现通缩式经济衰退的时候，债券的表现是最好的；而在经济强劲增长的时候，股票的表现最好。表 8.1 是桥水基金投资组合在不同的经济环境下配置的资产类别。尤其值得注意的是，不同经济环境下的投资组合对该基金的边际风险贡献率都为 25%。

表 8.1　桥水基金投资组合的资产配置

	通　胀	通　缩
经济增长	25%风险 股票、商品、公司债、新兴市场债券	25%风险 通胀联系债券、商品、新兴市场债券
经济衰退	25%风险 国债、通胀联系债券	25%风险 股票、国债

2. 基于风险因子的风险平价策略

另一种更为复杂的风险平价理念来自高盛，该方法同样认为以资产类别为基础的资产配置方法会造成风险端的失调。因此，它的资产配置理念是设立一揽子风险因子，以此为基础分解投资组合中的资产并进行优化。在这个体系下，资产配置的核心是资产所内含的风险因子类别的平衡。

例如，在传统的资产配置框架下，股票与大宗商品、债券是不同的资产类别，因而可以同时配置。但事实上，有些资源类企业的股票与大宗商品的相关性很高，而有些固定收益类股票对利率的敏感性也与债券接近。因此，如果按照传统方法进行资产配置，那么一旦针对某一类风险因子的风险事件来临，投资组合的风险敞口将会高于预期。

此外，在金融市场上，可投资的资产种类数以千万计，但所内含的风险因子通常不超过百种。这样，只要把所有资产先进行因子分类并赋予相对应的风险因子与价格变化率，便能对整个资产组合的风险进行调控，从而大大提高管理效率。

8.3 资产类别的风险平价策略

对于私募 FOF 而言，由于可以配置的资产类别比公募 FOF 要丰富得多，所以可以进行多资产风险平价配置。这里笔者提出两个指数，分别为星潮 FOF 中国指数和星潮 FOF 全球指数。

8.3.1 星潮 FOF 中国指数

（1）选取上证 50 指数、中证 500 指数、中证全债指数和大宗商品指数作为配置的资产集。

（2）时间段从 2008 年 1 月 1 日到 2015 年 12 月 31 日。

（3）根据 D-公式，将当年的最大回撤作为风险度量 v_i，也就是 ABS (净值最低点−最高点)/最高点。

（4）计算出每个资产的权重 w_i 后，进行这几个品种的配置，每半年轮换一次。

1. 各资产的走势相关性

为了选择构建风险平价策略的资产标的，我们通过观察 2008 年以来各个资产的相关系数，寻找相关系数较低的资产构建风险平价组合。我们观察上证 50 指数、中证 500 指数、中证全债指数及大宗商品指数的走势相关性，如图 8.2 所示。

图 8.2　上证 50、中证 500、中证全债和大宗商品走势图

数据来源：星潮 FOF

4 类资产的收益率数据从 2009 年 1 月 5 日起，以日线计算。在应用具体的配置方法之前，首先对每类资产的收益的关联程度进行了解。表 8.2 给出了资产年化收益率相关系数矩阵，时间范围是 2009 年 1 月 5 日至 2015 年 12 月 31 日。

表 8.2　资产年化收益率的相关系数矩阵

	中证全债	中证 500	上证 50	大宗商品
中证全债	1.00			
中证 500	0.11	1.00		
上证 50	0.71	0.16	1.00	
大宗商品	0.24	0.48	0.33	1.00

数据来源：星潮 FOF

不同资产两两之间的相关性并不高，因此选择合理的权重降低整个组合的风险不仅是必要的，也是可行的。根据风险平价的思想，每半年调仓 1 次；根据 D-公式，在不能卖空的约束下，计算权重。

2. 指数表现（无杠杆）

星潮 FOF 中国指数资产配置权重（无杠杆）如图 8.3 所示。

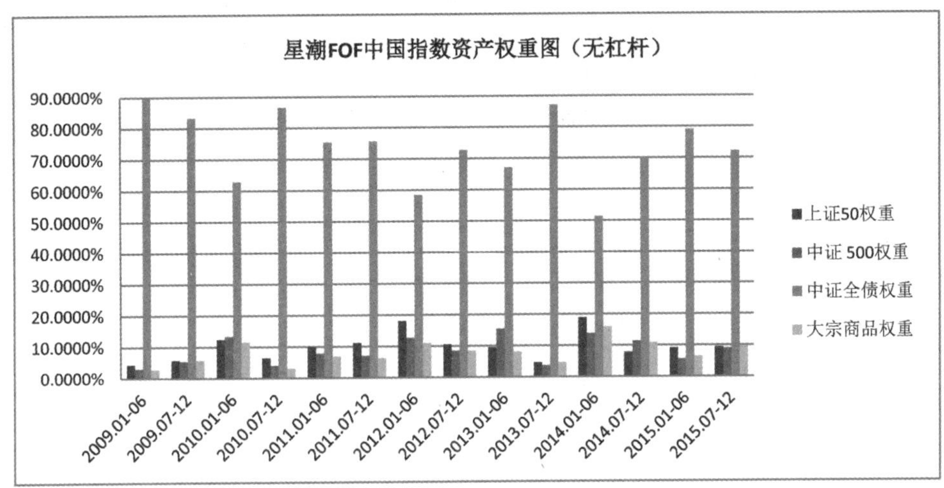

图 8.3 上证 50、中证 500、中证全债和大宗商品指数的权重图（半年调仓）

星潮 FOF 中国指数净值走势（无杠杆）如图 8.4 所示。

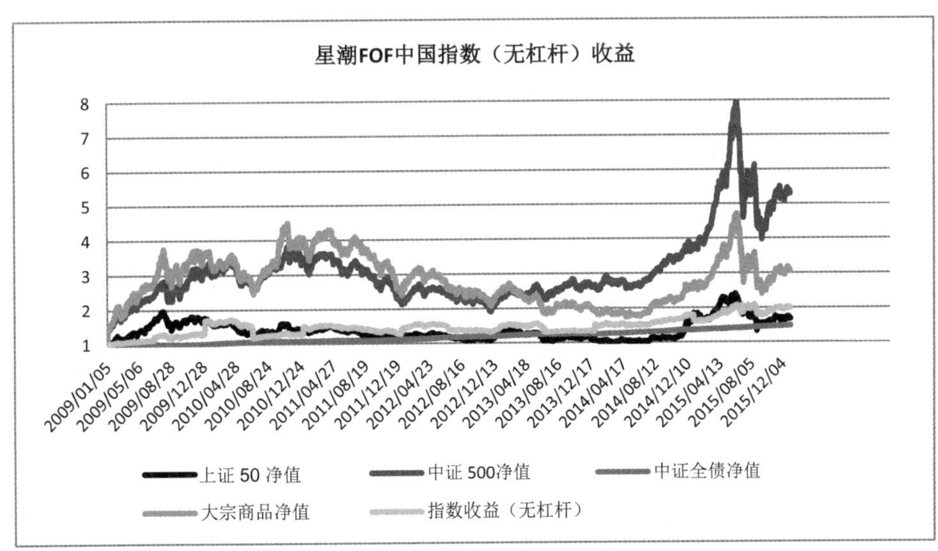

图 8.4 星潮 FOF 中国指数净值走势图（无杠杆）

数据来源：星潮 FOF

从配置上来看，由于债券类指数的波动率远远小于股票类指数，因此，在配置上债券类资产在总资产中将始终占据超过 50%的比例。从策略表现来看，该策略获得了平均 14.23%的年化收益率，回撤也小于同时期上证 50、中证 500、中证全债和大宗商品指数，市场波动明显小于中证 500 指数和大宗商品指数。虽然星潮 FOF 中国指数的累计收益不及中证 500 指数和大宗商品指数这两类股票资产，但在收益的稳定性上却有着压倒性的优势，并大大跑赢债券市场收益，是一个相对均衡的策略。表 8.3 进一步统计了星潮 FOF 与各资产的收益-风险指标。

表 8.3 几类资产收益表现对比

	星潮指数（无杠杆）	中证全债	中证 500	上证 50	大宗商品
累计收益率	99.60%	48.40%	430.15%	68.47%	205.37%
年化收益率	14.23%	6.91%	61.45%	9.78%	29.34%
年化波动率	3.23%	2.00%	14.78%	4.04%	10.00%
最大回撤	31.97%	2.37%	50.56%	50.42%	61.46%
夏普比率	3.84	2.56	4.04	1.98	2.75
Calmar 比率	0.45	2.92	1.22	0.19	0.48

数据来源：星潮 FOF

如果仅从收益的角度来看，星潮 FOF 中国指数在不施加杠杆的情况下，收获了平均 14.23%的年化收益率，高于同时期债券。但由于在不同的市场环境中，风险平价 FOF 对各类资产都有相同的风险暴露，因而不论是波动还是回撤都被控制在一个相对较低的水平上。星潮 FOF 中国指数的年化波动率仅为 3.23%，略高于同时期中证全债指数，而它在观察期内的最大回撤则低于任何一个单独的股票资产类别。不仅如此，风险平价 FOF 的收益风险比也非常优越，是一个较好的策略。

3. 指数表现（有杠杆）

上文中的风险平价 FOF 虽然有着极为稳定的收益，但由于在债券资产上配置了超过 6 成的权重，因而付出了收益缩水的代价。要解决这个问题，需涉及风险平价理念的另一个核心要素——借助债券的杠杆机制。简单来说，就是通过杠杆放大债券资产的收益和波动，提升整个组合的投资回报率。

在国内，同样可以通过质押回购的方式提高投资债券的杠杆率。例如，投资者持有 100 万元国债，假设其质押率为 95%。那么他就可以质押手中的债券获得 95 万元现金，继续用来购买国债。如此循环往复，在没有任何限制的条件下，理论上最多能持有 2000 万元国债资产。这样，投资债券的风险和收益同时被放大，风险平价策略就能发挥更大的作用。

不过，出于防范金融风险的目的，金融机构投资债券的杠杆率受到较为严格的控制，很难达到理论值。因此，本文针对不同的杠杆率进行了实证分析，既考虑到现实中的可操作性，也能从理论的角度研究风险平价策略的价值。我们同样将中证全债指数放大 2 倍杠杆，其他几个资产不变，重新进行风险平价后，配置和收益如图 8.5 和图 8.6 所示。

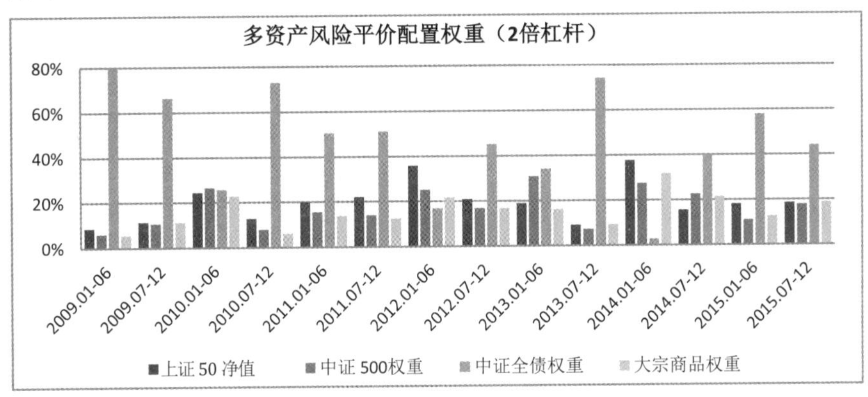

图 8.5 上证 50、中证 500、中证全债和大宗商品指数的权重图（2 倍杠杆）

数据来源：星潮 FOF

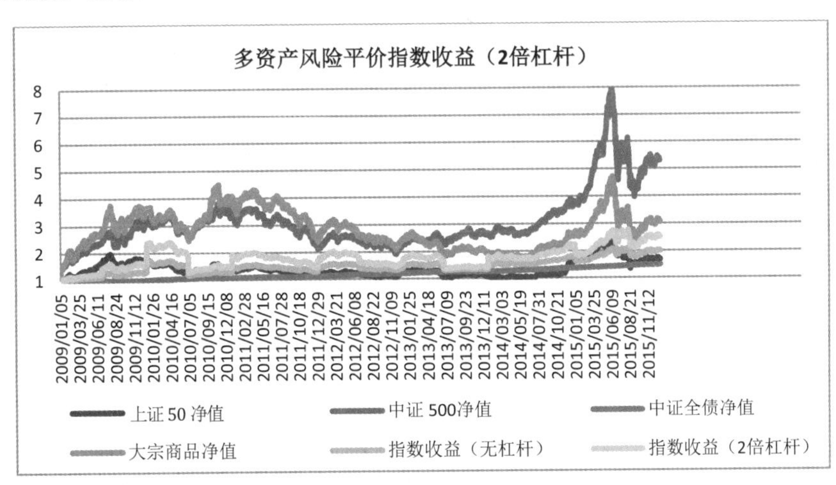

图 8.6 星潮 FOF 指数与其他资产收益图

数据来源：星潮 FOF

星潮 FOF 风险平价中国指数对比统计（2009—2015 年）如表 8.4 所示。

表 8.4　星潮 FOF 风险平价中国指数对比统计（2009—2015 年）

	中证全债	无杠杆	2 倍杠杆	中证 500	上证 50	大宗商品
累计收益率	48.40%	99.60%	150.79%	430.15%	68.47%	205.37%
年化收益率	6.91%	14.23%	21.54%	61.45%	9.78%	29.34%
年化波动率	2.00%	3.23%	5.13%	14.78%	4.04%	10.00%
最大回撤	2.37%	31.97%	46.83%	50.56%	50.42%	61.46%
夏普比率	2.56	3.84	3.85	4.04	1.98	2.75
Calmar 比率	2.92	0.45	0.46	1.22	0.19	0.48

数据来源：星潮 FOF

由表 8.4 可见，多资产风险平价能够在提高收益率的同时平缓市场波动，有杠杆的资产配置在提高收益率的同时加大了市场波动，但从最大回撤、夏普比率和 Calmar 比率来看，仍然有较好的收益风险比。

8.3.2　星潮 FOF 全球指数

（1）选取标普 500 指数、中证全债指数、标普高盛商品指数和巴克莱对冲基金指数作为配置的资产集。

（2）时间段从 2008 年 1 月 1 日到 2015 年 12 月 31 日。

（3）根据 D-公式，将当年的最大回撤作为风险度量 v_i，也就是 ABS (净值最低点−最高点)/最高点。

（4）计算出每个资产的权重 w_i 后，进行这几个品种的配置，每半年轮换一次。

星潮 FOF 全球指数资产权重如图 8.7 所示。

由图 8.7 可以发现，中证全债指数和巴克莱对冲基金指数由于波动率小，因而所占比重较大。

星潮 FOF 全球指数收益图如图 8.8 所示。

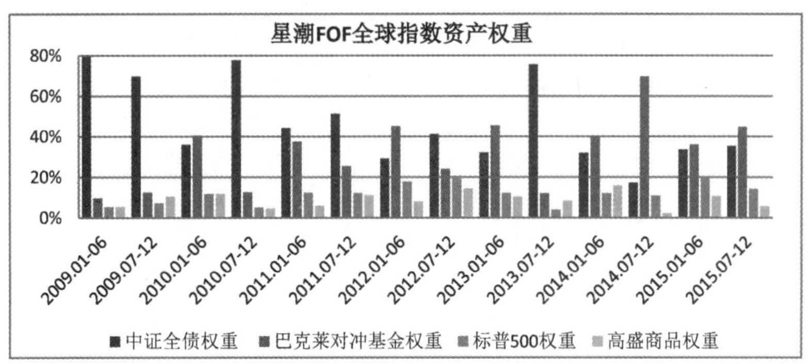

图 8.7 星潮 FOF 全球指数资产权重

数据来源：星潮 FOF

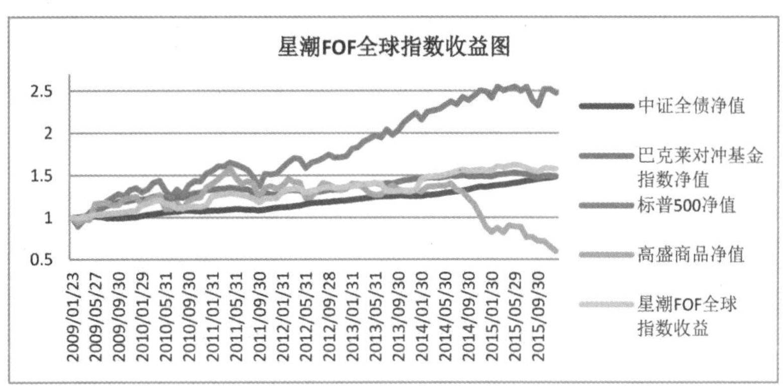

图 8.8 星潮 FOF 全球指数收益图

数据来源：星潮 FOF

星潮 FOF 全球指数统计表如表 8.5 所示。

表 8.5 星潮 FOF 全球指数统计表

	中证全债指数	巴克莱对冲基金指数	星潮 FOF 全球指数	标普 500 指数	高盛商品指数
累计收益率	48.40%	48.86%	57.65%	147.49%	–40.34%
年化收益率	6.91%	6.98%	8.24%	21.07%	–5.76%
年化波动率	14.14%	13.31%	18.50%	47.61%	21.96%
最大回撤	2.00%	7.36%	8.56%	17.03%	62.30%
夏普比率	0.42	0.45	0.39	0.42	–0.31
Calmar 比率	3.46	0.95	0.96	1.24	–0.09

数据来源：星潮 FOF

由上述图表可见，星潮 FOF 全球指数能够在取得比债券和对冲基金更高收益率的同时，平缓股票市场带来的巨大波动，在年化波动率和最大回撤上相比股票市场具有明显的优势。

8.4　风险因子平价策略

8.4.1　分散什么样的风险

引入风险平价策略的初衷是寄望于通过平均分配各类资产对组合风险的贡献度，以期在各种经济或市场环境中都能分散投资风险，获取稳定的回报。但事实上，策略的成功和所选择的资产性质息息相关。如果不加分析地盲目使用，很容易得到似是而非的结论，来看这样一个例子。

1．一个例子

假设有 4 个待配置的资产，它们的波动率完全相同且互不相关。按照风险平价的理念，每个资产的权重恰好等于 25%。此时，第 5 个资产被加入组合中，它有着和其他资产完全相同的波动率，且和第 4 个资产的相关系数为 1。同样，基于这 5 个资产构建风险平价组合。简单计算可知，前 3 个资产的权重各为 22.65%，而第 4、5 个资产的权重则都等于 16.02%。

这一结果似乎与直观感受不符。因为本质上这个问题只包含了 4 个资产，而非 5 个。如果要求每个资产对组合的风险贡献相等，那么所谓的第 4 个和第 5 个资产的贡献度之和就应当和前 3 个相同，即 25%。又因为这两个资产的波动率一致，所以，各自的权重应为 12.5%。

产生这样的矛盾，根源在于选择了不适当的资产类别，使得风险平价组合出现了紊乱。当然，这只是一个人工构造的极端案例，但相似的问题却常常出现在实际操作中。例如，一个包含 5 个股票指数和 5 个债券指数的风险平价组合，其风险恰好可以在股票和债券这两类资产中完美平衡。但是，如果该组合由 7 个股票指数和 3 个债券指数构成，那么组合风险的 70%就会来自股票资产，这就完全背离了风险分散的初衷。由此可见，单从资产类别的角度考虑风险平价组合并不完备。那么，有没有更好的方法呢？

2. 风险组合

假设集合$(A'_1,\cdots,A'_m)$表示 m 个基础资产，在组合中的权重为$(y_1,\cdots,y_m)$。集合$(A_1,\cdots,A_n)$为 n 个由基础资产构成的复合资产，对应的权重为$(x_1,\cdots,x_n)$。定义 $W=(w_{i,j})$为第 j 个基础资产 A'_j 在第 i 个复合资产 A_i 中的权重。例如，A'_j 是一只股票，而 A_i 则是包含该股票的某个指数。进一步定义 $\mathrm{RC}(A_i)$和 $\mathrm{RC}(A'_j)$分别为第 i 个复合资产与第 j 个基础资产对组合风险的贡献度。考虑如下含有 6 个基础资产的例子。

基础资产的波动率分别为 20%、30%、25%、15%、10%和 30%，且互不相关。复合资产共有 3 个，由这 6 个基础资产中的某几个等权重加权而得。具体的权重为

$$W=\begin{pmatrix} 1/4 & 1/4 & 1/4 & 1/4 & & \\ & & 1/4 & 1/4 & 1/4 & 1/4 \\ & & & 1/2 & 1/2 & \end{pmatrix}$$

假设投资组合 1 由这 3 个复合资产组成，占比分别为 36%、38%和 26%。那么，可对组合的风险构成进行分解，如表 8.6 所示。

表 8.6　投资组合 1 的风险分解

（a）复合资产		
σ=10.19%	X_i	$\mathrm{RC}(A_i)$
A_1	36.00%	33.33%
A_2	38.00%	33.17%
A_3	26.00%	33.50%
（b）基础资产		
σ=10.19%	Y_i	$\mathrm{RC}(A'_i)$
A'_1	9.00%	3.12%
A'_2	9.00%	7.02%
A'_3	31.50%	59.69%
A'_4	31.50%	21.49%
A'_5	9.50%	0.87%
A'_6	9.50%	7.82%

数据来源：Risk Parity Portfolios with Risk Factors

站在复合资产的层面上来看，这是一个标准的风险平价组合，每个资产的风险贡献度均在 33%左右。然而，如果对于构成复合资产的基础资产而言，则第 3 个资产

A'_3 却贡献了组合近 60%的风险。这个看似风险分散的组合，实际上却暴露于单个资产的风险之上。

考虑另外一种配置方式，复合资产的权重分别为 58%、50%和 2%，记为投资组合 2。表 8.7 是在该情况下组合风险的分解结果。

表 8.7　投资组合 2 的风险分解

（a）复合资产		
σ=10.19%	X_i	RC(A_i)
A_1	48.00%	49.91%
A_2	50.00%	47.67%
A_3	2.00%	2.42%
（b）基础资产		
σ=10.19%	Y_i	RC(A'_i)
A'_1	12.00%	6.43%
A'_2	12.00%	14.46%
A'_3	25.50%	45.35%
A'_4	25.50%	16.33%
A'_5	12.50%	1.74%
A'_6	12.50%	15.69%

数据来源：Risk Parity Portfolios with Risk Factors

在这样一个略显极端的权重分配下，虽然前两个复合资产的风险贡献度之和高达 97%，但基础资产的风险却比投资组合 1 更加分散。第 3 个资产的贡献度下降到 45%。

两个简单的例子却提出了一个深刻的问题：投资者在试图分散风险的时候，首先要弄明白究竟是在分散什么样的风险。例如，当你选择大宗商品（如原油和黄金）作为一类配置对象时，所需担心的可能并不是这两个资产本身，而是更加宏观的能源行业风险与通货膨胀。因此，在挑选其他资产时，应当避免那些风险暴露于这两个因素之上的品种。根据这一想法，如果将基础资产看作抽象的风险因子，将复合资产理解为实际的投资品，那么完全可以将风险平价的理念嫁接到风险因子上。而且从上述几个例子中可以看出，和平均分配资产的风险贡献度相比，采用风险因子显得更加合理、可靠。但是，与具体的资产不同，风险因子并没有明确的价格或收益率序列，需要通过模型从资产的收益率中提取。

8.4.2 风险因子的计算

在介绍如何将资产的收益率分解到因子上之前，对所选用的因子应当有一些基本的要求。首先，因子数量不宜过多；其次，因子之间应当是不相关的。借用多元统计分析中的因子模型可以快速、有效地实现这些目标。

假设组合中共有 n 个资产$\{A_1,\cdots,A_n\}$，同时有 m 个风险因子$\{F_1,\cdots,F_m\}$。$\boldsymbol{R}_t$是时刻 t 这 n 个资产的收益率向量，其协方差矩阵为$\boldsymbol{\Sigma}$。$\boldsymbol{F}_t$是因子的收益率向量，协方差矩阵为$\boldsymbol{\Omega}$。建立如下的线性因子模型：

$$\boldsymbol{R}_t=\boldsymbol{A}\boldsymbol{F}_t+\varepsilon_t$$

其中，$\boldsymbol{F}_t$和误差向量不相关，$\boldsymbol{A}$ 是 $n\times m$ 维的载荷矩阵，ε_t为误差向量的协方差矩阵。

记资产的权重向量为 $\boldsymbol{x}$，风险因子的权重向量为 $\boldsymbol{y}$，可以得到 $\boldsymbol{x}$ 与 $\boldsymbol{y}$ 之间的关系为 $\boldsymbol{y}=\boldsymbol{A}^{\mathrm{T}}\boldsymbol{x}$。因此，只需知道其中任何一个权重，就能很容易地计算出另外一个。

事实上，通过上述体系不仅可以计算出任意权重对应的因子风险贡献度，构建因子风险平价组合，而且也可事先设定因子对组合风险的贡献度，通常称为“风险预算（Risk Budget）”，来得到相应的权重。如此，风险平价的理念在因子层面被大大地拓宽。尤其是“风险预算”概念的引入，极大地方便了那些对风险管理有特殊要求或偏好的机构投资者。

除了计算权重外，资产配置过程中的另一个重要问题就是不同加权方式的比较。在传统的均值-方差体系中，夏普比率是一个行之有效的工具。然而，这种比较依然停留在组合的风险层面，并不涉及风险的构成。很有可能是组合的风险低，但却集中在一个资产之上，这和分散化投资的理念完全是相悖的。因此，对风险集中程度的考察不仅是必要的，而且有很强的现实意义。

假设 $p=(p_1,\cdots,p_n)$是 n 个资产的风险贡献度集合。注意，这里的风险贡献既可以是资产层面的，也可以从因子的角度定义。直观上，一个好的反映风险集中度的指标应当具备以下基本性质：第一，当某个资产或因子的风险贡献度为 100%时，指标为 1；第二，当所有资产或因子的风险被平均分配，即每个资产或因子的风险贡献度为 $1/n$ 时，指标为 0。在此基础上，本文引入 3 个度量风险集中度的指标。

（1）Herfindhal 指数：$H(p)=\dfrac{n\sum_{i=1}^{n}p_i^2-1}{n-1}$。记 $N=\dfrac{1}{\sum_{i=1}^{n}p_i^2}$ 为独立因子的个数。

（2）Gini 指数：$G(p)=\dfrac{2\sum_{i=1}^{n}ip_{(i)}}{n\sum_{i=1}^{n}p_{(i)}}-\dfrac{n+1}{n}$ 。其中，$p_{(1)},\ldots,p_{(n)}$是将$(p_1,\ldots,p_n)$

从小到大排列后得到的新集合。

（3）Shannon 熵：$I(p) = -\sum_{i=1}^{n} p_i \, In(p_i)$。为方便计算，实际应用中常用 $I'(p)=\exp\{I(p)\}$作为观察指标。

以 4 个因子为例，若组合的风险被平均分配，则 p=(1/4, 1/4, 1/4, 1/4)。此时，$H(p)$=0，独立因子个数 N=4，$G(p)$=0，$I'(p)$=4。

8.4.3　一个人工构造的简单案例

假设 FOF 组合包含 4 只具体的基金，其波动率分别为 21.19%、27.09%、26.25%和 23.04%，相关系数矩阵为

$$\rho = \begin{pmatrix} 1.000 & & & \\ 0.690 & 1.000 & & \\ 0.795 & 0.764 & 1.000 & \\ 0.662 & 0.572 & 0.663 & 1.000 \end{pmatrix}$$

能够解释基金风险来源的因子共有 3 个，对应的载荷矩阵为

$$\boldsymbol{A} = \begin{pmatrix} 0.9 & 0 & 0.5 \\ 1.1 & 0.5 & 0 \\ 1.2 & 0.3 & 0.2 \\ 0.8 & 0.1 & 0.7 \end{pmatrix}$$

这 3 个风险因子互不相关，波动率分别为 20%、10%和 10%。误差项的协方差矩阵 $\boldsymbol{D}$ 是一个对角阵，元素为 10%、15%、10%和 15%。

构造等权重组合，并根据上述设定计算每只基金对组合风险的贡献度，结果如表 8.8 所示。

表 8.8　FOF 组合中基金的风险贡献度

σ =21.40%	X_i	RC(A_i)
A_1	25.00%	21.97%
A_2	25.00%	27.71%
A_3	25.00%	28.32%
A_4	25.50%	22.00%

数据来源：Risk Parity Portfolios with Risk Factors

由表 8.8 可见，在简单的等权重组合中，每只基金对组合风险的贡献度几乎是均

衡的，那能不能就此判断这样的配置方式是风险平价的呢？还需从风险因子的角度作进一步的考察。表 8.9 是根据因子模型计算的 3 个因子对组合风险的贡献度。

表 8.9 FOF 组合中因子的风险贡献度

σ=21.40%	Y_i	RC(F_i)
F_1	100.00%	80.49%
F_2	22.50%	9.53%
F_3	35.00%	9.91%

数据来源：Risk Parity Portfolios with Risk Factors

显然，4 只基金的风险均衡并不意味着因子的风险均衡，第一个因子贡献了 FOF 组合 80%的风险，集中程度比表面看到的要大得多。

而在实际投资中，基金产品之间的风险结构远比这个人工构造的例子复杂。因此，在构建 FOF 的过程中，尤其需要重视风险因子层面的平衡，以免徒有分散化投资其表，却无风险分散之实。

8.4.4 使用对冲基金构建 FOF 组合

Roncalli 和 Weisang（2012）使用道琼斯瑞信全对冲指数（Dow Jones Credit Suisse All Hedge Index）旗下的 10 个次级指数来构建模拟的 FOF 组合。具体包括：（1）可转债套利；（2）沽空策略；（3）新兴市场；（4）股票市场中性；（5）事件驱动；（6）固定收益套利；（7）全球宏观；（8）股票多空策略；（9）管理期货；（10）多策略。为了全面展示因子风险平价策略的特点，他们选择了 3 种不同的加权方式进行对比。

- 价值加权（Asset-weighted）：以构成次级指数的基金产品的总规模为权重。
- 资产风险平价加权（ERC-weighted）：令 10 个次级指数的风险贡献度相等。
- 因子风险平价加权（Factor-weighted）：使用主成分分析的方法提取风险因子，并要求前 4 个因子的风险贡献度相等。

组合以月度为频率进行权重的再平衡，每次计算都使用调仓日回推两年之内的收益率数据。图 8.9 和图 8.10 是上述 3 个不同 FOF 组合在 4 个风险因子上的贡献度，以及在 10 个次级指数上的权重配置（箱线图分别代表回溯期上风险贡献度和资产权重的分布）。

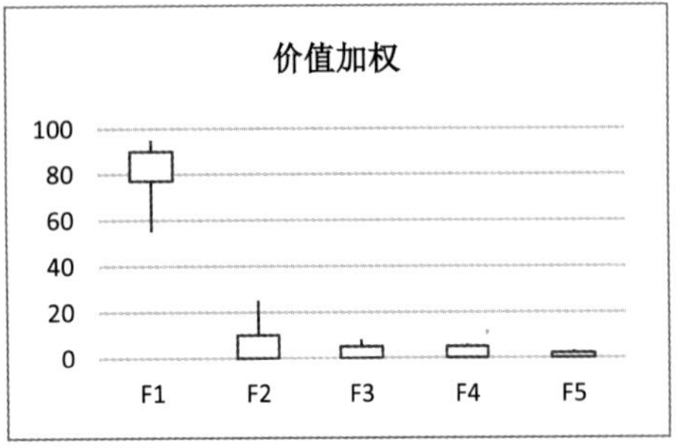

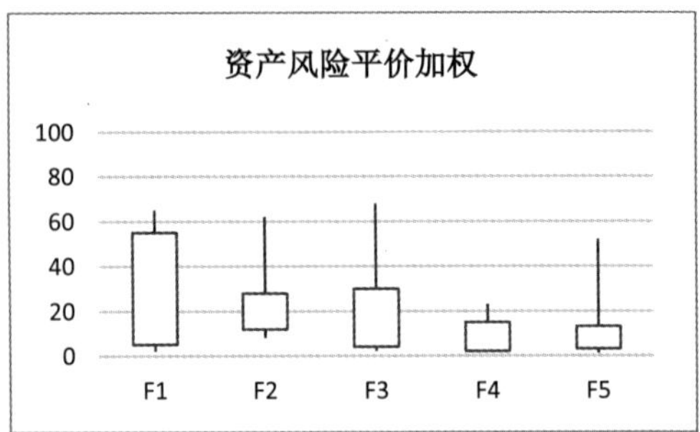

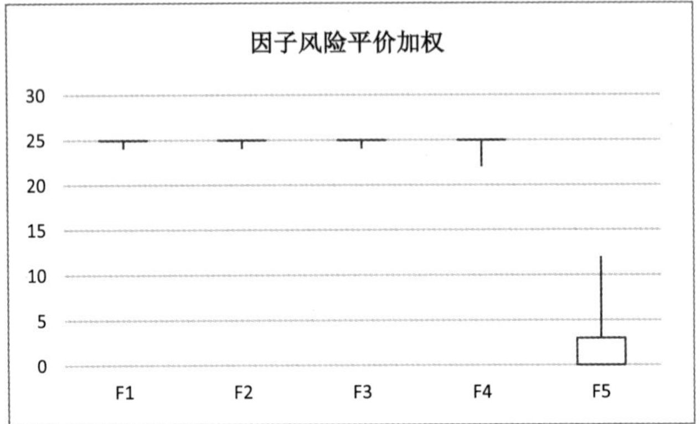

图 8.9　对冲基金 FOF 的风险分解

数据来源：Risk Parity Portfolios with Risk Factors

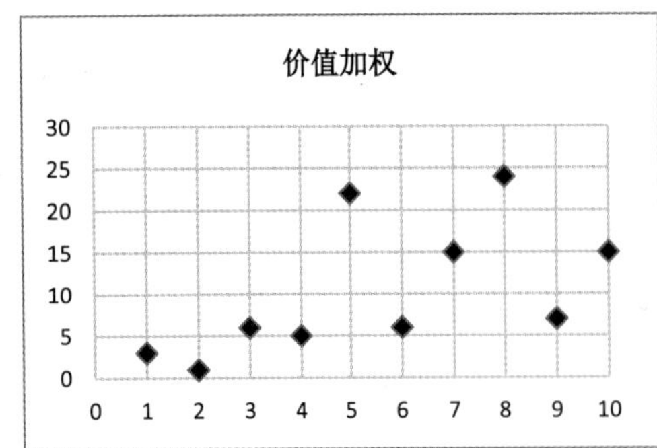

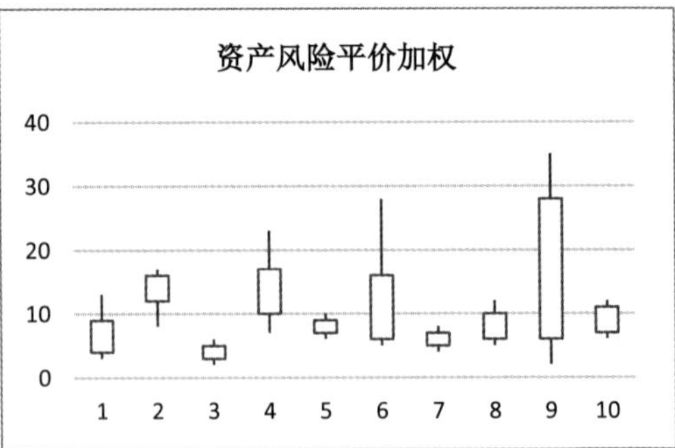

图 8.10　对冲基金 FOF 的资产权重

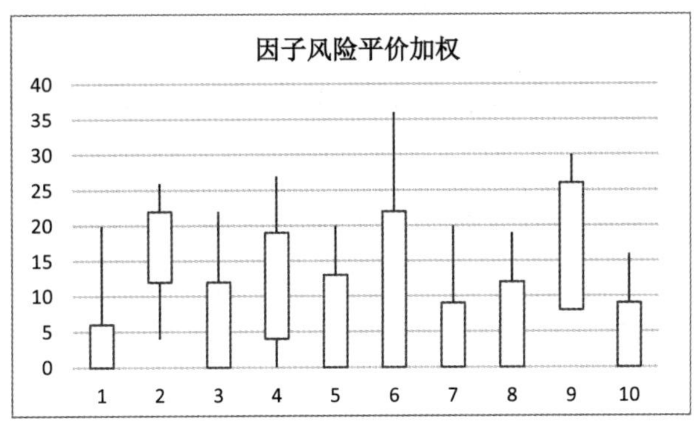

图 8.10 对冲基金 FOF 的资产权重（续图）

数据来源：Risk Parity Portfolios with Risk Factors

由风险分解的结果可知，价值加权组合的大部分风险集中在第一个因子之上，其风险分散的效果很差。相对而言，资产风险平价组合的风险分散性略优于价值加权组合，但它在第一个因子上的风险暴露依然过高，而且波动非常大。不过可喜的是，因子风险平价组合一如预期，在每个月都近乎完美地平分了组合的风险。

当然，为了获得风险上的均衡，平价策略也付出了高换手率的代价。从资产权重的波动程度来看，价值加权组合的稳定性最高，资产风险平价组合次之，因子风险平价组合每个月需要调整的幅度最大。

使用因子风险平价策略究竟能不能降低投资的风险？图 8.11 给出了 3 个模拟 FOF 组合 2006—2013 年的业绩表现。

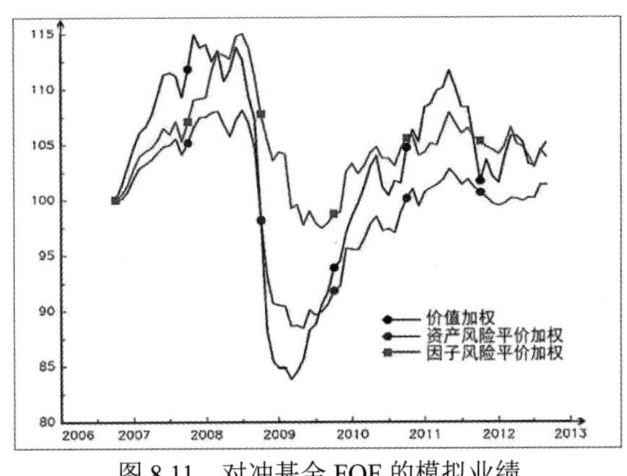

图 8.11 对冲基金 FOF 的模拟业绩

数据来源：Risk Parity Portfolios with Risk Factors

整体而言，因子风险平价组合与价值加权组合的累计收益率接近，均高于资产风险平价组合。但是，因子风险平价组合在 2008 年金融危机前后的损失明显更低。表 8.10 是 3 个组合的收益-风险统计与风险集中度的评估结果。

表 8.10　对冲基金 FOF 的收益-风险统计与风险集中度

	价值加权组合	资产风险平价组合	因子风险平价组合
年化收益率（%）	0.86	0.23	0.64
年化波动率（%）	7.93	4.85	4.58
最大回撤（%）	−27.08	−18.22	−15.30
偏度	−2.04	−1.84	−0.60
峰度	6.24	6.88	1.68
月度换手率（%）	0.00	7.45	43.34
$H(p)$	0.72	0.30	0.14
N	1.40	2.96	4.16
$G(p)$	0.83	0.67	0.52
$I'(p)$	1.75	3.81	4.34

数据来源：Risk Parity Portfolios with Risk Factors

因子风险平价组合的年化收益率不如价值加权组合，但高于资产风险平价组合。其年化波动率和最大回撤都是 3 个模拟 FOF 组合中最低的，体现出因子风险平价理念在风控上的优越性。而且，从偏度和峰度两个指标来看，因子风险平价组合产生的收益率分布也更接近正态。此外，由前文的风险集中度指标可知，如果组合的风险完全分散，则 $H(p)$和 G(p)应当为 0，N 和 $I'(p)$应当为 4。显然，风险因子平价组合最接近这一标准。唯一不足的是，因子风险平价组合的月度换手率较高。一个可能的原因是计算因子时所用的数据长度过短（2 年），更长的时间窗口将有助于降低再平衡过程中的换手率。

8.5　风险平价策略的思考

8.5.1　一些问题

1. 策略高配低波动性资产可能存在的问题

我们认为，在风险平价策略社会应用广泛性超过一定比例，大面积应用该策略时，提高债券比例与股票的波动性不再是独立不相关的，这样风险平价理论中提高债券比例与股票波动性独立的隐含假设不再成立（当然，单个资产管理者的行为确实不会改变两者之间的独立性）。

若全社会资产管理行业都大面积运用该策略提高债券资产比例，则意味着经济体中更多资产配置在债券上，整个经济体融资结构天平更倾向于债券融资。由于整个社会资产（包括股票权益资产和债务资产）的收益和收益的波动性只取决于经济创新和资源配置等其他外生变量，相对融资结构外生（MM 定理表明，在具备完美资本市场的经济中，企业的市场价值与它的资本结构无关），因此债券融资比例的提高意味着股票权益资产隐含的杠杆增加，这会提高股票权益资产的风险和波动性。

所幸在实际中，资产管理行业提供的资金虽然在经济体中的占比越来越大，但毕竟不是全部经济活动的资金来源，同时资产管理行业也不会普遍运用该策略，因此，实际上策略不至于完全无效，但是策略的效果确实与该策略的运用程度有关。

2. 资产定价与组合最优的问题

风险平价提出者证明了在各资产夏普比率相等的时候，风险平价组合在均值-方差上是最优的。但是夏普比率相等意味着风险和收益率成正比，收益率按风险定价（风险平价理论认为，在收益率服从正态分布的情况下，波动性可以衡量风险）。但是风险不等于波动性，虽然波动性可以在一定程度上刻画风险，但这并非风险的全部含义。而且收益率按风险定价是存疑的，看看全球和我国的低波动率因子收益率就知道了，低波动率股票长期收益率好于高波动率股票，从 2005 年至 2016 年 7 月底，沪深 300 累计收益率为 226%，而采样来自沪深 300 成分股的 300 低波动率指数累计收益率为 467%。

再从股票债券视角来看，如果就短期波动性而言则债券风险低，但是在长期抵御通胀上，债券远不如股票，从这个角度而言，债券的长期风险大于股票。西格尔教授的数据统计显示，以持有 30 年来看，1802—2006 年，股票的最低年均收益率为 2.6%，而最高为 10.6%；债券的最低年均收益率为−2%，最高为 7.4%。因此，换个统计视角，股票长期持有的风险反而小于债券。

如果资产定价，特别是长期资产定价不按照风险定价，则风险平价组合并非最优组合。

3. 通胀溢价与策略主动性问题

通胀风险溢价是风险平价中的三大风险溢价之一，但是体现通胀溢价的商品本身不创造价值，而股票权益代表的是人类的创造性活动，其长期价值存在，通胀过热到以至于对股票收益产生明显负面影响毕竟不是多数现象（不过经济未来不可预测，而且由于人类寿命所限，容易记住过去三四十年的经济现象并视为常态化；但如果放到几百年视角里，则可能是少数时候才有的现象），因此风险平价将通胀风险溢价作为长期配置的一个重要因子可能会降低平价组合的长期收益率，虽然这并不否认商品在一定时期作为风险平价的配置资产的存在意义。

风险平价在短期内不作资产趋势预判或许是不错的选择，但是完全放弃长期的预判和主动性可能并不是最优选择项，特别是在经济环境发生系统性变化的时候。

4. 宏观经济环境大改变与风险溢价因子

风险平价策略中的三大溢价或许只在全球经济长周期向上的时候存在，此时经济增长带来股权溢价，而伴随经济周期出现的通胀也带来通胀溢价，一旦出现长周期向下，经济增长使得股权溢价大大削弱，需求带来的通胀溢价也不存在，经济可能面临通缩环境。而且下行周期通胀紧缩可能长期存在，通缩时代的风险因子或许要根据经济环境的系统变化而有所调整，现金作为一个因子可以考虑加入风险平价策略中。虽然现金难以创造价值，但是在通缩和长周期下行背景下，增长因子体系或许要切换到保值因子体系。然而问题并非如此简单，由于政府的扩张，实体通缩叠加着金融资产的全面膨胀，全球多年的凯恩斯财政和货币刺激政策，现金作为实体通缩时代的因子价值可能被金融通胀所削弱，在当前的宏观经济和金融环境下，我们难以找到经济长周期下行过程中较为稳定的因子溢价。

5. 当前金融资产泡沫中债券市场收益率过低的问题

事实上，全球债券市场的大牛市是大家认为风险平价策略取得成功的重要原因。由于高配了低波动性的债券，债券近 30 年的大牛市和低波动性对风险平价组合产生了巨大的效果。然而当前全球市场债券的收益率非常低，一旦债券市场收益率上行，风险平价组合的表现可能面临逆转。对此，风险平价思想的提出者做出了自己的回应，主要观点包括：其一，利率不可预测，日本的历史表明，虽然利率较低，但是可以更低，而且债券收益率与货币市场利差较大，期限结构陡峭程度大，这或许意味着未来利率上升在一定程度上被消化；其二，利率上升并不一定导致亏损，只要利率曲线的斜率为正，且利率上升小于一定程度，在利率上涨的情况下，债券仍然可能带来正收益。

除了利率上涨外，质疑者对高杠杆下拥挤的债券市场所带来的流动性问题表示担忧，长期资本管理公司的教训还在，风险平价提出者提出杠杆无处不在来回应。我们认为，利率过低的回应有一定道理，但是毕竟利率向下空间和向上空间已经严重不对称，且关于杠杆的回应是无力的，杠杆与流动性风险始终是需要高度重视的。

尽管存在各种问题，但是风险平价的思想还是具有很大的参考意义，其风险均衡原则获取溢价的思想是重大的创新，但是确实其社会应用程度、不同长周期中风险溢价和因子的系统性变化及股票债券长期风险等问题需要纳入考虑范畴。那么，除了以上策略本身的问题外，风险平价策略在中国的应用中面临哪些问题呢？

8.5.2　风险平价策略中国化的问题

1．中国的风险因子问题

作为股权的溢价与经济增长并不必然相关，这取决于资本、劳动及创新之间的分配。虽然整体经济增长率低，但是上市公司利润增长和权益市场可能较高。如虽然日本经济增长停滞，但上市公司及股市表现仍然可圈可点。

反观中国未来经济下滑，虽然当前增速仍然高于发达经济体，但缺乏新增长引擎，而且最重要的是经济效益难言乐观，体现在占市值最大比例的银行的利润增速接近于0，不良资产仍然在扩延，而占据各种社会资源的大国企，如钢铁、煤炭等周期股面临利润负增长的问题。因此，中国股权风险因子难言乐观，或许创业板块股权因子和溢价存在，但是无奈当前仍然鱼龙混杂、估值太高。

除了股、债、商品、现金外，中国提出汇率因子或许也要加入。虽然风险平价提出者认为汇率因子并不捕捉风险溢价，理由是一种货币的溢价对应另一种货币的折价，但我们认为短期而言确实如此，因为在短期内国家力量对比变化不大，而长期汇率体现了不同国家之间的核心竞争力，而这种竞争力具有持续性，当天平向一方倾斜的时候，其汇率从中期来讲会有一定溢价。

2．风险因子对应的工具问题

首先是工具不够完善。中国金融市场全球开放性有限，国外的投资人想投向国内资产的过程中，往往发现缺乏与国外同类产品对标的金融工具，特别是大宗商品、对冲基金及金融衍生品等。股票、债券等虽然也有对应的金融工具，但是规模有限，流动性也不足。

其次是工具的费率问题。被动产品费率相对国外依然较高，国内 ETF 普遍的管理费率为 0.5%（但是相对主动基金已经很低了），而国外甚至低至 0.1%。

最后是杠杆及杠杆成本问题。风险平价策略和对冲基金一样，为了达到一定的预期收益率，需要运用杠杆。而中国杠杆工具仍然有限，如分级基金的限制，而且 ETF 的融资杠杆标的范围和杠杆比例仍然有很大的限制。杠杆的稀缺也就意味着杠杆的高昂成本，如融资费率高达 8%，或许这意味着中国实现风险平价落地时不得不接受一个较低的预期收益率。

第 9 章　业绩归因分析

◆ 摘要 ◆

当标的基金的产品获得了业绩后，这个业绩是否还能持续呢？对于这个问题，我们需要进行业绩归因分析，看看到底哪些来自基金经理的运气，哪些来自基金经理的技能？主要业绩归因模型包括 Fama 分解模型、BHB 模型、IK 模型等。星潮 FOF 根据这些模型，以公募基金产品数据为基础，也进行了案例分析。

9.1　运气与技能

有不少研究报告都得出结论：过去收益率高的基金经理接下来几年都不靠谱。那么问题来了：优秀投资到底来自哪里？是运气还是技能？那些明星基金经理，到底是踏准了风口，还是真的来自深度的研究、前瞻的判断？对于基金经理的考评，归因分析非常重要。我们常常发现，有些基金经理前一年能获得 100%的收益率，但并不保证第二年能获得 20%以上的收益率，有些人甚至还是负收益率。从长期来看，业绩的可预测性远远比单纯的优异过往业绩重要。

9.1.1　什么是运气

我们做的几乎所有事情都是运气和技能的结合，小到打一场德州扑克，大到做一次投资，甚至我们的整个人生都被运气和技能所影响。但如何分解到底有多少运气成分，多少来自我们的技能呢？从历史上看，错误的资产配置往往高估了技能成分，有许多当年业绩很好的基金经理之后几年的表现都比较一般。在美国做过一项研究，1985—2006 年间错误的资产配置给这些组合带来 1700 亿美元的损失。这项研究的作者总结出一条规律：“只要维持组合不变，就可以简单地节省上百亿美元的损失”，而不是根据历史结果做出单纯的推断而调整配置。

到底什么是运气？我们通过体育比赛的分类会有一个直观感受。在图 9.1 中，笔者把一些活动放到纯技能栏，另一些放到纯运气栏。比如，国际象棋和跑步比赛是纯技能活动，而乐透和轮盘赌则几乎是纯运气的。大部分活动在这些极端的中间，需要运气和技术的结合。所以在这些活动中，你需要认真考虑这些因素对结果所带来的影响。一旦你知道哪些活动被运气和技能驱动，你就有了有用的比较基础。

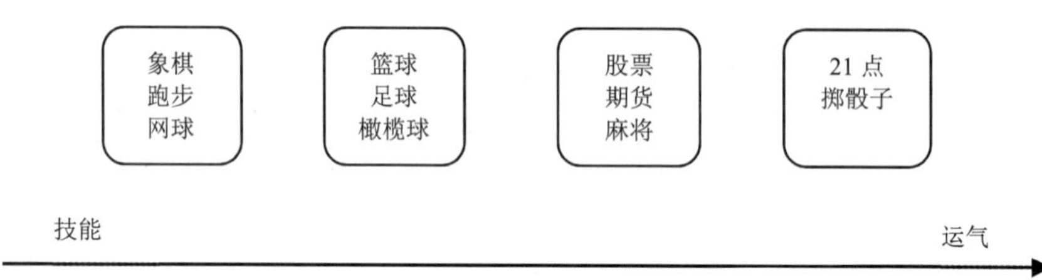

图 9.1　体育运动中的运气和技能

一个需要立刻指明的观点是：任何结合技能和运气的活动最终将回归均值。更详细地说，一个极端结果（无论好或坏）后将伴随着一个更接近均值的结果。均值回归是一个有趣的概念，技能和运气对于结果的不同贡献能对不同活动的结果造成很大影响。有一个很简单的测试去看一个活动中是否有技能因素：问自己能故意输吗？如果你无法故意输，或者很难，那么运气主导这个活动；如果故意输很容易，那么技能更重要。

9.1.2　分解业绩的技能和运气

1．创造评估结果的框架

由于各种活动中运气和技能的占比不同，微小的运气波动有时会让结果变化巨大。当技能决定结果的时候，我们只需要很小的样本点。比如，国际象棋选手根据比赛结果获得评分。这种评分体系是技能的良好体现（虽然选手的技能会稳定改善或下滑）。当一个选手的评分比对手高 200 点的时候，他有 75%的概率战胜对手。

相反，当运气主导结果的时候，你需要一个很大的样本。因为你需要看到足够多的结果来对冲掉运气成分。一个很好的例子是赛季有 162 场比赛的美国职业棒球赛。最好的球队会在赛季后冒出，但短期系列赛的胜负更多靠的是运气。而足够长的时间也是衡量技能和运气成分的重要因素。比如，要评估一个每天做许多交易的交易系统远远比一个集中持股的投资组合迅速。当然，我们很自然的做法往往是在一段相同的时间内评估所有结果（如一个季度、一季或者一年），核心是评估体系要根据这个活动量身定制。有些领域的技能是显而易见的，而有些领域需要筛选很长时间才能确认。40 年前，Amos Tversky 和 Daniel Kahneman 提出了一个常见的决策误导现象——“相信小数字”。这个想法是，我们常常相信小样本指标给出的代表性；而当运气和技能比例提高时，这个错误的程度开始上升。比如，当你看到一群跑步者比赛 5 次，而每次都是同一个人获胜时，你能够合理地总结出这个人是这群人中技能最好的。相反，如果你看到一个职业棒球手打击 10 次，则很难从中总结出他的技术有多好。有研究认为，在 100 次打击中，运气主导了 80%。而控制的幻觉也会对我们造成干扰。当我们感觉自己在主导的时候，我们自认为的获胜概率要高于真实情况。换句话说，当我们自己主导的时候，我们认为运气会站在自己这边。这种幻想在所有的活动中都会出现。比如，当我们想要大数的时候，我们就会狠狠地掷骰子；而想要小数的时候，我们就会温柔一些。

2. 分解衡量因素来更好地理解技能

在许多活动中，我们追踪特地的数据以衡量技能。但是有许多例子显示这些数据过于粗糙，无法将技能和运气的贡献区分开来。这个分析让我们思考是否能在其他活动中也运用如此的分解方法。关键在于统计数据需要有两种属性：首先，这些数据应该衡量一个人或一支球队实际控制的东西，而且要稳定；其次，衡量的东西对结果有直接的影响力。

衡量基金经理也能采用这种方式，一种衡量方式是看主动型因子。主动型因子是由耶鲁大学的两位学者 Martijn Cremers 和 Antti Petajisto 带来的新思索，反映组合中和基准不同的那一部分。这种衡量方式从 0%（组合和基准完全一致）到 100%（组合和基准完全不一致）。主动型因子越高，超额收益率也越高。

另一种衡量方式是考察业绩的持续性。如同著名的生物学家 Stephen Jay Gould 所说的，“长期的持续一定是伟大技能加上极端的好运气”。光靠运气或技能本身都无法创造一个长期持续纪录。技能也会因为尺寸而被稀释。比如，一个基金经理随着管理规模的增加会发现难以增加附加值。Jack Bogle 说过，在投资界随着资产规模增加，股票的投资性就大幅减少。假设一只基金最大不能持有 5%的某公司股票，Bogle 预计一只管理 10 亿美元的基金可以从 1900 只股票中选择，而一只管理 250 亿美元的基金则必须持有至少 250 只股票。所以成功往往会变成失败的种子。

9.1.3 业绩的连续性

连续性是指持续成功或者失败。连续性是衡量技能最优雅的指标，因为技能最好的人往往会保持连续纪录。并不是所有技能好的人都有连续性，但是长期连续的胜利一定由技能优秀的人所持有。

拥有一个足够大的开始样本，你可以预计有些参与者光靠运气就能有一些连续性。笔者常常用到的例子就是著名的抛硬币大赛。比如，你要求 1000 人抛硬币，你可以预计有 3%的人会连续抛出一面的硬币。笔者和 400 名学生进行了这项测试，有 2 名学生连续 7 次抛出同面的硬币。

在投资界，连续性并没有被详细研究过，许多评论家并不认为连续性是运气的产物。连续性被定义为持续几年战胜市场。比如，一个权威人士认为过去 40 年有 75%的概率会出现一只基金连续 15 年跑赢市场，这也是共同基金历史上跑赢的最长纪录（注：应该是 Bill Miller 的基金）。一个很好的例子就是假设我们有巨大的样本数和抛硬币模式。而事实上，1965 年只有 170 只共同基金（到了 1988 年也没有超过 1000 只），而只有 40%的共同基金能战胜一年市场，标准方差为 20%。

有研究人员分析了过去 40 年美国共同基金的持续性，包括 50 000 只共同基金的年报。他们的假设模型把每年观察到的现有基金的结果输入，计算运气的成分。他们模拟了 10 000 只共同基金的数据，并把这些和实际结果的连续性相比较。和之前几位相似，他们发现有些基金的连续性超越了运气所能引导的结果，也就是说，这些基金经理确实更多地体现出来的是技能，而不仅仅是运气成分。

研究人员通过其他方式也总结出在投资中确实有技能的成分。但是研究也表明，投资界中只有一小部分人拥有足够的技能，而有技能的基金比例在不断下滑。这和市场不断提高的信息有效性相一致。

9.1.4 业绩均值回归

无论是投资还是人生，我们总习惯于线性思维，觉得成功全部归因于自身，忘记了时代禀赋、运气和其他客观条件。所以我们最难接受的一件事就是均值回归，而这恰恰是在考验持续投资业绩中难以避免的。

均值回归的速度是由运气的贡献程度决定的。那些纯技能的活动，均值回归不会起到任何影响，只有技能层面的变化会影响到结果。而对于运气主导的活动，均值回归就很重要。你可以把技能想象成减慢均值回归的因素。比如，一名好于平均的篮球投手，可能会有好或坏的投篮表现。但是因为他的技能，所以从长期来看并不会让他回归到平均值。这对于低于平均的运动员同样有效。运气可能在短期扰动，但因为技能水平，回归会被限制。作为自然规律的追寻者，人类总是难以处理均值回归。这个概念的主要问题是系统内的变化和系统的不变化同时发生。变化和不变化共同运作，创造了许多困惑。

变化的部分是均值回归。我们看到，一个阶段内做得很好或很差的群体结果会在长期内回归平均。许多人很难理解均值回归，是因为人们更自然地外推最近的结果。所以一只股票、一个资产类别如果过去表现好，则总是被预期仍会表现优秀。

我们继续以体育比赛为例。图 9.2 中的坐标显示了 1999—2009 年职业棒球联盟胜负的均值回归。虽然每年的结果波动看上去很凌乱，但是长期结果很清晰：1999—2009 年的 10 年中，最好的球队胜率下滑了 14%，而最差的球队胜率提高了 12%，这就叫作“均值回归”。

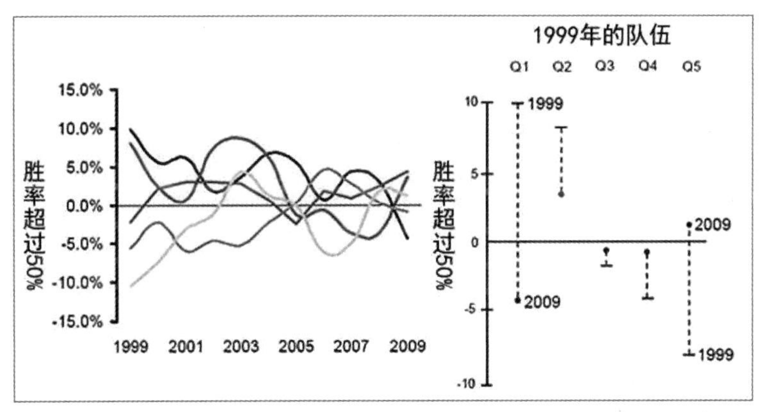

图 9.2 1999—2009 年职业棒球联盟胜负的均值回归

数据来源：星潮 FOF 整理

公司的表现同样展现了均值回归。这种现象已经被仔细研究了几十年。一家公司，技能就是比较优势，也就是公司获取利润超过成本的能力。公司就如同运动员，也有生命周期。哥伦比亚大学教授 Bruce Greenwald 说过，“长期看所有东西都是烤面包机”。他选择烤面包机来比喻一个成熟、充分竞争、没有进入壁垒及没有超额回报的商业。图 9.3 是罗素 3000 公司的业绩均值回复。

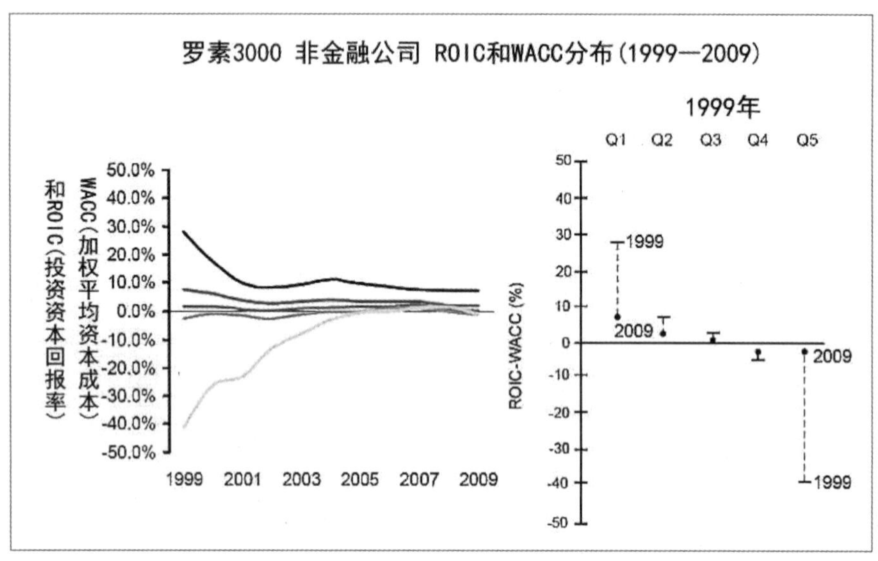

图 9.3　罗素 3000 公司的业绩均值回复

数据来源：星潮 FOF 整理

图 9.3 左边是罗素 3000 中有数据的非金融公司（样本超过 1800 家公司）根据其 ROIC 和 WACC 分布成 1/4 的排列。具体来看，最好的 1/4 和最差的 1/4 之间的差距从 1999 年的 70%下滑到 2009 年的 10%（图 9.3 右边）。需要注意的是，这个强大的均值回归包含一些具有优秀业绩的公司。

我们再看看投资中的均值回归。Jack Bogle 把 1990 年公募基金的表现也分成 1/4 档，然后看它们在 2000 年怎样表现。1990 年表现最好的 1/4 基金平均相对收益率到 2000 年下滑了 7.8%。同样，1990 年最差的 1/4 基金到 2000 年平均相对收益率上升了 7.8%。

可悲的是，有大量证据显示机构和个人投资者都没有意识到均值回归，也没有体现在他们的决策上。比如，标普在 2009 年之前的 20 年中，年化收益率达到 8.2%。但共同基金在此期间的平均回报率只有 7%，反映了费用对于业绩表现的拖累。更加可悲的是，投资者在此期间的平均回报率居然低于 6%，还不到市场回报率的 2/3。投资者跑输共同基金的原因是错误的择时：在市场（或者基金）表现好的时候买入，然后在市场（或者基金）表现差的时候卖出。这种行为和你预期了解均值回归的投资者行为是相反的。这也说明了为什么优秀的投资者、投资机构都已经放弃了择时。因为从长期来看，要做对择时非常难。

笔者一直认为这种错误的资产配置只会发生在散户身上，但是研究做机构配置的专业机构也发生了同样的问题。金融教授 Amit Goyal 和 Sunil Wahal 研究了 3400 只养老退休基金（比如退休金、慈善基金、捐助基金）在过去 10 年中聘用和解雇基金经理的决策。他们发现，这些养老退休基金在一个基金经理取得优异表现后聘用他，然而聘用后的超额收益为 0。而这些基金因为各种原因解雇基金经理（表现差是最主要的原因），却发现他们被解雇后取得了大幅的超额收益。

9.1.5 延递性

延递性在技能主导的活动，并且竞争力更强的一方永远获胜的时候最有效。在现实生活中，个人、团体、竞争者、策略之间的比赛往往缺乏延递性。能让你在某些环境下获胜的技能可能无法让你在另一个环境下复制成功。作为一条通用法则，延递性随着互动的复杂性增加而递减。很难仅仅通过技能和运气来分析延递性的程度，但是这个想法本身会给我们的决策带来帮助。

延递性也在投资界存在。比如，不同风格的成功往往会轮动。如果你是小盘股基金经理，会有一段时间小盘股跑赢大盘股，那么你只需要去上班就能做得很好。由于行业往往会限制单个基金经理的职能，所以成功通常是因为风格，而不是技能。

当我们研究共同基金行业时，就会发现这种规律。20 世纪 90 年代的 10 年和 2000 年后的头 10 年提供了有趣的比较。20 世纪 90 年代是主动管理基金最差的 10 年之一，只有 35%的基金年回报率超越标普。而 2000 年后的头 10 年是主动管理基金最好的 10 年之一，有差不多一半的基金年收益率超过指数。但是很少有人会想到 2000 年后的头 10 年对于主动管理基金会比 20 世纪 90 年代好，因为这期间的绝对收益要小得多。但是在相对收益上，2000—2009 年是主动管理基金的黄金 10 年，战胜市场的比例超过长期平均 25%。

而主动管理基金在最近 10 年做得如此之好的原因仍然主要和风格有关，而和技能关系不大。大部分用标普 500 作为基准的基金经理在组合中股票的平均市值都要小于指数。这也显示了一个简单的关系：当大盘股跑赢小盘股时，主动基金会跑输。这也就是 20 世纪 90 年代对比 2000 年后的头 10 年的不同。20 世纪 90 年代，大盘股平均每年跑赢小盘股 6.6%；而 2000 年后的头 10 年，小盘股平均每年跑赢大盘股 4.5%。如同延递性所建议的，不同的策略会在不同环境中取胜。

Peter Bernstein 是投资界耀眼的明星之一。他在 1998 年写了一篇文章，认为投资界中的超额收益很难延续到未来。Gould认为，所有选手和比赛的技能都会不断进步，这也让标准方差不断缩小。Bernstein推测，当市场变得更加有效时，相似的情况也会发生在基金经理身上。数据也支持他的分析：1960—1997年，共同基金超额收益的标准方差在缓慢并且持续地下滑。然而在2004年，Berstein重新运行了数据，并且发现标准方差突然从20世纪90年代的10%左右上升到1999年的20%。但是标准方差的突然上升是很短暂的，主要是因为投资风格的巨大波动。特别是在1999年的后期，大盘股基金经理也专注于投资高科技股，使得他们的回报大幅好于其他风格。而在科技股泡沫后，小盘股基金经理获得了非常好的超额收益。而在2004年他发表研究后，标准方差继续缩小，和他（及Gould）的理论相符。

总而言之，两种衡量技能和运气的方法是分析表现的连续性（连续性在这里是非常有用的方法）及均值回归的速度。均值回归在每个领域都很明显。核心思想是这个活动对于运气的依赖越大（或者越随机），那么均值回归的力量就越大。重要的是，许多决策者并没有意识到均值回归，而是基于过去的线性预测，从而对他们长期的结果造成伤害。这在投资界特别明显。

所以，基金产品的业绩到底有多少是因为基金经理的管理能力，有多少是因为运气因素呢？对于具体的单个产品的业绩，需要进行业绩归因，寻找背后的驱动因素。

9.2 主要业绩归因模型

目前业界广泛应用的基金业绩评价方法主要有财务评价、单因素评价、多因素评价、证券选择能力及市场时机选择能力评价、归因评价、持续性评价和基金评级评价等。财务评价主要有单位净值及净值收益率法两个指标。单因素评价方法主要有特雷诺指数、夏普比率、詹森指数、信息比率方法、M2方法、M3方法、衰减度方法、RORAC方法等。多因素评价方法主要有FAMA的三因素模型和Carhart的四因素模型。证券选择能力及市场时机选择能力评价方法主要有T-M模型、H-M模型、C-L模型及B-P模型等。

对基金业绩进行归因评价，将基金整体的业绩分解为基准收益、择时收益、选股收益，也就区分了在投资决策行为中战略资产配置、市场时机选择及证券选择决策各自的影响，从而使得管理层能够评估基金各种决策的质量。

业内主要业绩归因模型汇总如图9.4所示。

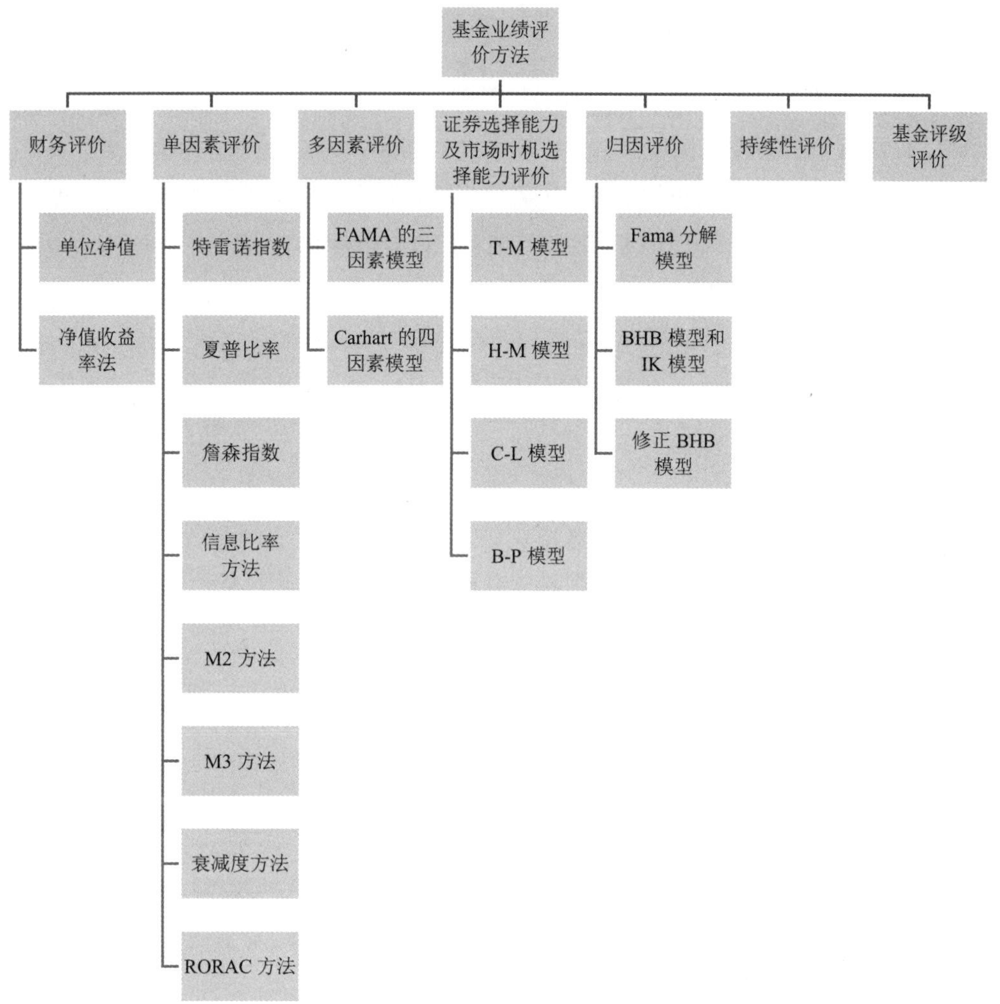

图 9.4　业内主要业绩归因模型

9.2.1　Fama 分解模型

Fama（1972）将组合的超额收益率分解为“选择回报”（Selectivity）和“风险回报”（Risk）两部分。其数学表达式如下：

$$r_p - r_f = (r_p - r_{\beta_f}) - (r_{\beta_f} - r_f)$$

其中，r_p、r_f、r_{β_f} 分别是组合 p 的投资收益率、无风险收益率及 SML 线上与基金 p

具有相同系统风险的收益率。$r_p - r_{\beta_f}$ 为选择回报，$r_{\beta_f} - r_f$ 为风险回报。

$$r_{\beta_f} = \beta_p (r_m - r_f)$$

选择回报为基金收益率与基金组合具有相同系统风险的被动组合收益率之差，也就是基金的詹森指数。该部分不能为基金系统风险和市场风险溢价所解释，因此称之为基金的股票选择回报。它可以进一步分解为“可分散回报”（Diversification）与“净选择回报”（Net Selectivity），如下式：

$$r_p - r_f = r_D + r_N$$

其中，r_D 为可分散回报，r_N 为净选择回报。

$$r_D = (r_m - r_f) \times (\frac{\sigma_p}{\sigma_m} - \beta_p)$$

如果投资者对基金组合设置了目标风险水平，那么在基金的总体风险中，部分风险可以看作投资者风险，另一部分则看作经理人风险。因此，风险回报就可以分解为“投资者风险回报”及“经理人风险回报”。如果令投资者目标风险为 β_I，则投资者风险回报 r_I 和经理人风险回报 r_m 分别为

$$r_I = \beta_I (r_m - r_f)$$

$$r_m = (\beta_p - \beta_I) \times (r_m - r_f)$$

总结：超额收益率=投资收益率–无风险收益率=选择回报–风险回报=詹森指数–(投资者风险回报+经理人风险回报)=可分散回报+净选择回报–(投资者风险回报+经理人风险回报)。

9.2.2 BHB 模型和 IK 模型

Brinson 等人（1986）认为，组合收益率与基准组合收益率的差异可以被归属于 3 个因素的作用：择时效应、选股效应及择时选股交互效应。由此，基金的业绩可以分解为投资政策（战略资产配置）、择时贡献和选股贡献及交互影响的业绩分解模型。择时效应反映了组合配置比例与基准组合类别比例不同而带来的收益率差异部分；选股效应则反映了实际每类资产投资组合和其基准组合不同而导致的收益率差异。模型的基本框架可以用四象限图来表示，如图 9.5 所示。

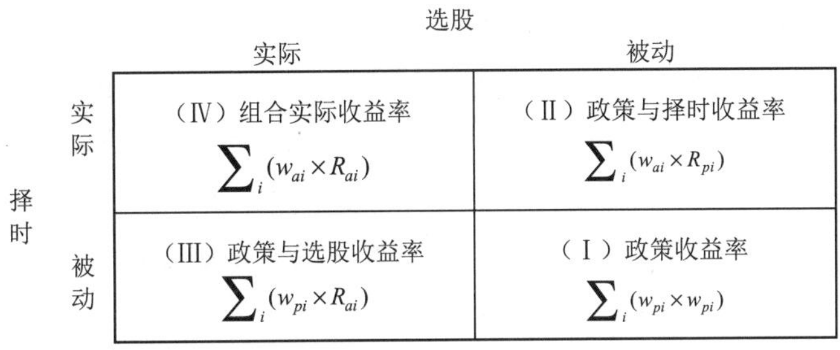

积极管理业绩分解：

择时贡献　Ⅱ－Ⅰ
选股贡献　Ⅲ－Ⅰ
交互影响　Ⅳ－Ⅲ－Ⅱ+Ⅰ
合计　　　Ⅳ－Ⅰ

其中：w_{ai} 为资产类别 i 的实际投资权重；
w_{pi} 为资产类别 i 的政策权重；
R_{ai} 为资产类别 i 的实际收益率；
R_{pi} 为资产类别 i 的指数收益率。

图 9.5　Brinson 业绩分解模型图

两个轴分别代表选股和择时活动，它们又分别包括实际和被动两种情况。第一象限表示政策（战略资产配置）收益率，它等于各资产类别政策权重与各资产类别指数收益率乘积的和（假定无任何选股及择时活动）。第二象限表示政策与择时收益率，其值等于投资组合各资产类别的实际权重与对应指数收益率乘积之和；实际权重和政策权重之间的差异反映了组合管理者对短期市场趋势的判断和投资时机的选择。第三象限表示政策与选股收益率，其值等于各资产类别实际收益率（包含选股因素）与政策权重乘积之和。第四象限表示组合实际收益率，其值等于各资产类别实际收益率与各资产类别实际权重乘积之和。

Ibbotson 和 Kaplan（2000）根据问题的需要，把 Brinson 模型进行了简化。他们将总收益率分解成政策收益率及积极管理收益率，也就是把 Brinson 模型中择时贡献、选股贡献和择时选股交互影响合并成积极管理收益率。他们提出的模型如下：

$$\mathrm{TR}_{it} = (1 + \mathrm{PR}_{it})(1 + \mathrm{AR}_{it}) - 1$$

其中，TR_{it}、PR_{it}、AR_{it} 分别为时期 t 基金 i 的总收益率、政策收益率及积极管理收益率。

Brinson 等人提出的业绩归因模型和 Fama（1972）提出的业绩归属模型有着本质的区别。Brinson 模型是从投资管理决策活动的角度来考虑基金业绩归属的。管理者进行投资的时候首先要确定他的投资目标，然后根据这个目标确定长期各个资产应该投资的比例，也就是基金的投资政策，这个过程被称为战略资产配置。Brinson 模型就是把基金的总收益率分解为战略资产配置、市场时机选择和证券选择 3 种投资管理决策贡献。

Fama 模型建立在 CAPM 模型之上，它将基金的超额收益率分解为“选择回报”和“风险回报”两部分。选择回报等于基金收益率减去与基金组合具有相同系统风险的被动组合收益率（按照 CAPM 模型计算得到），这部分回报不能由基金系统风险和市场风险溢价所解释，因此称为基金的股票选择回报。风险回报则给出了基金组合由于承担系统风险而活动的风险补偿收益率。Fama 模型就是从系统风险的角度对基金的业绩进行分解的。

9.2.3 对 BHB 模型的修正

根据 Blake 等人的研究，BHB 模型中的剩余项可以归属于证券选择。因此可以将组合收益率分解成投资政策（战略资产配置）、择时贡献及证券选择。

战略资产配置是根据基金的投资目标确定长期每类资产投资比例的过程。而这种由每类资产按照其长期（战略）权重形成的投资组合也被称为基准组合。在短期内，基金经理会根据他的预期，改变每类资产的投资比例以获得短期超额收益率，因此不同类别的资产的表现不一定与长期相一致，这种差异反映了组合管理者对短期市场趋势的判断和投资时机的选择。因此，这个过程也被称作市场时机选择。对于每类资产，管理者会根据他的预期构造所谓的最优组合，这种组合并不一定和对应的市场基准相同，也就可能导致每类资产的收益率和市场基准不同，这个过程被称为证券选择。按照上面的分析，可以建立如下的业绩归因模型：

$$\mathrm{TR}_{it}=\mathrm{PR}_{it}+\mathrm{AR}_{it}+\mathrm{SR}_{it}$$

$$\mathrm{PR}_{it}=\sum_j \overline{w_{ij}}\,\overline{R_{jt}}$$

$$\mathrm{AR}_{it}=\sum_j\left[(w_{ijt}-\overline{w_{ij}})\times(\overline{R_{jt}}-\mathrm{PR}_{it})\right]$$

$$\mathrm{SR}_{it}=\sum_j\left[w_{ijt}\times(R_{ijt}-\overline{R_{jt}})\right]$$

其中，TR_{it}、PR_{it}、AR_{it}、SR_{it} 分别为基金 i 在时期 t 的总收益率、基准收益率、择时收益率及证券选择收益率；

$\overline{w_{ij}}$、w_{ijt} 分别是基金 i 第 j 类资产的战略权重和时期 t 第 j 类资产的实际权重；

$\overline{R_{jt}}$、R_{ijt} 分别是 t 时期第 j 类资产的基准收益率和基金 i 第 j 类资产的实际收益率。

9.3　在投资各阶段的归因

9.3.1　战略资产配置

战略资产配置决策是决定基金在较长时期内各类资产投资比例的决策过程，由之决定的各类资产的投资比例也被称为投资政策（Investment Policy）。在此阶段，主要的配置方法有马科维茨资产配置模型、Harlow 下偏矩证券组合优化模型及 VaR 资产配置模型。

1．马科维茨资产配置模型

马科维茨资产配置模型的表达式如下：

$$\min \sigma^2(p) = \sum_{i=1}^{n}\sum_{j=1}^{n} x_i x_j \mathrm{Cov}(r_i, r_j)$$

$$\text{s.t}\begin{cases} E(R_p) = \sum_{i=1}^{n} x_i E(R_i) \\ \sum_{i=1}^{n} x_i = 1 \end{cases}$$

该模型利用方差作为风险度量的方法，其优劣也直接影响资产配置的有效性。无疑，方差有着良好的数学特性，而且可以较好地分解成组合中各类资产的方差和它们之间的协方差。但是方差作为风险度量的基础的前提是投资收益率服从正态分布，而这个前提却已经为许多研究者（Fama 等）证明是错误的。

2．Harlow 下偏矩证券组合优化模型

当使用历史收益率数据计算时，Harlow 给出了如下证券组合最优化模型：

$$\min\ LM\ P_q(h;w) = \sum_{R_p<h}^{h} \frac{1}{n-1}(h-R_p)^q$$

$$\text{s.t}\begin{cases} \sum w_i \cdot E(R_i) \geqslant R_p{}^* \\ \sum w_i = 1, w_i \geqslant 0 \end{cases}$$

其中，q=1,2，w_i为分配给证券的投资比重，R_i为证券 i 的投资收益率随机变量，$E(R_i)$为

R_i的数学期望；$R_p{}^*$为投资者的期望收益率水平，n 为收益率观测的个数，h、P_p、R_p的含义同上。

设有 m 种证券，第 i 种证券的收益率为随机变量R_i，则证券组合投资的收益率随机变量R_p与R_i之间存在如下关系：

$$R_p = \sum_{i=1}^{m} w_i \cdot R_i$$

3. VaR 资产配置模型

VaR（Value at Risk）指风险资产或者组合在给定置信度下和持有时间内，在正常市场条件下的最大期望损失。其资产配置模型表达式如下：

$$\min \mathrm{VaR} = E(W) - W^*$$

$$\text{s.t}\begin{cases} E(R_p) = \sum_{i=1}^{n} x_i E(R_i) \\ \sum_{i=1}^{n} x_i = 1 \end{cases}$$

其中，$E(W)$为资产的期望价值，W^*为在给定置信度下资产的最低价值。

VaR 作为一种风险度量方法，有着非常简单的含义及判断方法，而且没有像方差作为风险度量那样强的约束条件，这使得 VaR 在 20 世纪 90 年代后期开始流行起来。

从吴世农等人分别利用这些方法对我国市场数据进行实证分析的结果来看，在这 3 种方法中，VaR 模型的效率最高，Harlow 模型次之，而马科维茨模型的效率最低。

9.3.2 战术资产配置

在 Brinson 等人 1986 年的论文中，把这种短期内基金持有各资产类别比例的变化称为 Market Timing，不过也有人称之为战术资产配置（Tactical Asset Allocation）或者资产混合（Asset Mix）化。由于各资产类别的变化必然导致组合的 β 值改变，这也正是我们在第 2 章中提到基金是否具有市场时机选择能力的判断依据。不过在归因部分的评价中，对基金市场时机选择能力的评价是根据择时收益的正负来判断的。

战术资产配置是根据资本市场环境及经济条件对资产配置状态进行动态调整，从而增加组合价值的积极策略，它的目标在于在不提高系统性风险或降低组合流动性的前提下提高回报。不过要取得超过策略的业绩，投资者必须解决两个问题：（1）建立起可信的模型，来反映证券投资收益的各个经济变量；（2）拥有大量的信息，来弥补买卖证券时所需支付的交易费用。

只有当投资者能够持续地预测金融市场的期望回报时，战术资产配置策略才能提高组合的绩效。Faff 等人对澳大利亚市场数据进行实证分析的结果得出，国库券利率及期限利差是比较好的金融变量。Goyal 和 Welch 及 Campbell 和 Thompson 对资产收益的预测能力的研究指出，金融和经济变量极大地恶化了模型的预测能力，而且这些研究中传统用来预测超额收益的指标大部分在前期能产生超额收益但不能在将来也同样有效，因此很难从这些指标中持续获利。

对于战术资产配置阶段，主要的配置模式有买入并持有模式、固定比例混合模式及组合保险模式等。

1. 买入并持有模式

如果采取这种模式，那么一旦按照确定的资产配置比例构造某个投资组合后，在以后较长一段时期将不会改变。在此模式下，投资组合完全暴露于风险之下。不过它具有较小的交易成本和管理费用的优势。代价是放弃从市场环境变动中获利的可能性，同时还放弃了因投资者的效用函数或风险承受能力的变化而改变资产配置状态，提高其效用的可能。因此，这种模式适用于市场环境和投资者的风险偏好改变不大，或者改变资产配置状态的成本较大的状态。

采取买入并持有模式，组合的 β 值是变化的，而根据评价模型来判断基金是否具有择时能力，则要看具体的市场变化过程。

2. 固定比例混合模式

固定比例混合模式是指组合中各类资产的比例是恒定的，这样对于基金而言，其 β 值也是恒定的。执行此模式，在某类资产价格相对下降时购入，在资产价格相对上升时卖出。与买入并持有模式相比，该模式在市场震荡并不明显趋向同一方向时比较有效。根据 Hurrell 的研究，在其论文所选的 18 年样本区间，该模式可以使年投资回报率比 10 年前同期增长 0.22～0.51 个百分点。

固定比例混合模式有两种基本方式：（1）固定周期调整型；（2）固定目标波动区调整型。固定周期调整型是指总资产中各类资产的投资比例在一定的周期内（如月度、季度、半年度或年度等）保持不变，而在周期届满时可进行调整的方式。而固定目标波动区调整型是指对总资产中各类资产的投资比例预先设定一定的可允许波动区域，当各类资产的组合价值超过预先设定的波动区域时，则对各类资产的投资比例进行调整的方式。根据 McCallar 与 Hurrell 的研究，在固定周期调整型中，以季度调整最为有效；而在固定目标波动区调整型中，以±10%～±11%的目标波动区最为有效。而固定周期调整型与固定目标波动区调整型相比，后者的效率更高。

3．组合保险模式

证券组合保险技术是 20 世纪 80 年代初期才提出来的，其核心思想就是利用无套利均衡分析的复制技术，复制出所需的卖权作为替代物。由期权定价公式得出欧式卖权价格如下：

$$p(t)=-S(t)N(-d_1)+X\mathrm{e}^{-r_f(T-t)}N(-d_2)$$

其中，

$$d_1=\frac{In(S(t)/X)+(r_f+\sigma^2/2)(T-t)}{\sigma\sqrt{T-t}},d_2=d_1-\sigma\sqrt{T-t}$$

这样带保险的证券投资组合则为

$$S(t)+p(t)=S(t)N(d_1)+X\mathrm{e}^{-r_f(T-t)}N(-d_2)$$

则投资于证券组合的比例为 $\omega(t)$，投资于无风险证券的比例为 $1-\omega(t)$，其中，

$$\omega(t)=\frac{S(t)N(d_1)}{S(t)N(d_1)+X\mathrm{e}^{-r_f(T-t)}N(-d_2)}$$

这两部分随着时间的变化不断地进行动态调整，从而可以对证券投资组合起到保险的作用。不过采用该模式只能保证获得的最高的有保障投资收益不超过投资于无风险证券的收益。

在近来的争论中，一些学者提出投资者是否应该应用动态的资产配置政策取代静态的投资政策的问题。Jaknke 首先指出，投资业错误地解释了 Brinson 等人 1986 年的研究，也就是静态资产配置政策对投资而言是最优方法的结论。Brinson 的结论经常用来支持关注资产配置，而对基金的绩效和成本关注不够。而 Tokat 等人则认为产生争论的很大一部分原因在于人们对战略资产配置对基金业绩的影响关注点并不一致。一些人把焦点放在横截面数据上，另一些人则聚焦于时间序列数据。

总之，Brinson 等人对战略资产配置对基金业绩的影响的处理存在一些瑕疵，而且没有仔细讨论市场时机选择和证券选择对风险的影响。本文认为他们的贡献不在于

是否揭示了战略资产配置对基金业绩影响的重要性，而是从投资决策流程的角度把组合总收益率分解成静态的资产配置政策、证券选择和市场时机选择 3 个组成部分，并且指出了市场时机选择和证券选择并不能增加基金的绩效（美国市场经验）。

至今没有文献表明为什么组合总收益率对政策收益率（战略资产配置收益率）横截面数据和时间序列数据分析结果会存在如此大的差异（40%VS90%）。在这场论战中，Hensel 等人的论点并没有得到恰当的关注，他们的观点反映了一种新的思路。其他所有人的论点都是建立在 Brinson 分解的各个组成部分并无错误或者缺陷的基础上的，但 Hensel 认为在战略资产配置收益率中仍然隐含着一个基础，这个基础没有被分解出来。正是认识到这一点，本文在对总收益率的分解过程中用基准收益率来替代 Brinson 的政策收益率（或者战略资产配置收益率）。在本文中，并没有试图去分解政策收益率中的基础，而是把整个 Brinson 所谓的政策收益率作为基础——基准收益率。

当我们利用 BHB 业绩归因模型把组合的业绩分解成由战略资产配置决策产生的基准收益率、市场时机选择决策产生的择时收益率及证券选择决策产生的证券选择收益率时，使得我们极有可能犯一种简单化的错误，即把基准收益率理解为组合的战略资产配置收益率。事实上，基金收益率具有一种“二象性”：它体现了市场对基金业绩的影响，从时间序列数据来看，基准收益率的变动反映了市场的变化；但是从横截面数据来看，它反映了各个组合战略资产配置之间的差异。

由于市场存在不同的区隔，每个区隔的表现是不一样的，如果对不同的区隔投资的比例不同，那么市场对组合的影响也会不一样。当然，如果市场的各个区隔表现得完全一样，那么不管如何进行配置，市场对基金业绩的影响都不会改变，这样我们就可以解释 Kritzman 对 Brinson 的质疑。

组合的基准收益率是市场对组合综合影响的度量，但是这种影响必须通过战略资产配置决策来实现。对于时间序列数据而言，组合的战略资产配置是不变的，因此基准收益率的变动体现的是市场形势的变化；对于横截面数据而言，市场形势是确定的，各组合基准收益率之间的差异反映了组合战略资产配置的变化。因此，基金总收益率对基准收益率的时间序列回归的 R^2 值反映了市场涨跌对组合业绩的影响，而横截面数据回归的 R^2 值则体现了战略资产配置对组合业绩的影响。

不同基金应该适用于不同的基准组合是由其战略资产配置政策决定的，如果不考虑基金的战略资产配置政策而对不同的基金采取同一种基准组合，则可能导致错误的结论。我国研究者选择的市场组合一般为 80%的股票+20%的债券，采取这种基准一般会得到这样的结论：当市场处于“牛市”时，基金很难获得高水平的收益率；而当市场处于“熊市”时，基金具有较强的抵御市场风险的能力。事实上，之所以会得到这样的结论，很大一部分原因是我国基金在股票上的持仓量达不到 80%，就本文对 90 只基金数据的统计结果表明，平均股票持仓量只有 69%。本文建议在对基金进行市场时机选择和证券选择能力评价及其他战略评价时，应该采用其战略资产配置所确定的基准组合作为基础。

在对基金业绩进行归因评价时，可以从两个维度进行分析：一是时间序列维度，分析市场、市场时机选择及证券选择对基金业绩的影响；二是横截面数据维度，分析战略资产配置、市场时机选择及证券选择分别对基金业绩的影响。在进行分析的时候，我们应该从收益率与风险两个角度进行。在一个有效的证券市场上，如果 CAPM 的定价假设完全满足，那么对于在股票市场上配置较大权重的基金而言，一般情况下，其收益率也会比较高，但是其风险调整绩效与持有比例较小的基金应该是相同的，因此，基准收益率的高低反映的是投资者风险偏好程度的差别。从这种意义上说，用基准收益率的高低来判断基金管理的战略资产配置能力的好坏是不正确的，也是不必要的。因此，业绩归因的重点也应该放在对市场时机选择和证券选择的考察上。从某种意义上说，业绩归因模型也可以作为一种市场时机选择能力与证券选择能力评价模型。

9.4 业绩归因实证分析

1. 数据选择

本文选取 2016 年第二季度包含封闭式基金和开放式基金总计 69 只证券投资基金数据。这 69 只基金是由在样本期内存续的基金剔除全债型及股票型基金（这些基金不能体现资产配置效果）得到的。利用的数据包括季度收益率和股票、债券、货币资产类别的权重。由于资产配置中可能含有“其他”资产，而“其他”资产占总资产的比重很少，而且没有一个统一的基准可以衡量，因此在本文中把这一部分剔除，并对“其他”资产进行了处理，按照各资产类别的权重将“其他”资产进行调整配置，使其总权重之和为 1，即把“其他”资产分配给股票、债券与货币三部分，以方便后期统计计算。69 只基金调整后的权重与收益情况如表 9.1 所示。2016 年第二季度 69 只基金资产配置权重统计如表 9.2 所示。

表 9.1 69 只基金调整后权重及收益表

序号	基金简称	股票比例（%）	债券比例（%）	货币比例（%）	收益率(%)
1	华夏成长	57.07	27.51	15.42	11.3
2	中海可转债 A	12.38	85.94	1.68	–16.3
3	中海可转债 C	12.38	85.94	1.68	–15.6
4	鹏华国企债债券	14.01	85.13	0.87	21.96
5	华夏大盘精选	79.38	4.79	15.83	921.4
6	华夏优势增长混合	87.81	2.98	9.21	63.3
7	华富保本混合	4.17	57.79	38.04	0.5
8	富国宏观策略	83.72	5.14	11.13	39.3
9	长城久利保本混合	2.04	79.61	18.35	0.5
10	工银产业债 A	9.11	88.33	2.56	30
11	工银产业债 B	9.11	88.33	2.56	28.4
12	华夏沪深 300ETF 联接	27.13	1.38	71.49	1.5
13	鹏华双债增利债券	4.27	94.51	1.22	26.12
14	建信消费升级混合	74.38	0.08	25.54	62.8
15	国联安保本混合	1.28	64.07	34.65	0
16	国联安股债动态	25.53	67.39	7.08	–4.4
17	银华量化智慧动力混合	56.12	24.48	19.40	26.9
18	国富焦点驱动混合	9.06	86.15	4.79	37.9
19	诺安鸿鑫保本混合	4.95	49.97	45.08	0.4
20	民生加银转债优选 A	12.29	86.26	1.44	–34
21	民生加银转债优选 C	12.29	86.26	1.44	–34.3
22	华安保本混合	5.24	67.38	27.38	0.6
23	信诚新双盈分级债券	0.85	97.01	2.15	2.5
24	信诚新双盈分级债券 A	0.85	97.01	2.15	0.8
25	信诚新双盈分级债券 B	0.85	97.01	2.15	6.4
26	富国稳健增强债券 A/B	9.78	87.91	2.31	6.4
27	富国稳健增强债券 C	9.78	87.91	2.31	5.9
28	金鹰元安保本混合 A	1.53	69.99	28.48	4.36
29	广发聚鑫债券 A	17.30	80.27	2.44	22.2
30	广发聚鑫债券 C	17.30	80.27	2.44	21.5
31	华夏永福养老理财混合 A	10.81	88.67	0.52	48
32	上投摩根天颐年丰混合 A	5.23	87.49	7.27	0.3
33	招商安润保本混合	0.26	75.29	24.45	1
34	民生加银策略精选混合	64.76	6.64	28.60	137.6

续表

序号	基金简称	股票比例（%）	债券比例（%）	货币比例（%）	收益率(%)
35	鹏华双债加利债券	16.45	83.38	0.17	28.8
36	国投瑞银策略精选混合	63.21	0.07	36.72	81.8
37	中海安鑫保本	4.66	88.57	6.77	0.6
38	泰达收益增强债券 A	8.65	90.73	0.61	0.1
39	泰达收益增强债券 B	8.65	90.73	0.61	−1.1
40	易方达裕丰回报债券	7.75	91.02	1.23	45.7
41	华泰柏瑞量化增强混合 A	90.51	3.90	5.59	63.5
42	博时灵活配置混合 A	26.86	9.73	63.41	35.12
43	景顺长城四季金利债券 A	10.71	89.00	0.28	11.7
44	景顺长城四季金利债券 C	10.71	89.00	0.28	10.9
45	工银添福债券 A	8.48	90.80	0.73	67.7
46	工银添福债券 B	8.48	90.80	0.73	65.3
47	易方达保本一号混合	5.13	61.73	33.14	1.8
48	中银新回报灵活配置混合	1.05	97.27	1.69	39.4
49	广发成长优选混合	9.03	90.27	0.70	35.7
50	广发趋势优选灵活配置	19.25	79.67	1.08	46.7
51	工银月月薪定期支付债券 A	12.99	84.97	2.04	45.5
52	宝盈核心优势混合 C	79.33	16.50	4.17	4.24
53	景顺长城策略精选	65.29	10.35	24.36	36
54	工银金融地产混合	91.33	5.86	2.81	104.2
55	上投摩根红利回报混合 A	10.52	40.85	48.63	2.9
56	农银区间收益混合	73.63	2.51	23.86	88.16
57	信诚季季定期支付债券	3.81	95.63	0.55	32.9
58	工银信息产业混合	89.72	4.95	5.34	57.4
59	博时内需增长混合	76.23	20.91	2.86	9.1
60	建信安心保本混合	14.42	83.18	2.40	51.5
61	鹏华可转债债券	7.27	85.88	6.84	−15.6
62	天弘弘利债券	9.89	89.67	0.44	25.2
63	基金通乾	47.87	50.85	1.28	2.23
64	基金科瑞	72.79	21.99	5.23	−0.01
65	基金银丰	71.65	25.80	2.55	−11.2
66	基金丰和	75.56	22.37	2.07	2.96
67	基金久嘉	71.58	20.64	7.78	11.5
68	基金鸿阳	78.23	20.07	1.70	7.14

续表

序号	基金简称	股票比例（%）	债券比例（%）	货币比例（%）	收益率（%）
69	鹏华前海万科 REITS	0.89	92.33	6.78	4.88

数据来源：星潮 FOF 整理

表 9.2 2016 第二季度 70 只基金资产配置权重统计

	均 值	最 大 值	最 小 值	标 准 差
股票	28.92%	91.33%	0.262%	30.71%
债券	59.95%	97.26%	0.070%	35.38%
货币	11.12%	71.48%	0.17%	15.52%

数据来源：星潮 FOF 整理

截至 2016 年 6 月 30 日，在总体的基金资产配置中，股票占比为 16.59%，债券占比为 44.87%，现金占比为 37.35%，也就是说表 9.2 的统计结果能够很好地代替总体情况。股票债券权重散点图如图 9.6 所示。

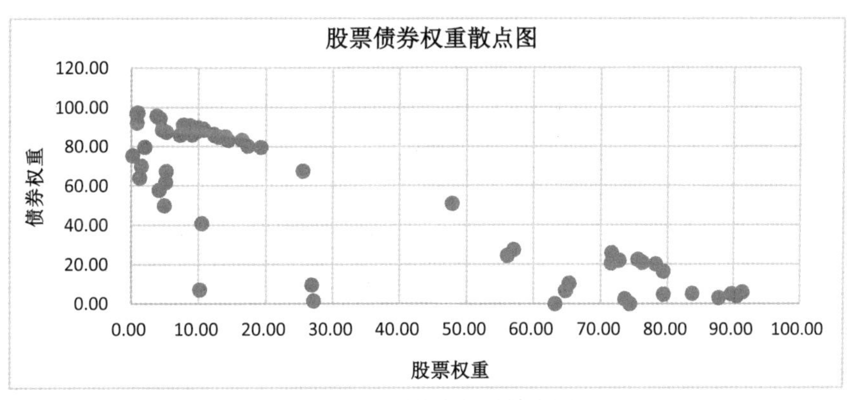

图 9.6 股票债券权重散点图

数据来源：星潮 FOF 整理

由图 9.6 可知，我国的基金风格雷同性比较高，大部分是股票型基金或债券型基金，平衡型基金的数量还是比较少的。

我们也将 2000—2015 年总体基金的资产配置数据贴出来，通过比较，来看一下近几年资产配置比例的变化情况，如图 9.7 所示。从变化趋势来看，在 2013 年之前，股票权重非常大，2007 年 9 月 30 日达到顶峰，为 76.88%。从 A 股指数来看，这一时期 A 股指数也在不断飙升，如图 9.8 所示。在这样的市场行情下，如果基金经理具有极好的市场时机选择能力，选择积极的资产配置增加股票配置，则战术资产配置将给基金带来巨大的额外收益。

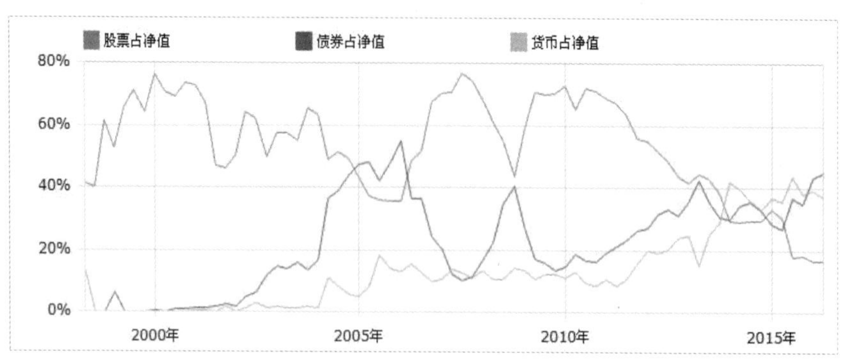

图 9.7　2000—2015 年总体基金的资产配置变化图

数据来源：星潮 FOF 整理

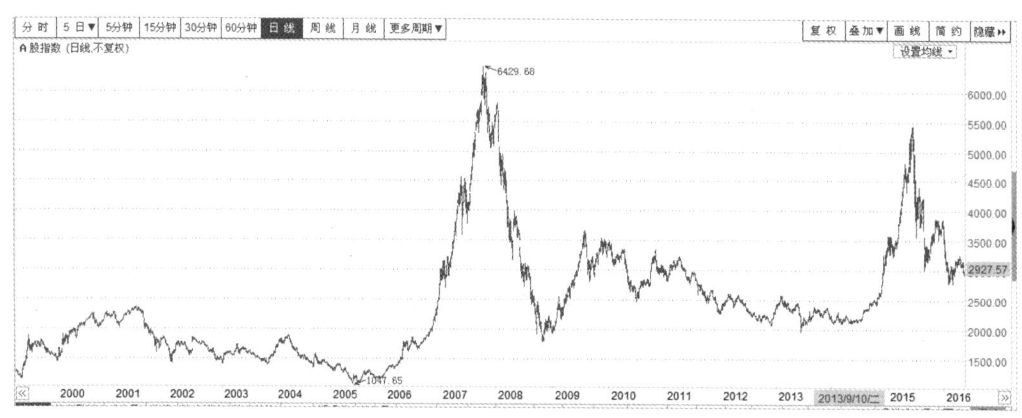

图 9.8　上证指数走势图

如果从细节来看，则 A 股指数到 2007 年 10 月 16 日才达到顶峰，也就是说，一部分基金经理已经提前嗅到了危险的信号，减少了股票的配置权重，体现了基金经理的择时和战略配置作用。货币因收益稳定、风险小，权重逐渐上升。

2．对基金业绩的分解

利用前面介绍的业绩分解模型，本文对 2015 年 8 月至 2016 年 8 月 69 只基金的业绩进行了分解。

首先统计基准收益率。对于股票、债券及货币资产，本文分别选定 A 股指数、国债指数及 30 天银行同业存款利率作为基准，数据采用通达信软件上 2015 年 8 月至 2016 年 8 月一年数据得出。在我国的股票市场上，有 A 股、B 股之分，其中 A 股是以人民币计价的，而上证 B 股、深证 B 股则是分别以美元和港币计价的。因此，尽管上证综合指数与深证成分指数能够更好地反映股票市场的变化，但是由于基金的投资领域局限于 A 股市场，因此采用 A 股指数是更好的选择。而在我国的债券市场上，企业债的发行量太少，交易也不是很活跃，而且全债指数也比较难获得，因此采用国债指数作为债券的基准。对于货币资产，考虑到其流动性及基金作为一个金融机构的地位，因此选用 30 天银行同业存款利率作为基准，而不是活期存款利率。在不考虑基金的市场时机和证券选择能力的情况下，基金基准收益率高低反映的是投资者所承担的风险高低。统计结果如表 9.3 所示。

表 9.3 基准利率统计

A 股指数	国债指数	30 天银行同业存款利率
−18%	5.4%	2.8%

2015 年 8 月至 2016 年 8 月的 A 股指数图如图 9.9 所示。

图 9.9 2015 年 8 月至 2016 年 8 月的 A 股指数图

从图 9.9 中可以看出，在样本期间基本上包含了一个较为完整的市场行情。从 2015 年 8 月开始有一波 1000 多点的下跌行情，2015 年 9 月到 2015 年年底有一波 1000 点左右的上涨行情，波动幅度大。

2004—2016 年国债指数走势图如图 9.10 所示。

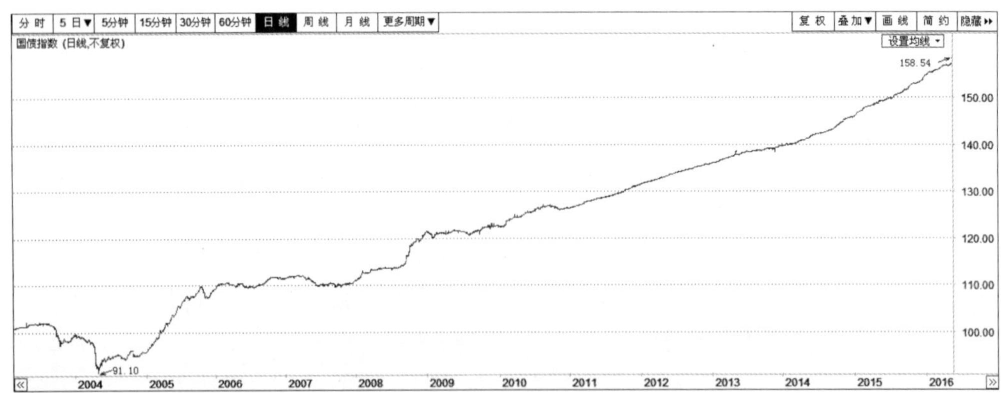

图 9.10　2004—2016 年国债指数走势图

由图 9.10 来看，长期内国债指数平稳上升，短期内波动则相对较小，2015 年 8 月到 2016 年 8 月大约有 8 点的上升。而银行同业存款市场利率变化是微乎其微的。

股票、债券及货币的算术平均收益率统计如表 9.4 所示。

表 9.4　股票、债券及货币的算术平均收益率统计

	股票收益率	债券收益率	货币收益率
平均收益率	20.22%	9.68%	4.72%
最大值	731.39%	61.46%	145.85%
最小值	−38.02%	−29.58%	1.06%
标准差	88.79%	18.%	18.49%

数据来源：星潮 FOF 整理

在这样的市场行情下，如果基金经理具有极好的市场时机选择能力，并且有积极的资产配置行为，则战术资产配置将给基金带来巨大的额外收益。

基金业绩分解及分解结果分别如表 9.5 和表 9.6 所示。

表 9.5　基金业绩分解

序号	基金简称	收益率（%）	基准收益率（%）	择时收益率（%）	证券选择收益率（%）	积极管理收益率（%）
1	华夏成长	11.3	3.93	2.90	4.46	7.36
2	中海可转债 A	−16.3	−15.45	11.44	−12.29	−0.84
3	中海可转债 C	−15.6	−15.33	11.50	−11.76	−0.2
4	鹏华国企债债券	21.96	21.09	−15.48	16.34	0.86

续表

序号	基金简称	收益率（%）	基准收益率（%）	择时收益率（%）	证券选择收益率（%）	积极管理收益率（%）
5	华夏大盘精选	921.4	239.75	555.37	605.78	1161.15
6	华夏优势增长混合	63.3	−34.31	48.21	49.40	97.61
7	华富保本混合	0.5	0.49	−0.23	0.24	0.001
8	富国宏观策略	39.3	−15.79	26.95	28.13	55.09
9	长城久利保本混合	0.5	0.49	−0.33	0.33	0.0004
10	工银产业债 A	30	29.50	−23.17	23.67	0.49
11	工银产业债 B	28.4	27.92	−21.93	22.41	0.47
12	华夏沪深 300ETF 联接	1.5	1.27	−0.65	0.87	0.22
13	鹏华双债增利债券	26.12	26.02	−23.28	23.38	0.095
14	建信消费升级混合	62.8	−6.68	30.64	38.843	69.48
16	国联安股债动态	−4.4	−3.82	1.733	−2.30	−0.57
17	银华量化智慧动力混合	26.9	9.95	5.84	11.09	16.94
18	国富焦点驱动混合	37.9	37.27	−27.90	28.52	0.62
19	诺安鸿鑫保本混合	0.4	0.39	−0.18	0.18	0.001
20	民生加银转债优选 A	−34	−32.97	24.79	−25.82	−1.02
21	民生加银转债优选 C	−34.3	−33.26	25.01	−26.04	−1.03
22	华安保本混合	0.6	0.59	−0.31	0.31	0.003
23	信诚新双盈分级债券	2.5	2.49	−2.35	2.35	0.0003
24	信诚新双盈分级债券 A	0.8	0.79	−0.75	0.75	0.0001
25	信诚新双盈分级债券 B	6.4	6.39	−6.02	6.02	0.0009
26	富国稳健增强债券 A/B	6.4	6.27	−4.88	5.01	0.12
27	富国稳健增强债券 C	5.9	5.78	−4.5	4.6	0.11
28	金鹰元安保本混合 A	4.36	4.35	−2.48	2.49	0.002
29	广发聚鑫债券 A	22.2	20.87	−13.65	14.989	1.32
30	广发聚鑫债券 C	21.5	20.21	−13.22	14.50	1.28
31	华夏永福养老理财混合 A	48	46.87	−37.17	38.30	1.12
32	上投摩根天颐年丰混合 A	0.3	0.29	−0.23	0.23	0.001
33	招商安润保本混合	1	0.99	−0.62	0.62	1.38
34	民生加银策略精选混合	137.6	22.20	45.833	69.56	115.39
35	鹏华双债加利债券	28.8	27.24	−19.24	20.80	1.55
36	国投瑞银策略精选混合	81.8	16.42	21.65	43.71	65.37
37	中海安鑫保本	0.6	0.59	−0.47	0.47	0.002
38	泰达收益增强债券 A	0.1	0.098	−0.08	0.083	0.001

续表

序号	基金简称	收益率（%）	基准收益率（%）	择时收益率（%）	证券选择收益率（%）	积极管理收益率（%）
39	泰达收益增强债券 B	−1.1	−1.08	0.89	−0.91	−0.01
40	易方达裕丰回报债券	45.7	45.15	−37.59	38.14	0.54
41	华泰柏瑞量化增强混合 A	63.5	−40.53	51.72	52.31	104.03
42	博时灵活配置混合 A	35.12	30.05	−11.92	16.98	5.066
43	景顺长城四季金利债券 A	11.7	11.43	−9.13	9.40	0.26
44	景顺长城四季金利债券 C	10.9	10.64	−8.5	8.75	0.25
45	工银添福债券 A	67.7	66.72	−55.32	56.30	0.97
46	工银添福债券 B	65.3	64.36	−53.36	54.30	0.93
47	易方达保本一号混合	1.8	1.79	−0.87	0.88	0.009
48	中银新回报灵活配置混合	39.4	39.39	−37.28	37.29	0.008
49	广发成长优选混合	35.7	35.11	−28.80	29.38	0.58
50	广发趋势优选灵活配置	46.7	43.23	−27.91	31.37	3.46
51	工银月月薪定期支付债券 A	45.5	43.96	−32.10	33.63	1.53
52	宝盈核心优势混合 C	4.24	−1.09	2.54	2.79	5.33
53	景顺长城策略精选	36	5.30	12.82	17.86	30.69
54	工银金融地产混合	104.2	−69.63	86.47	87.35	173.83
55	上投摩根红利回报混合 A	2.9	2.83	−1.13	1.20	0.06
56	农银区间收益混合	88.16	−7.42	42.71	52.86	95.58
57	信诚季季定期支付债券	32.9	32.80	−30.0	30.1	0.095
58	工银信息产业混合	57.4	−35.0	45.89	46.50	92.40
59	博时内需增长混合	9.1	−1.47	4.88	5.69	10.57
60	建信安心保本混合	51.5	49.35	−34.59	36.73	2.14
61	鹏华可转债债券	−15.6	−15.43	11.49	−11.66	−0.16
62	天弘弘利债券	25.2	24.70	−20.0	20.5	0.49
63	基金通乾	2.23	1.20	−0.06	1.08	1.02
64	基金科瑞	−0.01	0.0005	−0.0047	−0.005	−0.010
65	基金银丰	−11.2	0.300	−4.99	−6.50	−11.50
66	基金丰和	2.96	−0.41	1.54	1.83	3.37
67	基金久嘉	11.5	−0.28	5.33	6.45	11.78
68	基金鸿阳	7.14	−1.59	4.07	4.65	8.73
69	鹏华前海万科 REITS	4.88	4.87	−4.18	4.18	0.0007

数据来源：星潮 FOF 整理

表 9.6 基金业绩分解结果统计

	基准收益率	择时收益率	证券选择收益率	积极管理收益率
平均收益率	7.6%	−1.3093%	15.4271%	14.1178%
最大值	66.72	86.4780%	87.3579%	173.8358%
最小值	−69.6358%	−55.3272%	−26.0487%	−11.5004%
标准差	24%	24.7%	22%	34.6%

数据来源：星潮 FOF 整理

由此得出结论：

（1）由于在样本期间股票的平均收益率大于债券及货币资产，因此基金的基准收益率的差别将反映各基金战略资产配置的区别，基准收益率的最大值与最小值之间相差较大，标准差也较大，反映的是不同基金战略资产配置的差异性。

（2）从基金的择时收益率来看，其中工银、易方达 44 只基金的择时收益率小于 0，占比为 63%左右，最大值与最小值之间相差大，即基金经理的择时能力相差较大。就其成果而言，只有少数基金获得了比较理想的择时收益率，有超过一半的开放式基金的择时操作产生了损失。

（3）从基金的证券选择收益率来看，只有 9 只基金的证券选择收益率小于 0，可见基金市场中对证券选择的重视度足够，并成为基金收益的主要来源。

（4）从基金的积极管理效应来看，积极管理效应会对基金的收益产生主要影响，但其方差比较大，说明基金市场上积极管理的水平参差不齐。

表 9.7 为收益率之间的相关性分析，从中可以看出总收益率和证券选择收益率、积极管理收益率有高度相关性，相关系数均超过 65%，这说明积极管理活动，特别是证券选择活动对基金业绩有着非常重要的影响，基金业绩之间的差异绝大部分是由其证券选择能力的差异导致的。

表 9.7 分解后各收益率相关系数表

	总收益率	基准收益率	择时收益率	证券选择收益率	积极管理收益率
总收益率	1				
基准收益率	0.35	1			
择时收益率	−0.06	−0.17	1		
证券选择收益率	0.71	0.50	−0.08	1	
积极管理收益率	0.65	0.54	−0.09	0.92	1

数据来源：星潮 FOF 整理

证券选择收益率及积极管理收益率和基准收益率存在正相关关系，这是因为目前我国各固定收益证券收益率之间的差异非常小，而各只股票的表现差异却非常大，因此证券选择行为主要体现在对股票的选择上。对于所选样本股市，收益率远大于债市和银行同业市场，因此，基准收益率越高，则股票比例越高，证券选择效应就会越强烈。

基金的择时收益率主要取决于两个方面：一是基金经理的市场选择能力；二是各资产变化的幅度。择时能力将决定基金择时收益率的正负，而变化的幅度将在一定程度上决定择时收益率绝对值的大小。

3. 市场及各个决策对基金业绩或者其变动的影响

本文分别用基金总收益率之和（BR+AR），对基准收益率和证券选择收益率之和（BR+SR）的回归的决定系数 R^2 值来说明市场、市场及市场时机选择、市场与证券选择的共同作用对基金业绩变动的影响。决定系数 R^2 值如表 9.8 所示。

表 9.8 决定系数 R^2 值

	TR；BR	TR；BR+AR （市场及市场时机选择）	TR；BR+SR （市场与证券选择）	BR；SR
R^2	0.0563	0.0583	0.7712	0.5536
系数	0.3072109	0.2646921	2.433068	0.6389696
P_t	0.243	0.318	0	0
P_f	0.2427	0.3178	0	0

数据来源：星潮 FOF 整理

由表 9.8 可以看出，上述拟合的系数及方程都通过了 5%的检验，因此得出结论：

（1）市场是基金业绩的重要因素。

（2）总收益率与市场及市场时机选择的 R^2 值极高，说明市场及市场时机选择对总收益率的拟合相当好，能够很好地解释总收益率。

（3）总收益率和股票收益率之间的关系密不可分，成正比，拟合优度也相当好。

（4）基准收益率和股票收益率及证券选择收益率成反比，拟合较好。

由于积极管理收益率与市场时机选择和证券选择有着函数关系，我们为回避多重共线性，不再对其进行回归分析。由实验结论来看，基金管理对基金业绩有着非常大的影响。

标的基金篇

母基金解决的是配置问题，而标的基金需要解决的是盈利问题，无论母基金如何配置，归根结底还是要靠标的基金的投资交易能力来获利。

第 10 章阐述了有关投资组合理论的一些经典内容，包括马科维茨的证券选择理论，其提出了用方差来描述风险，以及投资中有效前沿的概念。夏普的资本资产定价模型（CAPM）则认为资产的收益率主要受到风险因子的影响。笔者将传统的金融理论扩展到三维，提出了策略组合模型（SCM），并且阐述了如何评价绝对收益能力、如何筛选策略，以及如何分配资金的方法。

相对价值策略是目前市场上主流的、容纳资金规模很大的一类对冲基金策略，主要包括阿尔法策略、期现套利、统计套利、跨期套利等。随着市场有效性的逐步提高，传统相对价值策略的收益率也在逐步下降，未来需要更加复杂的模型，或者寻找更新的获利机会。

宏观因素策略，通俗地说就是方向性策略，主要分为拐点类和趋势类两种。拐点类主要有时变夏普率、Hurst 指数、SVM 分类和市场情绪等。趋势类择时主要基于传统的技术分析体系，包括均线模型、海龟策略、凯特纳通道、克罗均线、区间突破、火车轨、幽灵系统和 Dual Thrust 等。

传统的选股策略基于的思想就是上市公司业绩的增长从而驱动股价上涨，并且带来超额收益阿尔法。除此之外，还有很多事件性的机会也带来另类阿尔法的机会，主要有困境证券、并购套利、绩效激励、制度缺陷等。这些内容在第 13 章中讨论。

期权目前在国内的交易量不大，但是作为国际上主流的风险管理工具，我们有理由看好期权在中国未来的发展，有关期权方面的策略也有必要深入了解，包括股票-期权套利、转换套利、跨式套利、宽跨式套利、蝶式套利、飞鹰式套利等。

作为 FOF 母基金经理，如果不能对标的基金的策略有深入的了解和分析，是很难做好资产配置的，所以标的基金篇的重要性无须赘述。

第 10 章　投资组合理论

◆ 摘要 ◆

投资组合理论所要讨论的是如何通过不同组合的构建，在控制风险的基础上获得更高的收益率。马科维茨的证券选择理论将预期收益率和方差分别用来衡量标准投资组合的收益率水平和风险水平，开创了现代金融的量化分析基础。CAPM 模型是由夏普提出的，他认为资产的收益率和风险度正相关。根据这个结论，主动管理基金经理纯粹是靠运气，并不具备真正的超额收益能力。当然，业内对这个结论也有不同的解读，但并不妨碍该理论对整个金融行业产生重大影响。SCM 策略组合模型是笔者的原创性贡献，该模型将对投资的分析扩展到收益率、风险度和资金容量 3 个维度，并且定义了相关系数矩阵来进行具体的策略分散与组合。

10.1　证券选择理论

10.1.1　理论产生的背景

证券投资组合理论产生于 20 世纪初，当时西方证券市场不规范，投机十分猖獗，风险极大。直至美国 1933 年、1934 年分别颁布了《证券法》和《证券交易法》，证券市场才得以规范。为了规避风险，出现了以风险分散为原则的传统投资组合理论。

证券投资的收益率具有不确定性特点，所以在计算收益率时结果应该是期望收益率，这样就应该引入概率论的内容。具有开创性的人物是美国的马科维茨。哈里·马科维茨 1947 年从芝加哥大学经济系毕业并获得学士学位，1950 年、1952 年在芝加哥大学分别获得了经济学硕士和博士学位。证券组合选择理论就是他在考虑学位论文题目时产生的。当时他偶然想到将数学方法运用于股票市场的可能性，进而提出了有关预期收益率和风险之间关系的资产选择理论，成为后来资本市场理论最重要的奠基石和核心，为现代证券投资理论的建立和发展奠定了基础。1952 年，马科维茨在他的学术论文《资产选择：有效的多样化》中，首次应用资产组合报酬的均值和方差这两个数学概念，从数学上明确地定义了投资者偏好，第一次将边际分析原理运用于资产组合的分析研究。

1952 年，在取得芝加哥大学经济学博士学位后，马科维茨加入了兰德公司。在兰德公司，马科维茨开始将其理论应用于实际业务，在与同事的交流探讨过程中开发了一系列应用于证券组合与资产分析的新技术、新方法。马科维茨在兰德公司并未研究证券组合理论，但从乔治 • 但泽那里学到了优化技术，并把它运用在均值-方差边界速算法中。其间受詹姆斯 • 托宾（美国经济学家，1981 年诺贝尔经济学奖获得者）之邀，于 1955—1956 年到耶鲁大学考尔斯基金会工作一年，这一年他有较充足的时间进行理论上的思考及与朋友交流，并形成了 1959 年出版的著作《资产组合：有效的多样化》的框架。

由于其出色和开创性的工作，马科维茨与威廉 • 夏普及默顿 • 米勒分享了 1990 年的诺贝尔经济学奖。马科维茨对金融经济学的主要贡献在于：提出了有关预期收益率和风险之间相互关系的资产组合选择理论，为现代证券投资理论的建立和发展奠定了基础。马科维茨的著作为投资管理者进行金融管理指明了方向，使大多数投资管理者可以依据他所提出的均值-方差分析来估计证券风险、设计不同的投资管理结构。他的关于证券组合选择理论的方法，有助于投资者选择最有利的投资，以求得最佳的资产组合，使投资报酬最高而风险最小。

10.1.2 单只证券的收益率与风险

1. 单只证券的期望收益率（Expected Rate of Return）

无风险证券的期望收益率：

$$R=\frac{P_T-P_0+D}{P_0}$$

其中，R 表示投资者的收益率，P_0 表示投资者所持证券的期初价格，P_T 表示证券在持有期期末的价格，D 表示投资者在证券持有期间所获得的资本收益，由股息或利息构成。这一计算公式是非常粗略的。事实上，由于证券市场的不确定性，收益率 R 会存在发生不同结果的可能。这就需要引入概率进行分析。

考虑风险的期望收益率：

若收益率 R 服从的是离散型分布，则采用加权求和的方式。

$$E(R)=\sum_{i=1}^{N} R_i \cdot P_i$$

式中，R_i 为第 i 种可能的结果发生时的投资收益率，P_i 为第 i 种可能的结果发生的概率，N 表示共有可能的结果数。

若收益率 R 服从的是连续型分布，则采用积分的方式。

$$E(R)=\int_{-\infty}^{+\infty} R \cdot f(R)\mathrm{d}R$$

式中，$f(R)$ 为收益率 R 的密度函数。

2. 单只证券收益率的方差（Variance）和标准差（Standard Deviation）

若收益率 R 服从的是离散型分布，则方差的计算公式为

$$\sigma^2=\mathrm{Var}(R)=E\left[R-E(R)\right]^2=\sum_{i=1}^{N}\left[R_i-E(R)\right]^2 \cdot P_i$$

式中，$\mathrm{Var}(R)$ 或 σ^2 表示方差。

若收益率 R 服从的是连续型分布，则方差的计算公式为

$$\sigma^2=\mathrm{Var}(R)=E\left[R-E(R)\right]^2=\int_{-\infty}^{+\infty}\left[R-E(R)\right]^2 \cdot f(R)\mathrm{d}R$$

标准差（Standard Deviation）是方差的平方根，它通过对方差开方恢复了原来的计量单位。相对方差来说，标准差更容易进行比较。

σ^2 表示方差，标准差是方差的平方根，即 $\sigma=\sqrt{\mathrm{Var}(R)}$。

方差和标准差代表了证券的风险。计算得出的方差越大，风险越大。

例如，投资项目 A 和 B 的收益率如表 10.1 所示，测算投资项目 A 和 B 的收益率与风险。

表 10.1　证券组合的案例

项目 A		项目 B	
收益率 R_A（%）	概　　率	收益率 R_B（%）	概　　率
5	0.1	3	0.1

续表

项目A		项目B	
收益率 R_A（%）	概　率	收益率 R_B（%）	概　率
8	0.2	3.5	0.1
10	0.4	9	0.2
11	0.2	10	0.2
13	0.1	11	0.2
		12.5	0.1
		15	0.1

项目 A：

期望收益率 $E(R_A)=9.6\%$

方差 $\text{Var}(R_A)=4.24\%$

标准差 $\sigma_A=2.06\%$

项目 B：

期望收益率 $E(R_B)=9.4\%$

方差 $\text{Var}(R_B)=12.29\%$

标准差 $\sigma_B=3.50\%$

10.1.3　证券组合的收益率与风险

在投资风险证券时，人们为了规避风险，往往购买两种或两种以上的证券，即采取组合投资的策略，计算证券组合的期望收益率和方差。

1．证券组合中各证券之间收益率的相关性

在测算证券组合的风险时，不仅要测算每种证券的风险，而且要测算在证券组合中每种证券之间的关系对收益率的影响，这是证券组合分析与单只证券分析的最大不同。这就需要计算协方差。

协方差用来衡量证券收益率之间的变动关系。

$$协方差\sigma_{XY}=\text{Cov}(X,Y)=E\{[R_X-E(R_X)][R_Y-E(R_Y)]\}$$

$$相关系数\rho_{XY}=\frac{\sigma_{XY}}{\sigma_X\sigma_Y}$$

相关系数在-1～+1 之间。-1 表示两种证券的收益率变化方向完全相反，即证券完全负相关；1 表示完全正相关；其他数值表示一般相关关系。

马科维茨认为证券组合的回报率不确定，没有哪只证券与其他证券有完全的相关关系。

2．证券组合的期望收益率

证券组合的期望收益率是资产组合中每种证券收益率的加权平均值。

$$E(R_p)=\sum_{i=1}^{N}W_iE(R_i)$$

式中，$E(R_p)$表示整个组合的期望收益率，W_i表示第 i 只证券的投资金额在组合投资总额中所占的比重。

3．证券组合的方差

$$\begin{aligned}\sigma_p^2&=E\left[R_p-E\left(R_p\right)\right]^2\\&=E\{[\sum_{i=1}^{N}W_i(R_i-E(R_i))]^2\}\\&=E\{\sum_{i=1}^{N}W_i^2[R_i-E(R_i)]^2+E\sum_{i=1}^{N}\sum_{\substack{j=1\\i\neq j}}^{N}W_iW_j[R_i-E(R_i)][R_j-E(R_j)]\}\\&=\sum_{i=1}^{N}W_i^2E[R_i-E(R_i)]^2+\sum_{i=1}^{N}\sum_{\substack{j=1\\i\neq j}}^{N}W_iW_jE[R_i-E(R_i)][R_j-E(R_j)]\\&=\sum_{i=1}^{N}W_i^2\sigma_i^2+\sum_{i=1}^{N}\sum_{\substack{j=1\\i\neq j}}^{N}W_iW_j\sigma_{ij}\\&=\sum_{i=1}^{N}\sum_{j=1}^{N}W_iW_j\sigma_{ij}\end{aligned}$$

4．证券组合与风险分散

$$\begin{aligned}\sigma_p^2=\sum_{i=1}^{N}W_i^2\sigma_i^2+\sum_{i=1}^{N}\sum_{\substack{j=1\\i\neq j}}^{N}W_iW_j\sigma_{ij}&=N\times\frac{1}{N^2}\times\sigma^2+N\times(N-1)\times\frac{1}{N^2}\times\sigma_{ij}\\&=\frac{1}{N}\times\sigma^2+(1-\frac{1}{N})\times\sigma_{ij}\end{aligned}$$

假设在 N 种证券的情况下，每种证券的方差 σ_i^2 都相等，表示为 σ^2，每种证券的投资比例 W_i 也相等，为 $\frac{1}{N}$；用 σ_p^2 表示组合的方差，σ_{ij} 表示证券 i 和 j 之间的协方差。

当 N 越来越大时，将收敛于 σ_{ij}，如图 10.1 所示。

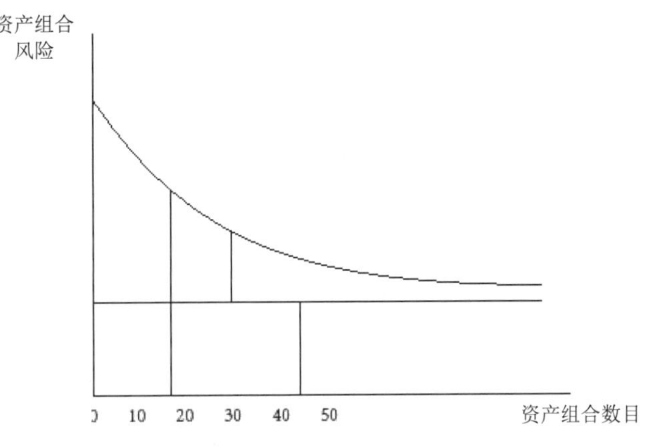

图 10.1 资产组合的风险构成

10.1.4 证券组合的选择

有效集理论（Efficient Set）

马科维茨认为，可行集中包括无数个可供投资者选择的证券投资组合，投资者可通过有效集定理来找到最佳的投资组合。所谓最佳的投资组合，一般要满足两个条件：

（1）在相同风险的水平下具有最大收益率的证券组合。

（2）在同样收益率的水平下具有最小风险的证券组合。

在图 10.2 所示的可行集中，所有组合中 S 点的期望收益率最大，G 点的期望收益率最小，因为可行集中所有的点都位于 S 点的下方、G 点的上方。从 S 点到 G 点这个区间包含了各种资产组合的期望收益率。在同样的期望收益率水平下，风险最小的证券组合位于在从 G 点经 P 点到 S 点的曲线段上。因此，符合在相同收益率的水平下具有最小风险的证券组合在从 G 点到 S 点的左边界上。

在图 10.2 所示的可行集中，所有组合中 P 点的风险最小，H 点的风险最大，因为可行集中所有的点都位于 P 点的右方、H 点的左方。从 P 点到 H 点这个区间包含了各种资产组合的所有风险。具有最高期望收益率的证券组合位于在从 P 点经 S 点到 H 点的曲线段上。因此，符合在相同风险的水平下具有最大收益率的证券组合在从 P 点到 H 点上方的边界上。

有效集应该是曲线段 GS 和 PH 的交集，也就是曲线段 PS，因为只有在曲线段 PS 上的证券组合才能同时满足上述两个条件，所以这条线段也叫作有效边界。

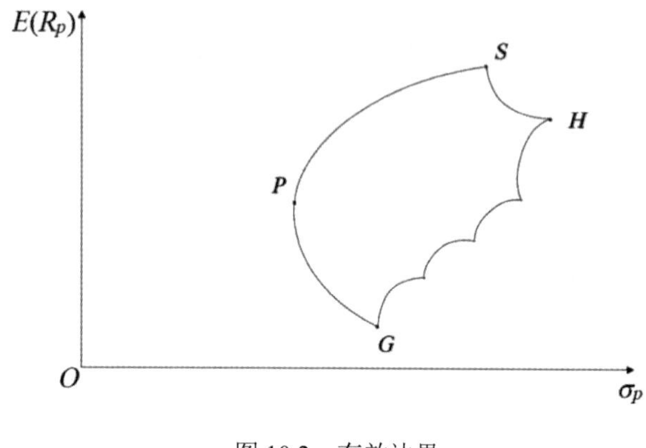

图 10.2　有效边界

无差异曲线 I：斜率为正；下凸（意味着在边际效用递减原理的作用下，随着投资者每次等量风险的增加，所获得的期望收益率越来越高）。

在同一条无差异曲线上给投资者带来的效用是相同的，如图 10.3 所示。无差异曲线和有效边界的对比如图 10.4 所示，风险偏好的对比如图 10.5 所示。

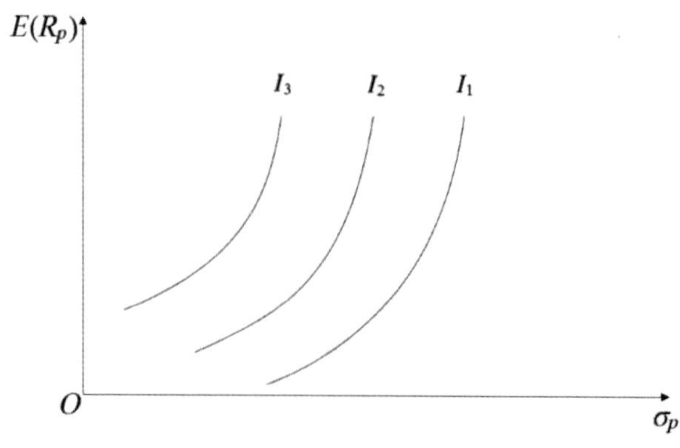

图 10.3　无差异曲线

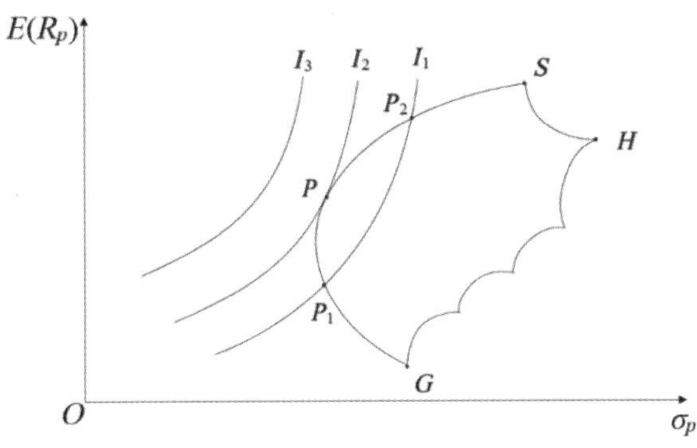

图 10.4 无差异曲线与有效边界

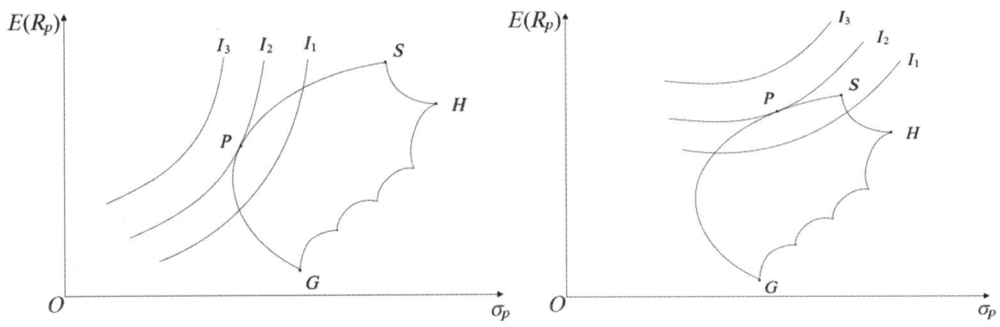

图 10.5 风险偏好的区分：风险厌恶程度高（左），风险厌恶程度低（右）

马科维茨的证券选择理论奠定了现代金融的数量化分析的基础，第一次将概率论引入投资分析领域，用预期收益率和方差来进行收益率和风险的度量，从而在数学上证明了分散投资比集中投资表现好的基本原理。这也是以分散投资为特征的共同基金诞生的理论基础。

10.2 资本资产定价模型

10.2.1 CAPM 模型的理论渊源

到了 20 世纪 60 年代初期，金融经济学家开始研究马科维茨的模型是如何影响证券估值的，这一研究导致了资本资产定价模型（Capital Asset Price Model，CAPM）

的产生。现代资本资产定价模型是由夏普（William Sharpe，1964 年）、林特纳（Jone Lintner，1965 年）和莫辛（Mossin，1966 年）根据马科维茨最优资产组合选择的思想分别提出来的，因此资本资产定价模型也被称为 SLM 模型。

由于资本资产定价模型在资产组合管理中具有重要的作用，所以从其创立的 20 世纪 60 年代中期起，就迅速为实业界所接受并转化为实用，也成了学术界研究的焦点和热点问题。

10.2.2 CAPM 模型的理论内容

资本资产定价模型对资本资产的定价问题从理论上给出了一个十分完美的解答，以一个简洁的方程描述了单个资产收益率与市场收益率之间的关系。这一模型是建立在一些严格条件之上的，尽管有些假设与现实不符，但还是抓住了一些主要因素，对实际问题在一定程度上给出了有力的说明，具有一定的指导作用。

资本资产定价模型考虑的是一个单一期限的情形，投资者在期初进行投资，在期末卖出资产，期间不考虑消费问题，同样假设市场上存在 N 个风险资产和 1 个无风险资产，同时假设：

（1）所有资产均为责任有限的，即对任何资产，其期末价值总是大于或等于零。

（2）市场是完备的，即不存在交易成本和税收，而且所有资产均为无限可分割的。

（3）市场上有足够多的投资者，使得他们可以按市场价格买卖他们所想买卖的任何数量的任何可交易资产。

（4）资本市场上的借贷利率相等，且对所有投资者都相同。

（5）所有投资者均为风险厌恶者，同时具有不满足性，即对任何投资者，财富越多越好。

（6）所有投资者都追求期末财富的期望效用最大化。

（7）所有投资者均可免费地获得信息，市场上信息是公开的、完备的。

（8）所有投资者对未来具有一致性的预期，都正确地认识到所有资产的收益率服从联合的正态分布。

（9）对于任何风险资产，投资者对其评价有两个主要的指标，分别是风险资产收益率的预期和方差，预期代表收益率，方差（或标准差）代表风险。

前 4 个假设是对资本市场的一种理想化假定，概括起来，其实质是认为一个理想的市场应该是完备的、无摩擦的，从而对资源的配置是有效的。当然，这种理想的市场在现实中是不存在的，但我们可以对这些条件进行放松，并发现放松后对原来的结果影响不是根本的，即这些理想的假设抓住了主要矛盾，结果也就十分有意义。同时，随着科学技术尤其是信息技术的发展，现实中的资本市场也正一步一步地向这一理想市场靠近。

假设（5）、（6）、（8）、（9）是关于投资者的假设。风险厌恶的假设是有代表性的，当然我们并不否认存在风险偏好的投资者；同时，这些假设还对投资者的选择标准给出了说明。而假设（7）则是关于市场有效性的假设。

在满足上述假设之后，CAPM 模型可以表示为

$$E(R)=R_f+[E(R_m)-R_f]\times\beta$$

其中，$E(R)$为股票或投资组合的期望收益率；R_f为无风险收益率，投资者能以这个利率进行无风险的借贷；$E(R_m)$为市场组合的收益率；β为股票或投资组合的系统风险测度。

从模型当中我们可以看出，资产或投资组合的期望收益率取决于 3 个因素：（1）无风险收益率 R_f，一般将一年期国债利率或者银行 3 个月定期存款利率作为无风险利率，投资者可以以这个利率进行无风险借贷；（2）风险价格，即 $E(R_m)-R_f$，是风险收益率与风险的比值，也是市场组合收益率与无风险利率之差；（3）风险系数β，是度量资产或投资组合的系统风险大小尺度的指标，是（风险资产的收益率与市场组合收益率的协方差）与市场组合收益率的方差之比，故市场组合的风险系数β等于 1。

10.2.3 资本市场线与证券市场线

资本市场线（CML）和证券市场线（SML）是 CAPM 的两个主要结论，CML 是投资组合理论的直接延伸。

1. 资本市场线

资本市场线描述的是均衡的资本市场上任一投资组合的预期收益率与其风险之间的关系。当市场处于均衡状态时，市场组合 m 就为切点投资组合，代表了所有投资者对风险资产的投资方式。所有投资者在进行最优投资选择时都是将其资金在无风险资产与 m 之间进行分配的，无风险资产 r_f 与 m 的连线也就是有效集，这条直线形状的有效集就是资本市场线，图 10.6 所示。

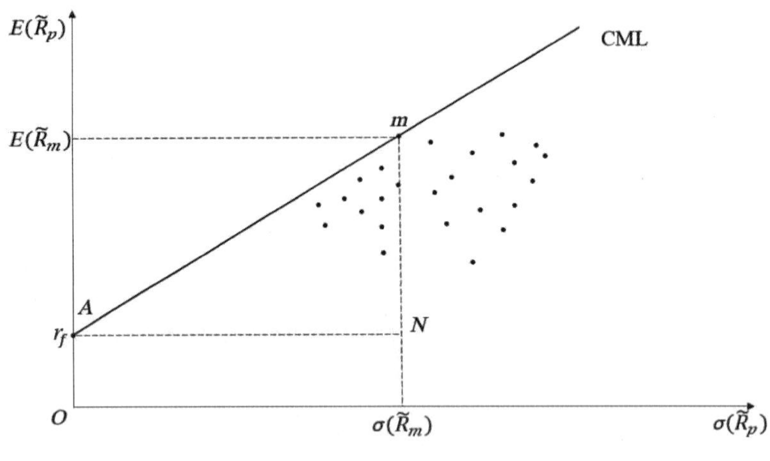

图 10.6　资本市场线

这条直线描述了当市场处于均衡状态时，有效证券投资组合的预期收益率和风险之间的关系。它表明证券投资组合的预期收益率与风险呈线性关系，风险越高，所带来的预期收益率越高；风险越低，则带来的预期收益率越低。

根据图 10.6 可求出 CML 方程。图中 m 点的坐标为 $(\sigma_m, E(r_m))$，A 点的坐标为 $(0,r_f)$，则可求出两点的直线方程，即标准的 CML 直线方程为

$$E(r_p) = r_f + \frac{E(r_m) - r_f}{\sigma_m}\sigma_p$$

其中，斜率 $\frac{E(r_m) - r_f}{\sigma_m}$ 表示的就是风险的价格，衡量的是增加单位风险需增加的预期收益率，或称为承担单位风险所要求的收益率；$E(r_m) - r_f$ 则表示投资组合的超额收益率。

资本市场线实际上给出了风险资产或投资组合风险与收益率之间的关系，提供了衡量有效投资组合的方法。在引入无风险资产后，有效投资组合就是分布在资本市场线上的点，这条直线就代表了有效边界。这一结论还表明，有效投资组合的风险与收益率之间是一种线性关系。

例如，假定无风险利率为 4%，市场组合为(12%,19%,69%)，包括 3 种证券 A、B、C，它们的预期收益率和协方差矩阵分别为

$$\begin{bmatrix}16.2\%\\24.6\%\\22.8\%\end{bmatrix} \text{和} \begin{bmatrix}0.0146 & 0.0187 & 0.0145\\0.0187 & 0.0854 & 0.0104\\0.0145 & 0.0104 & 0.0289\end{bmatrix}$$

协方差矩阵对角线依次为 3 只证券的方差，其他位置列出的是协方差。由上可知：

$$\mathrm{Cov}(r_A,r_B)=0.0187,\ \mathrm{Cov}(r_A,r_C)=0.0145,\ \mathrm{Cov}(r_B,r_C)=0.0104$$

可求得 $E(r_m)=22.4\%$， $\sigma_m=15.01\%$， 则

$$\frac{E(r_m)-r_f}{\sigma_m}=1.226$$

则 CML 方程为

$$E(r_p)=4\%+1.226\sigma_p$$

2. 证券市场线

资本市场线说明了有效投资组合风险和收益率之间的关系，但并没有说明对于非有效投资组合及单只证券的响应情况。实际上，因为单只证券被看成是非有效的，因而单只证券总是在资本市场线以下。那么，如何确定单只证券的收益率和标准差之间的均衡关系呢？

证券市场线描述的是当证券市场达到均衡时，单只证券的收益率与风险之间的关系。当市场均衡时，有 SML：

$$E(r_i)=r_f+\frac{E(r_m)-r_f}{{\sigma_m}^2}\sigma_{im}=r_f+\beta_i(E(r_m)-r_f)$$

其中， $\beta_i=\sigma_{im}/{\sigma_m}^2=\mathrm{Cov}(r_i,r_m)/{\sigma_m}^2$， 称为$\beta$系数。上式还可写为

$$E(r_i)-r_f=\beta_i(E(r_m)-r_f)$$

这个式子表明，证券 i 的超额收益率 $E(r_i)-r_f$ 与其β系数成正比，如图 10.7 右侧图中的直线即为 SML。这条直线由无风险资产的收益率和市场组合的预期收益率共同决定。当市场处于均衡状态时，所有证券和投资组合，不管是有效的还是无效的，全部落在证券市场线上。

3. CML 与 SML 的关系

资本市场线和证券市场线是 CAPM 的重要结论，从不同侧面描述了风险资产的收益率与风险之间的关系，如图 10.7 所示。

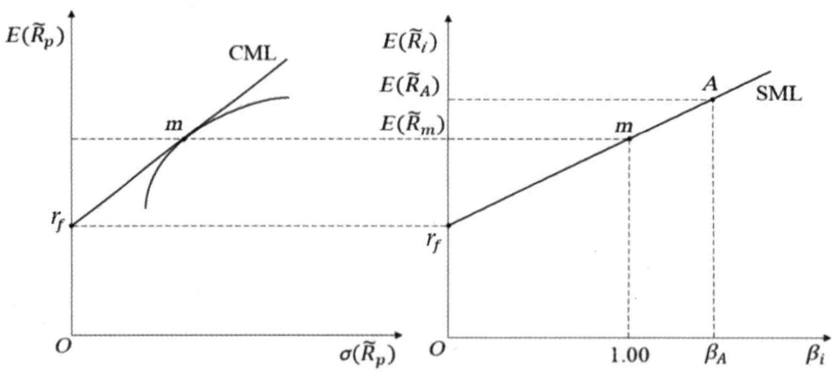

图 10.7　资本市场线与证券市场线之间的关系

CML 描述的是有效的投资组合所满足的关系，给出的是投资组合的预期收益率与其标准差之间的线性关系，单个资产总是在 CML 的右边。

SML 描述的是均衡状态下单只证券所满足的关系，给出的是单只证券的预期收益率与β系数之间的关系，β系数反映的是该资产对资产组合方差的影响程度或贡献度。在均衡市场中，所有的证券都落在证券市场线上。

证券市场线实际上是资本市场线的一个特例。当单个资产或资产组合有效率时，该项资产与市场组合 m 的相关系数为 1，此时的证券市场线和资本市场线是相同的。因为

$$r_p = r_f + \frac{r_m - r_f}{{\sigma_m}^2}\sigma_{pm} = r_f + (r_m - r_f)\frac{\rho_{pm}\sigma_p\sigma_m}{{\sigma_m}^2}$$

$$= r_f + (r_m - r_f)\frac{\rho_{pm}\sigma_p}{\sigma_m} = r_f + (r_m - r_f)\frac{\sigma_p}{\sigma_m}$$

而该公式即资本市场线。

4．特征线

只考虑一种证券的投资组合，将证券市场线稍作变形，就可以得到特征线方程：

$$E(r_i) - r_f = \beta_i(E(r_m) - r_f)$$

等式左边为单只证券的超额收益率，右边为市场组合的超额收益率与β值的乘积。如果单只证券收益率与市场组合收益率之间的关系依赖于过去的经验，那么超额收益率可以依据历史数据计算得出，也可以用来估计证券未来的收益率。

计算出单只证券和市场组合的超额收益率后，以横轴表示市场组合的超额收益率，纵轴表示单只证券的超额收益率，将其描出点来，如图 10.8 所示。根据散点图作出的回归曲线就是特征线。散点对特征线的偏离是该证券的非系统风险，是特定公司所特有的，通过投资组合可以降低非系统风险。由图 10.8 可见，特征线的斜率为正，说明市场组合的超额收益率越高，单只证券的超额收益率也就越高。

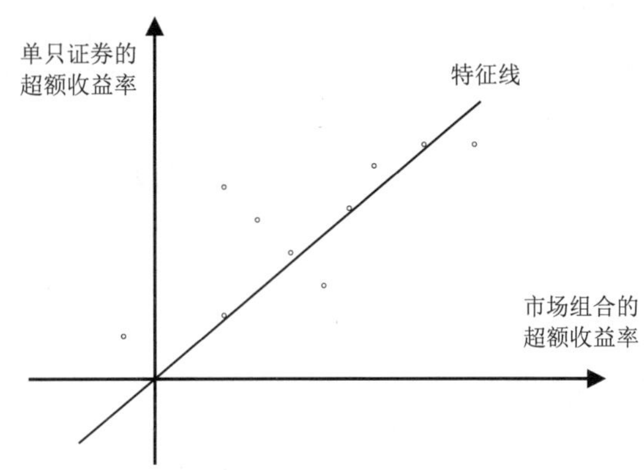

图 10.8 单只证券与市场组合超额收益率之间的关系

根据散点图作出的特征线可能有截距项，因为现实的资本市场并不总是在有效的均衡点上运作。特征线在纵轴上的截距就是 α 值，表示市场组合预期超额收益率为 0 时，单只证券的预期超额收益率：α 值小于 0 表示单只证券的预期收益率小于无风险收益率，理性的投资者将不会投资于该证券，证券的价格会下降，收益率会提高，特征线平行上移至 α 值为 0；α 值大于 0 则有相反的过程发生。

特征线的斜率就是β值。β值在证券市场线方程中反映为单只证券对于整个市场组合的风险程度，在特征线上反映为证券的超额收益率对市场证券组合的超额收益率变动的敏感程度。如果β值为 1，则表示证券的超额收益率同市场组合超额收益率的变动相同，也就是说该证券具有与整个市场相同的系统风险；如果β值大于 1，则单只证券的系统风险要大于整个市场的系统风险；如果β值小于 1，则单只证券的系统风险小于整个市场的系统风险。

注意特征线与 SML 的区别。

10.2.4 CAPM 模型的应用

CAPM 分析了风险资产的收益率与其对应的风险之间的关系，它指出：所有有效的风险资产或投资组合必定位于 CML 上；在均衡条件下，所有证券或投资组合必定位于 SML 上。利用这些结论，可以判断一种证券的定价是否被高估或低估，还可以用来作为资产定价的基准。

1. 证券价值的高估与低估

利用资本资产定价模型可以判断证券的相对吸引力。高风险的股票具有较高的收益率，低风险的股票具有较低的收益率，但难以判断其收益率与风险是否成比例。

如图 10.9 所示，可以根据证券市场线来判断证券价值的高估与低估。证券 A、B、C 位于 SML 上方，证券 H、I、J 位于 SML 下方，证券 D、E、F 位于 SML 上；其中证券 A、D、H 的β系数为 0.5，证券 B、E、I 的β系数为 1，证券 C、F、J 的β系数为 1.5，分别代表 3 种风险级别：高风险、低风险和平均风险。图中证券 A、B、C 位于直线上方，对于相同的风险，其收益率高于相应的证券 D、E、F 和 H、I、J，因而具有更强的吸引力，其价值均被低估；而证券 H、I、J 位于直线下方，其收益率低于相应风险所对应的收益率，其价值被高估，相对缺乏吸引力；而证券 D、E、F 位于直线上，收益率为平均水平，既未被高估，也未被低估。

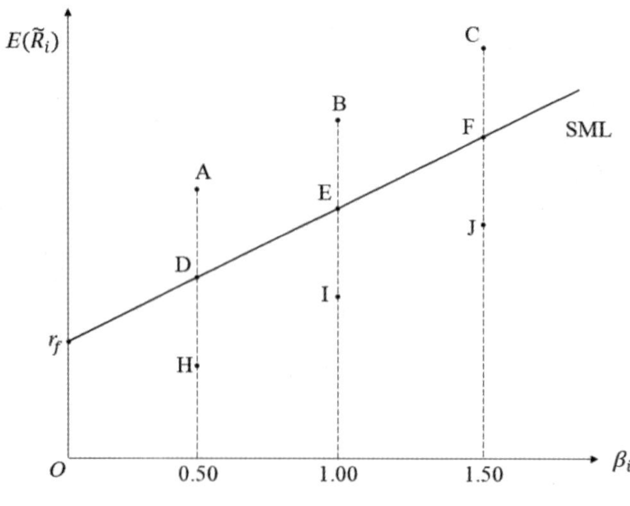

图 10.9 证券价值的高估与低估

在现实的证券市场上，由于存在交易成本及税收等原因，证券一般不会恰好落在 SML 上，因此现实中的 CAPM 可能不再是一条直线，而是一条带状的区域，这条带状区域的宽度随市场的不完全性的程度不同而不同，如图 10.10 所示。

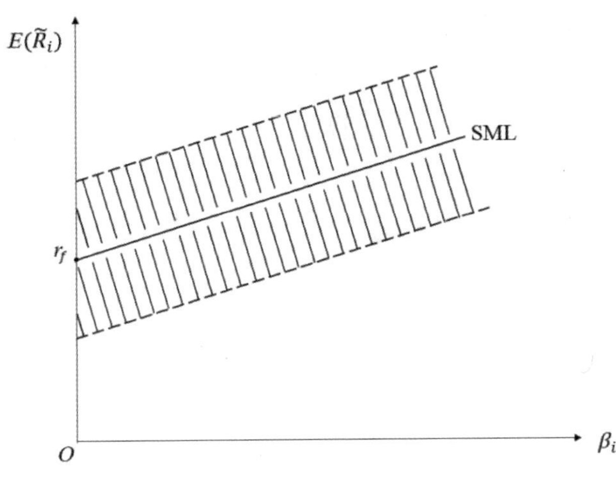

图 10.10 现实中的证券市场带

2．利用 CAPM 对单期资产定价

CAPM 描述了有效投资组合的收益率与风险之间的线性关系，以及单个资产的收益率与风险之间的关系，可用来作为风险资产定价的基准。

假设证券 i 的期初和期末价格分别为 P_{it-1} 和 P_{it}，P_{it} 是随机变量，在期初无法确切知道，只能对其期望值进行估计，根据收益率的定义有

$$E(r_i)=\frac{P_{it}-P_{it-1}}{P_{it-1}}$$

根据 CAPM 有

$$E(r_i)=r_f+[E(r_m)-r_f]\frac{\mathrm{Cov}(r_i,r_m)}{\sigma_m^2}=r_f+\lambda\mathrm{Cov}(r_i,r_m)$$

其中，$\lambda=\dfrac{E(r_m)-r_f}{\sigma_m^2}$，表示单位风险的市场价格，则

$$\frac{P_{it}-P_{it-1}}{P_{it-1}}=r_f+\lambda\mathrm{Cov}(r_i,r_m)$$

则

$$P_{it-1}=\frac{P_{it}}{1+r_f+\lambda \mathrm{Cov}(r_i,r_m)}$$

进一步地，有

$$\begin{aligned}\mathrm{Cov}(r_i,r_m)&=\mathrm{Cov}(\frac{P_{it}-P_{it-1}}{P_{it-1}},r_m)\\&=E[(\frac{P_{it}-P_{it-1}}{P_{it-1}}-\frac{E(P_{it})-P_{it-1}}{P_{it-1}})(r_m-E(r_m))]\\&=\frac{1}{P_{it-1}}\mathrm{Cov}(P_{it},r_m)\end{aligned}$$

化简可得

$$P_{it-1}=\frac{P_{it}-\lambda \mathrm{Cov}(P_{it},r_m)}{1+r_f}$$

例如，假定某基金收益率以 10%的概率等于无风险利率 7%，以 90%的概率等于市场组合的预期收益率 15%，该基金的β系数为 0.9，若每份基金期初包含的资产价值为 100 元，则基金期末价格的期望值为 114.20 元，而$\lambda \mathrm{Cov}(P_{it},r_m)=\beta_i[E(r_m)-r_f]=0.072$，则

$$P_{it-1}=\frac{P_{it}}{1+r_f+\lambda \mathrm{Cov}(r_i,r_m)}=\frac{114.2}{1.07+0.90\times 0.072}=100$$

即该基金的现期价格等于现期价值。

3. β系数的应用

β系数作为度量某种投资风险的指标，表示证券或证券组合的收益率随市场收益率变动而变动的程度。证券或证券组合的β系数越大，系统性风险越大。在证券投资管理中，β系数被广泛应用于证券分析和投资决策中，其应用主要表现在以下几个方面。

（1）证券类型的划分。根据β系数大小可将证券或证券组合分为以下几种：$\beta>0$时证券或证券组合收益率与市场组合同方向运动，$\beta<0$时则反方向运动；$\beta<1$时为防御型证券或策略组合，证券或证券组合的收益率比市场组合收益率的波动水平低，如公用事业、食品工业的股票等；$\beta=1$时为中性投资策略，证券或证券组合的收益率与市场组合收益率的波动完全同步；$1<\beta<1.5$时，证券或证券组合的收益率比市场组合

收益率的波动水平高，这是一种激进型或攻击型的证券或资产组合，如高科技行业等；β>1.5 时，证券或证券组合的收益率比市场组合收益率的波动水平高很多，这是高风险的投资策略选择，如高科技行业、网络行业、传媒行业等。

（2）测度风险报酬与证券估值。β 系数测度的是能够带来收益补偿的系统风险，这部分风险不能通过投资组合进行消除。β 系数越大，这一证券或证券组合要求的风险报酬就越高。如果证券收益超过风险报酬，则这一证券或证券组合被市场高估；反之则被市场低估。如在证券市场线上，如果 A、B 两个资产的β 系数相同，即风险相同，但 A 的预期收益率比 B 高，则投资者愿意买入 A 而卖出 B，这样 A 的价格上升，B 的价格下降，直到恢复均衡。可见，位于证券市场线上方的证券价格被低估了，因为在给定系统性风险水平的条件下，可以提供更高的预期收益率；而位于证券市场线下方的证券价值则被高估了。

（3）作为证券投资组合的重要参数。在进行投资组合选择时，如果根据马科维茨的投资组合理论，直接以协方差进行计算，则计算量大而复杂；如果用β 系数来替代，则能大大简化计算过程，因而β 系数的应用更为广泛，是投资组合决策的重要参数。

（4）衡量证券投资组合的特性。不同的证券投资基金由于风险收益偏好不同，因而构造了不同投资风格的证券组合，如激进型、稳健型等。不同投资风格的基金，证券组合的β 系数差异很大，这为投资策略选择和策略调整提供了依据。因此，中小投资者可根据自身的风险承受程度选择不同风格和风险水平的基金，而基金经理可根据投资组合的β 系数调整组合结构。

（5）根据市场走势，选择不同β 系数的证券或证券组合可获得超额收益。由于β 系数是证券或证券组合与市场组合的敏感性指标，这样投资者可根据不同的市场走势，选择不同β 系数的证券或证券组合。具体而言，在牛市中，投资者选择高β 系数的证券，从而成倍放大市场收益率，取得高额收益；而在熊市中，则选择低β 系数（甚至负β 系数）的证券，从而抵御市场下跌风险。这样投资者可选择比市场组合更好的证券或组合，从而达到战胜市场的效果。

10.2.5 传统 CAPM 模型的扩展

CAPM 是现代金融学理论的重要里程碑，在现代投资理论与实践中占有非常重要的位置。但 CAPM 是建立在严格条件下的，至少存在以下几方面的缺陷：（1）前提条件过于严格，模型的实用性存在较大局限；（2）单期静态分析，缺乏从跨期动态均衡的角度考虑资产定价；（3）缺乏对金融市场微观结构诸要素的分析；（4）缺乏从投资者行为角度分析投资者心理与情绪对资产定价的影响。基于 CAPM 模型的上述缺陷，该理论对市场的解释能力及对投资者的指导作用必然存在较大的局限性，遭到学术界的不断质疑。为弥补传统 CAPM 的不足，许多经济学家放宽了 CAPM 严格限定的前提条件，对传统 CAPM 模型进行拓展，以便找到更真实反映现实经济的资本资产定价模型。

1．零β系数模型

布莱克（1972）提出了一种不需要无风险资产的定价模型。在可行的资产组合中，存在几种资产组合，其收益率与市场组合完全不相关，即这些资产组合与市场组合的β系数为零。从这些零β系数的资产组合中选择一个方差最小的资产组合，尽管这个组合没有任何系统风险，但仍存在非系统模型。这种零β系数的资产组合并不影响 CML，但会对 SML 的构造产生影响。此时，截距表示零β系数资产组合的预期收益率，零β系数组合与市场组合 M 结合形成新的市场组合，其风险收益关系也呈线性特征。

$$E(r_i)=E(r_z)+\beta_i[E(r_m)-E(r_z)]$$

2．考虑交易成本的资产定价

传统的 CAPM 是在不考虑税收的条件下推导出来的，即投资者不考虑对不同形式收益的税收影响，所有投资者持有相同的风险资产组合——市场组合。然而现实经济中的税收情况并非如此，不同投资者适用不同的税种和税率，不同资产交易的所得税也有所不同，并且为鼓励证券投资，政府对资本利得的征税一般低于对股票红利的征税。尽管投资者的资产组合的税前期望收益相同，但税收会导致投资者持有的税后实际投资收益不同，相应地，风险资产的均衡价格将与不考虑税收的情况有所差别。为此，布伦南（1970）首先研究了考虑资本利得与红利税负不同时的资本资产定价模型。考虑到税负不同的条件，任意资产的收益率可表示为

$$r_i=r_f(1-T)+[\bar{r}_m-r_i-T(D_m-r_i)]\beta_i+TD_i$$

$$T=(T_d-T_g)/(1-T_{gi})$$

式中，D_m、D_i分别表示市场组合和资产 i 的红利收益率，T_d、T_g分别表示证券市场资本利得税和红利税。

在上述模型中，如果红利税率等于资本利得税率，税负调整系数 T 为 0，则这个模型就演变为简单形式的资本资产定价模型。如果税率是有差别的，则预期收益率就像简单形式的资本资产定价模型一样，线性地依赖于β 系数。当对红利征税的平均税率高于资本利得税率时，税负调整系数 T 为正，预期的税前收益率是红利收益率的增函数，相应的，红利与资本利得的税率差别越大，预期收益率就越高。

3．基于多期的资本资产定价模型（ICAPM）

针对资本资产定价模型是单期的、静态的特征，以默顿（1973）为代表的经济学家提出了基于多期的资本资产定价模型。他们的研究表明，在投资者最大限度地扩大其一生的消费期望效用时，经典的单期资本资产定价模型就可以扩充为多期资本资产定价模型。在该模型中，由于投资者效用是多阶段条件下的最大化求解，除了资产投资收益外，还要考虑收入、消费支出、利率等约束变量，通过构建多阶段的动态规划模型进行均衡求解，以此得出类似证券市场线的结果。

$$\bar{r}_i = r_f + \beta_{im}(\bar{r}_m - r_f) + \beta_{i1}(\bar{r}_{i1} - r_f) + \beta_{i2}(\bar{r}_{i2} - r_f) + .\beta_{i3}(\bar{r}_{i3} - r_f) + \cdots$$

式中，$\bar{r}_{ij}(j=1,2,3,\cdots)$ 是投资者可用来对冲他所关注的风险资产组合的预期收益率。

ICAPM 表明，在市场动态均衡的条件下，资产的风险不仅与市场组合的敏感度有关，而且与其他状态变量的敏感度有关，从而弥补了传统 CAPM 仅对市场予以补偿的缺陷，因而具有更强的现实解释力。不足之处在于，ICAPM 并未描述影响投资可行集的状态变量是什么，也没有给出寻找与状态变量完全相关的资产（组合）的具体途径。

4．基于消费的资本资产定价模型（CCAPM）

在夏普-林特纳的单期静态资本资产定价模型和默顿的跨期资本资产定价模型的基础上，鲁宾斯坦（1976）、卢卡斯（1978）、布林顿（1979）等发展了基于消费的资本资产定价模型，以及建立在该模型基础上的其他衍生模型。CCAPM 不以均值-方差分析为出发点，而是以阿罗-德布鲁一般均衡模型为基本分析工具，构建代表投资者期望效用函数最大化的均衡价格方程。

令 $u(\cdot)$ 为 t 时期的效用函数（增函数），p_t 为资产在 t 期的价格，E_t 为条件期望表达式，c_t、c_{t+1} 分别代表消费者（投资者）在 t 期和 t+1 期的消费水平，x_{t+1} 为资产在 t+1 期的收益，λ 为主观折现因子，用来度量消费者推迟消费的忍耐程度，e 为消费者的初始消费水平，δ 为消费者购买的资产数量。这样可以对消费者选择的两期模型进行跨期选择的最优化进行求解。

$$\max_{\delta} U(c_t, c_{t+1}) = u(c_t) + \lambda u(c_{t+1})$$

$$c_t = e_t - p_t\delta$$

$$c_{t+1} = e_{t+1} - x_{t+1}\delta$$

对上述最优规划进行求解，就可以得到消费者效用最大化的一阶条件。

$$p_t u'(c_t) = E_t[\lambda u'(c_{t+1}) x_{t+1}]$$

将上式变形可得

$$p_t = E_t[\lambda \frac{u'(c_{t+1})}{u'(c_t)} x_{t+1}]$$

这就是基于消费的资产定价模型，其中 $\lambda \frac{u'(c_{t+1})}{u'(c_t)}$ 被称为随机贴现因子，也就是跨期消费的边际替代率。

5. 行为资本资产定价模型（BCAPM）

谢夫瑞和斯德特曼（1994）在行为金融等研究成果的基础上，提出了行为资本资产定价模型。行为资本资产定价模型突破了理性人假定和效率市场假说的前提，既有限度地接受了市场有效性，也秉承了行为金融学所奉行的有限理性，从而论述了行为决策问题对市场的影响。围绕如何通过噪声交易者风险的定义和衡量，分析市场超额收益率和风险之间的关系，从而更加全面地认识市场中的资本资产定价关系。经过 BCAPM 修正后的市场风险报酬水平包括两部分：传统 CAPM 模型中的β系数代表的风险收益和噪声交易者风险所导致的超额收益水平。即 BCAPM 的理论框架就是在 CAPM 的特征上，把以噪声交易者为代表的投资者信念、情绪和行为反应等行为因素加入到资本资产定价机制中，从而形成行为资本资产定价理论的框架。

为解释 BCAPM，令 ρ^* 表示价格有效时的均值-方差因子 ρ_{MV}，它是市场组合报酬的函数或市场因子。β^* 表示与市场因子相对应的证券 Z 的β系数，证券 Z 的预期收益率为

$$Z^* = i_1 + \beta^*(Z)(E_{\Pi}\rho^* - 1 - i_1) + A(Z)$$

其中，$E_{\Pi}\rho^*$ 表示预期报酬，i_1 为利率水平，$E_{\Pi}\rho^* - 1 - i_1$ 表示价格有效时的升水，$A(Z)$

称为异常报酬率的期望值。如果价格有效，并且根据市场因子 ρ^* 对证券风险资产进行定价，那么 $A(Z)$ 为 0。然而，当价格非有效时，仍假定 ρ^* 是对风险进行定价的唯一因子，在这种情况下就有可能发现非零的异常报酬率。

为说明异常报酬率的期望值 $A(Z)$ 与传统资本资产定价模型的偏差，在图 10.11 中引入两条线：一条是均值-方差有效风险-报酬率的直线（经过无风险利率 r_f 和均值-方差因子 ρ_{MV} 的风险报酬率两点）；另一条为资本市场线（经过无风险利率和市场因子 ρ^* 的风险报酬率两点）。由图 10.11 可见，由于投资者有限理性的噪声因素，导致市场组合风险升水或贴水，从而使得异常报酬率 $A(Z)$ 可对升水或贴水值进行解释。

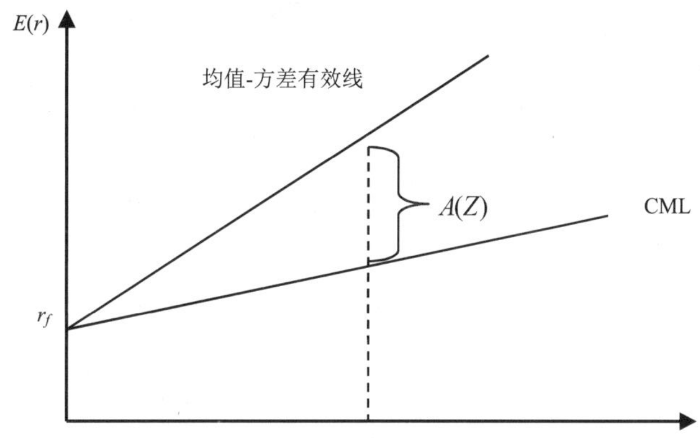

图 10.11　行为资本资产定价对收益率异常现象的解释

6. 基于流动性的资本资产定价模型（LCAPM）

流动性是市场以合理价格迅速处理资产的能力。证券市场流动性可从 4 个方面加以定量描述：宽度（交易价偏离中间价的程度）、深度（在给定报价下可以交易的股票数）、弹性（委托不平衡的调整速度）和即时性（达成交易所需的时间长度）。基于流动性的资本资产定价模型考虑了资产流动性对证券预期收益率的影响。从理论上讲，股市存在流动性溢价，即换手率低、交易成本高且流动性小的资产具有较高的预期收益率。

如果股票流动性低，则交易成本越大，投资者对持有该资产的预期收益率就越高。Amihud 和 Mendelson（1986）对流动性与资产定价的这种理论关系最早提出了流动性对资产价格的影响模型，并对纽约证券交易所 1961—1980 年的数据进行经验研究，取得了与上述理论一致的实证结果。他们认为，在均衡状态下，实行报价驱动交易制度的证券市场存在消费群效应，即投资者会主动挑选流动性小和交易成本大的资产于长期的投资组合中，流动性可由买卖价差衡量，股票的预期收益率是其相对买卖价差的分段线性和整体凹性增函数。这表明，在给定β系数的前提下，流动性好的证券预期收益率较低，而流动性差的证券预期收益率较高。

10.3 SCM 策略组合模型

前面的 CAPM 模型本质上是一个二维的分析体系，只考虑到了收益率和风险之间的关系，并且夏普认为在金融市场不存在超额收益的能力，这种观点一直得到业界人士的批评。笔者认为，在实际的资产配置中，一个完整的分析体系应该是三维的，即收益率、风险度和资金容量。

10.3.1 策略的定义

这里笔者给出一个策略组合模型 SCM（Strategy Combination Model），定义为：所谓策略组合，就是对资产的一系列动态操作的集合。

数学上的定义为：

（1）三元组 SCM_i (Return, Risk, Capacity)为一个策略，其中，Return 为策略预期收益率；Risk 为策略风险度；Capacity 为策略最大资金容量。

（2）策略组合 SCM 为一系列策略的集合，即 $SCM=(scm_1,scm_2,\cdots,scm_i,\cdots,scm_n)$，其中 scm_i 为单个策略。

在上面的例子中，SCM 组合即(scm_1,scm_2,scm_3)，其中 scm_1、scm_2 和 scm_3 分别为股票、债券和大宗商品的子策略。

10.3.2 策略的类型

从 10.3.1 节对于策略的定义来看，任何投资策略，根据收益率、风险度、资金容量的三要素组合，共有 8 种类型的策略，如表 10.2 所示。

表 10.2 策略类型

收益率	风险度	资金容量	代表性策略
低	低	低	淘汰
低	**低**	**高**	**相对价值策略**
低	高	低	淘汰
低	高	高	淘汰
高	**低**	**低**	**事件驱动策略**
高	低	高	不存在
高	高	低	淘汰
高	**高**	**高**	**宏观因素策略**

1. 策略类型的转化

1）不存在的策略：高收益/低风险/高容量

从经济学原理就可以得出结论：这种类型的策略一定是不存在的，一旦有这样的策略存在，大量的资金一定会涌入该策略，从而造成收益率大幅降低，或者市场容量大幅降低，从而转变为低收益/低风险/高容量策略，或者高收益/低风险/低容量策略。

2）淘汰的策略 1：低收益/高风险/高容量和低收益/高风险/低容量

这不符合人性，任何人承担了高风险，追求的就是高收益。如果是高风险低收益的策略，那么没有人愿意长期从事该策略交易，投资者会大量撤出，从而使得该策略的市场收益率变大，也就是该策略会转化为高风险/高收益/高容量策略。

3）淘汰的策略 2：高收益/高风险/低容量

在高收益/高风险情况下，投资者肯定会选择高容量的策略，来使自己的绝对收益最大化，所以该策略也会遭到淘汰。由于采用该策略的投资者变少，从而使得该策略的容量变大，最终转化为高收益/高风险/高容量策略。

4）淘汰的策略 3：低收益/低风险/低容量

在低收益/低风险情况下，投资者肯定优先选择高容量的策略，来使自己的绝对收益最大化，所以该策略也会遭到淘汰。由于采用该策略的投资者变少，从而使得该策略的收益变大，最终转化为高收益率/低风险/低容量策略。

从图 10.12 中可以看出这几种不存在的策略之间的转化过程。随着投资者的涌入和撤出，最终留下的长期有效的策略只有 3 种。

1）低收益/低风险/高容量

这种策略属于类固定收益率策略，如银行理财/货币基金/债券及各种对冲套利策略。目前国际上主流的对冲基金基本上以追求这种收益为主要特征。在美国证监会的分类中，这种策略叫作“相对价值策略”。

2）高收益/高风险/高容量

这种策略也是主流的基金所采用的策略，即投机型策略。包括一级市场的天使投资/创投/风投、二级市场的各种单边投机策略，他们的高收益来自承担了高风险，这也是传统的资本资产定价模型（CAPM）中所揭示的原理。在美国证监会的分类中，这种策略叫作“宏观因素策略”。

3）高收益/低风险/低容量

这种策略主要利用市场的缺陷去赚钱，各种制度套利都属于这种类型的策略。如定向增发套利，参与股票的定向增发可以获得较大的折扣，同时对冲掉市场风险，即可获得较为稳定的高收益。但是这种策略的市场容量是有限的，在百万亿美元规模的金融市场中只能是一个小众策略。在美国证监会的分类中，这种策略可以统称为“事件驱动策略”。

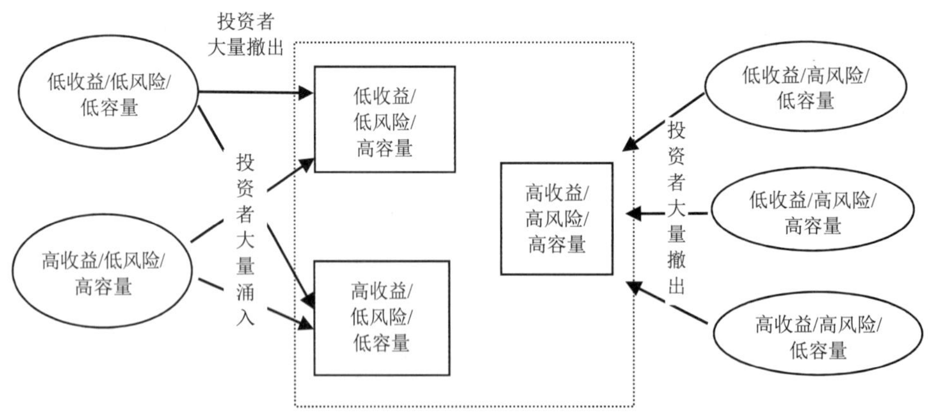

图 10.12　不同策略的转化

2．高收益/低风险/低容量策略的经济学解释

传统的资本资产定价模型（CAPM）认为，市场上只有两种类型的策略：高风险/高收益和低风险/低收益，超额收益只是承担了更多的风险而已。但在笔者提出的策

略组合模型中，有第三类策略，即高收益/低风险/低容量。那么这是否违背了经典的理论呢？下面就此进行经济学原理上的解释。

经典的资本资产定价模型有 3 个基本假设：（1）投资者都依据期望收益率评价证券组合的收益率水平，依据方差评价证券组合的风险水平；（2）投资者对证券的收益率风险及证券间的关联性具有完全相同的预期；（3）资本市场没有“摩擦”，是指市场对资本和信息自由流动的阻碍。因此，该假设意味着：在分析问题的过程中，不考虑交易成本和对红利、股息及资本利得的征税，信息在市场中自由流动，任何证券的交易单位都是无限可分的，市场只有一个无风险利率，在借贷和卖空上没有任何限制。

其中第三个假设是对现实市场的一个近似，但是在实际的市场中，这个条件是不被满足的。尤其是信息是不可能完全实现自由流动的，总是有少数人先得到信息，大多数人后知后觉。而且很多交易也是有门槛的，如定向增发就对投资者的资质有要求。正是因为这些条件不可能被满足，从而使得市场有了“缺陷”，这些缺陷就成为一种稳定获利的机会，这也就是“高收益/低风险/低容量”策略存在的原因，也就是说市场上之所以存在“高收益/低风险/低容量”策略的本质在于“信息不对称”。

3. 策略的不变特性：风险度

从图 10.14 中可以看出，随着信息的不断传递，投资者会不断地涌入或者撤出某种类型的策略，从而造成该类型策略的收益率和资金容量的变化，但其中不变的是风险度，这是策略的核心特性。

当投资者大量涌入某一类型的策略时，会使得该策略的收益率下降，或者资金容量降低；当投资者大量撤出某一类型的策略时，会使得该策略的收益率提高，或者资金容量提升。但是无论投资者如何进出，策略的风险度是不会变化的。例如，债券策略天然是低风险策略，股票和期货的单边投机天然是高风险策略，无论投资者涌入或撤出，这种策略的风险特性是不会改变的。所以对策略的各种优化方法可以改变的是策略的预期收益率和资金容量，但是无法改变策略的风险特性。

因此，投资的核心在于控制风险。因为只有控制了风险，就可以利用杠杆放大策略的资金规模，并且获得更高的绝对收益（将在 19.3 节详细探讨）。

10.3.3 策略的杠杆

CAPM 模型揭示了一个基本原理：风险与收益是对等的，风险越大，收益就越大。

但是对此结论笔者有不同的看法。笔者认为，准确的说法应该是：风险越大，收益率就越大。但是绝对收益的大小并不仅仅与收益率有关，更重要的是和投入的本金有关，因为

绝对收益=本金×收益率

从上面这个简单的公式可以看出，绝对收益由本金和收益率两个指标决定，其中对最终的绝对收益有重大影响的不是收益率，而是本金。本金规模的扩大要比收益率提高容易得多。从 20%的收益率提高到 30%的收益率是非常困难的，但是从 1 亿元的规模扩大到 10 亿元的规模会容易得多。

那么，本金又与什么样的因素相关呢？很显然，本金的大小和风险是负相关的。风险越大的策略，可以投入的本金越小。而风险和收益率又是正相关的，则可以知道，本金和收益率是负相关的。也就是说，收益率越大的策略，可投入的本金越小；收益率越小的策略，可投入的本金越大。

这也就是我们在日常市场中已经观察到的现象：债券市场的收益率低于股票市场，但是规模比股票市场大得多；股票市场的收益率高于期货市场，但是规模要小得多。从投资者的心理也可以看出：投资者更愿意将主要的资金投资于低风险的策略或产品，而将少量的资金投资于高风险的策略或产品。

所以，对于一个策略来说，最重要的是绝对收益，而不是收益率，那么本金的变化就成为最重要的因素。

低收益率的策略由于风险较低，因此可以通过放大杠杆的方式扩大本金的规模，从而大大增加绝对收益。下面就来讨论一下策略的杠杆问题。

1. 策略的最大回撤

最大回撤是投资者，尤其是资产管理人需要密切关注的一个指标，因为最大回撤往往代表了投资人所能忍耐亏损的极限。很多基金产品都会有一条止损线，一旦突破该止损线，将被强制清盘。所以纵然管理人对自己的策略多么有信心，认为在未来一段时期肯定会挽回亏损，但是短期的回撤一旦超过止损线，将会被强制出局，再也没有挽回的余地。因此，从实战角度来说，最大回撤往往比收益率和夏普比率更加重要。

另外，最大回撤也决定了产品所能使用杠杆的比例。例如有一个策略，最大回撤是 20%，那么理论上可以用 20%的自由资金做保底，设计一个结构化产品，该产品亏损 20%的时候先从自有资金中扣除，这样的产品就相当于获得了 5 倍的杠杆，放大了

本金，从而获得更大的收益。

最大回撤主要有两种：一种是历史回溯后的最大回撤；另一种是对未来的预期最大回撤。历史最大回撤就是在某个时间段上，收益率最低的那个数值；对未来的预期最大回撤就是在某个置信区间下，未来最大回撤的值是多少。

具体的形式化定义如下。

给定历史数据区间：D_1 为起始日，D_n 为终止日，D_i 为 D_1 与 D_n 之间的第 i 日，P_1 为起始日的组合市值，P_n 为终止日的组合市值，P_i 为第 i 日的组合市值，P_j 为第 j 日的组合市值，则最大历史回撤 Max-Recall 为$(P_i-P_j)/P_j$ 中的最小值。计算伪代码如下：

```
For j=1 to n-1
For i=j+1 to n
      Recall(i)=(Pi-Pj)/Pj                  //第 i 日的收益率
End
   Max-Recall(j)=min(Recall(i))             //以第 j 日为起始点的最大回撤
End
Max-Recall=min(Max-Recall(j))               //这是最终的最大回撤
```

而对未来最大回撤的预计，则可以借鉴 VaR 的思想。也就是说，在未来的 N 日中，在 M%的置信区间下，最大期望回撤为 Max-Recall-R。

这里有两种方法：一是直接根据 Max-Recall(i)的值进行排序，计算出在 M%置信区间下的 Max-Recall-R；二是根据 Max-Recall(i)的值拟合某个分布，然后根据分布来计算。

总而言之，在实战中最大回撤的计算是极为重要的，最大回撤涉及杠杠比例的大小，最终影响收益。

这里我们用 *M_R* 和 *M_Rr* 分别表示历史最大回撤和期望最大回撤，在后面的讨论中还会用到这两个符号。

2. 绝对收益与杠杆

绝对收益=本金×收益率，对于最终的绝对收益而言，本金这个变量的影响是巨大的，远远超过了收益率的影响。投资过期货的人都有经验，一般而言，期货是很难进行满仓操作的，因为一旦反向波动，就意味着出现穿仓现象，期货公司会强制平仓。出于稳健考虑，很多时候只能使用 30%、40%的仓位进行交易，这样一来本金的利用率大大降低，纵然收益率很高，但是最终的绝对收益并没有想象的那么大。

下面就这个问题进行深入探讨。假定有一个策略，可以实现 R 的期望收益率（年），期望最大回撤为 M_Rr。令 P_1 表示无杠杠的收益，V_1 表示本金，则可以轻易得出

$$P_1=V_1\times R \tag{1}$$

就到此为止了吗？显然不是，可以以 V_1 作为保证金，构建一个保底的结构化产品，业绩提成为 K（年），则该结构化产品的理论最大杠杆倍数为 $1/M\_Rr$。也就是说，V_1 为本金，客户资金为 $V_2=(1/M\_Rr-1)\times V_1$，总资金规模为 $V_1+(1/M\_Rr-1)\times V_1=V_1\times(1/M\_Rr)$。

（1）当策略出现最大回撤 M_R 时，该结构化产品的亏损为 $V_1\times(1/M\_R)\times M\_R=V_1$，即刚好亏完本金，客户实现保本。

（2）当实现了 R 的期望收益率后，该策略的最终收益是多少呢？

令 P_2 为客户资金的收益，则 $P_2=V_2\times R=(1/M\_Rr-1)\times V_1\times R$

$$\text{业绩提成 } P_3=P_2\times K=(1/M\_Rr-1)\times V_1\times R\times K$$

$$\text{总收益}=P_1+P_3=V_1\times R+(1/M\_Rr-1)\times V_1\times R\times K \tag{2}$$

$$\text{则杠杆后收益率 } G\_R=\text{总收益}/\text{本金}= R+R\times K \times(1/M\_Rr-1) \tag{3}$$

从式（3）可以看出，该公式第一部分就是本金的收益率，第二部分是杠杆后增加的收益率。考虑杠杆后的收益率与期望最大回撤 M_Rr 具有负相关的关系，即期望最大回撤越小，理论上可以放大的杠杆越大，则最终的收益率还是放大的。

例如，有两个策略 A 和 B，A 的期望收益率为 15%，最大回撤为 5%；B 的期望收益率为 30%，最大回撤为 20%，业绩提成为 20%，则可以计算出策略 A 和 B 的理论最大杠杆收益率分别为

$$G\_R\_A= 0.15+0.15\times(1/0.05-1)\times0.2=72\%$$

$$G\_R\_B=0.3+0.3\times(1/0.2-1)\times0.2=54\%$$

可以看出，策略 A 由于最大回撤小，获得了更大的杠杆倍数，从而获得了更高的理论杠杆收益率。所以最大回撤越小，杠杆收益率越大，再次证明了策略稳定性的重要。也就是说，绝对收益与风险是负相关的关系。传统 CAPM 所说的“风险越小，收益越小”是不完备的，正确的说法应该是“风险越小，收益率越小，绝对收益越大”。

10.3.4 策略的资金容量

在实战交易中，对于策略有很多考量，如收益率、风险度，对于这些考量也有很多指标来衡量，收益率有绝对收益率、相对收益率、年化收益率、阿尔法收益率等，风险度指标也有β系数、夏普比率等。

但是从绝对收益的角度看，笔者认为，一个实战策略最重要的考虑因素是该策略的资金容量。一个好的策略，不仅仅是在小资金的时候能获得高额收益，更重要的是当该策略面对大资金的时候，是否还可以保持收益率的稳定性。

收益=本金×收益率，所以最终的收益不仅取决于收益率，更取决于本金的大小。一个在 10 亿元资金可以获得 10%收益率的策略，显然要比在 1 亿元资金可以获得 30%收益率的策略更有价值，因为资金规模的限制决定了该策略可以复利的程度。

为了考虑资金规模的影响，笔者在夏普比率的基础上提出了一个新的指标：

$$\text{D-Ratio} = (R_p - R_f) / (\sigma \times (1 + \mathrm{e}^{-c}))$$

式中，R_p为预期收益率，R_f为无风险收益率，σ为收益率标准差，c为最大资金规模。c 的范围为 0～∞。当 c=0 时，$\mathrm{e}^{-c}=1$；当 c=∞时，$\mathrm{e}^{-c}=0$。这说明最大资金规模越大，则 D-Ratio 的值越大。该指标可以判断大资金策略和小资金策略的区别。

例如有一个策略，1 亿元资金规模可以做到 30%的收益率，无风险收益率为 5%，标准差为 10%。另外一个策略，5 亿元资金规模可以做到 15%的收益率，无风险收益率为 5%，标准差为 5%。这两个策略的 D-Ratio 分别为：

$$\text{D-Ratio}_1=(0.3-0.05)/[0.1\times(1+\mathrm{e}^{-1})]=1.83$$

$$\text{D-Ratio}_2=(0.15-0.05)/[0.05\times(1+\mathrm{e}^{-5})]=1.99$$

表 10.3 是这两个策略的收益率、夏普比率和 D-Ratio 的比较。

表 10.3 不同策略的收益率、夏普比率、D-Ratio 的比较

	策略 1	策略 2
收益率	30%	15%
夏普比率	2.5	2.0
D-Ratio	1.83	1.99

很明显，虽然第二个策略的收益率和夏普比率不如第一个策略，但是考虑了资金规模后，该策略的价值更大。

从 D-Ratio 的公式定义来看，其实就是在夏普比率的基础上考虑了资金规模后的一个分母项$(1+e^{-c})$，当 c 趋向 0 的时候，$e^{c}=1$，$1+e^{-c}=2$；当 c 趋向无穷的时候，$e^{-c}=0$，$1+e^{-c}=1$。可以看出，最大资金容量越小，D-Ratio 值越小；最大资金容量越大，D-Ratio 值越大。

那么，这里有另外一个问题：怎么定义最大资金容量呢？这里给出一个简单的说法：让收益率趋近无风险收益率的那个资金值即最大资金容量。数学上的定义如下：

令 C_M 为最大资金容量，C 为策略的资金量，R 为策略的收益率，R_p 为无风险收益率，则

$$\lim_{C \to C\_M} R = R_p$$

10.3.5 策略的筛选

1. 策略的相关系数

在进行多策略组合的时候，最需要考虑的是策略之间的相关系数。相关系数过大的策略，在面对同样的市场环境时，会出现近似的表现，从而带来较大的策略风险。因此，在做策略组合之前需要将相关性过大的策略进行筛选，这里定义策略的相关系数为：

令策略 x 的预期收益率为 $x_i(i=1,2,\cdots,n)$，策略 y 的预期收益率为 $y_i(i=1,2,\cdots,n)$，则 x_i 与 y_i 的相关系数即策略 x 与策略 y 的相关系数。

$$\rho_{xy} = \frac{\Sigma_{i=1}^{n}(x_i - \overline{x})(y_i - \overline{y})}{\sqrt[2]{\Sigma_{i=1}^{n}(x_i - x)^2 \Sigma_{i=1}^{n}(y_i - y)^2}}$$

当 $\rho_{xy}=1$ 时，表示策略 x 和 y 完全正相关；

当 $\rho_{xy}=-1$ 时，表示策略 x 和 y 完全负相关；

当 $\rho_{xy}=0$ 时，表示策略 x 和 y 完全不相关。

在实际交易中，我们希望策略之间最好不相关，也就是尽量进行 $\rho_{xy}=0$ 的策略之间的组合。

2. 筛选原则

策略筛选有两个基本原则。

（1）将与整体策略池负相关的策略剔除，因为这意味着该策略对整体的贡献是负的。

（2）两个负相关的策略，保留那个与整体策略池最独立的策略。

假定策略池中有 n 个策略（$s_1,s_2,s_3,\cdots,s_n$），ρ_{ij} 为 s_i 与 s_j 的相关系数，则可以有这样一个策略池中不同策略之间的相关系数矩阵：

$$\rho=\begin{pmatrix} 1 & \cdots\rho_{1i} & \cdots & \rho_{1n} \\ \vdots & & & \vdots \\ \rho_{i1}\cdots & & 1\cdots & \rho_{in} \\ \vdots & & & \vdots \\ \rho_{n1} & & \cdots\rho_{ni}\cdots & 1 \end{pmatrix}$$

从上式可以看出，这是一个对角线元素为 1 的对称阵，$\rho_{in}=\rho_{ni}$。其中第 i 行（ρ_{i1}，$\rho_{i2},\cdots,\rho_{in}$）表示策略 s_i 与策略池中所有策略（包括自己）的相关系数。

我们可以定义 $\rho'_i=\sum_{j=1}^{n}\rho_{ij}-1$ 表示策略 s_i 与策略池的相关系数（减掉 1 是因为要去除与自身的相关系数值），则可以得到策略与策略池的相关系数矩阵为

$$\rho'=\begin{pmatrix} \rho'_1 \\ \vdots \\ \rho'_i \\ \vdots \\ \rho'_n \end{pmatrix}$$

3．筛选步骤

（1）这样我们就可以进行策略剔除工作的第一步，即如果 $\rho'_i<0$，则将 s_i 从策略池中剔除。重复此过程，剔除所有与策略池负相关的策略后，假定还剩下 k 个策略（$s_1,s_i,\cdots,s_k$），$k\leqslant n$，其中 $\rho'_i>0\ (i=1,\cdots,k)$，相关系数矩阵分别为

$$\boldsymbol{\rho}=\begin{pmatrix} 1 & \cdots\rho_{1i} & \cdots & \rho_{1k} \\ \vdots & & & \vdots \\ \rho_{i1}\cdots & & 1\cdots & \rho_{ik} \\ \vdots & & & \vdots \\ \rho_{k1} & & \cdots\rho_{ki}\cdots & 1 \end{pmatrix},\quad \boldsymbol{\rho}'=\begin{pmatrix} \rho'_1 \\ \vdots \\ \rho'_i \\ \vdots \\ \rho'_k \end{pmatrix}$$

（2）这时候就可以进行第二步的筛选，即如果相关系数矩阵中有两个策略 s_i、s_j，其中 $\rho_{ij}<0$（意味着 s_i 与 s_j 负相关，则二者只能选其一），如果 $0<\rho'_i<\rho'_j$，则将 s_j 剔

除（因为ρ'_i更接近 0，则表示s_i与策略池的关系更独立）。

经过这两步筛选后，剩下的m个策略就是剔除负相关的策略后剩下的有效策略，$m \leqslant k \leqslant n$，相关系数矩阵分别为

$$\rho=\begin{pmatrix} 1 & \cdots\rho_{1i} & \cdots & \rho_{1m} \\ \vdots & & & \vdots \\ \rho_{i1}\cdots & 1\cdots & & \rho_{im} \\ \vdots & & & \vdots \\ \rho_{m1} & \cdots\rho_{mi}\cdots & & 1 \end{pmatrix},\quad \rho'=\begin{pmatrix} \rho'_1 \\ \vdots \\ \rho'_i \\ \vdots \\ \rho'_m \end{pmatrix}$$

下面来看一个例子。假定策略池中有 5 个策略（s_1,s_2,s_3,s_4,s_5），策略池的相关系数矩阵为

$$\rho=\begin{pmatrix} 1 & 0.2 & -0.1 & 0.2 & 0.1 \\ 0.2 & 1 & 0.1 & 0.3 & -0.8 \\ -0.1 & 0.1 & 1 & 0.7 & 0.8 \\ 0.2 & 0.3 & 0.7 & 1 & 0.5 \\ 0.1 & -0.8 & 0.8 & 0.5 & 1 \end{pmatrix}$$

计算出

$$\rho'=\begin{pmatrix} 0.4 \\ -0.2 \\ 1.5 \\ 1.7 \\ 0.6 \end{pmatrix}$$

第一步：剔除与整个策略池负相关的策略。可以看出策略 s_2 与整个策略池的相关系数为−0.2，则将s_2从策略池中剔除，留下的策略池为（s_1,s_3,s_4,s_5），对应的相关系数矩阵分别为

$$\rho=\begin{pmatrix} 1 & -0.1 & 0.2 & 0.1 \\ -0.1 & 1 & 0.7 & 0.8 \\ 0.2 & 0.7 & 1 & 0.5 \\ 0.1 & 0.8 & 0.5 & 1 \end{pmatrix}$$

$$\rho' = \begin{pmatrix} 0.2 \\ 1.4 \\ 1.4 \\ 1.4 \end{pmatrix}$$

第二步：我们发现策略 s_1 和 s_3 的相关系数为−0.1，这意味着这两个策略是负相关的，则考虑它们相对策略池的相关系数，$\rho'_1 = 0.2$，$\rho'_3 = 1.4$，也就是说 s_1 与整个策略池更加独立，则保留 s_1，将 s_3 从策略池中剔除。那么在留下的策略池中，就只有（s_1,s_4,s_5）3 个策略，对应的相关系数矩阵分别为

$$\rho = \begin{pmatrix} 1 & 0.2 & 0.1 \\ 0.2 & 1 & 0.5 \\ 0.1 & 0.5 & 1 \end{pmatrix}$$

$$\rho' = \begin{pmatrix} 0.3 \\ 0.7 \\ 0.6 \end{pmatrix}$$

这样我们就完成了策略的筛选步骤，这个结果在 10.3.7 节中还要用到。

10.3.6 策略的组合

经过前面的筛选后，假定有 m 个策略组合 $S=(s_1,s_2,s_3,\cdots,s_m)$，资金以 $r_1,r_2,r_3,\cdots,r_m$ 权重分配到 $s_1,s_2,s_3,\cdots,s_m$ 上，其中 $r_i \geqslant 0$，$\sum_{i=1}^{m} r_i = 1$。

做空操作包含在策略中，所以权重就不存在为负的情况，这和马科维茨的证券组合理论中的情况有些不一致，读者需要注意。

令策略 s_i 的收益率为 x_i，则策略组合 S 的收益率为

$$R_S = \sum_{i=1}^{m} x_i r_i$$

策略方差为

$$\sigma_p^2 = \sum_{i=1}^{m} \sum_{j=1}^{m} x_i x_j \operatorname{Cov}(x_i, x_j) = \sum_{i=1}^{m} \sum_{j=1}^{m} x_i x_j \sigma_i \sigma_j \rho_{ij}$$

x_i、x_j 分别为策略 s_i 与 s_j 的收益率，ρ_{ij} 为策略 s_i 与 s_j 的相关系数。

策略的最大资金容量为

$$C_p = \sum_{i=1}^{m} c_i r_i$$

式中，c_i 是策略 s_i 的最大资金容量。

这样，根据单个策略的收益率、方差和最大资金容量，就可以得出组合策略的收益率、方差和最大资金容量，也就可以计算出夏普比率和 D-Ratio 这样的评价指标。

10.3.7 策略的资金分配

在不同策略之间进行资金分配的关键在于确定权重 $r_1,r_2,\cdots,r_m$，资金在不同策略之间的分配遵循一个原则：

与策略池独立性越高的策略要给予更大的权重。

在目前的相关系数中，1 代表完全相关，0 表示完全独立。因为我们更希望给予相关系数为 0 的策略更大的权重，所以这里需要对相关系数矩阵进行一些改造。定义绝对相关系数矩阵为

$$\boldsymbol{\rho}^t = \begin{pmatrix} \rho^t{}_{11} & \cdots \rho^t{}_{1i} & \cdots & \rho^t{}_{1m} \\ \vdots & & & \vdots \\ \rho^t{}_{i1} & \cdots \rho^t{}_{ii} \cdots & & \rho^t{}_{im} \\ \vdots & & & \vdots \\ \rho^t{}_{m1} & \cdots \rho^t{}_{mi} \cdots & & \rho^t{}_{mm} \end{pmatrix} = |\boldsymbol{\rho} - 1| = \begin{pmatrix} 0 & \cdots |\rho_{1i}-1| & \cdots & |\rho_{1m}-1| \\ \vdots & & & \vdots \\ |\rho_{i1}-1| & \cdots 0 \cdots & & |\rho_{im}-1| \\ \vdots & & & \vdots \\ |\rho_{m1}-1| & \cdots |\rho_{mi}-1| \cdots & & 0 \end{pmatrix}$$

这样就将（0,1）之间的相关系数 ρ 转化为（1,0）之间的绝对相关系数 ρ^t 了。

例如，如果 $\rho_{ij}=1$，则 $\rho^t{}_{ij}=|1-1|=0$；如果 $\rho_{ij}=0$，则 $\rho^t{}_{ij}=|0-1|=1$；如果 $\rho_{ij}=0.3$，则 $\rho^t{}_{ij}=|0.3-1|=0.7$。

这样，越是独立的策略，将获得更大的 $\rho^t{}_{ij}$ 值，这就为下面的权重计算奠定了基础。

我们可以定义 $\rho^t{}'_i = \sum_{j=1}^{m} \rho^t{}_{ij}$ 表示策略 s_i 与策略池的绝对相关系数，则可以得到策略与策略池的绝对相关系数矩阵为

$$\rho^{t\,\prime}=\begin{pmatrix}\rho^{t\,\prime}{}_1\\ \vdots\\ \rho^{t\,\prime}{}_i\\ \vdots\\ \rho^{t\,\prime}{}_m\end{pmatrix}$$

则可以定义权重 $r_i=\dfrac{\rho^{t\,\prime}{}_i}{\sum_{i=1}^{m}\rho^{t\,\prime}{}_i}$，这样就可以获得资金在不同策略之间的最佳分配比例。

继续 19.5 节中的例子，该策略池共有 3 个策略（s_1,s_4,s_5），对应的相关系数矩阵分别为

$$\rho=\begin{pmatrix}1 & 0.2 & 0.1\\ 0.2 & 1 & 0.5\\ 0.1 & 0.5 & 1\end{pmatrix}\qquad \rho\,'=\begin{pmatrix}0.3\\ 0.7\\ 0.6\end{pmatrix}$$

则计算出策略之间的绝对相关系数矩阵为

$$\rho^{t}=|\rho-1|=\begin{pmatrix}0 & 0.8 & 0.9\\ 0.8 & 0 & 0.5\\ 0.9 & 0.5 & 0\end{pmatrix}$$

策略与策略池的绝对相关系数矩阵为

$$\rho^{t\,\prime}=\begin{pmatrix}1.7\\ 1.3\\ 1.4\end{pmatrix}$$

根据权重 $r_i=\dfrac{\rho^{t\,\prime}{}_i}{\sum_{i=1}^{m}\rho^{t\,\prime}{}_i}$，可以得出策略 s_1 的权重为 1.7/(1.7+1.3+1.4)=38.6%。按此计算得出策略池的权重矩阵分别为（38.6%,29.5%,31.9%），这就是最终的资金比例。从结果可以看出，策略 s_1 与策略池的相关系数最小，也就是最独立，从而获得最大的资金权重。

这样我们就完成了策略组合模型的主要工作，包括策略定义、策略类型、策略杠杆、策略资金容量、策略筛选、策略组合和策略的资金分配。

10.4　小结

SCM 策略组合模型是笔者在多年的投资生涯中经验性的总结，总的来说，SCM 模型从另一个角度探讨了资产管理的问题，并且得出了和 CAPM 模型不一样的结论。

（1）证明了“主动管理是可行的”的道理。因为市场上确实存在一种低风险/高收益策略，虽然它的资金容量不大。传统的 CAPM 和有效市场假说都认为无法通过主动管理来战胜市场，但是笔者认为，这个结论只适合大多数的普通投资者。由于信息不对称的原因，有些优秀的策略确实是可以战胜市场的，当然这种策略所能占据的市场规模是较小的。

（2）阐述了“赚大钱靠杠杆”的道理。文中通过一个公式证明了，策略的最大回撤越小，所能放大的理论杠杆就越大，从而使得杠杆后的收益率就越大。这也同时说明了传统的 CAPM 模型中所说的“风险越小，收益越小”的说法是不完备的，正确的说法应该是“风险越小，收益率越小，绝对收益越大”。

（3）阐述了“应该积极地主动控制风险，而不是将风险选择权交给投资者”的道理。根据 CAPM 模型和有效市场假说，过去 40 年资本管理行业被动投资大行其道，这其实是管理人主动交出风险控制权，由投资者根据自己的偏好自行选择相关的被动管理产品的结果。例如，风险偏好低的，可以选择大盘指数 ETF；风险偏好高的，可以选择小盘 ETF。但是无论选择哪种，风险选择权都在投资者手里。笔者认为，作为一个积极的管理人，应该主动控制风险，并且通过对风险的严格控制，放大杠杆来获得更高的绝对收益。

第 11 章　相对价值策略

◆ 摘要 ◆

相对价值策略是利用市场对相关正确评价不一致的情况进行套利的，此种交易策略通常被认为交易的风险性较低，主要包括阿尔法策略、期现套利、统计套利、跨期套利、ETF 套利、分级基金套利等。相对价值策略不会进行任何方向性的赌博，从而使得该策略无论牛熊，都能获得较为稳定的收益率。

11.1　阿尔法策略

阿尔法策略的核心在于选股模型，主要有多因子模型、风格轮动模型、行业轮动模型、资金流模型、动量反转模型、一致预期模型和筹码选股模型等。

多因子模型是应用最广泛的一种选股模型，其基本原理是采用一系列因子作为选股标准，满足这些因子的股票则被买入，不满足的则被卖出。多因子模型相对来说比较稳定，因为在不同的市场条件下，总有一些因子会发挥作用。

风格轮动模型则利用市场的风格特征进行投资，比如，市场有时偏好小盘股，有时偏好大盘股，如果在风格转换的初期介入，则可以获得较大的超额收益率。

行业轮动模型与风格轮动模型类似，由于经济周期的原因，总有一些行业先启动，一些行业跟随。在经济周期过程中，依次对这些轮动的行业进行配置，则比买入并持有策略有更好的效果。

资金流模型的基本思想是利用资金的流向来判断股票价格的涨跌，如果资金流入，则股票价格应该上涨；如果资金流出，则股票价格应该下跌。将资金流入、流出的情况编成指标，则可以利用该指标来判断未来一段时间股票价格的涨跌情况。

动量反转模型是指股票的强弱变化情况。过去一段时间表现强势的股票在未来一段时间继续保持强势，过去一段时间表现弱势的股票在未来一段时间继续保持弱势，这叫作动量效应。过去一段时间强势的股票在未来一段时间会走弱，过去一段时间弱势的股票在未来一段时间会走强，这叫作反转效应。如果判定动量效应会持续，则应该买入强势股；如果判断会出现反转效应，则应该买入弱势股。

一致预期模型是指市场上的投资者可能会对某些信息产生一致的看法，比如大多数分析师看好某只股票，可能这只股票的价格在未来一段时间内会上涨；如果大多数分析师看空某只股票，则可能这只股票的价格在未来一段时间内会下跌。一致预期策略就是利用大多数分析师的看法来进行股票的买入、卖出操作。

趋势追踪模型属于图形交易的一种，就是当股价出现上涨趋势时，则追涨买入；当股价出现下跌趋势时，则杀跌卖出，其本质上是一种追涨杀跌策略。判断趋势的指标有很多种，包括 MA、EMA、MACD 等，其中最简单也最有效的是均线策略。

筹码选股模型是另外一种市场行为策略，其基本思想是：如果主力资金要拉升一只股票，则会慢慢收集筹码；如果主力资金要卖出一只股票，则会慢慢派发筹码。所以根据筹码的分布和变动情况，就可以预测股票价格未来是上涨还是下跌。

11.1.1 多因子

多因子模型是应用最广泛的一种选股模型，其基本原理是采用一系列因子作为选股标准，满足这些因子的股票则被买入，不满足的则被卖出。

举一个简单的例子：有一批人参加马拉松比赛，如果想要知道哪些人会跑到平均成绩之上，那么只需要在跑前做一个身体测试即可。那些健康指标排名靠前的运动员，获得超越平均成绩的可能性较大。多因子模型的原理与此类似，只要找到那些与企业的收益率最相关的因子即可。

各种多因子模型的核心区别：首先在于因子的选取；其次在于如何利用多因子综合得到一个最终的判断。

一般而言，多因子选股模型有两种判断方法：一是打分法；二是回归法。

打分法就是根据各个因子的大小对股票进行打分，然后按照一定的权重加权得到一个总分，根据总分再对股票进行筛选。回归法就是用过去股票的收益率对多因子进行回归，得到一个回归方程，再把最新的因子值代入回归方程，得到一个对未来股票收益率的预判，最后以此为依据进行选股。

多因子选股模型的建立过程主要分为候选因子的选取、选股因子有效性的检验、有效但冗余因子的剔除、综合评分模型的建立、模型的评价和持续改进 5 个步骤。

1. 候选因子的选取

候选因子的选取主要依赖于经济逻辑和市场经验，但选择更多和更有效的因子无疑是增强模型信息捕获能力、提高收益率的关键因素之一。

例如，2011 年 1 月 1 日，选取流通市值最大的 50 只股票构建投资组合，持有到 2011 年年底，该组合可以获得 10%的超额收益率。这就说明了在 2011 年这段时间，流通市值与最终收益率之间存在正相关关系。

从这个例子可以看出，这个最简单的多因子模型说明了某个因子与未来一段时间收益率之间的关系。同样可以选择其他的因子，例如，可能是一些基本面指标，如 PB、PE、EPS 增长率等；也可能是一些技术面指标，如动量、换手率、波动等；或者其他指标，如预期收益率增长、分析师一致预期变化、宏观经济变量等。

持有时间段也是一个重要的参数指标，到底是持有一个月还是两个月，或者一年，对最终的收益率影响很大。

2. 选股因子有效性的检验

一般采用排序的方法检验候选因子的选股有效性。例如，可以每月检验，具体而言，对于任意一个候选因子，在模型形成期的第一个月月初开始计算市场中每只正常交易股票的该因子的大小，按从小到大的顺序对样本股票进行排序，并平均分为 n 个组合，一直持有到月末，在下月月初再按同样的方法重新构建 n 个组合并持有到月末。每月如此，一直重复到模型形成期末。

上面的例子就已经说明了这种检验的方法，同样可以隔 n 个月检验，比如 3 个月、4 个月，甚至更长时间。还有一个参数是候选组合的数量，到底是 50 只还是 100 只，也是非常重要的参数。具体的参数最优选择需要用历史数据进行检验。

3. 有效但冗余因子的剔除

不同的选股因子可能由于内在的驱动因素大致相同等原因，所选出的组合在个股构成和收益率等方面具有较高的一致性，因此其中一些因子需要作为冗余因子剔除，而只保留同类因子中收益率最好、区分度最高的一个因子。例如，成交量指标和流通量指标之间具有比较明显的相关性。流通盘越大的，成交量一般也会比较大，因此在选股模型中，这两个因子只选择其中一个。

冗余因子剔除的方法：假设需要选出 k 个有效因子，样本期共 m 个月，那么具体的冗余因子剔除步骤如下。

（1）先对不同因子下的 n 个组合进行打分，分值与该组合在整个模型形成期的收益率相关，收益率越大，分值越高。

（2）按月计算个股的不同因子得分间的相关性矩阵。

（3）在计算完每月因子得分的相关性矩阵后，计算整个样本期内相关性矩阵的平均值。

（4）设定一个得分相关性阈值 MinScoreCorr，对于得分相关性平均值矩阵中大于该阈值的元素所对应的因子，只保留与其他因子相关性较小、有效性更强的因子，而其他因子则作为冗余因子剔除。

4. 综合评分模型的建立

综合评分模型选取去除冗余后的有效因子，从模型运行期的某个时间点开始，如每个月月初，对市场中正常交易的个股计算每个因子的最新得分并按照一定的权重求得所有因子的平均分，然后根据模型所得出的综合平均分对股票进行排序，最后根据需要选择排名靠前的股票。例如，选取得分最高的前 20%的股票，或者选取得分最高的 50～100 只股票等。

举个例子：可以构建一个多因子模型为（PE,PB,ROE），在月初的时候，对这几个因子进行打分，然后将得分最高的 50 只股票作为投资组合，在下个月按照同样的方法进行替换。持续一段时间后，考察该投资组合的收益率是否跑赢比较基准。这就是综合评分模型的建立和后验过程。

当然这是一个最简单的例子，实战中的模型可能会比较复杂，比如，沃尔评分法就是一个复杂的多因子模型，它是对股票进行分行业比较，计算每个行业得分高的组合，然后再组合成投资篮子。

5. 模型的评价和持续改进

一方面，由于量化选股的方法是建立在市场无效或弱有效的前提之下的，随着使用多因子选股模型的投资者数量的不断增加，有的因子会逐渐失效，而另一些新的因子可能被验证有效而加入模型当中；另一方面，一些因子可能在过去的市场环境下比较有效，而随着市场风格的改变，这些因子在短期内失效，而另外一些以前无效的因子会在当前市场环境下表现较好。

另外，在计算综合评分的过程中，各因子得分的权重设计、交易成本考虑和风险控制等都存在进一步改进的空间。因此，在综合评分选股模型的使用过程中会对选用的因子、模型本身进行持续再评价和不断改进，以适应变化的市场环境。

多因子模型最重要的两个方面，一个是有效因子，另一个是因子的参数。例如，到底是PE有效还是ROE有效；到底是用1个月做调仓周期还是用3个月做调仓周期。这些因子和参数的获取只能通过历史数据回测来获得。但是在回测过程中要注意不能过度优化，否则结果可能反而会不好。

如图 11.1 所示是一个多因子模型的收益率曲线案例，如表 11.1 所示为通过检验的有效因子。

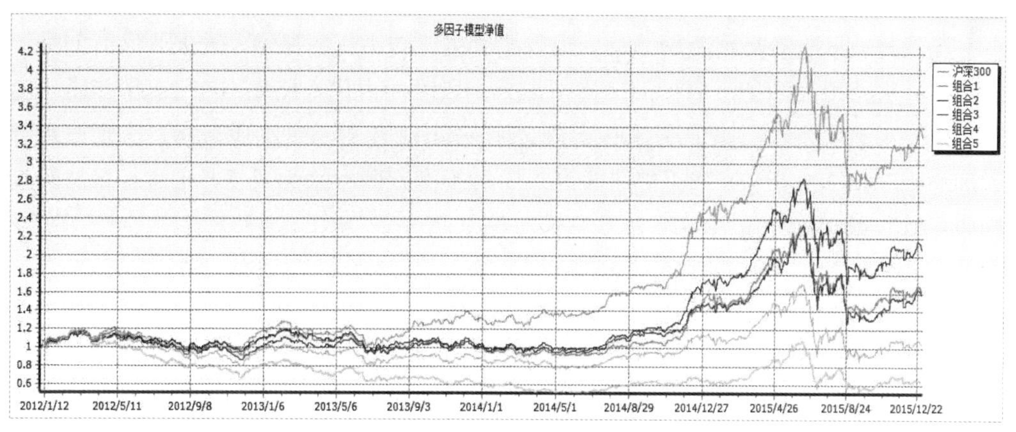

图 11.1　多因子模型的收益率曲线

数据来源：[周冠伟 2016]

表 11.1　多因子模型中剔除冗余后的因子

估值因子	成长因子	资本结构因子	技术面因子
账面市值比	ROA 变动	流通市值	换手率变动
盈利收益率	EBITDA 增长率		波动率
现金收益率	主营业务利润率变动		1 个月反转
P/SALES			

数据来源：[周冠伟 2016]

11.1.2 风格轮动

市场上的投资者是有偏好的，在不同的时期会有不同的爱好，比如，在价值股、成长股之间来回轮动，或者有时候偏好大盘股，有时候偏好小盘股。例如，在2013年年初，市场明显偏好小盘股，如果年初配置小盘股，则会有明显的超额收益。由于投资者的这种不同的交易行为形成了市场风格，因此在投资中利用市场风格的变化进行轮动投资会比一直持有的效果好很多。

由于投资风格的存在，从而产生一种叫作风格动量的效应，即在过去较短时期内收益率较高的股票，未来的中短期收益率也较高；相反，在过去较短时期内收益率较低的股票，未来的中短期收益率也将会持续其不好的表现。

当然对应的也有风格反转效应，也就是过去比较占优的风格，未来一段时间处于弱势；过去一段时间处于弱势的风格，未来一段时间占优。比如，在2009年是小盘股风格，小盘股持续跑赢沪深300指数；而在2011年则是大盘股风格，大盘股跌幅远远小于沪深300指数。如果能事先通过一种模型判断未来的风格，则进行风格轮动操作可以获得超额收益。

1. 晨星风格箱判别法

晨星风格箱法是一个3×3矩阵，从大盘和小盘、价值型和成长型来对基金风格进行划分。介于大盘和小盘之间的为中盘，介于价值型和成长型之间的为混合型，共有9类风格，如表11.2所示。

表11.2 晨星市场风格判别法

价 值	混 合 型	成 长 型
大盘价值	大盘混合	大盘成长
中盘价值	中盘混合	中盘成长
小盘价值	小盘混合	小盘成长

（1）规模指标：市值。通过比较基金持有股票的市值中值来划分，市值中值小于10亿美元为小盘；大于50亿美元为大盘；10亿～50亿美元为中盘。

（2）估值指标：平均市盈率、平均市净率。基金所持有股票的市盈率和市净率用基金投资于该股票的比例加权求平均，然后把两个加权平均指标和标普500成分股的市盈率、市净率的相对比值相加，对于标普500来说，这个比值和是2。如果最后所得比值和小于 1.75，则为价值型；大于 2.25 则为成长型；介于 1.75～2.25 之间则为混合型。

这也就是我们经常看到的基金分类，比如华夏大盘、海富小盘等名称的由来。

2. 风格轮动的经济解释

宏观经济表现强劲时，小市值公司有一个较好的发展环境，易于成长壮大，甚至还会有高于经济增速的表现，因此，小盘股表现突出的概率高于大盘股。而当经济走弱时，由于信心的匮乏和未来市场的不确定性，投资者可能会倾向于选择大盘股，能起到防御作用，即使低通货膨胀、货币走强，也不足以冒险去选择小盘股。

研究发现，经济名义增长率是用来解释规模效应市场周期的有力变量。当名义增长率提高时，小市值组合表现更优，因为小公司对宏观经济变动更为敏感，当工业生产率提高、通货膨胀率上升时，小公司成长更快。

3. 策略案例

大/小盘轮动最为投资者所熟知，本案例就 A 股市场的大/小盘风格轮动进行实证研究，通过建立普通的多元回归模型来探寻 A 股的大/小盘轮动规律。

1）大/小盘风格轮动因子

大/小盘风格轮动因子如下。

（1）M2 同比增速：M2 同比增速为货币因素，表征市场流动性的强弱。当流动性趋于宽松时，小盘股相对而言更容易受到资金的追捧。

（2）PPI 同比增速：PPI 反映生产环节的价格水平，是衡量通胀水平的重要指标；且 PPI 往往被看成 CPI 的先行指标。

（3）大/小盘年化波动率之比的移动均值：波动率表征股票的波动程度，同时也在一定程度上反映投资者情绪；可以认为大/小盘年化波动率之比能够反映出一段时间内大/小盘风格市场情绪孰强孰弱，而经过移动平滑处理后的数值则更加稳定。

（4）工业增加值同比增速：工业增加值反映企业与国家是在创造价值还是在消耗财富，工业增加值同比上升，对市场有着推动意义。

2）预测模型

$$D(R_t)=\alpha+\beta_1\cdot \mathrm{MG}_{t-1}+\beta_2\cdot \mathrm{PG}_{t-2}+\beta_3\cdot \sigma_{t-3}+\beta_4\cdot \mathrm{IND}_{t-2}+\varepsilon_t$$

式中，$D(R_t)$为当月小/大盘收益率差（对数收益率）；MG_{t-1}为上月 M2 同比增速；PG_{t-2}为2个月前PPI同比增速；σ_{t-3}为3个月前小/大盘年化波动率之比的移动平滑值；IND_{t-2}为 2 个月前工业增加值同比增速；ε_t为误差项。

本案例采用滚动 60 个月的历史数据对模型进行回归，得到回归系数后对后一期的 $D(R_t)$进行预测，由修正预测值的正负来进行大/小盘股的投资决策。数据预测期为 2010 年 1 月至 2014 年 12 月。

3）实证结果

在 60 个月的预测期中，准确预测的月数为 33 个月，准确率约为 55%，并不十分理想。但值得一提的是，2012 年 3 月至 2013 年 2 月，模型的预测效果非常好，准确预测的月数为 10 个月（仅在 2012 年 5 月和 2013 年 1 月出现了差错），该段时间的预测准确率达 83.33%，结果如表 11.3 所示。

表 11.3　大/小盘风格轮动策略月收益率均值

2010.1—2014.12	年化收益率均值	夏普比率	累计收益率
轮动策略	6.68%	0.284	38.07%
大盘策略	–0.08%	–0.003	–0.38%
小盘策略	3.37%	0.140	18.01%
上证综指	–0.06%	–0.003	–0.28%
2013.1—2014.12	年化收益率均值	夏普比率	累计收益率
轮动策略	31.22%	1.448	72.96%
大盘策略	17.32%	0.796	38.14%
小盘策略	27.57%	1.314	63.36%
上证综指	20.00%	1.083	42.03%

数据来源：[周冠伟 2016]

若从 2010 年 1 月开始按照轮动策略进行投资，则截至 2014 年 12 月底，轮动策略的累计收益率为 38.07%，同期上证综指的收益率为–0.28%，小盘策略的累计收益率为 18.01%；轮动策略稍强于小盘策略，但仍较大幅度地跑赢了市场指数。

如图 11.2 所示，轮动策略在 2014 年尾端的大牛市中能够很好地跟随大盘股的节奏，而在之前的结构性行情中又能较好地捕捉小盘股的投资机会。

若从 2013 年年初开始采用轮动策略进行投资，则截至 2014 年 12 月底，累计收益率可达 72.96%，同样超越同期上证综指及大/小盘策略的收益率。

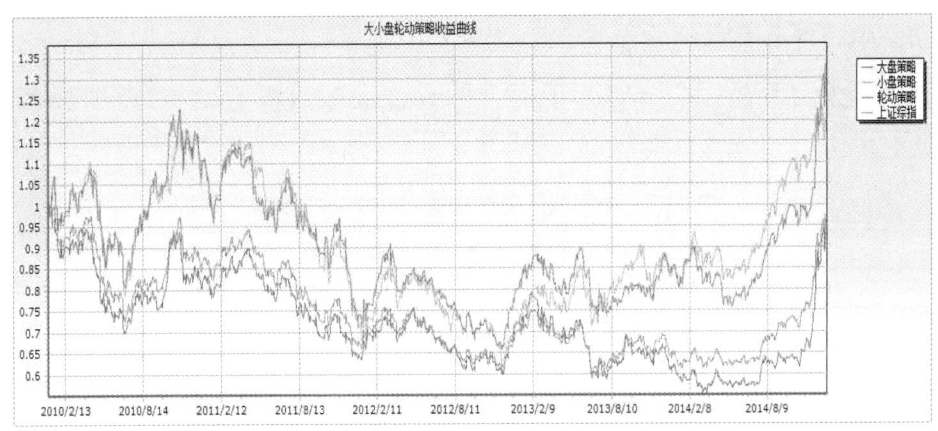

图 11.2　大/小盘轮动策略收益率曲线

数据来源：[周冠伟 2016]

11.1.3　行业轮动

与风格轮动类似，行业轮动是另外一种市场短期趋势的表现形式。在一个完整的经济周期中，有些是先导行业，有些是跟随行业。例如，对某个地方基础设施的投资，钢铁、水泥、机械等属于先导行业，投资完成后会带来房地产、消费、文化行业的发展，这些就属于跟随行业。研究在一个经济周期中的行业轮动顺序，从而在轮动开始前进行配置，在轮动结束后进行调整，则可以获取超额收益。

国外许多实证研究表明，在环球资产配置中，行业配置对组合收益贡献的重要性甚至超过了国家配置，而且认为行业配置的重要性在未来相当长一段时间内也将保持。行业轮动策略的有效性，原因是资产价格受到内在价值的影响，而内在价值则随着宏观经济因素的变化而波动。

研究表明，板块/行业轮动在机构投资者的交易中最为获利的盈利模式是基于行业层面进行周期性和防御性的轮动配置，这也是机构投资者普遍采用的策略。此外，周期性股票在扩张性货币政策时期表现较好，而在紧缩环境下则支持非周期性行业。行业收益差在扩张性政策和紧缩性政策下具有显著的差异。

在国内目前的情况下，根据货币供应量的变化来判断货币政策周期是一个不错的选择。而 M2 正是广义的货币，反映了社会总需求的变化和未来通货膨胀的压力。M2 同比增速则可以反映流通中的货币供应量变化，即货币政策效果的实际反应。因此，可以用 M2 来判断货币政策或者货币供应是处于扩张还是紧缩周期。

1．中国货币周期

通过移动平均线平滑后的 M2 增速，将 2011 年 1 月至 2015 年 12 月划分成如表 11.4 所示的几个货币周期。

表 11.4　中国货币周期分段（2011—2015 年）

	起　点	终　点	状　态
第一阶段	2011 年 1 月	2011 年 5 月	扩张
第二阶段	2011 年 6 月	2012 年 10 月	紧缩
第三阶段	2012 年 11 月	2013 年 1 月	扩张
第四阶段	2013 年 2 月	2014 年 3 月	紧缩
第五阶段	2014 年 4 月	2014 年 6 月	扩张
第六阶段	2014 年 7 月	2014 年 8 月	紧缩
第七阶段	2014 年 9 月	2015 年 1 月	扩张
第八阶段	2015 年 2 月	2015 年 4 月	紧缩
第九阶段	2015 年 5 月	2015 年 12 月	扩张

数据来源：[周冠伟 2016]

从货币周期来讲，货币周期的一个阶段持续时间最短为一个季度，最长达到一年左右，平均持续时间在 7 个月左右，比较适合作为中期战术性组合管理的依据。

2．行业分类：周期性 VS 非周期性行业

为了将行业划分为周期性行业和非周期性行业，这里选取沪深 300 行业指数，并且以沪深 300 指数作为市场组合，利用 CAPM 模型计算行业的β值和均值方差。

以β值来对行业的周期性和非周期性进行区分，周期性行业有能源、材料、工业和金融，非周期性行业有可选、消费、信息、医药、电信和公用。

从表 11.5 中可以看出年均收益率最高的行业为医药，其次是金融和公用，年均收益率最低的行业是可选。

表 11.5　沪深 300 行业指数统计

	年均收益率	年化波动率	β	类别确定
沪深 300 能源	−9.85%	32.97%	1.05	周期
沪深 300 材料	−6.68%	31.58%	1.07	周期
沪深 300 工业	−12.02%	30.39%	1.00	周期
沪深 300 可选	−13.20%	31.20%	0.98	非周期

续表

	年均收益率	年化波动率	β	类别确定
沪深 300 消费	-6.99%	28.83%	0.78	非周期
沪深 300 医药	4.09%	31.05%	0.83	非周期
沪深 300 金融	3.31%	34.14%	1.04	周期
沪深 300 信息	-10.44%	35.58%	0.98	非周期
沪深 300 电信	-12.40%	35.00%	0.87	非周期
沪深 300 公用	-2.02%	29.07%	0.79	非周期

数据来源：[卜永强 2012]

针对上述对周期性和非周期行业的划分，可以构建周期性行业和非周期性行业的轮动策略。

3. 数据与轮动策略的建立

（1）信息的同步性：考虑到 M2 的披露时间和信息的传导时间，所有投资时段都滞后了一个月。

（2）组合的构建策略：在货币政策处于扩张时等权重配置周期性行业，紧缩时等权重配置非周期性行业。

4. 策略配置

如图 11.3 所示为周期性行业和非周期性行业按照顺周期策略进行轮动的资产损益变动图。在每个周期开始时都重新调整等比例投资，等权分配所投资行业的权重。

从 2011 年 1 月至 2015 年 12 月的策略收益来看（见表 11.6），不考虑交易成本，顺周期行业轮动策略获得最高的累计收益率（36.01%），远胜于行业平均（4.11%）和逆周期策略（-27.56%），逆周期策略表现最差。

在此期间，业绩基准——沪深 300 指数的收益率为-7.84%，顺周期的行业轮动策略则战胜沪深 300 指数达到 43.85%，年化超额收益率超过 6.61%。即便扣除 2%的单次换仓成本，行业轮动策略同样远远战胜同期沪深 300 指数和行业平均投资策略的表现。

该策略具有如下优点：理念容易理解，且符合自上而下的投资理念，适合机构投资者进行行业配置；将行业划分为周期性和非周期性进行投资，这种分类标准与实际投资中对行业属性的认识也非常接近，减少了对行业基本面和公司信息的依赖；在紧缩时由于选择投资于非周期性行业，因而能够避免较大的不确定性，使得整个组合的风险大大降低，抗风险能力得到增强；依据货币供应量 M2 增速进行轮动，使得该策略具有较强的可操作性。

图 11.3　顺周期行业轮动策略的收益率图示

数据来源：[周冠伟 2016]

表 11.6　行业轮动策略收益情况

时　　期	策略 1	逆周期策略	行业平均
2011/02/0121	1000	1000	1000
2011/06/30	933	919	922
2002/11/30	703	563	636
2013/02/28	903	621	752
2014/04/30	864	435	646
2014/07/30	915	471	686
2014/09/30	968	496	726
2015/03/30	1601	704	1080
2015/05/30	1818	896	1320
2015/12/30	1360	724	1041

从对货币周期的划分，再到按照货币周期的紧缩和扩张进行行业轮动策略的实证来看，货币供应量 M2 是宏观经济运行中的重要指标，也是货币政策效果的集中体现，用它来指导行业配置确实能够起到增强组合收益率、降低组合风险的作用。

从上述实证研究可以看到，在行业配置过程中考虑到了行业周期性和非周期性因素的影响，实际上如同在组合配置过程中进行风格配置，是价值股还是成长股，抑或大盘股和小盘股的风格轮动。

11.1.4 资金流

在市场中，经常存在交易性机会，其中一个就是资金流模型。该模型使用资金流的流向来判断股票价格在未来一段时间内的涨跌情况，如果是资金流入的股票，则股价在未来一段时间内可能会上涨；如果是资金流出的股票，则股价在未来一段时间内可能会下跌。那么，根据资金流向就可以构建相应的投资策略。

资金流是一种反映股票供求关系的指标。传统的量价无法区分市场微观结构中的流动性和私有信息对股价的影响，而根据委托测算的资金流能够有效地观察微观市场交易者的真实意图及对股价造成的影响。

资金流定义如下：证券价格在约定的时间段中处于上升状态时产生的成交额是推动指数上涨的力量，这部分成交额被定义为资金流入；证券价格在约定的时间段中下跌时的成交额是推动指数下跌的力量，这部分成交额被定义为资金流出；若证券价格在约定的时间段前后没有发生变化，则这段时间中的成交额不计入资金流量。

1. 逆向选择理论

在非强势有效的 A 股市场中，普遍存在信息不对称的问题。机构投资者与散户投资者在对同一信息的评估能力上存在差异。在大部分情况下，散户投资者缺乏专业的投资能力和精力，那么根据“搭便车”理论，希望借助机构投资者对股价的判断进行投资，一旦机构投资者率先对潜在市场信息做出反应，存在羊群效应的散户投资者则追涨杀跌，往往导致在很多情况下市场对潜在信息反应过度。这样，根据逆向选择理论，能够准确评估信息价值的投资者便会对反应过度的股票做出交易，买入价格被低估的、卖出价格被高估的股票，从而纠正这种信息反应过度行为。

根据市场对潜在信息反应过度的结论及市场投资者的行为特征，可以采取逆向选择模型理论来构建选股模型，即卖出前期资金流入、价格上涨的股票，买入前期资金流出、价格下跌的股票。按照这个思路，对一些指标参数进行回测分析，可以得到稳定的选股模型。

2. 策略模型

根据资金流各种指标的特点，在选股模型中采用比较简单的方法，即以指标排序打分的方式来筛选股票。首先通过对各个资金流指标进行排序打分，然后将股票对各个指标的得分进行求和，最后以总得分值的大小来筛选股票。具体步骤如下。

（1）确定待选股票池。在选择组合构建时，剔除上市不满一个月的股票；剔除调仓期涨/跌停及停牌的股票，防止因涨/跌停无法交易；剔除信息含量小于 10%的股票，因为这部分股票信号不明显，无法获得有效信息。

（2）构建股票组合。

① 指标打分：首先将待选股票池中的股票按照资金流指标进行排序，然后采用百分制整数打分法进行指标打分，即以股票在各个指标中所处位置的百分数作为股票对于该指标的得分，前 1%得分为 1，依次递减，最后 1%得分为 100。

② 求和排序：将股票相对于各个指标的得分进行求和，将和值从小到大排序，进行分组比较；另外，选择排名靠前的 n 只股票构建组合。

③ 股票权重：采用等量权重。

（3）组合定期调整，调整时间为 1～3 个月不等。持有到期后，利用更新后的指标数据重新确定待选股票池，重复步骤（2）中的打分求和过程，并将股票按照指标得分从小到大排序，将原来分组中跌出组合的股票剔除，调进新的股票，同时将新组合内样本股的权重调整到相等。

（4）统计检验。分别计算各组合的收益率情况，考察组合的效果。

本案例的主要数据情况如下。

（1）后验开始时间：2011-1-1；后验结束时间：2005-7-1。

（2）股票池范围：沪深 300 成分股。

（3）调仓时间：1 个月，2 个月，3 个月。

（4）撮合规则：高频数据撮合，与交易所类似。

3. 案例结果

该案例的股票池来自沪深 300 成分股，结果如表 11.7 所示。

表 11.7 资金流模型策略——沪深 300

调仓间隔	股票总收益率（%）	股票年化收益率（%）	超额收益率（%）	年化超额收益率（%）
沪深 300	–31.65	–10.31	—	—
1 个月	–16.63	–5.07	15.24	5.24
2 个月	–22.29	–6.96	9.36	3.35
3 个月	–23.65	–7.43	8.00	2.88

数据来源：[周冠伟 2016]

从表 11.7 中可以看出，在调仓期限为 1 个月时效果最好。收益率曲线如图 11.4 所示。

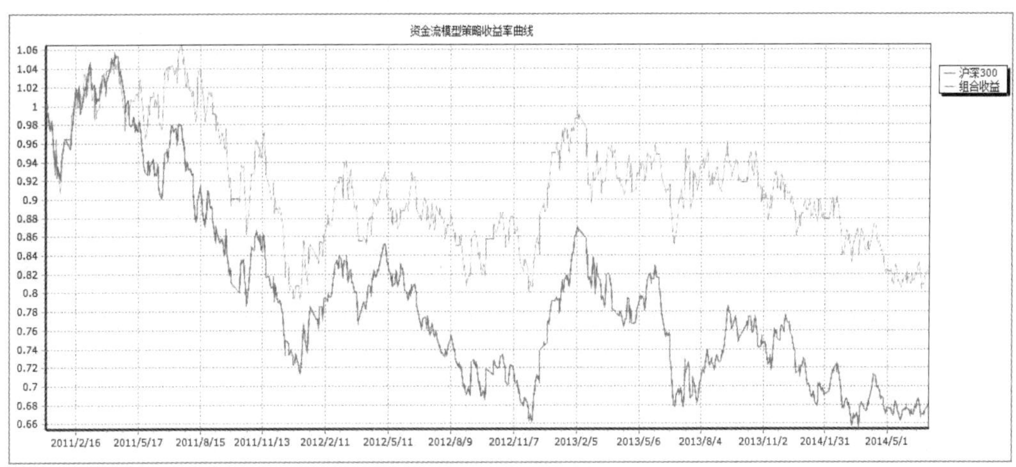

图 11.4 资金流模型策略收益率曲线（沪深 300 -1 个月）

数据来源：[周冠伟 2016]

11.1.5 动量反转

动量与反转效应是市场上经常出现的一种情况。所谓动量效应就是前一段时间强势的股票，未来一段时间继续保持强势；反转效应就是前一段时间弱势的股票，未来一段时间会变强势。但问题的关键是这个强势和弱势会保持多长时间和多大幅度，这是动量反转策略需要考虑的关键问题。

1993 年，美国学者 Je-gadeeshkg 与 Titman 在对资产股票组合的中间收益率进行研究时发现，以 3～12 个月为间隔所构造的股票组合的中间收益率呈连续性，即中间价格具有向某一方向连续的动量效应。一些研究显示，如果选择低市盈率（PE）、股票市值与账面价值比值低、历史收益率低的股票，则往往可以得到比预期收益率高很多的收益率，而且这种收益率是一种长期异常收益率。

而在我国市场上，热点的切换及投资者的偏好经常会发生转变，这也使得动量效应和反转效应在一段时间内反复出现。例如，在 2012 年年初的一波反弹中，酿酒类和地产类股票价格持续上涨，表现出明显的动量效应。

1. 阿尔法动量模型

1）阿尔法动量

一只股票未来回报的预期可以拆成 Alpha、Beta 及残差 3 个部分，用公式描述为

$$r_p=\alpha+\beta_m+\varepsilon$$

式中，第二项 β_m 是股票价格随着市场总体涨落所带来的市场回报，最后一项 ε 代表的是无法提前预知的股票价格相对于市场回报的差异。而式中第一项α同样也是偏离市场的回报，但是它与残差不同，α代表了提前预知的偏离。

从量化投资的角度来说，积极型股票投资者的目标可以理解为寻找正的阿尔法动量，这个过程通常是通过基本面分析来完成的。而动量模型的目标是通过数量方法寻找到股票持续的、正的阿尔法。

2）阿尔法动量模型分析

假设股票的阿尔法是一个随机过程。出于简化的目的，假设阿尔法是最简单的 AR(1)过程，则股票的收益率就能表示为下面的形式：

$$r_{pt}=\alpha_t+\beta r_{mt}+\varepsilon_t$$

$$\alpha_t=\delta\alpha_{t-1}+V_t$$

在这个模型中，当 $\delta<0$ 时，α_t 会出现反转，这种情况意味着这只股票存在过度反应的现象。当 δ 介于 0～1 之间时，随着时间的变化，α_t 总会向 0 靠近，决定其减为 0 速度的关键是 δ 的大小。一只股票的 δ 越大，代表它的 α_t 向 0 回归的速度越慢。换句话说，如果我们能找到一只股票，其 δ 与现在的 α_t 都比较大，那么这只股票在接下来的时间内 $\alpha_t>0$ 的可能性也比较大。可以使用马尔科夫链蒙特卡罗方法估计该模型的参数，使用模拟结果的均值作为各个参数的估计值。

2. 动量策略

初始投资组合的构建：以 2010 年 1 月 4 日为初始投资组合构建日，选择待选股票池中 2008 年 6 月 1 日至 2009 年 12 月 31 日累计涨幅最大的前 10%股票，等权重配置作为初始投资组合。

组合的再平衡：持有投资组合 9 个月，以到期后的第一个交易日为再平衡日，将投资组合中的股票调整为再平衡日前 18 个月内累计涨幅最大的前 10% 股票，同时将新投资组合内样本股的权重调整至相等。重复上述过程，直至 2015 年 12 月 30 日。收益率曲线如图 11.5 所示。

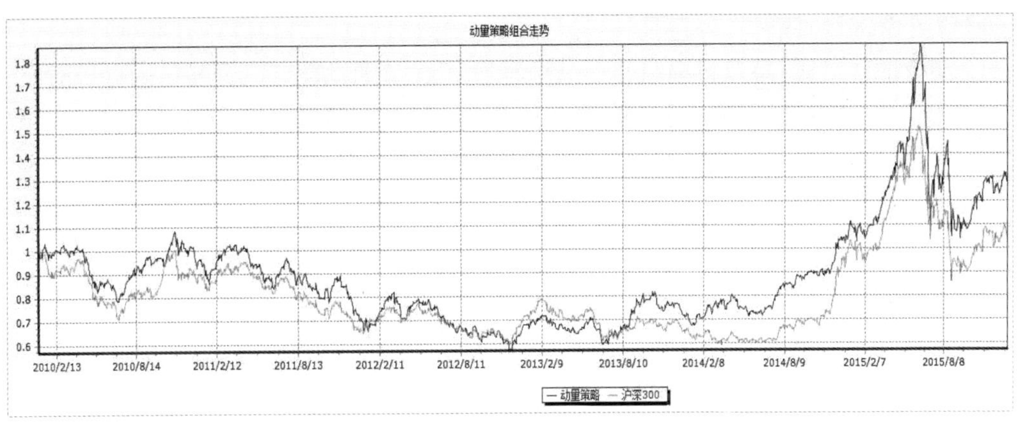

图 11.5 动量策略组合走势

数据来源：[周冠伟 2016]

考虑交易成本以后，在长达 6 年的回测过程中，动量策略获得了 30.26%的累计收益率，高于同期沪深 300 指数取得的 5.54%的累计收益率。回测期内这一动量策略的年化复合增长率为 4.51%，同期沪深 300 指数的年化复合增长率为 0.90%。

在回测过程中，动量策略持有股票数量大约为 30 只。

从不同的市场阶段来看，动量策略在熊市阶段表现略明显。动量策略相对于沪深 300 指数平均每个月可以获得 0.29 %左右的超额收益率，战胜基准的频率在 52%以上。动量策略风险收益率分析如表 11.8 所示。

表 11.8　动量策略风险收益率分析

	组合累计收益率（考虑交易成本）	组合年化收益率（考虑交易成本）	沪深 300 累计收益率	沪深 300 年化收益率	组合夏普比率	沪深 300 夏普比率
全阶段	30.26%	4.51%	5.54%	0.90%	0.166	0.036

数据来源：[周冠伟 2016]

3. 反转策略

初始投资组合的构建：以 2010 年 1 月 4 日为初始投资组合构建日，选择待选股票池中 2009 年 12 月 31 日前 1 个月内累计涨幅最小的前 30 只股票进行等权重配置，作为初始投资组合。

组合的再平衡：持有投资组合 1 个月，以到期后当月的第一个交易日为再平衡日，将投资组合中的股票调整为再平衡日前 1 个月内累计涨幅最大的前 30 只股票，同时将新投资组合内样本股的权重调整至相等。重复上述过程，直至 2015 年 12 月 31 日。

考虑双边 3‰交易成本以后，在长达 6 年的回测过程中，(2,1)反转策略取得了 500.82%的累计收益率，远高于同期沪深 300 指数取得的 5.54%的累计收益率。回测期内这一反转策略的年化收益率为 34.91%，年化波动率为 27.38%；同期沪深 300 指数的年化收益率为 0.9%，年化波动率为 25.00%。

在回测过程中，(2,1)反转策略持有股票数量大约为 30 只，每个月换手一次。由于换手率较高，这一策略的交易成本对收益的影响很大，平均到每个月大约为 30s。

从不同的市场阶段来看，反转策略在牛市和震荡市阶段表现出色。阶段反转策略相对于沪深 300 指数平均每个月可以获得接近 2.54%的超额收益率，战胜指数的频率接近 77.5%。而在熊市阶段，反转策略基本上与指数战平。反转策略风险收益率分析如表 11.9 所示，走势图如图 11.6 所示。

表 11.9　反转策略风险收益率分析

	组合累计收益率（考虑交易成本）	组合年化收益率（考虑交易成本）	沪深 300 累计收益率	沪深 300 年化收益率	组合夏普比率	沪深 300 夏普比率
全阶段	500.82%	34.91%	5.54%	0.90%	1.275	0.036

数据来源：[周冠伟 2016]

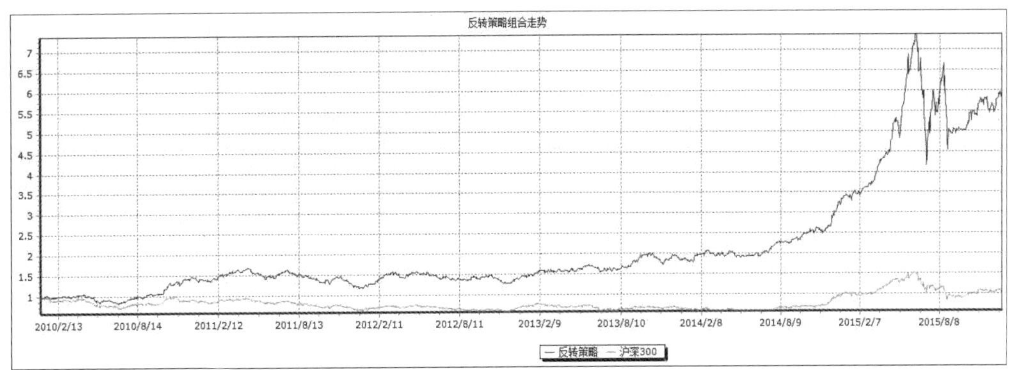

图 11.6　反转策略组合走势

数据来源：[周冠伟 2016]

11.1.6　一致预期

一致预期是指市场上对某股票看多或者看空有一致看法，在众多分析师的一致预期下，投资者会产生羊群效应，大量买入或者大量卖出，从而使得某股票价格持续上涨或者持续下跌，这就是一致预期选股的基本原理。一致预期选股策略采用分析师的评级数据来构建相应的组合，试图找出最适合的一致预期参数。

从历史经验来看，市场热衷于追捧一致预期看好的股票，而摒弃一致预期不好的股票；同时，市场也会迎合那些未来有高成长预期的股票，并因此提升个股或行业的估值水平。也就是说，市场预期本身很重要，因此我们可以利用市场的一致预期数据去挖掘投资的机会。

这里采用朝阳永续的一致预期数据来分析市场的反应。该数据主要是基于各券商分析师调查的上市公司盈利预期数据平均值，该指标的核心目标是力图权威地反映市场对公司未来盈利的预期水平。在海外，它是投资者在上市公司年报发布前后的重要投资参考依据。

采用沪深 300 的样本股票进行分析，来看一看一致预期数据在投资组合方面的效果。由于数据区间的限制，仅仅考虑 2006 年的一致预期 EPS 数据，并以此作为参考。分析结果如图 11.7 所示。

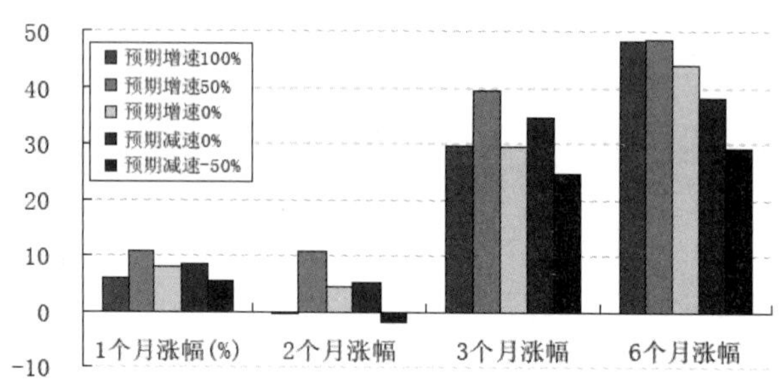

图 11.7　2006 年一致预期 EPS 相对于 2005 年实际 EPS 的增速

数据来源：[谢江 2008]

从 2006 年的一致预期 EPS 与 2005 年的实际 EPS 的对比来看，实际 EPS 大于一致预期 EPS（超预期）的股票，在年报后 1～6 个月的平均收益率会比那些低于预期（实际 EPS 小于一致预期 EPS）的股票优秀得多。

更为细致地观察，可以看到：超预期 100%以上的股票，在年报后 2～6 个月的平均收益率远远高于超预期低于 50%及低于预期股票的同期平均收益率，超预期越多的股票在年报后的走势越好（平均收益率）。

模型采用朝阳永续提供的一致预期 EPS 数据（按照朝阳永续的一致预期算法，对机构影响力和时间影响力进行双重加权），并作进一步的加工、整理和分析。朝阳永续一致预期数据所构造的一系列指标的计算方法和含义如下。

（1）EG：一致预期 EPS 的增长速度（EPS Growth）。每月提取市场对下一年度的 EPS 预期的增长数据。

（2）RC：卖方分析师在调整预期 EPS 时的信心（Revision Confidence）。每月可以看到分析师对下一年度 EPS 预期的调整状况，设定 EPSa 为分析师当月对下一年度 EPS 的预期值，EPSb 为分析师上月对下一年度 EPS 的预期值。RC 采用以下计算公式：

$$RC=(EPSa-EPSb)/\text{上月收盘价}$$

（3）RA：分析师对个股未来 EPS 水平的乐观态度。用分析师对下一年度一致预期 EPS 高过历史上平均 EPS 的水平来表示。

（4）AN：关注个股的分析师数量。采用 log(1+分析师数量)来给出 AN 的值。

（5）ANV：关注个股的分析师数量的变动率。用当月 AN 值减去上月 AN 值来表示。若 ANV 为正，则表示关注这只股票的分析师数量在增加；ANV 越大，分析师数量增加得越多，关注度可能越大。

（6）EY：预估的 EPS 回报率。用当月分析师对下一年度 EPS 的一致预期值与上月收盘价的比值来计算 EY 值。这个比率是市场分析师对当前股价水平所能获得的未来 EPS 水平的看法。

选股的时候则根据 EG、RC、RA、AN、ANV、EY 六大指标进行 EM 预期选股模型的构造。一种方法是采用综合评估的办法，即分别按照各个指标对个股进行打分，然后给予每个指标一定的权重，进行加和得到个股最终的总分评级排序。另一种方法就是采用多因子模型，考察六大指标与个股未来收益率之间的关系，同时以下一期六大指标水平预测个股未来一期的收益率水平，以此对各只股票进行排序。

案例 1：EM 预期选股模型实例

本案例采用以上介绍的 EM 预期选股模型进行历史测试，试图找出对收益率最有效果的指标和参数。

1. 模型构建

1）数据

① 一致预期 EPS。一致预期 EPS 的数据来自朝阳永续，每月采集一次分析师对个股的下一年度一致预期 EPS 相关的数据及当月股票收盘价格、涨跌幅度等数据。因此，这里的一致预期数据分别是指分析师对 2007—2012 年 EPS 的预期。

② 考察区间。由于朝阳永续提供的一致预期数据最早从 2006 年开始，所以考察区间也选择这个时间点作为起点，至 2011 年 12 月，以年度作为考察区间，共有 6 个考察区间。

- 第一个考察区间：2006 年 1 月至 2006 年 12 月（每月调整一次股票组合，一致预期数据为 2006 年预期 EPS）。
- 第二个考察区间：2007 年 1 月至 2007 年 12 月（每月调整一次股票组合，一致预期数据为 2007 年预期 EPS）。
- 其余考察区间依此类推。

最后推荐的股票数据采用 2011 年一致预期 EPS 数据。

③ 业绩基准。采用市场上具有代表性的上证指数和沪深 300 指数作为基准。

2）备选股票池

采用初步筛选的方式构造备选股票池。每一年度（5 月份左右），根据上市公司前 3 年的 ROE 水平均不低于 8%的条件筛选出备选股票池，然后采用 EM 预期选股模型进行精选。分别利用 2005 年、2006 年、2007 年（包括）这 3 年的 ROE 水平来进行初步筛选。

3）指标设置

主要采用 EG、RC、RA、AN、ANV、EY 六大指标进行 EM 预期选股模型的构造。在考察区间，每月采用模型对股票进行排序，然后对前 1/5 和后 1/5 的股票均持有一个月，不考虑交易费用（仅供模型测试）。

4）投资组合配置

分别考察根据 EM 预期选股模型排序的前 1/5 和后 1/5 的股票，并采用等比例配置。

2. 实证效果

观察各个指标筛选股票的效果。在这里，分别采用各个指标从备选股票池中筛选股票和排序，并选取排名最前的 1/5 的股票构成 Top 组合（等比例配置），选取排名最后的 1/5 的股票构成 Bottom 组合（等比例配置）。每月换仓一次，不考虑交易费用。收益率曲线如图 11.8 所示。

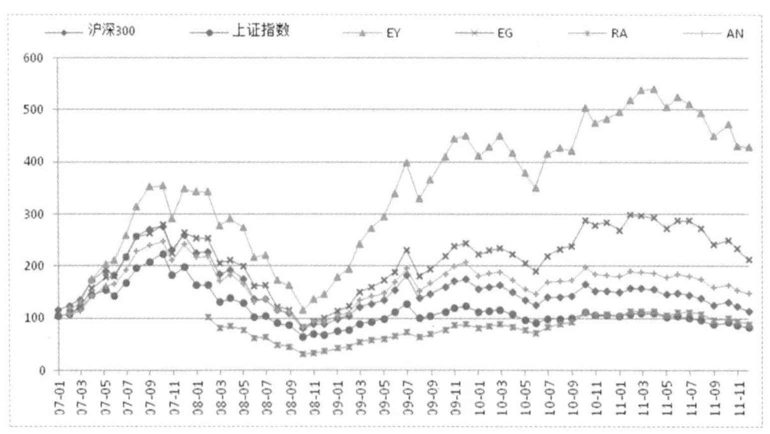

图 11.8　不同一致预期指标的收益率曲线

数据来源：[卜永强 2012]

从 2007—2011 年的表现来看，多数指标所筛选出来的 Top 组合能够战胜业绩基准（上证指数和沪深 300 指数）的表现。其中，采用 EY 指标筛选出来的 Top 组合表现最为突出；采用其他指标筛选出来的 Top 组合在前期的表现基本上可以与基准持平，后期有较好的表现。从图 11.8 中可以看到，各个指标在 2009 年的筛选效果显著，其中表现最好的仍然是 EY 指标。

11.1.7 筹码选股

筹码选股的基本思想是通过判断某只股票的筹码分布情况来判断股票价格未来的涨跌。根据主力持仓理论，如果主力资金开始收集筹码，则意味着未来一段时间该股票价格上涨的概率比较大；如果主力资金开始派发筹码，则意味着未来一段时间该股票价格下跌的概率比较大。

在股票投资实务中，不少投资者青睐使用“筹码”作为股票的代名词。在他们看来，股票市场实际上是多/空双方进行博弈的场所，而筹码则是博弈的核心。

1. 筹码运动与股票投资收益

由于在二级市场上流通股票的份额是相对固定的，所以股票价格走势的变化必然是市场中资金与筹码之间交替互换的结果。通常，股票价格走势都会经历“筑底—上升—作顶—下降”4 个阶段，相应的，筹码变化的特征则会遵循“由分散到集中，发散度下降—由集中到分散，发散度上升—由分散到集中，发散度下降—由集中到分散，发散度上升”的路径。

2. 筹码形态与运动

筹码分布的形态主要有密集与分散两种，筹码分布的运动主要有集中与发散两类。

成交密集的区域形成筹码峰，两峰之间的区域则形成谷，这是筹码分布的视觉形态，筹码的运动伴随筹码的集中与发散。密集也分为高位密集和低位密集。

任何一轮行情都将经历由低位换手到高位换手，再由高位换手到低位换手，即筹码的运动过程是实现利润的过程（当然也可能是割肉亏损的过程）。

低位充分换手是吸筹阶段完成的标志，高位充分换手是派发阶段完成的标志。成本密集是下一阶段行情的准备过程，成本发散是行情的展开过程。

3. 策略模型

为了考察筹码集中度高的股票是否能带来较高的预期收益率，本策略中选取 3 个有关筹码集中度的指标：股东户数（季度增长率）、户均持股数（季度增长率）和机构持股数（季度增长率），并结合涨跌幅指标对备选股票进行双重筛选，最终精选出符合标准的 50 只股票构建投资组合，希望在目标投资期内获取超越市场基准的绩效表现。详细的股票筛选方法和投资组合的构建流程如下。

1）样本测试时间

考虑到在股改之前的 A 股市场并不处于全流通状态，则按照定义的筹码集中度指标并不具有实际意义，因此选择 2005 年 5 月 8 日为第一次建仓日。

2）假设

假设 1：所有相关指标的原始数据来源是正确无误的。

假设 2：我们的投资组合初始构建日定为 2005 年 5 月 8 日，以后每季度再调整日发生在 5 月 8 日、9 月 1 日、11 月 11 日。

年报披露的截止日期为每年的 4 月 30 日。

第一季报披露的截止日期为 4 月 30 日。

半年报披露的截止日期为 8 月 31 日。

第三季报披露的截止日期为 10 月 31 日。

假设 3：可以用收盘价买到需要购买的股票，不考虑冲击成本和流通成本，交易费用为 0.15%（双边）。

3）筛选方法

假设：截至上市公司季报最后发布日，如果季报中 3 个指标较上一季度有所增加，则表明该股票的筹码集中度增加，预示着市场主力资金在本季度增加了对该股票筹码的收集，预计在下一季度或将来，该股票很有可能掀起一波行情。循此思路，对股票池进行双重筛选。

首先，在每季度末，从股票池中根据筹码集中度［股东户数（季度增长率）、户均持股数（季度增长率）、机构持股数（季度增长率）］对所有股票进行排序，选出其中增长率最高的前 100 只股票。

其次，依据涨跌幅指标，对上一轮筛选出来的 100 只备选股票进行由高到低排序，并淘汰 50 只涨幅最低的股票，保留另外 50 只在本季度表现最优的股票。

4）筛选步骤

（1）投资组合初始构建日定为 2005 年 5 月 8 日，每年的 5 月 8 日、9 月 1 日、11 月 1 日，在最新的季报完全公布后调仓。

（2）由于 ST 类股票风险较大，因此剔除当前被 ST 的股票，剔除筛选指标在考察期内没有记录的股票样本，从而形成初始股票池。

（3）在步骤（2）的基础上，分别根据股东户数（季度增长率）、户均持股数（季度增长率）、机构持股数（季度增长率）、单个指标及其分层组合和打分组合进行选择。

（4）对最后精选出的 n 只股票按照等金额构建期初投资组合，以后每季度仍遵循步骤（1）～（3）对组合进行调整。在目标投资期末，评估该优化选股策略的投资绩效，并与市场基准作对比。

5）业绩评估基准

关于业绩比较的基准，选取上证指数。

案例 2：筹码选股

根据本节的策略，所获得的投资组合结果如下。

如表 11.10 所示是单个指标收益率情况的对比。从表 11.10 中可以看出，机构持股数（季度增长率）是效果最好的指标，获得 19%的年化收益率，而同期上证指数仅获得 9%的年化收益率。这可能是因为机构对市场的影响力比较大。

表 11.10 筹码选股模型中单个指标的收益率情况对比

	累计收益率（%）	年化收益率（%）	夏普比率
股东户数（季度增长率）	192	12	0.19
户均持股数（季度增长率）	309	16	0.20
机构持股数（季度增长率）	422	19	0.38
上证指数	125	9	0.15

数据来源：[周冠伟 2016]

如图 11.9 所示是单个指标在不同年份的收益率情况。从图 11.9 中可以看出，机构持股数（季度增长率）在 2007 年和 2009 年的牛市中均超越其他指标，这可能是因为在牛市中，机构的力量造成了比较大的趋势；而在熊市中，机构持股不卖，使其容易遭受更大的损失。

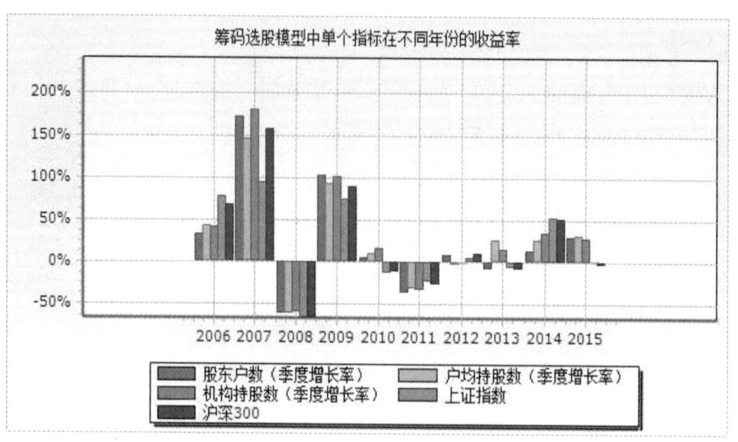

图 11.9　筹码选股模型中单个指标在不同年份的收益率情况

数据来源：[周冠伟 2016]

如图 11.10 所示是单个指标的收益率曲线。从图 11.10 中可以看出，在基于股东户数（季度增长率）、户均持股数（季度增长率）、机构持股数（季度增长率）的 3 种方法中，基于机构持股数（季度增长率）的指标效果最好，户均持股数（季度增长率）次之。

图 11.10　筹码选股模型中单个指标的收益率曲线

数据来源：[周冠伟 2016]

11.2 期现套利

11.2.1 期现套利的概念

期现套利，即股指期货与股指现货之间的套利，是利用期货合约与其对应的现货指数之间的定价偏差进行的套利交易，属于无风险套利。即在买入（卖出）某个月份的股指期货合约的同时卖出（买入）相同价值的标的指数的现货股票组合，并在未来某个时间对两笔头寸同时进行平仓的一种套利交易方式。期现套利主要涉及的内容包括定价模型、指数复制、冲击成本、保证金管理等。

（1）定价模型主要计算以现货为基础所对应的股指期货市值大小，在扣除所有的成本之后，如果股指期货和现货之间的差距为正，则意味着存在正向套利空间。反向套利的原理也是一样的。

（2）指数复制是指利用各种方式来构建一个能够尽可能拟合指数的现货组合，包括完全复制和抽样复制两种。当复制目标是最小化复制差异时（跟踪误差最小化），称之为被动复制；当复制目标是最大化信息比率时，称之为增强复制。

（3）冲击成本的全称是价格冲击成本，国际上通常用它来衡量股市的流动性。它也被称为流动性成本，是指一定数量的委托（订单）迅速成交时对价格的影响，因此是一个包含即时性和合理价格两方面要素的指标。

（4）期现套利中保证金管理具有十分重要的作用。在市场出现剧烈波动的时候，尤其是在大幅上涨的行情中，如果保证金覆盖不足，就可能会出现爆仓情况。所以，在建仓初始，需要进行保证金覆盖的测算，使得初始保证金能够在较大的概率下覆盖整个套利期间内的波动。

期现套利的步骤如下：

（1）计算股指期货的理论价格，计算股指期货无套利区间。

（2）确定是否存在套利机会（当期货价格大于现货价格时，称之为正向市场；反之为反向市场）。

（3）确定交易规模，同时进行股指合约与一揽子股票交易。

（4）价差收敛时平仓获利了结；或者持有至到期时，将现货卖出，期货交割获利。

案例 3：期现套利

当某一到期月份的股指期货合约被市场高估或低估时，通过做多现货做空期货或做空现货做多期货的方式（融券卖出股票的同时在期货市场构建多头头寸），锁定期货和现货之间的差价，等待期现价差回归时平掉套利头寸或通过交割结束套利。

2010 年 5 月 6 日，股指期货 1005 合约高于沪深 300 指数 70.54 点，买进一揽子沪深 300 的股票，同时卖出一手股指期货 1005 合约。此时距离股指期货 1005 合约到期交割还有 15 天，若在此区间内期现基差能够收敛，则可以获得套利收益。至 5 月 19 日期现基差收窄至 1.23 点，此时可对套利头寸进行平仓，卖出股票，买入股指期货合约。收益为(70.54−1.23)=69.31 点，扣除各项成本总计 15 点，则净获利 16 293 元。

在期现套利中，若基差持续不收敛，则可考虑交割套利；由于交割价参考沪深 300 指数，期现价差存在强制收敛关系，理论上建仓时基差即交割收益，但需考虑交易成本和交割日最后两小时沪深 300 指数波动风险。

股指期货最终交割价选取的是沪深 300 指数交割日最后两小时的算术平均价，可能会和收盘价格形成一定偏离。在建仓时需考虑此部分基差，防止最后交割日价格剧烈波动导致交割价大幅偏离沪深 300 指数收盘价格。

案例 4：交割套利

2010 年 9 月 9 日，股指期货 1009 合约高于沪深 300 指数 21.14 点，此时进行卖出 1009 合约并买入沪深 300 指数成分股的开仓操作。若在 9 月 17 日前两者价差一直没有收敛，则可以考虑对 1009 合约进行交割套利。由于 1009 合约在交割日强制收敛，其交割价格为沪深 300 最后两小时的平均价 2866.63 点，与沪深 300 收盘价有(2866.63−2861.37)=5.26 点的偏离。扣除 7 点的交易成本，本次套利获得的收益为(21.14−5.26−7)×300=2664 元。可见，交割套利可以在基差无法如预期收敛时保证套利收益。

交割日沪深 300 指数大幅变动带来的交割价偏离的风险如下。

情况一：交割日沪深 300 指数的交割价低于指数的收盘价，对套利有利。

情况二：交割日沪深 300 指数的交割价高于指数的收盘价，对套利不利。

案例 5：结算日套利

与商品期货中只有企业法人才能进行交割不同的是，股指期货实行现金交割制度，允许个人投资者进行交割。因此，在股指结算日，仍有大批投资者活跃在期货市场上，这是结算日套利的先天条件。

股指期货结算日套利的基本原理是：当股指期货在结算日的价格相对现货价格升水幅度超过交易成本时，套利者可以卖出股指期货并买进股票现货锁定价差进行套利。本质上，结算日套利是期现套利的一种特殊形式，当期现套利的时间缩短至一天时，期现套利就变成了结算日套利，所以结算日套利的基差风险较小。

但结算日套利有其自身的特点，主要集中在结算日效应方面。在股指结算日，期货市场上不同类型的交易者将了结手中的期货和股票头寸，这样在短时间内需要卖出或买进大量股票和期货，势必对市场的流动性产生较大冲击。比如，买入套保者，在结算日会卖掉期货，买入股票平仓；卖出套保者，在结算日会卖掉股票，买入期货平仓。在结算价产生时段，不论是均匀买卖策略还是集中买卖策略，对市场流动性的冲击都是非常大的。另外，套利者利用期货和现货价格的大幅震荡追涨杀跌，助长了市场的波动。股指结算日效应在美国市场较为明显，典型的如“三巫聚首日”，即当天股指期货、股指期权、股票期权同时到期，市场成交量明显放大，波动加剧。

在股指结算日，股指期货的理论价格 F 应该等于股指现货的价格 S，即有 $F=S$。考虑交易成本 C，如果 $F>S$，且进一步有 $F-S>C$，那么投资者可以买入股指现货，卖出股指期货进行套利；如果 $F<S$，且进一步有 $S-F<C$，那么投资者可以卖出股指现货，买入股指期货进行套利。

关于交易成本具体如下：期货市场上的成本包括资金利息、手续费等；股票市场上的成本包括投资组合的认购费、申购费、赎回费、管理费和托管费等，前三者是投资者在买入和卖出投资组合环节直接从投资组合资产中支付的费用，后两者是投资组合在运作过程中直接从投资组合资产中支付的费用。

11.2.2 现货指数复制

在期现套利中，需要构建现货组合来进行指数复制。在投资中，根据市场条件不同，常用完全复制、抽样复制、衍生产品复制等方法。

使用指数成分股（根据需要可包括少量具有类似性质的非成分股）创建一个与目标可投资指数相比差异尽可能小或信息比率尽可能大的股票组合的过程称为指数复

制。当复制目标是最小化复制差异时（跟踪误差最小化），我们称之为被动复制；当复制目标是最大化信息比率时，我们称之为增强复制。尽管理论上复制可投资指数非常简单，但实际操作却是一个精细复杂的过程。

1. 指数复制中的一些障碍

指数编制中存在一些与实际投资不相符的假设，这些假设对准确地复制指数造成了一定的障碍。

首先，指数编制时假设各种费用不存在，但是建立交易组合需要各式各样的成本，这个成本不仅包括佣金等交易费用，还包括建立、管理指数组合的各方面费用，通常表现为运营费用和管理费用的形式。在指数组合管理中，这部分费用通常体现为显性成本，较难控制。

其次，大多数指数假设的变动都是在某个交易日的收盘时生效的，或者说指数成分增加、减少或者成分股权重的调整都是按照调整日的收盘价进行的。但是在组合不能承受短时间内大规模交易的情况下，需要进行多次交易，在某些极端情况下，甚至可能需要近百次交易才能完成。交易价格变成了成交均价，与假设的收盘价出现差异。通常，这部分差异体现为交易滑价或冲击成本等隐性成本，指数组合管理人通过交易算法的设计来进行控制。

在国内，指数复制还面临一个比较特殊的障碍——投资组合不能投资可能涉及利益关系的股票，如投资组合的托管行的股票、由股东承销的股票等。由于通常托管行作为上市公司在国内主要可投资指数中的权重较大，所以这种制度约束对于指数复制而言影响十分明显。

2. 完全复制

完全复制法是复制指数最自然的方法。这一方法通过购买所有指数成分股，完全按照股票在指数中的权重配置、在指数结构调整时也同步调整的方法来试图实现与指数完全相同的收益率。这种方法简单明了，较易获得较小的跟踪误差，同时也是其他复制方法的出发点。

但在实际的投资过程中，完全复制并不一定易于实现，最明显的障碍是冲击成本。对于流动性较差的股票，复制过程中买卖的冲击成本会对复制效果造成巨大的影响。

3. 抽样复制

在理论上，如果能够实现完全复制，那将是最好的复制策略。但是由于操作上的困难，使得完全复制执行起来难度很大，这就使得我们必须考虑其他的方法。

指数成分股之间有很多共同因子，当组合中缺失一些股票时，可以使用具有相同因子（包括行业、市值等）的其他股票来替代。采用具有相同因子的部分指数成分股进行指数复制即抽样复制，被选择用于复制指数的股票称为核心股票。

对于完全复制而言，由于每只股票都按照指数的比例配置，因此所有股票的权重与指数的变动是同步的。但是对于抽样复制的股票替代部分而言，由于存在与被替代股票的差别，用于替代的各个部分的权重与实际需要改变了复制组合的代表性。因此，必须经常监测跟踪误差，根据预测的跟踪误差的扩大情况及时更新复制组合，将其降低到可接受的水平。

11.2.3 冲击成本

套利交易中所需支出的成本包括交易成本、资金成本和冲击成本。交易成本主要是指手续费、印花税等，资金成本主要是指资金无风险利率，这两个成本都是固定的，而冲击成本则是影响套利交易最主要的成本。

冲击成本是指在套利交易中需要迅速而且大规模地买进或者卖出证券，未能按照预定价位成交，从而多支付的成本。冲击成本被认为是机构大户难以摆脱的致命伤。

冲击成本的全称为价格冲击成本，国际上通常用它来衡量股市的流动性。也可以称为流动性成本，是指一定数量的委托（订单）迅速成交时对价格的影响，因此是一个包含即时性和合理价格两方面要素的指标。

相应的流动性成本指标（价格冲击指数）即一定数量（如 10 万元）的交易对市场价格的冲击程度。

股指期货套利中所有头寸的交易都存在冲击成本，比如，在现货构建中，会有股票组合冲击成本、ETF 组合冲击成本、开放式投资组合冲击成本。股指期货也有股指期货的冲击成本。但是由于期现套利组合的绝大部分冲击成本来自股票组合的构建，所以在下面的讨论中，将主要研究股票组合的冲击成本。

这里以 2009 年深交所全部上市股票为计算样本，计算所需的逐笔数据来自深交所中心数据库存储的所有股票全部订单的逐笔订单、成交数据和行情数据。

其中，按照公司规模、机构持股比例和股价对股票进行分类比较，其标准如下：

（1）公司规模分类是根据年末股票流通市值按 30%、40%和 30%的比例分为 3 组。

（2）根据 2008 年机构持股（占流通股）比例值按 30%、40%和 30%的比例分为 3 组：低机构持股比例组、中机构持股比例组和高机构持股比例组。

（3）以 2008 年全年平均股价为标准，将深市 A 股股票按 30%、40%和 30%的比例分为低价股、中价股和高价股 3 组。

1．冲击成本指数和流动性指数

2009 年深市 A 股 10 万元冲击成本指数为 14 个基点，1%的流动性指数为 300 万元，如图 11.11 所示。

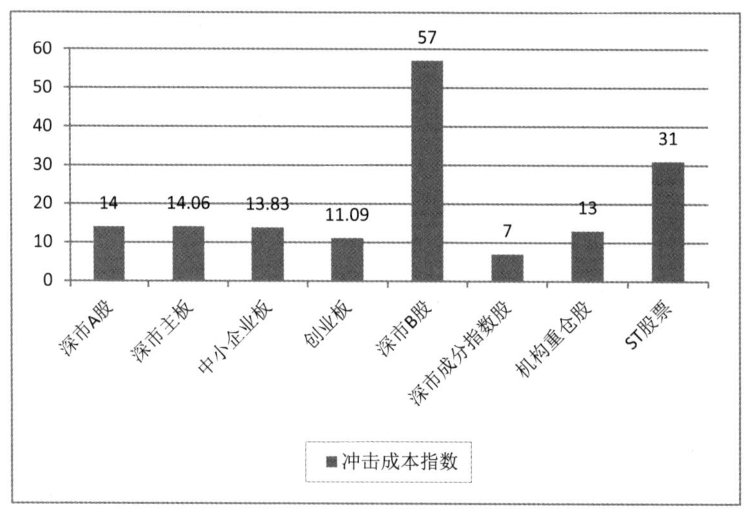

图 11.11　2009 年深市股票冲击成本指数（10 万元）

2．宽度

深市 A 股相对买卖价差为 16 个基点，相对有效价差为 58 个基点，如图 11.12 所示。2009 年绝对买卖价差和绝对有效价差分别为 2.17 分和 8.72 分（剔除新股上市首日后，绝对有效价差为 5.19 分）。

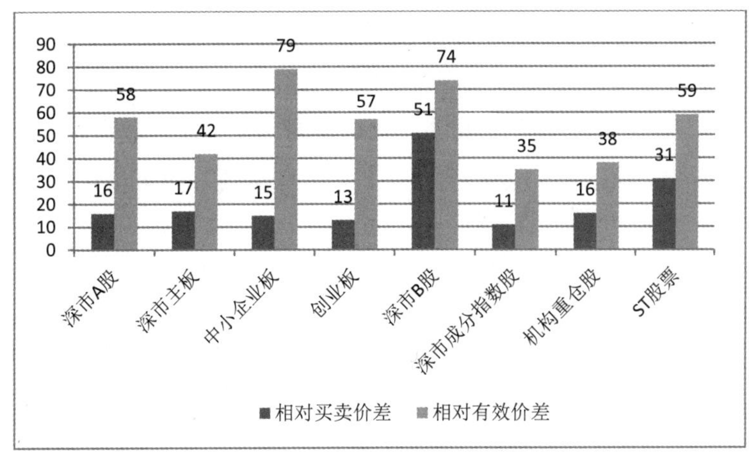

图 11.12 2009 年深市股票相对价差

11.2.4 保证金管理

股指期货保证金指在股指期货交易中，交易所为了降低交易双方的违约风险而要求交易双方缴纳的一定数额的资金，分为初始保证金和维持保证金。当交易者保证金账户余额低于维持保证金时，则需要追加至初始保证金。因此，对于交易者而言，需要预留部分资金以备在大幅波动市况下追加保证金。

股指期货套利，尤其是在期现套利中，保证金管理具有十分重要的作用。在市场出现剧烈波动时，尤其是在大幅上涨的行情中，如果保证金覆盖不足，则可能出现爆仓情况，从而使得套利组合无法坚持到结算日从而提前终止，出现亏损。因此，在建仓初始，需要进行保证金覆盖的测算，使得初始保证金能够在较大的概率下覆盖整个套利期间内的波动。

保证金管理采用的主要方法就是 VaR 方法。

VaR（Value at Risk）是一种重要的风险分析与管理工具，其基本表述是：在市场正常波动条件下，某一金融资产或资产组合在未来特定的时期内和在一定的置信水平下可能发生的最大损失，即 VaR 为某些前提条件下确定的一个数值，表示为

$$P(\Delta W > \text{VaR}) = 1 - \alpha$$

其中，ΔW 表示在市场正常波动条件下，某一金融资产或资产组合在未来特定时期 Δt 内在置信水平为 α 的情况下的损失。

VaR 方法中涉及两个主要参数：持有金融资产的期限和置信水平。所有 VaR 方法

的使用和计算都要在这两个参数给定的情况下才有意义。

由于投资金融资产的收益或损失与持有金融资产的期限长度呈正相关性，因而 VaR 随着持有期限的增加而增加。持有期限通常考虑如下 4 种因素。

（1）金融市场的流动性：交易头寸流动越迅速高效，则可以选择较短的持有期限；相反，则更长一些的持有期限比较合适。

（2）收益率的分布特性：由于采用概率的方法，需要假定资产的收益率服从一定的分布，最为简便的方法是假定持有资产的收益率呈正态分布。实证表明，持有期限越短，资产实际收益率分布越接近正态分布。

（3）持有头寸的调整：在实际的金融活动中，投资者会根据市场的具体状况对其持有的头寸和组合进行不断调整，持有期越长，投资者改变组合中的头寸的可能性就越大。而在 VaR 方法的计算中，通常假定在给定的持有期限内资产或资产组合的头寸保持不变，因此，持有期限越短，越容易满足资产或资产组合头寸保持不变的假定。

（4）数据的限制：VaR 方法的计算需要持有与金融资产收益有关的历史数据，用以估计其收益率及方差或波动性。如果期限过短，则数据采集量会受到限制。

至于如何选择置信水平，则需要考虑多种情况，包括 VaR 验证的需要、内部风险资本的需要、外部监管的要求，以及不同机构之间的比较等。数学上对于不同概率分布类型的考虑也使得选择合理有效的置信水平成为一种需要。置信水平的确定和选择在一定程度上反映了监管者和投资者对于市场和金融产品风险的态度，在实际应用中会依据不同的目的设定不同标准的置信水平。

11.3 统计套利

所谓统计套利，是指在不依赖于经济含义的情况下，运用数量手段构建资产组合，从而对市场风险进行免疫，获取一个稳定的、无风险的 Alpha（超额收益率）。统计套利代表着投资机会：获取特定资产价格变化动态中的可以被预测部分，并且从统计意义上讲，该部分与市场整体变化或者其他一些市场风险因素无关。由于只基于特定资产相互的变动并不能被市场参与者所直接观察到，因此这种动态的规律虽然存在，但并不容易被市场参与者直接观察到，因此，这种套利机会被“套利掏空”（Arbitrage Away）的概率比较小。

统计套利在方法上可以分为两类：一类是利用股票的收益率序列建模，目标是在

组合的 β 值等于零的前提下实现 α 收益，称为 β 中性策略；另一类是利用股票的价格序列的协整关系建模，称为协整策略。

前者基于日收益率对均衡关系的偏离，后者基于累计收益率对均衡关系的偏离。基于日收益率建模的 β 中性策略是一种超短线策略，只要日偏离在短期内不修复，策略就会失效。并且，如果日偏离是缓慢修复的，那么这种策略很难搜索到合适的平仓时机。实证分析也表明，β 中性策略经常会发出错误的交易信号。而协整策略直接利用原始变量——股价进行建模，在累计收益率偏离到一定程度时建仓，在偏离修复到一定程度或反向时平仓。

11.3.1 股票配对交易

配对交易的第一步是选取适合配对的两只股票，这里选择北京银行和华夏银行，主要考虑的是北京银行和华夏银行在基本面上的相似性，而不仅仅考虑相关系数的高低。首先，北京银行总股本为 73.3 亿元，流通股为 62.3 亿元；华夏银行总股本为 68.5 亿元，流通股为 49.9 亿元（2011 年数据）；其次，北京银行和华夏银行的注册地都在北京，北方区域银行特色浓厚。两家银行 2011 年全年的股价走势如图 11.13 所示。

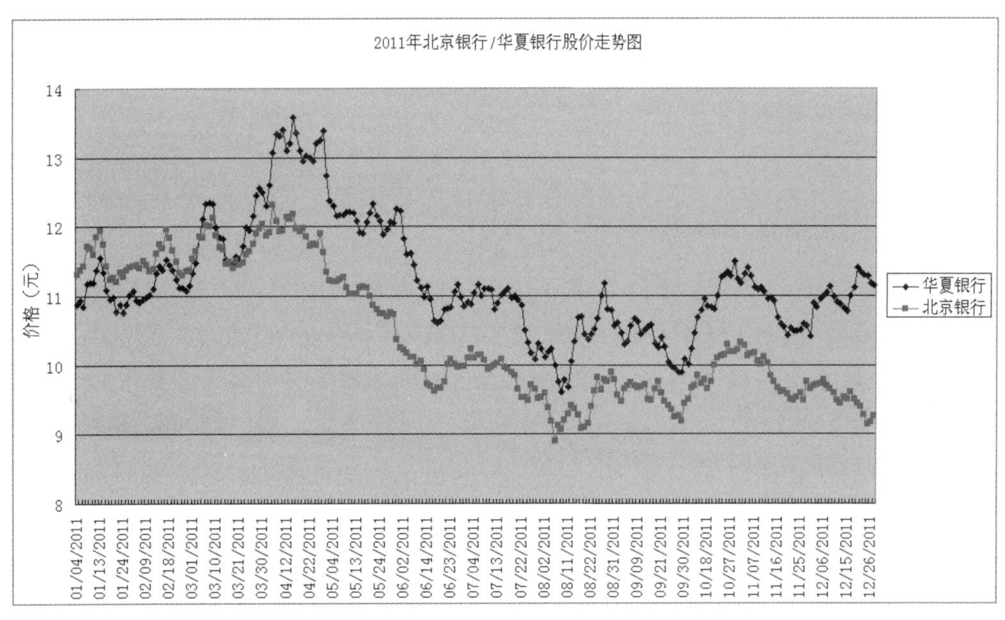

图 11.13 北京银行和华夏银行股价走势比较（2011.01.01—2011.12.31）

可以看到，两家银行的股价走势基本保持一致，相对强弱指数围绕均值上下波动。如果我们把两只银行股股价作一定的数学处理，那么单独放大来看（见图 11.14），两者股价比围绕 0.9 这一价格中轴上下波动的趋势更加明显。造成这种现象的原因主要是两家银行的主营业务相近，受到的宏观、行业影响因素相似，虽然市场消息面和大宗交易的冲击可能造成股价短期的偏离，但在公司基本面无显著变化的情况下，股价的偏离不会太大，待前期的冲击效应逐渐被市场消化后，两者的股价比有回归均衡状态的趋势。

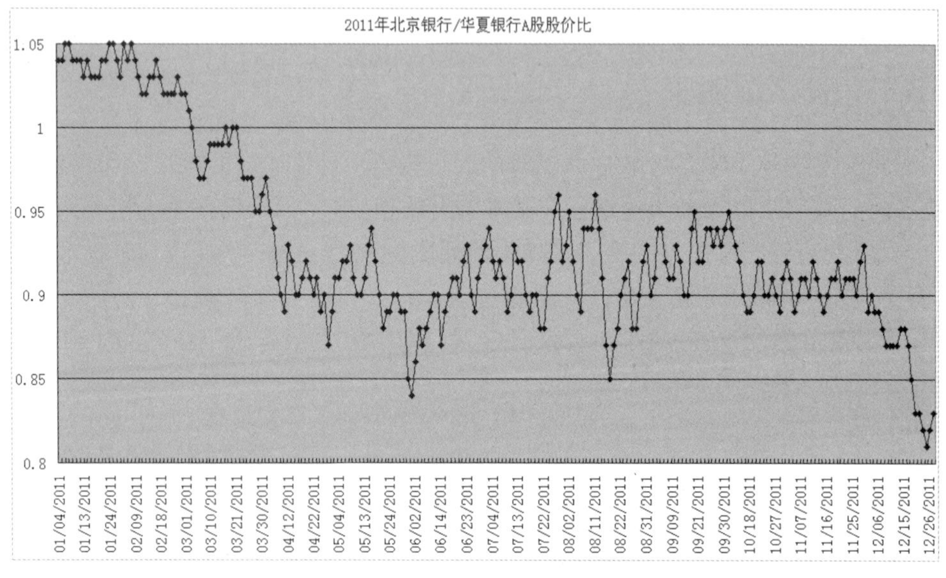

图 11.14　北京银行和华夏银行股价比（2011.01.01—2011.12.31）

在考察北京银行和华夏银行 2011 年的数据时发现，北京银行与华夏银行的股价比围绕 0.9 这一价格中轴上下波动，因此对 $P_1-0.9\times P_2$（P_1 代表北京银行股价；P_2 代表华夏银行股价）进行残差平稳性检验。协整关系的条件 1 是历史股价序列是一阶单整向量，即股价序列是非平稳的（有明显趋势）；条件 2 是这两个序列的某种线性组合是平稳的，即以这两个序列构成的线性方程的残差是平稳的。通过对 $P_1-0.9\times P_2$ 这一线性组合的残差进行检验，表明两只股票股价的协整关系成立。

利用两只股票的价比向均值回归的特性，可以设计如下交易策略：2011 年 6 月 1 日，北京银行的股价为 10.25 元，华夏银行的股价为 12.22 元，两者价比达到 0.84，说明近期华夏银行走势明显强于北京银行，股价比向上回归均值的可能性较大，因此可以在这个时点融券卖出 100 万元华夏银行，卖出华夏银行股数为 100 万元/12.22 元=820 手；同时买入 820 手北京银行股票，需要资金 84 万元。等到 6 月 10 日，北京银行的股价为 10.05 元，华夏银行的股价为 11.12 元，股价比回到均值 0.9 附近，同时平掉持有的两只股票的仓位，即卖出 820 手北京银行股票，获得资金 82.4 万元；买入 820 手华夏银行股票，需要资金 91.2 万元。两次交易的总收益为 100−84+82.4−91.2=7.2（万元）。

类似的，2011 年 7 月 27 日，北京银行的股价为 9.74 元，华夏银行的股价为 10.23 元，两者价比为 0.95，有向下回归均值的趋势，投资者可以买入 100 万元华夏银行，即买入 100 万/10.23 元=977 手，同时融券卖出 977 手北京银行，获得资金 95.16 万元；待 8 月 5 日北京银行的股价为 9.04 元，华夏银行的股价为 9.95 元，股价比回到均值 0.9 附近时，买入 977 手北京银行，需要资金 88.32 万元；卖出 977 手华夏银行，获得资金 97.21 万元。两次交易的总收益为−100+95.16−88.32+97.21=4.05（万元）。

由上面的例子可知，配对交易的收益与建仓时股价比偏离均值的幅度有关，偏离的幅度越大，股价比回归均值后，配对交易的收益也就越高。在上面的例子中，设定的建仓阈值为 0.05。不过需要注意的是，建仓阈值设置得越高，建仓机会也就越少。另外，配对交易的收益还与股价比回归均值所需的时间有关，上例中两次交易获取的相对收益相同，时间上也只有 10 个自然日左右。

11.3.2 指数追踪

指数追踪（Indexing）是指通过利用一个股票组合复制某一现实指数或者虚拟指数的市场表现，来获取与指数相近的收益率，试图最小化追踪误差。通常来说，一般的指数追踪技术关注最小化追踪误差的方差，并考虑组合收益率与标的指数收益率的相关性，或者组合调整（Re-balancing）的交易成本最小化。

对于上述简单的指数追踪，我们稍加扩展，就可以利用协整的追踪潜力去追踪某增强型指数，即在标的指数年收益率的基础上加上年超额收益率 α（α>0）。该投资策略如下实现：构造一个追踪组合，包括部分或者全部标的指数成分股，该组合与标的指数加上预设的 α 具有协整关系。如果存在这样的追踪组合，那么它将追踪的是一个市场上不存在的“人造指数”（Artificial Index）的收益率和波动，同时，正的超额收益率或非正常收益率就可以实现。需要注意的是，必须合理设定超额收益率 α，否则将导致严重的后果。

我们以上证 50 指数为例介绍如何运用协整方法进行追踪组合的建立。之所以选取上证 50 指数，是由于其代表的是上海证券交易所 50 只市值规模大、流动性好的股票，而且以上证 50 指数为标的发行的上证 50ETF 也是流动性最强的 ETF，预计未来以上证 50 指数为标的发行的金融衍生品将日益增多，因此，研究上证 50 指数的追踪具有实践意义。

本文选取上证 50 指数 2004 年 1 月 1 日至 2006 年 3 月 30 日的日收盘数据，共计 781 个样本点。比起国外一些经典的指数，上证 50 指数调整较频繁，而且新调入指数的一些股票缺乏历史交易数据。我们选用最新公布的成分股作为备选的追踪股票，剔除在 2004 年 1 月 1 日后上市的公司，将原来指数中被新上市公司所替换的公司重新调入指数，保持备选的追踪组合有 50 只股票，数据选取同样为 2004 年 1 月 1 日至 2006 年 3 月 30 日的日收盘数据。国外的实证研究一般采用最新的成分股进行指数重构，而上证 50 指数由于包括太多的新股无法重建指数，所以只能用实际指数。

我们选择 10 只、20 只和 30 只股票分别进行指数追踪，按照在指数中的权重大小作为选择股票的主要依据。

我们对样本内的校正时间段为 2～3.17 年，初始的校正组合构建的时间段是 2004 年 1 月至 2005 年 12 月，然后逐月扩展直到 2007 年 3 月：初始组合（P_0）构建于 2004 年 1 月至 2005 年 12 月，模拟出 2006 年 1 月的样本外作为第一个追踪组合（P_1），第二个追踪组合则构建于 2004 年 1 月至 2006 年 1 月并模拟 2006 年 2 月的样本外组合（P_2），第三个追踪组合（P_3）构建于 2004 年 1 月至 2006 年 2 月并模拟样本外的 2006 年 3 月的组合（P_3），以此类推，可以得到 15 个样本外组合（P_1～P_{15}）。

运用协整回归，就可以得到股票的各个权重。同时，我们分别考虑无卖空约束和有卖空约束的组合头寸，无卖空约束的组合仍然记为 P_t，而有卖空约束记为 P_t*。

我们对上证 50 指数进行指数追踪，依次使用 10、20 和 30 只股票进行的追踪结果与上证 50 指数的实际收益情况进行比较，并区分样本内和样本外分别进行比较，结果如表 11.11～表 11.14 所示。

表 11.11　样本内上证 50 指数追踪结果（2004.1—2005.12）

组　合	年化收益率（%）	年化波动率（%）	与标的指数相关性	夏普比率	信息比率	ADF 统计量
上证 50 指数	−12.76	20.55	—	−0.74	−0.62	—
10 只股票	−14.29	25.3	0.85	−0.66	−0.53	−6.52（0.00）
20 只股票	−11.7	21.75	0.94	−0.62	−0.51	−7.30（0.00）
30 只股票	−8.55	17.99	0.97	−0.62	−0.48	−9.31（0.00）

数据来源：[金志宏 2016]

表 11.12 样本内追踪组合的追踪误差统计（2004.1—2005.12）

组 合	年化误差（%）	标准差（%）	与标的指数相关性
10 只股票	−1.53	0.91	0.14
20 只股票	0.84	0.46	−0.01
30 只股票	4.21	0.35	−0.11

数据来源：[金志宏 2016]

表 11.13 样本外上证 50 指数追踪结果（2006.1—2007.3）

组 合	年化收益率（%）	年化波动率（%）	与标的指数相关性	夏普比率	信息比率
上证 50 指数	77.96	26.92	—	2.80	2.90
10 只股票	97.32	36.42	0.82	2.60	2.67
20 只股票	77.53	31.34	0.85	2.39	2.47
30 只股票	49.75	18.37	0.88	2.57	2.71

数据来源：[金志宏 2016]

表 11.14 样本外追踪组合的追踪误差统计（2006.1—2007.3）

组 合	年化误差（%）	标准差（%）	与标的指数相关性
10 只股票	19.36	1.32	0.14
20 只股票	−0.43	1.05	−0.02
30 只股票	−28.21	1.16	−0.78

数据来源：[金志宏 2016]

从上述统计结果来看，所有回归都能通过 ADF 检验，即股票组合与指数间存在显著的协整关系。而通过样本内外追踪组合的绩效分析，我们认为，并非股票数量越大追踪绩效越好，反而是 20 只股票组合的追踪效果最好，无论是样本内还是样本外数据，都取得了最小的追踪误差和收益率的波动，也与标的指数最为接近。

从波动率来看，股票数量越多的组合，其波动率越小，即股票数量的增加使收益率更加稳定。因此，如果从夏普比率和信息比率来看，无论是样本内还是样本外数据，30 只股票的组合都取得了最好的追踪效果，这正是由于波动率的大幅降低所带来的追踪效果的提高。但是 30 只股票的追踪组合存在一个重大缺陷，即追踪误差与指数收益率存在显著的负相关关系。因此，尽管能够通过协整检验，但是我们可以认为追踪误差存在系统性的偏差。

而不同追踪组合与指数的累计收益率，我们可以通过图 11.15～图 11.17 更加直观地比较追踪组合的绩效。

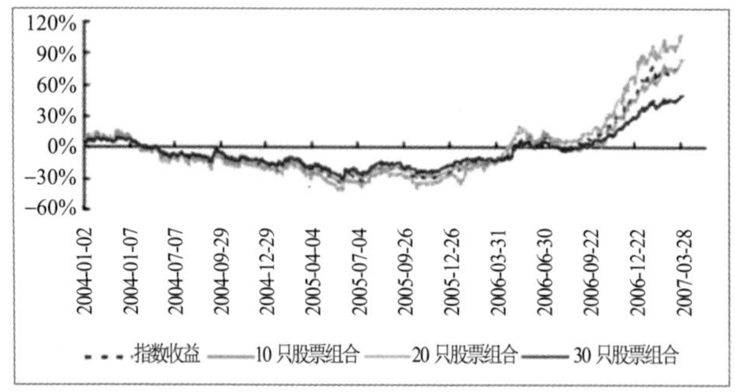

图 11.15　追踪组合与指数的累计收益率图（2004.1.2—2007.3.30）

数据来源：[金志宏 2016]

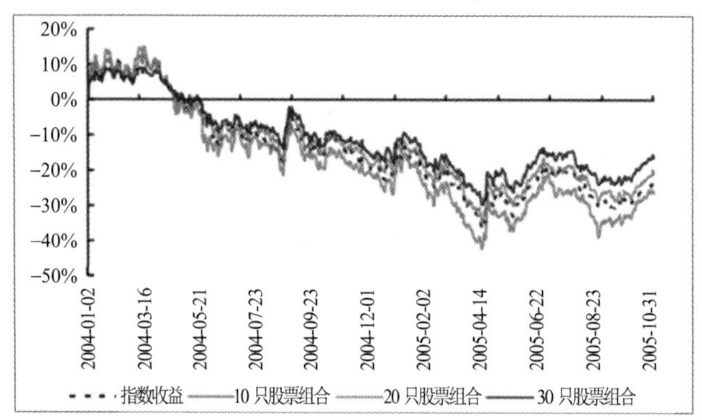

图 11.16　追踪组合与指数的累计收益率图（2004.1.2—2005.12.30）

数据来源：[金志宏 2016]

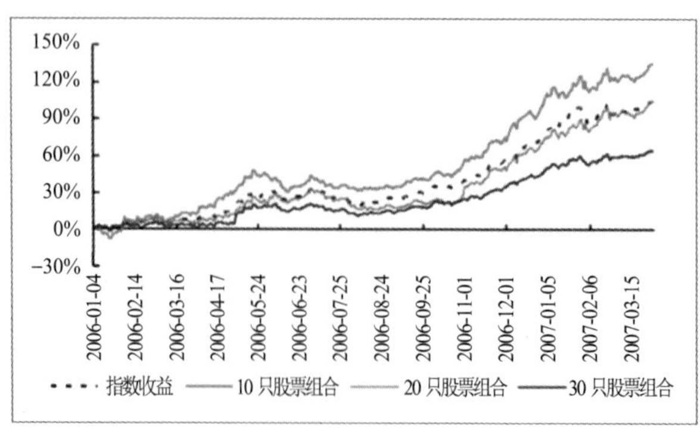

图 11.17　追踪组合与指数的累计收益率图（2006.1.4—2007.3.30）

数据来源：[金志宏 2016]

从图 11.15～图 11.17 中可以清楚地观察到，20 只股票的追踪组合累计收益率曲线无论在整个样本区间、样本内及样本外均能够最好地拟合指数的表现；10 只股票的组合在指数下跌时（2004.1—2005.12）落后于指数的表现，而在指数上涨时（2006.1—2007.3）表现明显好于标的指数；30 只股票的追踪组合则正好相反。这表明这两种组合在追踪上证 50 指数时存在系统性的偏差，不适合作为上证 50 指数的追踪组合。

11.3.3 波动率套利

除了对价格序列进行统计套利外，在国外发达的期权市场，对波动率这个参数也可以进行套利交易，其实质与价格的统计套利一样，只是进行波动率套利是在期权市场运用的。

进行波动率交易即建立一个经 Delta 对冲的期权头寸。其中可以做 3 种波动率交易的策略：多头策略、多头-空头策略和宏观策略。其中，多头-空头策略用于统计套利最为合适。我们在下面的讨论中对一种波动率套利的方法进行了分析。

在国外还有一种非常流行的交易方法，称为离差交易（Dispersion Trading），即买入一系列股票期权，卖空指数期权，这样相当于卖出了个股之间的平均波动率。利用指数期权和成分股期权，还能交易一种更加复杂的隐含参数——相关性。可以利用隐含相关系数和实际相关系数的差异来进行统计套利。

一般将期权市场称为波动率交易的场所，因此，交易波动率需要运用期权。其原理很简单，主要有 4 种组合构建波动率的头寸，可以归纳如下。

构建波动率多头头寸：

（1）买入看涨期权，卖空股票。

（2）买入看跌期权，买入股票。

构建波动率空头头寸：

（1）卖空看涨期权，买入股票。

（2）卖空看跌期权，卖空股票。

其实上面提到的 4 种策略可以用一句话来概括：建立期权头寸，并运用 Delta 对冲过滤掉标的资产价格变动对期权价格的（一阶）影响，仅仅保留波动率因素对期权的影响。

举个例子，经过 Delta 对冲后的期权头寸的损益情况如图 11.18 所示。这是一个指数期权合约的头寸（买入看涨期权，卖空现货），其波动率为 16%（图中横轴为现货价格，纵轴为期权价格）。

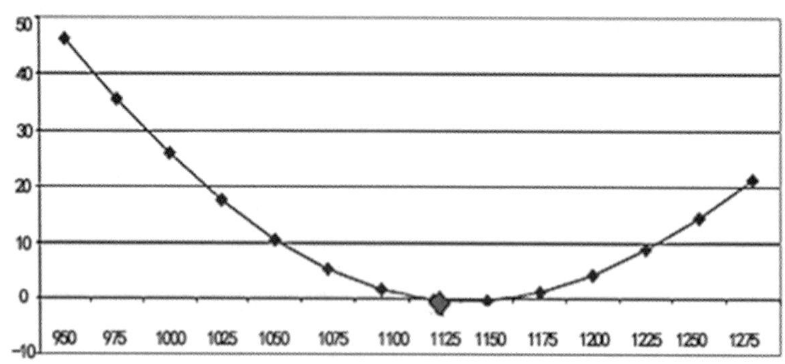

图 11.18　Delta 对冲的头寸单日损益

数据来源：[金志宏 2016]

如果上面的隐含波动率下跌 1%，则将导致 3.8 元的亏损，假设股票价格不发生变动，期权头寸的损益情况如图 11.19 所示。

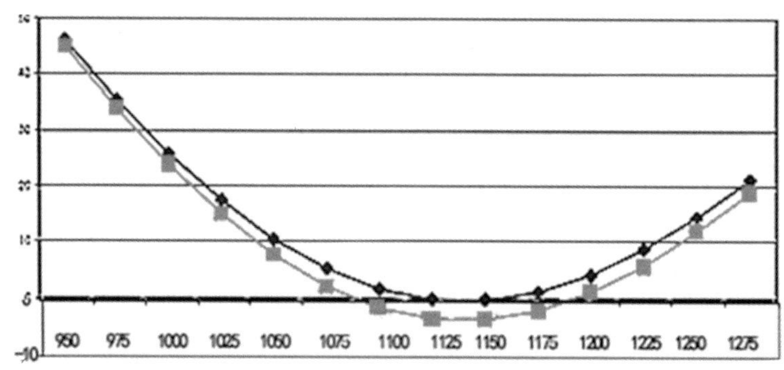

图 11.19　隐含波动率下跌 1%的头寸损益

数据来源：[金志宏 2016]

根据 B-S 模型可以推导出经过 Delta 对冲后的期权头寸如何进行损益记录。

$$P/L=\theta(n^2-1)+V\cdot \mathrm{d}\sigma$$

$$=\frac{1}{2}\ \Gamma(\frac{(\mathrm{d}I)^2}{I^2}-\sigma^2\mathrm{d}t)+V\cdot \mathrm{d}\sigma$$

其中，θ 是期权价值对时间变化的敏感性，Γ 是期权价值对标的资产二阶变化的敏感性（也可以解释为期权价值对 Delta 的敏感性），$n=\frac{\frac{\Delta s}{s}}{\sigma\sqrt{\Delta t}}=\frac{价格变动的百分率}{预期日波动率}$（$n$ 代表从标准差角度来衡量股票变动的百分比），V 是期权价值对隐含波动率的敏感性，σ 指波动率，$V\cdot d\sigma$ 是标准化 Vega。

通过上面对持有一个经 Delta 对冲后的期权头寸损益的数学描述，我们可以将该头寸的损益视为股票价格和隐含波动率变化的综合。标的资产价格变动对 Delta 对冲的期权头寸产生二阶影响，如果隐含波动率不变时，头寸持有人对价格变化是中性的，即不受价格变动方向的影响，只受价格变动绝对大小的影响，则隐含波动率的变化是影响头寸损益的主要因素。

知道如何买入和卖空波动率后，要进行波动率交易，还必须对波动率水平进行判断，通常情况下会利用隐含波动率与实际波动率来进行比较，以便得到合理的交易策略。当隐含波动率高于实际波动率时，说明期权价值被高估，则卖空波动率；当隐含波动率低于实际波动率时，说明期权价值被低估，此时建立一个波动率的多头。

经过长期的实证研究发现，波动率在较长时间内是不能被有效预测的，但是在期权市场提供了一种市场对波动率的预测，即隐含波动率，挂牌交易的期权提供了对标的资产从 1 个月到 1 年不等的波动率预测。通过隐含波动率可以进行短期的隐含波动率预测，国外有专门的机构从事这样的研究，并取得了一些成果，他们通常采用的方法是波动率表面函数建模（Implied Volatility Surface Modeling）。除了短期的波动率预测外，还需要考虑外部信息冲击、事件和宏观信息，对波动率较长时间的变化趋势进行判断。

图 11.20 展示了 CBOE 交易量最大的期权产品——S&P500 期权的隐含波动率以及 30 日的历史波动率，其中隐含波动率是按照看涨和看跌期权隐含波动率收盘均值来计算的。

通过图 11.20 可以发现，隐含波动率与历史波动率是相关的，二者在绝大多数时间内的变化趋势基本一致，但也并非完全一样，很多时候会发现两种波动率水平偏离很远，但是具有最后收敛的特征，可以通过上述的波动率交易策略构建波动率头寸，发掘波动率方面的定价偏差。

基于上述理论和实践，可以采取如下几种波动率交易策略。

（1）波动率多头交易：该策略在 2001 年前表现比较好，但在 2001 年后由于股市的下跌导致该策略表现不佳。该策略现在很少直接用于获得投资收益，通常作为其他投资策略的辅助策略。

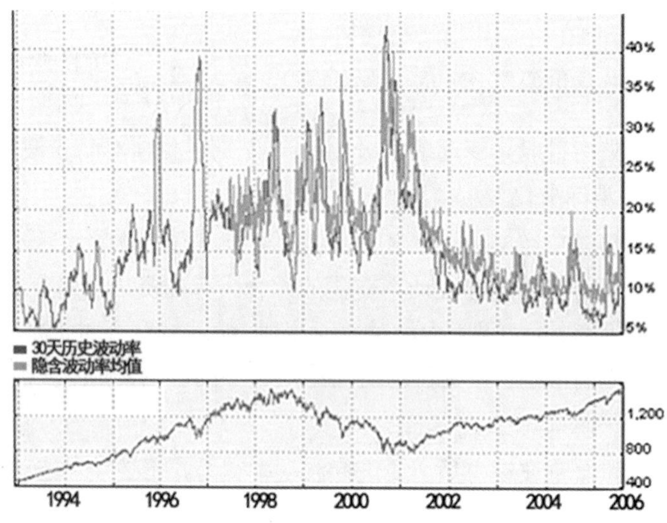

图 11.20 S&P500 隐含波动率与价格时间序列图（1994.12—2007.6）

数据来源：[金志宏 2016]

（2）多头-空头策略：相对价值评估的方法，主要通过发现期权的定价偏差来获利。这种方法在近几年才被运用于资产管理领域。这种策略要求做到 Vega 中性，即对市场波动率变化进行对冲，通常会用到标的资产相关性和波动率之间的关系；需要暴露于单一风险和市场崩溃风险进行严格的控制。

（3）宏观金融策略：进行跨市场和跨资产（股票、外汇、固定收益及现金）的波动率投资。

其中，多头-空头策略是构成波动率套利的思路。

11.4 跨期套利

跨期套利是指利用两个不同交割月份的股指期货合约之间的价差进行的套利交易。一般来说，相同标的指数的股指期货在市场上会有不同交割月的若干份合约同时交易。由于同时交易的不同交割月合约均基于同一标的指数，所以在市场预期相对稳定的情况下，不同交割日期合约间的价差应该是稳定的，一旦价差发生了变化，则会产生跨期套利机会。

11.4.1 股指套利

股指期货由于具有交易量大、波动规则的特点，成为主流的跨期套利品种之一。严格来讲，跨期套利不是无风险套利，它实际属于价差套利，投资者需要对不同到期月的期货合约的价差做出预测，因而具有投机性，但因为交易行为是建立在价差的基础上的，所以风险要远远小于纯粹的投机交易，即单方向做多或单方向做空。跨期套利的操作重点在于判断不同到期月合约的价差将来是扩大还是缩小，而不是判断整个市场的未来走势。

1. 跨期套利案例

当两份不同到期月份的股指期货合约产生较大价格偏差时，通过做多被低估合约、做空被高估合约的方法，待其价差恢复正常时获利平仓。

例如，2010 年 5 月 6 日，股指期货 1006 合约为 3018.8 点，1005 合约为 2967.4 点，二者价差为 51.4 点，明显高于合约间正常水平。此时进行卖出 1006 合约并买入 1005 合约的开仓操作，持有至 2010 年 5 月 17 日。此时 1006 合约为 2722.4 点，1005 合约为 2719 点，二者价差为 3.4 点，可进行平仓操作，买入 1006 合约并卖出 1005 合约，获取的套利收益为 51.4–3.4=48（点）。同时扣除各项成本（以 10 点计），到期平仓的收益为(48–10)×300= 11 400（元）。

2. 程序化跨期套利机会

如果跨月价差波动表现相对稳定，而且持续在一定区间范围内波动，则这时存在很好的程序化跨期套利机会。比如，在 2011 年 6 月 22 日至 7 月 1 日期间，IF1109 和 IF1108 的价差基本在 10～15 点之间波动，如图 11.21 所示。为安全起见，可以上下均让掉 0.5 点，即当价差回落至 10.5 点的时候，进行反向套利操作，买进 IF1009 并卖出 IF1008；当二者价差扩大至 14.5 点时，平掉套利头寸，粗略估算交易手续费为 1 点，那么可以赚取 3 点的利润。同时，反手进行正向套利操作，买进 IF1008 并卖出 IF1009，等待价差回落至 12.5 点。如此反复循环，虽然每次利润较少，但机会频繁出现。因此，总的来看，收益还是不错的，不过这种套利机会只适合程序化交易。

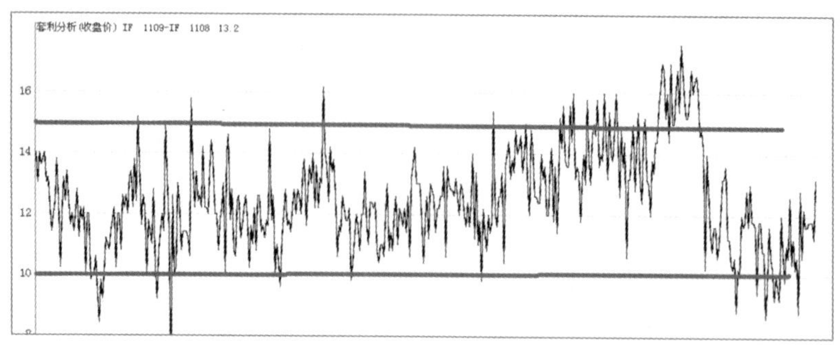

图 11.21　跨期套利中 IF1109 与 IF1108 价差稳定波动区间

数据来源：[杨卫东 2011]

3．事件性跨期套利机会

在红利发放期间，合约间的价差很容易发生较大幅度的变化，而跨期套利恰恰对于由分红引起的价差变动比较敏感，特别对于持有成本模型而言，分红率影响着无套利区间的上下限。沪深 300 成分股每年的红利集中发放时间为 5、6 和 7 月份，这一时期价差变动幅度比较大，是实施跨期套利的良好机会。根据经验规律，随着分红高峰的到来，远月与近月合约价差重心会走高；反之，价差重心会走低。因此，可以在红利发放前期考虑进行反向跨期套利，因为随着价差的扩大，反向跨期套利将获利；反之，在红利发放结束前期可考虑正向跨期套利。例如，2010 年 7 月 8 日，IF1012 与 IF1008 的价差为 67 点，此时成分股分红的高峰期刚过，可以考虑进行买 IF1008 卖 IF1012 的正向套利操作。7 月 19 日，价差缩小至 40 点，8 个交易日可以赚取 27 点价差，如图 11.22 所示。

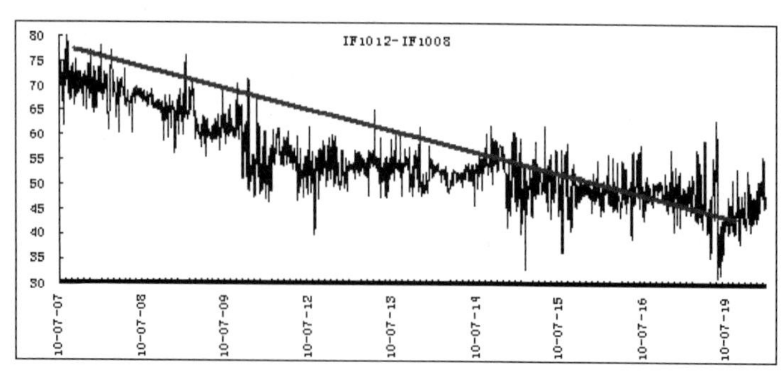

图 11.22　IF1012 与 IF1008 价差走势（2010/07/08—2010/07/23）

数据来源：[杨卫东 2011]

4. 新合约上市首日的跨期套利机会

一般来说，新合约上市都会受到一定程度的追捧，从合约走势上看，大多呈现平开或者高开高走的态势。新合约容易走高，一方面是因为市场有炒新的惯性思维，新合约容易吸引人气，这样就容易出现量价齐升的局面；另一方面是因为新合约在定价上有一定的时间价值低估倾向，那么其会低于实际价值，随后就会被市场所纠正，合约会顺势走高。正是基于这样的原因，新合约和当月合约价差扩大的概率较大，因此，新合约上市首日存在较好的跨期套利机会，即在买入新合约的同时卖出当月合约，等价差扩大到一定程度后，双向平仓获利。比如，IF1103 合约上市首日，IF1103 与 IF1008 的价差在开盘时最低，随后价差快速扩大，盈利空间在 10 点以上，如图 11.23 所示。另外，IF1007 和 IF1008 作为新合约上市的首日，也同样存在这种跨期套利机会。

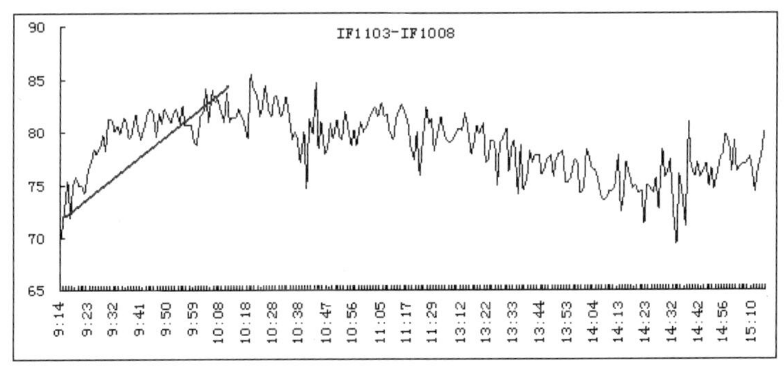

图 11.23 IF1103 与 IF1008 7 月 19 日价差走势

数据来源：[杨卫东 2011]

5. 老合约在退市之前的跨期套利机会

这里以 IF1009 和 IF1008 合约作为研究对象。从 2010 年 8 月 12 日开始，主力逐步开始移仓，IF1009 持仓量稳步增加，交易量从 8 月 16 日开始快速放大，资金移仓明显，受到资金推动效应影响，IF1009 出现量价齐升局面；反观 IF1008，由于资金逐步撤出，IF1008 对于投资者的吸引力大大降低，资金关注度的弱化也拖累了其走势，二者相比 IF1009 的走势明显强于 IF1008。从二者价差上看，8 月 12 日二者价差最低不足 7 点，不过之后随着主力移仓效应的逐渐放大，二者价差持续拉大，8 月 19 日，即 IF1008 交割前一交易日，二者价差最大超过 22 点，如图 11.24 所示。

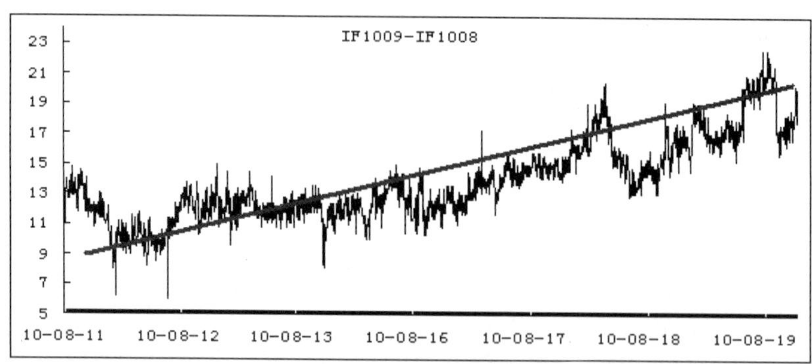

图 11.24　IF1009 与 IF1008 价差关系图（2010/8/11—2010/8/19）

数据来源：[杨卫东 2011]

因此，基于主力移仓效应到来的跨期套利机会不容忽视。投资者可以考虑这样一种策略：在临近交割日前 7 个交易日时就可以考虑卖出当月合约同时买进次月合约的跨期套利操作，在临近交割日的前一个交易日选择获利了结。该策略的风险相对较低，而收益较为稳定。

11.4.2　商品套利

商品套利主要有期现套利、跨期套利、跨市场套利和跨品种套利 4 种。

（1）期现套利是利用同一种商品在期货市场与现货市场之间的不合理价差进行的套利行为。当期货价格与现货价格之间出现不合理的价差时，套利者通过构建现货与期货的套利资产组合，以期望价差在未来回归合理的价值区间并获取套利利润的投资行为。

（2）跨期套利是通过观察期货各合约价差的波动，以赚取差价为目的，在同一期货品种的不同合约月份建立数量相等、方向相反的交易部位，并以对冲或交割方式结束交易的一种操作方式。正向市场时，价差为负，表现为远月升水；反向市场时，价差为正，表现为近月升水。一般来说，价差（绝对值）由持有成本（或持仓费）构成，即为拥有或保留某种仓单或头寸而支付的仓储费、保险费和利息等费用。

（3）跨市场套利是指在不同市场之间进行的套利交易行为。当同一期货商品合约在两个或者更多市场进行交易时，由于区域间的地理差别等因素，各商品合约间存在一定的固有价差关系。但是，由于两个市场的供求影响因素、市场环境及交易规则等方面不完全一致，价格的传导存在滞后甚至失真的情况，因此固有价差水平会出现偏离。跨市场套利正是利用市场失衡时机，在某个市场买入（或卖出）某一交割月份某种商品合约的同时，在另一个市场卖出（或买入）同一交割月份的同种商品合约，以对冲或交割方式结束交易的一种操作方式。这种套利可以在现货市场与期货市场上进行，也可以在异地交易所之间进行，其中包括国内交易所与国外交易所之间。

（4）跨品种套利是指利用两份不同的但相互关联的商品之间的合约价格差异进行套利交易，即买入某一交割月份的某种商品合约，同时卖出另一相同交割月份相互关联的商品合约，以期在有利时机同时将这两份合约对冲平仓获利。跨品种套利的核心策略是寻找两种或多种不同但具有一定相关性的商品间的相对稳定关系（差值、比值或其他），在其脱离正常轨道时采取相关反向操作以获取利润。根据套利商品之间的关系，跨品种套利可分为相关商品套利和产业链跨品种套利两种类型。

1. 常见套利组合

从理论上来说，相关性和联动性能够满足套利要求的主要有如下几组。

1）沪铜-伦铜跨市场套利组合

沪铜和伦铜保持高度的正相关，相关系数在 0.95 以上，最高时达到 0.99。这是迄今为止投资者使用最多的一种组合。其比价波动区间为 8.0～10.0 点，中轴为 9.0 点，如图 11.25 所示。2002 年以来的统计数据表明，不管是熊市还是牛市，都能满足这种关系，规律性非常明显。加上交易活跃，持仓量比较大，适合千万元到亿元以上的大资金运作。

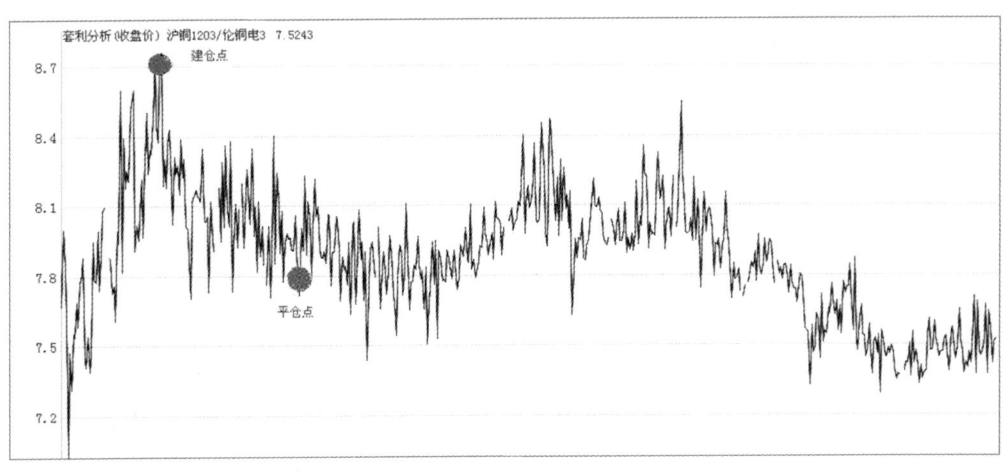

图 11.25 沪铜-伦铜比价图

其优点是：套利机会多，容易把握；流动性好，易于进出；运行规范，收益率比较稳定，一般能达到 10%以上；意外风险较小。缺点是：交易有时差，进场和出场的点位不易把握，特别是价格波动很大的单边行情；资金划拨相对比较困难，当一边套利头寸（套头）因亏损而资金吃紧时，难以从另一个市场抽出资金来补亏，不容易做到资金平衡和头寸平衡；汇率风险较大。

2）大连交易所大豆-豆粕跨品种套利组合

大连大豆和大连豆粕也保持高度的正相关，一般情况下相关系数为 0.91，目前已经达到 0.97，但有些合约之间的相关系数只有 0.78。大豆与豆粕的比价波动范围在 1.28～1.36 点之间（9 月合约），中轴为 1.32 点，如图 11.26 所示。

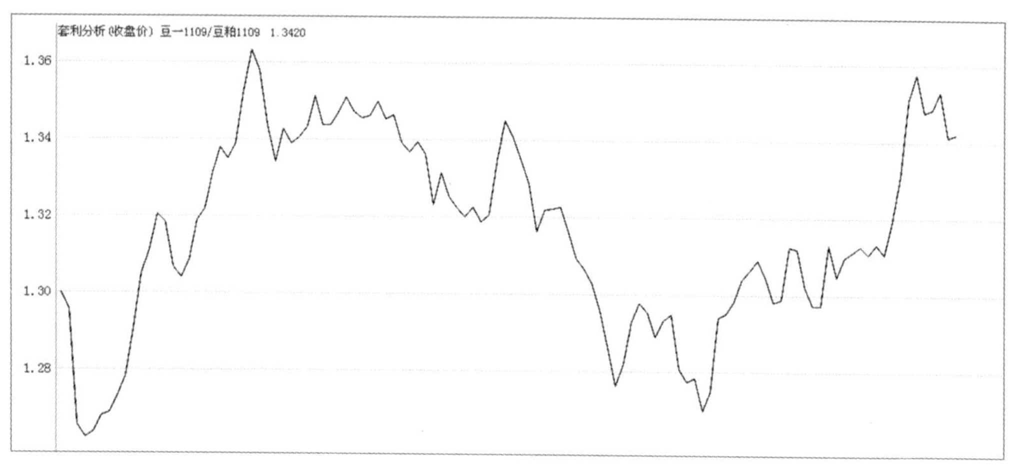

图 11.26　大连交易所大豆 5 月合约与豆粕 5 月合约比价

其优点是：报价单位统一，交易时间同步，数据处理简单，容易捕捉套利机会；结算在同一家交易所内进行，套头盈亏互补，易于实现资金平衡；因资金在途而引起的风险几乎为零；收益率较高，可以达到 30%以上；并且自 2010 年大连交易所成为全球最大的农产品期货交易所以来，大豆、豆粕的交易量和持仓量稳居全球领先地位，该组合适合大资金操作。缺点是：套利区间在不同的时间有较大的差异，因此，意外风险较高。

3）大连交易所 L-PVC 跨品种套利

大连 L 和大连 PVC 保持高度的正相关，一般情况下相关系数为 0.85。L 与 PVC 的比价波动范围在 1.38～1.50 点之间（5 月合约），中轴为 1.41 点，如图 11.27 所示。

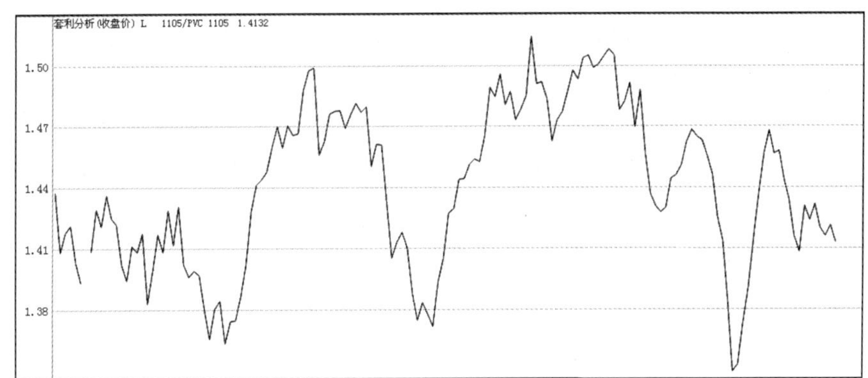

图 11.27 大连交易所 L-PVC 比价

其优点是：报价单位统一，交易时间同步，数据处理简单，容易捕捉套利机会；结算在同一家交易所内进行，套头盈亏互补，易于实现资金平衡；因资金在途而引起的风险几乎为零；并且 L 与 PVC 交易量和持仓量都比较大，适合大资金操作。缺点是：毕竟是不同的品种，有各自不同的用户范围和市场，如果基本面发生重大变化，则可能会出现意外风险。

4）大连交易所大豆-CBOT 大豆组合

大连大豆和 CBOT 大豆保持高度的正相关，相关系数在 0.91 以上。其比价波动区间为 3.2～3.8 点，中轴为 3.5 点，如图 11.28 所示。需要说明的是，当合约月刚刚上市和临近交割时，相关性有普遍减弱的趋势；边界明显，阶段性趋势突出。一般而言，二者互动的规律性强，价格回归性良好。每年收益率在 25%以上的套利机会多达 5～8 次。

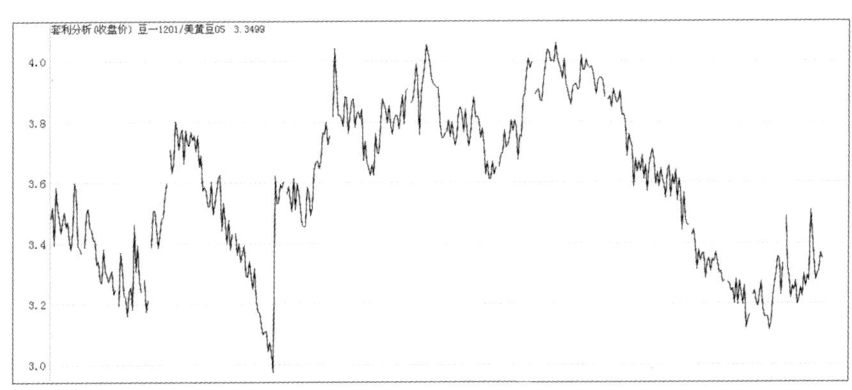

图 11.28 大连大豆-CBOT 大豆比价

其优点是：市场容量大，适合过亿元的大资金运作；在极端比价处套利容易成功；比价变动的方向性好，一旦形成趋势，不会轻易反复，套利利润容易巩固；流动性好，易于进出；收入率比较稳定，意外风险较小。缺点是：交易有时差，进场和出场的点位较难把握，好在它们的报价连续，这比期铜的跨市场套利要相对容易地抢到合适的价位；报价单位不统一，计算盈亏较麻烦；资金划拨相对比较困难，在途时间较长；单边行情中容易出现一边套头爆仓，进而影响套利效果；汇率风险较大。

5）郑州白糖跨期组合

郑州交易所白糖合约最近几年的成交量呈现爆发式增长，多次占据成交量榜首的位置，并且一般具有多份活跃合约，成为跨期套利的好品种。

白糖两份合约之间会保持比较稳定的价差关系，一般在 300～500 点之间，中轴为 400 点，如图 11.29 所示。

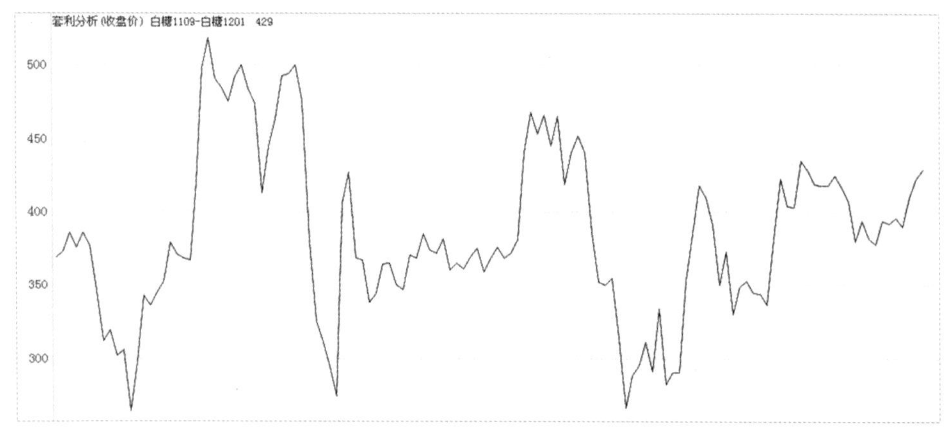

图 11.29 郑州白糖 1109 与 1201 合约的价差关系

其优点是：套利机会多，在同一家交易所内，客户容易进行资金管理和头寸管理，套头之间的盈亏容易自动平衡，而不必客户去划拨资金。缺点是：套利空间小，收益率不高，并且在换月结束后，另外一份合约的交易量会大幅度减小，从而不适合大资金操作。

2. 非常状态处理

需要说明的是，套利仍是一种投机行为，只要套头没有全部对冲，就存在风险，这就对套头的正确处理提出了较高的要求。

对于套利投机也要像单向投机那样用变化的、动态的眼光去对待，而千万不可用静态的、固定的及僵化的眼光去对待；否则，即便风险较小的套利也会以损失较大而告终。

为了及时发现风险并消除风险，务必注意下列问题。

（1）必须对套利头寸实行动态跟踪。有些投资者一旦建仓之后，不大注意头寸的盈亏变化，而只是一味地等待盈利时机的到来，这是不可取的。对套利头寸实行动态跟踪，就是要检查套利头寸建立后，市场走势是否按照有利于套利操作而波动，以便及早发现苗头，减少损失。

（2）必须有“止损”的概念。套利与单向投机一样也会出现“万一”的情况，一旦超出了一定范围，就应及时检查套利时机是否成熟、套利操作是否合理，并及时纠正，而不是想当然地等待价差朝好的方向波动。由于多数投资者认为套利风险较小，所以套利所用资金往往要比单向投机的建仓资金大得多。就这一点来说，其风险不一定比单向投机小，如果在套利不利的情况下不能及时纠正，则极有可能造成重大亏损，所以套利同样需要设置止损盘。

（3）要遵循套利原则，但不能拘泥于套利原则。套利一般要遵从数量对应、方向相反、同进同退等原则，但在实际操作中也要灵活应用，不可一成不变。比如，在套利过程中，一旦出现亏损有扩大的趋势，这时可以将数量对应更改为数量不对应，即适当减少不利的那一部分头寸，以加大有利头寸的权重（某一方的套头要多于另一方的套头），从而减少亏损，实现盈利。

再如，在套利过程中如果有非常明确的波动方向，并且也已经认识到这种方向，那么就要用延时方式建仓。即先顺着这个方向建立其中一个套头，另一个套头则不必马上建立，而是延后一定的时间建立，以便获得较大的入市价差。这相当于在建仓期间就先胜一筹。同样，在出现盈利时，要首先对冲于势不利的那一边套头，后对冲于势有利的那一边套头，以扩大利润。当然，这要建立在可操控范围内。这就是延时建仓和延时对冲的妙用，有时真正利润的产生往往取决于延时操作的时机把握。

（4）善于将套利转化为单向投机。按照价格波动性，当价格超买到一定程度时，市场的力量将会改变这种状态；同样，当市场超卖到一定程度时，市场的力量也会改变这种状态。这就向套利者提出了一个课题：及时把握转市的时机，正确对冲一边套头，使套利转为单向投机，则有可能获得高于正常套利的单向投机多倍的利润。例如，2003 年 4 月天胶市场出现极度超买时，对 06/07 合约的买/卖套利，采取对冲 06 合约的多头头寸，变为 07 合约空头单向投机，结果 07 合约连连暴跌 5000 余点，使入市资金的回报率高达 700%。这便是套利向单向投机转化的成功范例。

11.5 ETF 套利

1. ETF 折溢价套利

折溢价套利机制有效地保证了 ETF 二级市场价格与一级市场净值（IOPV）的较小误差(除深交所跨市场 ETF 的套利时间需要 *T*+2 外，其余套利则在 *T*+0 瞬间完成)。ETF 折溢价套利存在正向和反向两种方式。

折价套利（反向套利）：当 ETF 市价小于净值时，买入 ETF，赎回 ETF 得到一揽子股票，然后卖出一揽子股票。

溢价套利（正向套利）：当 ETF 市价大于净值时，买入一揽子股票，申购 ETF 份额，然后卖出 ETF。

一般情况下，瞬间日内套利门槛较高，资金需要百万元以上，还要考虑相关手续费、停牌股票和冲击成本等因素，故一般由专业能力较强的投资者进行套利操作。ETF 套利原理如图 11.30 所示。

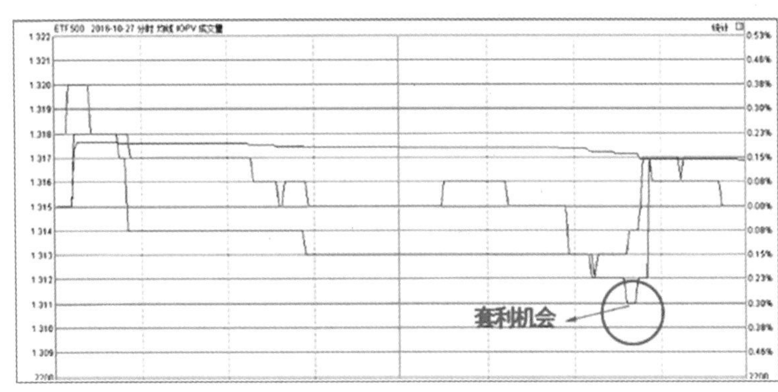

图 11.30 ETF 套利原理图

2. 期现套利

期现套利的基本原理是：当股指期货合约被高估时，投资者可以卖出该期货合约，买入现货 ETF，进行风险对冲。由于股指期货是以到期日指数最后两小时指数点位算术平均的价格进行现金结算的，所以股指期货最终会收敛于现货。当现货和期货价格差距趋于正常时，将期货合约平仓，同时卖出 ETF，可以获得套利利润，这种策略称为正向基差套利，如图 11.31 所示。

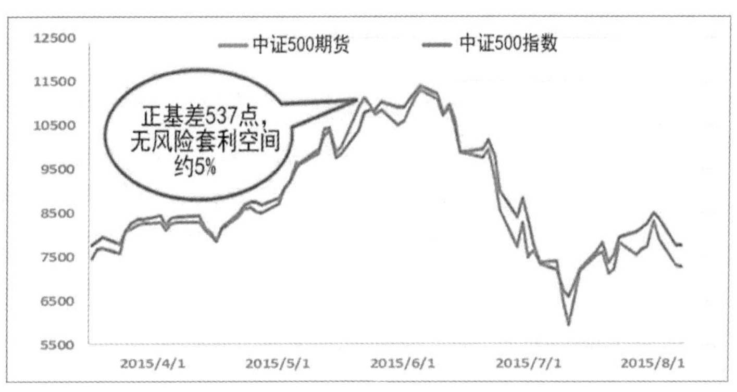

图 11.31 ETF 期现套利原理图

反之，当某个交割月份的期货合约被低估时，如果允许融券 ETF，则投资者可以买入该期货合约，融券卖空对应的 ETF，建立套利头寸。当现货和期货价格趋于正常时，同时平仓，获利了结，这是反向基差套利。

目前正向基差套利是常用的套利方法。例如，2015 年 6 月 1 日中证 500 期货指数为 11 025 点，中证 500 指数为 10 488 点，中证 500 期货比中证 500 指数高 537 点，相当于指数 5%的空间，这时对于套利投资者来说是一个盈利的好机会。

投资者需要买入一份看跌的股指期货合约，合约价值约为 220 万元，同时买入等额 220 万元广发中证 500ETF（代码：510510），6 月 1 日广发中证 500ETF 价格为 2.976 元。假定在基差接近收敛的 6 月 16 日进行平仓操作（平仓股指期货合约，卖出广发中证 500ETF），此时中证 500 期货为 10 839 点，广发中证 500ETF 价格为 3.055 元。不考虑费率等因素影响，此次套利实际操作带来的收益率分为两部分：股指期货平仓带来的收益率为(11 025–10 839)/11 025=1.69%；卖出广发中证 500ETF 带来的收益率为(3.055–2.976)/2.976=2.58%，累计带来 4.27%的套利收益率，如图 11.32 所示。

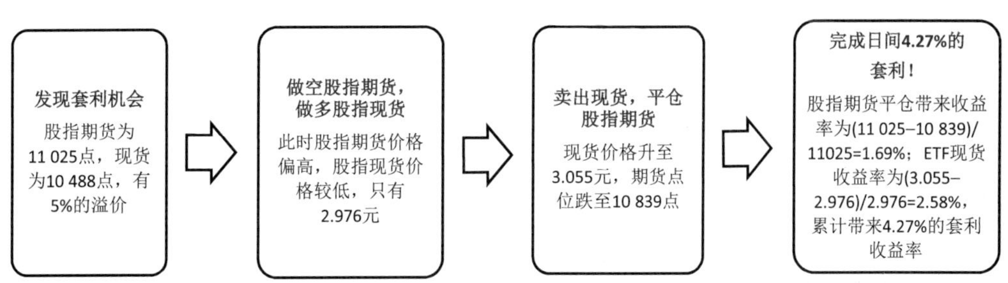

图 11.32 ETF 套利案例

3. ETF 事件套利

ETF 事件套利是指在 ETF 跟踪的指数成分股出现涨/跌停、停牌等事件时，通过 ETF 的申购/赎回机制变相实现“买入”或“卖出”本不能通过二级市场交易得到的股票，根据事件对股价影响的好坏进行套利。例如，A 股票因事件 B 停牌，预计复牌后股价大涨，如果 A 股票是 ETF 的成分股，那么可以通过 ETF 来变相买入 A 股票。

具体操作方法是在二级市场买入 ETF，同时申请赎回 ETF，取回相应的一揽子股票，卖出除 A 股票以外的其他股票，保留 A 股票，如图 11.33 所示。

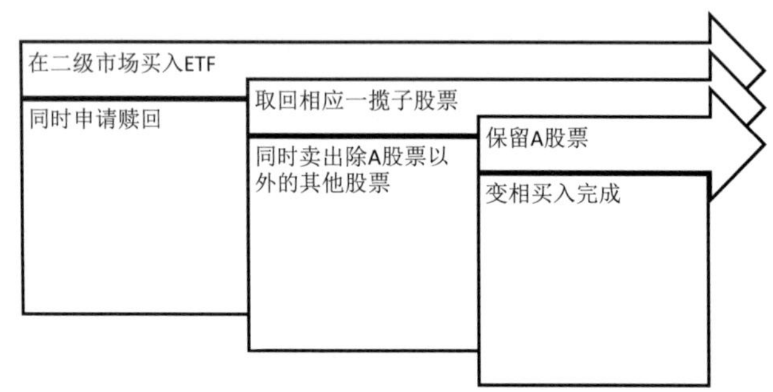

图 11.33　ETF 事件套利原理

11.6　分级基金套利

1. 配对转换机制

配对转换业务是指开放式分级基金的场内份额拆分及合并业务。以鹏华中证 A 股资源产业指数分级基金为例，该基金共分为鹏华资源分级（160620）、鹏华资源 A（150100）和鹏华资源 B（150101）3 类份额。在配对转换业务开通后，2 份鹏华资源份额可以拆分为 1 份鹏华资源 A 份额与 1 份鹏华资源 B 份额；相反，1 份鹏华资源 A 份额与 1 份鹏华资源 B 份额也可以合并为 2 份鹏华资源份额，如图 11.34 所示。

配对转换机制为投资者提供了交易之外的参与与退出机制。投资者可以通过申购母基金进行拆分卖出 A 份额得到 B 份额，同样可以卖出 B 份额保留 A 份额，或者 A、B 份额都卖出以获取套利收益。投资者也可以在持有 A 或 B 份额的情况下，买入 B 或 A 份额进行合并赎回以获取套利收益。

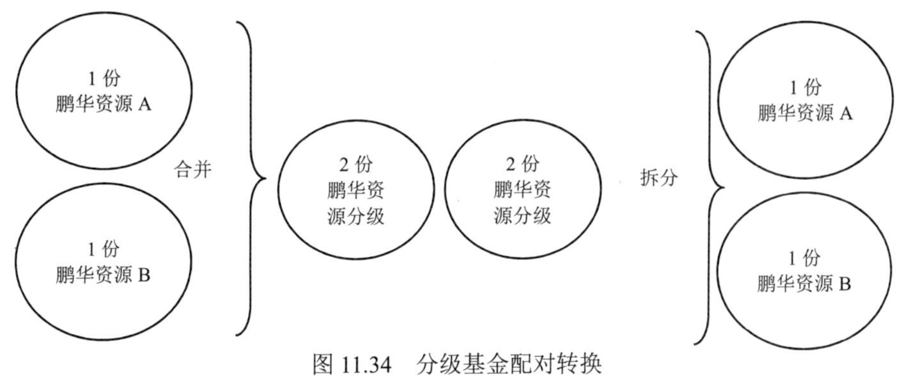

图 11.34　分级基金配对转换

当 A 份额价格+B 份额价格≥2×母基金份额净值+交易成本（申购费）时，可以进行分级基金溢价套利（或称分级基金申购套利），具体流程如图 11.35 所示。

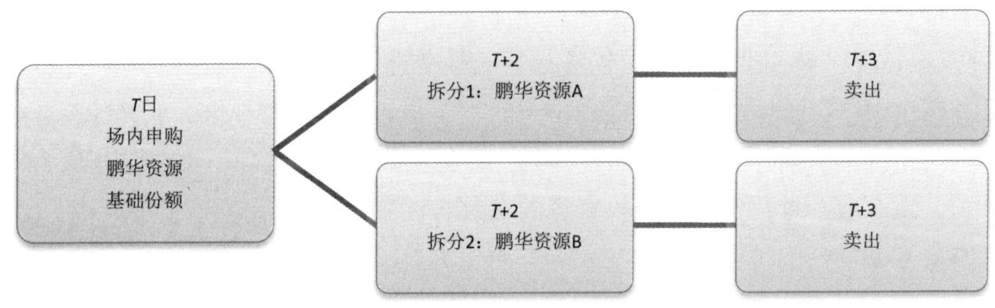

图 11.35　分级基金溢价套利原理

传统的分级基金溢价套利是在正常情况下，在 T 日 15:00 前场内申购的母基金，在 T+2 工作日看到母基金份额后才能申请拆分，在 T+3 日可以卖出 A 份额与 B 份额。如何提高溢价套利效率，将原有溢价套利所需 3 个交易日缩减到 2 个交易日，不仅可以提高资金利用效率，而且可以减少母基金暴露在指数系统风险的时间？这个问题的方案就是“份额盲拆”。份额盲拆实际上也是分级基金拆分的一种方法，它在 T+1 日还未看到母基金份额时就可以申请拆分。

当 A 份额价格+B 份额价格≤2×母基金份额净值−交易成本（赎回费）时，可以进行分级基金折价套利（或称分级基金赎回套利），具体流程如图 11.36 所示。

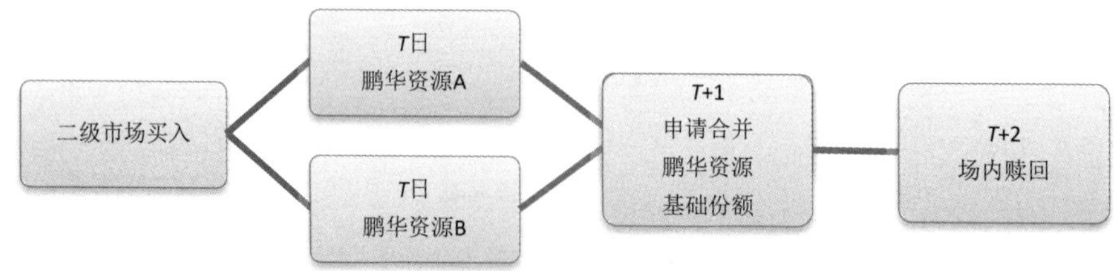

图 11.36　分级基金折价套利原理

2. 套利策略的实践

分级基金套利的基础是配对转换机制，分级基金套利分为溢价套利与折价套利，将套利的条件更精确一些。

溢价套利：当 A 份额价格（*T* 日）+B 份额价格（*T* 日）≥2×母基金份额净值（*T* 日）+交易成本（申购费）时，可以进行分级基金溢价套利；

折价套利：当 A 份额价格（*T* 日）+B 份额价格（*T* 日）≤2×母基金份额净值（*T* 日）–交易成本（赎回费）时，可以进行分级基金折价套利。

问题出现了，A、B 份额在 *T* 交易日内的交易价格是持续变化的，在 *T* 日收盘后，基金公司进行估值后才公布母基金的净值，即在交易日内投资者无法获取准确的母基金净值，整个套利过程都是基于投资者的预判与计算进行的。

分级基金套利的逻辑与步骤基本分为两个方面，如图 11.37 所示。

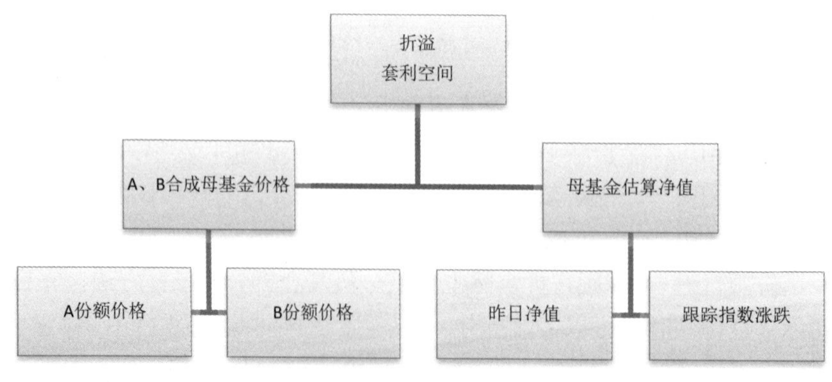

图 11.37　分级基金套利逻辑示意图

（1）A、B 份额合成母基金份额的价格（或者母基金份额拆分为 A、B 份额的价格）。根据 A、B 份额的实时交易价格可以计算得出，计算公式如下：

A 份额价格（T 时刻）+B 份额价格（T 时刻）=
A、B 份额合成母基金份额的价格（T 时刻）

（2）母基金份额的净值估算，即母基金份额的盘中净值估算。只有在交易时间才能进行母基金的申购赎回，但是母基金准确净值只有在收盘后才知道，分级基金套利需要母基金净值，所以只能通过昨日净值、跟踪指数的涨跌及预估基金仓位测算母基金份额的盘中净值，计算公式如下：

（T 时刻）母基金盘中净值=母基金昨日净值×(1+跟踪指数的涨跌×预估基金仓位)

其中，

预估基金仓位=（T–1 日）母基金净值涨跌幅/跟踪指数涨跌幅

将 A、B 份额合成母基金份额的价格与母基金份额的估算净值进行对比，投资者结合自身对市场的判断进行套利。通过上述计算公式我们发现，母基金盘中净值的核心是预估基金仓位。对于分级基金投资者而言，总是期望分级基金的仓位明确，即 95%的股票仓位。如果仓位明确，则无论 A 份额、B 份额或者套利投资，在进行投资的时候都可以减少很多不可知的因素，但是分级基金仓位在交易时间总是未知的。是什么因素导致了分级基金仓位的变化呢？

（1）分级基金管理者主动提高或者降低仓位。

（2）分级基金申购赎回等因素。基金申购金额大于赎回金额导致基金净申购：T 日申购资金通常在 T+2 日或 T+3 日才可用于投资，导致 T+1 日的仓位被动降低。基金赎回金额大于申购金额导致净赎回：T 日赎回份额，基金需要在 T+1 日卖出股票变现并按 T 日的净值给赎回者，变向增加/降低了 T+1 日基金的仓位；市场波动，在建仓的时候预估价格已经上涨 5%，当日的股票收益仅相当于半仓。

作为普通投资者，很难判断基金仓位的变化原因到底是基金管理人主观的还是基金申购赎回等客观因素导致的。所以投资者使用“（T–1 日）母基金净值涨跌幅/跟踪指数涨跌幅”来测算基金的预估仓位，虽然有误差，但也是投资者可用的最好方法。

分级基金套利需要获取 A、B 份额的实时价格、分级基金母基金的历史净值及分级基金跟踪指数的涨跌幅等数据。目前市场存量分级基金有几百只，人工计算难以满足投资者的需求。集思录网站专门开发分级基金套利数据模块，为投资者提供 A、B 份额的实时价格、分级基金跟踪指数的涨跌幅、预估基金仓位及 A、B 份额规模变化、分级基金的申购赎回费率等数据并以表格形式呈现，方便投资者进行分级基金套利，如表 11.15 所示。

表 11.15　分级基金套利数据表

代码	名称	现价	涨幅	估值	净值	溢价率	利率	价格	净值	融资	下折母基	上折母基	整体	A:B	母基
							规则	杠杆	杠杆	成本	需跌	需涨	溢价率		净值
150040	鼎利 B	1.73	0.00	1.75	1.75	−0.01	+1.0%单	2.48	2.45	0.05	0.34	—	−0.01	0.29	1.28
150056	500B	1.56	0.02	1.61	1.58	−0.03	0.04	1.47	1.43	0.07	0.59	—	−0.01	0.17	1.36
150050	消费进取	1.53	0.02	1.49	1.49	0.03	0.03	1.64	1.68	0.08	0.51	—	0.01	0.21	1.25
150037	建信进取	1.48	0.00	1.49	1.47	0.00	0.04	1.47	1.46	0.09	0.59	0.54	0.01	0.17	1.29
150113	深 100B	1.47	0.03	1.49	1.46	−0.01	0.04	1.69	1.67	0.07	0.50	0.61	0.00	0.21	1.23
150204	传媒 B	1.45	0.02	1.45	1.42	0.00	0.03	1.71	1.70	0.07	0.49	0.22	−0.01	0.21	1.22
150180	信息 B	1.44	0.01	1.46	1.43	−0.01	0.03	1.72	1.71	0.05	0.49	0.21	−0.01	0.21	1.23
150067	互利 B	1.40	0.00	1.17	1.17	0.20	0.02	2.52	3.03	0.05	0.22	0.12	0.00	0.29	1.06
150075	诺安进取	1.39	0.05	1.35	1.32	0.03	0.04	1.47	1.51	0.08	0.54	0.64	0.02	0.17	1.21
150182	军工 B	1.38	0.02	1.33	1.30	0.04	0.03	1.70	1.77	0.07	0.46	0.28	0.02	0.21	1.16
150029	中证 500B	1.38	0.02	1.40	1.38	−0.02	0.03	1.51	1.49	0.07	0.55	0.60	−0.01	0.17	1.23
502012	证券 B	1.37	0.02	1.37	1.33	0.01	0.03	1.72	1.73	0.07	0.47	0.27	0.00	0.21	1.17
150124	建信 50B	1.37	0.02	1.64	1.59	−0.17	0.05	1.96	1.63	0.06	0.52	0.50	−0.01	0.21	1.31
502005	军工 B	1.36	0.01	1.35	1.33	0.00	0.03	1.73	1.74	0.07	0.47	0.27	−0.01	0.21	1.17
150328	新能 B 级	1.35	0.00	1.46	1.43	−0.07	0.04	1.84	1.71	0.07	0.49	0.21	−0.01	0.21	1.23
150178	证保 B	1.34	0.02	1.33	1.30	0.01	0.03	1.76	1.77	0.05	0.46	0.27	0.00	0.21	1.16
150197	有色 B	1.32	0.03	1.37	1.32	−0.03	0.04	1.82	1.76	0.07	0.47	0.25	0.00	0.21	1.18
150101	资源 B	1.32	0.03	1.35	1.31	−0.02	0.03	1.80	1.76	0.07	0.46	0.68	−0.01	0.21	1.17
502058	医疗 B	1.31	0.02	1.41	1.37	−0.07	0.04	1.86	1.73	0.07	0.48	0.23	0.00	0.21	1.20
150172	证券 B	1.30	0.02	1.29	1.26	0.01	0.03	1.77	1.79	0.07	0.45	0.30	0.00	0.21	1.14
150191	NCF 环保 B	1.28	0.03	1.33	1.30	−0.04	0.04	1.85	1.77	0.07	0.46	0.27	0.00	0.21	1.17
150122	银河进取	1.27	0.00	1.30	1.27	−0.02	0.04	1.83	1.79	0.07	0.45	0.72	−0.01	0.21	1.15
150216	TMT B	1.27	0.01	1.32	1.30	−0.04	0.03	1.85	1.78	0.06	0.46	0.28	0.00	0.21	1.16
150105	HS300B	1.27	0.01	1.30	1.27	−0.03	0.04	1.84	1.79	0.07	0.43	0.72	−0.01	0.21	1.15
502038	网金 B	1.26	0.00	1.34	1.31	−0.06	0.04	1.88	1.77	0.07	0.46	0.27	−0.01	0.21	1.17
502022	国金 50B	1.26	0.01	1.25	1.23	0.01	0.04	1.81	1.82	0.07	0.44	0.32	0.00	0.21	1.13
150052	沪深 300B	1.25	0.02	1.24	1.22	0.01	0.03	1.81	1.82	0.07	0.44	0.33	0.00	0.21	1.12
150134	德信 B	1.25	0.00	1.26	1.26	−0.01	+1.2%单	2.96	2.94	0.05	0.23	—	0.00	0.29	1.11
150344	证券 B 基	1.22	0.02	1.30	1.27	−0.06	0.04	1.90	1.79	0.07	0.45	0.29	−0.01	0.21	1.15

数据来源：集思录，2015 年 8 月 11 日

根据分级基金套利流程，无论是溢价套利还是折价套利，并不是在单个交易日内完成的，都需要持有 1～2 个交易日的母基金份额，即承担 1～2 个交易日跟踪指数的市场风险。

套利投资者不仅需要承担母基金的市场风险，而且需要承担 A、B 份额价格的日内波动风险。承担跟踪指数或者日内波动风险的收益率可能为正也可能为负。对于厌恶风险的投资者来说，可以通过选择股指期货对冲的方式降低风险。由于分级基金的跟踪指数主要为行业指数或者主题指数，这些指数并没有相应的股指期货，所以分级基金套利者通常根据自身经验选择中证 50、沪深 300、中证 500 股指期货进行对冲。

3．上交易分级与深交易分级比

2015 年之前的分级基金都是深交所模式（母基金代码以 160 开头，A、B 份额代码以 150 开头），2015 年上交所推出自己的分级基金模式，简称上交所模式。上交所分级基金与深交所分级基金最大的区别就是：上交所分级母基金和 A、B 份额同时上市交易；而深交所分级基金仅 A、B 份额上市交易。

拆分、合并方面：上交所分级基金可以 *T*+0 交易，具体来说，当日买入母基金当日可拆分，拆分后得到的 A、B 份额当日可卖出；当日买入 A、B 份额当日可合并，合并后得到的母基金当日可卖出或赎回。深交所分级当日拆分母基金，次日获得 A、B 份额后可以卖出；日合并 A、B 份额，次日获得母基金后可以申请赎回。

合并门槛方面：上交所分级拆分、合并申报数量应为 100 份的整数倍，且不低于 5 万份（以母基金份额计算）；深交所分级拆分、合并申报数量不低于 100 份。

上交所溢价套利模式如图 11.38 所示。

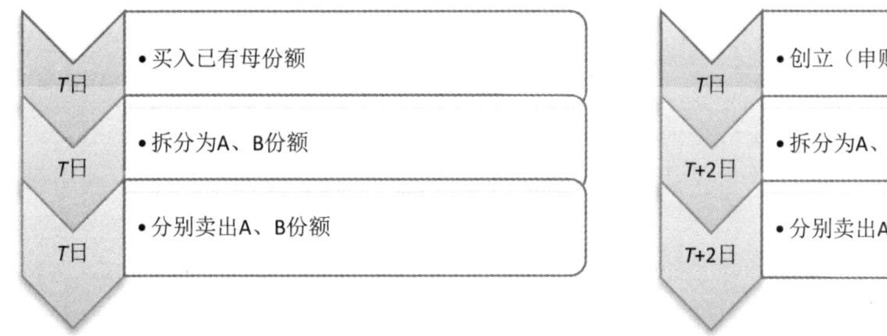

图 11.38　上交所溢价套利模式

图片来源：鹏华基金

上交所折价套利模式如图 11.39 所示。

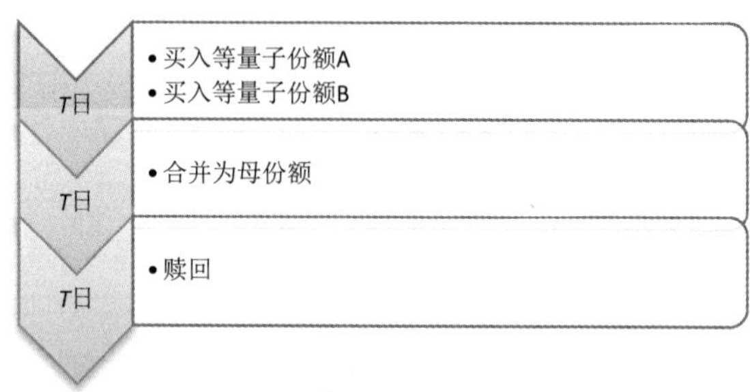

图 11.39　上交所折价套利模式

图片来源：鹏华基金

代码方面：目前，上交所上市的分级基金代码都是以“50”开头的，并且母基金与 A、B 份额代码是连号的；深交所分级基金母基金代码是以“160”开头的，A、B 份额是以“150”开头的。

第 12 章 宏观因素策略

◆ 摘要 ◆

宏观因素策略的另外一种说法就是量化择时策略，也就是利用数量化的方法，通过对各种宏观、微观指标的量化分析，试图找到影响大盘走势的关键信息，并且对未来走势进行预测。宏观因素策略也被称为“择时策略”。

主要可以分为拐点择时和趋势择时两大类。

拐点择时就是试图寻找大盘的高点和低点，然后在低点买入、高点卖出的交易策略。拐点策略主要包括时变夏普率、SVM 分类、Hurst 指数和市场情绪等。

趋势择时的基本思想来自技术分析，技术分析认为趋势存在延续性，因此，只要找到趋势方向，跟随操作即可。趋势择时的主要指标有均线模型、海龟系统、凯特那通道、克罗均线、区间突破、火车轨、幽灵交易和 Dural Thrust 等。

12.1 拐点择时类模型

12.1.1 时变夏普率

Tsharp 值由 Robert F.Whitelaw 首次提出，与夏普比率类似，表示单位风险的超额收益率，不同的是 Tsharp 值的收益率与方差通过回归方法而得，因而其呈现随时间改变的特性。Tsharp 值通常与经济周期反方向运动，简单地说就是当经济运行至高位时夏普比率较小；反之亦然。反映在股市里，Tsharp 值则可以作为择时指标指导市场与投资决策。

Whitelaw（1994）研究表明，股息收益率、BAA-Aaa 息差、票据-国库券息差、一年期国债利率对标普指数的收益率均值和收益率方差有显著的预测作用。将模型设定为

$$R_{t+1} - R_f = \boldsymbol{X}_t \times \beta + \epsilon_{1,t+1} \qquad (1)$$

$$\sqrt{\pi/2} \times \left|\epsilon_{1,t+1}\right| = \boldsymbol{X}_t \times \gamma + \epsilon_{2,t+1} \qquad (2)$$

其中，R_{t+1} 表示指数在（t+1）期的收益率，R_f 表示无风险利率，$\epsilon_{1,t+1}$ 表示方程的残差项，$\boldsymbol{X}_t$ 表示由股息收益率、BAA-Aaa 息差、票据-国库券息差、一年期国债利率组成的解释变量矩阵，β 和 γ 是模型回归系数。

$$S_{t+1} = \frac{\boldsymbol{X}_t \times \widehat{\beta}}{\boldsymbol{X}_t \times \widehat{\gamma}} \qquad (3)$$

其中，$\widehat{\beta}$ 和 $\widehat{\gamma}$ 为模型中 β 和 γ 的模型参数估计结果，S_{t+1} 为（t+1）时刻的 Tsharp 值。

1．Tsharp 值与指数的关系

这里选取的标的指数为上证综指，无风险收益率为活期存款利率。数据选取期限从 1996 年 1 月到 2010 年 8 月的月度数据，共 176 个样本点。

将全样本月度数据按照 Tsharp 估计模型就可以得到样本内每月 Tsharp 值。

如图 12.1 所示为 1996 年 1 月到 2010 年 8 月 Tsharp 值与上证综指走势图。从图中可以看出，Tsharp 值与上证综指相关性较强，走势相反。Tsharp 值越大，表示此刻指数处于低位，未来有上涨的可能；反之，Tsharp 值越小，表示指数处于高位，未来有下跌的风险。

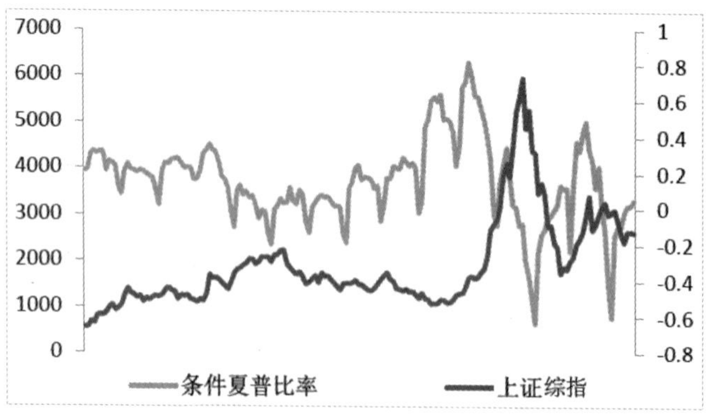

图 12.1　月度 Tsharp 值与上证综指的关系

数据来源：[程志田 2010]

2. 基于 Tsharp 值的择时策略

基于上面的讨论，在时刻 t 可以预测 t+1 期的 Tsharp 值，而且 Tsharp 值与指数有很好的负相关性。下面讨论如何利用预测 Tsharp 值作为择时指标并构建择时策略。这里我们将得到的预测 Tsharp 值作为择时指标，观察该策略能否得到稳定的收益。

设计策略决策过程如下。

首先，计算预测 Tsharp 值。观察模型可以发现，若要预测（t+1）期的 Tsharp 值，只需选取一定的预测期 n，回归模型需要的数据为 $R_t,R_{t-1},\cdots,R_{t-n+1}$ 和 $X_{t-1},X_{t-2},\cdots,X_{t-n}$，其中 $\boldsymbol{X}_{t-1}$ 为（t–1）时刻的解释变量矩阵，R_t 为 t 时刻的指数收益率。利用上述数据回归得到 $\widehat{\beta}$ 和 γ。利用公式（3）及 $\boldsymbol{X}_t$ 就可以得到（t+1）期的预测 Tsharp 值。

其次，选取最优阈值。由于 Tsharp 值越大，表示此刻指数处于低位，未来有上涨的可能；Tsharp 值越小，表示指数处于高位，未来有下跌的风险，所以我们的策略选取为当预测条件夏普比率高于某一阈值 a 时，把现金全部买入指数；当预测条件夏普比率低于某一阈值 b（a>b）时，把指数全部卖出，换取现金。分别以累计收益率和买卖胜率作为优化目标，获得最优阈值（a,b）。

最后，在确定最优阈值（a,b）的条件下，考察投资收益率并与同期上证综指的收益率进行对比。

3. 以月度为频率的 Tsharp 值策略

下面以预测期 n=60 为例，选取两种最优投资目标，分别以买卖胜率和累计收益率作为优化目标，选取最优阈值，结果如表 12.1 所示。

由表 12.1 可知，当 n=60 时，若选择买入、卖出胜率作为优化目标，则可以得到最优阈值为（0.1,0.1），样本期内共发出买入信号 55 次，卖出信号 61 次。其中，买入信号成功 41 次，胜率为 74.5%；卖出信号成功 37 次。累计收益率为 615%，同期长期持有指数累计收益率为 145%。若选取累计收益率作为优化目标，则可以得到最优阈值为（0.54,0.19），样本期内共发出买入信号 33 次，卖出信号 66 次。其中，买入信号成功 27 次，胜率为 81.8%；卖出信号成功 39 次。累计收益率为 697%，同期长期持有指数累计收益率为 145%。

表 12.1　月度 Tsharp 择时模型统计结果

	最大买入、卖出胜率	最大累计收益率
	n=60	n=60
买入阈值 a	0.1	0.54
卖出阈值 b	0.1	0.19
决策期个数	116	116
买入信号次数	55	33
买入信号正确次数	41	27
卖出信号次数	61	66
卖出信号正确次数	37	39
买入信号胜率	74.5%	81.8%
信号总胜率	67.2%	66.7%
累计收益率	615%	697%

数据来源：[程志田 2010]

如图 12.2 所示为当预测期 n=60 时，两种优化目标下投资收益率和同期上证综指的收益率对比。可见，无论是在哪种优化目标下得到的最优阈值，利用预测夏普比率择时的累计收益率都远远高于同期上证综指的收益率。

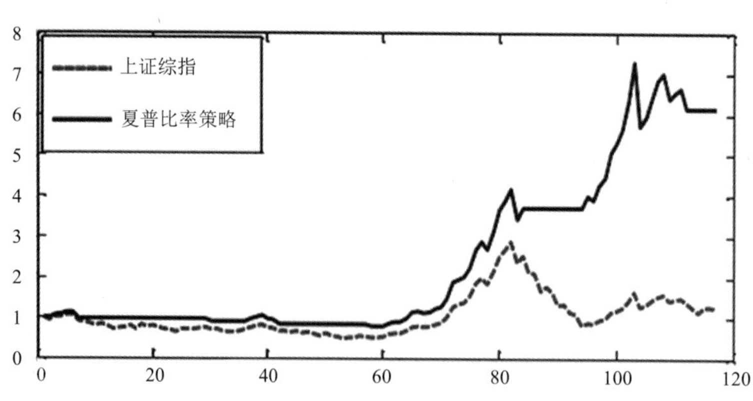

图 12.2　月度 Tsharp 最大买卖胜率夏普比率策略收益率曲线

数据来源：[程志田 2010]

12.1.2　Hurst 指数择时

根据分形理论，定义 Hurst 指数来判断趋势的拐点，将 Hurst 指数和大盘指数对比就可以发现，股市大盘走势具有长期记忆性，这成为 Hurst 指数择时的基本出发点。

1．基本概念

分形市场理论预示着股市具有分形结构，而这种结构恰能解释收益率分布呈现的“尖峰胖尾”特性。分形市场是一个既稳定又有活力的市场，整体的有序使得系统稳定，而局部的无序为系统带来活力，但又不影响系统的整体稳定性。

分形布朗运动用来描绘股票分形市场，它是对布朗运动模型的推广，其数学模型如下。

$B_H(t)$为随机过程，若 $B_H(t)$满足

$$B_H(t)-B_H(0)=\frac{1}{\Gamma(H+\frac{1}{2})}\left\{\int_{-\infty}^{0}\left[(t-s)^{H-\frac{1}{2}}\mathrm{d}B(-s)^{H-\frac{1}{2}}\right]\mathrm{d}B(s)+\int_{0}^{t}[(t-s)^{H-\frac{1}{2}}\mathrm{d}B(s)\right\}$$

则称 $B_H(t)$为分形布朗运动。其中，$0<H<1$；$B_H(0)$为常数；$B(s)$为布朗运动。

可以看到，当 H=1/2 时，$B_H(t)$为布朗运动，即随机游走模型；当 1/2<H<1 时，未来增量与过去增量正相关，随机过程具有持久性；而当 0<H<1/2 时，未来增量与过去增量负相关，随机过程具有反持久性。

如图 12.3 所示为上证指数与对应 Hurst 指数的关系。

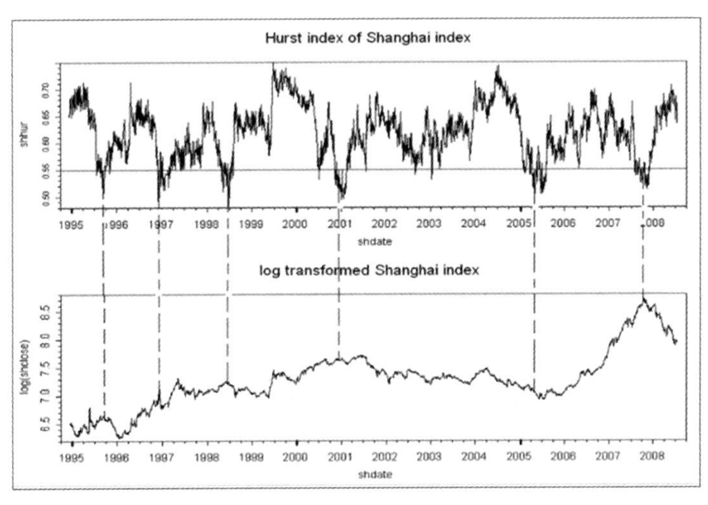

图 12.3　上证指数与对应 Hurst 指数的关系

数据来源：[高钢杰 2012]

Hurst 指数并不能精确告诉我们具体哪一天市场开始反转，但大致位置和市场的反转时间惊人地吻合，所以完全可以把移动 Hurst 指数的低位（小于 0.55）当作市场酝酿反转的一个重要参照指标。

移动 Hurst 指数的低位和市场反转期的吻合并不是一个偶然现象，因为中国的股票市场并不能完全达到有效市场假说的要求，在熊市和牛市的更替中，市场表现出了对趋势的长期记忆性，使得市场的运动明显偏离没有记忆的随机运动。

而 Hurst 指数正是描述市场长期记忆性强弱的指标，Hurst 指数越高，市场对趋势的记忆性越强；Hurst 指数越低，市场对趋势的记忆性越弱；当 $H=\frac{1}{2}$ 时，时间序列是完全没有记忆的。当每一次市场反转时，意味着前期的趋势弱化，被市场忘记，那么对应的 Hurst 指数应该下降，所以市场反转期对应的 Hurst 指数接近 $\frac{1}{2}$ 是完全合乎逻辑的。

2. 利用 Hurst 指数进行市场择时

如图 12.4 所示为 1999 年年初至 2010 年 5 月上证综指的 Local Hurst 指数，图中 $E(H)$为 Hurst 指数的期望值。$E(H)$的算法与 H 的算法类似，即对 $\ln\{E[(R/S)_n\}$ 及 $\ln(n)$ 应用最小二乘法回归求得。对于 $E[(R/S)_n]$ 的计算，我们采用 Peters 的方法。

$$E[(R/S)_n]=((n-0.5)/n)\times(n\pi/2)^{-0.5}\times\sum_{r=1}^{n-1}\sqrt{(n-1)/r}$$

这里设计如下择时投资策略：

（1）发出买入指令时，全仓买入市场指数。

（2）发出卖出指令时，空仓市场指数。

（3）Local Hurst 指数连续 5 个交易日低于 $E(H)$，且此时市场指数较 233 个交易日前表现为上涨。若此时处于满仓状态，则于第 6 个交易日发出卖出指令；若此时处于空仓状态，则不进行操作。

（4）Local Hurst 指数连续 5 个交易日低于 $E(H)$，且此时市场指数较 233 个交易日前表现为下跌。若此时处于空仓状态，则于第 6 个交易日发出买入指令；若此时处于满仓状态，则不进行操作。

该策略于 1999 年 1 月 4 日全仓买入市场指数，并根据上述择时策略进行投资。

由图 12.4 和图 12.5 可以看到，从 1999 年年初至 2010 年 5 月，上证综指共发出 3 次卖出信号，2 次买入信号；深证成指共发出 4 次卖出信号，3 次买入信号。

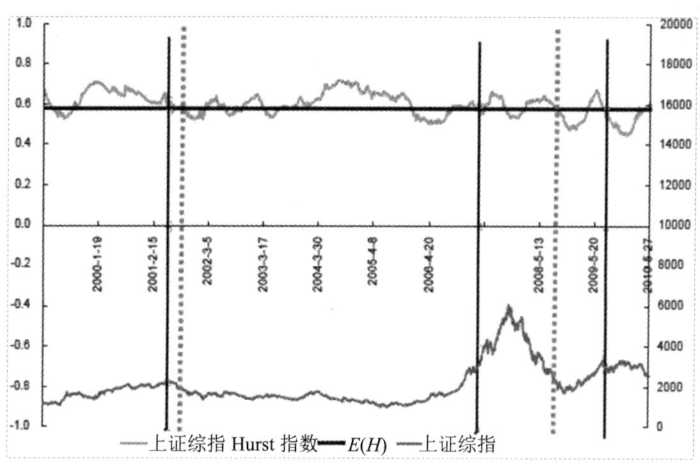

注：实线表示卖出信号；虚线表示买入信号。

图 12.4 上证综指-Local Hurst 指数

数据来源：[曹源 2010]

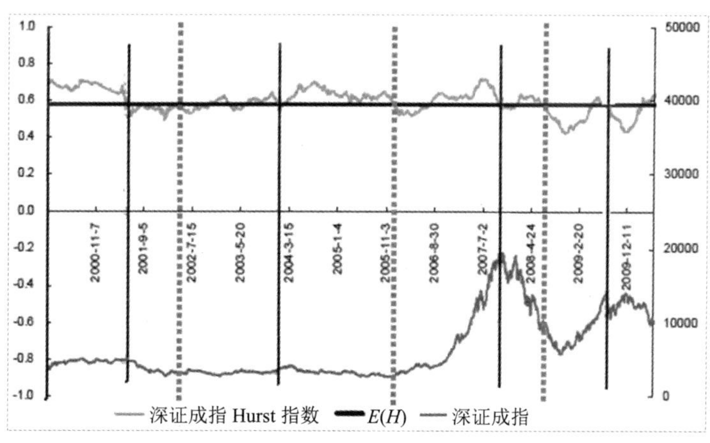

注：实线表示卖出信号；虚线表示买入信号。

图 12.5 深证成指-Local Hurst 指数

数据来源：[曹源 2010]

上证综指的累计收益率为 190.14%，利用择时策略买卖上证综指获得的累计收益率为 403.44%；深证成指的累计收益率为 367.30%，利用择时策略买卖深证成指获得的累计收益率则达到异常可观的 1820.37%。

12.1.3 SVM 分类择时

支持向量机（SVM）是目前很流行的一种数学方法，主要用于分类与预测。择时本质上是一个预测过程，即利用过去的数据预测未来一段时间大盘是上涨还是下跌。但市场是非线性的，这就使得传统的线性预测方法效果不佳。由于 SVM 独特的机制和效果，对非线性预测有非常好的效果，因此利用 SVM 技术来建立择时模型，可以有效地避免传统回归模型的精度和扩展性问题。

1．模型设计

利用 SVM 技术对股票价格进行预测主要包括训练数据准备、训练参数输入、学习样本输入、SVM 模型训练、评估训练结果、训练参数优化等一系列循环过程，如图 12.6 所示。

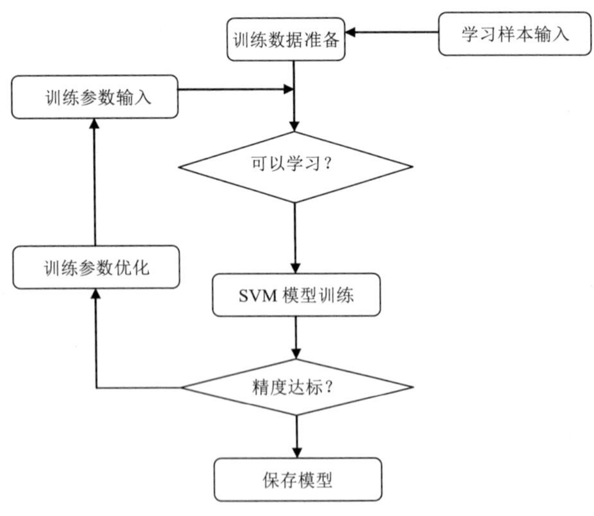

图 12.6　基于 SVM 的择时模型流程

（1）训练数据准备阶段的任务主要是对预测指标的选定和已有历史数据资料的收集，并确定股票价格影响的输入向量。

（2）训练参数输入阶段的任务主要是确定 SVM 模型的参数。如果是初次运行，则可以随意地预定义上述两个参数的值；但如果是重复运行多次，则训练参数优化的步骤便开始起作用。

（3）学习样本输入阶段的任务是将学习样本进行标准化，处理公式如下：

$$x_i' = \frac{x_i - \overline{x_i}}{\sigma}$$

其中，$\overline{x_i}$ 为 x_i 分量的平均值，σ 为 x_i 分量的标准差。在完成标准化工作后，将样本集任意地分为训练样本和测试样本，分别用于模型训练和精度检验。

（4）SVM 模型训练阶段的任务包括：对输入的训练样本进行训练，得到模型的初始值 a 和 b；然后利用上述算法提取出有效的、相关的数据点重新训练，得到最终的模型。

（5）评估训练结果阶段的任务主要是对训练得出的模型推广（又称泛化）能力进行验证。所谓推广能力，是指经训练（学习）后的模型对未在训练集中出现的样本（测试样本集）做出正确反应的能力，通常用平均平方误差（MSE）来表示。

如果得出的 MSE 结果较小，则说明该评估模型的推广能力强，或泛化能力强；否则就说明其推广能力较差。另外，也可以用平均绝对百分误差（MAPE）来衡量。当然还有很多其他的衡量指标，如误差绝对值的最大值、误差绝对值的平均值等。

择时问题本质上可以看作一个分类问题，即将未来的走势分为“涨”和“跌”两大类。SVM 的一大优势就是解决了传统分类方法，如人工神经网络的次优陷阱问题，这使得 SVM 成为近 10 年来最受关注的数学方法。

2. 实证案例

在本实证案例中采用 SVM 方法，首先通过对股指期货标的沪深 300 指数进行预测分析，来对市场短期趋势进行择时判断。笔者提炼出的指标如表 12.2 所示，输出为未来一周是涨还是跌，移动滑窗为每日移动。

表 12.2 SVM 择时模型的指标

Close/Mean	Volume/Mean	Return	S
收盘价/均值	现量/均量	区间收益率	区间标准差
Max/Mean	Min/Mean	Price	Vol
最高价/均价	最低价/均价	现价	现量

数据来源：D-Alpha 量化对冲系统

计算过程如下：

（1）计算每日 8 个输入指标。

（2）当前日期为 T 日，样本期为 T–200 日到 T–1 日，找到样本期内最优的 SVM 模型的参数。

（3）利用 T 日的输入指标预测输出指标。

（4）如果预测分类为 1，也就是说未来可能是上涨，则在市场行情低于 T 日收盘价时买入，如果涨幅超过 2%则卖出，否则到 T+5 日平仓；反之，做空也可以。

如图 12.7 所示为根据 SVM 模型的预测结果对沪深 300 指数进行多空操作的收益率曲线。时间范围为 2005 年 11 月 15 日至 2011 年 5 月 3 日，交易周期为一周，采用被动挂单的方式，等待价格到达合适的位置，止盈为 2%，止损为浮亏超过 2%。如果没有触及止盈线和止损线，则以最后时刻平仓。7 年的时间净值从 1.0 增长到 4.77，策略的夏普比率也很稳定。

图 12.7 SVM 模型趋势交易策略收益率曲线

数据来源：D-Alpha 量化对冲系统

12.1.4 市场情绪择时

A 股市场正处于弱有效阶段，个人投资者居多，由于缺乏时间、精力和知识能力去分析股票的投资价值，往往会受到周围人的影响，具有羊群效应。当大盘上涨时，投资者情绪激动，一窝蜂地买入；当大盘下跌时，投资者情绪低迷，一窝蜂地卖出，从而造成市场趋势的持续。市场情绪择时就是利用市场上投资者的情绪指标来判断大盘在未来一段时间内走势的策略，情绪指标包括投资者信心指数、折溢价率、新股数据和投资者行为等。

市场中反映投资者情绪的指标比较多，将这些指标归类后具体如表 12.3 所示。

表 12.3 市场情绪类别

类　型	案　例
直接调查	投资者信心指数
折溢价率	权证、转债转股溢价率，基金折价率
新股	中签率、上市涨跌幅、新股收益率
市场指标	上涨下跌家数、创新高（低）家数、换手率
投资者行为	新增开户数、基金仓位、卖空比例、保证金交易

1. 情绪指数的构建

单个情绪指标只能针对市场某个细分部分反映投资者的情绪水平，整体来看是过于碎片式的，可能仅反映了不同的投资者情绪或某一方面（比如，封闭式基金折价率更多地反映了个体投资者的情绪，基金仓位则主要反映机构投资者的情绪等）。

为了综合测量市场整体的情绪水平及变化，这里运用主成分分析法，对 7 个指标（封闭式基金折价率、转股溢价率、IPO 首日涨跌幅、IPO 发行 PE、上涨家数百分比、混合型基金平均仓位、股票型基金平均仓位）进行分析，并最终构造了度量投资者情绪的复合指数，分别为情绪指数和情绪变化指数，以此来反映市场整体的情绪水平及变化。

（1）市场情绪指数构建如下：

情绪指数=0.111×封闭式基折价率−0.242×转股溢价率+0.489×IPO 首日涨跌幅+0.437×IPO 发行 PE+0.207×上涨家数百分比+0.470×混合型基金平均仓位+0.483×股票型基金平均仓位

（2）情绪变化指数是将 7 个指标的月度变化数据进行主成分分析得出的结果，第 4 个主成分与指数变化的相关系数最高（0.62），该指数最能够反映情绪的变化。其公式如下：

情绪变化指数=−0.281×Δ 封闭式基金折价率−0.527×Δ 转股溢价率−0.299×ΔIPO 首日涨跌幅−0.293×ΔIPO 发行 PE−0.196×Δ 上涨家数百分比−0.654×Δ 混合型基金平均仓位−0.041×Δ 股票型基金平均仓位

2. 实证案例：情绪指标择时策略

情绪指标受当期市场影响较大，那么其对下期的影响如何，是继续原来走势，还是出现反转效果呢？我们按照上面的分类方法对指数下周回报进行了统计，从统计结果（见表 12.4）可以看到，区域 3 的平均收益率最差，区域 1 的平均收益率最好，区域 4 的平均收益率比单周明显提高很多。也就是说，在情绪高涨区域，高涨的情绪会得到延续；在情绪低迷区域会继续低迷，但如果是非常低迷，就有可能反转，因为市场会纠正因情绪带来的过度反应。

表 12.4　沪深 300 指数在不同情绪区域的次周收益率比较

情绪区间	1	2	3	4	平均
HS300 收益率	0.39%	−0.07%	−0.28%	0.54%	0.04%
周份数	20	166	43	41	270
区间占比	7.41%	61.48%	15.93%	15.19%	
正收益周份	11	78	20	21	130
正收益周份占比	55.00%	46.99%	46.51%	51.22%	48.15%

数据来源：[张翔 2012]

我们对情绪变化指数的下周指数回报进行了统计，从统计的结果（见表 12.5）可以看到，区域 4 的平均收益率最好，区域 1 的平均收益率最差，其他区域与总的均值没有明显的差异。也就是说，在情绪高涨乏力时，下周收益率会较差；在当周市场情绪非常低迷时，下周反弹的可能性极大，因为市场会纠正因情绪带来的过度反应。

表 12.5　沪深 300 指数在不同情绪变化区域的次周收益率比较

情绪区间	1	2	3	4	平均
HS300 收益率	−1.19%	0.11%	0.22%	0.29%	0.04%
周份数	33	96	107	34	270
区间占比	12.22%	35.56%	39.63%	12.59%	
正收益周份	15	45	52	18	130
正收益周份占比	45.45%	46.88%	48.60%	52.94%	48.15%

数据来源：[张翔 2012]

根据情绪指标的特点及对下周收益率的影响，可以有两种择时的方法：长期看区域和短期看变化。即在大周期内，情绪指数能够明显地反映股票水平所处的历史阶段，在低风险（情绪低迷）区购买股票，在高风险区（情绪高涨）卖出股票，反情绪周期操作；在短期内则看情绪变化，主要是剔除区域 1 的周份，将能够获得较高的收益率。情绪择时策略收益率曲线如图 12.8 所示。

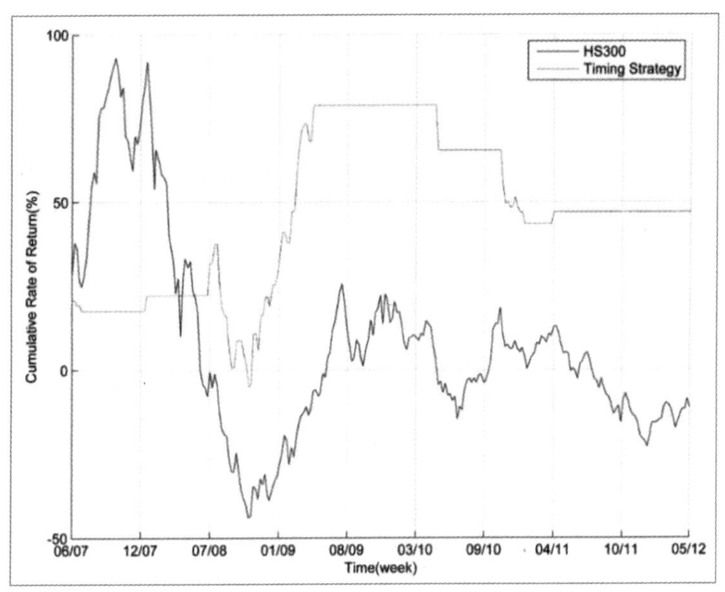

图 12.8　情绪择时策略收益率曲线

数据来源：[张翔 2012]

12.2　趋势择时策略

趋势型指标是投资者运用最多、也最容易在市场中获利的方法。市场中最著名的格言“让利润充分增长，限制损失”是趋势型指标的真实反映。趋势型指标通常利用两根线的交叉作为交易信号，并以此作为买卖时点的判断。

常用的均线趋势择时指标主要包括 MA、MACD、DMA 和 TRIX，选择这 4 个指标进行趋势型指标择时模型构建的原因是：它们都是市场中常用的技术指标，受到投资者多年的实践检验，长盛不衰；它们的运用方法都以交叉法则为主，择时相关性较好，便于后面的叠加。

12.2.1　均线模型

上述每种指标都是经过前人长期检验的，其有效性或有用性是有保证的，但就单只证券而言，不同的计算参数将导致不同的择时效果，因此在进行择时模型构建时，首先需要检验单个指标不同参数的测试效果，并选择一个相对较好的参数，然后再将多个指标结合起来，构建一个多指标的择时模型。

这里简要介绍一个基于 MA 的择时策略模型的测试结果。在测试区间选择上，考虑到不同的时间阶段和不同的市场行情，参数对择时的情况也会有所不同。因此，在本案例中，分别测试了不同时间区间的择时情况，然后从中选择一种相对稳定的参数指标。具体来说，将 1994—2011 年的 18 年划分为 3 个 6 年，分别测试各种参数组合在 3 个区间内的择时表现，然后对其进行打分，选择得分最高的一组参数作为最优参数。3 个测试区间分别为 1994.1—1999.12、2000.1—2005.12 和 2006.1—2011.12。

交易成本是影响择时交易的一个重要因素，在单个指标择时中我们不考虑交易成本，只在综合指标择时中计算 1%的双边交易成本。

MA 指标利用短期移动均线与长期移动均线的交叉来进行择时交易，具体法则如下：

$$\text{Signal}=\begin{cases}1,\ \text{SMA}_t>\text{SMA}_{t-1}\ \&\ \text{SMA}_t>\text{LMA}_t\ \&\ \text{SMA}_{t-1}<\text{LMA}_{t-1}\\0,\ \text{LMA}_t<\text{LMA}_{t-1}\ \&\ \text{SMA}_t<\text{LMA}_t\ \&\ \text{SMA}_{t-1}>\text{LMA}_{t-1}\end{cases}$$

其中，Signal=1 表示买进，Signal=0 表示卖出。

测试参数包括计算短期均线天数 S 和长期均线天数 L。在每个测试区间内，S 以 2 天为间隔，测试范围从 2 天到 20 天；L 以 5 天为间隔，测试范围从 20 天到 120 天。测试中采用遍历的搜索方法，分别计算不同参数匹配下的择时交易情况。

从测试情况来看，MA 指标适合长线择时。在不考虑交易成本的情况下，交叉择时交易法则能获得不错的收益率表现。综合而言，以 4 日为短期均线、40 日为长期均线进行交叉择时效果相对较好；从长期的择时收益率来看，MA 择时能大幅跑赢指数收益。如表 12.6 所示为 MA 指标择时测试最好的 20 组参数及其表现。

表 12.6　MA 指标择时测试最好的 20 组参数及其表现

	收益率		
区间（S～L）	1994.1—1999.12	2000.1—2005.12	2006.1—2011.12
2～30	139.7055%	15.2461%	89.6807%
2～40	95.7076%	0.8033%	266.5444%
2～65	126.8295%	−10.2765%	283.9404%
2～70	56.2791%	−3.3556%	347.3881%
4～35	135.3355%	20.4150%	158.3764%
4～40	114.3548%	12.2246%	212.9089%
4～70	39.7951%	−7.7508%	380.3649%

续表

	收 益 率		
区间（S-L）	1994.1—1999.12	2000.1—2005.12	2006.1—2011.12
4～75	38.6308%	–9.3614%	373.9609%
6～40	116.1128%	0.8419%	192.1448%
6～70	66.4828%	–15.9698%	377.1127%
8～35	56.8283%	37.0839%	157.4256%
8～50	76.7762%	10.0772%	245.0511%
8～55	46.7380%	19.6556%	274.6968%
8～60	71.2832%	–14.1985%	336.4202%
14～40	65.8874%	6.5493%	208.7987%
上证指数	63.8782%	–17.4431%	86.2393%

数据来源：[李洋 2012]

12.2.2 海龟策略

1. 策略简介

1983 年年中，著名的商品投机家理查德·丹尼斯与他的老友比尔埃·克哈特进行了一场辩论，这场辩论是关于伟大的交易员是天生造就的还是后天培养的。理查德相信，他可以教会人们成为伟大的交易员；比尔埃则认为遗传和天性才是决定因素。为了解决这一问题，理查德建议招募并培训一些交易员，给他们提供真实的账户进行交易，看看两个人中谁是正确的。他们在《巴伦氏》、《华尔街期刊》和《纽约时报》上刊登了大幅广告，招聘交易学员。广告中称，在一个短暂的培训会后，新手将被提供一个账户进行交易。因为里克（理查德的昵称）或许是当时世界上最著名的交易员，所以，有 1000 多位申请人前来投奔他，他会见了其中的 80 位。

他从这一群人中精选出 10 人，后来这个名单变成 13 人。1983 年 12 月底，这 13 人被邀请到芝加哥进行为期两周的培训，到 1984 年 1 月初，开始用小账户进行交易。到了 2 月初，在证明了自己的能力之后，丹尼斯给大多数人提供了 50 万～200 万美元的资金账户。“学员们被称为‘海龟’。”——斯坦利·W·安格瑞斯特，《华尔街期刊》。1989 年 9 月 5 日，海龟成为交易史上最著名的实验，因为在随后的 4 年中，海龟取得了年均复利 80%的收益率。海龟证明了交易可以被传授，用一套简单的法则可以使仅有很少或根本没有交易经验的人成为优秀的交易员，这套法则就是我们熟知的海龟交易系统。海龟交易系统是为数不多的公开且完整的机械交易系统，系统的设计原理和思路非常值得借鉴。

2. 策略原理

1）开仓

海龟交易系统采用两个通道突破开仓，这两个系统为系统一和系统二。

系统一：以20日突破为基础的偏短线系统。

系统二：以55日突破为基础的较简单的长线系统。

系统一入市：只要有一个信号显示价格超过前20天的最高价，系统就会发出做多信号。如果上次突破已经导致盈利的交易，则系统一的突破入市信号就会被忽视。如果有盈利后的10个交易日内，同时也是突破日后，股价又下跌了2ATR，那么，这一突破就会被视为失败的突破。《海龟交易法则》中的仓位管理方法是以ATR指标为核心的。ATR即平均真实波幅。上次突破的方向与这项法则无关。因此，亏损的多头突破将使随后新的突破被视为有效的突破。然而，如果系统一的入市突破由于以前的交易已经取得盈利而被忽略，那么还可以在55日突破时入市，以避免错过主要的波动。这种55日突破被视为自动保险突破点（Failsafe Breakout Point）。

系统二入市：只要有一个信号显示价格超过前55日的最高价就买入。如果价格超过55日最高价，那么，海龟交易系统就会在相应的商品上建立多头头寸。无论以前的突破是成功还是失败，所有系统二的突破都会被接受。

2）加仓

海龟交易系统在突破时只建立一个单位的头寸，在建立头寸后以1/2ATR的间隔增加头寸。这种1/2ATR的间隔以前面指令的实际成交价为基础。因此，如果初始突破指令降低了1/2ATR，那么，为了说明1/2ATR的降低，新指令就是突破后的1ATR加上正常的1/2ATR个单位的增加间隔。在达到最大许可单位数之前，这样做都是正确的。如果市场波动很快，则有可能在一天之内就增加到最大4个单位。

3）跟踪止损（止盈）

海龟交易系统使用以ATR为基础的止损以避免净值的大幅损失。海龟交易系统规定任何一笔交易都不能出现2%以上的风险。因为价格波动1ATR表示1%的账户净值，容许风险为2%的最大止损就是价格波动2ATR。海龟交易系统的止损设置在买入价格以下的2ATR。为了保证全部仓位的风险最小，如果另外增加单位，则前面单位的止损就提高 1/2ATR。这一般意味着全部头寸的止损将被设置在距最近增加的单位的 2ATR 处。然而，在后面单位因市场波动太快造成滑点（Skid）或者因开盘跳空而以较大的间隔设置的情况下，止损就有所不同。

海龟交易系统止损的好处：由于海龟交易系统的止损以 ATR 为基础，因此，它能够适应市场的波动性。更不稳定的市场有更宽的止损，但是，每个单位的买卖数量也会更少。这等于把风险分散在所有的入市决策上，这样会导致更好的多样化和更为健全的风险管理。

3. 策略源码（基于 TB 平台）

```
Params
    Numeric RiskRatio(1);              // % Risk Per N ( 0 - 100)
    Numeric ATRLength(20);             // 平均波动周期 ATR Length
    Numeric boLength(20);              // 短周期 BreakOut Length
    Numeric fsLength(55);              // 长周期 FailSafe Length
    Numeric teLength(10);              // 离市周期 Trailing Exit Length
    Bool LastProfitableTradeFilter(True); // 使用入市过滤条件
Vars
    Numeric MinPoint;                  // 最小变动单位
    NumericSeries AvgTR;               // ATR
    Numeric N;                         // N 值
    Numeric TotalEquity;               // 按最新收盘价计算出的总资产
    Numeric TurtleUnits;               // 交易单位
    NumericSeries DonchianHi;          // 唐奇安通道上轨，延后 1 个 Bar
    NumericSeries DonchianLo;          // 唐奇安通道下轨，延后 1 个 Bar
    NumericSeries fsDonchianHi;        // 唐奇安通道上轨，延后 1 个 Bar，长周期
    NumericSeries fsDonchianLo;        // 唐奇安通道下轨，延后 1 个 Bar，长周期
    Numeric ExitHighestPrice;          // 离市时判断需要的 N 周期最高价
    Numeric ExitLowestPrice;           // 离市时判断需要的 N 周期最低价
    Numeric myEntryPrice;              // 开仓价格
    Numeric myExitPrice;               // 平仓价格
    Bool SendOrderThisBar(False);      // 当前 Bar 有过交易
    NumericSeries preEntryPrice(0);    // 前一次开仓的价格
    BoolSeries PreBreakoutFailure(false);   // 前一次突破是否失败
Begin
    If(BarStatus == 0)
```

```
        {
            preEntryPrice = InvalidNumeric;
            PreBreakoutFailure = false;
        }

        // 集合竞价和小节休息过滤
        If(!CallAuctionFilter()) Return;

        MinPoint = MinMove*PriceScale;
        AvgTR = XAverage(TrueRange,ATRLength);
        N = AvgTR[1];
        TotalEquity = Portfolio_CurrentCapital() + Portfolio_UsedMargin();
        TurtleUnits = (TotalEquity*RiskRatio/100) /(N * ContractUnit()*
BigPointValue());
        TurtleUnits = IntPart(TurtleUnits); // 对小数取整

        DonchianHi = HighestFC(High[1],boLength);
        DonchianLo = LowestFC(Low[1],boLength);

        fsDonchianHi = HighestFC(High[1],fsLength);
        fsDonchianLo = LowestFC(Low[1],fsLength);

        ExitLowestPrice = LowestFC(Low[1],teLength);
        ExitHighestPrice = HighestFC(High[1],teLength);

        Commentary("N="+Text(N));
        Commentary("preEntryPrice="+Text(preEntryPrice));
        Commentary("PreBreakoutFailure="+IIFString(PreBreakoutFailure,
"True","False"));

        // 当不使用过滤条件，或者使用过滤条件并且条件是 PreBreakoutFailure 为 True
时，进行后续操作
        If(MarketPosition == 0 && ((!LastProfitableTradeFilter) Or
(PreBreakoutFailure)))
        {
            // 突破开仓
            If(High > DonchianHi && TurtleUnits >= 1)
```

```
        {
            // 开仓价格取突破上轨+一个价位和最高价之间的较小值，这样能更接近真实
情况，并能尽量保证成交
            myEntryPrice = min(high,DonchianHi + MinPoint);
            // 大跳空的时候用开盘价代替
            myEntryPrice = IIF(myEntryPrice < Open, Open,myEntryPrice);
             preEntryPrice = myEntryPrice;
            Buy(TurtleUnits,myEntryPrice);
             SendOrderThisBar = True;
             PreBreakoutFailure = False;
        }

        If(Low < DonchianLo && TurtleUnits >= 1)
        {
            // 开仓价格取突破下轨-一个价位和最低价之间的较大值，这样能更接近真实
情况，并能尽量保证成交
            myEntryPrice = max(low,DonchianLo - MinPoint);
            // 大跳空的时候用开盘价代替
            myEntryPrice = IIF(myEntryPrice > Open, Open,myEntryPrice);
            preEntryPrice = myEntryPrice;
            SendOrderThisBar = True;
            SellShort(TurtleUnits,myEntryPrice);
             SendOrderThisBar = True;
             PreBreakoutFailure = False;
        }
    }

    // 长周期突破开仓 Failsafe Breakout point
    If(MarketPosition == 0)
    {
         Commentary("fsDonchianHi="+Text(fsDonchianHi));
        If(High > fsDonchianHi && TurtleUnits >= 1)
        {
            // 开仓价格取突破上轨+一个价位和最高价之间的较小值，这样能更接近真实
情况，并能尽量保证成交
            myEntryPrice = min(high,fsDonchianHi + MinPoint);
            // 大跳空的时候用开盘价代替
```

```
            myEntryPrice = IIF(myEntryPrice < Open, Open,myEntryPrice);
             preEntryPrice = myEntryPrice;
            Buy(TurtleUnits,myEntryPrice);
             SendOrderThisBar = True;
             PreBreakoutFailure = False;
        }

         Commentary("fsDonchianLo="+Text(fsDonchianLo));
        If(Low < fsDonchianLo && TurtleUnits >= 1)
        {
            // 开仓价格取突破下轨-一个价位和最低价之间的较大值，这样能更接近真实
情况，并能尽量保证成交
            myEntryPrice = max(low,fsDonchianLo - MinPoint);
            // 大跳空的时候用开盘价代替
            myEntryPrice = IIF(myEntryPrice > Open, Open,myEntryPrice);
            preEntryPrice = myEntryPrice;
            SellShort(TurtleUnits,myEntryPrice);
             SendOrderThisBar = True;
             PreBreakoutFailure = False;
        }
    }

    If(MarketPosition == 1) // 有多仓的情况
    {
         Commentary("ExitLowestPrice="+Text(ExitLowestPrice));
        If(Low < ExitLowestPrice)
        {
            myExitPrice = max(Low,ExitLowestPrice - MinPoint);
              // 大跳空的时候用开盘价代替
              myExitPrice = IIF(myExitPrice > Open, Open,myExitPrice);
            Sell(0,myExitPrice);     // 数量为 0 的情况下将全部平仓
        }Else
        {
            If(preEntryPrice!=InvalidNumeric && TurtleUnits >= 1)
            {
                If(Open >= preEntryPrice + 0.5*N) // 如果开盘就超过设定的
1/2N，则直接用开盘价增仓
```

```
            {
                myEntryPrice = Open;
                   preEntryPrice = myEntryPrice;
                Buy(TurtleUnits,myEntryPrice);
                   SendOrderThisBar = True;
            }

            while(High >= preEntryPrice + 0.5*N) // 以最高价为标准，
判断能进行几次增仓
            {
                myEntryPrice = preEntryPrice + 0.5 * N;
                preEntryPrice = myEntryPrice;
                Buy(TurtleUnits,myEntryPrice);
                   SendOrderThisBar = True;
            }
        }

        // 止损指令
          // 加仓 Bar 不止损
          If(Low <= preEntryPrice - 2 * N && SendOrderThisBar == false)
          {
              myExitPrice = preEntryPrice - 2 * N;
              Sell(0,myExitPrice); // 数量为 0 的情况下将全部平仓
              PreBreakoutFailure = True;
          }
    }
}Else If(MarketPosition ==-1) // 有空仓的情况
{
    // 求出持空仓时离市的条件比较值
     Commentary("ExitHighestPrice="+Text(ExitHighestPrice));
    If(High > ExitHighestPrice)
    {
        myExitPrice = Min(High,ExitHighestPrice + MinPoint);
          // 大跳空的时候用开盘价代替
          myExitPrice = IIF(myExitPrice < Open, Open,myExitPrice);
        BuyToCover(0,myExitPrice);     // 数量为 0 的情况下将全部平仓
    }Else
```

```
        {
            If(preEntryPrice!=InvalidNumeric && TurtleUnits >= 1)
            {
                If(Open <= preEntryPrice - 0.5*N) // 如果开盘就超过设定的1/2N，则直接用开盘价增仓
                {
                    myEntryPrice = Open;
                       preEntryPrice = myEntryPrice;
                    SellShort(TurtleUnits,myEntryPrice);
                       SendOrderThisBar = True;
                }

                while(Low <= preEntryPrice - 0.5*N) // 以最低价为标准，判断能进行几次增仓
                {
                    myEntryPrice = preEntryPrice - 0.5 * N;
                    preEntryPrice = myEntryPrice;
                    SellShort(TurtleUnits,myEntryPrice);
                       SendOrderThisBar = True;
                }
            }

            // 止损指令
              // 加仓 Bar 不止损
              If(High >= preEntryPrice + 2 * N &&SendOrderThisBar==false)
              {
                  myExitPrice = preEntryPrice + 2 * N;
                  BuyToCover(0,myExitPrice); // 数量为 0 的情况下将全部平仓
                  PreBreakoutFailure = True;
              }
        }
    }
End
```

4．测试结果

本次测试采用 30 个国内期货品种，分为 2 小时、4 小时和日线级别的测试，结果如表 12.7 和图 12.9 所示。

表 12.7 海龟交易策略测试结果

评价指标＼测试周期	2h	4h	日线
年度收益率	14.72%	33.64%	31.09%
胜率	37.96%	40.53%	41.94%
平均盈利/平均亏损	1.79	1.92	2.30
夏普比率	0.42	0.99	0.98
收益风险比	0.38	1.29	0.97
R^2	0.59	0.82	0.65

数据来源：宽潮教育

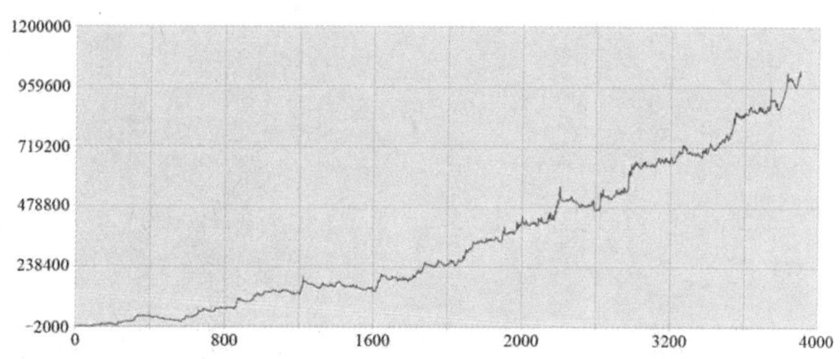

图 12.9 海龟交易系统测试收益率曲线（日线级别）

数据来源：宽潮教育

5. 经验总结

（1）该策略品种和周期适应性都十分出色，适用于大部分交易品种。

（2）该策略适合多品种多周期交易。上文中的测试结果显示，在固定参数的情况下，该策略在 2 小时、4 小时及日线级别的表现相对稳定，但大周期的绩效表现更为出色，因此，海龟交易系统更加适合长周期趋势追踪。

（3）该策略回撤较大，需要做好严格的资金管理和风险控制。

12.2.3 凯特纳通道

1. 策略简介

凯特纳通道交易系统是由技术分析专家 Chester Keltner 在 50 多年前开发出来的，

最初他是使用 10 日均线来绘制这个指标的。凯特纳通道有 3 条线，中心线是由(最高价+最低价+收盘价)/3 得出的平均价格的 10 日均线，而波动部分是以当根 K 线的（最高价–最低价）的 10 日均线为基础进行计算的，上通道就是中心线加上波动部分，下通道是中心线减掉波动部分。后来，Linda Raschke 对凯特纳通道进行了改进，中心线采用收盘价作为指数移动平均线的计算基础，而通道宽度的设定由单根 K 线的振幅改为 ATR（真实波动幅度）。

凯特纳通道可以让交易员很快地观察到股价的趋势是向上还是向下，或横盘走，也可以判断可能的支撑或压力区。不过跟布林通道相比，凯特纳通道比布林通道更加平滑，如图 12.10 所示。

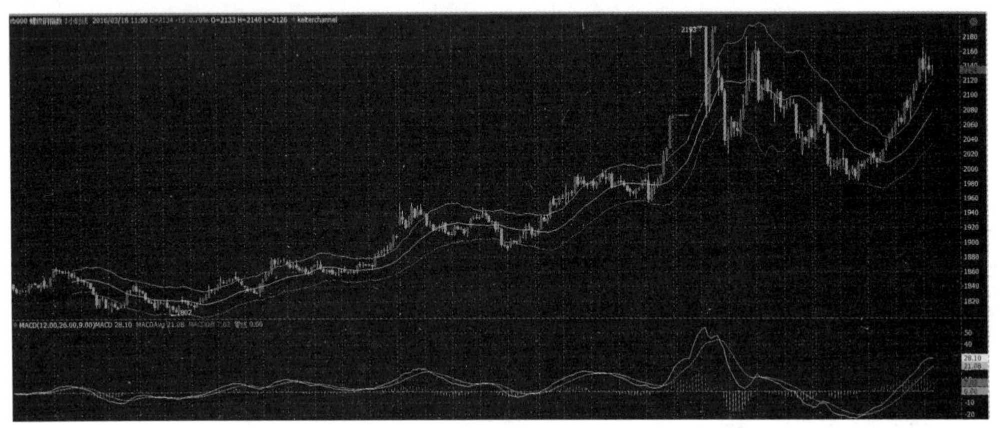

图 12.10　凯特纳通道示意图

2. 策略原理

（1）中轨及通道的确定：

中轨=(最高价+最低价+收盘价)/3 的简单移动平均线

通道宽度=单日振幅（最高价–最低价）的移动平均线

通道上轨=中轨+一定倍数的通道宽度

通道下轨=中轨–一定倍数的通道宽度

（2）开仓信号：

突破上轨，买入开仓做多。

突破下轨，卖出开仓做空。

（3）平仓信号：

多头持仓，前一根 K 线的收盘价跌破中轨平仓。

空头持仓，前一根 K 线的收盘价上穿中轨平仓。

3. 策略源码（基于 TB 平台）

```
Params
numeric length(20);
numeric k(2);
numeric money(30000);
Vars
numeric lots;
NumericSeries price;
NumericSeries midline;
NumericSeries Rng;
NumericSeries ChanRng;
NumericSeries KCU;
NumericSeries KCL;
begin
   Price = (Close+low+high)/3;              // 可以直接采用收盘价
   midline = Average(Price,Length);        // 可以采用其他均线计算方式
   Rng=(high-low);
   ChanRng=Average(Rng,Length);
   KCU=midline+k*ChanRng;
   KCL=midline-k*ChanRng;
   PlotNumeric("midline",midline);
   PlotNumeric("KCU",KCU);
   PlotNumeric("KCL",KCL);

   If(MarketPosition==0 and close[1]>KCU[1])
   {
   lots= (money)*8 /(o* ContractUnit()*BigPointValue());
   Buy(lots,open);}
   If(MarketPosition==0 and close[1]<KCL[1])
   {
   lots= (money)*8 /(o* ContractUnit()*BigPointValue());
   SellShort(lots,open);}
   If(MarketPosition==1 and close[1]<midline[1])
```

```
    {
    Sell(0,open);}
    If(MarketPosition==-1 and close[1]>midline[1])
    {
    BuyToCover(0,open);}
End
```

4. 测试结果

本次测试采用 30 个国内期货品种，分为 2 小时、4 小时和日线级别的测试，结果如表 12.8 和图 12.11 所示。

表 12.8　凯特纳通道测试结果

测试周期 / 评价指标	2h	4h	日线
年度收益率	30.62%	37.34%	48.19%
胜率	38.91%	39.43%	41.79%
平均盈利/平均亏损	1.87	1.98	2.23
夏普比率	0.56	0.64	1.02
收益风险比	0.49	0.69	0.54
R^2	0.84	0.88	0.83

数据来源：宽潮教育

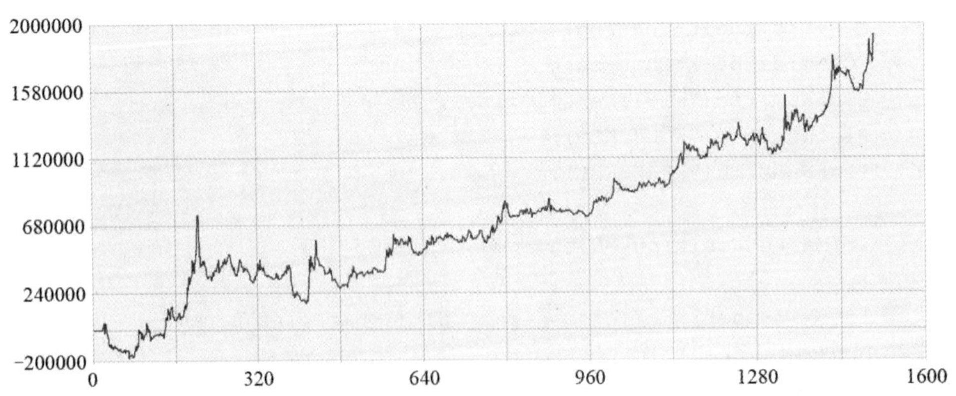

图 12.11　凯特纳通道测试收益率曲线（日线级别）

数据来源：宽潮教育

5. 经验总结

（1）从测试结果来看，日线周期的商品组合表现最为稳定出色，无论是收益率、回撤控制还是曲线姿态都好于小周期。究其原因，主要是大周期的平均利润很高，这样滑点和手续费的冲击成本要比小周期低得多，这提醒我们在构建交易策略的过程中一定要考虑到这一点。

（2）该策略的参数分布十分稳定，将均线参数调整至 20、30、60 对组合曲线的影响都不大。

（3）与其他突破开仓策略相像，该策略尽管做了投资组合的分散，但仍然难以规避较大的回撤风险，实盘过程中需要重点考虑回撤问题，在仓位控制上需要重点关注。

12.2.4 克罗均线

1. 策略简介

斯坦利·克罗是全球顶级的期货投资专家，他从 1960 年开始进入华尔街，在 33 年的职业生涯中，不但赢得了丰厚的回报，也积累了丰富的经验。《克罗谈投资策略》、《期货交易策略》等著作为后人留下了宝贵的精神财富。在这些著作中零星地渗透着克罗的交易思想，如 KISS 原则（Keep it Simple,Stupid）。

克罗的交易系统同样基于简单的均线进行交易，并遵循顺势原则，如图 12.12 所示。

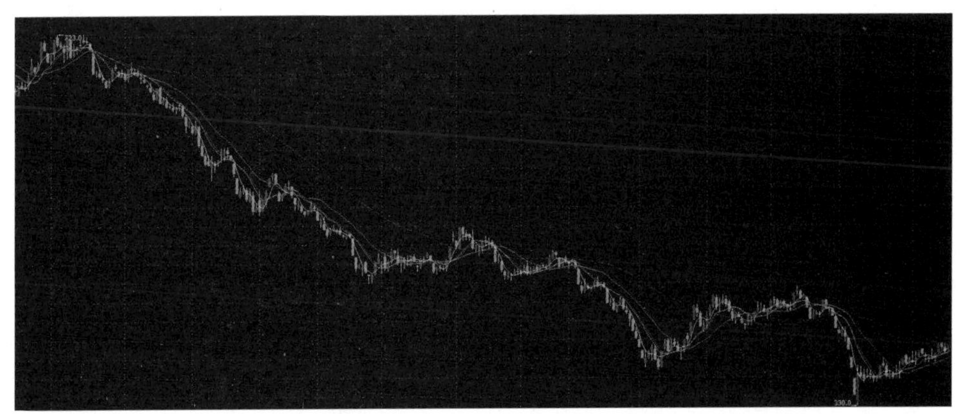

图 12.12 克罗均线系统示意图

2. 策略原理

（1）均线系统确定：

长期均线组：回溯期分别为10天、20天、50天的长期简单移动平均线。

短期均线组：回溯期分别为4天、9天、18天的短期简单移动平均线。

（2）买入信号：

收盘价大于所有长期均线组，并且长期均线组多头排列（MA10>MA20>MA50）。

收盘价大于所有短期均线组，并且短期均线组多头排列（MA4>MA9>MA18）。

以上两个信号出现一个即可做多。

（3）卖出信号：

收盘价小于所有长期均线组，并且长期均线组空头排列（MA10<MA20<MA50）。

收盘价小于所有短期均线组，并且短期均线组空头排列（MA4<MA9<MA18）。

以上两个信号出现一个即可做空。

3. 策略源码（基于TB平台）

```
Vars
    Numeric Lots;
    Numeric Money(30000);
    Numeric Margin(0.08);
    NumericSeries ma4;
    NumericSeries ma9;
    NumericSeries ma10;
    NumericSeries ma18;
    NumericSeries ma20;
    NumericSeries ma50;
Begin
    ma4=AverageFC(Close,4);
    ma9=AverageFC(Close,9);
    ma10=AverageFC(Close,10);
    ma18=AverageFC(Close,18);
    ma20=AverageFC(Close,20);
    ma50=AverageFC(Close,50);
    PlotNumeric("ma4",ma4);
```

```
        PlotNumeric("ma9",ma9);
        PlotNumeric("ma10",ma10);
        PlotNumeric("ma18",ma18);
        PlotNumeric("ma20",ma20);
        PlotNumeric("ma50",ma50);
        If(Close[2]<Close[1])
        {
            If((Close[1]>ma10[1] && ma10[1]>ma20[1] && ma20[1]>ma50[1]) ||
(Close[1]>ma4[1]  && ma4[1]>ma9[1]  && ma9[1]>ma18[1]))
                {Lots=IntPart(Money/(Margin*Open*
ContractUnit()*BigPointValue()));
                  Buy(lots,open);
                  }
        }
        If(Close[2]>Close[1])
        {
            If((Close[1]<ma10[1] && ma10[1]<ma20[1] && ma20[1]<ma50[1]) ||
(Close[1]<ma4[1]  && ma4[1]<ma9[1]  && ma9[1]<ma18[1]))
                {
                  Lots=IntPart(Money/(Margin*Open*
ContractUnit()*BigPointValue()));
                  SellShort(lots,open);
                  }
        }
    End
```

4. 测试结果

本次测试采用 30 个国内期货品种，分为 2 小时、4 小时和日线级别的测试，结果如表 12.9 和图 12.13 所示。

表 12.9 克罗均线测试结果

测试周期 / 评价指标	2h	4h	日线
年度收益率	15.64%	29.47%	64.62%
胜率	35.08%	35.92%	38.90%
平均盈利/平均亏损	1.96	2.03	2.51

续表

评价指标 \ 测试周期	2h	4h	日线
夏普比率	0.24	0.50	1.03
收益风险比	0.21	0.33	0.57
R^2	0.35	0.74	0.85

数据来源：宽潮教育

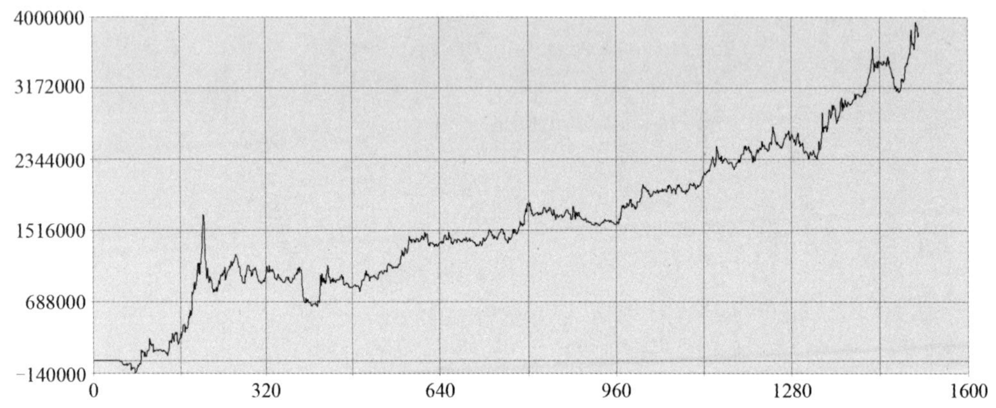

图 12.13　克罗均线测试收益率曲线（日线级别）

数据来源：宽潮教育

5．经验总结

（1）从测试结果来看，与凯特纳通道交易系统类似，克罗均线交易系统日线周期的商品组合表现最为稳定出色，无论是收益率、回撤控制还是曲线姿态都远远好于小周期。究其原因，主要是大周期的平均利润很高，这样滑点和手续费的冲击成本要比小周期低得多。另外，小周期的交易信号过于频繁，过多的交易噪声也对交易利润造成了极大的损耗，这提醒我们在构建交易策略的过程中一定要考虑到这一点。

（2）该策略更适合大级别的交易机会。

（3）与其他大级别的交易策略类似，资金管理和回撤控制仍是难点。为了有效控制回撤，应该将仓位尽量降低。

12.2.5 区间突破

1. 策略简介

与 Dual Thrust 这种动量突破系统类似，RangeBreak 区间突破系统被市场广泛用于日内交易，曾经连续多年在《美国期货杂志》盈利交易系统排行榜中位居前十。目前该程序化交易系统仍被很多专业机构和个人投资者所推崇。

2. 策略原理

RangeBreak 区间突破交易系统，区间的上下轨根据前一个交易日的振幅决定。具体交易原则如下。

（1）区间上下轨的确定：

昨日振幅=昨日最高价−昨日最低价

今日行情区间上轨=今日开盘价+N×昨日振幅

今日行情区间下轨=今日开盘价−N×昨日振幅

其中，变量 N 的取值范围较为灵活，可以依据交易品种的波动属性和个人交易经验进行变换。通常情况下，N 的取值范围位于 0.5～0.8 之间。

（2）买卖信号：

突破上轨，买入开仓做多。

突破下轨，卖出开仓做空。

3. 策略源码（基于 TB 平台）

```
Params
        Numeric PercentOfRange(0.5);     //突破系数
          Numeric Lots(1);  //开仓量
Vars


      Numeric MyExitPrice;
        Numeric DayOpen;
        Numeric preDayRange;
        Numeric UpperBand;        //上轨
        Numeric LowerBand;        //下轨
```

```
        Numeric MyPrice;

Begin
        DayOpen = OpenD(0);
        preDayRange = HighD(1)-LowD(1);                         //昨日振幅
        UpperBand = DayOpen+PreDayRange*PercentOfRange;         //求出上轨
        LowerBand = DayOpen-PreDayRange*PercentOfRange;         //求出下轨
        PlotNumeric("UpperBand",UpperBand);
        PlotNumeric("LowerBand",LowerBand);



        If(MarketPosition!=1 && High>=UpperBand )               //开多条件
        {
                MyPrice = Max(UpperBand,Open);
                Buy(Lots,MyPrice);

        }

        If(MarketPosition!=-1 && Low<=LowerBand )
        {
                MyPrice = Min(LowerBand,Open);
                SellShort(Lots,MyPrice);

        }

        If( MarketPosition==1 && Low<=LowerBand) //多头中如果下破下轨则止损
        {
                MyExitPrice=Min(Open,LowerBand);
                Sell(Lots,MyExitPrice);


        }

        If( MarketPosition==-1 && High>=UpperBand)//空头中如果上穿上轨则止损
        {
                MyExitPrice=Max(Open,UpperBand);
```

```
                BuytoCover(Lots,MyExitPrice);
                 Return;
        }
End
```

4. 测试结果

本次测试采用 30 个国内期货品种，分为 2 小时、4 小时和日线级别的测试，结果如表 12.10 和图 12.14 所示。

表 12.10 区间突破策略测试结果

评价指标＼测试周期	2h	4h	日线
年度收益率	220.37%	211.17%	191.21%
胜率	39.14%	38.69%	37.52%
平均盈利/平均亏损	2.31	2.31	2.33
夏普比率	1.22	1.15	0.99
历史最大回撤	278114	269714	258434
收益风险比	1.28	1.27	1.2
R^2	0.64	0.61	0.42

数据来源：宽潮教育

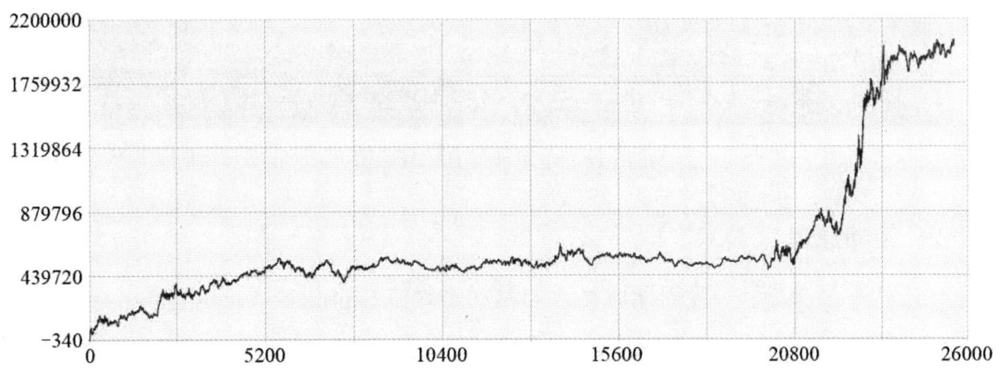

图 12.14 区间突破策略收益率曲线（日线级别）

数据来源：宽潮教育

5. 经验总结

（1）该策略对于投资标的的流动性有较强的要求，流动性越好，策略表现越好。谨慎参与价格跳空的交易标的。

（2）该策略回撤较大，需要做好严格的资金管理和风险控制。

12.2.6 火车轨策略

1. 策略简介

火车轨交易系统最早出现在期货投资大师斯坦利·克罗的《克罗谈投资策略》一书中，该系统长短皆宜，特别对于短周期交易的盘整行情的过滤有着十分明显的效果。该策略从本质上来说从属于均线系统，但有别于均线系统，如图 12.15 所示。

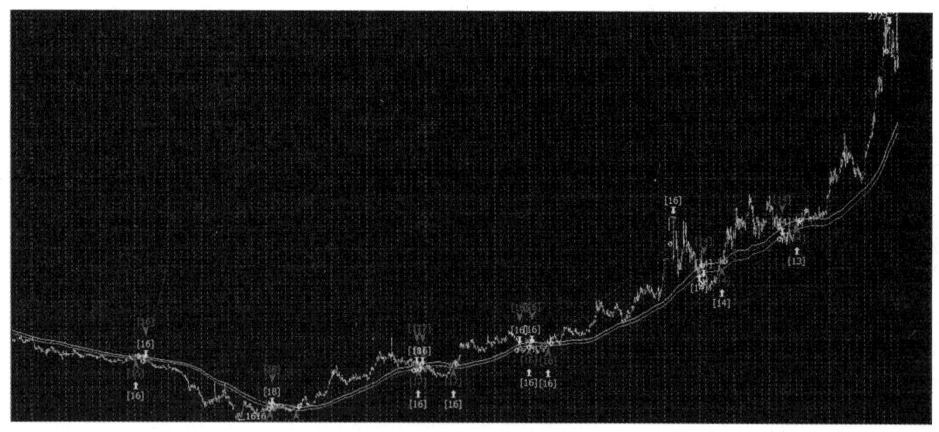

图 12.15　火车轨交易系统示意图

2. 策略原理

（1）火车轨上轨：一段周期内高点的移动平均值（uptrack=Average(high,length)）。

（2）火车轨下轨：一段周期内低点的移动平均值（lowtrack=Average(low,length)）。

（3）买入规则：前一日收盘价高于火车轨上轨，下一日开盘做多。

（4）卖出规则：前一日收盘价低于火车轨下轨，下一日开盘做空。

（5）追踪止盈规则：当盈利超过一定幅度时，盈利回撤一定百分比追踪止盈。

3. 策略源码（基于 TB 平台）

```
Params
   Numeric length(90);
Vars
Numeric TrailingStart2(190);    //追踪止损启动（千分之 N）
Numeric TrailingStop2(35);     //追踪止损回落（千分之 N）
NumericSeries HighestAfterEntry;
NumericSeries LowestAfterEntry;
Numeric StopLine;
Numeric MyPrice;
Numeric money(30000);//单品种资金配置
Numeric margin(0.1);//保证金比例
Numeric lots;
NumericSeries uptrack;
NumericSeries lowtrack;
Begin
    uptrack=Average(high,length);
    lowtrack=Average(low,length);
    PlotNumeric("uptrack",uptrack);
    PlotNumeric("lowtrack",lowtrack);
    lots=IntPart(money/(Margin*open*ContractUnit()*BigPointValue()));
    if (MarketPosition<>1&&close[1]>uptrack[1]&&close[2]<uptrack[2])
    {
        Buy(lots,Open);
    }
    if (MarketPosition<>-1&&close[1]<lowtrack[1]&&close[2]>lowtrack[2])
    {
        sellshort(lots,Open);
    }

    if (BarsSinceEntry == 1)
{
HighestAfterEntry = AvgEntryPrice;
LowestAfterEntry = AvgEntryPrice;
}
Else If(BarsSinceEntry >1)
{
```

```
HighestAfterEntry = Max(HighestAfterEntry[1],High[1]);
LowestAfterEntry = Min(LowestAfterEntry[1],Low[1]);
}
Else
{
HighestAfterEntry = HighestAfterEntry[1];
LowestAfterEntry = LowestAfterEntry[1];
}

If(MarketPosition==1 && BarsSinceEntry>0) // 有多仓的情况
    {
        If (HighestAfterEntry >= EntryPrice*(1 + TrailingStart2/1000))  //
        {
            If(Low <= HighestAfterEntry*(1-TrailingStop2/1000))
            {
                StopLine = HighestAfterEntry*(1-TrailingStop2/1000);
                If(Open < StopLine) StopLine = Open;      // 如果该Bar开
盘价有跳空触发，则用开盘价代替
                Sell(0,StopLine);
            }
        }
    }
    else if(MarketPosition==-1 && BarsSinceEntry>0) // 有空仓的情况
    {
        If(LowestAfterEntry <= EntryPrice*(1-TrailingStart2/1000))  //
        {
            If(High >= LowestAfterEntry * (1+TrailingStop2/1000))
            {
                StopLine = LowestAfterEntry * (1+TrailingStop2/1000);
                If(Open > StopLine) StopLine = Open;      // 如果该Bar开
盘价有跳空触发，则用开盘价代替
                BuyToCover(0,StopLine);


            }
        }
    }

End
```

4．测试结果

本次测试采用 30 个国内期货品种，分为 2 小时、4 小时和日线级别的测试，结果如表 12.11 和图 12.16 所示。

表 12.11 火车轨交易系统测试结果

测试周期 评价指标	2h	4h	日线
年度收益率	79.32%	70.91%	71.35%
胜率	28.07%	27.89%	27.51%
平均盈利/平均亏损	3.71	3.93	4.36
夏普比率	1.32	1.32	1.42
收益风险比	1.49	0.93	0.89
R^2	0.94	0.93	0.89

数据来源：宽潮教育

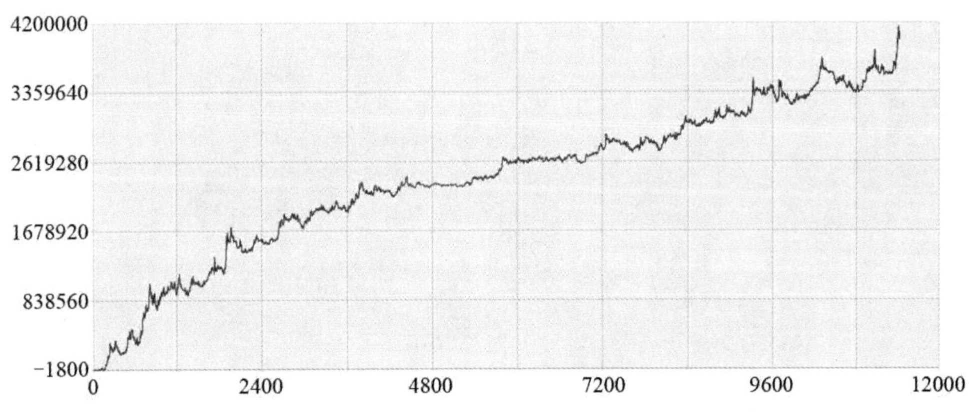

图 12.16 火车轨策略收益率曲线（日线级别）

数据来源：宽潮教育

5．经验总结

（1）与传统的单均线系统相比，通过火车轨上下轨的噪声过滤机制，不但降低了系统的交易次数，而且交易绩效也好于传统的单均线系统。

（2）该策略中使用高低点过滤的上下轨具有借鉴价值。

（3）从策略稳定性来说，2 小时、4 小时、日线绩效十分平均，曲线姿态也十分相似。

（4）从具体绩效来看，小时周期的表现要好于大周期，这是区别于以往系统的地方。

12.2.7 幽灵系统

1. 策略简介

该思路源自交易者的观察，交易者从自己的交易记录中发现，若上一笔交易是盈利的，那么下一笔交易是亏损的概率比较大。因此，在设计策略时，希望能跳过这些我们认为会亏损的交易。具体到策略中，将引入模拟交易的概念，与之对应的是真实下单模块。模拟交易始终在运行交易条件，而真实下单模块直到上一笔模拟交易是亏损的情况下才执行。幽灵交易系统示意图如图 12.17 所示。

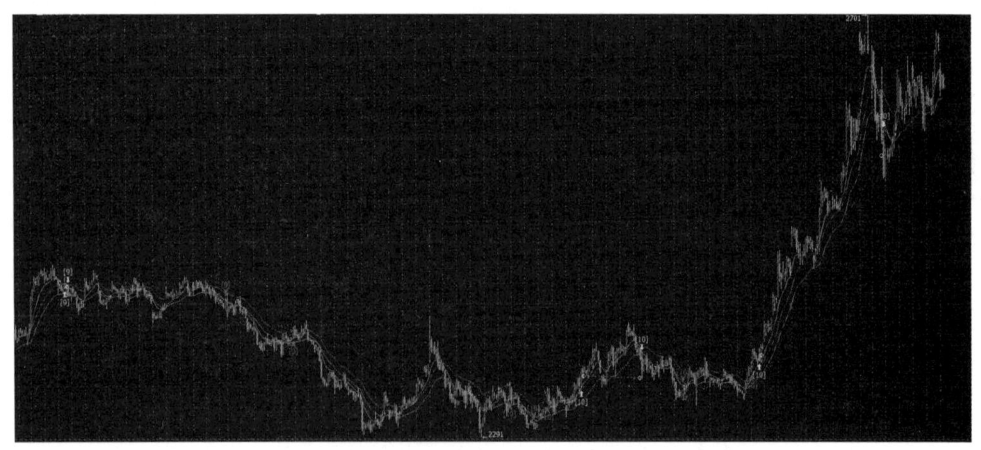

图 12.17 幽灵交易系统示意图

数据来源：宽潮教育

2. 策略原理

入场条件：

（1）模拟交易产生一次亏损，短均线位于长均线上方，RSI 低于超买值，当前 K 线最高价大于前一根 K 线最高价开多单。

（2）模拟交易产生一次亏损，短均线位于长均线下方，RSI 高于超卖值，当前 K 线最低价小于前一根 K 线最低价开空单。

出场条件：

（1）持多单小于唐奇安下轨，平多单。

（2）持空单大于唐奇安上轨，平空单。

3. 策略源码（基于 TB 平台）

```
Params
    Numeric cMAlength(9);         //收盘价指数平滑周期
    Numeric hlMAlength(20);       //最高价或最低价指数平滑周期
    Numeric Exitlength(20);       //跌破 20 周期低点平多，升破 20 周期高点平空
    Numeric length(9);            //RSI 指标周期
    Numeric OverSold(30) ;        //RSI 下限
    Numeric OverBought(70) ;      //RSI 上限
    Numeric OffSet(2);            //委托滑点设置
    Numeric money(30000);
Vars

    Numeric Lots(1);
    NumericSeries cEMA;
    NumericSeries hEMA;
    NumericSeries lEMA;
    Numeric myLowest;
    Numeric myHighest;
    Numeric MyPrice;
    Numeric MinPoint;

    NumericSeries NetChgAvg( 0 );
    NumericSeries TotChgAvg( 0 );
    Numeric SF( 0 );
    Numeric Change( 0 );
    Numeric ChgRatio( 0 ) ;
    NumericSeries RSIValue;

    NumericSeries myEntryPrice;
```

```
        NumericSeries myProfit(0);
        NumericSeries myPosition(0);
    Begin
        If(CurrentBar <= Length - 1)
        {
            NetChgAvg = ( Close - Close[Length] ) / Length ;
            TotChgAvg = Average( Abs( Close - Close[1] ), Length ) ;
        }Else
        {
            SF = 1/Length;
            Change = Close - Close[1] ;
            NetChgAvg = NetChgAvg[1] + SF * ( Change - NetChgAvg[1] ) ;
            TotChgAvg = TotChgAvg[1] + SF * ( Abs( Change ) - TotChgAvg[1] ) ;
        }

        If( TotChgAvg <> 0 )
        {
            ChgRatio = NetChgAvg / TotChgAvg;
        }else
        {
            ChgRatio = 0 ;
        }
        RSIValue = 50 * ( ChgRatio + 1 );
     lots= (money)*8 /(o* ContractUnit()*BigPointValue());
     lots = IntPart(lots); // 对小数取整
        MinPoint = MinMove*PriceScale;
        cEMA = Xaverage(Close,cMAlength);
        hEMA = Xaverage(High,hlMAlength);
        lEMA = Xaverage(Low,hlMAlength);
        myLowest = Lowest(Low[1],Exitlength);
        myHighest = Highest(High[1],Exitlength);

        If (myPosition == 0 And cEMA[1]>hEMA[1] And RSIValue[1]<OverBought/ *
  CrossUnder(RSIValue[1],OverBought)*/ And High>=High[1])
        {
            MyPrice = High[1];
             If (Open>MyPrice) MyPrice = Open;
```

```
            MyPrice = MyPrice + OffSet*MinPoint;
            myEntryPrice = MyPrice;
            myPosition = 1;
            If (MarketPosition == 0 And myProfit[1]<0) Buy(Lots,MyPrice);
            Return;
        }
        if(myPosition == 1 and Low < myLowest)
        {
            MyPrice = myLowest-MinPoint;
            If (Open<MyPrice) MyPrice = Open;
            MyPrice = MyPrice - OffSet*MinPoint;
            myProfit = MyPrice - myEntryPrice;
            myPosition = 0;
            If (MarketPosition == 1) Sell(0,MyPrice);
            Return;
        }

        If (myPosition == 0 And cEMA[1]<lEMA[1] And RSIValue[1]>30 /*
CrossOver(RSIValue[1],OverSold)*/ And Low<=Low[1])
        {
            MyPrice = Low[1];
            If (Open<MyPrice) MyPrice = Open;
            MyPrice = MyPrice - OffSet*MinPoint;
            myEntryPrice = MyPrice;
            myPosition = -1;
            If (MarketPosition == 0 And myProfit[1]<0) SellShort(Lots,
MyPrice);
            Return;
        }
        if(myPosition == -1 and High > myHighest)
        {
            MyPrice = myHighest+MinPoint;
            If (Open>MyPrice) MyPrice = Open;
            MyPrice = MyPrice + OffSet*MinPoint;
            myProfit = myEntryPrice - MyPrice;
            myPosition = 0;
            If (MarketPosition == -1) BuyToCover(0,MyPrice);
```

```
        Return;
    }

End
```

4. 测试结果

本次测试采用 30 个国内期货品种，分为 2 小时、4 小时和日线级别的测试，结果如表 12.12 和图 12.18 所示。

表 12.12 幽灵交易系统测试结果

评价指标 \ 测试周期	2h	4h	日线
年度收益率	63.01%	69.50%	66.59%
胜率	37.93%	35.74%	37.46%
平均盈利/平均亏损	2.35	3.04	3.10
夏普比率	0.86	0.95	0.76
收益风险比	0.9	1.11	0.37
R^2	0.84	0.86	0.61

数据来源：宽潮教育

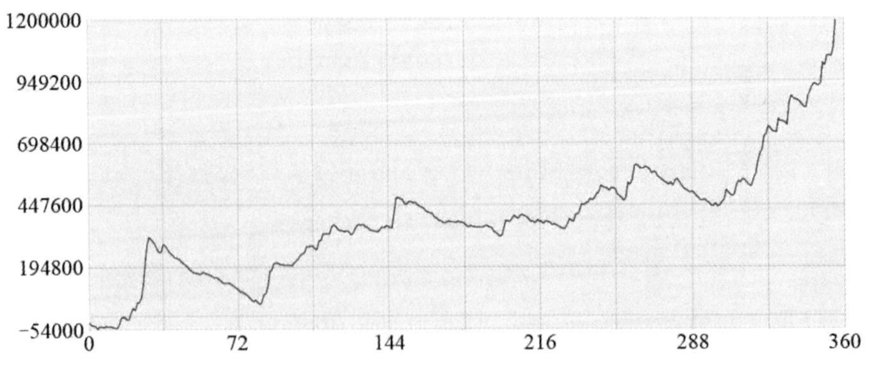

图 12.18 幽灵交易策略收益率曲线（日线级别）

数据来源：宽潮教育

5. 经验总结

（1）该策略将均线指标与震荡指标（RSI）相结合使用，这是区别于以往系统的一个亮点，即当行情进入超买区时不做多，行情进入超卖区时不做空。

（2）该策略的另外一个亮点是通过模拟交易的方式，当系统亏损后才进入，以期能够提高系统的胜率。

（3）从具体绩效来看，小周期的表现要好于大周期，这主要是由于大周期（日线）级别的相对交易机会过少所致，从整个周期的表现来看，该策略不算很完美。

（4）从策略稳定性来说，策略绩效分布较为稳定，品种适应性强。

（5）从系统的设计初衷来看，通过模拟交易反馈的盈亏结果来决定是否交易的方式并未显著提高系统的胜率。

12.2.8 Dual Thrust

1. 策略简介

Dual Thrust 是由 Michael Chalek 在 20 世纪 80 年代开发出来的，曾被 Future Trust 杂志评为最赚钱的策略之一。Dual Thrust 系统策略十分简单，思路简明。但正所谓大道至简，该策略适用于股票、期货、外汇等多类型市场，如果配合良好的资金管理和策略择时，则可以为投资者带来长期稳定的收益。

2. 策略原理

上下轨的确定：

Dual Thrust 是典型的区间突破型策略，以今日开盘价加减一定比例的 N 周期内的价格振幅（Range）确定上下轨。

Dual Thrust 对于多头和空头的触发条件考虑了非对称的幅度，做多和做空参考的 Range 可以选择不同的周期数，也可以通过参数 K1 和 K2 来确定。

具体计算过程如下：

（1）N 日 High 的最高价 HH，N 日 Close 的最低价 LC。

（2）N 日 Close 的最高价 HC，N 日 Low 的最低价 LL。

（3）Range = Max(HH-LC,HC-LL)。

（4）上轨（upperLine）= Open + K1×Range。

（5）下轨（lowerLine）= Open + K2×Range。

买卖条件：

突破上轨做多，跌破下轨做空。

3. 策略源码（基于 TB 平台）

```
Params
Numeric K1(0.5);
Numeric K2(0.5);
Numeric Mday(1);
Numeric Nday(1);
Numeric lots(1);
Numeric offset(0);

Vars
Numeric BuyRange(0);
Numeric SellRange(0);
Numeric BuyTrig(0);
Numeric SellTrig(0);
Numeric HH;
Numeric LL;
Numeric HC;
Numeric LC;
Numeric i_offset;
Numeric BuyPosition;
Numeric SellPosition;

Begin
       i_offset = offset*MinMove*PriceScale;
       HH = Highest(HighD(1),Mday);      //计算一定周期内的最高价的最大值
       HC = Highest(CloseD(1),Mday);     //计算一定周期内的收盘价的最大值
       LL = Lowest(LowD(1),Mday);        //计算一定周期内的最低价的最小值
       LC = Lowest(CloseD(1),Mday);      //计算一定周期内的收盘价的最小值
//计算 BuyRange 和 SellRange
       If((HH - LC) >= (HC - LL))
       {
              SellRange = HH - LC;
       }
       Else
```

```
        {
               SellRange = HC - LL;
        }

        HH = Highest(HighD(1),Nday);
        HC = Highest(CloseD(1),Nday);
        LL = Lowest(LowD(1),Nday);
        LC = Lowest(CloseD(1),Nday);

        If((HH - LC) >= (HC - LL))
        {
               BuyRange = HH - LC;
        }
        Else
        {
               BuyRange = HC - LL;
        }
//计算通道上下轨
        BuyTrig = K1*BuyRange;
        SellTrig = K2*SellRange;

        BuyPosition = OpenD(0)+BuyTrig;
        SellPosition = OpenD(0)-SellTrig;

        PlotNumeric("BuyPosition",BuyPosition);
        PlotNumeric("SellPosition",SellPosition);
//入场条件：突破上轨反手多，跌破下轨反手空
        If(MarketPosition == 0)
        {
               If(High>=BuyPosition)
               {
                      Buy(lots,Max(Open,BuyPosition)+i_offset);
                      Return;
               }

               If(Low<=SellPosition)
               {
                     SellShort(lots,Min(Open,SellPosition)-i_offset);
```

```
                Return;
            }
        }

        If(MarketPosition == -1)
        {
            If(High>=BuyPosition)
            {
                Buy(lots,Max(Open,BuyPosition)+i_offset);
                Return;
            }
        }

        If(MarketPosition == 1)
        {
            If(Low<=SellPosition)
            {
                SellShort(lots,Min(Open,SellPosition)-i_offset);
                Return;
            }
        }
    End
```

4. 测试结果

本次测试采用 30 个国内期货品种，分为 2 小时、4 小时和日线级别的测试，结果如表 12.13 和图 12.19 所示。

表 12.13　Dual Thrust 系统测试结果

评价指标＼测试周期	2h	4h	日线
年度收益率	274.26%	273.90%	273.31%
胜率	37.23	37.23%	37.23%
平均盈利/平均亏损	2.63	2.63	2.62
夏普比率	1.58	1.58	1.60
收益风险比	1.75	1.76	1.83
R^2	0.75	0.75	0.75

数据来源：宽潮教育

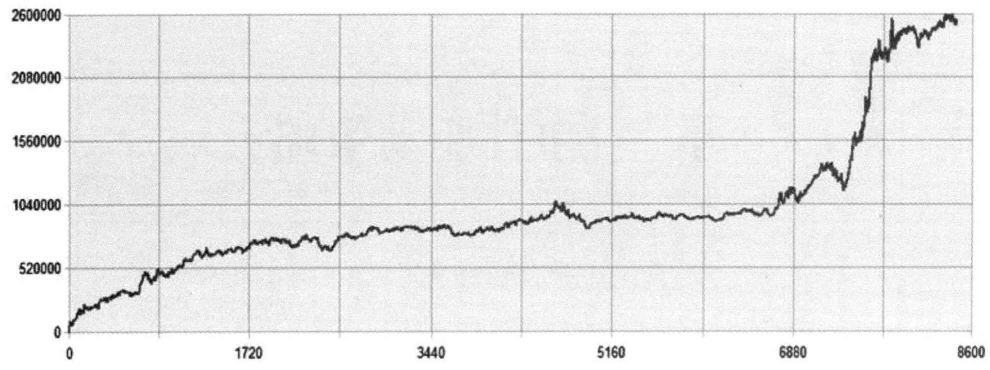

图 12.19 Dual Thrust 交易策略收益率曲线（日线级别）

数据来源：宽潮教育

5. 经验总结

（1）该策略品种和周期适应性都十分出色，适用于股指和商品期货等大部分交易标的。

（2）该策略的绝对收益率十分优秀。

（3）该策略对于投资标的的流动性有较强的要求，流动性越好，策略表现越好。谨慎参与价格跳空的交易标的。

（4）该策略回撤较大，需要做好严格的资金管理和风险控制。

（5）该策略是非多即空的趋势追踪策略，该属性决定了产生趋势一定会抓住，因此比投资组合更有优势，可以抓住大部分品种的趋势行情，同时也更有利于资金管理。

第 13 章 事件驱动策略

◆ 摘要 ◆

事件驱动策略（Event Driven Strategies）是国际对冲基金较为成熟的策略之一，它往往依赖于影响公司价值的短期具体事件，如公司并购、破产、重组和重大资本结构变动等。事件驱动型基金在整个对冲基金行业管理资产规模的比重高达 25%以上。该策略的收益率与大盘的相关系数一般较低，往往可以取得独立于大盘的较好收益率。这种类型的策略一般可以做到较低的风险和较高的收益率，但是作为代价，能够容纳的资金规模必然是比较小的。

我国的制度背景与美国等成熟市场迥异，事件驱动策略的运用也截然不同。首先，我国缺乏个股层面的有效做空机制，实务中多数事件驱动策略仅为买入。即使同时运用股指期货进行卖空对冲，也不能较好地控制事件涉及公司的行业等其他风险。其次，我国上市公司各类重大事件的驱动因素及机理与国外市场大为不同，且受制度变动影响甚大，造成事件驱动策略的长期稳定性不佳。比如，国外流行的兼并套利策略在我国就无法进行，而破产证券交易策略也由于我国独特的 ST 制度变为“炒重组”概念。

事件驱动策略在我国投资界也被日益重视起来，许多知名券商的研究部门纷纷设置了金融工程组对其进行量化研究。目前我国业界事件驱动策略中包括的常用重大事件有重大政策、重要会议活动、天灾人祸、业绩预增、高送转、定向增发、股权激励、重组并购、ST 摘帽、分析师调研活动等。可以看出，与国际常用策略不同，国内常用策略一方面与政府政策高度相关，另一方面多为市场追捧的利好消息。这也是事件驱动策略为何在实务中往往被解读为“炒题材”或“炒消息”的原因。

也许有人会问：如果上市公司具备明显的操纵动机，那么监管部门难道不能出台政策来避免此类行为的产生吗？事实上，在我国市场仍缺乏深层次有效治理环境的情况下，尽管监管层出台了大量法律法规来规范上市公司的行为，但仍无法避免其操纵行为。究其原因在于，许多市场行为很难用简单的法规条文来进行约束。目前上市公司的大多数操纵行为恰恰是为了规避这些法律法规。

比如，被广为诟病的 IPO 发行制度引发了新上市公司对其历史业绩的大量“粉饰”、甚至造假行为。为了避免中小投资者遭受损失，监管层在一段时间内曾设立了隐性的发行市盈率上限。然而这样的监管政策未必达到了目的。有研究表明，恰恰是在这段时间内，IPO 公司上市前的盈余管理程度较其他时期更高。另一个例子是备受争议的 ST 制度。ST 制度的本意是对于连续亏损的企业，给投资者进行风险提示。但该制度引起大量上市公司为避免亏损而虚增利润或“大洗澡”巨亏进行跨年度转移利润等操纵业绩的行为。

此外，现有的不少法规对上市公司在进行与股价相关的重大决策时的定价基准进行了详细要求。例如，《上市公司股权激励管理办法》中规定授予股票期权时的行权价格不应低于下列价格较高者：（1）股权激励计划草案摘要公布前一个交易日的公司标的股票收盘价；（2）股权激励计划草案摘要公布前 30 个交易日内的公司标的股票平均收盘价。上市公司的管理层希望能获得较低的行权价格，在公司策划股权激励方案时存在打压股价的动机，便有可能在方案披露前进行负向业绩操纵或披露对股价有负面影响的消息。再比如，《上市公司非公开发行股票实施细则》中要求定向增发的股票发行价格不低于定价基准日前 20 个交易日的股票交易均价，其定价基准日可以为相关的董事会决议公告日、股东大会决议公告日或发行期的首日。如上市公司希望其定向增发价格较好，则倾向于将摘要公布前披露的报表业绩进行“粉饰”，并在增发完成前多披露正面消息。

由此可见，在配套制度不完善的情况下，通过行政管理的方式对上市公司的市场行为进行规范，结果可能是缘木求鱼。下面就一些操纵动机较为明显的公司事件一一进行讨论。

13.1 困境证券类

1. 基于 ST 制度的策略

1998 年实施的股票上市规则规定，连续两年出现亏损等异常财务状况的上市公司的股票交易将被进行特别处理：股票报价日涨跌幅限制为 5%，股票名称改为原股票名前加“ST”，且公司的中期报告必须审计。公司经营如果连续三年亏损，则将被实施退市预警。这就是我们所说的 ST 制度。

首先，有研究表明，ST 制度导致上市公司会尽量避免亏损，其操纵利润的表征是：微亏的公司概率分布极低，但微利的公司概率分布却异常高。如果上市公司在年末通过业绩操纵尽量避免了当年亏损，则其下一年年初的业绩因为此前的透支往往缺乏后劲。比如中国一重（601106.SH）为了在行业困难的 2012 年报出微利 2934 万元，在 2012 年年末进行了业绩操纵，但公司 2013 年第一季度的业绩恶化就较为明显，亏损了 9358 万元，同比增长-502%。当上市公司前一年已经报告了亏损之后，第二年会竭尽全力操纵利润避免连续亏损两年而被 ST。此时，可以根据前期季度财务报告、公司所处行业情况、控股股东情况等因素来提前综合判断公司年报亏损的概率。如果判断公司有较大概率在第二年将连续亏损，那么一般来说公司将操纵利润进行巨亏，通过“大洗澡”来转移利润至下一年度，减少第三年继续亏损的概率。因此，公司如果被 ST，则往往意味着其下一年度业绩反转的概率较高。比如，鞍钢股份（000898.SZ）的 2012 年年报巨亏 41.57 亿元，而 2013 年业绩则大幅好转，实现盈利 7.7 亿元，部分原因就是其跨年度的业绩操纵。

其次，即使公司的经营再糟糕，通过业绩操纵在第三年也无法避免亏损，其控股股东也不会允许公司被退市。由于上市公司的“壳”价值较高，所以公司会积极寻找重组或者借壳的机会，其股票仍存在较好的获利机会。可以看出，我国的特殊制度导致了上市公司围绕盈亏平衡的大量业绩操纵行为，在很多情况下可以较清楚地提前预测公司的业绩走向，从而通过相应的交易策略获利。

2. 基于限售股解禁的策略

大小非限售股解禁日期是市场非常关注的事件，因此围绕该事件进行的策略研究也是热门。一般来说，上市公司的大小非如果存在减持动机，那么当然希望在其股票解禁后能以较高的市场价格出售，以实现利益最大化。一方面，限售股解禁日是公开信息，普通投资者在解禁事件之前就可预期到解禁将对股价带来负面压力；另一方面，上市公司为了配合大小非解禁，可能会在其计划减持前进行业绩操纵，发布利好消息以促使股价上涨。这两方面的力量导致限售股解禁日期附近存在大量不确定性，难以简单地使用该日期作为事件进行策略交易。比如，齐鲁证券对 2008—2013 年的所有首发限售股解禁进行了研究，发现在限售股解禁前公司的股票价格明显跑输大盘，但在限售股解禁后则能小幅跑赢大盘。

在限售股解禁策略的研究中，要着重分析大小非减持的意愿及操纵能力。大小非的身份及持股比例、控股股东的股权性质、市场大盘的走势、公司所处行业情况、公司股票的估值水平等众多因素都可能对大小非减持的意愿及操纵动机造成影响。比如，由于审批流程复杂，且受益对象并非管理层，国有性质的大非自身的减持意愿往往很弱。与之相比，民营性质或个人持股的大小非进行操纵及减持的意愿较强。

通过对 2012 年 11 月至 2013 年 10 月 30 家创业板上市公司进行的 90 起控股股东减持事件进行研究，得出以下结论：在解禁日前 3 个月，创业板公司的股票价格平均跑赢创业板指数；创业板控股股东如果减持，则可能更倾向于在解禁后的短期内（1～3 个月）进行减持；解禁后减持比例较大且自然人股东的减持比例远远大于机构股东；在控股股东减持前的短期内公司倾向于披露好消息，而坏消息则大都在减持后披露；许多减持公司在减持前披露业绩靓丽的年报并发布“高送转”公告来拉升股价；自然人控股股东相比于机构控股股东来说更倾向于进行操纵。

事实上，如果使用模型预测控股股东的减持动机，则可以在 2013 年构建基于解禁日的事件投资组合，在解禁日前 2 个月该组合的收益率平均跑赢创业板约 10%。因此，在基于大小非限售股的解禁策略研究中，应从多方面分析大小非减持的意愿及操纵能力，才能取得较好的投资回报。

13.2 并购套利类

1. 基于股权增发再融资的策略

我国长期以来对 IPO 市场的管制较为严格，不仅对发行估值水平，且对发行融资量进行限制，造成许多公司的 IPO 融资价格过低且融资量不足。因此，不少公司在上市后不久仍计划通过股权增发进行融资。我国的增发可分为定向增发和公开发行。由于定向增发对于上市公司的盈利能力并无严格要求，因而自 2006 年以来定向增发类的融资项目发展迅猛。根据齐鲁证券研究部的报告，2008—2013 年向非关联方定向增发实施事件前后各 100 个交易日中，可分别获取 15.4%和 6.1%的超额收益率，大大高于公开发行事件的相应收益率水平。

定向增发事件期间的高额收益来源到底是什么？一般来说，上市公司都希望增发能顺利地以较高的价格完成。一种可能性是管理层选择市场高估公司股票价格的时机来进行增发。对美国市场的大量研究都支持了这类假想，他们发现增发公司的股票价格一般在此后相当长的时期内会跑输大盘。另一种可能性是上市公司在增发期间主动通过粉饰，甚至操纵报表业绩，以及进行选择性的正面消息披露来影响市场价格。由于定向增发面对的是特定的投资者，上市公司可以与其私下“沟通”，为了成功增发，更容易进行合谋操纵。对于之前盈利能力较差的公司，要使定向增发成功，往往需要在短期内释放出更多的利好消息。因此，公司在增发期间的操纵可能更为严重，导致其股票长期表现不佳。

一个典型的例子是 2013 年京东方的定向增发。2012 年，京东方公布了总额超过 600 亿元的新增投资项目。但由于其股价在当年 9 月前已跌破净资产，作为国企的京东方不能以低于净资产的价格进行股权融资，因此当时公司无法进行定向增发。借助 2012 年年底行业的复苏背景，京东方采用了较为激进的会计政策对其 2012 年年报业绩进行粉饰，且上调整了其 2013 年半年报业绩预期。不断释放的利好导致公司股价表现强劲，最高达到 2.82 元。公司在不久后的 2013 年 7 月 25 日就发布了上市后的第 5 次再融资方案，计划定向增发募集 460 亿元。定向增发完成后，京东方的股价又迅速下跌至 2 元附近。

而对于公开增发的上市公司，尽管现有研究显示其股票价格在增发期间表现平平，但这可能意味着公司的操纵也较少，增发后其股票价格的长期表现可能更佳。笔者研究发现， 1998—2010 年，公开增发的公司股票价格在增发完成后的一年左右平均跑赢大盘约 12%，在未来三年期间平均跑赢同行业类似公司约 10%。笔者还发现，公开增发公司股票的优异表现对于小型公司更为明显。这样的结果显示公开增发公司的后劲较足，在组建交易策略时可以考虑长期持有。

2. 与关联方相关的定增及整体上市交易策略

与上述股权增发再融资的一般动机不同，当定向增发涉及从控股股东或其他关联方融资或购买资产时，上市公司可能会希望增发的价格较低，这样公司的关联方能以相同的资金或资产换取上市公司更多的股份。在这种动机的驱使下，上市公司在增发期间不倾向于披露促使股价上涨的正面信息，甚至有可能通过各种手段将公司业绩下调，或选择性地披露负面消息来打压股价。

有学术研究发现了与此动机一致的经验证据：上市公司向其控股股东及其子公司增发新股以收购其资产时，会进行负向的盈余管理；第一大股东的持股比例越高，上市公司盈余管理的程度就会越强；且定向增发前负向盈余管理的程度越高，定向增发后股票价格表现越好。此外，在齐鲁证券的研究报告中，向关联方定向增发的预案公告后的 100 个交易日中，股票的超额收益率甚至为负数，较向非关联方定向增发的相应事件收益率要低 5%左右；与之类似，向关联方定向增发实施事件前后各 100

个交易日中，超额收益率仅分别为 3%和 1%左右，大大低于向非关联方定向增发的相应事件收益率。这些发现都与上市公司存在对关联方定增期间向下打压股价的动机相吻合。

当上市公司的控股股东通过定向增发将其大部分未上市资产注入上市公司实现整体上市时，交易的金额较高，对控股股东的重要性也更大，因此其操纵动机也更为明显。对 2006—2013 年间 119 家实行定增整体上市的国有企业样本进行研究发现：计划整体上市的国有控股上市公司在方案公告前往往会采用负向的盈余管理来隐藏利润、压低股价，导致在重组方案公告前 3 天至前 30 天期间的股票累计收益率平均为负值；在方案正式公告前 2 天至方案公告后的 5 个交易日左右，整体上市公司股票的超额收益率平均可达 15%左右。2013 年 9 月，中国重工（601989.SH）公告计划将其控股股东中国船舶重工集团所属的军工重大装备总装业务资产整体上市。在公告前的大半年时间里，中国重工的股价走势疲软且走势整体弱于大盘和行业指数，尤其是在所选择的定价基准日 2013 年 9 月 11 日，股价达到 9 个月以来的最低点。分析表明，为了将整体上市的定价基准降低，中国重工在 2012 年年末进行了较明显的负向盈余操纵，比如公司的海洋工程产品在营业收入大涨 606%的情况下，毛利率却大幅下挫了 17%。

对于民营控股上市公司的整体上市，其实际控制人对于整个流程中的利益谋划会更为深远，其中所涉及的业绩操纵幅度可能更大。个中的原因很简单，上市公司母公司的未上市资产大部分属于实际控制人的个人资产，在整体上市后所产生的利益也大都归其所有。一个较典型的案例是 2013 年美的集团通过吸并换股美的电器的方式实现整体上市，其实质是将美的集团除美的电器大家电业务之外的小家电、机电及物流等资产注入上市公司。笔者分析发现：美的集团从 2011 年下半年起对大家电渠道持续实行去库存，使美的电器营收下降，打压其股价；同时，美的集团使小家电业务在高杠杆及延迟渠道去库存的影响下获取超额利润，其目的是增加小家电等非上市资产在整体上市后所占集团股权的比例。

因此，对于涉及从控股股东或其他关联方融资或购买资产的定向增发，可以考虑在发行方案公告后买入并长期持有。对于存在整体上市可能的公司，如果发现其存在有意调低利润的迹象，则在公司整体上市方案未披露的情况下也可以买入股票，等待重组消息的披露及前期隐藏的业绩逐步回归。

13.3 绩效激励类

1. 基于股权激励的策略

上市公司向其高管及骨干力量授予股票或期权进行股权激励，对公司的股价将产生长期影响。一方面，被激励人员与上市公司的利益较之前更为一致，使其在股权激励实施后会更努力地工作，改善公司基本面。另一方面，被授予的股权激励对于高管个人来说往往是较大的一笔财富，给他们带来较强的动机进行操纵，从而在股权激励的授予、考核、行权及减持等过程中获取对自身有利的条件。

首先，在股权激励预案出台之前，上市公司的管理层存在的动机主要是获得较优惠的激励价格及考核条件。因此，上市公司在股权激励方案的制订过程中会尽量避免释放利好，有时甚至会进行向下的业绩操纵来打压股价和压低考核指标。例如，海信科龙在 2010 年年底公布的首期股票期权激励计划规定授予期权行权的主要业绩条件是：各年扣除非经常性损益后净利润增长率的平均数不低于 20%，且各年加权平均净资产收益率的平均数不得低于 15%。然而，这些指标的设计颇值得玩味。2010 年，海信科龙的扣非后净利润仍在低位，仅为 1.85 亿元，对应净利率才有 1.05%；且公司的净资产在海信集团资产注入后才从负权益恢复，2010 年年末余额仅为 5.41 亿元，占总资产的 6.75%。一旦公司的经营改善，非常容易达到这些考核标准。

其次，在股权激励开始实施后，当年公司的年报往往会存在一定程度的业绩反转，引发股价持续上涨。在股权激励的考核期间，管理层一方面要尽量使公司的业绩满足考核要求，另一方面会控制业绩的释放节奏，保留一些后劲供减持期使用。在此期间，公司的股价很难持续大涨。如果公司的前期业绩能满足股权激励方案的考核条件，则上市公司的行为会受管理层的节税动机影响。当管理层计划将其持有的期权行权时，会希望股价走低，这样他们缴纳的所得税会较少。比如，海信电器在 2011 年及 2012 年的两批次管理层行权前均披露了较差的季度业绩，且股价都在阶段低点。在管理层所获的股权可以出售时，他们具有最强的动机来释放业绩和披露各种正面信息以推高股价。海信电器的多位高管在 2012 年及 2013 年年初都成功地在最高价附近减持。

最后，由于所有人缺位，国有控股的上市公司存在较强的代理问题，其管理层对公司决策的影响也更大，导致公司更倾向于发布“福利型”的股权激励计划；而民营控股上市公司的股权激励计划更倾向于“激励型”，对管理层的努力和公司未来业绩增长会提出较高的要求。对于这两类股权激励计划，有必要分开进行研究。因此，上市公司实施股权激励对于其业绩的波动具有复杂的潜在影响，在构建交易策略时要根据公司的特征及管理层在相应阶段的操纵动机进行设计。

2. 基于“高送转”的策略

上市公司送股、转增股票既不影响其当期现金流，也不影响其未来现金流，本质上并不应该影响公司价值。但长期以来，我国投资者对高送转公司的股票趋之若鹜，市场反应积极，导致近年来上市公司高送转的比例逐年提升，10 送 10 这样的“高送转”已较为常见。对于如何理解这种我国资本市场较特殊现象的背后机制，学术界一直没有达成共识。但较为确定的是，上市公司时常利用投资者对高送转公司股票的认识误区，通过高送转的公告来推高股价，以达成某些特定的目的。比如，近年来创业板控股股东在减持前经常使用高送转公告进行配合。

那么，从投资策略的角度是否可以利用上市公司的高送转行为来获利呢？笔者在 2012 年发表的论文中对 2006—2010 年进行每 10 股送转 5 股及以上的公司进行了研究，发现有助于预测高送转的因子包括股价、每股未分配利润与资本公积、股本、是否为次新股及上一年是否高送转等。在每年第三季度报告出台后，可利用这些因子进行建模，预测当年公司进行高送转的概率。然后选取预测概率最高的 30 家公司的股票构建投资组合，在公司公布分红方案后卖出。在该研究中，使用样本外数据进行预测的准确率在 53%～87%之间，鉴于所有股票高送转平均概率只有 11.3%，预测效果还算不错。此外，2007—2010 年基于高送转概率模型的投资组合的收益率在 8%～48%之间，平均收益率高达 27%。考虑到持仓期仅有几个月，这样的回报率高得惊人。

上市公司在高送转公告出台之前往往还会陆续披露其他利好信息，以促使股价上涨。高送转不是上市公司的目的，而仅是其操纵股价的手段之一。基于高送转的预期构建的交易策略是否成功，在较大程度上依赖于投资者对上市公司控制者操纵动机的解读。

13.4 制度缺陷类

1. 基于可转债转股操纵的策略

我国的可转债市场与国际成熟市场的规则大为不同，发行的可转债一般来说内含美式看涨期权、回售权、特别向下修正权和提前赎回权等选择权。在股票融资受到较严格监管的情况下，我国上市公司往往将可转债作为股权融资的替代品，期望最终将其转为股票，而不是还本付息。当公司股票估值低迷的，发行可转债的上市公司往往会向下修正转股价、释放利好甚至操纵业绩来将股价抬高至转股价之上，促成转股。由于小盘股波动性大，对利好信息的敏感度更高，业界普遍认为小盘转债公司的操纵更强。

在可转债的发行和存续期间，我国的上市公司存在较多动机对公司业绩及股价进行操纵。与股权增发类似，在可转债发行前，上市公司希望能以较优惠的利率募集较多的资金，因此存在动机粉饰业绩、披露利好消息。这样，在可转债发行完成后的一段时间里，发行公司的股票价格将缺乏上涨的动因，可能表现疲软。

我国许多可转债的条款中都含有修正转股价格的较灵活条款，比如隧道转债规定的修正条件是：当公司股票在任意连续 20 个交易日中有 10 个交易日的收盘价低于当期转股价格的 90%时。这样的规定能极大地增加可转债的内在价值，但对于中小股东来说实为不利，会以不利条件大幅稀释其持股比例。上市公司提出向下修正转股价格就反映了公司董事会希望促成可转债最终转股的强烈动机。在公司治理比较完善的公司，修正转股价格的议案可能会遇到较大阻力。比如，2014 年 2 月，民生转债向下修正转股价的议案就在民生银行的股东大会中被否决。

因此，在可转债存续期间上市公司决定何时促成转股存在较大的不确定性。一方面，可以使用模型预测公司将转股价向下修正发生的概率，应考虑大股东持券情况、大股东持股比例、可转债的稀释比例、可转债的价内外程度及上市公司的偿债能力等多方面因素，选取预测修正概率较高的可转债进行投资。另一方面，在上市公司难以通过修正转股价来促成转股的情况下，如公司股价远低于净资产，判断上市公司对业绩及信息披露进行操纵来促成股价上涨的动机，可以考虑的因素有回售条款是否接近被触发、可转债的存续期限、可转债的价内外程度、大股东的股权性质、大股东的资源情况等。基于这些分析，较好的策略是选择操纵动机较强的公司股票或可转债进行投资，等待公司释放业绩及利好。

2. 其他基于操纵动机的策略

除了以上提及的较为普及的几种基于操纵动机的交易策略外，还可以利用上市公司的其他动机进行获利。比如，2011 年 4 月底，攀钢钒钛整体上市方案公布后，公司控股股东承诺的第二次现金选择权到期。如果这些选择权全部被行权，那么鞍钢集团将需付出约 245 亿元的巨额资金，攀钢钒钛还会面临退市的风险。攀钢钒钛的股票在

2010 年年底之前曾长期低于现金选择权的行权价，引发大量资金进行套利。而攀钢钒钛在现金选择权到期前通过盈余管理 ST 摘帽及海外铁矿资产的注入等手段将股价拉高至 14 元以上，成功地避免了选择权行权。此外，有研究发现，国有控股上市公司的董事长变更或政治晋升会带来对公司业绩的操纵行为，引发股价的异常波动。在面临食品安全问题或生产安全重大事故等危机事件时，上市公司也可能对业绩进行短期操纵，以维系股价与市场信心。

我国上市公司还存在大量对业绩及股价的操纵动机，本文无法一一详尽列举。但毫无疑问，在对上市公司进行投资之前，对其操纵动机进行深刻分析实有必要。

3. 制度环境引发获利空间

尽管现有研究发现，美国上市公司的管理层也会出于期权行权或其他相关动机进行对其有利方向的盈余管理，但从上市公司或管理层的操纵动机的角度进行选股的策略在美国较为少见。一方面，美国市场的公司治理完善、法制约束力强，管理层往往不敢或不能进行过分的操纵行为。另一方面，其投资者较为专业，在大多数情况下能从其报表中解读出盈余管理成分，从而在定价时进行相应的调整。

而在我国 A 股市场，法律制度对中小投资者的保护严重不足，导致上市公司的各类操纵成为普遍现象。首先，会计师事务所对于财务报告把关不严，造成许多上市公司操纵利润甚至造假。而在多数情况下，中小投资者对此毫无办法，最多只能“用脚投票”。其次，不少上市公司与机构投资者合谋，进行所谓的“市值管理”，利用各项利好或利差信息的释放来配合机构投资者对其股票的炒作。尽管近期监管层对内幕交易进行了一定程度的打击，但此类合谋操纵股价的现象在实务中仍较为常见。最后，我国股票市场的投资者普遍专业程度缺乏，且投机性强，对财务报表及其他信息披露的解读不深，容易被上市公司提供的表面信息所误导。

可以预见，在我国 A 股市场的制度环境大幅改善之前，上市公司基于自身或关联方的利益诉求对公司的业绩及其他信息披露进行操纵的现象很难得到本质上的缓解。因此，从上市公司操纵动机的角度进行相应的事件驱动策略投资在今后较长时间内仍可获利丰厚。

第 14 章　期权策略

◆ 摘要 ◆

期权的优点在于收益无限的同时风险损失有限，因此在很多时候利用期权来取代期货进行做空、套利交易，会比单纯利用期货套利具有更小的风险和更高的收益。利用期权的各种组合，可构建多种套利策略，包括股票-期权套利、转换套利、跨式套利、宽跨式套利、蝶式套利和飞鹰式套利等。

14.1　基本概念

1. 期权介绍

（1）标的资产：每份期权合约都有一个标的资产，标的资产可以是众多金融产品中的任何一种，如普通股票、股票指数、期货合约、债券、外汇等。通常把标的资产为股票的期权称为股票期权，以此类推。所以，期权有股票期权、股票指数期权、外汇期权、利率期权、期货期权等。

（2）期权行使价：在行使期权时，用以买卖标的资产的价格。在大部分交易期权中，标的资产价格接近期权行使价。期权行使价在期权合约中都有明确的规定，通常是由交易所按一定标准以减增的形式给出的。

（3）数量：期权合约明确规定合约持有人有权买入或卖出的标的资产数量。

（4）行使时限：每份期权合约都有有效的行使期限，如果超过这一期限，则期权合约即失效。

按执行时间的不同，期权主要分为两种：欧式期权和美式期权。欧式期权是指只有在合约到期日才被允许执行的期权，它在大部分场外交易中被采用。美式期权是指可以在成交后有效期内任何一天被执行的期权，多为场内交易所采用。

与期货相比，期权最大的优势是损失有限，无论市场是涨还是跌，最大的损失就是权利金，而不像期货那样，会损失数倍于保证金的资金。这个优势使得利用期权进行套利交易成为一种比较好的交易策略。

2. 期权交易

期权交易的了结方式与期货类似，包括对冲平仓和履约平仓两种方式。

（1）对冲平仓。看涨期权的卖方若想对冲了结在手的合约部位，则只需卖出同样内容、同样效果的看涨期权合约即可。对于看跌期权的卖方来说，为了对冲合约部位，必须通过卖出内容、数量相同的看跌期权合约给予平仓。反之，对于期货期权的卖方也是如此，如果期货期权卖方希望通过对冲了结其在手的合约部位，就必须以相同的执行价格和到期日买入数量、内容相同的期权合约。在期权合约有效期内的任何交易时间内，买方和卖方均可将在手的未平仓期权部位予以对冲。

（2）履约平仓。期货期权也可以通过履约平仓。但在期货期权交易中，只有期权买方有权在期权合约规定时间内要求履行合约，并在期权合约规定的执行价格水平获得一个期货交易部位。买方可以在期权合约有效期内的任何一个交易日包括最后交易日（美式期权）要求履行期权合约，即按照预先确定的执行价格买入或卖出一定数量的相关期货合约，而卖方必须做好履行合约的准备。在履约方面，买方只有权利没有义务，卖方只有义务没有权利。

期权交易的结算方法如下。

（1）卖方保证金。期权结算是期权交易中不可缺少的一环。由于买方的最大风险是成交时所交的权利金，因此对于买方来说没有每日结算风险。但卖方的风险与期货一样依然存在，因此，交易所要对卖方进行每日结算。

传统的期权保证金制度以纽约商品交易所为代表，每张卖空期权保证金为下面两者中的较大者：权利金+期货合约保证金–虚值期权价值的一半；权利金+期货合约保证金的一半。

（2）买方权利金结算。买方不进行每日结算。买方一旦成交，其权利金从其结算准备金账户上划出，这是买方可能面临的最大风险，一旦平仓，则按照权利金平仓价全部划入其结算准备金账户。

（3）履约结算。对于美式期权来说，每天都可能有履约情况发生。如果买方提出执行权利，则交易所按照配对原则找出相应的卖方。配对后，当日各自的期权持仓自动消失，结算部门收取的卖方交易保证金也于当日自动划入卖方结算准备金账户。至于买方，因为成交当日的权利金已经划出，不进行每日结算，所以执行权利后也没有权利金的划转问题。至于两者转换的期货部位，可视为新建立了期货部位，按照期货结算方法进行每日结算。

（4）权利放弃时的结算。在最后交易日闭市后，虚值、平值期权及提出不执行的实值期权将自动失效，其持仓在最后交易日后随着合约的到期也自然消失。当权利放弃时，买方不用结算，而卖方所支付的交易保证金全部划入其结算准备金账户。

（5）实值期权自动结算。在到期日闭市后，所有没有提出权利执行的实值期权将由结算部门自动结算。

3. 牛熊证

牛熊证的发展历史不到十年，在海外市场主要集中在德国、瑞士、英国和澳大利亚。其中欧洲和澳大利亚的牛熊证市场是增长最快的市场之一，德国法兰克福和斯图加特两家交易所上市的牛熊证超过 5500 种，每月平均成交额达到 80 亿港元。中国香港从 2006 年 6 月正式上市交易这个产品，立刻得到了迅猛发展。从总体上看，牛熊证是一种十分成功的产品，无论是初次发行还是二手市场都很活跃。

牛熊证的全称为可收回牛熊证（简称 CBBC），是追踪标的资产表现的一种结构性产品，允许持有人在一定期限内，以某个指定的价格，向发行人购入（或出售）一定数量的证券、商品、外汇或金融其他产品。但如果前标的资产在到期前到达某一指定水平（称为收回价），则发行商立即收回牛熊证（称为强制收回机制）并终止其交易。

牛熊证多数是以股票或股票指数作为标的资产的，但也有不少其他资产，如货币和商品等。牛熊证的持有期限一般为 3 个月至 5 年。

按与标的资产的价格关系区分，与认购权证和认沽权证相对应，牛熊证可分为牛证和熊证，看好标的资产后市的投资者可选择牛证，相反则选择熊证。

这里先简单介绍强制收回机制，因为这是牛熊证与权证相区别的重要特征。牛熊证具有收回价，其具体价格由发行商在发行前设定，一旦标的资产价格在交易期间触及收回价，则触发强制收回机制。牛熊证提早到期，由发行商收回，其买卖也会即时终止，整个过程称为强制收回事件。

14.2 股票–期权套利

股票和期权的套利组合有两种：一种是做多股票的同时买入认沽权证；另一种是做空股票的同时买入认购权证，分别用多头套利和空头套利来表示。多头股票-期权套利综合分析如表 14.1 所示。

表 14.1 多头股票-期权套利综合分析表

组合方式	买入股票的同时，买入该股票的认沽权证 买入 A 股票的同时，买入指数的认沽权证
使用范围	后市方向不明确，但认为会有显著的价格变动，波动性会增大。波动性越大，对期权部位越有利。只要价格波动超过高平衡点或低于低平衡点，就会有盈利
最大风险	所支付的全部权利金。随着时间的损耗，对部位不利

1. 股票-股票期权套利

案例 1：多头股票-股票期权套利组合

在 2 月份，有如下 5 月到期的某股票的认沽权证：

权证类型	正股价格	行权价	行权比例	当前价格	到期日
认沽	45 元	50 元	10	0.5 元	5 月 31 日

某投资者在 2 月份买入 1 万股该股票，投入资金 45×10 000=45（万元）；同时买入 10 万股该股票的认沽权证，支付资金 100 000×0.5=5（万元）。总投资为 50 万元。假定到了 5 月 31 日，分别以股票小于 45 元、等于 50 元、大于 50 元为例，说明该套利组合的结果。

如表 14.2 所示，股票认沽权证组合的最大作用就是锁定了下行风险。如果股票价格出现下跌，则不会有任何损失；如果股票价格上涨超过行权价，则可以获得超额收益。这种方式类似于股指期货套保，但股指期货套保无法获得超额收益。

表 14.2 多头股票-股票期权套利案例损益分析表

股票情况	股票价值	认沽权证价值 （1）（行权价－标的价）/行权比例 （行权价>标的价） （2）0（行权价<标的价）	总价值= 认沽价值+ 股票价值	盈利率= （总价值-权利金）/权利金
55 元	55×1 万=55 万元	0	55 万元	(55 万-50 万)/50 万=10%
50 元	50×1 万=50 万元	0	50 万元	(50 万-50 万)/50 万=0%
40 元	40×1 万=40 万元	[(50-40)/10] ×10 万=10 万元	50 万元	(50 万-50 万)/50 万=0%

2．股票-指数期权套利

案例 2：股票-指数期权套利

在 2 月份，有如下 5 月到期的恒生指数的认沽权证，当前恒生指数为 13 500 点。同时有某股票，当前价格为 13 元，投资者认为在未来 3 个月该股票价格会跑赢恒生指数，但是由于无法确定恒生指数的涨跌，故而可以构建股票-指数认沽权证的对冲组合。

权证类型	恒生指数	行权价	行权比例	当前价格	到 期 日
认沽	13 000 点	13 500 点	10 000	0.05 元	5 月 31 日

该投资者买入股票 1 万股，投入资金 13×1 万=130 000（元）；同时买入 10 万股恒生指数的认沽权证，投入资金 0.05×10 万=5000（元）；总资金为 13.5 万元。

假定到了 5 月 31 日，分别以恒生指数上涨 20%、10%、0、-10%，股票价格跑赢恒生指数 10%，即分别为 30%、20%、10%、0 为例，说明该对冲组合的效果，损益分析如表 14.3 所示。

表 14.3 多头股票-指数期权套利案例损益分析表

恒生指数	股票价值	认沽权证价值 （1）（行权价－标的价）/行权比例 （行权价>标的价） （2）0（行权价<标的价）	总价值=认沽价值+ 股票价值	盈利率=（总价值－ 权利金）/权利金
14 300 点 （上涨 10%）	13×(1+20%)×1 万=15.6 万元	0	15.6 万元	(15.6 万－13.5 万) / 13.5 万=15.6%
13 000 点 （不涨不跌）	13×(1+10%)× 1 万=14.3 万元	[(13 500－13 000)/10 000]× 10 万=5000 元	14.3 万+5000= 14.8 万元	(14.8 万－13.5 万) / 13.5 万=9.6%
11 700 点 （下跌 10%）	13×1 万=13 万元	[(13 500－11 700)/10 000]× 10 万=18 000 元	13 万+18000= 14.8 万元	(14.8 万－13.5 万) / 13.5 万=9.6%

从表 14.3 中可以看出，股票-指数认沽权证的组合，如果确认股票价格在未来一段时间内可以超越指数，则该组合可以获得稳健的阿尔法收益。

如果是在该认沽权证出现市场折价的时候，则可以买入恒生指数的成分股和该认沽权证的组合，构建一个完全无风险套利组合。

14.3 转换套利

1. 正向转换套利

正向转换套利是指在买入看跌期权、卖出看涨期权的同时，买入相关期货合约的交易。其中，看涨期权和看跌期权的执行价格和到期日是相同的，相关期货合约的交割月份与期权合约的到期月份也是相同的。在期货合约到期前，当期货价格高于执行价格的时候，交易者的空头看涨期权将被履约，并自动与交易者的多头期货部位相对冲，多头看跌期权则任其作废。如果在期货合约到期前，期货价格低于执行价格，则交易者的多头看跌期权将被履约，并自动与交易者的多头期货部位相对冲，空头看涨期权则任其到期取消。

正向转换套利收益的一般计算公式如下：

正向转换套利收益=(看涨期权权利金–看跌期权权利金) – (期货价格–期权执行价格)

案例 3：正向转换套利

某投资者在 5 月份以 3 美元/盎司的权利金买进 1 张执行价格为 400 美元/盎司的 6 月份黄金看跌期权，又以 3.5 美元/盎司的权利金卖出 1 张执行价格为 400 美元/盎司的 6 月份黄金看涨期权，再以市场价格 399.5 美元/盎司买进 1 张 6 月份黄金期货合约。其套利分析过程如表 14.4 所示，盈亏损益如图 14.1 所示。

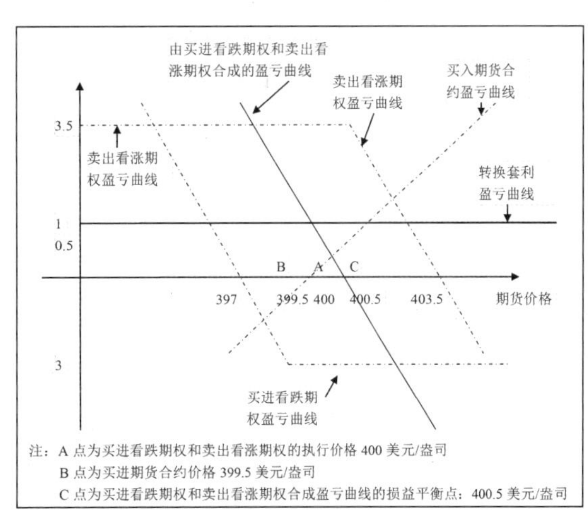

图 14.1 正向转换套利盈亏损益

表 14.4　转换套利分析过程

	盈（+），亏（-）
买进看跌期权，敲定价格 400 美元/盎司	-3 美元/盎司
卖出看涨期权，敲定价格 400 美元/盎司	+3.5 美元/盎司
买进期货合约，价格为 399.5 美元/盎司	0
净获利	0.5 美元/盎司
合约到期时期货价格跌到 350 美元/盎司	
履约看跌期权，转为空头期货部位	
放弃看涨期权	
将多头期货部位与履约后的看跌期权对冲	+0.5 美元/盎司
净获利	0.5+0.5=1 美元/盎司
合约到期日期货价格为 399.5 美元/盎司	
履约看跌期权，转为空头期货部位	
放弃看涨期权	
将多头期货部位和履约后的看跌期权对冲	0+0.5 美元/盎司
净盈利	0.5+0.5 美元/盎司
合约到期日期货价格涨到 500 美元/盎司	
履约看涨期权，转为空头期货部位	
放弃看跌期权	
将多头期货部位和履约后的看涨期权对冲	0.5 美元/盎司
净盈利	0.5+0.5=1 美元/盎司

由图 14.1 可以看出，将买进看跌期权、卖出看涨期权和买入期货合约的盈亏曲线合在一起构成了转换套利的盈亏曲线，该曲线恒定为一条水平线，截距为 1，这说明无论 6 月份期货市场价格如何变动，套利者都可以获得 1 美元/盎司的恒定收益。根据正向转换套利计算公式：正向转换套利收益=(看涨期权权利金-看跌期权权利金)-(期货价格-期权执行价格)，可以算出恒定收益为(3.5-3)- (399.5-400)=1（美元/盎司）。

2. 反向转换套利

反向转换套利与正向转换套利的操作相反，是指在买入看涨期权、卖出看跌期权的同时，卖出相关期货合约的交易。其中，看涨期权与看跌期权的执行价格和到期日都相同，相关期货合约的交割月份与期权合约的到期月份也相同，并且在执行价格上尽可能接近期货价格。在这种操作下，如果相关期货价格在到期时高于期权执行价格，则多头看涨期权将被履约，并自动与交易者的空头期货部位相对冲，空头看跌期权则被放弃。如果期货价格在到期时低于期权执行价格，则空头看跌期权将被履约，并自动与交易者的空头期货部位相对冲，多头看涨期权被放弃。

反向转换套利收益有一个一般性的计算公式，如下：

反向转换套利收益=(看跌期权权利金−看涨期权权利金)−(期权执行价格−期货价格)

案例 4：反向转换套利

某投资者在 5 月份以 3 美元/盎司的权利金买进 1 张执行价格为 400 美元/盎司的 6 月份黄金看涨期权，又以 4 美元/盎司的权利金卖出 1 张执行价格为 400 美元/盎司的 6 月份黄金看跌期权，再以市场价格 400.80 美元/盎司卖出 1 张 6 月份黄金期货合约。套利盈亏损益如图 14.2 所示。

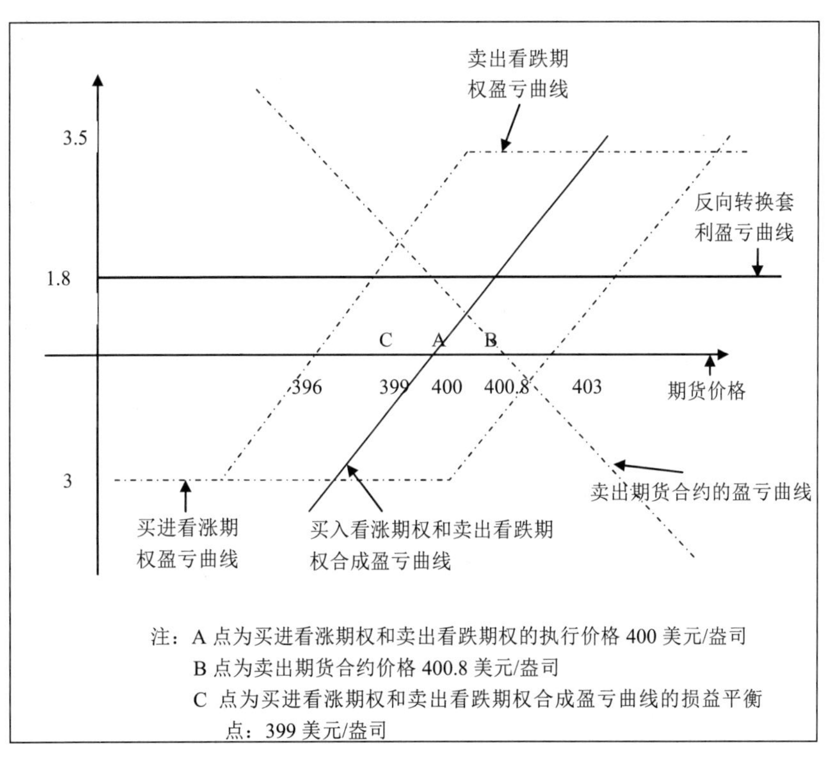

图 14.2 反向转换套利盈亏损益

由图 14.2 可知，无论 6 月份期货市场价格如何变化，套利者都可以获得 1.8 美元/盎司的恒定收益。根据上述公式，反向转换套利收益=(4−3)−(400−400.8)=1.8（美元/盎司）。

14.4 跨式套利

跨式套利（Straddle），也称马鞍式期权、骑墙组合、等量同价对敲期权、双向期权（Double Options）、底部跨式期权（Bottom Straddle），是指以相同的执行价格同时买进或卖出不同种类的期权。跨式套利包括买入跨式套利和卖出跨式套利两种。

1. 买入跨式套利

买入跨式套利的综合分析如表 14.5 所示。

表 14.5 买入跨式套利综合分析表

组合方式	以相同的执行价格同时买入看涨期权和看跌期权（月份、标的物也相同）
使用范围	后市方向不明确，但认为会有显著的价格变动，波动性会增大。波动性越大，对期权部位越有利。只要价格波动超过高平衡点或低于低平衡点，就会有盈利
损益平衡点	高平衡点（P2）=执行价格+总权利金 低平衡点（P1）=执行价格–总权利金
最大风险	所支付的全部权利金。随着时间的损耗，对部位不利
收　　益	价格上涨，收益增加，收益=期货价格–执行价格–权利金 价格下跌，收益也增加，收益=执行价格–期货价格–权利金
履约部位	两类期权不可能同时履约，因此上涨有利履约为多头，下跌有利履约为空头

案例 5：买入跨式套利

在 2 月份，有如下 5 月份到期的恒生指数认购权证和认沽权证：

权证类型	行 权 价	行权比例	当前价格	到 期 日
认购	13 000 点	1000	0.5 元	5 月 31 日
认沽	13 000 点	1000	0.3 元	5 月 31 日

某投资者在 2 月份买入 1 张执行价格为 13 000 点的 5 月恒指认购权证，支付权利金 500 元（0.5×1000=500）；同时买入 1 张执行价格为 13 000 点的 5 月恒指认沽权证，支付权利金 300 元（0.3×1000=300）。该买入跨式期权的交易细节如表 14.6 所示。

表 14.6 买入跨式套利交易细节

指数情况	认购权证价值 （1）=标的价-行权价：（标的价>行权价） （2）=0（标的价<行权价）	认沽权证价值 （1）=行权价-标的价（行权价>标的价） （2）=0（行权价<标的价）	总价值=认沽价值+认购价值	盈利率=（总价值-权利金）/权利金
14 000 点	14 000-13 000=1000 点	0	1000 点	(1000-800)/800=25%
13 800 点	13 800-13 000=800 点	0	800 点	(800-800)/800=0
13 600 点	136 000-13 000=600 点	0	600 点	(600-800)/800=-25%
13 000 点	13 000-13 000=0	13 000-13 000=0	0	(0-800)/800=-100%
12 400 点	0	13 000-12 400=600 点	600 点	(600-800)/800=-25%
12 200 点	0	13 000-12 200=800 点	800 点	(800-800)/800=0
12 000 点	0	13 000-12 000=1000 点	1000 点	(1000-800)/800=25%

高平衡点=13 000+500+300=13 800（点）

低平衡点=13 000-（500+300)=12 200（点）

下面来看 5 月 31 日恒生指数（P）分别在行权价上下的情况。由图 14.3 可以看出，该买入跨式套利的最大亏损为 800 点（所支付的权利金），P1（12 200 点）和 P2（13 800 点）为盈亏平衡点。当恒指跌破 12 200 点或上涨超过 13 800 点时即可盈利。

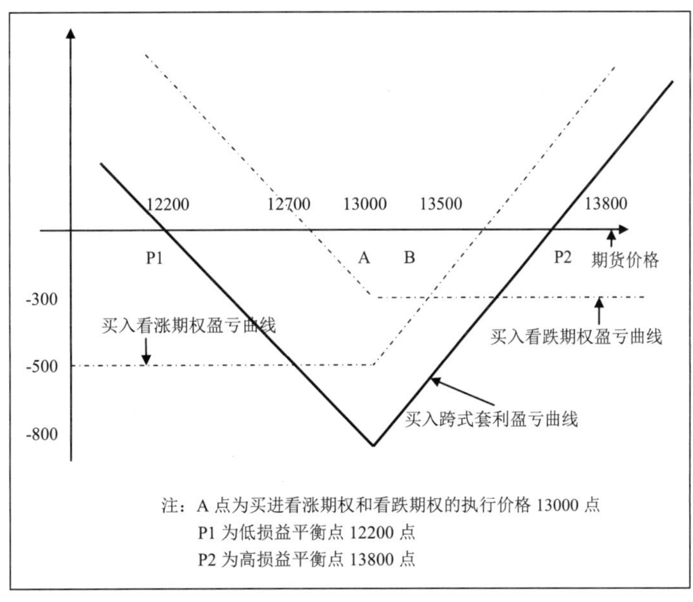

图 14.3 买入跨式套利盈亏损益

2. 卖出跨式套利

卖出跨式套利的综合分析如表 14.7 所示。

表 14.7　卖出跨式套利综合分析表

组合方式	以相同的执行价格同时卖出看涨期权和看跌期权
使用范围	预计价格会变动很小或没有变动，价格上升或下跌的幅度收窄；市场波动率下跌市况日趋盘整，价位波幅收窄，图表上形成“楔形”、“三角形”或“矩形”形态走势
损益平衡点	高平衡点（P2）=执行价格+总权利金 低平衡点（P1）=执行价格–总权利金
最大风险	如果价格上涨超过高平衡点，则期权买方有权执行看涨期权，卖方损失=执行价格–期货价格+权利金 如果价格下跌超过低平衡点，则期权买方有权执行看跌期权，卖方损失=期货价格–执行价格+权利金
最大收益	所收取的全部权利金
履约部位	如果价格上涨，则履约后为空头；如果价格下跌，则履约后为多头

案例 6：卖出跨式套利

在 2 月份，有如下 5 月份到期的恒生指数认购权证和认沽权证：

权证类型	行 权 价	行权比例	当前价格	到 期 日
认购	13 000 点	1000	0.5 元	5 月 31 日
认沽	13 000 点	1000	0.3 元	5 月 31 日

某投资者在 2 月份卖出 1 张执行价格为 13 000 点的 5 月恒指认购权证，获得权利金 500 元（0.5×1000=500）；同时卖出 1 张执行价格为 13 000 点的 5 月恒指认沽权证，获得权利金 300 元（0.3×1000=300）。该卖出跨式期权的交易细节如表 14.8 所示。

高平衡点=13 000+500+300=13 800 点

低平衡点=13 000− (500+300)=12 200 点

下面来看 5 月 31 日恒生指数（P）分别在行权价上下的情况，如图 14.4 所示。与买入跨式套利不同的是，在卖出跨式套利中，投资者首先获得权利金，然后根据不同的情况支付给对手价值，中间的差价就是盈利。

表 14.8 卖出跨式套利交易细节

指数情况	认购权证价值 （1）=标的价－行权价 （标的价>行权价） （2）=0 （标的价<行权价）	认沽权证价值 （1）=行权价－标的价 （行权价>标的价） （2）=0 （行权价<标的价）	支付总价值= 认沽价值+ 认购价值	盈利率=(权利金– 总价值)/权利金
14 000 点	14 000–13 000=1000 点	0	1000 点	(800–1000)/1000= -20%
13 800 点	13 800–13 000=800 点	0	800 点	(800–800)/800=0
13 600 点	13 6000–13 000=600 点	0	600 点	(800–600)/600=33%
13 000 点	13 000–13 000=0	13 000–13 000=0	0	(0–800)/0=无穷
12 400 点	0	13 000–12 400=600 点	600 点	(800–600)/600=33%
12 200 点	0	13 000–12 200=800 点	800 点	(800–800)/800=0
12 000 点	0	13 000–12 000=1000 点	1000 点	(800–1000)/1000=-20%

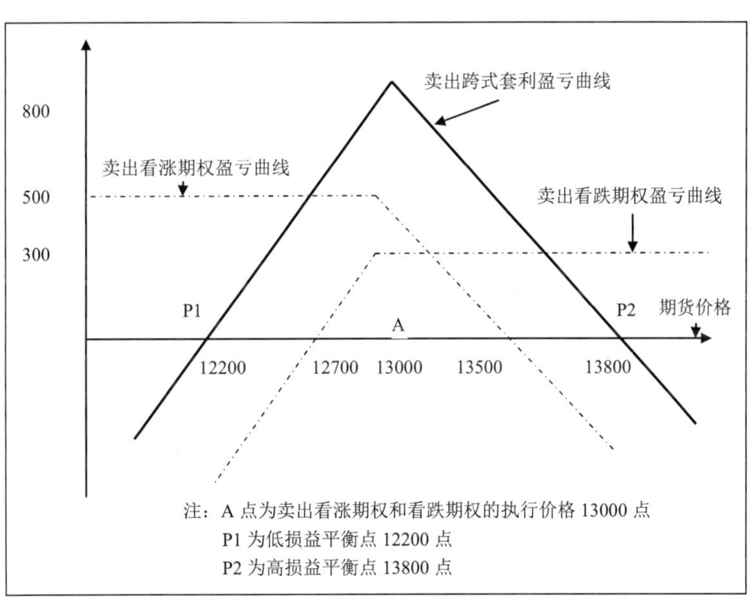

图 14.4 卖出跨式套利盈亏损益

由图 14.4 可以看出，该卖出跨式套利的最大盈利为 800 点（所收取的权利金），P1（12 200 点）和 P2（13800 点）为盈亏平衡点。当恒指跌破 12 200 点或上涨超过 13 800 点时即亏损。

14.5 宽跨式套利

宽跨式套利又称异价对敲或勒束式期权组合，是指投资者同时买进或卖出相同标的物、相同到期日但不同执行价格的看涨期权和看跌期权。根据投资者买卖方向的不同，宽跨式套利可以分为买入宽跨式套利与卖出宽跨式套利两种。

1. 买入宽跨式套利

买入宽跨式套利的综合分析如表 14.9 所示。

表 14.9 买入宽跨式套利综合分析表

组合方式	以较低的执行价格（A）买入看跌期权，并以较高的执行价格（B）买入看涨期权
使用范围	预测标的物价格将有大的变动，但无法确定其方向；市场波动率上升 宽跨式套利的成本比跨式套利低，这是因为两个执行价格都处于较深的虚值状态，因此成本比较低
损益平衡点	高平衡点（P2）=高执行价格+权利金 低平衡点（P1）=低执行价格−权利金
最大风险	支付的全部权利金
收　益	如果价格上涨或者下跌，则具有巨大的收益潜力，但价格向任何方向的变动必须显著才能获益 如果期货价格高于高平衡点，则收益=期货价格−高执行价格−权利金 如果期货价格低于低平衡点，则收益=低执行价格−期货价格−权利金
履约部位	买高卖低，因此同时履约是不利的。如果价格大幅度上涨，则可执行看涨期权获得期货多头；如果价格大幅度下跌，则可执行看跌期权获得期货空头

多头宽跨式套利的权利金比较少，包括虚值期权，因为若市场发展为单边市，则宽跨式套利的杠杆作用比较大。

案例 7：买入宽跨式套利

某投资者在 2 月份以 300 点的权利金买入 1 张 5 月份到期、执行价格为 10 500 点的恒指看涨期权，同时以 200 点的权利金买入 1 张 5 月份到期、执行价格为 10 000 点的恒指看跌期权。买入宽跨式套利的盈亏损益如图 14.5 所示。

由图 14.5 可以看出，该买入宽跨式套利的最大亏损为 500 点（支付的权利金），P1（9500 点）和 P2（11 100 点）为盈亏平衡点。当恒指跌破 9500 点或者上涨超过 11 000 点时即可盈利。利润大小取决于两个执行价格的接近程度。距离越远，潜在损失越小，但是要想获得利润，标的物价格变动需要更大一些。

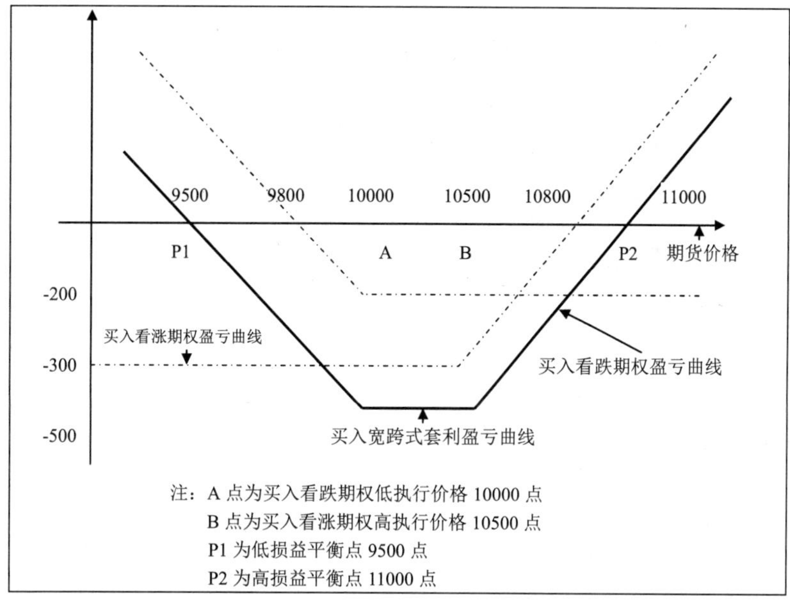

图 14.5 买入宽跨式套利盈亏损益

2．卖出宽跨式套利

卖出宽跨式套利的综合分析如表 14.10 所示。

表 14.10 卖出宽跨式套利综合分析表

组合方式	以较高执行价格（B）卖出看涨期权，并以较低执行价格（A）卖出看跌期权
使用范围	（1）预测标的物价格将有变动，但无法确定其方向。空头宽跨式套利的成本比跨式套利低，这是因为两个执行价格都处于较深的虚值状态 （2）市况日趋盘整，价位波幅收窄，图标上形成“矩形”状态走势 （3）市场波动率下降 （4）到达损益平衡点较慢，因此适合长线的买卖策略
损益平衡点	高平衡点（P2）=高执行价格+权利金 低平衡点（P1）=低执行价格–权利金
风　险	如果价格上涨或者下跌，则都有巨大损失的可能性，但价格向任何方向的变动必须显著才会受损 期货价格高于高平衡点的风险=期货价格–高执行价格+权利金 期货价格低于低平衡点的风险=低执行价格–期货价格+权利金
最大收益	所收取的全部权利金
履约部位	价格上涨超过高平衡点时，看涨期权将被履约，则得到空头期货部位 价格下跌超过低平衡点时，看跌期权将被履约，则得到多头期货部位

案例 8：卖出宽跨式套利

某投资者在 2 月份以 300 点的权利金卖出 1 张 5 月份到期、执行价格为 10 500 点的恒指看涨期权，同时以 200 点的权利金卖出 1 张 5 月份到期、执行价格为 10 000 点的恒指看跌期权。该卖出宽跨式套利的盈亏损益如图 14.6 所示。

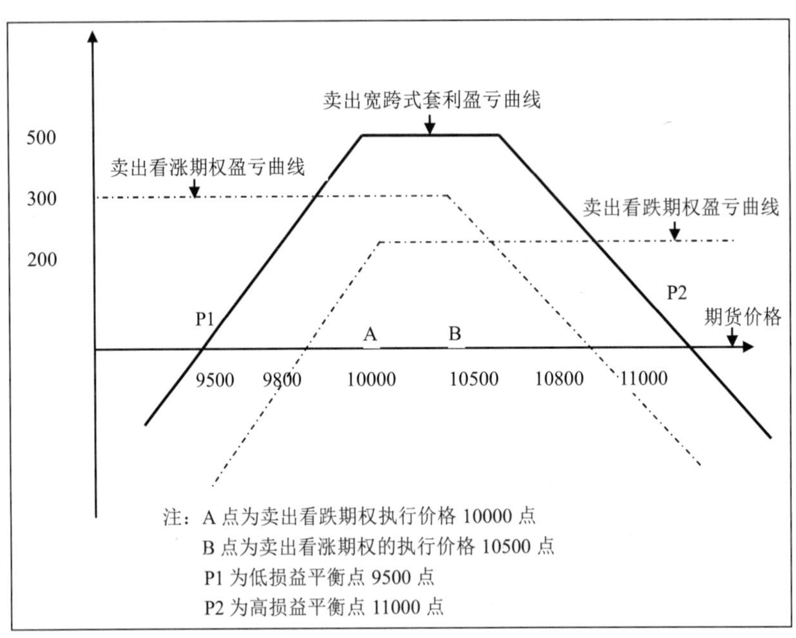

图 14.6　卖出宽跨式套利盈亏损益

由图 14.6 可以看出，该卖出宽跨式套利的最大盈利为 500 点（支付的权利金），P1（9500 点）和 P2（11 100 点）为盈亏平衡点。当恒指跌破 9500 点或者上涨超过 11 100 点时即亏损。由此可见，进行宽跨式套利，只有价格波动幅度在一定范围内才可能盈利，超过这一范围则会亏损。

14.6　蝶式套利

蝶式套利的原理和垂直套利相似，都是利用同时买进和卖出同一商品、同一到期月份但不同敲定价格的看涨或看跌期权合约进行套利。但不同的是，蝶式套利由两个买卖方向相反、共有一个相同并居中的执行价格的垂直套利交易所组成。具体的套利方式是：买入（或卖出）低执行价格的看涨（或看跌）期权，卖出（或买入）居中执行价格的看涨（或看跌）期权，同时买入（或卖出）高执行价格的看涨（或看跌）期权。其中，居中执行价格的期权的交易数量是低执行价格和高执行价格期权交易量之和，这相当于两个垂直套利的组合。低执行价格和高执行价格的期权分居于居中执行价格的两边，形同蝴蝶的两个翅膀，所以称为蝶式套利。根据买卖方向的不同，蝶式套利分为买入蝶式套利和卖出蝶式套利两种。

1. 买入蝶式套利

买入蝶式套利的操作特点是卖出居中执行价格的看涨（看跌）期权的同时，买入两边低执行价格和高执行价格的看涨（看跌）期权，分析如表 14.11 所示。

表 14.11 买入蝶式套利综合分析表

组合方式	方式 1：买进一个低执行价格（A）的看涨期权，卖出两个居中执行价格（B）的看涨期权，再买进一个高执行价格（C）的看涨期权 方式 2：买进一个低执行价格（A）的看跌期权，卖出两个居中执行价格（B）的看跌期权，再买进一个高执行价格（C）的看跌期权 注意：本策略的执行价格间距相等
使用范围	对那些认为标的物价格不可能发生较大波动的投资者来说，这是一个非常适当的策略。使用该策略可以保证当期货价格在一定幅度内波动时获得一定的收益，并在价格超过既定波动幅度时面临的亏损也是有限的
损益平衡点	高平衡点（P2）=居中执行价格+最大收益 低平衡点（P1）=居中执行价格−最大收益
最大风险	净权利金
最大收益	居中执行价格−低执行价格−净权利金

案例 9：买入蝶式套利

某投资者以 260 美分/蒲式耳的执行价格买入 10 手 5 月份看涨小麦期权，权利金为 16 美分/蒲式耳；与此同时卖出 20 手执行价格为 270 美分/蒲式耳的 5 月份小麦看涨期权，权利金为 9 美分/蒲式耳；再买入 10 手执行价格为 280 美分/蒲式耳的 5 月份小麦看涨期权，权利金为 4 美分/蒲式耳。该策略是一种买入蝶式套利，它需要支付的初始净权利金为 2 美分/蒲式耳（16+4−9×2）。

该策略的损益图如图 14.7 所示。

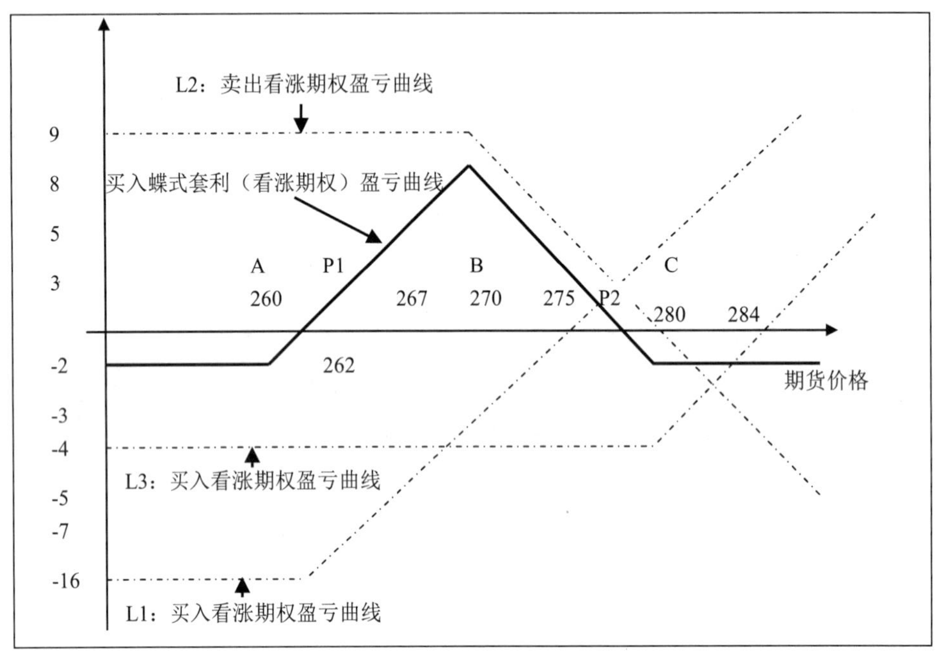

图 14.7　买入蝶式套利盈亏损益

从图 14.7 中可以看出，买入蝶式套利的最大可能收益为 8 美分/蒲式耳（270−260−2=8），最大可能亏损为 2 美分/蒲式耳（等于支付的权利金）。当期货价格小于 260 美分/蒲式耳或者大于 280 美分/蒲式耳时，交易者面临一个恒定的亏损值 2 美分/蒲式耳；而当期货价格在 260～280 美分/蒲式耳之间波动时，投资者的收益在−2～8 美分/蒲式耳之间，其中低损益平衡点（P1）为 262 美分/蒲式耳（270−8=262），高损益平衡点（P2）为 278 美分/蒲式耳（270+8=278）；当期货价格为 270 美分/蒲式耳时，收益达到最大，即 8 美分/蒲式耳。由此可见，这种操作适合期货出现小幅波动的情况，即使判断错误，损失也极为有限。

同理，也可以在看跌期权上进行买入蝶式套利，其面临的盈亏状况和在看涨期权上的操作非常类似。

2．卖出蝶式套利

卖出蝶式套利的操作特点是在买入居中执行价格的看涨（看跌）期权的同时，卖出两边低执行价格和高执行价格的看涨（看跌）期权。对卖出蝶式套利的具体分析如表 14.12 所示。

表 14.12 卖出蝶式套利综合分析表

组合方式	方式 1：卖出一个低执行价格（A）的看涨期权，买入两个居中执行价格（B）的看涨期权，再卖出一个高执行价格（C）的看涨期权 方式 2：卖出一个低执行价格的看跌期权（A），买入两个居中执行价格（B）的看跌期权，再卖出一个高执行价格（C）的看跌期权 注意：本策略的执行价格间距相等
使用范围	适合标的物价格可能发生较大波动的情况。投资者认为市价出现向上或者向下突破，但是又不愿意支付买入跨式期权那么多的权利金。这种策略可以在价格出现大幅变化时获取收益，并且即使预测错误，所承担的损失也是有限的
损益平衡点	高平衡点（P2）=居中执行价格+最大风险值 低平衡点（P1）=居中执行价格–最大风险值
最大风险	居中执行价格–低执行价格–净权利金
最大收益	净权利金

案例 10：卖出蝶式套利

某交易者以 260 美分/蒲式耳的执行价格卖出 10 手 5 月份小麦看涨期权，权利金为 16 美分/蒲式耳；与此同时，买入 20 手执行价格为 270 美分/蒲式耳的 5 月份小麦看涨期权，权利金为 9 美分/蒲式耳；再卖出 10 手执行价格为 280 美分/蒲式耳的 5 月份小麦看涨期权，权利金为 4 美分/蒲式耳。该策略是一个卖出蝶式套利（看涨期权），它可以获得一个初始净权利金收入 2 美分/蒲式耳（16+4−9×2=2）。该策略的盈亏情况如图 14.8 所示。

从图 14.8 中可以看出，卖出蝶式套利的盈亏状况与买入蝶式套利恰恰相反。这种卖出套利的最大可能亏损为 8 美分/蒲式耳（270−260−2=8），最大可能收益为 2 美分/蒲式耳（等于获得净权利金）。当期货价格小于 260 美分/蒲式耳或大于 280 美分/蒲式耳时，交易者面临一个恒定的收益 2 美分/蒲式耳；当期货价格在 260～280 美分/蒲式耳之间时，交易者的收益在−8～2 美分/蒲式耳之间，其中低损益平衡点（P1）为 262 美分/蒲式耳（270−8=2），高损益平衡点（P2）为 278 美分/蒲式耳（270+8=278）；当期货价格为 270 美分/蒲式耳时，亏损达到最大，即 8 美分/蒲式耳。由此可见，这种操作适合期货价格出现大幅度波动的情况，即使判断错误，所承担的损失也是有限的。

同理，也可以在看跌期权上进行卖出蝶式套利，其面临的盈亏状况和在看涨期权上的操作是非常相似的。

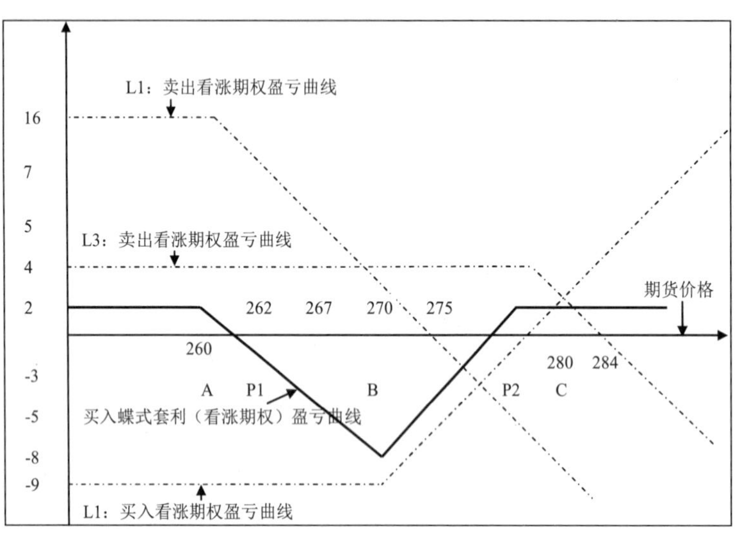

图 14.8　卖出蝶式套利盈亏损益

14.7　飞鹰式套利

飞鹰式套利，也称秃鹰式套利，是指分别卖出（买进）两种不同执行价格的期权，同时分别买进（卖出）较低与较高执行价格的期权。所有的期权都有相同的类型、标的合约与到期日，执行价格的间距相等。根据买卖方向的不同，飞鹰式套利分为买入飞鹰式套利和卖出飞鹰式套利两种。

1. 买入飞鹰式套利

买入飞鹰式套利的综合分析如表 14.13 所示。

表 14.13　买入飞鹰式套利综合分析表

组合方式	方式 1：买入一个低执行价格（A）的看涨期权，卖出一个中低执行价格（B）的看涨期权，卖出一个中高执行价格（C）的看涨期权，买入一个高执行价格（D）的看涨期权 方式 2：买入一个低执行价格（A）的看跌期权，卖出一个中低执行价格（B）的看跌期权，卖出一个中高执行价格（C）的看跌期权，买入一个高执行价格（D）的看跌期权 注意：本策略的执行价格间距相等
使用范围	对后市没把握，但希望标的物价格到期能在中低执行价格与中高执行价格之间。投资者认为市场价格会处于某个幅度内，但希望投资一个比蝶式更保守的组合，即扩大平衡点之内的价格范围，而损失则控制在一定水平之内

续表

损益平衡点	高平衡点（P2）=中高执行价格+最大收益 低平衡点（P1）=中低执行价格-最大收益
最大收益	中低执行价格-低执行价格-净权利金
最大风险	净权利金

案例 11：买入飞鹰式套利

某交易者分别买入、卖出、卖出和买入执行价格为 260 美分/蒲式耳、270 美分/蒲式耳、280 美分/蒲式耳和 290 美分/蒲式耳的 5 月份小麦看涨期权，权利金分别为 16 美分/蒲式耳、9 美分/蒲式耳、4 美分/蒲式耳和 2 美分/蒲式耳。该策略为在看涨期权上的买入飞鹰式套利，这种操作需要支付初始的净权利金为 5 美分/蒲式耳（16-9-4+2）。该策略的盈亏损益如图 14.9 所示。

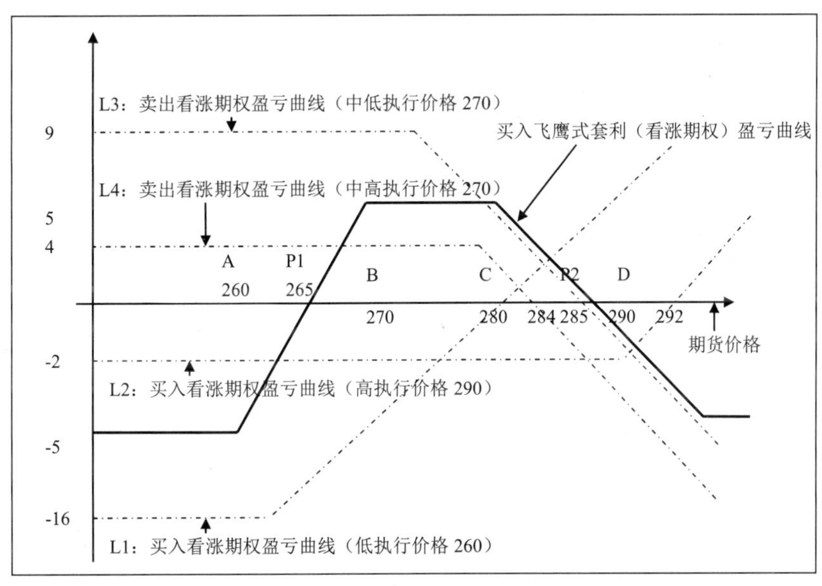

图 14.9　买入飞鹰式套利盈亏损益

从图 14.9 中可以看出，在看涨期权上买入飞鹰式套利的最大可能收益为 5 美分/蒲式耳（270-260-5=5），最大可能亏损为 5 美分/蒲式耳（等于净权利金）。当期货价格小于 260 美分/蒲式耳或大于 290 美分/蒲式耳时，恒定的亏损为 5 美分/蒲式耳；当期货价格在 260～270 美分/蒲式耳之间或在 280～290 美分/蒲式耳之间时，套利的收益在-5～5 美分/蒲式耳之间，其中 265 美分/蒲式耳为低损益平衡点(P1=270-5=265)，

285 美分/蒲式耳为高损益平衡点（P2=280+5=285）；当期货价格在 270～280 美分/蒲式耳之间时，恒定的收益为 5 美分/蒲式耳。由此可以看出，当对期货价格未来走势不明，且预计期货价格在中低执行价格和中高执行价格之间的可能性较大时，可以使用这种策略，即使判断错误，面临的亏损也是有限的。

2. 卖出飞鹰式套利

卖出飞鹰式套利的综合分析如表 14.14 所示。

表 14.14　卖出飞鹰式套利综合分析表

组合方式	方式 1：卖出一个低执行价格（A）的看涨期权，买入一个中低执行价格（B）的看涨期权，买入一个中高执行价格（C）的看涨期权，卖出一个高执行价格（D）的看涨期权 方式 2：卖出一个低执行价格（A）的看跌期权，买入一个中低执行价格（B）的看跌期权，买入一个中高执行价格（C）的看跌期权，卖出一个高执行价格（D）的看跌期权 注意：本策略的执行价格间距相等
使用范围	对后市没把握，但希望标的物价格到期日能低于低执行价格或高于高执行价格。投资者认为市场会出现向上或向下突破，但嫌卖出蝶式组合所付出的权利金太高，因此愿意将平衡点的距离拉大，减少权利金支出
损益平衡点	高平衡点（P2）=高执行价格−净权利金 低平衡点（P1）=低执行价格+净权利金
最大收益	净权利金
最大损失	中低执行价格−低执行价格−净权利金

案例 12：卖出飞鹰式套利

某交易者分别卖出、买入、买入和卖出执行价格为 260 美分/蒲式耳、270 美分/蒲式耳、280 美分/蒲式耳和 290 美分/蒲式耳的 5 月份小麦看涨期权，权利金分别为 16 美分/蒲式耳、9 美分/蒲式耳、4 美分/蒲式耳和 2 美分/蒲式耳，该策略为上看涨期权上的卖出飞鹰式套利，这种操作可以获得初始的净权利金 5 美分/蒲式耳。该策略的盈亏损益如图 14.10 所示。

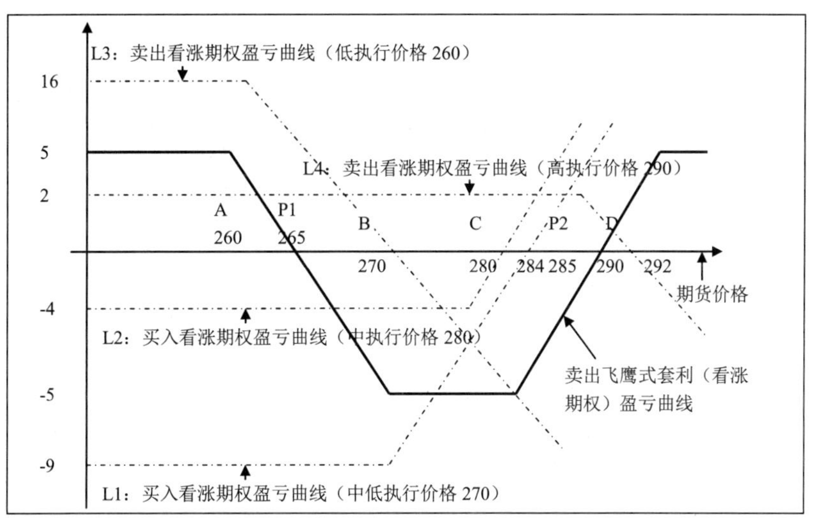

图 14.10 卖出飞鹰式套利盈亏损益

从图 14.10 中可以看出，在看涨期权上的卖出飞鹰式套利的盈亏状况与买入飞鹰式套利恰恰相反。其最大可能亏损为 5 美分/蒲式耳（270−260−5=5），最大可能收益为 5 美分/蒲式耳（等于净权利金）。当期货价格小于 260 美分/蒲式耳或大于 290 美分/蒲式耳时，恒定的收益为 5 美分/蒲式耳；当期货价格在 260～270 美分/蒲式耳之间或在 280～290 美分/蒲式耳之间时，套利的收益在−5～5 美分/蒲式耳之间，其中，265 美分/蒲式耳为低损益平衡点（P1=270−5=265），285 美分/蒲式耳为高损益平衡点（P2=280+5=285）；当期货价格在 270～280 美分/蒲式耳之间时，恒定的亏损为 5 美分/蒲式耳。由此可以看出，当对期货价格未来走势不明，且预计期货价格在低执行价格和高执行价格之外的可能性较大时，可以使用这种策略，即使判断错误，面临的亏损也是有限的。

海外经验篇

海外经验篇主要介绍海外主流的资产管理公司和对冲基金公司的情况。第 15 章的资产管理公司对应的是 FOF 的母基金，它们主要以配置为主。本章选择了一些典型代表，包括巨头型的黑岩、资本运作型的 KKR、精品型的橡树资本、平台型的嘉信理财和智能投顾代表 Betterment。通过对这些资产管理公司的业务架构、公司文化、配置模式、渠道建设、核心技术等问题的解读，对国内的资产管理公司从业人员来说可以起到学习和借鉴作用。

第 16 章介绍了主流的对冲基金公司的情况，这些对冲基金对应的是 FOF 的标的基金，也就是主要通过各种类型的策略赚取收益的机构。本章选择了一些典型代表，包括以风险平价为核心的桥水基金、宏观对冲的鼻祖量子基金、发明了风险管理模型的摩根大通、利用高速计算机系统进行高频交易的德邵基金、善于并购扩张的贝莱德、专注于 CTA 基金的元盛资本、做空美国的华尔街空神保尔森基金、量化教父的文艺复兴科技、喜欢做困境证券的艾略奥特，以及史上最豪华阵容、最终死于肥尾的长期资本。通过对它们的主流策略的介绍和解读，可以给国内的对冲基金公司一些启迪和帮助。

第 15 章 美国主流的资产管理公司

◆ 摘要 ◆

本章主要介绍海外的主流资产管理公司的案例，这些都是综合类资产管理公司，包括巨头型的黑岩、专注于并购的资本之王 KKR、精品型的橡树资本、平台型的嘉信理财和最新的智能投顾的 Betterment 等。

15.1 美国资管机构的特点

从行业属性来看，美国资管机构体现了格局集中、策略差异、技术智能 3 个特征。下面对针对美国典型的资管机构发展进行分析。

（1）格局集中：美国拥有一大批全球资产规模最大的基金公司，包括 Vanguard、BlackRock 等。据统计，1995—2012 年，美国市场规模最大的 5 家资产管理公司的市场份额从 34%提高到 40%，前 25 的资产管理公司管理的市场份额达到 73%。主要原因是大基金公司品牌大、渠道广且产品线丰富。美国及欧洲市场共同基金资金流的前十大资产管理公司情况分析分别如表 15.1 和表 15.2 所示。

表 15.1 美国市场共同基金资金流的前十大资产管理公司

资产管理公司	2014 年净资金流（10 亿美元）	净资金流市场份额（累计）	占净资金流为正的公司的份额（累计）
Vanguard	219	55%	31%
BlackRock	98	80%	45%
Dimensional	27	87%	49%
TCW	26	93%	53%
Dodge & Cox	26	100%	57%
JPMorgan	25	106%	60%
GoldmanSachs	15	110%	62%

续表

资产管理公司	2014 年净资金流（10 亿美元）	净资金流市场份额（累计）	占净资金流为正的公司的份额（累计）
Natixis	15	114%	65%
StateStreet	14	117%	67%
TIAA-CREF	13	121%	68%
2014 年前十大份额累计		121%	68%
2013 年前十大份额累计		73%	53%

数据来源：Bloomberg，星潮 FOF 整理

表 15.2 欧洲市场共同基金资金流的前十大资产管理公司

资产管理公司	2014 年净资金流（10 亿美元）	净资金流市场份额（累计）	占净资金流为正的公司的份额（累计）
BlackRock	48	9%	6%
UBS	28	14%	10%
Nordea	27	18%	14%
JPMorgan	24	23%	17%
IntesaSPEurizon	21	26%	20%
Vanguard	20	30%	23%
Deutsche Bank	20	34%	25%
Pioneer	17	36%	27%
StateStreet	16	39%	30%
Allianz	13	42%	31%
2014 年前十大份额累计		42%	31%
2013 年前十大份额累计		42%	31%

数据来源：Bloomberg，星潮 FOF 整理

（2）策略差异：大型基金公司主要依靠 ETF 产品，即发行行业指数基金，精品型资产管理机构主要依靠特定的投资策略，如对宏观对冲、不良债权、私募股权投资等有独特策略；也有部分机构放弃资产端而抢占流量端，这体现为在平台上聚拢流量，同时提供配置 ETF 组合的服务。

（3）迈向智能：美国的 Wealthfront、Betterment 开创了人工智能理财产品的先河，即通过优化程序为客户“量体裁衣”，设计组合配置策略；近年来美国大型资管机构也在跟进，如资管巨头 Vanguard 近年也在大力推进人工智能理财产品。

15.2 巨头型：黑岩

1. 黑岩历史

作为全球最大的资产管理机构，BlackRock（译为黑岩，简称 BLK）的股权结构较为分散，内部股东持股比例仅有 5%，机构和共同基金持股比例占 71%，但持股比例较为分散。

1988 年，BlackRock 由拉里·芬克和苏珊·瓦格纳等 8 人建立。最初，芬克得到了全球最大私募黑石集团皮特·彼得森的初始经营资本的稳定资助。彼得森相信芬克致力于风险管理领域公司的眼光，于是将公司命名为“黑石财务管理”。成立之初，公司主要业务是固定资产投资。1992 年，由于与大私募集团黑石的名字容易产生混淆，他们决定将“黑石财务管理”改名为“黑岩”。当年公司资产管理规模（以下简称 AUM）为 170 亿美元，1994 年 AUM 达到 530 亿美元。

2000 年，BLK 成立了由一支分析师团队组成的“黑岩解决方案”公司。这家公司现拥有 800 多人的庞大分析师团队，2000 多名雇员，学科背景覆盖数学、金融、经济、工程等多个领域。BLK 的投资体系如图 15.1 所示。

图 15.1 BLK 的投资体系

2. BLK Solutions：黑岩黑科技的集中营

BLK Solutions（以下简称 BRS）是一个提供投资管理科技系统、风险管理服务和咨询服务的部门，以服务费为收入。其下分设两个部门：Aladdin 和金融市场咨询（Financial Markets Advisory，FMA）。FutureAdvisor 是 BLK 于 2015 年收购的智能财富管理平台，为金融机构提供高质量的技术建议。

Aladdin 是公司成立时便建立的专有技术平台，旨在为 BLK 和其他机构投资者提供风险管理系统。FMA 于 2008 年创建，旨在为全球的金融机构、监管者、政府实体提供复杂的金融和风险建议。

虽然 BRS 的收入占比不高，但其对 BLK 的收入拉动作用不容小觑。因为 BRS 接触的客户大都拥有 200 亿～500 亿美元的可投资资产，如果 BLK 能够将 BRS 的客户转变成其投资管理服务的客户，那么 BLK 的多元化资产的 AUM 可以显著增加。2010—2015 年 BRS 收入及其增长率如图 15.2 所示。

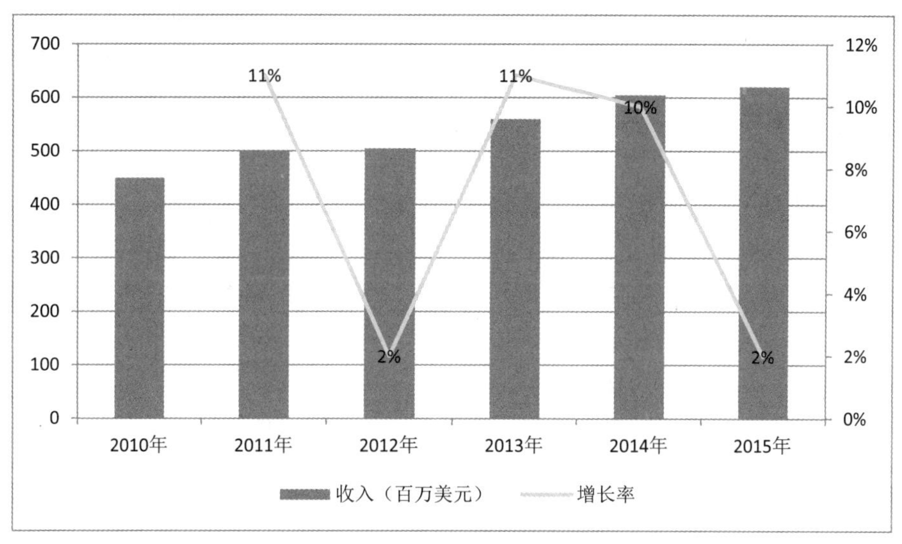

图 15.2 2010—2015 年 BRS 收入及其增长率

数据来源：BLK，星潮 FOF 整理

3．产品策略：权益被动，固收主动

美国最大的共同基金之一先锋基金创设人约翰·博格（John C. Bogle）论述了基金行业的长青之道：（1）长期投资；（2）指数化投资；（3）降低税收等交易成本；（4）被动投资，减少交易；（5）不要认为自己可以超越市场；（6）收益会回复到正常水平（万有引力）；（7）简单胜于复杂；（8）基金规模迅速扩大的结果是回报回归甚至降低。事实上，北美学术研究也发现共同基金长期获得阿尔法收益异常困难。黑岩在设计产品上遵循了相关策略和研究成果，权益类中被动指数类产品是大资管机构的主要布局线。

1）权益产品：ETF 占主导

2013—2015 年，股票的业绩收入上升明显，由 9100 万美元升至 2.05 亿美元。主动管理组合收入较为稳定，略有下降；iShares（股票 ETF）组合收益逐年上升，且收入占比最高，约占 50%；非 ETF 指数型组合收入稳定，占比约为 10%，但其 AUM 超过 50%。iShares 是公司的明星业务，体量大，且管理费低，相较于非 ETF 指数型基金有较多的优势。

2015 年，在公司权益投资中，机构客户 AUM 约为 2.7 万亿美元，占比最高，且主要是非 ETF 指数型投资，其次是积极管理型投资；零售客户 AUM 约为 5411 万美元，占比最低，其中主动型投资占比最高；iShares 投资中包含零售和机构客户，投资金额约为 1.09 万亿美元。

2）固定收益：主动类业务渐高

主动管理型固定收益组合收入增幅最为明显，收入占比约为 60%，2015 年收入为 15.66 亿美元；iShares（固定收益 ETF）收入略有上升，收入占比约为 20%，而 AUM 占比为 10%，说明其收费较高；非 ETF 指数型组合收入占比小于其 AUM，说明其收费较低，如图 15.3 所示。2015 年固定收益的绩效收费相较于 2013 年没有明显变化。我们认为，随着全球利率环境波动加大，对债券资产的择时更易获得阿尔法收益，这也是近年来公司固收类产品中主动类产品占比提升的原因。

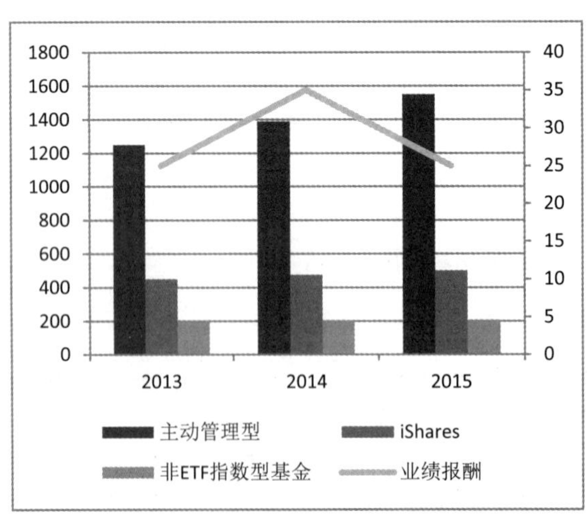

图 15.3　主动管理型固定收益组合收入增速最快

数据来源：BLK，星潮 FOF 整理

同时公司也在配置另类投资资产。另类投资的核心资产逐年缓慢上升，收入占该业务线收入约为 85%，2013 年和 2014 年的 AUM 分别为 65%，2015 年的 AUM 约为 100%；货币和商品的收入缓慢下降；另类投资的业绩收入下降较为明显，如图 15.4 和图 15.5 所示。

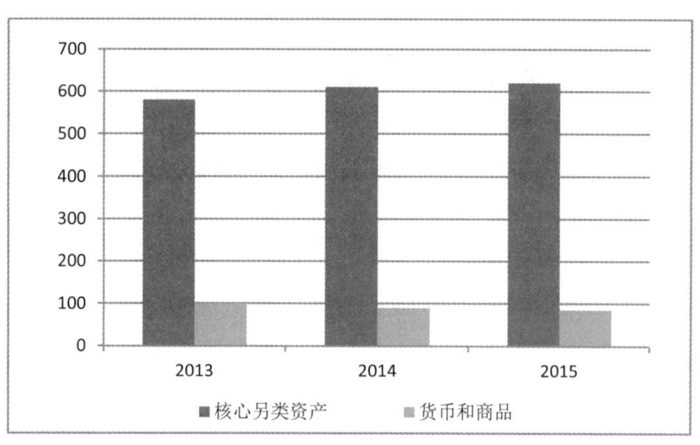

图 15.4 另类投资业绩（单位：百万美元）

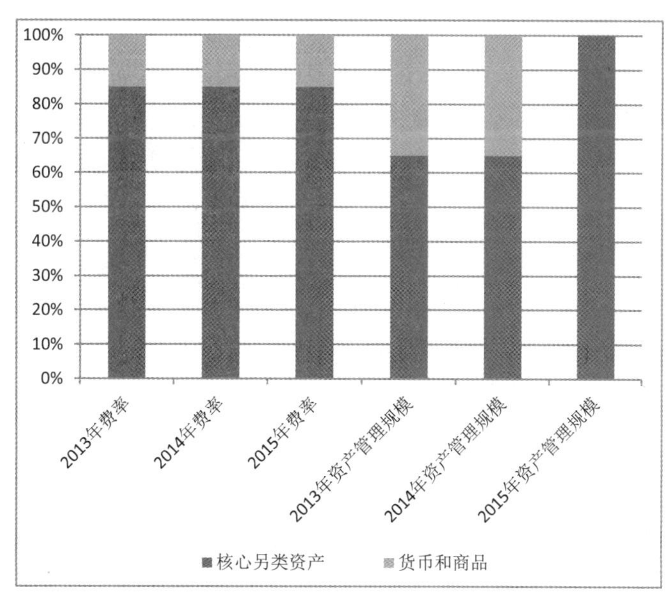

图 15.5 核心另类投资利润相对较高

数据来源：BLK，星潮 FOF 整理

从黑岩的发展经验来看，公司善于做基于权益的 ETF 产品（被动配置）和注重择时的固收类产品（主动配置），但对另类资产的投资并不占优势。在缺乏流动性的前提下，我们认为，另外投资更重视特殊资产和投资策略的把握，精品型的资产管理机构比全能型的巨头更善于把握。

15.3 资本之王：KKR

经历 30 年全球经济周期的变化，KKR 已经发展成全球最优秀的私募股权投资公司之一。1976 年 5 月 1 日，KKR 成立，专门从事管理层收购、股权投资等业务，创立了注重私募股权投资业务的机构投资模式。目前 KKR 已经从一个仅由少数几个人组成和一个提供单一私募股权投资产品服务的金融机构发展成为拥有 1000 多位员工，业务范围几乎覆盖固定收益类产品、证券投资、对冲基金、资本市场业务、基础设施投资、能源投资和房地产投资等板块，投资区域布局也从美国辐射到欧洲、亚洲等全球主要经济活跃地区的私募股权投资公司。

1. 发展历史

20 世纪 70 年代末，KKR 起家于杠杆收购的兴起。公司与德崇证券密切合作，积极使用垃圾债，从此"以小吃大"的杠杆收购开始大行其道。在杠杆收购的第一次浪潮中，KKR 留下了不少经典案例，其中以 62 亿美元收购碧翠丝、以 246 亿美元的巨额资金收购雷诺兹-纳贝斯克的案例至今仍是人们常谈论的话题。但对于垃圾债券的过度依赖，以及"蛇吞象"之后的消化难题成为公司的隐患。

布局综合资产管理业务是 KKR 再次兴盛的驱动力。进入 20 世纪 90 年代，随着投资者对于垃圾债券的热情减弱，KKR 的发展暂时进入了瓶颈期。1996 年后，伴随着债券市场的回暖，KKR 在当年募集到了创纪录的 60 亿美元的资金，"门口的野蛮人"又重新回到了市场，杠杆收购也迎来了第二次高峰。在 2007 年以前的这段时间，KKR 也不断推陈出新，相继新设了债券基金、承销等业务，业务开始向多元化方向发展。

上市提升资金规模，促进了 KKR 业务的进一步多元化。2010 年，随着金融市场从 2007 年的金融危机中逐渐恢复，KKR 也迎来了其发展道路上的另一座里程碑——在纽交所 IPO，这进一步推进了 KKR 的业务多元化。在上市之后，KKR 相继推出了私募股权市场上的能源、基础设施、房地产专项投资基金，二级市场上的 FOF、另类信用投资等。到现在，KKR 已从一个依赖垃圾债券融资进行杠杆收购的纯粹的私募股权公司发展成一个融资渠道多元化、投资覆盖面广、在多级市场上开展业务的综合性金融巨头。其发展历程如图 15.6 所示。

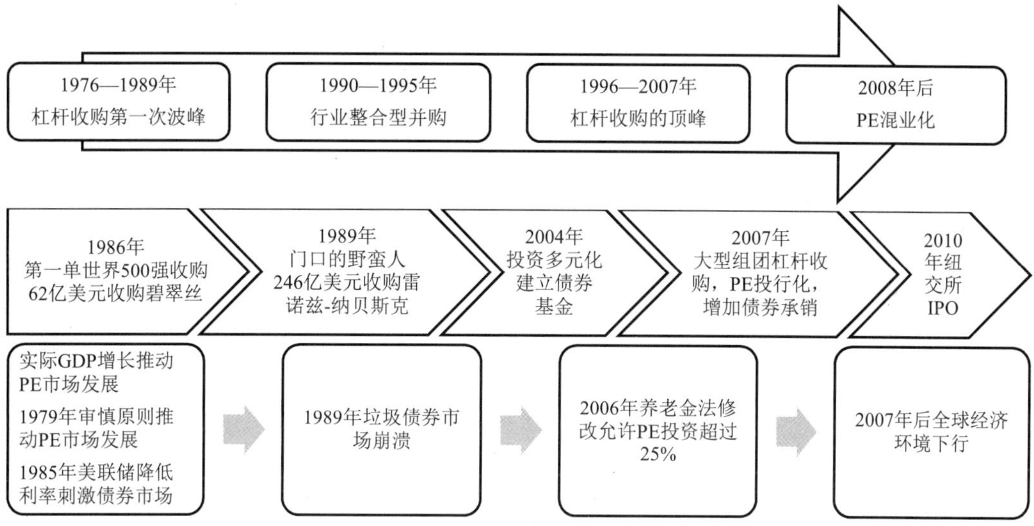

图 15.6 KKR 业务从单一杠杆收购业务拓展至综合资产管理服务

2. 业务模式：精英运作，融资多元

KKR 已经成为全球 PE/VC 的巨头，资金渠道多元。从投资者角度看，KKR 2015 年超过半数资金来自养老金，其次便是其他金融机构，如图 15.7 所示。从地域分布来看，KKR 2015 年 6 成资金来自美国，第二大资金来源地是亚太，占比约为两成，来自欧洲的资金占 15%，如图 15.8 所示。

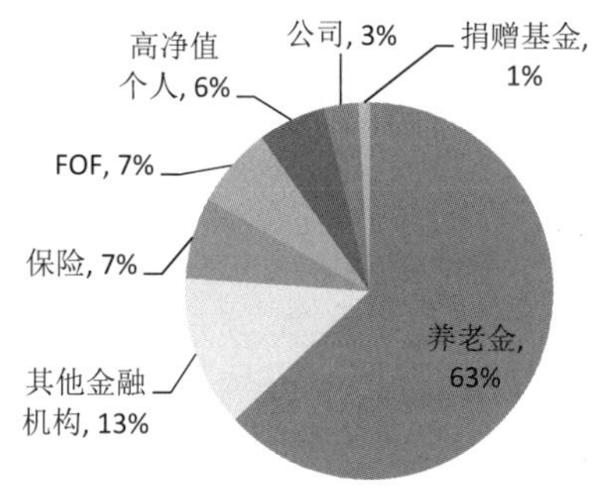

图 15.7 KKR 主要资金来源

亚太，
17%
欧洲，
15%
美国，
63%
中东，
5%

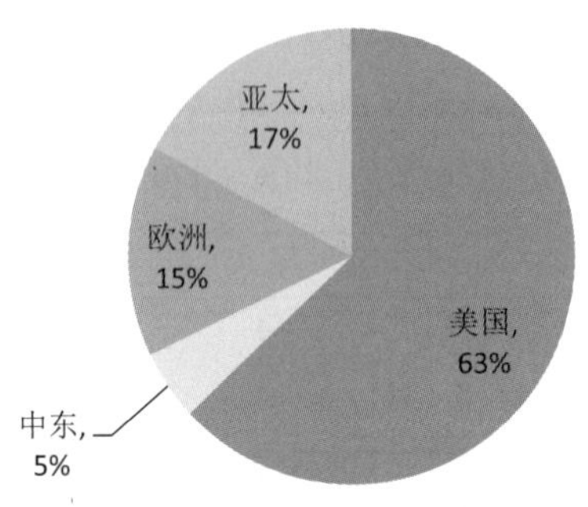

图 15.8　KKR 主体投资者地域

数据来源：KKR，星潮 FOF 整理

KKR 不仅有涵盖各行业的专业投资团队，还有经验丰富的投后管理咨询团队，更有来自国际知名企业的 38 位前高管。这样的团队结构保证了 KKR 从研究到投资再到投后管理整个过程的高效与价值的高增长，如图 15.9 所示。

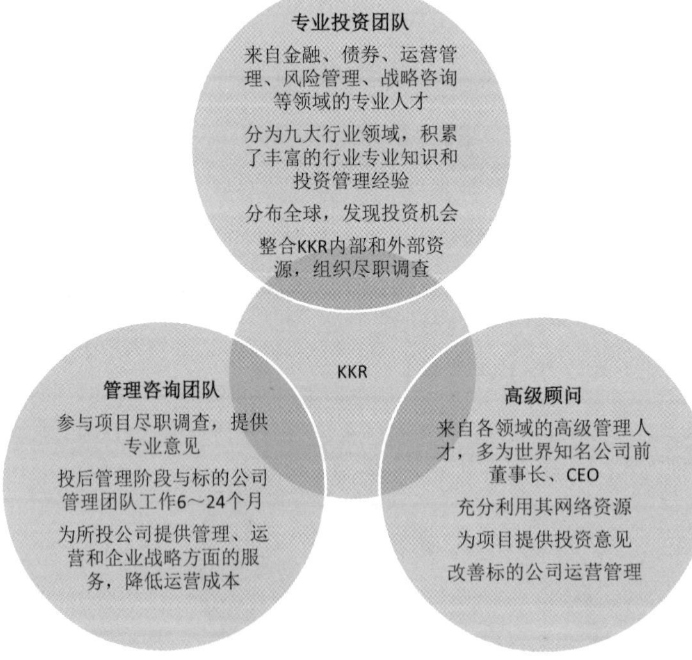

专业投资团队
来自金融、债券、运营管理、风险管理、战略咨询等领域的专业人才
分为九大行业领域，积累了丰富的行业专业知识和投资管理经验
分布全球，发现投资机会
整合KKR内部和外部资源，组织尽职调查
KKR
管理咨询团队
参与项目尽职调查，提供专业意见
投后管理阶段与标的公司管理团队工作6～24个月
为所投公司提供管理、运营和企业战略方面的服务，降低运营成本
高级顾问
来自各领域的高级管理人才，多为世界知名公司前董事长、CEO
充分利用其网络资源
为项目提供投资意见
改善标的公司运营管理

图 15.9　KKR 的核心团队

近 10 年来，KKR 所管理的资产规模不断上升，从 2004 年的 150 亿美元增长到 2015 年的 1195 亿美元，如图 15.10 所示。AUM 的增加来自公司多年来为投资者创造出的丰厚回报，体现了投资者对于公司未来发展的充足信心。

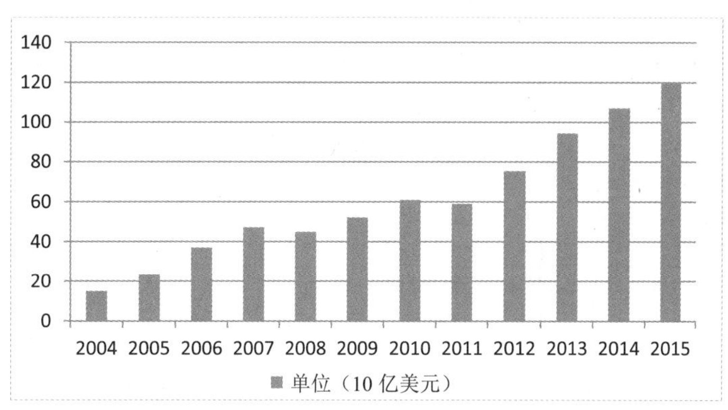

图 15.10 KKR 资产管理规模

数据来源：KRR，星潮 FOF 整理

3. 收入结构：投资收益占比大于管理费收入

KKR 的业务包括私募股权市场、二级市场及承销与直投 3 个板块。私募股权市场下又设立了能源、基础设施和房地产的专项基金，截至 2015 年年末，私募股权市场的 AUM 达到 660 亿美元。二级市场业务是 2000 年以后才陆续开展的，其管理的资产规模已达到 535 亿美元，主要投资于杠杆信用产品、多空股票投资、另类信用投资及 FOF 等。此外，KKR 还成立了承销部门和直投部门，目前管理资产大约为 50 亿美元。KKR 的业务结构如图 15.11 所示。

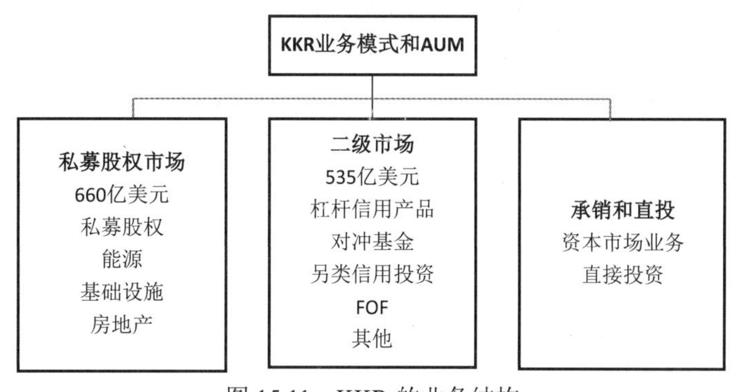

图 15.11 KKR 的业务结构

KKR 的收入主要来源于两大类：费用相关和投资收益，其中费用收入也有不同来源，如图 15.12 所示。以私募股权市场为例，相关费用包括资金管理费（一般是募集资金的 1%～2%）、被投资企业的监管费及交易收费。投资收益也因业务板块的不同而有所差异。

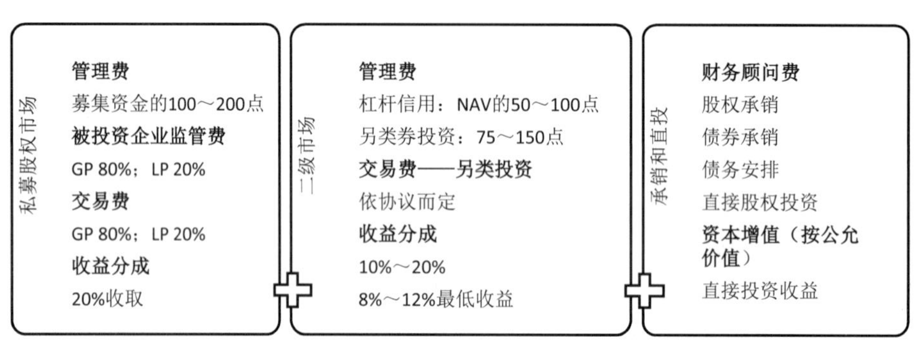

图 15.12　KKR 收入来源及构成

投资收益是 KKR 最重要的收入来源。2015 年，在 KKR 的总收入中，投资收益约占 86%，而相关的费用收入仅占 14%，这显示出其极强的创造投资收益的能力。按业务板块分解其投资收益，其中私募股权市场占了所有投资收益的 75%，其次是来自二级市场的 11%，而直投和主要活动的投资收益占比较少，分别为 8%和 6%。从费用收入结构来看，私募股权市场占比最大，达到 70%，主要活动的费用占比达到 15%，而二级市场费用收入的比重为 11%，剩下的 4%主要是直投费用。

15.4　精品型：橡树资本

橡树资本管理有限公司（Oaktree Capital）是一家国际性资产管理公司，创立于 1995 年，目前管理的资产规模为 970 亿美元。橡树资本一直专注于全球不良资产的投资机会，投资组合中包括企业困境债务、困境企业股权、困境房地产、银行不良贷款、高收益债券等。橡树资本在 2009 年参与了美国政府为应对次贷危机发起的不良资产救援计划（TARP），并获得了不错的投资回报率。截至 2013 年 9 月底，橡树资本在 PPIP 项目中的内部收益率达到 26%。

从橡树资本的投资回报情况来看，不良债权投资的净内部收益率达到 17.1%，仅次于公司能源投资项目的收益率水平，远高于其他项目的投资回报水平。不良债权投资占橡树资本托管资产规模的比重如图 15.13 所示。

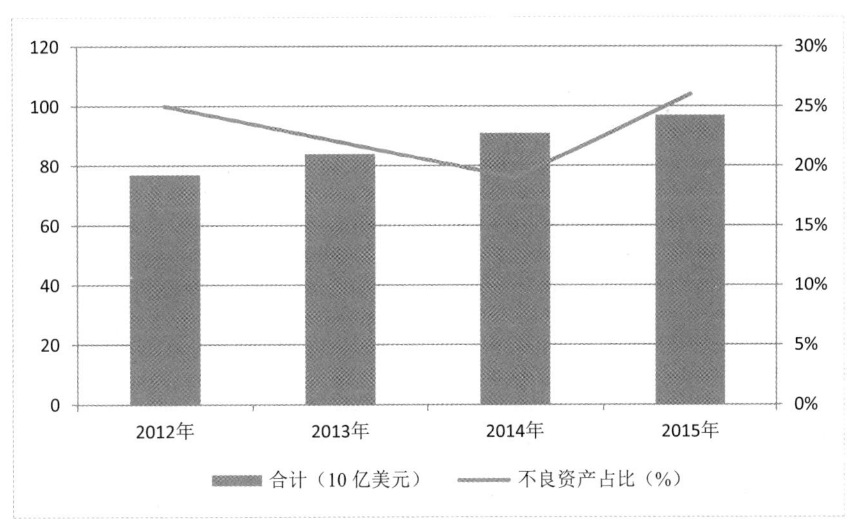

图 15.13 不良债权投资占橡树资本托管资产规模的比重

数据来源：橡树资本，星潮 FOF 整理

从橡树资本的经营业绩来看，不良资产管理行业的利润在整体不良率大幅提升的区间内不断下滑（前期买入的不良资产在不良率提升过程中面临贬值），直至整体不良率进入拐点区域；而盈利大多在经济好转、不良率持续下降的经济周期中，如表 15.3 所示。

表 15.3 橡树资本的不良资产投资项目所获投资收益率

	累计已投资资本（百万美元）	毛内部收益率	净内部收益率	回收资本乘数
不良债权投资	39 994	22.1%	16.3%	1.7×
房地产投资	6990	15.7%	12.2%	1.7×
自有资金投资（全球）	10 191	12.9%	9.3%	1.6×
自有资金投资（欧洲）	5232	14.4%	9.8%	1.6×
能源投资项目	1609	34.8%	26.7%	2.4×
夹层融资项目	3474	13.2%	8.9%	1.4×

数据来源：橡树资本，星潮 FOF 整理

橡树资本的业绩在 2009 年之前都是伴随不良率的上升而下降的，直到 2009 年银行业不良贷款率达到峰值后，公司归属于普通股东的可分配净收入的亏损幅度大幅降低；2012 年银行业不良贷款率尚未恢复次贷危机前水平，公司归属于普通股东的可分配净收入已经为正，此后盈利状况一直较好。从橡树资本普通股本回报率可以看出，银行业不良贷款率的改善同时促进了橡树资本经营业绩的改善，如图 15.14 所示。

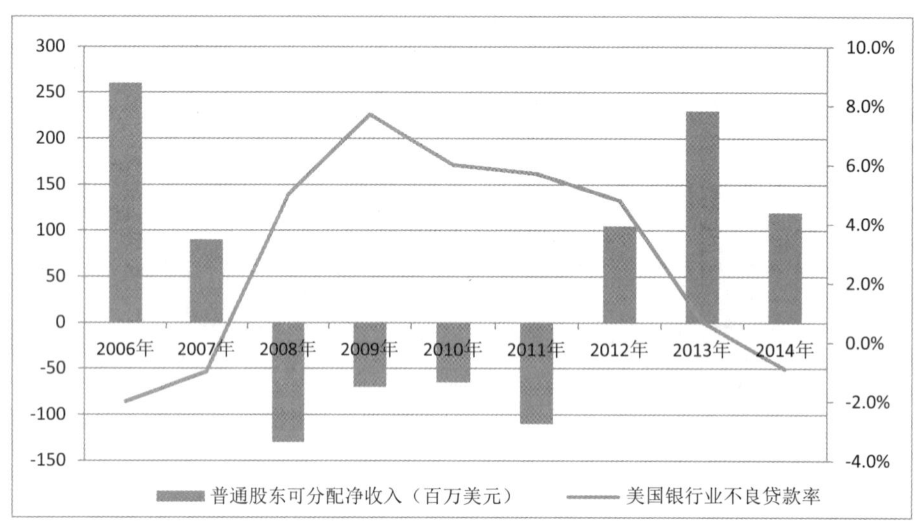

图 15.14　2010 年上市以来橡树资本普通股东可分配净收入与不良贷款率的关系

数据来源：橡树资本，星潮 FOF 整理

15.5　平台型：嘉信理财

1. 成长契机：别人高价，我家免费

嘉信理财（Charles Schwab）成立于 1971 年，1987 年在纽交所上市，总部位于美国加利福尼亚州。公司提供资产管理和经纪交易等综合金融服务，资管规模和活跃账户数保持增长态势，是美国乃至全球最大的券商之一。公司 20 世纪 70 年代由低成本折扣经纪商起家，90 年代开发网上经纪业务线，之后逐渐转向资产管理业务，进入 21 世纪，机构业务成为公司业务拓展方向。20 世纪 70 年代后，管制放松产生了美国证券、资管等非银机构的转型机遇。在美国石油危机的背景下，美国国内通胀高企倒逼金融管制放松。一方面，利率开始由市场定价，这为多种理财产品的创设提供了基础；另一方面，金融混业化的格局开始形成，1975 年证券公司佣金率开始由市场决定（之前实施千分之二以上的固定佣金率），传统依靠经纪业务牌照的垄断佣金业务模式被打破，美国券商开始寻求多元化收入来源。在这种背景下，成立于 1971 年的嘉信理财开始了自主创新之路，公司在其低成本折扣经纪商的基础上不断增加全方位

的客户咨询服务。美国利率市场化后商业银行资产与非银金融机构规模变化情况如图 15.15 所示。

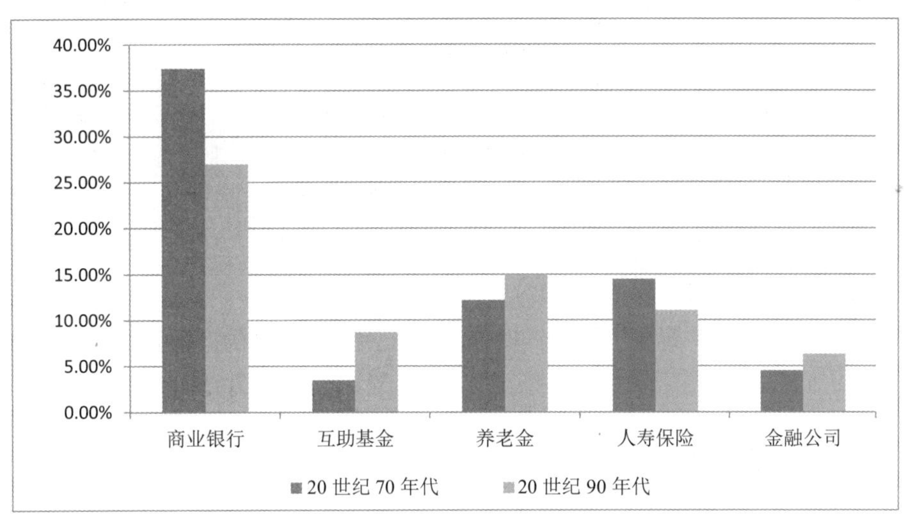

图 15.15 美国利率市场化后商业银行资产与非银金融机构规模变化情况

数据来源：Bloomberg，星潮 FOF 整理

1）1975 年，业务标准化，率先推出折扣经纪业务

1975 年 5 月，美国证券交易委员会取消固定佣金制度，转而推行协商佣金制。对此，大多数证券经纪公司的应对措施是降低机构投资者缴纳的佣金率，提高一般投资者缴纳的佣金率。但与之不同的是，嘉信看准时机锁定中小投资散户，率先推出了折扣经纪业务，并加大对信息设备的投入，实现交易自动化。

与美林证券等提供研究服务不同，嘉信公司的经纪人从不给出咨询意见。公司把股票交易和投资咨询及其他服务独立，对股票交易收取极低的费用，再从中分配一部分费用给提供标准化服务的经纪人。

2）1986 年，对个人退休账户免费，为“理财产品超市”构建平台

1982 年，美国国会通过了允许个人退休账户出台的条例，当时最乐观的估计是 10 年内个人退休账户吸引 500 亿美元，但实际金额达 7250 亿美元，远超市场预期。尽管个人退休账户是一种特殊的产品，但银行业内人士仍把个人退休账户仅仅当成一种普通账户看待，对客户开立和维持个人退休账户收取年费，相关产品费用高昂。1986 年，嘉信公司开始直接取消对个人退休账户收取年费，这使得嘉信的个人退休账户大

量增加，超过公司最乐观的预测。通过对账户实现免费，公司实现了个人账户的集聚，这为之后构建资管平台，建立“理财产品超市”提供了基础。公司于 1992 年推出了共同基金“一账通”（One Source）业务，该账户集合了多家资产管理机构产品，对客户免费，但对资产管理机构收取约 30BP 的管理费用。

3）1995 年，推出“顾问资源项目”，提供咨询服务

从 20 世纪 90 年代开始，美国新一轮牛市启动。投资者对股票、共同基金、期权等理财产品的需求增加，对咨询服务要求加强；而同时嘉信客户的平均年龄是 47 岁，全面服务的经纪公司客户的平均年龄是 57 岁，要留住这些年纪较大且较富裕的客户，要求公司业务进行转型，提供咨询服务。

对此，嘉信公司实施客户细分，把客户细分为 3 类：委托投资者、投资意见征求者和自我定向投资者，并于 1995 年推出独立的“登记顾问资源”（Registered Investment Advisor，RIA）项目平台，该平台的投资顾问独立于公司，不收取公司固定报酬。这样一方面有利于留住客户，另一方面可以避免直接提供咨询资源，控制了相关成本。

4）1996 年，拓展“电子经纪商”业务

1995 年后互联网作用凸显，在美国销售的个人电脑数第一次超过电视机销售数，以计算机网络为基础的交易成为证券交易的主流方式。嘉信抓住时机，开始拓展电子经纪商业务。基于丰富的前期经验积累，嘉信在奔向网络的竞赛中脱颖而出。在成立初期，嘉信曾推行第一个“经纪操作和交易分析”系统，大大降低了处理订单成本，提高了精确度。后来又推出“均衡器”、“街上聪明人”等工具，得到了不少公众的好感。1996 年，嘉信进一步推出“eSchwab”，开始进入互联网交易，并与嘉信零售重新合并在一起，在随后几年中迅速占据了经纪业务市场份额第一的宝座，实现了线上和线下结合。

5）2002 年以后，贯彻差异化竞争策略，拓展机构业务

当网上经纪业务竞争进入白热化阶段后，嘉信的竞争战略也开始向差异化转型，即开展机构业务，涉及类贷款等综合金融服务。目前嘉信业务涉及资产管理、教育基金、债务管理、养老金等多方面，每项业务又通过市场细分和个性化服务来获得差异化的竞争优势，不仅着眼于个人投资者，同时越来越重视机构投资者。这使得自 2004 年以来，其净收入结构中机构投资者服务收入占比逐年加大，2013 年机构投资者服务收入占比已达总收入的 23%，差异化转型初见成效。

嘉信理财的转型过程如图 15.16 所示。

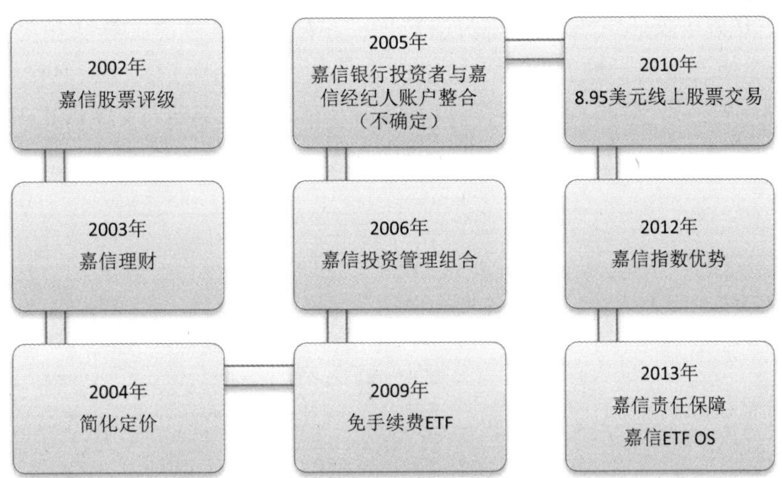

图 15.16 嘉信理财的转型过程

（6）转型小结：嘉信在业务转型中遵循了“折扣经纪—资产管理—机构业务”三部曲，如图 15.17 所示。第一步，公司业内率先降佣并开发网上渠道，这种以量补价的盈利方式帮助公司聚拢海量客户；第二步，公司聚焦于资产管理业务，通过多样产品和特色服务把公司打造成“资管平台”，战略由低成本转向差异化；第三步，公司向大学基金、养老金机构拓展资产管理业务，同时积极提升杠杆，开始做业务波动率较低的“类贷款”业务。经过多轮战略转型，嘉信理财初具全能投行的职能。

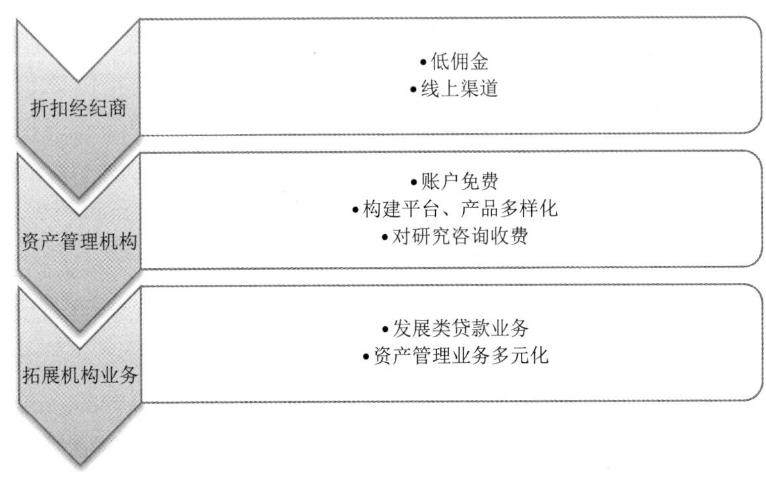

图 15.17 “折扣经纪—资产管理—机构业务”是嘉信理财转型的三部曲

专注于开发中低收入客户，公司资管规模和账户数量在美国券商业影响力巨大。截至 2015 年年底，嘉信持有的客户总资产高达 2.51 万亿美元，活跃经纪账户为 980 万户，公司退休计划客户 150 万户，银行账户 100 万户，如图 15.18 所示。公司下设投资服务和咨询服务两大部门，提供经纪、共同基金、ETF、咨询建议、银行、信托服务。

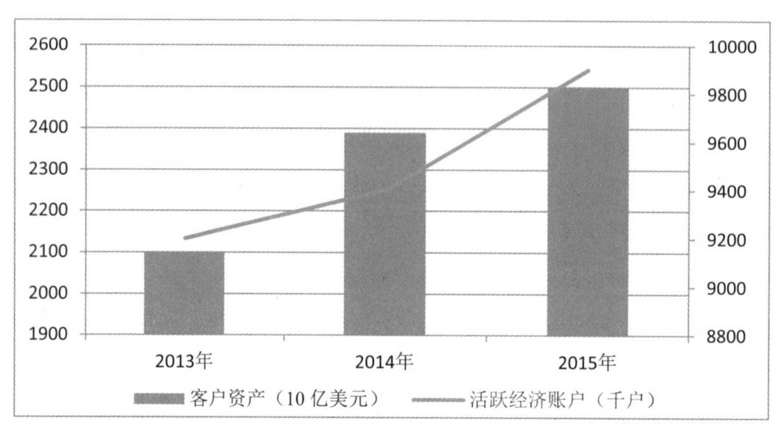

图 15.18　嘉信理财公司客户资产和活跃经纪账户

数据来源：嘉信理财，星潮 FOF 整理

2．产品策略：多类资产的配置服务

目前公司资产管理收入已经成为嘉信理财净利润的主要来源，占比高达 41%。而在这一业务领域，嘉信理财的优势在于对客户进行精细化管理，提供了 8 类基础资产管理产品，客户可根据自己的风险偏好及投资需求选择心仪的资产管理投资组合，如表 15.4 所示。产品差异化促使管理费率保持了较高水平，即使考虑了货币市场基金、指数基金等被动型理财产品，公司资管业务费率总体仍在 0.2%以上。

近年来，虽然资产管理费率略有下降，但得益于资产规模的扩大，嘉信理财的资产管理收入仍然呈上升趋势。2015 年，嘉信资管收入为 26.50 亿美元，较 2014 年增长 5%，如图 15.19 所示。

表 15.4　嘉信理财提供的资产管理产品

产品名称	产品说明	最低投资门槛	费　率
嘉信管理组合	基于共同基金及 ETF 的多元化投资组合	25 000 美元	0.09%

续表

产品名称	产品说明	最低投资门槛	费　率
嘉信管理账户	由专业的第三方及专有资产管理方构造的股票/债券投资组合	股票：100 000 美元 债券：250 000 美元	股票：1.36%；债券：0.65%；市政债券：0.35%
多元化投资门槛	多个资产管理经理为客户设计多元化投资组合，由一个投资组合经理进行监督和管理	视具体策略而定，最低门槛为 250 000 美元	1.1%
嘉信理财投资管理	利用嘉信股票评级来确定能在未来一年内跑赢大盘的投资组合策略	100 000 美元	1.35%
嘉信私人客户	由专业人士组成的专业团队为客户量身定制咨询和个性化投资计划	500 000 美元	股票、股票基金、ETF：0.09%；债券及债券基金：0.7%
嘉信理财顾问网络	由预先筛选的专门从事财富管理和复杂投资策略的本地投资顾问提供服务	500 000 美元	不同的投资顾问收费各异；推介服务不收取费用
Windhave®策略	主要由 ETF 构成的全球多元投资组合，力图在繁荣的市场上把握增长的同时在衰退的市场上减少风险	经纪账户/IRA：100 000 美元；合格雇员退休收入保障账户：25 000 美元	0.95%
ThomasPartners® 股息增长策略	投资于派息的公司以寻求每月收入、每年的收入增长及长期资本增值的投资策略	100 000 美元	0.90%

数据来源：嘉信理财，星潮 FOF 整理

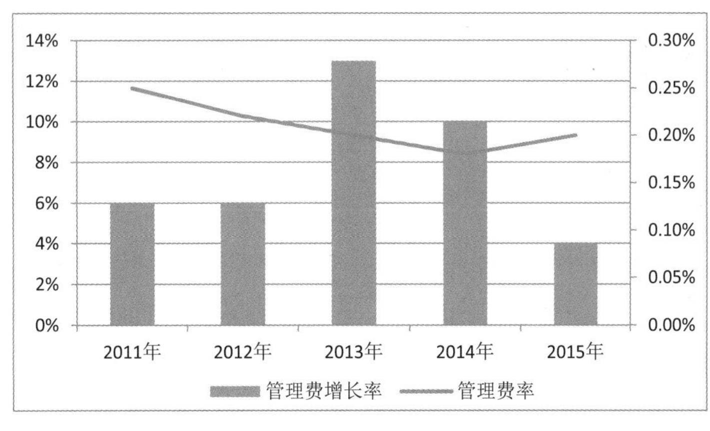

图 15.19　嘉信理财近年来管理费率及其增长率

数据来源：嘉信理财，星潮 FOF 整理

由图 15.20 所知，公司资管收入中共同基金服务费近年来有所下降，而投资管理咨询费及其他收费则有所上升。这是由于在 2000 年后，随着投资者对研究服务依赖度的提升，嘉信理财退出了不收取咨询费用的“共同基金全一账通”服务。

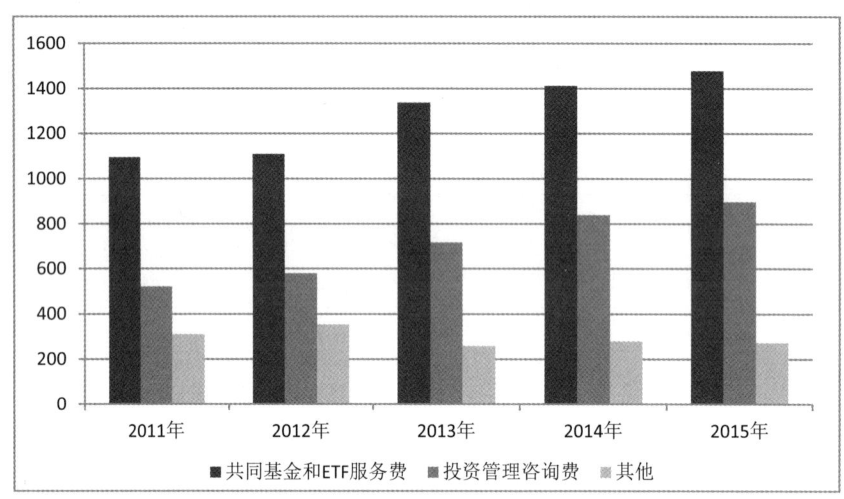

图 15.20　嘉信近年来投服务费构成比重（单位：百万美元）

数据来源：嘉信理财，星潮 FOF 整理

15.6　智能投顾：Betterment

（1）当三级飓风袭击佛罗里达州时，哪只水泥股的涨幅会最大？

回答：德州工业（Texas Industries）。

（2）当朝鲜试射导弹时，哪只国防股会涨得最多？

回答：雷神公司（Raytheon）、美国通用动力公司（General Dynamics）和洛克希德马丁公司（Lockheed Martin）。

（3）当苹果公司发布新 iPad 时，哪家苹果公司的供应商股价上涨幅度会最大？

回答：为 iPad 内置摄像头生产传感器的豪威科技股份有限公司（OmniVision）。

以上为 Kensho 旗下软件沃伦（取自沃伦·巴菲特先生的英文名 Mr.Bufett）的展示效果，该软件的本质是基于云服务的信息辅助系统。通过该软件，客户可以像在谷歌进行搜索一样，在简单的文本框中输入非常复杂的问题并得到答案。沃伦软件可以通过扫描药物审批、公司财报、经济报告、货币政策变更、政治事件及这些事件对地球上几乎所有金融资产的影响，为上万个问题找到答案。Kensho 软件在亚马逊公司位于 FinQloud 计算网络的网络服务器上运行。Kensho 已经得到了多家美国投行的青睐，根据华尔街日报报道，高盛已对公司投资 1500 万美元，成为其第一大股东。智能投顾羽翼渐丰。

对智能投顾市场而言，一级市场探索，业界大佬支持，二级市场响应。智能投顾体系最早由几家硅谷金融技术初创公司如 Wealthfront、Betterment 和 Personal Capital 设立。2014 年，业界巨头也开始涉足这一领域，如全球最大的资产管理公司贝莱德、收购初创的智能投顾公司 Future Advisor。高盛、嘉信理财和 RBS 也相继独立研发智能投顾，RBS 更是推出了智能投顾取代客户投资顾问的服务，未来有望替代 250 位私人银行家。对于投资者而言，选择智能投顾具备以下优势：落实资产配置、降低服务门槛、降低交易成本、减少投顾代理问题等。根据花旗银行预测，智能理财市场 2025 年将达到 10 万亿美元的资产规模。

智能投顾本质上依靠技术优势，属于金融技术类业务（Fin-Tech），传统金融机构也可以通过外延式扩张获取相关技术。如华泰证券于 2016 年 4 月并购了财务管理技术类公司 Asset Mark，该公司主要服务于资产配置和投顾服务的中台建设，为后续投顾智能化服务提供基础设施。

从盈利模式来看，该业务的本质为技术驱动的轻资产模式，这与金融机构资本驱动的重资产模式恰恰相反，具有显著的“大行业/小公司”特征。

考虑到 Kensho 处于初创期，下面以更成熟的 Betterment、Wealthfront 等机构说明智能投顾等 Fin-tech 机构的盈利模式。

1. Betterment：投资组合理论的活学活用

公司创立于 2008 年，2010 年获得了 300 万美元的投资；2012 年获得了 1000 万美元的投资；2015 年 D 轮融资约 2 亿美元；2016 年获得了 1 亿美元的 E 轮融资，目前公司估值 7 亿美元。公司目前管理的资产有 40 亿美元，是世界上最大的智能投顾公司，目前客户数约 15 万人，员工约 149 人。

Betterment 有较好的界面体验感。用户进入 Betterment 网站，填写一些个人信息（年龄、收入、投资目的、期限、目标金额、风险偏好等）后，网站会根据个人状况推荐最适合该用户的投资建议。这种模式的原理是最基础的马科维茨资产组合理论及其衍生模型，在云端低成本、快速、批量化地解决各种数据运算，再根据用户的倾向，个性化地提供资产配置组合方案。这是传统人工理财服务无法比拟的，它让很多人足不出户就可以低门槛、低成本地管理自己的资产，如图 15.21 所示。

美国资本利得税高昂，Betterment 还提供了 Tax Loss Harvesting+解决方案，根据客户的投资和收入确定投资方案，获得最大程度的税收优惠。此项服务估计每年可以增加 0.77%的税后投资回报率。此外，Betterment 可以查看和投资者同龄或同收入的人在投资什么、怎么投资。另外，Betterment 还提供了手机应用，可以随时随地查看自己的投资账户，如图 15.22 所示。

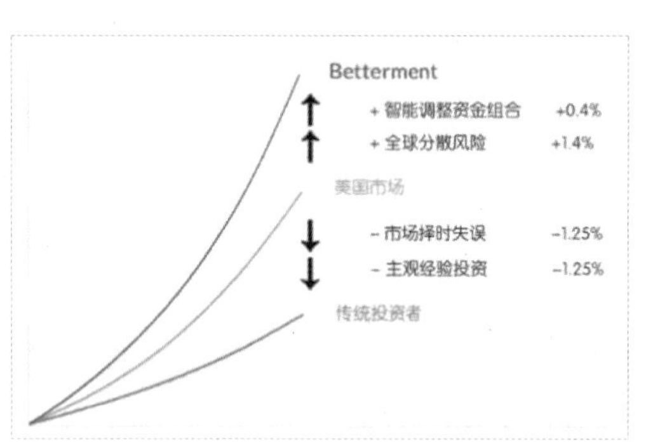

图 15.21　Betterment 比普通投资者收益高 4.3%

图 15.22　Betterment 个性化服务指导

2．Wealthfront：资产配置的新一站

Wealthfront 的前身是一家名为 Kaching 的美国投资咨询顾问公司。2011 年 12 月，Kaching 更名为 Wealthfront，转型为一家专业的在线财富管理公司，同时也是具有代表性的智能投顾平台，借助计算机模型和技术，为经过调查问卷评估的客户提供量身定制的资产投资组合建议，包括股票配置、股票期权操作、债权配置、房地产资产配置等，主要客户为硅谷的科技员工，如 Facebook、Twitter、Skype 等公司的职员。

其创始人为 Andy Rachleff 和 Dan Carroll，其中，Andy Rachleff 为 Wealthfront 的执行主席，曾是 Benchmark Capital 的创始人之一，宾夕法尼亚大学校董，斯坦福商

学院的一名教师，而 Dan Carroll 为 Wealthfront 的首席战略官。平台目前有一支由业界和学界名人组成的管理团队、投资团队，如《漫步华尔街》一书的作者 Burton Malkiel 就是首席投资官。2015 年，Wealthfront 获得了显著增长。截至 2016 年 2 月底，Wealthfront 的资产管理规模达到近 30 亿美元，而在 2015 年 1 月仅为 18.3 亿美元。

Wealthfront 的特点是成本低，主要客户为中等收入年轻人，区别于传统理财主要针对高净值人群。平台的盈利来源为其向客户收取的咨询费（Advisory Fee）。

Wealthfront 提供的主要产品和服务是自动化的投资组合理财咨询服务，包括为用户开设、管理账户及投资组合的评估。用户能够通过 Wealthfront 平台投资，标的为 ETF 基金。Wealthfront 选择十一大类 ETF，分别为美国股票、其他发达国家股票、新兴市场股票、分红股票、房地产、自然资源、美国政府债券、公司债券、新兴市场债券、市政债券、防通胀证券（TIPS），如图 15.23 所示。

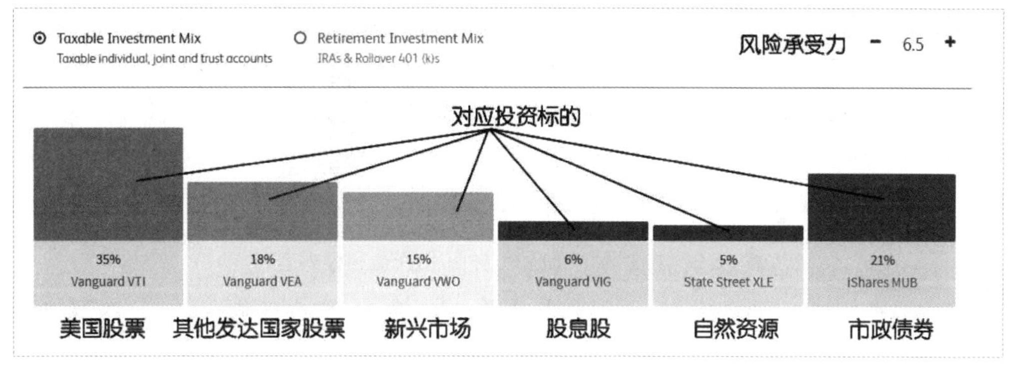

图 15.23 Wealthfront 量身定制方案

15.7 经验总结

前面分析了海外资产管理的 4 类运营模式，同时比较了 4 类机构的盈利能力和估值水平。整体上，**从盈利能力看，**橡树资本最高（15%），其余 3 类保持在 10%以上；**从资管规模看，**嘉欣理财和黑岩都可以管理 2 万亿美元的资产规模，这与市值情况相一致，嘉欣理财和黑岩都可以成长为 300 亿美元的大市值机构，KKR 和橡树市值在百亿美元以内；**从价值驱动看，**KKR、橡树资本对资产端有控制能力，Price/AUM 较高，而嘉欣理财主要做流量聚拢和资产配置，Price/AUM 最低；**从估值水平看，**橡树资本和嘉欣理财的估值水平较高，前者体现了资本市场对其针对不良债权定价能力

（独特投资策略）的溢价，后者体现了聚拢流量、构建平台后的“护城河”价值，而KKR的估值水平最低，这与公司有较多自营业务有关，如表15.5所示。

表 15.5 美国主要资产管理机构的盈利能力和估值水平对比

	黑岩	KKR	橡树资本	嘉信理财
PE	18	14	32	26
PB	2.0	1.2	4.0	3.0
ROE	12%	9%	15%	12%
MV	600	65	30	380
AUM	25 600	560	760	25 000
Price/AUM	2.4%	11.6%	3.9%	1.5%
市场评价	资产管理规模最大 估值中等	Price/AUM 最高 估值最低	ROE 最高 估值较高	资产管理规模最大 估值较高

在美国沃克尔法案实施后，投资银行因衍生品业务风险敞口高，发展自营业务受限，估值中枢下滑。另外，资产管理机构业务模式主要依托管理费收入，投资收益收入占比低，周期属性弱于证券公司，同时资产管理机构业务扩张不依赖大量占用资本，故估值中枢高于证券公司。相对于投行，资产管理机构更是一门好生意。基金与银行/保险/券商/信托盈利模式的差异如表15.6所示。

表 15.6 基金与银行/保险/券商/信托盈利模式差异

	银　行	保　险	券　商	信　托	公募基金
主要目标客户	大中型企业和有信用记录个人	以个人为主	企业、投资机构、个人	超净值人群	大众客户
拍照类业务	银行卡手续费、代理业务手续费、托管及其他受托业务佣金、顾问和咨询费等收入	资产管理	经纪业务佣金、投行业务等	信托手续费	资产管理费
利差类业务	存贷利差	保险合约利差	融资利息息差	国有业务利差	很少
拍照收入占比	不足 20%	不足 10%	超过 50%	超过 80%	超过 90%

我们同时分析了中国基金行业，相关模式特征与美国同行一致。由于规模扩张不需要消耗资本，因而中国公募基金能保持“轻资产”运营模式，ROE水平更高，2014/2015年，中国主要基金公司ROE在20%以上，而同期中国券商的ROE水平约为10%（2014年）/15%（2015年）。有趣的是，中国公募基金存续规模表现出“牛市规模激增，熊市规模阴跌”的特征。即使在熊市，基金资产管理规模也可以保持较高的水平，这也许可以用行为金融来解释，如基金投资者在产品净值跌破0.7时常因心理账户、

损失厌恶等原因不愿意赎回。在这种策略下，中国公募基金的存量规模从长期看可以保持稳定增长。4 类资产管理机构业务模式比较如图 15.24 所示。

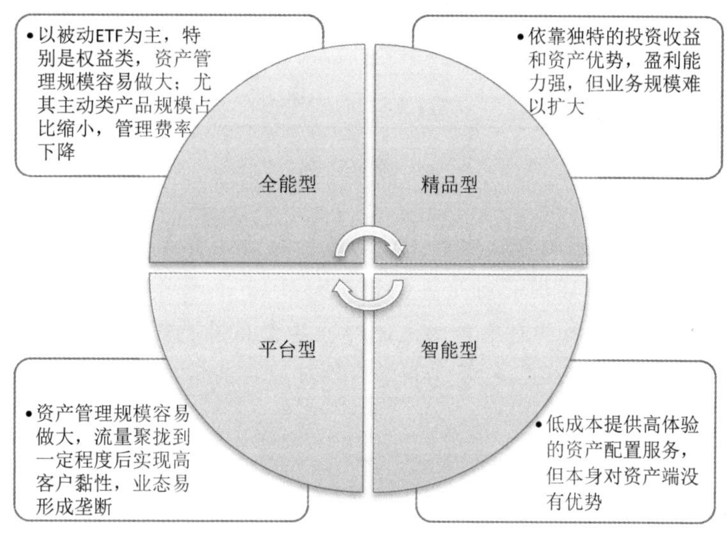

图 15.24 4 类资产管理机构业务模式比较

中国的智能投顾也在发展中，目前京东金融等机构也参与了人工智能选股和智能配置。除推荐个股外，相关机构主要以“做选择题测算风险偏好—提供风险配置”方案为主，本质上还是一个静态的配置方案。但也有部分机构可以展示策略提供动态化的资产配置过程，我们认为其对资产管理的理解已经走向海外同行同期水平。

第 16 章　海外主流对冲基金

◆ 摘要 ◆

对冲基金在 FOF 的分工中属于标的基金层面，负责做具体的交易策略，用于赚取市场利润。国内的对冲基金行业从 2012 年才刚刚开始，国际上已经发展了几十年之久。本章对海外的主流对冲基金公司进行全面阐述和解读，有关它们的策略、核心人物、投资思想等，都可以成为国内未来对冲基金行业发展的借鉴。

如表 16.1 所示为 2012 年年初绝对收益阿尔法公布的以管理规模排名的前十大对冲基金管理公司。可以看出，对冲基金行业的竞争激烈，无论是以资产规模还是以绩效排名，名单的变化是比较大的。但是取得或者保持行业排名前列都可以证明它们在这个行业的创新或者成熟。这里选择的十大对冲基金公司可以认为是行业先进的代表。

表 16.1　2012 年前 10 名对冲基金资产管理规模

2012 年排名	2011 年排名	公司/基金	管理资产（10 亿美元）		
			2012 年	2011 年	2010 年
1	1	桥水基金	76.6	58.9	34.6
2	2	摩根大通资产管理	45	54.2	45.1
3	7	奥奇-齐夫资本	28.4	27.6	23.5
4	8	贝莱德	25.5	25	16.9
5	11	鲍波斯特集团	25	23.4	21.7
6	4	保尔森公司	22.6	35.89	32.11
7	10	安祖高顿公司	21.23	23.6	20.8
8	17	文艺复兴科技公司	20	17	15
9	18	埃利奥特	19.2	16.8	16.09
10	12	法拉龙资本管理	19.2	21.5	20.66

注：以上数据均为年初数据

数据来源：Absolute Return + Alpha，星潮 FOF 整理

16.1 桥水基金

Bridgewater（桥水基金）成立于 1975 年，创始人是 Ray Dalio。20 世纪 90 年代，公司把总部从纽约搬到了现在的康涅狄格州。不像一般的对冲基金公司，Bridgewater 不为富人管理资产，它的服务对象主要是机构投资者，其客户包括养老基金、捐赠基金、国外的政府及中央银行等。现在，它有超过 270 家机构客户，其中一半在美国，另一半在海外。

Bridgewater 公司为其机构客户提供了两种不同的对冲基金，包括一种以积极型投资为特点的基金——绝对阿尔法（Pure Alpha），以及一种以资产分配为主要策略的对冲基金——全天候（All Weather）。除此之外，公司还出版了一本名为 *Daily Observation* 的日常刊物，供全世界的投资者付费阅览。

1. 绝对阿尔法

绝对阿尔法对冲基金是在 1989 年建立的，这种对冲基金投资于多个品种资产，希望在获得市场超额收益的同时承担更低的风险。“可转移阿尔法”策略的“阿尔法覆盖”策略（Alpha Overlay）是绝对阿尔法对冲基金的主要投资原则。绝对阿尔法通过积极的资产管理技术在一系列不相关资产里分散投资风险。它拥有 30 个或者 40 个同时交易的债券、货币、股指和大宗商品头寸，以避免投资于单一市场所造成的价格大幅度波动。

在绝对阿尔法投资策略下，Bridgewater 公司以波动性为标准建立了两种不同的对冲基金：Bridgewater Pure Alpha I——12%的目标波动率和 100 亿美元的管理资产；Bridgewater Pure Alpha II——18%的目标波动率和 230 亿美元的管理资产。

从成立以来，绝对阿尔法对冲基金只在 3 个年度遭遇亏损，但亏损的额度均不超过 2%。在过去的 20 年里，绝对阿尔法对冲基金获得了接近 15%的年收益率。

从图 16.1 中可以看出，在过去的 20 年里，Bridgewater Pure Alpha II 的累计收益率为标准普尔指数的 3 倍。

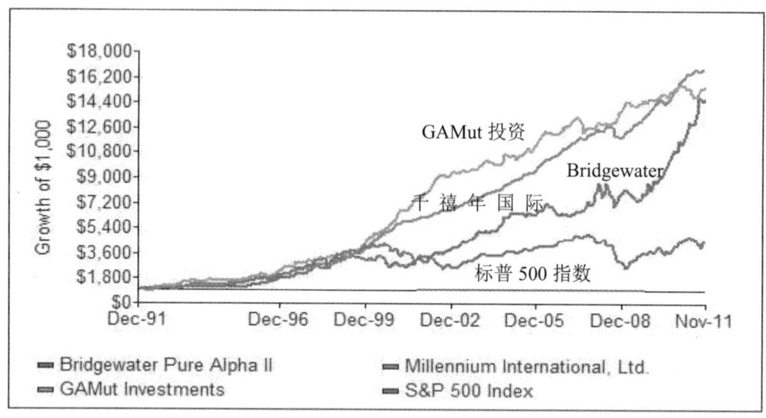

图 16.1　Bridgewater 的绝对阿尔法累计收益率对比

数据来源：MPI Case Study

2．可转移阿尔法

可转移阿尔法是通过运用期权、互换或者期货等金融衍生工具对市场风险进行对冲所得到的。在这种策略下，阿尔法收益与贝塔收益是完全分离的。

下面举例说明如何运用可转移阿尔法投资策略获利。

假如一个客户需要保持其在大盘股投资比例（如 36%）的同时，增加所获得的收益，我们将通过给投资组合增加小盘股的阿尔法收益帮助其达到目的。小盘股的投资资金可以通过降低大盘股的资产比例（从 36%降到 26%）获得，假设这 10%的资产等于 1 000 000 元。

具体的投资步骤如下。

步骤一：投资经理把 50 000 元存到保证金账户，利用杠杆可以买价值 1 000 000 元的股指期货，这意味着剩余 950 000 元进行小盘股的投资。

步骤二：投资经理购买 1 000 000 元的标准普尔 500 指数期货，使顾客在大盘股的投资比例重新回到 36%。

步骤三：投资经理用 950 000 元购买精选的小盘股股票，而这些精选的股票收益可以打败指数的收益。

步骤四：投资经理卖空价值 950 000 元的股指期货来对冲小盘股市场风险。

以上投资的结果是顾客保持了其固有的 36%的大盘股投资比例（初始的 26%加上

后来的 10%标准普尔 500 指数期货），并且可以获得小盘股的可转移阿尔法收益，如图 16.2 所示。

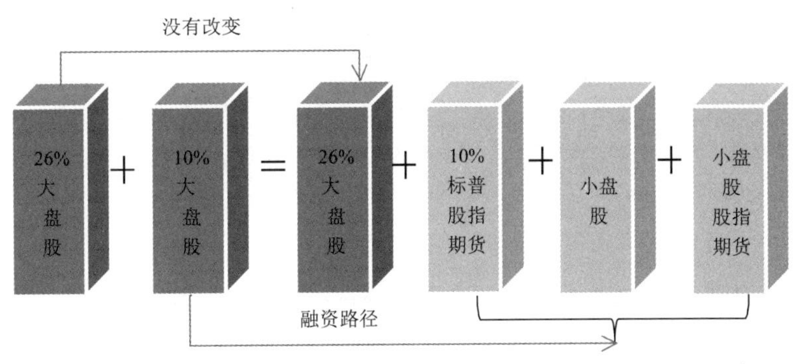

图 16.2　可转移阿尔法策略原理

3. All Weather 基金

1996 年，Bridgewater 建立了第二个对冲基金——全天候对冲基金（the All Weather Fund），通过建立最优的贝塔资产组合来获得更高的市场收益率。2011 年，All Weather 对冲基金已经拥有 460 亿美元的资产，成为美国最大的基金之一。

All Weather 对冲基金的核心理念之一是风险平价。通过资产配置，对低风险资产运用更高的杠杆，对高风险资产运用低杠杆，使得投资组合里所有资产的预期收益率和风险都接近相同。

图 16.3 给出了截至 2011 年年末，在累计收益率相同的情况下，All Weather 投资组合与股票市场组合的风险对比。All Weather 对冲基金的投资组合收益率的波动一直不大，在获得与股票市场相同的累计收益率时，其风险仅仅是股票市场风险的 1/3（4.5%∶15.1%）。

4. 最优贝塔组合

All Weather 的核心投资原则是风险平价，而与这种理念相对应的便是构建最优的贝塔组合的投资策略。风险平价是指平衡多种收益资产的风险敞口，以期在未来任何环境下都可以获得稳定的回报。

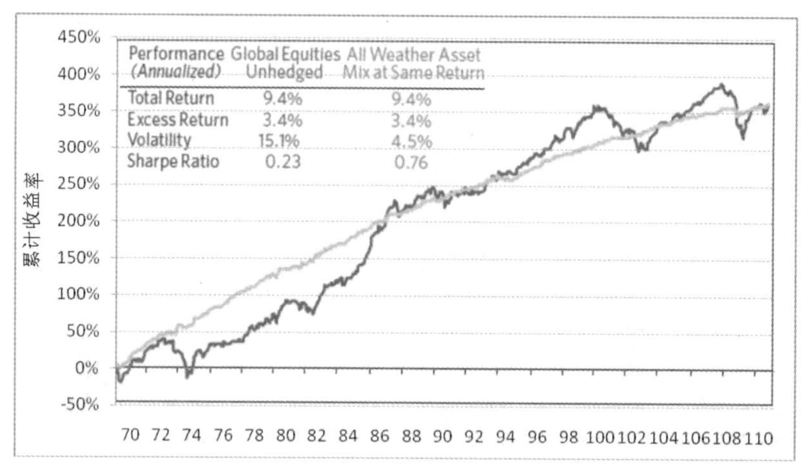

图 16.3 All Weather 投资组合风险对比

数据来源：Bridgewater 官网

Ray Dalio 之所以运用风险平价投资原则，是因为他发现传统的平衡资产配置有一个非常严重的问题——传统的投资组合方法通过忍受很高的短期风险（集中投资于股票）来获得高的长期回报。例如 60%的股票和 40%的债券，从表面上看，这样的资产配置已经平衡了，但是从风险的角度看，这样一种资产配置是极度不平衡的——有将近 90%的风险来自股票，而债券投资带来的风险只占 10%。

如果短期的风险高度集中在一种类型的资产上，那么很容易带来长期低回报的巨大风险，从而威胁到未来的偿债能力。这是因为如果环境变化造成了市场的长时间低迷，则每种资产的收益率都会受到非常大的影响，所以集中持有股票的长期风险对于投资者而言将是巨大的。因此，这些传统的投资组合由于十分依赖股票的表现来实现其预期收益率，它们将受制于股票市场的波动（贝塔），这与平衡资产配置的初衷是相悖的。

为了履行风险平价的投资理念并构建最优贝塔组合，通常需要以下两个步骤。

第一，通过使用杠杆降低或者增加资产的风险水平，使每种资产都拥有相近的预期收益率和风险。借款购买更多的低风险（低贝塔）、低收益率资产，如债券，使其具有与股票类似的风险和收益率水平。同时（如果必要），通过去杠杆化降低高风险高（贝塔）收益率的投资品种（如股票），降低其风险和预期收益率水平。这样就形成了具有相近预期收益率和风险，但不同经济相关性的投资收益流。

第二，从以上投资收益流中选出投资组合，使其在任何经济环境下都不会与预期收益率出现偏差。这主要是通过持有类似风险水平的投资组合实现的，并且组合里的资产会在以下情形之一表现得很好：通货膨胀、通货紧缩、经济增长或者经济下滑。

自 1996 年以来，All Weather 对冲基金经历了股票市场的牛熊市，两次大的经济衰退，一次房地产泡沫，两次扩张和紧缩时期，一次全球金融危机，以及这之间市场无数次的波动起伏。在各种不同的经济环境下，All Weather 对冲基金的投资组合的夏普比率都超过 0.6 的期望值，在名义目标风险 10%以下，它的表现明显好于股票、债券及传统的资产组合。

16.2 量子基金

索罗斯是索罗斯基金会的创办者，1970 年，他和吉姆·罗杰斯一起创立了量子基金。在接下来的十年间，量子基金回报率每年大约为 142.6%，共回收了 33.65 倍的利益，也创造了索罗斯大部分的财富。下面我们就来回顾一下“破坏者”索罗斯的 4 场经典战役。

1. 英镑危机，净赚 10 亿美元

1992 年，德国经济的发展如火如荼，德国的官方货币马克兑美元的汇率也因此不断攀升。

德国春风得意，英国经济却一直处于不景气的境地，它需要实行低利率政策，以刺激经济的增长。但德国政府却因为财政上出现了巨额赤字，担忧引发通货膨胀，于 1992 年 7 月把贴现率升为 8.75%。

但英国政府却受到欧洲汇率体系的限制，必须勉强维持英镑对马克的汇价。而一场英镑的旷世危机的导火索也由此被点燃：过高的德国利息率引发了外汇市场抛售英镑而抢购马克的风潮。在过去的 200 年间，英镑一直是世界的主要货币。然而到了 1992 年 9 月，投机者开始进攻欧洲汇率体系中那些疲软的货币，英镑首当其冲。

1992 年 9 月 15 日，索罗斯出场了。他开始大举放空英镑，英镑对马克的比价一路狂跌，英国政府也因此乱了阵脚。到了 16 日清晨，英国政府无奈宣布提高银行利率 2 个百分点，几小时后又宣布提高 3 个百分点，将当时的基准利率由 10%提高到 15%，同时大量购进英镑，希望可以吸引国外短期资本的流入，增加对英镑的需求，以稳定英镑的汇率。然而，就在英国央行布局的同时，索罗斯早已开始了对英镑的空袭，大量英镑被抛出，大量德国马克被买进。

尽管英国央行购入了约 30 亿英镑以力挽狂澜，但未能阻挡英镑如雪崩般的跌势。16 日收市，英镑对马克的比价在一天之内大幅下挫约 5%，英镑对美元的比价也跌到 1 英镑=1.738 美元的低位。在此后的一个月内，英镑对马克的比价再度下挫约 20%。

英国政府不得不宣告这场货币保卫战以失败告终，同时宣布英镑将退出欧洲汇率体系，开始自由浮动。索罗斯和他的量子基金则在此次英镑危机中获取了逾 10 亿美元的暴利。

2. 泰铢沦陷，百亿美元入账

在英镑危机爆发的 5 年后，索罗斯将他的目标锁定在东南亚。1997 年的东南亚，大部分国家都沉浸在一场资产的盛宴中，对自身经济体制的漏洞并无察觉。索罗斯再次抓住了机会。

由于泰铢具有在东南亚各国流通性良好、风险较小、资产泡沫巨大等特点，这种货币很快就成为索罗斯中意的突破目标。

1997 年 3 月，泰国央行宣布国内数家财务公司及住房贷款公司存在资产质量不高及流动性不足等问题。索罗斯将其视为采取行动的信号，下令抛售泰国银行和财务公司的股票，导致泰国银行储户在泰国所有财务及证券公司发生挤兑。

就在大家因为突如其来的崩盘不知所措陷入慌乱时，以索罗斯为代表的空头开始大量抛售泰铢。1997 年 5 月，泰国政府动用了 300 亿美元的外汇储备和 150 亿美元的国际贷款试图挽救这场危机，但这笔数字相对数量庞大的游资而言，无异于杯水车薪。

1997 年 6 月，索罗斯再度出兵，下令旗下基金组织出售美国国债以筹集资金，扩大“空袭战”资金规模，并于当月下旬再度向泰铢发起了猛烈进攻。

然而，在击破泰铢城池之后，索罗斯并不以此为满足，他断定，如果泰铢大贬，那么其他货币也会随之崩溃，因此下令继续扩大战果，全军席卷整个东南亚。这股飓风瞬间席卷了印度尼西亚、菲律宾、缅甸、马来西亚等国家。然而，与泰国类似的是，这些地区央行的救援再度陷入“弹尽粮绝”的境地。

此后的局势发展开始变得有些无法控制：泰国宣布放弃固定汇率机制，实行浮动汇率机制，当日，泰铢兑美元汇率暴挫逾 17%，外汇及其他金融市场陷入混乱。在泰铢波动的影响下，菲律宾比索、印度尼西亚盾、马来西亚林吉特相继成为国际炒家的攻击对象。

1998 年 2 月 11 日，印度尼西亚政府宣布将实行印度尼西亚盾与美元保持固定汇率的联系汇率制，以稳定印度尼西亚盾。此举遭到国际货币基金组织及美国、西欧的一致反对。国际货币基金组织扬言将撤回对印度尼西亚的援助，印度尼西亚陷入政治经济大危机。受其影响，东南亚汇市再起波澜，新元、马币、泰铢、菲律宾比索等纷纷下跌。

3. 闪袭中国香港，遭遇惨败

1997 年 7 月中旬，港币遭到大量投机性的抛售，港币汇率受到冲击，一路下滑，已跌至 1 美元兑 7.7500 港币的心理关口附近；中国香港金融市场一片混乱，各大银行门前挤满了挤兑的人群，港币告急。中国香港金融管理当局立即入市，强行干预市场，大量买入港币，以使港币兑美元汇率维持在 7.7500 港元的心理关口之上。

在刚开始的一周时间里，确实起到了预期的效果。但不久，港币兑美元汇率就跌破了 7.7500 港元的关口。中国香港金融管理局再次动用外汇储备，全面干预市场，将港币汇率重新拉升至 7.7500 港元之上，显示了强大的金融实力。索罗斯第一次试探性的进攻在中国香港金融管理局的有力防守中就这样失败了。

这时候的索罗斯刚刚打完一场漂亮的“扫荡战”，扫荡了整个东南亚金融市场，这次出手甚至波及了整个世界的金融市场。但是索罗斯绝不是那种肯轻易罢休的人，他开始对港币进行大量的远期买盘，准备重现英格兰和东南亚战役的辉煌。

1997 年 7 月 21 日，索罗斯开始发动新一轮的进攻。当日，美元兑港币 3 个月远期升水 250 点，港币 3 个月同业拆借利率从 5.575%升至 7.06%。中国香港金融管理局立即于次日精心策划了一场反击战。中国香港政府通过发行大笔政府债券，抬高港币利率，进而推动港币兑美元汇率大幅上扬。同时，中国香港金融管理局对两家涉嫌投机港币的银行提出了口头警告，使一些港币投机商战战兢兢，最后选择退出港币投机队伍，这无疑削弱了索罗斯的投机力量。当港币又开始出现投机性抛售时，中国香港金融管理局又大幅提高短期利率，使银行间的隔夜贷款利率暴涨。一连串的反击使索罗斯的中国香港征战未能讨到任何便宜，据说此举使索罗斯损失惨重。这次出手也是索罗斯为数不多的“败仗”之一。

中国政府也一再强调，将会全力支持中国香港捍卫港币稳定。必要时，中国银行将会与中国香港金融管理局合作，联手打击索罗斯的投机活动。这对中国香港而言无疑是一种强心剂，但对索罗斯来说却绝对是一个坏消息。索罗斯所听到的坏消息还远不止这些。1997 年 7 月 25 日，在上海举行的包括中国、澳大利亚、中国香港特别行政区、日本和东盟国家在内的亚太 11 个国家和地区的中央银行会议发表声明：亚太地区经济发展良好，彼此要加强合作，共同打击货币投机力量。这使索罗斯感到投机港币赚大钱的希望落空，只得悻悻而归。

4. 做空日元，狂赚 10 亿美元

与之前做空英镑和泰铢不同，索罗斯做空日元的手法似乎更加狡猾和老道。

近几年全球经济的不景气，让索罗斯瞄准了日本这块动荡的“肥肉”。一位业内投资人士认为，日元遭到对冲基金做空的根本原因在于其经济体制内部的病因。

过去的十年间，日本政府大力推销国债，日本财政收入对于举债的依赖已经使得日本国债如滚雪球般越滚越大，几乎达到收不抵支的境地。

有数据显示，与欧债危机中心地带各国债务/GDP 接近 150%的比值相比，日本的这一数字竟高达 200%，但仍能靠着借新钱还旧账的“庞氏骗局”维持。

于是，“做空日元”成为当时华尔街最热门的投机交易。据了解，从 2012 年 11 月到 2013 年 2 月，日元兑美元汇价已经下跌了近 20%，2013 年 2 月更是创下 33 个月以来的新低，为 1985 年以来同期表现最差。

索罗斯当然不会错过这样的掘金机会，不过，主导那次做空的是跟随他二十多年的得意门生斯科特·贝森特。

2012 年夏，贝森特正式接掌索罗斯基金。当遭遇 9 级地震的日本开始大量进口原油时，他便预测日元会贬值并积极寻找机会做空。直到 2012 年 10 月，贝森特前往日本调研，在得知“渴望”日元进一步量化宽松的安倍晋三当选首相概率最大，同时他发现大量日本资金从澳元高息资产撤回国内后，他感觉时机已经来临。

为了筹集巨额建仓资金，贝森特大量抛售股票。美国证券交易委员会的文件显示，贝森特卖出通用汽车与通用电气的股份，并且其基金在上一季度售出了 110 万股 LinkedIn、26 万股亚马逊及 250 万股 Groupon 的股票。

若大手笔做空日元，则必定会引发日本金融监管部门的“注意”。贝森特的主要策略是通过日元利差交易放大杠杆融资，大量买进押注日元贬值与日股上涨的衍生品投资组合。一位接近索罗斯基金的人士透露，贝森特主要做空的日元头寸集中在执行价格为 90～95 日元区间的日元看跌期权，并以杠杆融资买涨日股作为“掩护”。

这也是索罗斯惯用的手法——做空外汇市场，做多股票和指数。所以，索罗斯除增加日元空仓外，还买涨日股，日本股票占该公司内部投资组合的 10%。因为索罗斯认为日本解决经济困局的方法只有一个，就是货币贬值，而货币贬值会引发另一个现

象，就是短暂的股指繁荣，这注定是一笔稳赚不赔的生意。

的确，日经225指数从2012年11月的8619点低点一路上涨，上涨幅度达到33%，这又让索罗斯大捞一笔。

索罗斯这种重仓赌方向的策略确实可以给量子基金带来大量的财富，但是其中的风险也是巨大的，一般的基金经理无法胜任这种模式。

16.3 摩根大通

J.P. Morgan（摩根大通）总部位于美国纽约市，业务遍及 50 多个国家和地区，涵盖投资银行、金融交易、投资管理、商业金融服务、私人银行等领域。摩根大通 2000 年由大通曼哈顿银行及 J.P.摩根公司合并而成，2004 年与 2008 年分别收购了芝加哥第一银行、华盛顿互惠银行和美国著名投资银行贝尔斯登。2011 年 10 月，摩根大通的资产规模超越其他银行成为美国最大的金融服务机构，其业务几乎涵盖了所有的金融服务。

高桥资产管理有限责任公司是 1992 年成立的一家全球另类投资管理公司。高桥与其关联公司为世界上著名的机构投资者、企业养老基金、捐赠基金、基金会、家庭办公室和高净值人群管理着大约 270 亿美元的资产。公司总部设在纽约，在中国香港、伦敦同样设有办事处，雇佣超过 455 人，其中包括 130 多位投资专家。

2004 年年末，摩根大通资产管理公司购买了高桥大部分的股权，创建对冲基金行业第一个也是最重要的战略联盟。2009 年 7 月，摩根大通资产管理部完成了公司绝大部分剩余股权的收购，这笔交易使得这家华尔街银行成为全球最大的对冲基金管理机构。按照并购协议，摩根大通将把高桥资本推向全球多样化的投资平台。

1. 主要投资策略

（1）可转债套利：典型方法是买入可转换债券的同时做空对应标的的股票，赚取价差。

（2）统计套利：在多个相关性很强的品种之间同时进行做多和做空操作的策略。

（3）全球股票多空仓：这种属于方向性投资，特别适用于一些新兴市场，因为新兴市场相对于成熟市场，往往市场有效性不足，充满了高收益的机会。

（4）信贷机会：以信用分析为基础，寻求困境证券、不良贷款，债券和其他信用工具的套利机会。

2. 市场中性策略

股票市场中性策略是指同时买入和卖空股票以对冲市场风险，其目的是在任何市场环境下均获得持续的盈利。股票市场中性包括多种股票投资策略，这些策略虽然有着不同的波动水平，但却有着共同的特点——市场风险中性，即贝塔中性。有效的股票市场中性策略产生的收益率会超过无风险利率水平，这种收益率并不取决于整体市场走势，而是依靠投资者的选股能力。

3. 收益来源

股票市场中性策略依靠选股能力赚钱，其核心是投资者的选股能力，整体目标是不论市场走势如何，投资组合多头的表现始终强于空头。具体来讲，股票市场中性策略的收益来自 3 个方面：投资组合的多头、投资组合的空头和卖空股票产生的现金流。

在市场上升时期，多头组合获利而空头亏损，此时组合收益为“多头收益–空头亏损+利息”；相反，当市场下跌时，组合收益为“空头收益–多头亏损+利息”。下面通过一个例子来加以说明（见表 16.2）。假设一个组合贝塔中性且现金中性，多头和空头组合贝塔系数都为 1，规模都为 100 万元，通过投资者的选股，空头组合和多头组合都获得了 6%的阿尔法收益。

表 16.2 股票市场中性策略收益分析

	市场上升（+10%）	市场下降（–10%）	市场稳定（0%）
（a）多头组合	16%（α=6%）	–4%（α=6%）	6%（α=6%）
（b）空头组合	–4%（α=6%）	16%（α=6%）	6%（α=6%）
组合收益=（a）+（b）	12%	12%	12%
持有现金收益	国债收益率	国债收益率	国债收益率
总预期收益	12%+国债收益率	12%+国债收益率	12%+国债收益率

数据来源：《王者的世界——十大对冲基金传奇》

股票市场中性策略能够获得多头和空头双向阿尔法，通过积极配置，投资者在多头和空头市场上都能获得高于指数收益的超额收益，即阿尔法。当市场整体收益下降时，积极选股虽能够跑赢指数，但仍可能产生负的绝对收益。在市场中性策略下，投资者的选股能力能够获得多头和空头双阿尔法，且无论市场涨跌，投资者都能获得稳定的绝对收益，如图 16.4 所示。

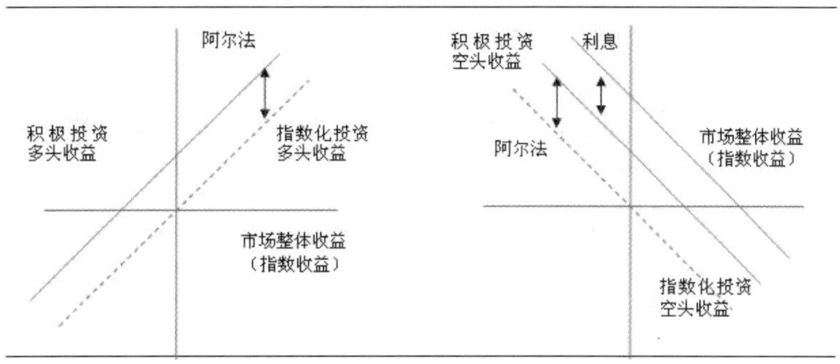

图 16.4　双向阿尔法收益图

数据来源：《王者的世界——十大对冲基金传奇》

16.4　德邵基金

1. 德邵是谁

德邵是美国著名的计算机大师兼投资大师。首先他是一个超级学霸，是一些顶级投资大师的偶像，从斯坦福大学计算机专业的博士毕业之后，不到 30 岁就进入哥伦比亚大学担任教授，专门研究超大规模并行计算。此后，他进入华尔街著名投行摩根士丹利做量化交易员。两年后，他成立了自己的对冲基金公司，并进行高频交易，公司员工一度达到 1300 多人，并且大多拥有博士学位。在他的带领下，定量分析交易也逐步登上了投资界的顶峰，20 年来，德邵管理的资产规模从初创时的 2800 万美元增加到 300 亿美元，可以说是人生赢家。2010 年，德邵来到中国，在上海陆家嘴成立办事处，取名德邵基金，后迁至中国香港。2015 年，德邵的个人资产高达 41 亿美元，杀入全球个人财富 500 强的榜单。而这位科学怪人在成功之后并没有穷奢极欲、花天酒地，而是一头扎进了化学计算机的研究当中，他的研发团队 D.E.Shaw Research（DESRES）开发的第二代 Anton 计算机把许多科研模拟大跨步地推向实用，不可不谓人生赢家。

德邵对冲基金在华尔街非常优秀，德邵的个人资产也达几十亿美元。当然，这样的收益率和资产规模在整个对冲基金领域并不算出类拔萃，但是德邵的一生非常不平凡，他的人生经历非常值得大家去研究。此外，他使用的很多量化投资技术在未来的中国会有比较大的发展机会。

大家可能对大规模并行计算不是很了解，从概念上来说是指很多台计算机同时使用多种计算资源解决计算问题的过程，是提高计算机系统计算速度和处理能力的一种有效手段。普通计算机的运行速度比较慢，特别是普通家庭使用的个人机，计算机的能力其实并不强。但在某些领域需要使用的一些大型计算机，比如天体物理的运行、卫星云图的分析、军事导航的规划、天气预报等，这些计算量和计算速度远不是普通的家用计算机所能解决的，需要大型计算机进行处理。现在很多计算机程序采用的是串行的方式，指令流一条一条进去，速度非常慢。通过大规模的并行计算，可以将计算机的速度成倍提高，而在这个研究领域，德邵取得了非常出色的成绩，是这个领域的领军人物。

然而，德邵觉得在哥伦比亚大学并没有完全实现自己的人生价值。斯坦福大学虽然是一个顶级学府，这个白色的象牙塔看上去像世外桃源一般，其实并不然，每位老师都要去寻找研究课题，需要资金资助项目，要么向国家申请科研经费，要么找其他人士资助。学校中的许多研究以理论为主，其研究具有前沿性，但一般在 5 年之后才能看到效益。

凡是科学领域的基础性研究，一般都很难获得大规模的资金支持。德邵也一样，虽然他在学术界名声赫赫，但和当年的西蒙斯一样，他很清贫。当年西蒙斯荣获美国数学协会的 Oswald Veblen 几何学奖，又和美籍华裔数学大师陈省身一同发现并实践了几何学的测量问题，该成果被命名为“陈氏-西蒙斯定理”，但西蒙斯依然过得很清贫。

二人想，既然有这么好的数学模型和计算机能力，为什么不去金融市场搏一搏呢？

2. 高频交易

就像哥德巴赫猜想被誉为数学皇冠上的明珠，如果说量化投资是投资领域的皇冠，那么高频交易几乎可以说是这项皇冠上的明珠。

在金融市场上，每时每刻都有大量的投资者进行买卖，但是大多数普通投资者的交易速度比较慢。如果投资者可以在价格上涨之前买入，在价格下跌之前卖出，就会获得短线的差价收益，我们称之为短线交易。

1）流动性回扣交易

为了争取更多的交易订单，美国所有的证券交易所都为那些创造流动性的券商提供一定的交易费用回扣，通常为 0.25 美分/股。不论是买单还是卖单，只要交易成功，交易所就向该流动性的原始提供券商支付回扣，同时向利用该流动性进行交易的券商征收更高的费用。随着这种激励机制的日益普及，越来越多以专门获取交易回扣为盈利目的的交易策略便应运而生。

在本案例中，假设机构投资者的心理成交价格在 30～30.05 美元之间。如果交易系统中的第一个买单（如 100 股）配对成功，以 30 美元的价格成交，那么，交易系统中的第二个买单（如 500 股）便跳显出来。再假设该买单也配对成功，以 30 美元的价格成交。根据上述交易信息，专门从事流动性回扣策略的高频交易者的计算机系统就可能察觉到机构投资者其他后续 30 美元买单的存在，于是，回扣交易商计算机采取行动，报出价格为 30.01 美元的买单 100 股。毫无疑问，那些曾以 30 美元的价格出售股票的券商更愿意以 30.01 美元的价格出售给该回扣交易商。

在交易成功之后，回扣交易商立刻调整交易方向，将刚刚以 30.01 美元购得的 100 股股票以相同价格，即 30.01 美元挂单卖出。由于 30 美元股价已不复存在，故该卖单很可能被机构投资者接受。

这样一来，尽管回扣交易商在整个交易过程中没有盈利，但由于第二个主动卖单给市场提供了流动性，从而获得了交易所提供的每股 0.25 美分的回扣佣金。不言而喻，回扣交易商所获得的每股 0.25 美分的盈利是以机构投资者多付出的 1 美分为代价的。

2）猎物算法交易

在美国，超过一半的机构投资者的算法报单遵循 SEC 国家最佳竞价原则（National Best Bid or Offer，NBBO）。所谓 NBBO，即当客户买入证券时，券商必须保证给予市场现有的最佳卖价；同样，当客户卖出证券时，券商必须保证给予市场现有的最佳买价。根据该原则，当一个报单由于价格更为优先从而在排序上超过另一个报单时，为了能够成交第二个报单，常常调整股价并与前者保持一致。事实上，一只股票的算法报单价格常常以极快的速度相互攀比追逐，从而使该股票价格呈现出由高到低、由低到高的阶段性变动趋势。这也正是在实际交易中经常看到数量有限的 100 股或 500 股小额交易常常将股价推高或拉低 10 美分甚至几十美分的原因。

猎物算法交易策略是在对上述股价变动历史规律进行研究的基础上设计出来的。一般来说，该策略通过制造人为的价格来诱使机构投资者提高买入价格或降低卖出价格，从而锁定交易利润。

在本案例中，假设机构投资者遵循 NBBO 并且心理成交价格在 30～30.05 美元之间。像上例中的流动性回扣交易商一样，猎物算法交易商用非常相似的程序和技术来寻找其他投资者潜在的连续算法订单。在计算机确认价格为30美元的算法报单存在后，猎物算法交易程序即发起攻击：报出价格为30.01美元的买单，从而迫使机构投资者迅速将后续买单价格调高至30.01美元；然后猎物算法交易商进一步将价格推高至30.02美元，诱使机构投资者继续追逐。

依此类推，猎物算法交易商在瞬间将价格推至机构投资者所能接受的价格上限30.05美元，并在此价格将股票卖给该机构投资者。猎物算法交易商知道30.05美元的人为价格一般难以维持，从而在价格降低时进行补仓，赚取利润。

3）自动做市商策略

众所周知，做市商的主要功能是为交易中心提供交易流动性。与普通做市商一样，自动做市商高频交易者通过向市场提供买卖订单来提高流动性。不同的是，他们通常与投资者进行反向操作。自动做市商高频交易者的高速计算机系统具有通过发出超级快速订单来发现其他投资者投资意向的能力。例如，在以极快速度发出一个买单或卖单后，如果没有被迅速成交，则该订单将被马上取消；然而如果成交，则系统即可捕捉到大量潜在、隐藏订单存在的信息。

在本案例中，假设机构投资者向其算法交易系统发出价格在30.01～30.03美元之间的系列买单，外界无人知道。为了发现潜在订单的存在，自动做市商高频交易者的高速计算机系统开始以30.05美元的价格发出一个100股的卖单。由于价格高于投资者价格上限，因此没能引起任何反应，于是该卖单被迅速撤销。计算机系统又以30.04美元的价格再次探试，结果还是没能引起任何反应，于是该卖单也被迅速撤销。计算机系统再以30.03美元的价格继续探试，结果交易成功。基于此，计算机系统即意识到一定数量的价格上限为30.03美元的隐藏买单的存在。于是，运算功能强大的该计算机系统随即发出30.01美元的买单，并利用其技术优势赶在机构投资者之前进行成交，然后再以30.03美元的价格反卖给机构投资者。

3. 如何提高交易速度

尽管由于一些特殊情况，高频交易、程序化交易近期受到方方面面的质疑，但是未来在中国，这些交易方式都有广阔的发展前景，这点毋庸置疑。科技进步的力量难以阻挡，特别是在中国以散户为主的市场，投资市场并非充分有效，所以利用计算机的高速运算能力获得更加稳定而持续的收益完全有可能。

提高计算机的交易速度，主要有以下几条途径。

1）托管机房

现在的普通投资人往往都是自己在家用台式机或者笔记本电脑连接互联网，然后看网络行情，看到行情之后再下单。这种人工下单的方式属于人工交易，就像当年的农耕时代一样，与工业革命后的机械化生产完全不是一个等级。托管机房则不然，是指将交易策略专门放在一个机房里面，就像现在交易所都设有机房，上海证券交易所设有上证机房，上海期货交易所设有张江机房。所以专业投资者可以到相关机房里专门租一台服务器，由于这台服务器与交易所非常近，因而速度也会非常快。

2）专线接入

目前的交易，大多数普通投资者是靠互联网接入的，而且交易还绕了一个大圈子。举个例子，一个身在上海的投资者要买上海证券交易所的股票，听上去距离很近，但是如果投资者在重庆的一家券商开户，那么交易指令就会从上海绕到重庆，重庆可能会绕到北京或者其他的网络节点，然后再绕回上海。很多交易实际上都是这样绕了一大圈才成交，所以交易速度非常慢。如果用专线接入，就可以通过专线直连券商柜台，由券商直接接入交易所，交易速度就会比普通接入快数倍。

3）内存数据库

在数据库方面同样需要加快速度，目前可以用一种叫作内存数据库的方式实现。普通的交易策略需要从数据库里获取一定的数据，然后进行计算，计算完成后得出结论，再根据这个结论下单，整个过程耗费了一定的时间。同时，数据库是存放在计算机硬盘上的，而从硬盘读取的时间也比较长。所以可以换另外一种方式，在计算机的内存中开辟一个区域，这个区域直接交由数据库进行处理，速度要比从硬盘上读取快两个数量级。所以当策略中设定的行情出现时，普通投资者的策略还没有算完，而高速系统的交易指令早已经发了出去，虽然在时间上可能相差几秒、十几秒，但是累积下来会损失不少盈利甚至造成损失，尤其是在行情突然波动时。

4）专用硬件

现在很多海外对冲基金都使用专用硬件。以高端大型游戏为例，普通的个人电脑，屏幕芯片很难支持大型游戏运行，因为好的游戏动作流畅、画面精美，对中央处理器（CPU）、显卡、声卡等硬件的要求很高，普通的 CPU 很难处理，运行速度非常慢或者根本达不到运行的硬件要求，需要专用芯片来处理。同理，在交易模型处理中也可以使用高速度、高性能的专用芯片。电脑软件的操作，运行到最后是交给计算机 CPU 处理的，也就是说最终还要落实到硬件上进行运算。所以可以把软件直接烧死在硬件里面，那么运行速度可以再提高两个数量级，因而国外顶尖的大规模高频交易的对冲基金都采用专用硬件。

全球顶尖的对冲基金可以做到在微秒之内响应，国内在这方面的差距仍然非常大。目前 T+1 的股票行情每 3 秒推送一次，T+0 的期货行情每 500 毫秒推送一次，以专业水准而言，推送的速度其实十分缓慢。如果说国外在金融交易和分析方面的软硬件水平已经到达巡航导弹时代，那么国内现在最多处在步枪时代，二者之间的差距显而易见。

通过以上 4 种计算机技术升级，尤其是硬件方面的更新换代，可以将计算机交易速度提高倍数级。德邵就是通过这种方式获得了异常可观的盈利。

4. 征服计算化学

德邵是华尔街定量分析和高频交易热潮的引领者，然而对于曾经在哥伦比亚大学任教的德邵教授而言，在金融市场上拼杀并不仅仅是为了赚钱，他一直认为自己是一个科学家，而不仅仅是一个交易员、一个投资者。在登上个人财富的顶峰之后，他决定回归科学研究领域，这位低调而神秘的科学家兼对冲基金经理于 2001 年宣布再次投身科学研究。

事实上，程序化交易也不是那么有趣。将强大的盈利系统开发出来后，每天系统都在不知疲倦地交易，机器不觉得无聊，但是人类会觉得无所事事。

德邵并不老，作为 50 多岁就位列世界 500 富的顶尖计算机专家，他依然年轻力壮。由于整天无事可做、精神空虚，于是这位比有钱人懂科学、比科学家有钱的计算机专家决定回到学校，从事他的老本行。但这一次德邵着眼的领域和以前不太一样，他选择了一个新的领域，叫作计算化学。

计算机的发展的确给人类社会带来了翻天覆地的变化，现在也逐步向很多科研领域进发。计算机的开发和应用与人类科学的发展息息相关，笔者研究的人工智能领域在近几十年里发展得也相当不错，我们常用的语音识别、语音合成、语音输入软件，包括一些机器人技术，都属于计算机和人类交互的应用领域。计算机除能研究应用科学外，还能研究文科。几年前，谷歌运用其强大的数据库和识别系统做了一个计算历史学库，把所有的历史文献全部输入数据库，用计算机分析其中的关系，发现了很多历史上的未解之谜，这要比历史学家在成千上万的史料中查找一些蛛丝马迹，效率高得多。

现在“大数据”一词相当火爆，大数据和各行各业都有联系。大数据和商业连接就是电子商务，大数据和金融结合就是互联网金融，同理，大数据也可以和自然科学相结合。大数据可以和物理学结合，可以和数学结合，可以和生物学结合，还能和化学结合。未来，计算机会大规模地与传统的自然科学研究紧密结合。目前传统自然科学实验的手段比较单一，效率也非常低下。当年孟德尔用繁殖周期比较短的豌豆和果蝇做实验，非常枯燥，周期也很长，他研究了一辈子才发现了遗传定律。笔者有一个朋友在农学院研究育种，采用比较原始的随机实验，撒一批种子去培养，可能培养一百次也成功不了一次，还招了很多人记录数据，效率非常低下。但如果用计算机模拟培育，则可以大大提高效率。

同样的情况也发生在化学研究领域。很多化学研究员一直在实验室中，用试管、烧杯做实验，虽然精度、条件有所提高，但效率依旧不高，因为当时计算化学用于实际问题中计算精度并不高。德邵觉得这样做研究效率实在太低，于是决定在这个领域进行大刀阔斧的改革，开发强大的化学计算机解决这个问题。他建立了团队，计划开发专门用于计算化学的超级计算机，取名为 Anton。

大约在 2004 年，德邵研究中心（D.E.Shaw Research）正式成立，很快做出了第一台 Anton。Anton 比传统计算机强大太多，比一般的超级计算机要快 1 万倍，比最好的超级计算机要快 1000 倍，超级计算机和 Anton 相比完全不在一个数量级。

在计算化学方面，采用模拟分子运行。如果用传统计算机模拟则需要一个月，但在 Anton 这台超级计算机上，只要一秒钟就可以计算模拟，这简直是天壤之别。俗话说“工欲善其事，必先利其器”，正是这个道理。

可能有人会觉得奇怪，德邵的研究方向转得可真快，从量化投资居然转到计算化学，二者似乎风马牛不相及。但事实上，底层基础工具没有变，德邵的最大优势就是计算速度，通过高速的大规模并行计算机，用更快的速度在市场上交易，去做各种套利、趋势、高频交易，利用速度去赚钱。切换到化学领域，德邵同样利用速度进行各种各样的模拟计算、定量分析。所以这个顶级计算机大师并不是换了一个新领域，只是换了一个数据集，因为底层的核心技术没有变。

16.5 贝莱德

1. 与风险为舞

与风险为舞的贝莱德于 1988 年诞生，源于一个现在看来并不陌生的概念：风险管理——但在当时，有这个想法的人在金融界被视为异类。贝莱德的 CEO 拉里·芬克（Larry Fink）最早捕捉到这一概念，他认为：“对所有投资的资产做彻底深入的了解至关重要。”

1994 年，贝莱德的管理资产累计达到 200 亿美元。随着业务的迅猛发展，贝莱德和黑石之间的关系也越来越紧张。芬克开始寻求贝莱德自身更大的独立性，这最终导致黑石将 2.4 亿美元的黑石股份卖给了总部位于匹兹堡的 PNG 金融服务集团。

1995 年，贝莱德帮助通用电气（GE）评估处置了一笔价值 100 亿美元的不良抵押贷款证券资产组合，为通用电气避免了高达 10 亿美元的投资损失。因此，贝莱德在业内树立起了自己顶级资产管理公司的名声。

2008 年 9 月 15 日，雷曼申请破产保护，其破产金额达到创纪录的 6390 亿美元，成为美国历史上规模最大的破产案，并迅速在全球产生多米诺骨牌效应，成为本轮金融危机全面爆发的标志性事件，很多金融企业受到牵连。同一时期的贝莱德处于一个极为有利的市场位置——两年前贝莱德就将那些风险最大的债券清除出了自己的资产列表。经历了这种史无前例的金融风暴，贝莱德还在当年最后一个季度里挤出了 5400 万美元的净利润。贝莱德开始思考自己的下一步扩张计划——收购巴克莱银行旗下资产管理部门巴克莱国际投资管理（Barclays Global Investors）。

贝莱德管理的资产从 1988 年的 10 亿美元增长到 2012 年的 3.513 万亿美元，增长了 3513 倍，平均年增长 145 倍，增长速度惊人。从贝莱德管理资产增长图中可以明显地看出其资产在金融危机前后发展迅猛，如图 16.5 所示。

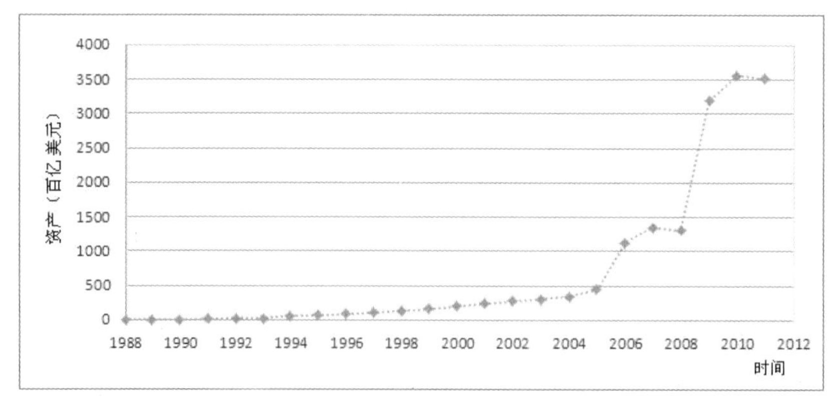

图 16.5　贝莱德管理资产增长

数据来源：www2.blackrock.com

2. 泛亚机会基金

泛亚机会基金主要投资于亚洲（不包括日本）股票市场，包括中国大陆、中国台湾、中国香港、韩国、新加坡、印度、马来西亚、泰国和菲律宾。

选股模型使用先进的技术来识别泛亚洲股票或市场的错误定价。这种策略通过跟踪少量的动态数据的个别股票，运用多空仓来捕捉阿尔法收益。在为基金各个部分配置风险时，投资团队会把基本面与量化相结合，业绩表现如下：

累计收益率：112.83%

年化收益率：19.45%

年化波动率：10.88%

3. 黑曜石基金

黑曜石基金是多样化相对价值固定收益对冲基金，基于基础投资的流程部门，旨在全球市场获得固定收益的投资机会。

在风险控制的框架内，黑曜石基金采用了一个相对价值和安全选择方式，实现基于机会集合的战术转移。

黑曜石基金的投资领域跨度为：美国的利率和 MBS/非美国利率、主权国家货币/投资级别公司、杠杆金融、证券化资产。

累计收益率：443.43%

年化收益率：12.02%

年化波动率：9.08%

4. 全球提升基金

全球提升基金是一种方向性投资策略，主要是在全球市场寻找高收益的机会，当然也会承担较高的风险。这种策略提供货币、股票、固定收益和商品阿尔法资源的多元化的敞口。

全球提升基金的信息如下：

累计收益率：221.05%

年化收益率：15.57%

年化波动率：13.66%

5. 多机会基金

贝莱德多机会基金是一只多策略对冲基金，通过贝莱德系统开发全球投资市场广泛而有效的投资机会，以求获得收益。基金的目标是为客户提供始终如一的、控制风险的、绝对的收益，特别是获得和大多数资产类别不相关的收益。

累计收益率：69.06%

年化收益率：7.98%

年化波动率：4.66%

6. 贝莱德的投资风格

长期产品包括积极策略和被动策略。贝莱德基金力求保持一个适当的风险状况，同时获得超过市场基准的收益。相比之下，被动策略寻求密切跟踪相应的指数（β）回报率。

尽管许多客户同时使用主动和被动策略，但这些策略的应用大有不同。例如，客户可以使用指数产品接触到市场或资产类别，以待重新分配到一个积极的管理人，这样会增加营业额指数管理资产的效果。此外，机构指数产品通常费率较低，这类资产规模往往是非常大的（数亿美元），这有可能夸大贝莱德的机构指数收入和盈利净流入的意义。

贝莱德提供两种类型的积极策略，即主要依靠基础研究和定量模型的策略，以推动投资组合的构建。2011 年年底，长期积极策略管理资产下降 28 亿美元至 1.188 万亿美元，资产分布为股票占 23%，固定收益产品占 52%，多类资产占 18%，另类投资占 7%。

1）积极型股票

2011 年年底，贝莱德积极股票资产达 2752 亿美元，同比下降 18%。全球和区域的投资组合，价值、增长的核心产品，大、中小型战略，以及特定的基金部门都广泛配置积极股票资产。2012 年，美国经济好转，新兴市场企业财务平衡和持续增长带动股票市场，这些利好消息会促进此资产的增长。地缘政治风险，特别是在欧洲，会继续严重影响投资者所在的地区经济。

贝莱德管理积极股票产品主要是为全球机构和零售客户服务，48%的资产来自美洲，38%来自 EMEA 地区，14%来自亚太地区。积极的股票投资策略通过专业的组合研究和经理的选择寻求添加相对指数有价值股。总体来说，积极股票投资资产的 44%、

54%、86%表现分别高于一年期、三年期、五年期基准或同行中位数。

2）积极型固定收益

积极型固定收益管理资产为 6148 亿美元，同比增长 4%，也就是 225 亿美元。固定收益的任务往往是根据客户指定的负债、会计、监管机构或评级机构的要求或其他投资的政策制定的。总体而言，美国债券享有坚实的绝对回报，巴克莱指数显示 2011 年美国债券收益率达到 7.8%。

积极型固定收益产品管理资产包括总机构资产的 81%，另外的 19%为零售及高净值资产。历史数据表明，此类资产客户中 70%来自美洲，21%来自 EMEA 地区，9%来自亚太地区。2011 年，亚太地区为其提供 38 亿美元的资产净流入。

基本固定收益管理的资产总额为 5711 亿美元，占积极型固定收益产品资产的 93%。这些产品强调风险控制部门和安全部门的专家直接与发行人和做市商互动。

基本应税固定收益战略资产的 43%、78%和 43%业绩分别高于一年期、三年期、五年期基准或同行中位数。积极免税业务显示了强劲的业绩，其策略管理资产的 61%、66%和 73%绩效分别高于一年期、三年期、五年期基准或同行中位数。

基于模型的固定收入管理资产增加 49 亿美元，达到 437 亿美元。这些策略运用模式找出相对回报的机会，在这些结果投资组合系统中审查模型的运行风险。以贝莱德模型为基础的固定收益策略的表现强劲，管理资产的 70%、86%和 83%绩效分别高于一年期、三年期、五年期基准或同行中位数。

3）成功经验

从贝莱德发展的历程来看，资本运作是其超越竞争对手、实现跨越式发展的重要手段。1999 年，贝莱德成功在纽约交易所上市，一方面扩大了自己在投资者中的影响力，另一方面获得了充足的资金开发 BlackRock Solution 等高收益率产品。此后，贝莱德进行了一系列的兼并收购，2005 年收购了道富研究与管理公司，2006 年与美林资产管理公司合并，两年间资产管理规模从 3000 多亿美元增至 1.1 万亿美元，一举确立了贝莱德在行业第一阵营的位置。2009 年，贝莱德又抓住巴克莱集团急需补充资本的契机，将兼并目标锁定为最大的竞争对手——巴克莱全球投资者。该并购总对价 135 亿美元，贝莱德自身仅拿出 8 亿美元现金，其余均从资本市场上融资得来。

在短短 23 年内，贝莱德在高度市场化的资产管理领域快速发展，取得了众多金融集团历经百年艰辛才取得的市场地位，是行业中快速跨越发展的典范。贝莱德的主要业务是在全球股票、债券、大宗商品、房地产、外汇市场进行投资。此外，贝莱德通过其强大的 BlackRock Solutions 系统，为全球 7 万亿美元的资产提供风险管理、战略咨询和投资顾问服务。贝莱德还积极介入公共资金管理领域。在金融危机爆发时，贝莱德作为美国政府的顾问，协助美国政府处理贝尔斯登、美国国际集团和花旗集团的不良资产，并参与了美国政府的“公私合营有毒资产处置计划”。除服务美国政府外，贝莱德还为淡马锡等多家主权基金管理金融资产。近年来，贝莱德积极拓展在中国的资产管理业务，参股中银基金 16.5%，并为中国投资有限责任公司、全国社保基金管理境外资产。总体来看，贝莱德已成为全球金融市场上最具影响力的公司之一。

16.6 元盛资本

Winton Capital Management Ltd.于 1997 年 10 月在英国伦敦肯辛顿成立，当时公司仅有 3 名员工，管理资产不到 200 万美元。15 年过去了，Winton Capital 发展迅速，目前公司管理规模接近 290 亿美元，在全球 25 个国家和地区拥有员工超过 260 人，成为全球最大的 CTA 对冲基金公司。Winton Capital 的 CTA 业务主要包括基金和管理账户两种方式，其中基金的操作由公司全权执行，而管理账户方式则由公司代理客户操作其账户，可以应客户需求采取一些个性化的策略，但管理佣金也会相应提高。无论采取哪种资产管理形式，其主要目标客户都是机构投资者，如养老基金、FOHF 等，而非较小的投资个人。

Winton Futures Fund 是公司运行历史最悠久的基金，采用程序化交易策略，在全球 100 多个期货市场交易，通过分散化投资降低风险，实现长期收益。基金基于计算机的交易系统，对期货的历史价格变动进行复杂的统计分析，建立了根据每日价格信息预测期货收益、风险的算法。在预测的基础上，由系统决定在某个期货市场上的交易品种、交易规模和交易方向。自 1997 年 10 月成立以来，Winton Futures Fund 实现了多于 700%的收益（年化收益率约为 15%），基金规模超过 90 亿美元。

Winton Evolution Fund 是公司于 2005 年 9 月发起的第二只基金，采用的是多元化的多空交易策略，在投资种类上并无限制，放眼于全球市场，包括汇率、政府/公司债券、利率产品、股票、股票指数、贵金属、传统的工业商品，交易品种包括现货、期货、期权、互换。投资方法仍以技术分析、量化模型、系统化交易为主。Winton Evolution Fund 是公司从期货市场向一个更多样化的策略过渡过程中的一步。

1. 量化投研团队

Winton Capital 聘请了一大批科学家，力求打造最强大的量化投资团队，在牛津大学科学园、西伦敦、苏黎世和中国香港设有研究部门。Winton Capital 的研究人员占总员工数的一半（100 人以上），他们擅长运筹学、统计学、气候学、精算学、天文学、金融数学等。研究人员每天分析并提供大量的高效数据，让公司的资产管理者能准确地把握市场。

Winton Capital 的中国业务发展主管在中国演讲时曾举例，他们可能有最齐全的世界各地的天气数据库。公司在全球近 200 个地点收集天气资料，每半小时收集一次，包括温度、湿度等 36 项数据。最直接的一种联系就是当气温变低时，油的消耗增加，油价可能上涨，因而对其他农作物的产量带来影响。人脑很难通过天气数据捕捉这些商品期货市场间的规律，并且把这种规律运用到交易中去，尤其对于只有 200 名雇员的公司更不可能；但是用计算机模型大量的统计分析就可以找出这种规律，并进行有效应用。而数据不止天气一种，其他只要能够搜集到的，比如全球的航运数据、各地的人口增长数据，都可以通过系统化的模型分析来找出市场规律的蛛丝马迹。

2. 关于创始人

Harding 1961 年出生于英国牛津，1982 年以一等荣誉学生的优异成绩毕业于剑桥大学，主修自然科学，获得理论物理学学士学位。大学毕业以后，他以毕业实习生的身份进入著名券商 Wood MacKenzie 工作，不久后他开始对期货产生浓厚兴趣（1982 年 9 月，伦敦国际金融期货交易所正式开业）。1983 年 9 月，他离开 Wood MacKenzie 进入期货经纪公司 Johnson Matthey & Wallace，成为一名商品期货经纪人，在那里开始了他的期货交易生涯。1985 年，这家期货公司倒闭，Harding 跳槽到英国第一家从事 CTA 业务的对冲基金 Sabre Fund Management，在那里他成为 NFA（美国全国期货协会）的注册会员，第一次将学到的物理知识运用到设计期货市场交易模型上。

1986 年 11 月，Harding 离开 Sabre Fund Management，加入 Brockham Securities，在那里协助期货管理、营销业务。1987 年，他遇到了 Michael Adam 和 Martin Lueck，并与他们一起创立了 AHL 对冲基金，Harding 专门负责公司研究团队的管理、交易模式的发展方向及研究程序的开发。AHL 是一只管理期货基金，由于业绩优秀，很快在业内得到认可。1989 年，Man Group 收购了 AHL 51%的股权，1989—1993 年 5 年间，AHL 基金的资产管理规模从 5000 万美元上升到 3 亿美元。1994 年，Man Group 收购了其余的股权，并将其打造成它的旗舰品牌基金。此时，Harding 已成为 Man Group

量化研究部门的主管，一直任职到 1996 年。1997 年，他离开 Man Group 创立了 Winton Capital。

据香港文汇报报道，在 2012 年英国五十大对冲基金富豪排行榜中，Harding 以 111 亿港元的身价位居第二位。

CTA 的优势有如下几点：

（1）全球定价，基本不可能操纵。

CTA 主要交易大宗商品，包括原油、铁矿石、铜、铝等与基础建设有关的商品，这些商品都是全球范围销售，单个机构很难操纵价格。与股票相比，大宗商品的价格透明度和公平程度明显较高，适合量化投资策略分析。

（2）与股市的关联度低，牛熊都可以盈利。

通过历史数据分析，CTA 的产品与其他资产，如股票、债权等相关性不明显（见表 16.3），所以作为资产配置而言，CTA 是一个非常好的选择。

表 16.3　CTA 与其他产品的相关性

平均年化收益率	10.22%
夏普比率	0.39
最大回撤	15.66%
与标普 500 指数的相关性	0.01
与美国国债的相关性	0.13
与全球债券的相关性	0

数据来源：巴克莱对冲，统计时间为 1980—2015 年

（3）有完善的做空工具。

特别是在中国市场，在股票和债券的做空衍生品工具不完善的情况下，大宗商品期货领域具有完整的双向交易机制，既可以做多，也可以做空，从而丰富了策略的种类。

① 从期货到期权，从黄金、外汇到原油，全球 150 多个市场可供选择。

② 看涨时做多，看跌时做空，有波动就有机会，无惧熊市。

③ 组合降低风险、分散投资，灵活应变获取长期绝对收益。

CTA 指数长期表现如图 16.6 所示。

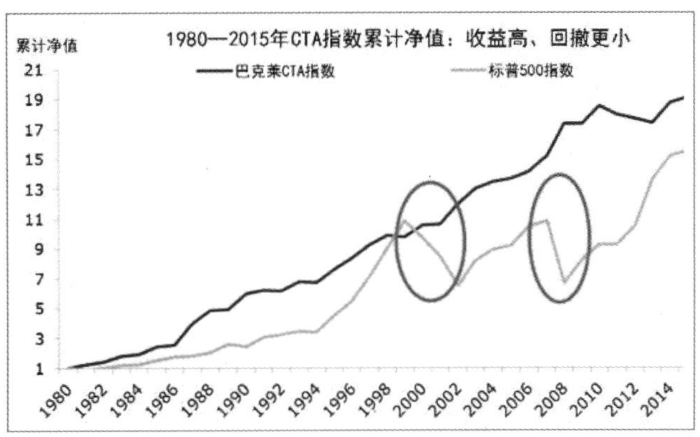

图 16.6　CTA 指数长期表现图

数据来源：星潮 FOF 整理

CTA 基金的策略种类有很多，主要有趋势跟随、套利交易和日内策略等。

策略 1：趋势跟随

比如突破 5 日均线就做多，跌破就做空。如图 16.7 所示为铁矿石 1605 合约的走势，如果在突破 5 日均线后做多，一直持有到跌破 5 日线，则获利空间是 40%。考虑到保证金交易，在 10 倍杠杆的情况下，2 个月可以获利 400%（当然，在实际交易中不能重仓）。

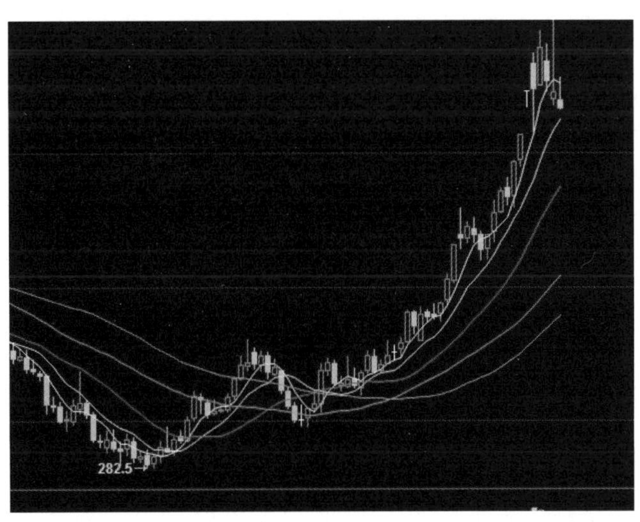

图 16.7　趋势跟随策略原理

策略 2：套利交易

利用关联性品种的价差波动进行交易。例如，2015 年年底，橡胶 1701 合约与 1605 合约之间出现了高达 1400 点的价差，而正常价差为 200 点左右。当时是由于多头试图逼仓所致。可以采取做空橡胶 1701 合约，同时做多 1605 合约的方式进行套利。果然，到了 2016 年 1 月，橡胶 1701 合约的价格暴跌，二者价差从 1400 点回归到 0 点附近，如图 16.8 所示。这一轮的套利，盈利超过 50%。

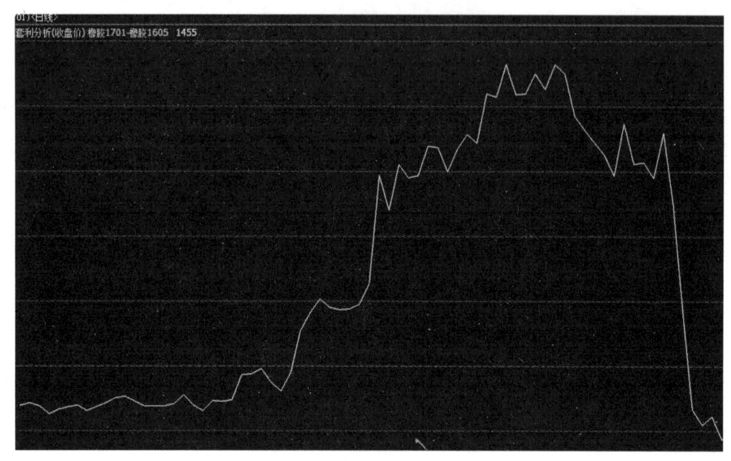

图 16.8　套利类策略原理

策略 3：日内策略

由于大宗商品价格受到全球的影响，所以当国外的价格出现异常波动的时候，国内也会同步波动。但是开盘价可能会有差别，这样一来就可能有短线交易的机会。例如，原油价格夜间涨了 3%，则国内对应的化工类产品在开盘时可能也会有一个较大的涨幅，但由于某种原因，可以涨得比较少。可以开盘做多，市场冲高后迅速卖掉。一次交易可能只赚 1%左右，但日积月累就会获得丰厚的回报。

16.7　保尔森公司

1. 一战成名

被华尔街奉为“赚钱之神”的约翰·保尔森在 2010 年的赚钱速度是每秒 158.55 美元。在 2007 年前，他只不过是华尔街的小字辈，公司仅管理着 10 亿美元规模的对冲基金。而百年不遇的金融危机成就了他，在市场哀鸿遍野之际，保尔森为投资者带来了惊人的回报。

2007 年，保尔森旗下基金最高的回报率是 590%——一个放在大牛市也令人吃惊的数字。2008 年，他再拔头筹，旗下基金没有一只亏损，最高回报率达到 20%，他管理的资产规模也从 2007 年前的 80 亿美元急速膨胀到 360 亿美元。2010 年，保尔森押注房地产和黄金（1185.30,1.20,0.10%）市场，史无前例地将 50 亿美元收入个人腰包。

在这样的数字面前，“对冲基金大鳄”索罗斯在 2007 年 29 亿美元的战绩显得不值一提。2009 年，这位金融大鳄甚至亲自请保尔森吃饭，打探如何对赌楼市。

这样的成绩让保尔森一下子名声大振，投资者都在打听这个闯进华尔街的人是谁？但是在 2008 年，在华尔街一提保尔森在说什么，人们马上会联想到他，而不是当时的美国财政部长亨利 •保尔森——他当时只能很委屈地自嘲为“另一个保尔森”。

2. 天生的对冲基金经理

回顾约翰 • 保尔森的过往经历，你就会明白，这位“最大的赢家”似乎天生注定要踏入金融行业，并成就一番事业。

1955 年，保尔森出生于美国纽约——华尔街所在城市——皇后区一个名为 Beechhurst 的中产阶级小区。保尔森有两个妹妹和一个弟弟，他们的家庭并不富有，他的父亲是一家小型公关公司的首席财务官，而此前则是一名会计。他的外祖父给了他商业的启蒙教育，教他从超市买来大包装的糖果，再零售给同学。

保尔森本科就读于纽约大学，后来又考取了哈佛大学的 MBA，毕业后进入金融业，先在奥德赛合伙人公司任职，之后跳槽到贝尔斯登公司，担任合并收购部经理，1994 年创立自己的对冲基金公司 Paulson & Co.。

在纽约大学期间，他被后来的高盛集团董事会主席、美国财政部长罗伯特 • 鲁宾（Robert Rubin）关于风险套利的讲座所吸引，由此种下了未来做对冲基金的种子。

但从哈佛商学院毕业后，约翰 • 保尔森并没有直接去当风险套利交易员，而是去了波士顿咨询公司从事管理咨询。不久，他就发现这并非自己所热爱的，也不能让自己拥有财富。于是他经人介绍，加入华尔街某著名投资银行家刚刚自立门户的小型投行。

两年后，28 岁的他进入贝尔斯登。此后 4 年，他在并购部从底层的分析员升到了董事总经理。也就是在这 4 年间，保尔森意识到，投资银行家给人提供并购服务收取手续费，获利远不如自己做资产管理。

于是，他开始直接进行投资和交易，标的是一些房地产和一家啤酒公司，交易规模不大，但获利不菲。1994 年，他看准了对冲基金的势头，用 200 万美元雇了一个助理，和其他几家小型对冲基金合租了一间办公室，创立保尔森对冲基金，专做并购套利（风险套利的一种）和事件驱动投资。

在 2000 年之前，他管理的资产增长缓慢，基金规模只有 2000 万美元左右。但因为规模不大，他更注重建立一个良好的业绩记录，投资非常谨慎。

约翰·保尔森信奉的投资理念核心有两条：一是对市场下跌做充分准备，市场上涨时便不必费心；二是风险套利不是追求盈利，而是追求不亏损。

这样的理念决定了他对做空获利的擅长。终于，2001 年互联网泡沫破灭给了他绝佳的机会。约翰·保尔森当时的判断是，很多在虚高股价支撑下的并购案会“黄”掉，因此他大量卖空这些公司的股票，在互联网股票价格狂跌的 2001 年和 2002 年，他管理的基金增长了 5%。逆市飘红，投资人便闻风而来，到 2003 年他管理的基金规模达到 6 亿美元。

3. 打破市场思维的坚持者

他最喜欢的名人名言就是丘吉尔所说的：“永远不要放弃。永远不要放弃。永远不要放弃。”在这位天生的基金经理的办公室里，你能看到的是奶油色的地毯、黄色的墙面，墙壁上挂着 12 幅亚历山大·考尔德的水彩画，看起来很温馨，但又与行业内的其他人有所不同。是的，在这里看不到 Bloomberg 数据终端，也没有全球热点地图。

与“股神”沃伦·巴菲特在 20 世纪 70 年代逆市收购大量破产小公司、“破产重组之王”威尔伯·罗斯 2000 年年初收购重整钢铁行业一样，约翰·保尔森一直以来的成功靠的是打破市场的常规思维。

所以，在经历做空互联网泡沫一役后，他并不想止步于资产管理“10 亿美元”俱乐部之列。于是，他时刻寻找下一个更大的机会。

这便是约翰·保尔森的成名之役——做空次贷资产。因为他观察到，美国经济自 2001 年货币宽松后的大泡沫有破灭的迹象。

保尔森抛给经纪人的问题是：“哪里有我们可以做空的泡沫？”2006 年年初，经纪人找到了答案：房地产市场。对房地产借贷市场，华尔街的金融家发明了两种新型的投资工具：CDO（Collateralized Debtobligations），债务抵押债券，即把抵押债券按不同风险重新包装销售的产品；CDS（Credit Default Swap），信用违约交换，用于担保抵押债券风险的衍生产品。CDO 的风险越高，担保产品 CDS 的价值就越高。如果违约率或违约预期上升，则 CDS 的价值就随之升高。但在房地产繁荣时期，大多数人不认为 CDO 会有什么风险，所以担保产品 CDS 的价格非常低。这便是此后引发全球金融危机的导火索。

“很多人都说房价永远不会在全国范围内下降，和房地产市场捆绑的投资债券也从来没有出过问题。借贷专家被房地产市场的繁荣蒙蔽了双眼。”保尔森事后说。

在分析了大量数据之后，保尔森确信投资者远远低估了抵押信贷市场上存在的风险，而没有看到这个市场崩溃的可能。“我从来没有做过这样的交易，有这么多人看多，而只有极少的人看空。”保尔森设计了一个复杂的基金操作模式，开始大胆地进行债券交易赌博：一边做空危险的 CDO，一边收购廉价的 CDS。“我们必须最大限度地利用人们对房地产盲目乐观的优势。”保尔森对手下说。

他决定成立一只专门做空抵押债券的对冲基金，并募集了大约 1.5 亿美元，从 2006 年年中开始了运作。可是这只新基金一直在赔钱。根据当时美国媒体的报道，一位好友打电话给保尔森问他是不是准备止损。“不，我还要加注。”他回答说。为了缓解压力，保尔森每天去中央公园长跑 5 英里，他还告诉自己的妻子，“这种事情需要等待”。正如他曾经告诉《对冲基金新闻》的记者，他最喜欢的名人名言就是丘吉尔所说的：“永远不要放弃。永远不要放弃。永远不要放弃。”

“碰到这样的情况，很多有经验的人都会选择退出交易止损，但奇怪的是，损失似乎让他（保尔森）变得更坚定了。”索罗斯如此评价保尔森当时的行为。

2007 年第一季度，次贷危机全面爆发，约翰·保尔森的判断在市场上得到了印证，赌局胜负开盘的时刻到了。惊恐的华尔街金融机构和大银行大量求购 CDS，也就是保尔森早就以低价囤积的次贷担保产品，保尔森不愁兑现。最终，在 2007 年的次贷风暴中，保尔森的第一只基金上涨了 590%，第二只上涨了 350%。仅 2007 年一年，就有 60 亿美元的资金涌入保尔森的基金。

2008 年，保尔森持续着他的“点金术”。他的制胜法宝是正确判断欧美银行业的“病情”。

在贝尔斯登倒下后，市场普遍认为最坏的时候已经过去了，市场出现了相当大的反弹。保尔森却意识到，绝大部分人没有看到银行的风险控制机制在百年一遇的“黑天鹅”面前如此不堪一击。于是他果断卖空金融股，并把行动范围扩大到欧洲。其间最成功的一笔交易是 2008 年 9 月雷曼兄弟破产后，他通过事先购买雷曼债券违约掉期，赢利超过 10 亿美元。“从智力角度而言，看空次贷市场还不是最难的，难的在于高超的交易技巧，以及面对暂时巨亏仍持续保持高仓位的勇气。保尔森基金一度账面遭受巨大损失，但他们挺过来了。至于交易技巧，大方向赌对了，小门走错，使用的工具不得当，一样徒劳。”业内如此评价道。

4. 遭遇亏损

要知道，在上一轮风声鹤唳的次贷危机中，约翰·保尔森以华尔街历史上最高的效率在赚钱，仅 2007 年就赚了 37 亿美元，而他能够脱颖而出的关键便是“做空”。2010 年，他以 120 亿美元的身家列《福布斯》全球富豪榜第 45 位。

但在 2011 年，他旗下最大的两只基金 Paulson Advantage 和 Advantage Plus 净值分别下跌了 36%和 52%。这让外界对他产生了严重质疑，有人甚至将这位全球资产管理行业的新领袖比作第二个“麦道夫”，认为他此前的业绩并不真实。

“我们有着伟大的交易记录——在过去的 18 年，我们只有两个亏年，有一个就是去年。”他对 *Bloomberg Businessweek* 说。“下跌是让人沮丧的，但你不能只看着过去，也要想想将来。”

这与他一贯的透明、谦和态度是一致的，在投资人推介会上，约翰·保尔森总是态度谦和，讲解非常耐心全面，没有任何花哨的缩写与术语。对于他的投资者来说，保尔森是非常透明的，关于他的投资策略的详细描述可以从网上轻易获取。

仅以此，业内人士都相信这位“伟大的做空者”很快会王者归来，特别是在全球经济二次探底、主权债务危机日益暴露的当下。因为在投资方面的成功和他高度警觉的风险成本意识是分不开的。他在投资过程的任何一个环节都极尽风险控制之能事，擅长做空盈利的他会完成又一次“最伟大的交易”。

5. 并购套利

保尔森公司最早设立的保尔森伙伴基金（Paulson Partners LP）专门从事自己的老本行——并购套利。1994—2007 年，该基金的年复合回报率是 17.78%，虽不及信贷机会基金，但已较标普 500 指数的平均回报率高出 7.53%。

并购套利的回报往往强于指数基金，而且风险更低，因而是国际对冲基金的重要投资策略之一。统计数据显示，1997—2007 年，合并并购套利指数的年化收益率为 9.87%，波动率为 6.2%，而同期标普 500 指数的年化收益率为 6.42%，波动率为 17.84%。2002 年后，全球资金充裕、成本低廉，杠杆收购兴起，价值在 2500 万美元以上的并购交易额占全球市值的百分比自 2002 年 5%的低点迅速提升到 2006 年的 9%，并购套利进入黄金时代，2007 年全球并购总规模达到 4.62 万亿美元。仅 2007 年 3 月，单月并购规模就达到 5000 亿美元。

在全球很多大型并购案中都闪现着保尔森基金的身影。我们通过解析保尔森伙伴基金参与套利的重大并购案，管中窥豹，以期解密并购套利基金和事件驱动基金的运作模式。

1）常规并购：寻求收购溢价

并购套利在于寻找被收购方和收购方股价之间的差价。波士顿咨询公司研究显示，在 1995—2001 年的 300 起大型并购案中，61%的并购方对股东财富造成损害，交易达成一年之后，失败公司的平均收益率低于同行 25%。所有买家的平均收益率低于同行 4.3%，低于标准普尔 500 指数成分公司 9.2%。在 150 组失败买家中，两年之后 4/5 的企业利润率仍为负数，2/3 的企业根本没有任何改善。而完全以股权转让进行的合并（有 65%的交易）表现糟糕，一年后，其收益率落后同行 8%。因此，如果预计并购案会成功，就要买涨被收购方的股票，同时卖空收购方的股票来对冲，还要在并购的整个过程中根据股价变化及时调整套利组合头寸。

并购套利赚取的另一种价差是收购溢价，即目标公司（被收购公司）价值和收购对价之间的价差；在收购方案出台但最终方案敲定前，买入被收购公司的股票，收购方案刺激被收购公司股价上涨，到收购完成后套利价差（收购溢价）被填平。

越靠近收购完成日，套利差价将逐渐收窄，因而切入时点非常关键。并购套利中最大的风险点在于并购失败，因而对并购发生的可能性及条款的准确分析极其考验套利者的功力。

2007 年 12 月 18 日，英格索兰公司（Ingersoll Rand）宣布，空调系统制造商特灵（Trane）同意接受收购方案，收购总价为 101 亿美元，以“现金+股票+债务”方式进行，英格索兰承担特灵 1.5 亿美元的债务，每股收购价为 36.5 美元现金加 0.23 股英格索兰股票，以前一个交易日的股价计算，合每股 47.81 美元，对特灵股价溢价 29%。收购方案公告后，保尔森基金买入特灵股票。美国证监会数据显示，保尔森基金 2007 年四季度持有特灵 881 万股，在随后的一个季度加仓至 1100 万股，2008 年一季度末，特灵股价达 45.9 美元，收购溢价基本被填平。在 2008 年 6 月 5 日收购完成日到来之前，保尔森基金及时清空了特灵的仓位。

2008 年 9 月 8 日，烟草业巨头奥驰亚集团公司（MO）宣布以 117 亿美元收购口含烟制造商 UST，收购方式为现金+债务，报价约合每股 69.5 美元，并由奥驰亚承担 UST 13 亿美元的债务。收购价比 UST 过去 3 个月的平均股价溢价 28.9%，保尔森在 2008 年四季度末持有 UST 990 万股，每股 69.39 美元，收购溢价被填平。

2008 年 11 月，英博公司以 520 亿美元收购美国酿酒商百威（Anheuser-Busch，BUD），对价为每股 70 美元。2008 年三季度，保尔森持有百威 2814 万股，市值 18.26 亿美元，平均股价为 64.89 美元，并购套利价差为每股 5.11 美元，套利回报率为 7.88%。在 2008 年 7 月以色列仿制药巨头 Teva 收购 Barr 一案中，收购溢价达 42%，保尔森基金也买入 Barr 进行套利操作，截至 2008 年三季度持有 1000 万股，四季度 Barr 从其投资组合中消失。

2）做空式并购套利

数据显示，1998—2000 年，全球并购交易总额达到 4 万亿美元，超过此前 30 年的交易额之和。保尔森预计并购将达到顶峰，而不少并购案中由于双方股价虚高，很有可能不能完成。因此，这一期间，保尔森通过大举做空并购对价虚高的股份获得大发展。在互联网危机破灭前夕，保尔森公司的资产管理规模仅为 2000 万美元。两年后，资产管理规模激增 25 倍，至 5 亿美元。

保尔森如何在竞购中得利？关键在于对被收购对象收购价值的准确判断。2004 年强生公司（Johnson & Johnson，JNJ.NYSE）与波士顿科学（Boston Scientific，BSX.NYSE）竞买医疗设备生产商佳藤（Guidant）就是经典案例。

2004 年 12 月 19 日，强生公告称，以 239 亿美元现金加股票收购佳藤。美国证监会的披露数据显示，2004 年四季度，佳藤出现在保尔森的投资组合中，其共持有 300 万股，之后的 3 个季度保尔森逐步加仓。2005 年三季度，《纽约时报》揭露佳藤的心脏去纤震器存在设计缺陷，佳藤被迫召回近 10 万件起搏器和电击器，导致公司接受法律调查，遭遇美国监管部门警告，强生因此要挟将离场，佳藤股价因此跌去两成。

但保尔森判断医疗仪器产业正处于高速增长期，佳藤所在的心脏电击器市场正以每年 20%的速度增长，强生公司必定会趁低价之机与佳藤重新谈判，调整后强生的对价相对佳藤的股价被低估，可能会有竞标者出现。其后，强生果然将收购价大幅砍低

15%，从原先的 254 亿美元降至 215 亿美元。而波士顿科学和强生在微创医疗器械领域是死敌（美国美敦力、佳腾、强生和波士顿科学是微创医疗器械的主要领跑者），在争夺佳藤之前，二者在药物涂层支架领域就已展开较量，强生率先推出了药物涂层支架，但其市场份额很快被波士顿科学夺去，后者在推出新的支架产品后很快占据了近 70%的市场份额。基于这样的判断，保尔森基金在佳藤股价下跌的 2005 年三季度，果断加仓两成。果然，2005 年 11 月，波士顿科学加入竞买行列。

由于并购套利价差扩大至年约 25%，在强生公司与佳藤重新洽谈后，保尔森随即大举增持佳藤股票，2005 年四季度保尔森公司持有的股份数达到 773 万股，比三季度的 520 万股高出 50%。2005 年四季度，强生和波士顿科学对佳藤的争夺白热化，收购对价不断提高，保尔森坐收渔利。

事实上，佳藤的股价从 2005 年一季度的 73.91 美元一路下滑到 2005 年四季度的 64.68 美元，也就是说从购入佳藤后的 4 个季度内，保尔森基金在佳藤上的投资是浮亏的。保尔森基金在该套利操作中的关键性胜利得益于 2005 年四季度的大胆加仓。2006 年一季度，佳藤股价上升至 78.09 美元，比前一季度大增 21%。最后波士顿科学报价提高到 80 美元/股，并与佳藤签署交易协议。根据交易条款，保尔森基金持有的 785 万股佳藤股份换成 1338 万股波士顿科学股份。

力拓与美国铝业（Alcoa）竞购加拿大铝业（Alcan）也是一例。2007 年 5 月 7 日，美国铝业向加拿大铝业公司也发出 270 亿美元的收购要约，如并购成功，合并后的新公司将控制全球氧化铝及初级铝产品市场约 25%的份额，成为全球最大的铝业公司。因美国铝业报价过低及交易前景不明确，遭加拿大铝业董事会的拒绝。但这引发潜在的投机性竞争报价，由此拉开了一场股权争夺战的序幕。初步收购方案出台后，保尔森基金在 2007 年二季度买入 980 万股加拿大铝业和 527 万股美国铝业。

2007 年 7 月 12 日，力拓加入竞买行列。力拓公告以 381 亿美元的总价竞购加拿大铝业，每股现金报价为 101 美元，比前一个交易日加拿大铝业 89.6 美元的收盘价溢价 12.7%，而较美国铝业发出的 76 美元对价高出 33%。截至 2007 年三季度，保尔森基金对加拿大铝业的持股数已增至 2498 万股，市值 25 亿美元，合每股 100 美元，接近力拓每股 101 美元的报价，收购溢价已被填平。2007 年四季度，保尔森基金悉数抛售加拿大铝业的股份。

与此同时，力拓收购加拿大铝业的计划宣布后，市场认为，美国铝业面临拥有成本优势的俄罗斯和巴西同行的竞争，可能沦为全球最大矿业公司必和必拓的收购对象。其股价应声而涨，至力拓公告的第二天（7 月 13 日），美国铝业股价涨至 47.35 美元。

但接下来的一个多月，美国铝业股价下滑 30%，8 月 17 日时跌至 33.29 美元。在此期间保尔森基金对美国铝业的持股数从 527 万股加大至 1960 万股，但最终随着美国铝业未被收购的结局逐渐明朗，保尔森基金也迅速清仓美国铝业的股份。

连环并购案中及时调整套利组合头寸：第二大铜公司菲尔普斯-道奇收购案

发生在 2006—2007 年的菲尔普斯-道奇（Phelps Dodge）并购案可谓一波三折。这种连环并购案的套利难度非常高，目标公司究竟花落谁家，很难准确判断。提前布局被收购公司，以及随着并购进展及时调整头寸非常重要。

2006 年 6 月，全球第二大产铜商菲尔普斯-道奇宣布以 400 亿美元收购全球第二大镍生产商 Inco，同时 Inco 宣布收购全球第三大镍生产商鹰桥（Falconbridge）。但同年 8 月，瑞士斯特拉塔矿业（Xstrata）通过敌意并购，获得鹰桥的实际控制权。

同时淡水河谷（CVRD）提出对 Inco 的收购对价，以每股 86 加元的现金对价完成收购，最后菲尔普斯-道奇败北，2006 年 9 月 5 日表示同意放弃收购加拿大矿业公司 Inco，Inco 因此向菲尔普斯-道奇支付 1.25 亿美元（如在 2007 年 9 月 7 日前完成了导致公司控制权出现变更的交易，另行支付 3.5 亿美元）。保尔森基金在 2006 年二季度先期建立 Inco 上的头寸，四季度获利退出。美国证监会上的持仓明细显示，截至 2006 年二季度末，保尔森基金持有鹰桥 802 万股、市值 5.27 亿美元，而到三季度末，其持股增加到 1036 万股，市值达到 7.9 亿美元。估算得知，2006 年 8 月之前全部抛售其持股后，保尔森在该项套利中的回报率至少超过 16%。

3 个月后，这桩并购案再起涟漪。2006 年 12 月，美国自由港迈克墨伦铜金矿公司 Freeport-McMoRan Copper & Gold（FCX）宣布对菲尔普斯-道奇的收购计划，总价达 259 亿美元，以现金+股票方式进行，每股菲尔普斯-道奇获得 88 美元现金和 0.67 股自由港迈克墨伦铜金矿公司普通股（2007 年 3 月收购方案获股东大会通过，以 2007 年 3 月 12 日收市价计，共 125.53 美元）。保尔森基金及时调整股票头寸，2006 年四季度获利退出 Inco，并在 12 月前买入菲尔普斯-道奇 378 万股。

把握医药产业并购趋势：辉瑞并购惠氏+默克并购先灵葆雅

2009 年，全球医药企业的并购金额高达 2000 亿美元，最大的 3 项并购案涉资 1559 亿美元，包括辉瑞（Pfizer）680 亿美元收购惠氏（Wyeth）、罗氏（Roche）468 亿美元收购基因泰克（Genentech）、默克（Merck）411 亿美元收购先灵葆雅（Schering-Plough）。

2009 年 1 月 26 日，辉瑞以 680 亿美元的总价收购惠氏，具体方案是每股 33 美元现金+每股惠氏换取 0.985 股辉瑞股票；7 月 20 日，惠氏股东大会压倒性通过该并购案。2009 年 3 月 9 日，默克对先灵葆雅的收购对价是 10.5 美元现金+0.5767 股默克股票，现金部分来源于默克公司自身的 98 亿美元现金和摩根大通的 85 亿美元贷款。

保尔森的方法仍然是赚取收购报价对被收购公司股价的溢价，切入时间仍然是成功套利的关键因素。保尔森基金在 2009 年一季度大举购买先灵葆雅和惠氏，持仓市值分别为 2.12 亿美元和 13.08 亿美元。根据收购对价来计算，此时的理论套利回报率分别为 7.8%和 11%。收购方案刺激收购双方股价上升，套利回报率也相应提升。随着并购完成之日的临近，被收购的惠氏和先灵葆雅股价如期攀升，直逼收购对价，收购溢价被填平。2009 年四季度，保尔森基金全部抛售先灵葆雅和惠氏的股份，粗略估算，获利分别约为 9%和 14%。

2009 年三季度，保尔森在医药产业的并购上投入 40 多亿美元，占当期总市值的 20%，是除黄金和金融股之外，保尔森押注最大的并购板块。

为何保尔森敢押下重金？首先，最近几年是医药企业专利到期的集中阶段，20 世纪 90 年代的研发明星面临 20 年的专利保护到期问题，新药缺乏将导致降价压力渐增和销售收入锐减；其次，在美国药企 20 年的专利期中，高额的研发费用投入但未必能产生畅销药品，以及等待药监部门漫长的检验和批复等因素，导致前 10 年基本不能产生利润；最后，在美国会计准则下，当收购发生时，被收购公司的研发投入，即未完成的研发投入是要费用化的，这在财务报表上体现为当年纯利下降，但未来年份纯利增加，因此从会计处理的角度看，并购对收购方颇有吸引力。所以，大多数药企均选择以并购其他药企的方式获得专利权，提升市场集中度，缓解药品降价压力。

过去 10 年，药企之间的超额并购频繁发生。以辉瑞为例，过去 10 年辉瑞基本延续并购以获得专利期内拳头产品的商业模式扩张。据报道，辉瑞的当家产品立普妥的专利权 2010 年 3 月到期。财务数据显示，立普妥为辉瑞贡献了 124 亿美元的收入，占辉瑞总收入的 4 成。2000 年，辉瑞以 900 亿美元并购华纳-兰伯特公司，获得立普妥 10 年的专利权；2002 年，其以 600 亿美元并购法玛西亚药厂，获得关节炎治疗药西乐葆（Celebrex）的全部专利权；随后又在胆固醇、疫苗领域展开并购。2000—2009 年，辉瑞并购金额高达 2222 亿美元。虽然辉瑞研发投入甚大，过去 10 年投入总额达 600 亿美元，但至今仍无研发出类似立普妥这样的重磅炸弹，只能通过并购解决专利到期的利润大幅流失问题，以及研发产品青黄不接问题。

保尔森的并购套利敏锐地抓住了这种机会，在多次的市场机遇中获得了丰厚的回报。

16.8 长期资本

LTCM 是当时华尔街最闪亮的明星。公司创办人麦利威瑟（John Meriwether）被誉为华尔街债券套利之父，美国前财政部副部长、美联储前副主席等大人物也是公司合伙人。与默顿一起获得诺贝尔经济学奖，被称为金融宗师的斯科尔斯（Myron Samuel Scholes）也在这里。这些天才们组成了全球金融业有史以来最为耀眼的“梦幻团队”，也用成绩证明了自己。

1. 时间线

在美林证券的协助下，成功募集 12.5 亿美元初始资金，包括合伙人的 1.46 亿美元。亚太地区的外部投资人包括中国香港土地署、中国台湾银行和日本住友银行。

1994 年 2 月 24 日，LTCM 正式开始交易。当年获得 28.5%的收益率。

1995 年，LTCM 收益率为 43%。

1996 年初，LTCM 拥有 1400 亿美元资产，是最大的共同基金的 2.5 倍，只有 25 名交易员。当年收益率为 41%。

1997 年，Myron Scholes 和 Robert C. Merton 获得诺贝尔经济学奖。当年基金收益率为 17%，年末资产净值高达 48 亿美元。LTCM 的声望一时无基金可及。

1998 年年初，公司合伙人强迫部分外部资金撤出基金，并追加了合伙人份额。此时合伙人资金高达 19 亿美元，占比超过 30%。

1998 年上半年，亏损 14%。

1998 年 9 月初，资本金从年初的 48 亿美元掉落到 23 亿美元，缩水超过一半。

1998 年 9 月 23 日，高盛联合 AIG、巴菲特出价 2.5 亿美元购买 LTCM 的所有资产，并承诺注资 40 亿美元。巴菲特给了一个小时的响应时间。当天下午，14 家银行在纽约美联储的组织下提出救助协议，注资 37.25 亿美元接收 LTCM 90%的权益及控制权。

1998 年 9 月 28 日，救助交易达成。LTCM 合伙人丧失控制权，大部分人血本无归，某些人更是负债累累。

长期资本管理基金净值走势如图 16.9 所示。

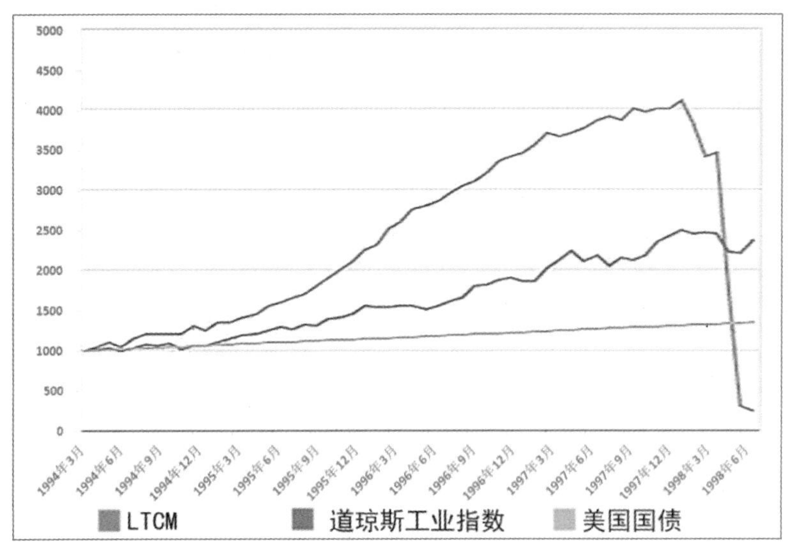

图 16.9 长期资本管理基金净值走势图

2. 套利策略

LTCM 操作过的产品和策略介绍如下。

（1）国债利差套利。LTCM 认为国债应当维持在某一水平之下。具体案例有买入俄罗斯、日本国债，使用美国国债对冲；买入意大利等欧洲国债，使用德国国债对冲。

（2）流动性套利。某些资产因为流动性不同价格会有细小差异，但 LTCM 认为它们会最终弥合。具体案例为买入过期国债（off the run，发行一段时间的国债），卖空当期国债（on the run，刚刚发售的债券）。

（3）不同市场之间的套利。LTCM 认为在多个交易所上市的股票价格应趋于一致。一个经典的案例为 LTCM 在 Royal Dutch 上投入 23 亿美元。最后 LTCM 在该类交易上亏损 2.8 亿美元，超过一半是在 Royal Dutch 上亏损的。

（4）波动率：LTCM 认为波动率的均衡位置在 19%以下，从而卖出大量的 SP500 期权。组合的 Vega 金额高达 4000 万美元，即波动率每上升 1%，组合即亏损 4000 万美元。LTCM 也被认为是中央 Vega 银行。最后 LTCM 在该类交易中亏损 13 亿美元。

（5）并购套利业务。在并购价格宣告之后等待正式完成前（还需等待政府批准），股票价格与收购价格会有小幅度的差距。LTCM 大量进入该市场，对赌股票价格最后会弥合到收购价格。该类交易有亏有赚，总收益率基本持平，但会带来很大的风险。

由于套利的收益率相对较低，LTCM 使用了巨大无比的财务杠杆及衍生合约。相对于普通基金能够拿到的 LIBOR+200BP 的融资利率，LTCM 在各个对手方拿到非常优厚的利率，只有 LIBOR+50BP。同时，LTCM 被允许拒绝缴纳保证金，只需每日清算盈亏。这从理论上而言，LTCM 可以使用无限制的杠杆。LTCM 在危机爆发前的财务杠杆超过 25 倍。

LTCM 对策略和持仓有极其严格的保密要求，他们会将每个策略分割成不同的交易，分别交给不同的银行执行，使得别人无法猜到他们在做什么。这样做虽然有好处，但也使得在最后风险爆发时，面临多份保证金要求和资金流动性危机。比如两份对冲合约一起算，可能只需要缴纳很少的保证金。但若这两份合约分属于不同的交易对手，那就需要为每个交易对手都提供不菲的保证金。

3. 兵败俄罗斯

1998 年 8 月 17 日，俄罗斯政府将卢布贬值，宣布无法按时偿还国债。LTCM 持有不少俄罗斯债券，马上亏损不少。后来，很多人解读认为 LCTM 在俄罗斯亏损巨大。但事实上，他们在俄罗斯的业务很小，真正让 LCTM 滑向深渊的是俄罗斯之后的连锁反应。

在 1998 年之前的差不多 10 年里，每两三年俄罗斯都会面临一次金融危机的考验，但每次其他七大工业国或者 IMF（国际货币基金组织）都会帮助它。因为大家都认为，俄罗斯破产会殃及池鱼。1998 年，在真正的危机爆发之前，俄罗斯警告说自己会有危险，于是债券价格大幅下降。很多大机构和投机者认为机会来了，趁机大量收购俄罗斯债券。大家的想法是，当真正出现问题的时候，其他国家还是会按照惯例出面帮忙，这样危机就会过去，债券价格就会上涨，从而稳稳地赚上一大笔。

LCTM 也是这么想的。他们认为，真正出问题的可能性是“万一”，他国要帮助俄罗斯的可能性是“一万”。让他们万万没想到的是，“万一”发生了。

这一次，没有人愿意再替俄罗斯埋单，危机迅速蔓延。

金融机构都必须保有足够的资本。一旦亏损较多，就会通过出售资产来降低风险，增加资本。俄罗斯宣布破产，让很多国际大银行遭受了损失，他们连夜召开紧急会议，要出售资产套现。

这些大银行手里持有很多、抛售很方便的资产就是债券，主要是七大工业国的债券。LTCM 的灾难因此而来，因为他们手里持有的金融资产大多数也是七大工业国债券。一场抛售七大工业国债券的踩踏惨剧由此发生。8 月 21 日，国际大银行开始大幅抛售他们手中的七大工业国债券，令全球主要债券价格发生有史以来最大的波动。在前呼后拥的卖空踩踏中，LTCM 几乎一天就毁掉了两年的心血。

4. 再次兵败

1998 年 8 月初，几个合伙人重新成立了一家名为 Platinum Grove Asset Management 的公司，继续 LTCM 的业务，从 4500 万美元的规模东山再起。

LTCM 给他们留下的一个核心教训是：不要用高杠杆进行金融操作，即使在风险很低的领域。当时 LTCM 每年的回报率都是 40%～50%，在一个收益率很低的领域，如果要有那么大的回报，就要做到很大的资产规模，进而用很大的杠杆去撬动。而后来的事实证明，那是一个天大的错误。

因此，在这家新公司，几个合伙人吸取了上次的教训，高度重视风险管理，把杠杆率降低到以前的 1/10，只赚过去 1/10 的利润，希望换来持续的生意。

在他们的努力下，新的基金很快重新站稳脚跟，并在 2007 年达到 50 亿美元左右的资产规模。但天有不测风云，就在他们奔向 100 亿美元规模时，由次贷危机引发的金融海啸爆发了，让他们几乎重蹈了 LTCM 的覆辙。

2008 年金融海啸的前 10 个月，新基金就损失了 38%的净值，单是 10 月份的上半月，损失就达 29%。这其中最重要的损失来源于对雷曼兄弟的错误判断。令人痛心的是，他们几乎犯了当年对待俄罗斯一样的错误。

他们当时认为，政府一定会挽救雷曼，因为它已经花大代价挽救了贝尔斯登。于是，他们押重注于政府会挽救它，甚至期待一战成名。但结果是，和没有人帮助当年的俄罗斯一样，美国政府居然任由雷曼兄弟戏剧性地倒闭，预期的巨额利润变成了惨重损失。

LTCM 的遭遇再次发生。2008 年 11 月，为了抵御撤资浪潮，维护公司稳定，新基金宣布暂时不允许投资者抽回他们的资金。但最终再次败走麦城，选择清仓，退还投资者的资金，缩小投资范围，合伙人也各奔东西。

两位诺贝尔奖获得者，一群金融天才，两次在市场上展现身手，两次以失败告终，这令他们难以接受，但这就是事实。他们曾经拥有全世界顶尖的交易理论、模型，和金融学界、业界的世界顶尖领袖并肩同行，也拥有一流的情报和资讯；甚至，他们就是顶尖理论、模型的创造者，本身就是顶尖的领袖，他们讲一句话就会在市场上产生反应，并且也几乎做到了万无一失。但最终，天才抵不过天时。在天时的剧变下，没有踏准天时的一群天才，一而再地失败了，这是 LTCM 的故事，也是 LTCM 的教训。

5．VaR 的问题

回顾长期资本管理基金的操作过程，其亏损的主要原因是进入弱套利的市场，以及巨大无比的财务杠杆。是什么原因让这些老道的交易员这么做？其实只有一个词——贪婪。一个强有力且带有讽刺性的依据便是 1998 年年初，基金管理人对自己的基金自信到如此程度，追加基金合伙人的资金达到 19 亿美元，超过年初基金净值的 35%；并且他们认为基金的风险如此之低，而基金的资本金太多了，秉着肥水不流外人田的原则，通过强迫分红让其中一部分外部投资者的资金退出了基金（这部分外部投资者拿着 185%的收益率离开，但后来大部分合伙人的资金血本无归）。

是什么原因造成这些基金合伙人对于自己的基金如此自信呢？连续 3 年的成功（这 3 年亏损最高的一个月不超过 2%，而 3 年总盈利超过 180%）是其中的主要原因，但风险模型也是其中的关键因素之一。因为根据长期资本管理公司的风险模型，公司的波动损失（VaR）才 4000 万美元，不到当时基金净值的 1%，而且能够稳定盈利。

事后看，风险模型肯定存在问题，但问题出在哪里？

1）隐含风险因子和无法建模的相关性变化

长期资本管理公司对自己组合的超级自信来源于它是一个足够分散的组合，至少表面上是这样的。基金分散投资在欧洲、美洲、俄罗斯、南美洲、日本等几乎世界上所有的市场，风险因子包括利率、利差、权益、波动率等。

但实际情况并非如此，至少在后面的实际表现并非如此。组合虽然投资在无数的套利因子上，但这些套利因子有两个隐含的共同因子，**即投资者信心和流动性**。无论是信用债券利差还是互换利差等，它们都与这两个因子正相关。从这个角度来看，长期资本管理公司一直在大规模做多投资者信心和流动性，根本没有进行对冲。

从计量上来看，当市场平稳时，不同市场和产品之间的相关性较弱，风险模型会得到一个很高的分散化效应，从而计算出一个较小的风险值。但是当市场风险真正爆发时，投资者信心和流动性下降，这些套利因子呈现出高度的关联性，它们会几乎同时下跌，使得实际损失远比风险模型计算出来的数据大。

当然，长期资本管理公司的众多专家和教授也注意到了这个问题，并对因子之间的相关性予以调整。但资本世界诡秘多变，哪能通过调一调参数就能拟合呢？

在 LTCM 这个案例里，还有另外一个因素——LTCM 的财务状况和持仓明细被泄露。大家发现这些持仓额度如此之大，市场上其他参与者（据传主要是高盛）争先恐后地抛售 LTCM 所持有的资产，生怕落在 LTCM 的后面。这也是 LTCM 发现自己在每个地方都亏损的原因之一。

2）VaR 模型本身的缺陷和错误的解读

从公开记录来看，长期资本管理公司主要使用 VaR 模型计量风险。但这是不够的。因为 VaR 事实上只是正常市场下的波动范围，并未考虑到宏观因子变化所导致的波动变化。单纯的 VaR 不足以解释组合的风险。

多数定价模型和 VaR 计量体系都基于两个重要的假设：（1）市场是连续的；（2）不同时间段的市场行为是独立或近似独立的。基于这两个假设条件及大数定律，很容易得到风险因子的变化符合正态分布或者类正态分布。连续的市场意味着可以动态地调整持仓来控制风险，这也是很多定价模型的基本假设。但事实并非如此。

3）多数 VaR 计量模型并未正确处理市场的跳变现象

市场并不是连续的。历史上出现很多次跳变的现象，市场上根本不存在足够的交易，使得能在下跌中还能保持风险动态平衡，这使得很多无套利定价模型存在瑕疵。

这种市场跳变对风险模型有哪些影响呢？

（1）市场跳变显示，市场并不符合正态分布，存在“肥尾”现象，但很多 VaR 计量模型里并没有考虑到这一点。

（2）即使 VaR 模型考虑到这一点，但根据 VaR 的定义，其计算结果也可能包含不了这种跳变的场景，因为这种跳变发生的概率较低，可能低于大部分 VaR 的概率阈值（由于 VaR 的置信水平越高，其计算的误差越大，所以通常只使用 95%或 99%的概率水平）。

（3）VaR 计量时的样本空间有限，可能根本没有市场跳变的样本。主流的 VaR 计量考虑 1 年，最多考虑 3 年的样本。如果使用流行的 0.94 这一衰减因子，则 VaR 99%的样本信息量来自最近 70 个交易日（约 3 个月）。这是远远不够的。

一个例子可以说明其中的问题。中国债券收益率在大多数时候是相对稳定的，每天可能涨跌几 BP。根据该方法计算出来的风险也会很低。但若出现意料之外的加息传闻（或者事实），那么收益率会暴涨 20BP，出现 5 倍标准差的事件。

5 倍标准差事件发生的概率会是多少？如果根据正态分布，那么这将是千万分之三，10 万年才发生一次。这是非常荒谬的结论，但是长期资本管理公司就相信了这种说法。VaR 只有 4000 万美元，怎么可能亏损超过 2 亿美元呢？可惜事实并非如此。

但是对于这种风险，VaR 模型很难提前捕捉到。有些方法可以弥补这方面的缺陷，比如将这些市场跳变场景直接加入 VaR 的样本空间。但这有一定的主观性，在结果的可解释性和实现上也麻烦一些。

4）VaR 风险评估体系并未考虑时间因素

如果一个账户的日 VaR 为 1 亿美元，那么 10 天的 VaR 值会是多少？大多数风险管理人员，包括巴塞尔协议推荐的算法，都会告诉你 VaR 值与时间区间的根号成正比，所以答案是 3.2 亿美元。

VaR 值与时间区间的根号成正比是基于假设条件——市场在不同时间独立或近似独立的。但市场并非经常如此。长期资本管理公司在 1998 年 8 月和 9 月只有屈指可数的几个交易日盈利，其他时间都在亏损。

这显示市场背后有些更深层次的因素，即投资者情绪和市场流动性，同时左右几乎所有的风险因子。在正常的市场条件下，这种作用力很弱，所以市场表现出在不同时间独立的现象。但在投资者恐惧、市场缺乏流动性时，这种影响力开始显现。但需要注意的是，投资者情绪和市场流动性的变化是缓慢的，所以它会同时左右比较长时间的市场。这使得在某些时间段里市场的时间独立性开始消失，呈现出反复下跌的现象。前面提到，资产之间的独立性也在下降。时间和资产两个维度的独立性下降带来远远高于模型所显示的风险。

16.9 文艺复兴科技

1. 关于大奖章

1988 年 3 月，Simons 成立了大奖章基金，最初主要涉及期货交易。1988 年，该基金盈利 8.8%，1989 年则开始亏损，Simons 不得不在 1989 年 6 月停止交易。在接下来的 6 个月中，Simons 和普林斯顿大学的数学家勒费尔（Henry Larufer）重新开发了交易策略，并从基本面分析转向数量分析。

经过几年炫目的增长，大奖章基金的资金规模在 1993 年达到 2.7 亿美元，并开始停止接受新资金。1994 年，文艺复兴科技公司的雇员从 12 人增加到 36 人，交易的金融产品增加到 40 种。现在，公司有 150 名雇员，交易 60 种金融产品，基金规模则有 50 亿美元。在 150 名雇员中，有 1/3 是拥有自然科学博士学位的顶尖科学家，涵盖数学、理论物理学、量子物理学和统计学等领域。所有雇员中只有两位是华尔街老手，而且该公司既不从商学院中雇佣职员，也不从华尔街雇佣职员，这在美国投资公司中几乎是独一无二的。

自 1988 年创立以来，Medallion 对冲基金年均回报率高达 34%。2004 年，Simons 仅佣金就赚了 5 亿美元。2005 年，Simons 成为全球收入最高的对冲基金经理，净赚 15 亿美元，差不多是索罗斯的两倍；从 1988 年开始，他所掌管的大奖章基金年均回报率高达 34%，15 年来资产从未减少过。

1998 年的俄罗斯债券危机和 2001 年的高科技股泡沫危机，令许多曾经闻名遐迩的对冲基金经理走向衰落。罗伯逊（Julian Robertson）关闭了老虎基金，梅利韦瑟（John Meriwether）的长期资本管理公司几乎破产，索罗斯的量子基金也大幅缩水。与之相比，Simons 的大奖章基金的平均年净回报率则高达 34%，而同期的标准普尔指数仅是 9.6%。2005 年，Simons 成为全球收入最高的对冲基金经理，净赚 15 亿美元，他创立的文艺复兴科技公司（Renaissance Technologies）成为全球著名的基金投资公司。这一切都源于 Simons 采取的量化投资策略。

谈到量化投资，Simons 并不是唯一使用量化投资策略来管理基金的经理，他仅仅是量化投资的代表之一。世界上存在成千上万的量化基金，所采用的投资策略也多种多样，不过，所有的策略都可以放在一个投资策略光谱中。在光谱的一端是重模型、重技术的黑箱投资模型。作为量化投资的重要领域之一，对冲基金行业一直拥有“黑箱作业”式的投资模式，可以不必也极其不愿意向投资者披露其交易细节。而在一流的对冲基金经理之中，Simons 先生的那只箱子据说是“最黑的”。Simons 的量化投资对于专业投资者来说也是一个“谜”。除了现在和过去服务于文艺复兴科技公司的人士外，没有人知道 Simons 是如何盈利的。

在华尔街股场，Simons 特立独行，以数学理论为本，完全采用科学统计方法操盘。对于数量分析型对冲基金而言，交易行为更多的是基于计算机对价格走势的分析，而非人的主观判断。文艺复兴科技公司主要由 3 部分组成，即计算机和系统专家、研究人员及交易人员。Simons 亲自设计了最初的数学模型，他同时雇佣了超过 70 位拥有数学、物理学或统计学博士头衔的人。Simons 每周都要和研究团队见一次面，和他们共同探讨交易细节以及如何使交易策略更加完善。

针对不同市场设计数量化的投资管理模型，并以计算机运算为主导，在全球各种市场上进行短线交易，这是 Simons 采取的量化投资策略。Simons 认为，虽然从整体而言市场是有效的，但仍存在短暂的或局部的市场无效性，可以提供交易机会。因此，和流行的“买入并长期持有”的投资理念截然相反，Simons 认为市场的异常状态通常是微小而且短暂的，公司随时都在买入卖出、卖出买入产品，依靠积极的操作盈利。Simons 对交易品种的选择有 3 个标准：公开交易品种、流动性高、同时符合模型设置的某些要求。

2. 投资收益分析

Simons 的 Medallion Fund 是近 20 年来收益率最高的基金之一，而 Medallion Fund 带来的巨大收益也使得 Simons 成为世界上极富有的人之一。使用 1993 年 1 月到 2005 年 4 月 Medallion Fund 的净收益计算的 Medallion Fund 的 Alpha 值显示，Medallion Fund 的月度 Alpha 值为 2.49%，而年度 Alpha 值则达到惊人的 34%。很少有对冲基金可以获得如此高的 Alpha 值，这表明 Medallion Fund 已经脱离了市场的约束，成为世界上极佳的对冲基金之一。为了说明这一点，我们收集了 1988—2009 年 Medallion Fund 的年收益率值，并与 S&P500 及中国上证指数作对比，如表 16.4 和表 16.5 所示。

表 16.4　1988—2009 年 Medallion Fund、S&P500、中国上证指数年收益率

年　份	Medallion Fund 年收益率	S&P500 年收益率	中国上证指数年收益率
1988 年	49.40%	16.60%	
1989 年	−4.10%	31.50%	
1990 年	55.90%	−3.10%	32.86%
1991 年	39.40%	30.50%	129.41%
1992 年	34%	7.60%	166.57%
1993 年	39.10%	10.10%	6.84%
1994 年	70.70%	1.30%	−22.30%
1995 年	38.30%	37.60%	−14.29%
1996 年	31.50%	23.00%	65.14%
1997 年	21.20%	33.40%	32.22%
1998 年	41.50%	28.60%	−3.97%
1999 年	24.50%	21.00%	19.18%
2000 年	98.50%	−9.10%	51.73%
2001 年	31.20%	−11.90%	−20.62%
2002 年	29.10%	−22.10%	−17.52%

续表

年　份	Medallion Fund 年收益率	S&P500 年收益率	中国上证指数年收益率
2003 年	25.30%	28.70%	10.27%
2004 年	27.80%	10.90%	–15.40%
2005 年	29.50%	4.90%	–8.33%
2006 年	44.30%	15.80%	130.43%
2007 年	73.00%	5.50%	96.66%
2008 年	80.00%	–37.22%	–58.14%
2009 年	39.00%	27.11%	64.63%

表 16.5　1988—2009 年 Medauion Fund、S&P500、中国上证指数年收益率的统计性分析

	Medallion Fund 年收益率	S&P500 年收益率	中国上证指数年收益率
平均数	0.436900	0.101295	–0.384670
中值	0.386500	0.105000	0.147250
最大值	0.985000	0.376000	1.665700
最小值	0.212000	–0.372200	–14.29000
标准差	0.210681	0.197963	3.326102

分析 1988—2009 年 Medallion Fund 年收益率数据可以发现，Medallion Fund 从 1988 年建立起，除 1989 年出现负增长（–4.10%）外，其余年份公司的收益率均为正值。其中，Medallion Fund 在 1998 年的亚洲金融危机中保持了 41.50%的高增长率，在 2008 年的全球金融危机中保持了 80.00%的惊人增长率，这些优异的表现与公司采取的量化投资分析策略密不可分。自从 1989 年 Medallion Fund 陷入危机后，西蒙斯彻底放弃了基本面分析，转而采取数量分析的方法，成为名副其实的“模型先生”，这才有了 Medallion Fund 今后的优异表现。

继而比较 Medallion Fund 与 S&P500 的年收益率。1988—2009 年，Medallion Fund 的年收益率平均值为 0.436900，而 S&P500 仅为 0.101295，Medallion Fund 的年收益率平均值高出 S&P500 的年收益率平均值 0.335605；而且 Medallion Fund 的年收益率标准差仅为 0.210681，接近 S&P500 的 0.197963。

从这些对比中可以看出，Medallion Fund 在 1989 年以后维持了一个稳定的高收益率增长。通过计算二者之间的协方差我们发现，Medallion Fund 与 S&P500 年收益率的协方差为–0.020297，这证明了 Medallion Fund 的年收益率增长与 S&P500 的年收益率增长不同步，Medallion Fund 已经脱离了市场的束缚，不会受到剧烈的市场波动的影响，这也是 Medallion Fund 的年收益率能够维持低波动率的原因。

3. 人工神经网络

西蒙斯采用的一个重要策略技术就是模式识别。所谓模式识别，就是利用计算机数据模型对现有的知识进行分类，从而对未来进行预测的技术。模式识别在日常生活中的用处很多，比如语音识别、指纹识别、人脸识别等。这种模式识别技术同样可以用于金融市场中，比如识别出市场的底部和顶部特征，识别出当前是趋势还是震荡等。这就为下一步的交易打下了良好的基础。目前用得比较多的是人工神经网络。

人工神经网络（Artificial Neural Networks，ANNs）是一种模仿动物神经网络行为特征，进行分布式并行信息处理的算法数学模型。这种网络依靠系统的复杂程度，通过调整内部大量节点之间相互连接的关系，从而达到处理信息的目的，并具有自学习和自适应的能力。

它的构筑理念是受到生物（人或其他动物）神经网络功能的运作启发而产生的。人工神经网络通过一个基于数学统计学类型的学习方法（Learning Method）得以优化，所以人工神经网络也是数学统计学方法的一种实际应用。

一个人工神经网络由 3 部分组成，如图 16.10 所示。

（1）输入层：众多神经元接受大量非线性输入信息。输入的信息称为输入向量。

（2）输出层：信息在神经元链接中传输、分析、权衡，形成输出结果。输出的信息称为输出向量。

（3）隐藏层：简称“隐层”，是输入层和输出层之间众多神经元和链接组成的各个层面。隐层可以有多层，习惯上会用一层。隐层的节点（神经元）数目不定，但数目越多，神经网络的非线性越显著。

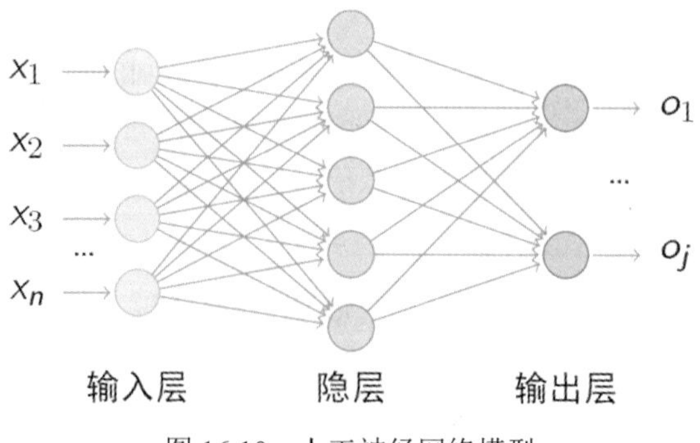

图 16.10　人工神经网络模型

4. 支持向量机

支持向量机（SVM）是指通过一个非线性映射把样本空间映射到一个高维乃至无穷维的特征空间（Hilbert 空间）中，使得在原来的样本空间中非线性可分的问题转换为在特征空间中线性可分的问题。简单地说，就是升维和线性化，如图 16.11 所示。

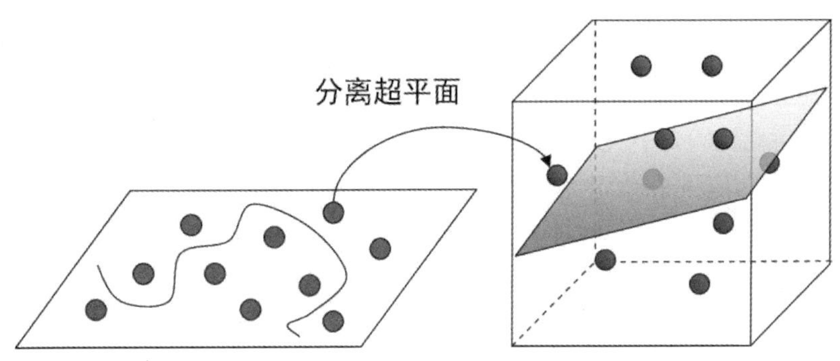

图 16.11 支持向量机模型

SVM 巧妙地解决了这个难题：应用核函数的展开定理，就不需要知道非线性映射的显式表达式；由于是在高维特征空间中建立线性学习机，所以与线性模型相比，不但几乎不增加计算的复杂性，而且在某种程度上避免了“维数灾难”。这一切要归功于核函数的展开和计算理论。

选择不同的核函数，可以生成不同的 SVM。常用的核函数有以下 4 种。

（1）线性核函数：$K(x,y)=x\cdot y$。

（2）多项式核函数：$K(x,y)=[(x\cdot y)+1]\^{}d$。

（3）径向基函数：$K(x,y)=\exp(-|x-y|\^{}2/d\^{}2)$。

（4）二层神经网络核函数：$K(x,y)=\tan h(\mathrm{a}(x\cdot y)+\mathrm{b})$。

16.10 埃利奥特

1. 基本情况

埃利奥特管理公司（Elliott Management Corporation）是 Elliott Associates 对冲基金和 Elliott International Limited 的管理子公司。公司创始人及 CEO 是 Paul Singer，总

部设在美国纽约，在伦敦、中国香港及东京均设有办事处，截至 2008 年，共有 175 名员工。从创立至今，公司创造了 14.6%的净复合年回报率。相比较而言，标普 500（S&P500）指数只有 10.9%的年回报率。公司现有超过 190 亿美元的管理资产（AUM）。

1）历年收益率数据与分析

Elliott 在过去的 30 年里都跑赢了市场指数。从纵向来看，减去交易费用之后，Elliott 的 5 年平均收益率达到 15.2%；相对而言，与风险较低的债券市场比较，债券的平均收益率只有 4.5%，这里面一部分是风险修正。同样的 5 年期，风险较高的股票市场年平均收益率为 10.7%，比 Elliott 低了 42%。从横向来看，Elliott 10 年期、20 年期和 30 年期的年平均收益率均比 5 年期的要低，这表明 Elliott 在收益率方面近 5 年的表现是显著优于前 20 年的。值得一提的是，Elliott 的历史巅峰出现在 2007 年，年收益率为 32.1%。

2）困境债券简介

Elliott 自 20 世纪 90 年代开始专注于困境债券（Distressed Debt）策略，或称不良债务策略，并表现出令业内羡慕的收益率。该策略主要投资于财务状况恶化、濒临破产或者刚经过重组的公司的债券和股票。一家财务状况恶化、濒临破产的公司在一般投资者看来并不具备投资价值，但对于精通 Distressed Debt 投资、了解其风险和价值的对冲基金来说，在大部分情况下具有很好的投资机会。

Elliott 的投资操作大体分为两种：第一种是先折价购买处于困境（被收购、破产或重组）公司、国家的债券，然后要求全额偿付；第二种是购买被收购公司的债券或股票，然后要求收购公司出更高的收购价格。有必要提及的是，从 Elliott 的案例来看，运用 Distressed Debt 策略套利，涉及极为复杂的法律程序，特别是主权债务，运用法律武器为自己取得定价权是 Elliott 成功的关键。接下来重点总结 Elliott 过去的部分成功投资案例。

案例 1：投资于被收购公司

威娜宝公司（Wella AG）是德国一家全球领先的染发剂、护发素生产供应商，占全球同行 24%的市场份额，相对于欧莱雅（L'OREAL）29%的全球第一的市场份额，Wella AG 的市场份额排名全球第二。

2003 年，全球最大的快销公司宝洁公司（P&G）宣布收购 Wella AG，以增加其在护发素市场的竞争力。随后，在法兰克福股市方面，Wella AG 的股价飙升 19.6%。

宝洁公司提出 92 欧元（133.40 美元）每股收购 Wella 家族的普通股票，这部分股票占有公司 77.6%的投票权。另外，宝洁公司还提出 65 欧元/股收购 Wella AG 的优先股。收购之初，宝洁向 Wella AG 提出的收购总额为 69 亿美元。

第一步：投资机会分析。

投资机会分析是整个获利过程中极为重要的一环。而投资机会出现在价格被低估的情况下。从以下几个方面分析，Elliott 认为此次宝洁公司的收购，Wella AG 的股价被低估了。

（1）公开市场的股票价格。宝洁公司宣布收购 Wella AG 之后，Wella AG 的公开市场价格上升约 20%，高于宝洁公司提供的收购价。证明市场对于 Wella AG 的估值高于宝洁公司提出的报价。

（2）管理层调查。由于公司的管理层并不直接拥有公司，所以与股东的利益会有所偏差，这在经济学上称为"代理人风险"。如果管理层有人投资于提出收购的公司，那么管理层就会有倾向压低收购价格来使自己的投资获利。在 Elliott 投资 Shopko 公司的时候，Elliott 就调查出部分管理层有投资对手公司和提出收购的公司的股票，从而打算低价接受收购。

（3）Elliott 对于 Wella AG 的估价。Elliott 有专门对公司估值的专家，特别是 LBO（杠杆收购）的公司估值。一般从以下几个方面来进行估值：年末销售收益、利率、折旧、净收入、所得税、现金流等。Paul Singer 看了估值报告后，坚定地认为，宝洁公司不可能以这样的价格收购 Wella AG。

第二步：投资操作过程。

Elliott 在透彻分析投资对象，确定价值出现低估之后，就会进行一系列投资操作来锁定收益。具体过程如下。

（1）购入被低估的资产权益。在收购宣布之后，Elliott 立刻现金购入约 10%的优先股权。

（2）拉拢大投资者、大股东参与反对收购的行动。在 Elliott 购入 10%的优先股后，Paulson & Co、Perry Capital LCC、Deka Investment 均加入 Elliott 的行列，反对收购。

（3）通过法律或者董事会的途径来阻止收购，要求更高的收购价。Elliott 先后在美国和欧盟以"没有保护股东的利益"，进行 6 次上诉来阻止宝洁公司的收购。

（4）尽管德国联邦金融管理局、德国审判和上诉法院均支持收购，但宝洁公司为了防止有新的诉讼，最终还是把优先股股权的收购价格提高到 80 欧元/股。

第三步：投资获利分析。

通过上述投资操作，Elliott 最终获得每股 15 欧元的收益，收益率达到 23%，同期标普指数的收益率约为 10%。

2. 破产法律

美国的破产制度是支持困境债券的。美国破产法令的十一章（Chapter 11）的设计目的是：（1）恢复商业活动；（2）提供新的贷款给债务人；（3）提供时间和能力让债务人重新组织商业活动。

这样的设计一方面是为了最大化债权人的利益，另一方面是让债务人最大限度地优化商业活动。当然，如果债务人不能同时实现这两个目的，那么就需要破产清算，只是最大化债权人的利益。重要的是，十一章还规定债权人有权利组织债权人委员会，规定债务偿还的分配及公开信息的义务。

这些相对于亚洲和欧洲来说，是困境债券的关键法律因素。因为亚洲和欧洲并没有这样的信息公开、破产重组的法令。比如，在欧洲，如果 45 天内没有得到偿还，公司则倾向于清算而不是重组。

案例 2：投资于主权债务

除投资于困境公司的债券外，Elliott 还有一部分资金投向了主权国家的违约债券，然后通过法律途径，要求该国家全额偿付债务。这一部分投资收益引起了很多市场道德的争议，因为这些违约国家都是极为贫困的国家，有些甚至是被豁免还债的主权国家债务。面对指责，Paul Singer 回应说，Elliott 只是要求那些还得起债的国家履行义务，而且防止了国家的腐败。接下来就重点介绍 Elliott 对于主权债务的投资案例。

1）投资背景

1996 年，正值秘鲁新总统 Alberto Fujimori 上任，对国内经济进行大刀阔斧的改革，并与美国商议重组已经违约的主权债务，发行布雷迪新债券，希望吸纳外资来推动更大范围的经济改革。以秘鲁的两家银行 Banco Nacion 和 Banco Popular del Peru 作为信用担保。

2）投资机会分析

以新债换旧债是很多欠发达国家用来维持国家信用、推动国家经济发展的手段之一。但新旧债的更换重组需要通过很多法律程序，这里面就存在套利的机会。具体分析为以下两点：

（1）已经违约的秘鲁主权债务由于存在很大的信用风险，因而可以以非常低的价格折价购买。大部分投资者并没有意识到这些主权债务被严重低估，具体原因参照第（2）点。

（2）秘鲁政府及很多其他主权国家都是有能力偿付债权人的。但是由于债权人大部分是大银行机构的投资者，这些机构管理者的利益与最终的债权人并不直接挂钩，又一次导致“代理人风险”，从而导致主权违约风险更高。

3）投资操作过程

（1）在秘鲁政府宣布重组债务之后，Elliott 立即以 1100 万美元买入面值为 2070 万美元的违约债券。

（2）要求秘鲁政府全额偿付违约债券，接下来的 4 年在美国、加拿大、英国和德国等国家对秘鲁政府进行起诉。

（3）阻止包括 Euroclear Plc 在内，对新主权债务的债权人进行偿付，导致秘鲁政府濒临新一轮违约行为。

（4）迫于违约后果的压力，秘鲁政府最终妥协，于 2000 年 6 月给予 Elliott 公司 5570 万美元的偿付。

4）投资获利分析

通过以上所述的投资操作，Elliott 获得 5570 万美元的偿付，收益率为 400%。

投资违约的主权债务获利，本质上与投资被收购公司和公司重组证券是一样的，都是通过购买被低估的困境债券，然后通过一系列法律程序锁定利益。但投资违约主权债务的难度更高、风险更大。Elliott 在秘鲁主权债务上的成功主要归因于以下两点：

（1）对于被投资对象的了解。秘鲁刚好处于新政改革的阶段，统治阶级希望能健康地进行经济改革，最大限度地保持经济稳定，所以不愿意再次违约，为 Elliott 获得违约债券重新偿付提供了机会。

（2）有力运用法律武器。法律再次成为 Elliott 成功的关键因素。Pari-passu 法令规定，主权债务人如果不能同时全额偿付所有债权人，则不能单独偿付某些债权人，而另外一些债权人则没有得到偿付，或者按照债权比例，按比例偿付给每位债权人。Elliott 正是运用 Pari-passu 法令，成功地阻止秘鲁政府偿还布雷迪主权债务，导致其濒临违约的。

附录 A 契约型基金设计

契约型基金又称单位信托基金（Unit Trust Fund），指专门的投资机构（银行和企业）共同出资组建一家基金管理公司，基金管理公司作为委托人通过与受托人签订“信托契约”的形式发行受益凭证——“基金单位持有证”来募集社会上的闲散资金。

契约型基金由基金投资者、基金管理人、基金托管人之间所签署的基金合同而设立，基金投资者的权利主要体现在基金合同的条款上，而基金合同条款的主要方面通常由基金法律所规范。

契约型基金与信托一样具有比较完善的法律、法规基础，主要受《证券投资基金法》、《私募投资基金监督管理暂行办法》和《私募投资基金管理人登记和基金备案办法》约束。其产品架构和信托一样，施行委托人、受托人、托管人三方分离。

基金管理人或基金管理公司：是指凭借专门的知识与经验，运用所管理基金的资产，根据法律、法规及基金章程或基金契约的规定，按照科学的投资组合原理进行投资决策，谋求所管理的基金资产不断增值，并使基金持有人获取尽可能多收益的机构。

基金托管人：又称基金保管人，是指根据法律法规的要求，在证券投资基金运作中承担资产保管、交易监督、信息披露、资金清算与会计核算等相应职责的当事人。基金托管人是基金持有人权益的代表，通常由有实力的商业银行或信托投资公司担任。基金托管人与基金管理人签订托管协议，在托管协议规定的范围内履行自己的职责并收取一定的报酬。

契约型基金的发展历程

私募证券基金一开始是以信托+投顾模式的“阳光私募”出现的，历经近 10 年的发展，直至 2013 年 6 月 1 日《证券投资基金法》修订之后，才首次赋予契约型私募基金的法律基础。从监管政策发展沿革来看，主要有以下 4 个发展阶段。

（1）《证券投资基金法》修订前：私募基金必须借信托、券商“阳光化”，多以“公司型”、“有限合伙型”的形式设立。

（2）2013 年 6 月 1 日实施新《证券投资基金法》：将非公开募集基金纳入监管范畴；明确了私募基金的 3 种组织形式——契约型、公司型和合伙型，为契约型私募基金奠定了法律基础。

（3）2014 年 2 月 7 日施行《私募投资基金管理人登记和基金备案办法（试行）》：明确设立私募基金管理机构和发行基金产品采取登记备案制，不设行政审批。私募基金由“游击队”变身“正规军”。

（4）2014 年 8 月 22 日施行《私募投资基金监督管理暂行办法》：明确私募投资基金的全口径登记备案制度、适度监管原则，并进行了负面清单制度的探索，进一步确定了契约型私募投资基金的监管框架。

契约型基金的优势

1. 募集范围广

单只契约型基金的投资者人数累计不得超过 200 人，投资门槛为 100 万元（《证券投资基金法》）；而通过通道发行的私募基金只有 50 个小额（100 万～300 万元）；有限合伙企业和有限责任公司则不能超过 50 人（《合伙企业法》、《公司法》）。因此，契约型基金的募集范围比其他两种形式的基金更广。

2. 专业化管理，低成本运作

契约法律关系无须注册专门的有限合伙企业或投资公司，不必占用独占性不动产、动产和人员的投入。

仅需通过基金合同约定各种法律关系，避开了成立企业（有限合伙制或公司制）所需的工商登记及变更等手续。

而且契约型私募基金通常采用类似承包的方式支付给经营者和保管者一笔固定的年度管理费。如果经营者和保管者的年度管理费超过这笔数额，则投资者将不再另行支付。

不必再通过通道发行，简化了发行流程，节省了通道费用（现在的通道费用大约为0.4%；之前的通道费用不仅更高，而且还会设保底金额）。

3．投资范围广

避免了很多投资限制，比如通道机构会在私募基金的投资策略中设置投资限制条款，限制个股比例、多空单、仓位等；私募机构不能自己下单，只能通过授权给通道机构统一下单等。

4．决策效率高

在契约框架下，投资者作为受益人，把信托财产委托给管理公司管理后，投资者对财产便丧失了支配权和发言权，信托财产由管理公司全权负责经营和运作。所以，契约型基金的决策权一般在管理人层面，决策效率高。

5．税收优势

由于契约型私募基金没有法人资格，不被视为纳税主体，因此，只需在收益分配环节由受益人自行申报并缴纳所得税即可，免于双重征税。而有限合伙企业也不被视为纳税主体，但代扣代缴个人所得税（20%）；公司制企业本身为纳税主体（25%的企业所得税），代扣代缴个人所得税（20%）。此外，目前我国的公募基金均采用契约形式设立，而公募基金享有较多的所得税优惠政策。

6．退出机制灵活，流动性强

契约型私募基金的一大优势就是其拥有灵活便捷的组织形式，投资者与管理者之间契约的订立可以满足不同的客户群。在法律框架内，信托契约可以自由地做出各种约定。契约可以有专门条款约定投资人的灵活退出方式，这是因为在集合信托的不同委托人之间没有相互可以制约的关系，某些委托人做出变动并不会影响契约型私募基金存续的有效性。此外，未来允许通过交易平台转让契约型基金份额的可能性也较大，也将提高基金份额的流动性。相比而言，公司型基金和有限合伙型基金必须严格按照相关法律程序退出，往往面临繁杂的工商变更手续。

7．资金安全性高

在3种组织形式中，契约型基金具有最高的资金安全性，契约架构中可设定委托人、受托人和托管人三方分离的制度安排。受托人可以发出指令对资金加以运用，但必须符合契约文件的约定，否则托管人有权拒绝对资金的任何调动。另外，没有受托人的专门指令，托管人无权动用资金。除此之外，还可以设置监察人对私募基金的管理运用进行监督和制约，这是保障资金安全的又一重要制度安排。而有限合伙制基金在制度要求上没有托管人这一保障环节，更多地依靠监事会或有限合伙人对管理人的监督，具有潜在的管理人携款潜逃的风险。

契约型基金的设立发行及运作架构

1. 契约型基金的组织架构

契约型基金的主要参与机构包括基金管理人、基金托管人、基金销售机构、其他私募服务机构等。

基金管理人必须具有相关主体。

私募基金可由第三方托管机构进行托管，基金合同也可约定私募基金不进行托管，但必须在基金合同中明确保障私募基金财产安全的制度措施和纠纷解决机制。

私募基金销售机构方面，可由基金管理人自行销售，或委托具有相应合法资质的机构进行销售。

其他私募服务机构包括为基金提供包括份额注册登记、基金估值等服务的服务外包机构，此类工作也可由基金管理人自行承担。

2. 契约型私募基金的设立发行流程

1）私募基金的登记备案流程

基金管理人应于事前履行登记手续，资金募集完成后报基金业协会备案登记。

基金登记：基金管理人通过私募基金登记备案系统向协会提交登记申请，协会在收齐登记资料后的 20 个工作日内，通过网站公示的方式办理登记手续。

基金备案：基金管理人应在私募基金募集完毕后的 20 个工作日内，通过私募基金登记备案系统进行备案。报送资料包括主要投资方向、基金类别、基金合同、委托管理协议（如采取委托管理方式）、托管协议（如设托管）等基金业协会规定的其他资料。

备案完毕的私募基金可以申请开立证券相关账户，并开始产品运作。

2）契约型基金运作的基本流程

在实际运作过程中，在设计基金合同、募集资金的同时，需要进行托管人的选择或相关工作，以保证后续资金清算、估值核算等工作顺利开展。

3. 契约型基金产品设计和运作架构

1）单一投资基金

此处所谓“单一”是指在发行结构上较为简单，直接由管理人、托管人、投资人三方组成的契约型私募基金，在市场上较为普遍。

2）Feeder-Master 基金

Feeder-Master 基金又称子母基金，多个子基金从不同渠道募集投资者资金归集于母基金，母基金负责投资运作。其主要优势在于：

（1）增加投资者数量，扩大基金规模。

（2）减少产品成立之初开户的时间对基金的影响。

（3）子基金用于募集资金，母基金用于投资交易，降低切换账户的烦琐，方便投资运作，降低管理成本，防止不公平交易。

（4）管理费、业绩报酬在标的基金中体现；标的基金可以在不同渠道进行募集，根据不同渠道的议价能力进行费用的确定。

3）FOF 基金

FOF（Fund of Funds）即基金中的基金，它不直接投资于股票、债券或其他证券，而是以“基金”为投资标的，通过在一个委托账户下持有多只不同基金，技术性地降低集中投资的风险。

FOF 基金有松耦合和紧耦合两种方式。松耦合即以老基金为投资标的，此种类型因相关产品涉及理念有所差异，需要进行调节和安排；紧耦合即在选择投资标的时要求管理人新设立基金，各个产品的衔接及协调统一会比较方便。对于银行、信托这类对二级市场投资经验不足的机构来说，FOF 基金可被视为一种较为安全的投资方式。

需要注意的是，在 FOF 产品设计过程中涉及的难点非常多，包括申赎、开放日的设置、流动性管理、母基金的估值、是业绩报酬之前还是业绩报酬之后、是虚拟业绩报酬还是非虚拟业绩报酬、是否会导致出现资不抵债的情形等。这就要求基金管理人在整体的投资端，包括投资标的、基金净值的获取，以及标的端管理人的沟通方面做大量的工作安排。

4）嵌套有限合伙的基金

契约型基金如果要参与定向增发、并购重组等业务，则因为本身不具备独立法人主体资格，在工商登记方面基本不被认可，故需采用嵌套有限合伙的模式来开展业务。

5）委托贷款业务

委托贷款是指由委托人提供合法来源的资金转入委托银行一般委存账户，委托银行根据委托人确定的贷款对象、用途、金额、期限、利率等代为发放、监督使用并协助收回的贷款业务。

契约性基金可以嵌套资管计划进行操作，但是目前只有一些小的城市商业银行可以做相关业务。

在实际市场上，由于投资标的、投资方向不同，所以存在品种十分丰富的产品类型，如 MOM、新三板投资基金、另类投资中的影视基金、艺术品基金等。

附录 B　私募基金综合法规解读

主要法律

1.《证券法》

重点条款：第三条　本法所称证券是指代表特定的财产权益，可均分且可转让或者交易的凭证或者投资性合同。

解读：私募基金属于中国证券投资基金业协会监管。

2.《信托法》

重点条款：第二条　本法所称信托，是指委托人基于对受托人的信任，将其财产权委托给受托人，由受托人按委托人的意愿以自己的名义，为受益人的利益或者特定目的，进行管理或者处分的行为。

解读：私募基金的法律本质属于信托关系。

3.《证券投资基金法》

重点条款：第八十七条　非公开募集基金应当向合格投资者募集，合格投资者累计不得超过 200 人。前款所称合格投资者，是指达到规定资产规模或者收入水平，并且具备相应的风险识别能力和风险承担能力、其基金份额认购金额不低于规定限额的单位和个人。2013 年 6 月 1 日起施行。修订后的《证券投资基金法》在加大基金持有人保护力度的同时，首次将非公开募集基金（私募基金）纳入调整范围，这意味着私募证券投资基金获得合法地位。

解读：私募基金本质上是高风险的，不能让普通投资人参与。

4.《私募投资基金监督管理暂行办法》

重点条款：第二条 本办法所称私募投资基金（以下简称私募基金），是指在中华人民共和国境内，以非公开方式向投资者募集资金设立的投资基金。私募基金财产的投资包括买卖股票、股权、债券、期货、期权、基金份额及投资合同约定的其他投资标的。非公开募集资金，以进行投资活动为目的设立的公司或者合伙企业，资产由基金管理人或者普通合伙人管理的，其登记备案、资金募集和投资运作适用本办法。

解读：私募基金可以采用合伙企业、公司及契约等方式设立。

基金业协会规则

5.《私募投资基金募集行为管理办法》

重点条款：第二条 私募基金管理人、在中国证监会注册取得基金销售业务资格的机构（以下统称募集机构）及其从业人员以非公开方式向投资者募集资金的行为适用本办法。

在中国证券投资基金业协会（以下简称中国基金业协会）办理私募基金管理人登记的机构，在中国证监会注册取得基金销售业务资格且成为中国基金业协会会员的机构（以下简称基金销售机构）可以从事私募基金的募集活动，其他任何机构和个人不得从事私募基金的募集活动。

本办法所称募集行为包含推介私募基金，发售基金份额（权益），办理基金份额（权益）认/申购（认缴）、赎回（退出）等活动。

解读：私募基金募集主体只有两种，即在协会登记过的私募基金管理人直销和具有基金销售业务资格且为基金业协会会员的机构代销。且私募基金管理人只能为其自行设立的私募基金募集。

6.《私募投资基金合同指引 1 号（契约型私募投资基金合同内容与格式指引）》

重点条款：第三十八条 订明与私募基金财产有关的事项，包括但不限于私募基金财产的保管与处分。

（1）说明私募基金财产应独立于私募基金管理人、私募基金托管人的固有财产，并由私募基金托管人保管。私募基金管理人、私募基金托管人不得将私募基金财产归入其固有财产。

（2）私募基金管理人、私募基金托管人因依法解散、被依法撤销或者被依法宣告破产等原因进行清算的，私募基金财产不属于其清算财产。

解读：契约型私募基金的法律本质明确是信托。

7.《私募投资基金合同指引 2 号（公司章程必备条款指引）》

重点条款：本指引所称公司型基金是指投资者依据《公司法》，通过出资形成一个独立的公司法人实体（以下简称“公司”），由公司自行或者通过委托专门的基金管理人机构进行管理的私募投资基金。公司型基金的投资者既是基金份额持有者又是公司股东，按照公司章程行使相应权利，承担相应义务和责任。

解读：公司型私募基金的股东对基金的控制程度较强，依据《公司法》可以参与基金的管理与运营。

8.《私募投资基金合同指引 3 号（合伙协议必备条款指引）》

重点条款：有限合伙人不执行合伙事务，不得对外代表合伙企业。

解读：合伙企业型私募基金中有限合伙人不得参与合伙事务，如果参与管理则可能会丧失有限责任。

9.《私募投资基金管理人登记和基金备案办法》

重点条款：第五条 私募基金管理人应当向基金业协会履行基金管理人登记手续并申请成为基金业协会会员。第十一条 私募基金管理人应当在私募基金募集完毕后 20 个工作日内，通过私募基金登记备案系统进行备案，并根据私募基金的主要投资方向注明基金类别，如实填报基金名称、资本规模、投资者、基金合同（基金公司章程或者合伙协议，以下统称基金合同）等基本信息。第十四条 经备案的私募基金可以申请开立证券相关账户。

解读：私募基金管理人备案属于法定义务。

10.《关于进一步规范私募基金管理人登记若干事项的公告》

重点条款：自本公告发布之日起，中国基金业协会不再出具私募基金管理人登记电子证明。中国基金业协会此前发放的纸质私募基金管理人登记证书、私募基金管理人登记电子证明不再作为办理相关业务的证明文件。

解读：私募基金登记备案不是行政许可，协会对私募基金登记备案信息不做实质性事前审查。但有些机构利用私募基金管理人登记身份、纸质证书或电子证明，故意夸大歪曲宣传，误导投资者以达到非法自我增信的目的。

11.《私募基金管理人登记法律意见书指引》

重点条款：《法律意见书》的结论应当明晰，不得使用“基本符合条件”等含糊措辞。对不符合相关法律法规和中国证监会、中国基金业协会规定的事项，或已勤勉尽责仍不能对其法律性质或其合法性做出准确判断的事项，律师事务所及经办律师应发表保留意见，并说明相应的理由。

解读：《法律意见书》可以出具保留意见。

12. 私募基金登记备案相关问题解答

重点条款：私募基金管理机构是否必须履行登记手续?如不登记有何后果?

答复：根据《证券投资基金法》和《私募投资基金管理人登记和基金备案办法（试行)》的规定，私募基金管理机构应当履行登记手续。否则，不得从事私募投资基金管理业务活动。

解读：私募不履行备案手续所为民事行为有效，只是不能从事私募基金相关的如募集等业务活动。

重点条款：协会优先登记有管理基金经验的私募投资基金管理机构的申请。

解读：没有管理过基金的申请机构符合条件也可登记。

重点条款：对于合伙企业、契约等非法人形式的投资者，应当穿透核查最终投资者是否为合格投资者，并合并计算投资者数量。但是，依法设立并经基金业协会备案的集合投资计划，视为单一合格投资者。

解读：公司形式的投资者不需要穿透核查。

重点条款：《基金管理公司投资管理人员管理指导意见》（证监会公告〔2009〕3 号）第三十四条规定：“公司不得聘用从其他公司离任未满 3 个月的基金经理从事投资、研究、交易等相关业务。”

解读：公募基金经理“私奔”也需要 3 个月的竞业禁止期限。

重点条款：基金业协会强调，私募基金管理人登记证明只是对私募基金管理人履行完登记手续给予事实确认，不意味着对私募基金管理人实行牌照管理。

解读：私募基金登记备案不构成对其投资能力、持续合规情况的认可，不作为对基金财产安全的保证。对于利用私募基金登记备案证明不当增信或从事其他违法违规活动的，基金业协会将依法依规进行处理。

重点条款：根据《证券投资基金法》第九条“基金从业人员应当具备基金从业资格”的规定，私募证券基金从业人员应当具备私募证券基金从业资格。

解读：私募证券投资基金业务，其高管人员［包括法定代表人\执行事务合伙人（委派代表）、总经理、副总经理、合规\风控负责人等］均应当取得基金从业资格。非私募证券投资基金业务的各类私募基金管理人，至少 2 名高管人员应当取得基金从业资格，其法定代表人\执行事务合伙人（委派代表）、合规\风控负责人应当取得基金从业资格。

重点条款：防范利益冲突的要求，对于兼营民间借贷、民间融资、配资业务、小额理财、小额借贷、P2P/P2B、众筹、保理、担保、房地产开发、交易平台等业务的申请机构，这些业务与私募基金的属性相冲突，容易误导投资者。

解读：为防范风险，中国基金业协会对从事与私募基金业务相冲突的上述机构将不予登记。

重点条款：律师事务所及其经办律师在《法律意见书》中不得瞒报信息，应当确保《法律意见书》不存在虚假记载、误导性陈述及重大遗漏。

解读：《私募基金管理人登记法律意见书》和《私募基金管理人重大事项变更专项法律意见书》。

重点条款：符合下列条件之一的私募股权投资基金管理人（含创业投资基金管理人）的高级管理人员，可以向中国证券投资基金业协会资格认定委员会申请认定基金从业资格。

（一）从事私募股权投资（含创业投资）6 年及以上，且参与并成功退出至少两个项目。

（二）担任过上市公司或实收资本不低于 10 亿元人民币的大中型企业高级管理人员，且从业 12 年及以上。

（三）从事经济社会管理工作 12 年及以上的高级管理人员。

解读：取得律师资格的，可以只考一门《基金法律法规、职业道德与业务规范》。

13.《私募投资基金管理人内部控制指引》

重点条款：第十八条 私募基金管理人应当建立完善的财产分离制度，私募基金财产与私募基金管理人固有财产之间、不同私募基金财产之间、私募基金财产和其他财产之间要实行独立运作、分别核算。

解读：私募基金财产独立于基金管理人的固有财产及投资人的财产属于法律规定，但在实践中必须独立运作及分别核算，才能做到信托责任。

14.《私募投资基金信息披露管理办法》

重点条款：第十一条 信息披露义务人披露基金信息，不得有以下行为。

（一）公开披露或者变相公开披露。

（二）虚假记载、误导性陈述或者重大遗漏。

（三）对投资业绩进行预测。

（四）违规承诺收益或者承担损失。

（五）诋毁其他基金管理人、基金托管人或者基金销售机构。

（六）登载任何自然人、法人或者其他组织的祝贺性、恭维性或推荐性的文字。

（七）采用不具有可比性、公平性、准确性、权威性的数据来源和方法进行业绩比较，任意使用“业绩最佳”、“规模最大”等相关措辞。

（八）法律、行政法规、中国证监会和中国基金业协会禁止的其他行为。

解读：投资者可以登录中国基金业协会指定的私募基金信息披露备份平台进行信息查询。私募基金公开披露信息有变相向不特定对象公开宣传的嫌疑。

私募基金与证券相关法律

15.《私募投资基金开户和结算有关问题的通知》

重点条款：私募基金管理人每设立一只私募基金，可以按不同的证券交易场所各申请开立一个证券账户。私募基金管理人应加强自律，不得为专门申购新股、炒作风险警示股票（ST 股）的私募基金申请开立证券账户。

解读：私募基金可以直接以自己的名义开立证券账户。

16. 私募投资基金开户和结算常见问题解答

重点条款：对于有资产托管人的私募投资基金，原则上由资产托管人直接到本公司上海、深圳分公司办理开户手续。

解读：由资产托管人直接开立证券账户，可以更好地保护投资人的利益。

17.《关于私募基金管理人开立证券账户有关事项的通知》

重点条款：开户代理机构核查过程中发现机构投资者填报“属于应当在中国基金业协会登记的私募基金管理人”，但尚未在中国基金业协会办理私募基金管理人登记手续的，开户代理机构应要求其办理相关登记手续后再申请开立证券账户。

解读：私募基金只有在中国基金业协会进行了登记，才能直接开立证券账户。

18. 机构业务问答：关于资产管理计划、契约型私募基金投资拟挂牌公司股权有关问题

重点条款：“以私募股权基金、资产管理计划及其他金融计划进行持股的，如果该金融计划是依据相关法律法规设立并规范运作，且已经接受证券监督管理机构监管的，则可不进行股份还原或转为直接持股。”因此，依法设立、规范运作、已经在中国基金业协会登记备案并接受证券监督管理机构监管的基金子公司资产管理计划、证券公司资产管理计划、契约型私募基金，其所投资的拟挂牌公司股权在挂牌审查时可不进行股份还原，但须做好相关信息披露工作。

解读：已经登记备案的私募基金可以直接投资新三板挂牌企业，无须进行股份还原。

19.《关于私募投资基金进入银行间债券市场有关事项的通知》

重点条款：符合以下条件的私募投资基金，按规定提交相关备案材料后，可进入银行间债券市场。

（一）私募投资基金管理人（以下简称“基金管理人”）已经依法在有关管理部门或其授权的行业自律组织完成登记。

（二）基金管理人的净资产不低于 1000 万元，资产管理实缴规模处于行业前列，并获得有关管理部门或其授权的行业自律组织的认可。

（三）基金管理人具有健全的公司治理结构、完善的债券投资内部控制和风险管

理机制及相关专业人员。

（四）基金管理人应委托第三方托管人独立托管基金资产。

（五）基金管理人最近三年未发生违法和重大违规行为；没有因违法或违规行为正在被监管机构或司法机构调查，或者正处于整改期间。

（六）私募投资基金的设立符合法律法规和行业监管规定，并已经依法在有关管理部门或其授权的行业自律组织完成备案。

（七）私募投资基金的投资范围包含债券等固定收益类产品。

（八）中国人民银行要求的其他条件。

解读：符合条件的私募基金可以进入银行间债券市场。

20.《关于加强参与全国股转系统业务的私募投资基金备案管理的监管问答函》

重点条款：

一、在企业申请挂牌环节，对中介机构核查私募投资基金备案情况有何具体要求?

二、在挂牌公司发行融资、重大资产重组等环节，对中介机构核查私募投资基金备案情况有何具体要求?

解读：私募基金备案后方可参与新三板挂牌及重大资产重组。

21.《证监会明确私募投资基金参与上市公司并购重组须履行备案程序》

重点条款：在并购重组行政许可申请中，私募投资基金一般通过 5 种方式参与：一是上市公司发行股份购买资产申请中，作为发行对象；二是上市公司合并、分立申请中，作为非上市公司（吸并方或非吸并方）的股东；三是配套融资申请中，作为锁价发行对象；四是配套融资申请中，作为询价发行对象；五是要约豁免义务申请中，作为申请人。

解读：对于第一、第二、第三种情况，独立财务顾问和律师事务所应分别在《独立财务顾问报告》、《法律意见书》中披露核查意见；按规定应当办理备案手续的，应在提交重组委审议前办理。对于第四种情况，独立财务顾问和律师事务所应在收到投资者报价后、向投资者发送缴款通知书前进行核查，在合规性报告书中发表核查意见；发行情况报告书中应披露中介机构的核查意见。对于第五种情况，财务顾问（如有）和律师事务所应在《财务顾问报告》、《法律意见书》中披露核查意见；按规定应当办理备案手续的，应在中国证监会受理前办理。

22．发行监管问答——关于与发行监管工作相关的私募投资基金备案问题的解答

重点条款：从发行监管工作看，私募投资基金一般通过 4 种方式参与证券投资：一是企业首次公开发行前私募投资基金投资入股或受让股权；二是首发企业发行新股时，私募投资基金作为网下投资者参与新股询价申购；三是上市公司非公开发行股权类证券（包括普通股、优先股、可转债等）时，私募投资基金由发行人董事会事先确定为投资者；四是上市公司非公开发行证券时，私募投资基金作为网下认购对象参与证券发行。

解读：保荐机构和发行人律师（以下称中介机构）在开展证券发行业务的过程中，应对上述投资者是否属于《证券投资基金法》、《私募投资基金监督管理暂行办法》和《私募投资基金管理人登记和基金备案办法（试行）》规范的私募投资基金及是否按规定履行备案程序进行核查并发表意见。